改訂14版
就業規則総覧

経営書院

は　じ　め　に

　企業は，多くの人々が集まって構成する一つの組織体である。しかも，その構成員が共同して生産・販売という行為によって利益を追求するという目的をもった集団である。この集団が行動するには，一つの"よりどころ"になるものが要求される。その"よりどころ"になるものが，「経営におけるよい人間関係」をつくりあげる「社是および経営方針」「社内諸規程，諸規則」であろう。

　企業における「社是および経営方針」や「社内諸規程，諸規則」は，組織を維持・運営するための基本となる制度である。それは，従業員が集団として行動するためには，集団としての秩序が維持されなければならない。それには当然に，経営者も従業員も拘束するルールが設けられ，これを守らなければ組織としての活動が保障されないからである。なかんずく，「就業規則」はこれらの中心的な存在といえよう。就業規則は，労働条件をはじめ，服務規律関係，その他労使の関係を律し，労使双方が守ってその成果を期待するところのものであるからである。

　労働基準法が施行されて，70年以上を経過し，その間，「最低賃金法」をはじめ，「労働安全衛生法」，「労働者災害補償保険法」，「賃金の支払いの確保等に関する法律」「勤労者財産形成促進法」「雇用対策法」「男女雇用機会均等法」「労働者派遣法」「育児・介護休業法」「パート労働法」「高齢者雇用安定法」「労働契約法」など，労働者保護法の体系は急速に整備充実されてきており，事業場における，賃金，労働時間，休日，定年等の労働条件も飛躍的に改善されてきた。

　しかしながら，最近の国内外の急激な環境の変化，価値観の転換，従業員の高齢化，従業員の意識の変化に応じて，合理的な企業の運営の対応が迫られている。高度成長経済から安定成長そして低成長時代に移行したわが国経済のもとで，企業は今こそ従業員個々の能力を十分発揮させ，企業の社会的責任を認識して，現行の組織や諸制度を見直すチャンスであろう。労務管理の方式も当然にこの中に入ることになる。

　なかんずく，働き方改革関連法の中心となる「労働基準法改正」ならびに「労働安全衛生法」，「育児・介護休業法改正」「パート労働法」「男女雇用機会均等法」等の改正にともない，企業の実情に合った就業規則の見直しが強く要請されているところである。

　労働福祉の面においても，少子化高齢化社会に対応するため，賃金体系のあり方，定年制の延長（勤務延長・再雇用を含む），労働時間の短縮，週休2日制の普及，年次有給休暇取得促進，育児・介護休業制度，パートタイマー雇用管理の適正など今後

は　じ　め　に

一層推進されなければならないと考えられるところである。

　わが国の企業の大半を占める中小企業における，労働条件，労働福祉は，このような流れのなかで大きく改善されつつあるが，大企業ならびに中堅企業のそれと比較すると，まだかなりの格差があることは，諸調査の結果からうかがわれるところである。このことについて，労働条件の二重構造性として諸外国から指摘されていることも事実である。

　企業が正常な業務の運営を維持し，円滑な発展をするためには，労働条件が合理的であるとともに，職場における秩序が維持され，施設が正常に管理されなければならない。そのために経営者がその責任において，これらの事項に留意して適切な処置を講じなければならない。すなわち，従業員に対して一定の基準にのっとった服務が要請され，従業員が遵守すべき行動の基準を定めなければならない。この定めが服務規律であって，後述の就業規則の絶対的必要記載事項並びに相対的必要記載事項であるが，当然就業規則のなかに重要位置を占めることになろう。

　中堅・中小企業における労務管理の近代化，合理化は，経済の安定期において重要性が，ますます増してきている。就業規則及びこれに付属する諸規則の整備，充実は，この面で企業の経済に大きく貢献できるものと考えられる。

　本書の事例は，労働関係法令の改正を踏まえて編集したものである。参考になれば幸いである。

本書を利用される方に

"○○規程" "○○規則" と呼ばれる企業内の諸規程（諸規定），諸規則は何のために必要か。それは，企業というものは多くの人々がそれぞれの任務にしたがって業務を遂行する組織体の集団であるからである。それぞれの任務をもった人々が共同の目的達成のために，一定の秩序にしたがって合理的に行動するためのルールがなければならない。このルールが諸規程（諸規定），諸規則になる。なかんずく，就業規則及びこれに付属する諸規則は，労働条件や服務規律について，経営者も従業員ともども守らなければならない重要な規程である。しかも，常時10人以上使用する経営者は，法律によって作成の義務が課せられている。

本書は，労働基準法で作成が義務づけられている就業規則の作成，変更にあたっての留意点とあわせて，モデル的な就業規則及びこれに付属する諸規則と，中堅中小企業向けを中心にしたモデル的就業規則を示したものである。就業規則はあくまでも企業の実情に応じたものでなければならないもので，単に形式的に作成されるのでは全く意味のないものといえよう。したがって，ここに示した，モデル的就業規則及びこれに付属する諸規則は，あくまでそれぞれの企業において，よりよい就業規則関係の作成，変更する際の参考として活用していただきたい。そして，それが中堅中小企業の労務管理の近代化，合理化の一助になれば幸いである。

すぐに利用できる配慮で編集

本書は，中堅・中小企業の企業経営者ならびに，総務・人事・労務担当者あるいは労働組合役員の方々を主要な読者に想定して収録編集したものである。多忙を極めておられるこれらの実務家の皆様には，理論よりも実例の方が参考になるという要望に応えたものである。

すなわち，あえて煩雑な解説や難解な理論はとりあげず，注釈程度の解説を加えるのみとし，できるだけ数多くの，しかも最近改訂された就業規則及びこれに付属する諸規程（諸規定），諸規則を収録したものである。このような編集方針で取りまとめたものであるから，規則の背景となる諸条件とか法令とかについては詳しく述べていないので，深く追求研究するには，本書はあえて不適といわざるを得ない。しかし，実務家として新しく規則を制定したい，改定したいが，「何か参考になる例はないか」，「実務の手引になる参考書はないか」と求められる場合がしばしばあるものである。このような場合に，すぐに参考になり，役立つものが本書といえよう。企業あるいは労働組合の資料の一つとして常備されれば，参考資料として役立つことと思われる。

特殊従業員（嘱託・パートタイマー・アルバイト）の就業規則も収録

最近，パートタイマーをめぐる問題が多くなってきている。中堅中小企業では，すでにパートタイマーが基幹的労働力となってきているところが多くなってきている。このような場合には，雇用期間も長期化しており，労働時間もフルタイマー（一般従業員）と同様かそれに近いものになっている。これからもパートタイマーは増加傾向にあり，企業にとってはこれが不可欠要素となっていることは明らかである。

そこで，パートタイマーの職務内容，労働条件，賃金等については，フルタイマーと分けて制度化しておくと同時に，能力開発，人事等の管理面での改善が課題となろう。

前述のパートタイマーに問題が多くなっている内容をみてみると，労働条件が不明確なこと

や，無断欠勤，年次有給休暇，解雇問題，職場規律，社会保険加入等となっている。こうした問題の生じる一つの原因として，パートタイマーに対する就業規則の適用があいまいな企業が多いからである。そこで，特殊勤務者（嘱託・パートタイマー・アルバイト）の就業規則を，いわゆる従業員就業規則と別規程にすることができるかということになる。この点について行政解釈では「労働基準法第３条に抵触しない限り，労働者の事業場における，地位，身分，従事する業務等に応じて，それぞれ異なる労働条件を定め，一般の従業員のみ適用される従業員就業規則ならびに日々雇い入れられる者及び臨時に雇い入れられる者のみ適用される特殊労務者の就業規則を作成することは差支えない」（昭24．4．4基発410号）として，パートタイマー等の就業規則を別規程とすることを認めている。

本書においては，モデル・パートタイマー就業規則とともにパートタイマーのいくつかの就業規則の実例を収録して参考に供した。

なお，定年延長に伴う等により，再雇用制度の嘱託就業規則も収録した。

付随する諸規則（諸規程）

就業規則の一部にあたる，付随する諸規則（諸規程）として，賃金規則，退職金規則（企業年金を含む），育児休業規程，介護休業規程，出張旅費規則，安全衛生規程，業務災害付加給付規程，人事考課規程，転勤規程等企業の担当者が必要とする最近の諸規程を収録し，参考に供した。

本書の利用方法

本書に収録した就業規則及びこれに付随する諸規則（諸規程）は，一部の関係機関作成のモデルを除き実在の企業のものである。したがって，実在の企業名を隠してアルファベットで表記し，企業の業種や規模を付記したが，その特殊性は可能な限り出さないようにしてある。しかし，それぞれ，ごく一般的な普遍性の高い実例として利用できるものと思われる。

なお，収録したものは，モデル就業規則等を除き，それぞれの企業で作成されたものをそのままの形で，手直しは一切行わず，原文の体裁のまま掲げることとし，特に統一はしなかった。ただし，縦組みの規則は，すべて横組みとしたため，編集上多少の変更を加えた箇所もある。極端な利用法としては，そのままコピーして，企業名と具体的な日付や数値だけを書き替えれば，そのまま利用できることもあるだろう。しかし，このような利用方法は勧めるわけにはいかない。それぞれの企業や労使関係には，そこに培われてきた諸条件や歴史的な過程などがあるからである。もし，コピーして利用する場合は，どこまでも参考資料として十分検討のうえ利用されたい。

最後には，ご協力を賜った企業及び労働組合に感謝の意を表するとともに，利用者の方々の参考の一助にもなれば幸いである。

□□□ 就業規則総覧目次 □□□

はじめに ……………………………………………………………………………………… 2

本書を利用される方に ……………………………………………………………………… 4

第1章　就業規則 ……………………………………………………… 13

第1　解説・就業規則作成の手引 ……………………………………… 14

1．就業規則について ……………………………………………………………… 14
2．就業規則の性格 ………………………………………………………………… 14
3．就業規則の作成 ………………………………………………………………… 15
4．就業規則の構成 ………………………………………………………………… 19
5．就業規則作成変更のプロセス ………………………………………………… 20
6．最近の労働法令の改正 ………………………………………………………… 22

第2　就業規則の事例と逐条解説 …………………………………… 25

まえがき …………………………………………………………………………… 25
経営の基本方針 …………………………………………………………………… 25
第1章　総　則 …………………………………………………………………… 25
第2章　人　事 …………………………………………………………………… 27
第3章　勤　務 …………………………………………………………………… 36
第4章　給与・退職金等 ………………………………………………………… 50
第5章　服務規律 ………………………………………………………………… 51
第6章　表彰及び懲戒 …………………………………………………………… 53
第7章　安全衛生 ………………………………………………………………… 56
第8章　災害補償 ………………………………………………………………… 58

第3　就業規則の実例 …………………………………………………… 61

⑴実例　就業規則〔ＳＴ電子・電子部品・従業員700人〕…………………… 61
⑵実例　就業規則〔ＨＲ計器・計測器製造・従業員120人〕………………… 78
⑶実例　就業規則〔ＣＳ飼料・飼料製造販売・従業員500人〕……………… 90
⑷実例　社員就業規則〔ＨＦグループ・サービス業・従業員550人〕……… 111
⑸実例　就業規則〔ＫＳＢ・試験器製造・従業員230人〕…………………… 133
⑹実例　就業規則〔ＡＫ商事・流通業・従業員200人〕……………………… 150
⑺実例　就業規則〔ＳＳプレス・金属製品製造業・従業員40人〕…………… 164

(8)**実例**　モデル就業規則（労働条件の基本事項）〔㈳全国労働基準関係団体連合会〕 ················ 176

第4　解説・パートタイマー就業規則の手引 ········· 181

1．パートタイマー就業規則作成にあたって ············· 181
2．パートタイマーの定義 ············· 181
3．改正パートタイマー労働指針のポイント（平成16年1月1日から適用） ··········· 182
4．パートタイマーと労働関係法令 ············· 184
5．パートタイマーと年次有給休暇 ············· 186
6．パートタイマーの雇止め ············· 186
7．無期労働契約への転換 ············· 187

第5　パートタイマー就業規則の実例 ·············· 190

(1)**実例**　就業規則〔ＣＩ食料・食料品販売・従業員280人，内パート50人〕 ············· 190
(2)**実例**　パートタイマー就業規則〔ＡＳ機械・機械製造・従業員630人，内パート80人〕 ········· 205
(3)**実例**　パートタイマー就業規則〔ＳＲ電子・電子部品製造・従業員290人，内パート60人〕 ········ 223
(4)**実例**　パートタイマー就業規則〔ＧＳ製作所・機械器具製造・従業員280人，内パート40人〕 ····· 234
(5)**実例**　パートタイマー就業規則〔ＳＷ産業・物流センター・従業員230人，内パート70人〕 ······· 246
(6)**実例**　パートタイマー就業規則〔ＴＫサービス業協会・団体事務・従業員40人，内パート15人〕 ···· 257
(7)**実例**　アルバイト就業規則〔ＫＲ産業・書籍梱包・従業員130人，内アルバイト100人〕 ·············· 270
(8)**実例**　パートタイマー賃金規則〔ＡＳ機械・機械製造・従業員630人，内パート80人〕 ············· 281
(9)**実例**　パートタイマーの皆勤手当・年次有給休暇〔ＴＢ生活協同組合・従業員230人，内パート
140人〕 ················ 284
(10)**実例**　パートタイマー休職制度〔ＴＢ生活協同組合・従業員230人，内パート140人〕 ············· 285
(11)**実例**　パートタイマー通勤手当支給規程〔ＴＢ生活協同組合・従業員230人，内パート140人〕 ······ 285
(12)**実例**　パートタイマー退職慰労金規程〔ＴＢ生活協同組合・従業員230人，内パート140人〕 ········ 287
(13)**実例**　パートタイマー制服貸与規程〔ＴＢ生活協同組合・従業員230人，内パート140人〕 ········· 287
(14)**実例**　パートタイマー退職金規程（中退共制度に加入）〔ＫＲ精密・精密機械製造・従業員
180人，内パート40人〕 ················ 289
(15)**実例**　パートキャディ退職金規程〔ＴＮゴルフクラブ・従業員70人，内パートキャディ17人〕 ······· 291

第6　準社員・嘱託等就業規則 ·············· 293

(1)**実例**　準社員就業規則〔ＴＫ化成・プラスチック・従業員180人，内準社員10人〕 ············· 293
(2)**実例**　契約社員就業規則〔ＫＮ電子・電子機器・従業員1,800人，内契約社員110人〕 ············ 302
(3)**実例**　定年後再雇用制度規程〔ＣＮ・精密機械製造・従業員2,000人〕 ············· 317
(4)**実例**　嘱託就業規則〔ＳＫ薬品・医薬品製造・従業員2,500人〕 ············· 320
(5)**実例**　嘱託規程〔ＷＫ化学・化学製品製造・従業員1,500人〕 ············· 326
(6)**実例**　嘱託規程〔ＡＫ電子・電子機器製造・従業員1,200人〕 ············· 328
(7)**実例**　嘱託規程〔ＳＭ機器・従業員250人，内嘱託15人〕 ············· 330
(8)**実例**　定年退職者勤務延長および再雇用規程〔ＫＤ商事・従業員650人，内勤務延長者9人・

再雇用者26人〕・・・ 334

⑼実例　常勤嘱託退職金規則〔ＦＳ商会・商社・従業員350人〕・・・・・・・・・・・・・・・・・・・・ 338

⑽実例　準社員嘱託者の退職金取扱い規程〔ＳＲ商事・日用雑貨卸売・従業員180人〕・・・・・・・・・ 339

⑾実例　再雇用規定〔ＴＹ・電子部品・従業員60人〕・・・・・・・・・・・・・・・・・・・・・・・・・・・・・・・・・・ 340

第2章　賃金規則・・・・・・・・・・・・・・・・・・・・・・・・・・・・・・・・・・・・・・ 343

第1　解説・賃金規則作成の手引・・・・・・・・・・・・・・・・・・・・・・・・・・・ 344

１．賃金規則の作成義務・・・ 344

２．賃金規則に記載すべき事項・・ 344

３．注意すべき法令の規定・・ 345

４．賃金規則の作成，変更の手続・・ 348

第2　賃金規則関係の実例・・・・・・・・・・・・・・・・・・・・・・・・・・・・・・・・ 349

⑴実例　給与規程〔ＡＧ食品・食料品製造・従業員2,500人〕・・・・・・・・・・・・・・・・・・・・・・・ 349

⑵実例　給与規則〔ＭＲ商事・食品流通業・従業員800人〕・・・・・・・・・・・・・・・・・・・・・・・・・ 355

⑶実例　給与規程〔ＳＴ電子・電子部品製造・従業員700人〕・・・・・・・・・・・・・・・・・・・・・・・ 366

⑷実例　給与規程〔ＳＹ会舘・ホテル，レストラン・従業員700人〕・・・・・・・・・・・・・・・・・ 377

⑸実例　給与規程〔ＨＲ電機・電気機器・従業員600人〕・・・・・・・・・・・・・・・・・・・・・・・・・・ 386

⑹実例　給与規程〔ＨＦグループ・サービス・従業員400人〕・・・・・・・・・・・・・・・・・・・・・・ 395

⑺実例　給与規程〔ＫＳ出版社・出版・従業員150人〕・・・・・・・・・・・・・・・・・・・・・・・・・・・・ 408

⑻実例　賃金規程〔ＴＵ金属・精密金属製造・従業員80人〕・・・・・・・・・・・・・・・・・・・・・・・ 416

⑼実例　賃金規程〔ＡＴメタル・貴金属製品販売・従業員40人〕・・・・・・・・・・・・・・・・・・・・ 420

⑽実例　扶養手当支給規程〔ＴＫ光学・光学機器関連・従業員1,500人〕・・・・・・・・・・・・・ 424

⑾実例　別居手当支給規程〔ＳＫゴム・ゴム製造・従業員1,400人〕・・・・・・・・・・・・・・・・・ 425

⑿実例　通勤手当支給規程〔ＫＳ建設・建設・従業員200人〕・・・・・・・・・・・・・・・・・・・・・・ 427

⒀実例　通勤手当支給規則（新幹線・高速道路利用）〔ＺＭ精機・精密機械・従業員800人〕・・・・・・・・ 429

⒁実例　通勤手当規程（高速道路利用）〔ＫＩ電子・電子部品・従業員400人〕・・・・・・・・・ 431

⒂実例　寒冷地手当支給規程〔ＳＫ薬品・医薬品製造販売・従業員500人〕・・・・・・・・・・・・ 432

⒃実例　賞与支給規程〔ＢＭ食品・食料品製造販売・従業員650人〕・・・・・・・・・・・・・・・・・ 433

⒄実例　賞与支給規程〔ＨＫ商会・卸売・従業員60人〕・・・・・・・・・・・・・・・・・・・・・・・・・・・ 436

第3章　退職金規則・・・・・・・・・・・・・・・・・・・・・・・・・・・・・・・・・・・・・ 439

第1　解説・退職金支給に関する規程・・・・・・・・・・・・・・・・・・・・・・ 440

１．退職金支給率の決定・・ 440

２．新しい退職金制度・・ 440

3．中小企業退職金共済制度（特定退職金共済制度）と退職金 ………………………… 441

4．企業年金と退職金 ……………………………………………………………………… 441

5．退職金の準備について ………………………………………………………………… 441

6．退職金制度の現状 ……………………………………………………………………… 441

第2　退職金規則の実例 ……………………………………………………………… 447

(1)実例　退職金支給規程〔ＳＭ化学・化学製造・従業員1,500人〕…………………………… 447

(2)実例　退職金規程〔ＭＳ製薬・医薬品製造・従業員800人〕……………………………… 449

(3)実例　退職金規程（企業年金併用の例）〔ＧＳ製作所・金属製品製造・従業員700人〕……… 451

(4)実例　退職金規程〔ＭＳ運輸・貨物運送（トラック）・従業員400人〕………………… 455

(5)実例　退職金規程―社員，嘱託，パートタイマー―〔ＮＡ金属・金属製品製造・従業員300人〕… 457

(6)実例　退職金支給規程（中退共及び企業年金併用の例）〔ＡＤ物産・商社・従業員120人〕……… 460

(7)実例　退職金支給規程〔ＦＤ電子・精密機器製造・従業員120人〕………………………… 462

(8)実例　退職金支給規程（中退共併用の例）〔ＴＰ電子・電子部品製造・従業員90人〕……… 465

(9)実例　退職金支給規程（中退共併用の例）〔ＡＴメタル・貴金属製品販売・従業員40人〕……… 466

(10)実例　退職金支給規程（全額企業年金制度による例）〔ＦＫ建設・建設・従業員40人〕……… 469

(11)実例　退職金支給規程（ポイント方式）〔ＳＲ製本・製本・従業員80人〕……………… 472

(12)実例　退職金支給規程（ポイント方式）〔ＴＵ金属・プレス加工・従業員140人〕…………… 475

(13)実例　退職金規則（ポイントシステム例）〔ＹＨゴム・ゴム製品製造・従業員3,500人〕……… 478

(14)実例　一時金及び退職年金規程〔ＳＭ商事・商社・従業員2,000人〕…………………… 482

(15)実例　退職年金規則〔ＭＳ電機・電気機器製造・従業員6,000人〕……………………… 486

(16)実例　割増退職金支給規程〔ＴＫ電鉄・鉄道・従業員3,000人〕……………………… 491

(17)実例　特別功労金および特別弔慰金支給内規〔ＹＮ食品・食料品製造販売・従業員650人〕……… 492

(18)実例　特別慰労金支給制度規程〔ＫＦ化学・化成品製造・従業員180人〕……………… 493

(19)実例　選択定年制度運用基準〔ＴＫ商事・流通業・従業員230人〕……………………… 494

(20)実例　選択定年制度優遇規程〔ＫＥ化学・化学製品製造・従業員1,200人〕…………… 495

(21)実例　選択定年退職規程〔ＡＴ食料・食料品製造販売・従業員320人〕………………… 496

(22)実例　定年前退職者優遇制度取り扱い規程〔ＣＨ精密・精密機械製造・従業員400人〕……… 497

(23)実例　早期退職優遇制度規程〔ＩＳ電子・電子部品製造・従業員750人〕……………… 498

(24)実例　早期退職優遇規程〔ＨＭ電機・電機製品製造・従業員2,300人〕………………… 499

(25)実例　進路選択制度規程〔ＭＨ機械・機械器具製造・従業員950人〕…………………… 501

第4章　出張旅費規程 ……………………………………………………… 503

第1　解説・出張旅費に関する規程 ……………………………………………… 504

1．国内出張旅費 …………………………………………………………………………… 504

2．賃金規則との関係 ……………………………………………………………………… 504

3．旅費の内容 ……………………………………………………………………………… 504

4．出張の区分‥‥‥‥‥‥‥‥‥‥‥‥‥‥‥‥‥‥‥‥‥‥‥‥‥‥‥‥‥‥‥‥‥‥‥‥‥‥‥ 505

　5．海外出張旅費規程‥‥‥‥‥‥‥‥‥‥‥‥‥‥‥‥‥‥‥‥‥‥‥‥‥‥‥‥‥‥‥‥‥ 505

第2　出張旅費規程の実例‥‥‥‥‥‥‥‥‥‥‥‥‥‥‥‥‥‥‥‥‥‥‥‥‥‥ 506

　⑴実例　出張旅費規程〔MTデパート・百貨店・従業員3,000人〕‥‥‥‥‥‥‥‥ 506

　⑵実例　国内旅費規程〔KE会館・ホテル，レストラン・従業員1,000人〕‥‥‥‥ 513

　⑶実例　出張旅費規程〔GS製作所・金属製品製造・従業員700人〕‥‥‥‥‥‥ 520

　⑷実例　出張旅費規程〔HB出版社・出版・従業員130人〕‥‥‥‥‥‥‥‥‥‥‥ 527

　⑸実例　出張旅費規程〔AD物産・商社・従業員120人〕‥‥‥‥‥‥‥‥‥‥‥‥ 532

　⑹実例　出張旅費規程〔FD電算機センター・コンピューター・従業員120人〕‥‥ 535

　⑺実例　出張旅費規程〔ATメタル・貴金属製品販売・従業員40人〕‥‥‥‥‥‥ 538

　⑻実例　海外出張旅費規程〔SK通信機・電気機器製造・従業員250人〕‥‥‥‥ 541

　⑼実例　海外出張規程〔AB商事・商社・従業員250人〕‥‥‥‥‥‥‥‥‥‥‥‥ 547

第5章　人事諸規程
（別規程（就業規則の一部）就業規則に付随するもの）‥‥‥‥‥ 553

第1　解説・人事諸規程に関する規程（就業規則の別規程）‥‥‥‥ 554

第2　人事諸規程の実例‥‥‥‥‥‥‥‥‥‥‥‥‥‥‥‥‥‥‥‥‥‥‥‥‥‥ 555

　⑴実例　人事考課基準規程〔OKホテル・ホテル・従業員700人〕‥‥‥‥‥‥‥‥ 555

　⑵実例　人事考課規程〔TK加工紙・紙器・従業員300人〕‥‥‥‥‥‥‥‥‥‥‥ 561

　⑶実例　転勤取扱規程〔ISデパート・百貨店・従業員4,000人〕‥‥‥‥‥‥‥‥ 568

　⑷実例　転勤取扱規程〔TR工業・機械製造・従業員300人〕‥‥‥‥‥‥‥‥‥‥ 572

　⑸実例　配転取扱い規程〔TU金属・プレス加工・従業員80人〕‥‥‥‥‥‥‥‥‥ 573

　⑹実例　定年退職者勤務延長および再雇用規程〔IK電機・電機計測器・従業員1,200人〕‥ 575

　⑺実例　再就職準備制度規程〔MC精機・精密機械・従業員300人〕‥‥‥‥‥‥‥ 577

　⑻実例　出向規程〔EK興業・サービス・従業員400人〕‥‥‥‥‥‥‥‥‥‥‥‥‥ 578

　⑼実例　出向規程〔MY工業・機械製造・従業員300人〕‥‥‥‥‥‥‥‥‥‥‥‥ 580

　⑽実例　出向・転籍規程〔KSM・ホテル・従業員250人〕‥‥‥‥‥‥‥‥‥‥‥ 582

　⑾実例　フレックスタイム制規則〔RS化成・プラスチック製造加工・従業員180人〕‥ 584

　⑿モデル　フレックスタイム規程‥‥‥‥‥‥‥‥‥‥‥‥‥‥‥‥‥‥‥‥‥‥‥‥‥ 587

　⒀モデル　3カ月フレックスタイム制に関する労使協定‥‥‥‥‥‥‥‥‥‥‥‥‥‥ 590

　⒁実例　1週間単位の非定型的変形労働時間制規程〔UCRレストラン・従業員18人〕‥‥‥‥‥ 591

　⒂モデル　1年単位の変形労働時間制に関する労使協定〔社団法人・全国労働基準関係団体
　　　　　連合会〕‥‥‥‥‥‥‥‥‥‥‥‥‥‥‥‥‥‥‥‥‥‥‥‥‥‥‥‥‥‥‥‥ 594

　⒃モデル　1年間単位の変形労働時間制に関する協定届の例‥‥‥‥‥‥‥‥‥‥‥‥ 595

　⒄実例　1年単位の変形労働時間制の規定及び協定〔KSO電子・電子部品製造・従業員650人〕‥ 596

⑱実例　サマータイム規程〔NK情報システム・情報処理業・従業員270人〕‥‥‥‥‥‥‥‥‥‥‥‥‥‥ 599

⑲実例　裁判員休暇規程〔SB倉庫・倉庫業・従業員360人〕‥‥‥‥‥‥‥‥‥‥‥‥‥‥‥‥‥‥‥‥‥ 600

⑳実例　災害復旧ボランティア休暇規程〔TAサービス・サービス業・従業員180人〕‥‥‥‥‥‥‥‥ 601

㉑実例　慶弔見舞金規程〔KB商事・商社・従業員180人〕‥‥‥‥‥‥‥‥‥‥‥‥‥‥‥‥‥‥‥‥‥ 602

㉒実例　表彰制度規程〔OM金属・金属製品製造・従業員250人〕‥‥‥‥‥‥‥‥‥‥‥‥‥‥‥‥‥‥ 605

㉓実例　賞罰規程〔EK・外食産業・従業員700人〕‥‥‥‥‥‥‥‥‥‥‥‥‥‥‥‥‥‥‥‥‥‥‥‥‥ 607

㉔実例　賞罰審査委員会規程〔SK電子・電子部品・従業員200人〕‥‥‥‥‥‥‥‥‥‥‥‥‥‥‥‥‥ 611

㉕実例　教育基本規則〔HN工業・工作機械・従業員600人〕‥‥‥‥‥‥‥‥‥‥‥‥‥‥‥‥‥‥‥‥‥ 613

㉖実例　永年勤続旅行取扱細則〔SS電機・電気製品製造販売・従業員3,500人〕‥‥‥‥‥‥‥‥‥‥‥ 617

㉗実例　提案制度規程〔AH機械・機械製造・従業員700人〕‥‥‥‥‥‥‥‥‥‥‥‥‥‥‥‥‥‥‥‥‥ 619

㉘実例　災害補償に関する取扱規程〔PH電機・電気機器製造・従業員1,500人〕‥‥‥‥‥‥‥‥‥‥ 621

㉙実例　通勤災害補償規程〔TW流通センター・運輸サービス・従業員80人〕‥‥‥‥‥‥‥‥‥‥‥‥ 627

㉚実例　安全衛生管理規程〔機器器具製造業・従業員1,200人〕‥‥‥‥‥‥‥‥‥‥‥‥‥‥‥‥‥‥‥ 629

㉛実例　ストレスチェック規程〔SH銀行・金融業・従業員1,100人〕‥‥‥‥‥‥‥‥‥‥‥‥‥‥‥‥‥ 637

㉜実例　在宅勤務規程〔KH堂・出版及び広告業・従業員350人〕‥‥‥‥‥‥‥‥‥‥‥‥‥‥‥‥‥‥ 640

㉝実例　労働者派遣契約〔人材派遣業・従業員80人〕‥‥‥‥‥‥‥‥‥‥‥‥‥‥‥‥‥‥‥‥‥‥‥‥ 642

㉞モデル　育児・介護休業等に関する規則の規定例〔厚生労働省〕‥‥‥‥‥‥‥‥‥‥‥‥‥‥‥‥‥ 645

㉟実例　セクシュアルハラスメント防止規則‥‥‥‥‥‥‥‥‥‥‥‥‥‥‥‥‥‥‥‥‥‥‥‥‥‥‥‥‥ 687

㊱実例　個人情報保護規程‥‥‥‥‥‥‥‥‥‥‥‥‥‥‥‥‥‥‥‥‥‥‥‥‥‥‥‥‥‥‥‥‥‥‥‥‥‥ 688

第1章

就 業 規 則

第1章　就業規則

第1　解説・就業規則作成の手引

1．就業規則について

　就業規則とは「労働者が就業上遵守すべき規則，労働条件に関する具体的細目について定められる規則の総称」である。

　統制や規律のない企業は，憲法や法律のない国家と同じで，企業における職場秩序を保つことも困難であり，その結果は労働能率を低下させ，企業経営の発展は望めない。労働能率の低い企業では，労働者の労働条件を改善することも困難であり，低い労働条件に対する労働者の不満は，さらに労働能率を低下させ，その結果は労働意欲の低下とトラブルの原因にもなってしまうことであろう。このような悪循環を繰り返しては，結局企業にとっても労働者にとっても大きな損害をもたらすものといえよう。

　そこで，ある程度以上の労働者を雇用して労働能率を最高度に発揮させようとすれば，そこに働く労働者が整然とした組織のもとで，一定の職場規律や労働条件を画一的・統一的に定めることが必要となってくる。このような必要から生まれたのが就業規則である。

　そこで就業規則の内容を合理的に定め，しかもそれを統一のとれた形で運営することによって，企業内の労使関係の安定に役立ち，また服務関係を明確にすることによって職場秩序が確立され，さらに全体の労働関係が統一された姿で行われることによって，「よりよい労務管理」が推進される基礎となるといえよう。

2．就業規則の性格

　前述のとおり就業規則は，労働者の働く条件や職場内で守らなければならない規律を規定するものであるが，この点で就業規則と相類似した内容をもつ労働契約，労働協約との関係等をみておこう。

(1)　労働契約との関係

　就業規則と労働契約の関係をみてみると，個々の労働者が使用者と締結する労働契約の内容は，つねに就業規則の内容よりも低いものであってはならない。もし個々の労働契約で定められた労働条件が就業規則より低い場合には，その部分の労働条件は，就業規則の相当部分に置き換えられることになる。

　例えば，就業規則で1日7時間労働と定められている場合に，ある労働者との労働契約が8時間となっていても，その労働契約のその部分は無効で当然に1日7時間労働となる。

　〔参考──労働契約法第12条〕

　　就業規則で定める基準に達しない労働条件を定める労働契約は，その部分については無効とする。この場合において無効となった部分は，就業規則で定める基準による。

(2)　労働協約との関係

労働協約と就業規則とは，いずれも労働条件についての規定をその主なる内容としているが，労働協約は，労働組合と使用者との団体交渉の結果，その合意によって締結された法的規範である。一方，就業規則は，労働者側の意見を聞くとはいえ，使用者が一方的に作成する規範である。したがって労使間の合意によって成立した労働協約が就業規則よりも優位に立つことは，法律上当然といわなければならない。もし就業規則で決められた事項が労働協約に抵触するものがある場合には，行政官庁が変更を命ずることができることになっている。

〔参考──労働基準法第92条〕

就業規則は，法令又は当該事業場について適用される労働協約に反してはならない。

行政官庁は，法令又は労働協約に抵触する就業規則の変更を命ずることができる。

〔参考──規範的部分と債務的部分〕

労働協約の内容を大別して，労働条件など個々の労働者と使用者との間の内容となる規定，たとえば，賃金，労働時間，休日，人事，福利厚生などの各条項を規範的部分といい，一方個々の労働者には直接関係なく，使用者と労働組合との間に一定の権利，義務の関係を設定した部分，たとえば団体交渉のルール，組合活動，組合保障（ショップ制），平和義務などを債務的部分という。

規範的効力とは労働組合法第16条に，労働協約に定められた労働条件，その他労働者の待遇に関する基準に違反した労働契約はその部分について無効であり，その無効となった部分は協約に定められた基準に従うこととなっている。

たとえば，労働協約で最低賃金が日額1万円となっているのに，個々の労働契約で日額8,000円の労働契約を結んでも，その契約は無効であり，当然労働協約で定められた最低賃金の日額1万円の賃金が支払われることになる。

3．就業規則の作成

労働基準法第89条は，「常時10人以上の労働者を使用する使用者」に対しては必ず就業規則を作成することを義務づけている。この義務づけられた就業規則の作り方について，若干その要領と内容を述べておこう。

(1) どんな要領で作成するか

就業規則は企業の経営状態の実情にそって決めるべき性質で，そのプロセスは次のとおりである。

① 自己の企業で実施している服務規律や労働条件，あるいは賃金の支払方法等の諸制度や慣行を簡条書に整理してみる。

② その中から就業規則に記載しなければならない事項や，記載した方がよいと思われる事項を選び出し，就業規則要綱案を作ってみる。

③ この要綱案に列挙された事項と，後で述べる(4)記載事項，労働基準法上記載しなければならない事項と比較して，記載洩れがないかどうかを検討する。

④ 法令や労働協約がある場合には，それに違反していないかを検討する。

⑤ これを機会に労務管理全般の検討，具体的には雇用制度（定年延長・勤務延長・再雇用），服務

規律，表彰制度，賃金制度，賞与制度，退職金制度，育児休業制度，介護休業制度，労働条件制度，福利厚生制度等も検討する。

(2) 対象労働者について

就業規則は，その事業場における服務規律や労働者の労働条件の細目を示そうとするものであるから，その事業場におけるすべての労働者を対象としているものである。すなわち嘱託であるとか，機密事項を取扱っている労働者だからといって，それだけの理由で就業規則が適用されない労働者が，事業場内で1人でもいるということは考えられない。しかし，その反面，同一の就業規則をすべての労働者に一律に適用しなければならないとも考えられない。

その企業の実態によっては，社員就業規則，従業員就業規則，パートタイマー就業規則の3本立てにすることもできるし，または必要に応じて特殊な勤務，態様にある者については例外を設けて補ってもよいわけである。しかし，現在，一般的には「社員就業規則」と「パートタイマー就業規則」の2本立てのところが多くみられる。

(3) 労働者の意見を聴くこと

就業規則は具体的な労働条件を内容としているから，就業規則を作成又は変更する場合は，使用者は労働者の意見を聴かなければならない。

この点，労働基準法では「当該事業場に労働者の過半数で組織する労働組合がある場合においては，その労働組合，労働者の過半数で組織する労働組合がない場合においては，労働者の過半数を代表する者の意見を聴かなければならない」と規定している。

就業規則は，使用者が作るものであるが，その内容には労働者の意思を反映させようというものである。そして，これによって労働条件の決定についての労使対等の原則と，本来使用者が就業規則を作成するということとの調和点を考慮されているものである。

(4) 記載事項

労働基準法第89条第1項第1号〜10号にかけて，記載しなければならないことを規定している。これを分類すると，

① 就業規則を定める以上必ず記載しなければならない事項

② 使用者がこのことについて労働者に適用する定めをする場合，あるいは慣習として実施している場合には，必ず記載しなければならない事項

の2つに分けられている。

① 必ず記載しなければならない事項（絶対的必要記載事項）

　ア 始業及び終業の時刻，休憩時間，休日，休暇（育児休業および介護休業を含む）ならびに労働者を2組以上にわけて交替で就業させる場合においては，就業時転換に関する事項

　イ 賃金の決定，計算及び支払の方法，賃金の締切及び支払の時期ならびに昇給に関する事項

　ウ 退職に関する事項（解雇の事由を含む）

② 定めをする場合には必ず記載しなければならない事項（相対的必要記載事項）

　ア 退職手当，その他の臨時に支払われる賃金，手当，賞与及び最低賃金の定めをする場合におい

ては，これに関する事項

イ　労働者に食費，作業用品その他の負担をさせる定めをする場合においては，これに関する事項

ウ　職業訓練，安全及び衛生に関する定めをする場合においては，これに関する事項

エ　災害補償及び業務外の傷病扶助に関する定めをする場合においては，その種類及び程度に関する事項

オ　表彰及び制裁の定めをする場合においては，その種類及び程度に関する事項

カ　当該事業場の労働者のすべてに適用される定めをする場合においては，これに関する事項

③　任意記載事項

①②の記載事項のほかの事項を記載することは自由であって，これは任意記載事項と俗に呼ばれている。例えば，就業規則の制定趣旨ないし根本的精神の宣言や，就業規則の変更についての労働組合との協議約款等などがこれにあたる。

以上の関係をとりまとめて分かりやすく図表に示すと別図①のとおりとなる。

別図①　労働基準法上の記載事項の分類

絶対的必要記載事項

- 始業・終業時刻，休憩時間
- 休日，休暇
- 交代制勤務における就業時転換
- 賃金（賃金の決定，計算，支払方法，締め切り，支払時期，昇給）
- 退職（定年制，自己都合退職，解雇等）

相対的必要記載事項

- 退職手当（適用範囲，決定，計算，支払方法，支払時期）
- 臨時賃金（賞与），最低賃金額
- 食費，作業用品などの労働者負担
- 安全・衛生
- 表彰・制裁
- 職業訓練
- 災害補償，業務外の傷病扶助
- その他事業場のすべての労働者に適用される事項（例：試用期間，人事異動，休職・復職，旅費，福利厚生など）

任 意 的 記 載 事 項

- 絶対的必要記載事項，相対的必要記載事項以外の事項
- （例：就業にあたっての心得，留意事項など）

(5)　就業規則の構造

就業規則は，法に基づいて別規程することが認められている。この場合，内規とかマニュアル，取扱規程など，どこまでが就業規則に該当するかという問題も起こってくる。ここに，就業規則に「含まれる部分」と「含まれない部分」に分けた，「就業規則の構造」を別図②のごとく分析したので，1つの

別図②　就業規則の構造

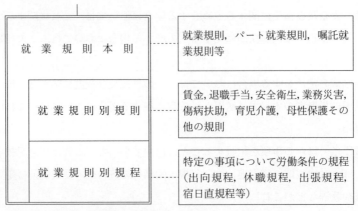

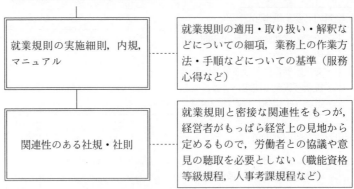

(注)　職能資格等級規程，人事考課規程などについても，就業規則に含むべきであるとの議論がある。これらの規程については，その一部（たとえば職能資格等級制度の概要など）を就業規則に含み，残りの部分は就業規則以外として取り扱うことが適当と思われる。

参考とされたい。

(6) **届出**

　就業規則が作成されると（変更されると），「(3)労働者の意見」の意見書を添付して，所轄の労働基準監督署長に届出なければならないことになっている。

(7) **周知について**

　使用者は，就業規則を作成あるいは変更したときは，就業規則を事業場内の見やすい場所に掲示するか，あるいは事業場の適当な場所に備えておく等の適切な方法によって労働者に周知させる必要がある。

　就業規則は前にも述べたように，労働者の具体的な労働条件を内容とするものであり，また職場の秩序を定めたものであるから，これを労働者の全部に広く知らせておくことが何よりも大事なことであ

る。それには，労働者が気軽に見られるようにし，できれば適当な印刷物の冊子にして全員に渡すようにしたいものである。

4．就業規則の構成

就業規則は，その事例によってみると多くの場合，次のような形式で作成されている。

① 前文

　ここでは就業規則制定の趣旨とか，就業規則を貫く根本精神を宣言している。

② 総則

　就業規則の目的，その適用範囲，職制又は身分，従業員の定義，就業規則の遵守義務等が定められている。

③ 人事に関する事項

　採用，異動ないし配置転換，解雇及び退職，定年，休職及び復職，その他試用期間に関する規定等，人事に関するすべての事項について定められている。

④ 勤務に関する事項

　勤務に関する心得など一般的規程のほか，労働時間，休憩，休暇，育児休業，介護休業，母性健康管理，休日，出勤，勤務時間制及び時間外勤務，変形勤務時間制，日直及び宿直，出張，特殊勤務，監視断続勤務，交替勤務等について具体的に細かい規程が設けられている。

⑤ 給与等に関する事項

　賃金，賞与，退職金，旅費，貯蓄金等に関する規定が定められているが，給与に関する規定は別個に賃金規定，給与規定，退職金支給規定，出張旅費規定，慶弔見舞金規定等の名称のもとに，別規定として作成されている場合が多い。

　この場合，賃金規定は別規定にしても前述の**「絶対的記載事項」**の要件が多く含まれており就業規則の一部であるので，必ず作成しなければならない。

⑥ 服務規律に関する事項

　事業場における規律，秘密保持，兼職の禁止，その他労働者が服務上一般的に守るべき事項が規定されている。

⑦ 表彰及び制裁に関する事項

⑧ 安全及び衛生に関する事項

⑨ 災害補償及び扶助に関する事項

⑩ 教育及び福利厚生に関する事項

　技能教育，福利厚生，寄宿舎及び社宅などについて定める。

⑪ パートタイマーに関する事項

　パートタイマーについては一般の就業規則を適用するが，パートタイマーの場合，正規労働者と労働条件が異なる場合が多いので，ほかにパートタイマー就業規則を定めるべきである。「短時間労働者の雇用管理改善に関する法律（パート労働法）」の「パート雇用管理改善指針」（平成11年4

月1日施行）に就業規則の整備が盛り込まれている。

⑫　その他（附則）

　　就業規則の施行期日，就業規則変更についての労働組合との同意，又は協約約款等，変更の手続のような事項が附則として定められている。

　就業規則の構成は大体以上のとおりであるが，これらの事項を統一的に一つの規則のなかに納めることが困難な場合もある。そこで特に細かい規定となりやすい賃金，退職金，旅費，福利厚生，安全衛生，災害補償，業務外の傷病扶助に関する事項等については，別規定にしても差し支えない。もちろん，別規定といっても，就業規則の一部であることに変わりはないので，本規則同様の手続等が必要である。

5．就業規則作成変更のプロセス

　就業規則を新たに作成する場合，あるいは改訂（変更）する場合のプロセスは，次のような流れで実施するとよいだろう。

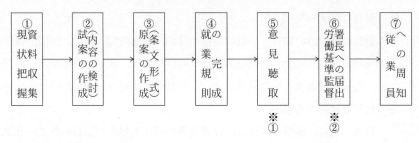

　規則の主な配列と別規則（規定・規程）は次のとおりである。

〔例1〕（従業員10～30人位の事業所）

　第1章　総則

　第2章　勤務

　第3章　賃金

　第4章　服務

　第5章　退職

〔例2〕（従業員30人以上の事業所）

　第1章　総則（前文）

　第2章　採用及び配置

　第3章　勤務及び休憩時間

　第4章　休日及び休暇

　第5章　育児休業・介護休業

　第6章　賃金及び退職金

　第7章　休職及び退職

　第8章　服務規律

※①意見書の書式例

意　見　書

　　年　　月　日付で意見を求めた当社就業規則について，下記のとおり申し述べます。
なお，反対意見については速やかに改訂されるよう申し入れます。

記

１．第○条の年次有給休暇は，最低○日間として下さい。

２．第○条の　……………………

　　　　年　　月　　日

　　　　　　　　　　　　　　　　　　ＳＲ工業労働組合

　　　　　　　　　　　　　　　　　　執行委員長　　○　○　○　○　㊞

ＳＲ工業株式会社

　　代表取締役　○　○　○　○　殿

※②就業規則届出書式例

就業規則届（変更届）

　　今般，就業規則を別添のとおり作成（変更）しましたので従業員代表の意見書を添えてお
届けします。

　　　　年　　月　　日

　　○○労働基準監督署長　　殿

　　　　　　　　　　　　　　　　　　東京都千代田区丸の内○−○−○

　　　　　　　　　　　　　　　　　　ＳＲ工業株式会社　　　　　　　㊞

　　　　　　　　　　　　　　　　　　代表取締役　　○　○　○　○　㊞

第9章　表彰及び制裁

第10章　福利厚生

第11章　安全及び衛生

第12章　災害補償

　　　別規定

① 賃金規程

② 旅費規程

③ 退職金規程

④ 安全衛生規程

⑤ 慶弔見舞金規則

⑥ 臨時従業員就業規則

⑦ 嘱託従業員就業規則

⑧ パートタイマー就業規則

⑨ 服務規程

⑩ 転勤，出向規程

⑪ 育児休業規程

⑫ 介護休業規程

6．最近の労働法令の改正

最近の労働法令の改正の動きを示すと，次のとおりである。

法令	主な改正内容	施行日
高年齢者雇用安定法	①継続雇用制度の対象者を限定できる仕組みの廃止 ②継続雇用制度の対象者を雇用する企業の拡大（グループ企業での継続雇用を認める）	2013年4月1日
労働契約法	雇用契約を5年を超えて反復更新した場合，労働者の申し込みにより，有期契約から無期契約に転換させる。	2013年4月1日
パートタイム労働法	仕事の内容が正社員と同じなら，有期雇用のパートタイム労働者の待遇を正社員と同等としなければならい。	2015年4月1日
労働安全衛生法	①心理的な負担の程度を把握するための検査（ストレスチェック）の義務化（労働者50人未満の事業場は，当分の間努力義務） ②受動喫煙防止の努力義務	2015年6月1日 （ストレスチェックは，同年12月1日）
女性活躍推進法	労働者数301人以上の事業主に対して，次のことを義務付ける。	2016年4月1日

	①自社の女性の活躍に関する状況の把握と課題の分析 ②状況把握と課題分析を踏まえた行動計画の策定とその周知，公表 ③行動計画を策定した旨の都道府県労働局への届出 ④女性の活躍に関する状況の情報の公表	
労働者派遣法	①派遣社員の継続的な受け入れは，同一事業所において3年を上限とする。 ②同一事業所において3年を超えて派遣社員を受け入れる場合は，労働組合の意見聴取が必要 ③派遣社員が同一の派遣先で3年を超えて働くときは，部課を変更することが必要 ④派遣会社は，同一の派遣先に1年を超えて派遣社員を派遣する見込みがあるときは，派遣先に対して直接雇用を依頼する等の措置が必要	2016年9月30日
育児・介護休業法	①介護のための所定外労働の制限の創設 ②介護のための所定労働時間の短縮等の措置の期間の延長（労働者の申出に基づく連続する3年以上の期間とする） ③子の看護休暇の改正（半日単位での取得が可能） ④介護休暇の改正（半日単位での取得が可能）	2017年1月1日

　さらに，2018年6月，働き方改革関連法が成立し，時間外労働の上限規制，高度専門職制度（高度プロフェッショナル制度）の創設などが行われた。

○働き方改革関連法の主な内容

項目	内容	施行日
時間外労働の上限規制	時間外労働について，次のような上限が設けられた。 ①1カ月における時間外労働および休日労働の時間は100時間未満 ②2～6カ月のいずれの期間においても，時間外労働および休日労働の1カ月当たりの平均時間は80時間以内 ③1年における時間外労働の時間は720時間以内 ④時間外労働が45時間を超える月数は，1年について6カ月以内	大企業は2019年4月。中小企業は，2020年4月
中小企業の時間外労働の割増率の引き上げ	月60時間超の時間外労働の割増率を現在の25％から大企業と同じ50％に引き上げる。	2023年4月
フレックスタイム制の清算期間の延長	労働時間の清算期間を最長1カ月から3カ月に延長する。	2019年4月

年次有給休暇の時季指定	使用者は，10日以上の年次有給休暇が付与される労働者に対し，5日について，毎年時季を指定して与えなければならない。	2019年4月
高度専門職制度（高度プロフェッショナル制度）の創設	年収1,075万円以上の一部専門職を労働時間規制の対象から外す。	2019年4月
勤務間インターバル制度の促進	終業時刻から翌日の始業時刻までの間に一定の休息時間を設けることを企業の努力義務とする。	2019年4月
産業医・産業保健機能の強化	事業者は，産業医に対し，産業保健機能を適切に行うために必要な情報を提供しなければならないなど，新たに8項目を定める。	2019年4月
労働時間の把握	事業者は，厚生労働省令の定めるところにより，労働者の労働時間の状況を把握しなければならない。	2019年4月
同一労働同一賃金の促進	正社員と非正社員の不合理な待遇格差を是正するため，関係法を整備する。	大企業は2020年4月。中小企業は，2021年4月

第2　就業規則の事例と逐条解説

——規模50～300人未満のモデル——

まえがき

この就業規則は，○○株式会社が，企業の目的達成のために，社員の採用，服務及び労働条件等について定めたものである。

社員は，経営の基本方針を理解して，職務上の責任を重んじ業務に精励しなければならない。所属長は所属社員の人格を尊重して親切にこれを指導し，同僚は互いに助け合い，この規則を尊重して業務に励み，もって社業の発展に寄与しなければならない。

＜チェックポイント＞

（前文）は，必ずしも就業規則のなかに定めなければならないものではない。しかし，就業規則の基本精神を簡単に表現することによって，従業員に就業規則制定の趣旨を十分に理解させ，その就業規則が円滑適正に運用されることを期待するものである。

経営の基本方針

1．わが社は○○業活動を通じて社会に貢献する。

2．わが社は，会社の繁栄とともに社員の生活向上に努める。

3．わが社は誠実を旨とし，世の信頼を得るよう努力する。

4．わが社は○○業界に豊かな未来をめざす。

5．わが社は企業道の精神に徹し地域社会に奉仕する。

経営の基本方針

当該企業の経営方針（経営哲学）を示す，社是（社訓）や経営理念は，事業の基本的な目標と原理をきめたものであるから，従業員には「経営におけるよい人間関係」のよりどころを与えることにもなる。また，社外に対しては，経営の信条及び社会的責任を示すものにもなる。この経営姿勢が社長から末端従業員まで脈絡一貫するには，就業規則にもこの点を明らかにしておくべきであろう。

第1章　総　　則

（目的）

第1条　この就業規則（以下「規則」という。）は，○○株式会社（以下「会社」という。）の社員の就業に関する基本的事項を定めることを目的とする。

2．この規則及びこれに付属する別規定等に定めのない事項については，労働基準法及びその他法令

の定めるところによる。

3．人材派遣企業より派遣される「派遣社員」を使用するときは，「労働者派遣法」に定める，派遣先事業主に適用される労働基準法及び労働安全衛生法の適応の範囲において責任を負うものとする。

目的

就業規則は，使用者が当該事業場の従業員との労働関係を規律しようとするものであるから，その目的を明示する必要がある。なお，第7条の「派遣社員」を使用しない場合は記載する必要はない。

就業規則には，従業員の就業に関する重要事項が盛り込まれているが，その前提にある法律上の基準は，労働基準法などの法律に定められており，また，就業規則に就業上のすべての事項が盛り込まれているわけでもないので，この規則に定めるもののほか労働基準法など法令の定めについて留意を怠らないようにする必要がある。

（規則の遵守）

第2条 会社及び社員は，この規則を遵守して相ともに協力し，社業の発展に努めなければならない。

規則の遵守

労働基準法第2条第2項では，「労働者及び使用者は，労働協約，就業規則及び労働契約を遵守し，誠実に各々その義務を履行しなければならない」と規定している。この趣旨を受けて，就業規則に労使共に遵守義務を明記する必要があろう。

（社員の定義）

第3条 この規則において社員とは，第2章の採用に関する手続きを経て会社に採用された者及び第24条により引き続き雇用されたつぎの各号の者をいう。

社員の定義及び規則の適用

就業規則は，特段の規定がない限り，事業場のすべての労働者に適用されるのが原則である。したがって，例えば，臨時雇用やパートタイマーのように，一般の従業員と就業条件が著しく異なっている場合でも，当然に適用しないということはできない。もちろん，すべての労働者の労働条件が同一でなければならないわけでないから，その特殊性に応じ特別の定めをしなければならない。

そのためには，社員の定義及び，当該就業規則が適用される社員の範囲を明確にしておく必要がある。

---

① 見習社員

見習社員とは第13条の試用期間中の者をいう。

② 社員

社員とは第13条の試用期間（見習社員）を経て本採用された者をいう。

③　嘱託

　　嘱託とは高年齢者，特別の職務者で嘱託として採用した場合と，第24条の定年者で引き続き再雇用した者をいう。

（職制）

第4条　会社は，業務の円滑な遂行を図り，組織命令の確立のために職制を設け，業務の責任と権限を明確にする。

　2．職制に関する事項は別に定める。

　3．社員は定められた職制に所属するものとし，進んでその円滑な運営に協力しなければならない。

（所属長の定義）

第5条　所属長とは，職制上の当該社員を指揮監督する権限を有する者をいう。

（適用範囲）

第6条　この規則は，会社の社員に適用する。

　　ただし，嘱託については，労働条件の一部を別の雇用契約書で定める。定めのない事項については，この規則を適用する。

　2．契約社員，パートタイマー，アルバイト，臨時雇用者については，別に定めるところによる。

（派遣社員）

第7条　会社は，人材派遣企業より派遣される「派遣社員」を使用する場合は，派遣元と締結した「社員派遣契約」に基づいて使用する。

┌─ **労働者派遣法による改正** ─────────────────────

　「人材派遣先企業」は，第1条（目的）の第3項及び第7条（派遣社員）の条項を規定されたい。また，「人材派遣企業（派遣元）」は，採用した社員を，派遣労働者として雇用する場合は，本人に「派遣社員」である旨及び派遣先と結んだ「社員派遣契約」の内容を明示する事を規定されたい。ただし，「派遣社員」を使用しない場合は記載する必要はない。

└──────────────────────────────────────

第2章　人　　事

第1節　採　　用

（採用）

第8条　会社は，15歳（義務教育終了者で15歳に達した以後の3月31日を過ぎた者）以上の者で入社を希望する者の中から採用試験に合格し，所定の手続きを経た者を社員として採用する。

┌─ **募集・採用に関する事項** ───────────────────

　従来15歳以上であったが，改正で「義務教育終了者で15歳に達した以後の3月31日を過ぎた者」となった。

　採用条件の中に「性別」を入れている規定があるときは「性別」を削除されたい。男女雇用機会

均等法の第5条で「事業主は労働者の募集及び採用について，その性別にかかわりなく均等な機会を与えなければならない」と規定している。このため募集要項や広告に仕事の内容を具体的に明示することが必要となろう。

　採用の場合に，事前に仕事の内容を十分に説明すべきである。それでもその仕事をやりたいという女性がいれば拒否できない。男女とも同じ採用基準により採用の可否を決定しなければならない。就業意識や労働意欲の高い，ファイトある女性は歓迎するというような発想の転換も必要であろう。

（採用試験）

第9条　採用試験は，入社希望者に対して，つぎの書類の提出を求め，筆記試験ならびに選考を行い，その成績ならびに社員としての適合性の順位により合格者をきめる。

　　　ただし筆記試験は省略することがある。

　① 履歴書

　② 身上調書（会社指定のもの）

　③ 学校卒業証明書または見込証明書

　④ その他会社が必要とする書類

　2. 前項の提出書類は，都合によって一部を免除することがある。

（採用者提出書類）

第10条　前条の採用試験に合格し，新たに社員として採用された者は，採用後10日以内につぎの書類を提出しなければならない。

　① 雇用契約書（会社指定のもの）

　② 誓約保証書（会社指定のもの）

　③ 住民票記載事項証明書

　④ 世帯家族届及び通勤方法（会社指定のもの）

　⑤ 前職のあった者については，厚生年金保険者証及び雇用保険被保険者証

　⑥ 入社年に給与所得のあった者については源泉徴収票

　⑦ その他会社が必要とする書類

提出書類

　第9条及び第10条の規定は多くの就業規則に記載されている。特に提出書類は，入社希望者の提出書類と採用決定者の提出書類に分けられる。また，提出書類は男女異ならないようにしなければならない。

　特に，身上書，住民票記載事項証明書，誓約保証書については十分注意されたい。なお，採用に当たり戸籍謄（抄）本及び住民票の写しを提出させる例もみられるが，厚生労働省の通達で禁止されているので「住民票記載事項の証明書」により処理すること。

（記載事項異動届）

第11条　社員は前条に定める提出書類の記載事項に異動が生じた場合は，遅滞なく会社に届出なければ
　　　ならない。

（労働条件の明示）

第12条　会社は，社員の採用に際しては，この規則を提示し，労働条件の説明を行い，雇用契約を締結
　　　するものとする。

　　2．雇用契約の締結に際しては，会社は雇用する者に，次の事項について文書を交付するものとする。

　　　① 賃金に関する事項

　　　② 雇用契約の期間に関する事項

　　　③ 就業の場所及び従事する業務に関する事項

　　　④ 始業及び終業の時刻。時間外労働の有無，休憩時間，休日及び休暇ならびにシフト制の場合の
　　　　就業時転換に関する事項

　　　⑤ 退職に関する事項（解雇の事由を含む）

> **労働条件の明示**
>
> 　労働条件の明示，採用の際の賃金，労働時間，その他の労働条件の明示は労働基準法第15条に規
> 定されており，賃金等に関しては書面による交付が義務づけられている（労働基準法第15条・施行
> 規則第5条2項，3項。書面による明示項目は本則第12条第12項の通り）。

（試用期間）

第13条　新たに社員として採用された者は，入社の日より3カ月を試用期間とする。

　　2．会社は，前項の試用期間の途中において，あるいは終了の際，本人の人柄・知識・技能・勤務態
　　　度・健康状態等について，社員として不適格と認められた場合は解雇する。

　　　ただし，入社後14日を経過した者については，第28条の手続きによって行う。

　　3．試用期間を終えて本採用された者は，試用開始の日をもって入社したこととし，勤続年数に通算
　　　する。

（試用期間を設けない特例）

第14条　会社は，業務の都合により他企業に勤務中の者等の要請入社した場合等については，試用期間
　　　を設けないで社員とすることがある。

> **試用期間**
>
> 　試用期間を何日間とするかは，労働基準法上特別の制限はない。労働基準法上特別の扱いをしてい
> るのは，第21条（解雇予告の適用除外）但し書に定める，採用後14日以内の者に限られていること
> である。試用期間を仮に設けるとしても，最長3カ月を超えないことが望ましい。そして，この
> 期間に特別の事情のない限り，一方的に延長はできない。第14条（試用期間を設けない特例）のよ
> うな場合もあり得るのでこの関係を記載しておくのが望ましい。

第2節　異　　動

（異動）

第15条　会社は，社員に対して，業務の都合または社員の健康状態により必要ある場合は，社員の就労の場所または従事する業務の変更を命ずることがある。

　2．社員は，正当な理由なく前項の命令を拒否することはできない。

配置転換（異動）

　従業員を適材適所に配置することは，企業経営上不可欠である。人事異動は労働契約に基づいて，使用者の人事権に属するものであるが，従業員の健康，生活条件等の配慮も必要である。就業規則上，使用者の人事権及び従業員の義務についてその根拠となる定めを設けることは必要である。

　出向・転籍は，雇用関係の相手が違うところで，また，転籍は全く雇用関係の契約当事者の違う企業に移るわけであるから，本人の同意が必要であり，不利益にならないように処置をしなければならない。また，男女雇用機会均等法により女性従業員が，婚姻したこと，一定の年齢に達したこと等を理由に不利益な配転は許されない。女性従業員の配転の機会が全く奪われないようにされたい。

（出向）

第16条　会社は，社員に対して，業務の都合により，社員の同意を得て，関連企業に出向を命ずることがある。

（転籍）

第17条　会社は，業務の都合により，社員の同意を得て，関連企業に転籍を命ずることがある。

　2．前項の場合，会社は雇用関係について社員の不利益にならないよう配慮する。

第3節　休　　職

（休職）

第18条　社員は，つぎの各号の一に該当する場合は休職を命ずる。

　①　業務外の傷病により引続き3カ月におよんだとき（療養休職）

　②　自己の都合で1カ月を超えて欠勤したとき（私事休職）

　③　会社の承認を得て，公職に就任し，会社の業務と両立しないとき（公職休職）

　④　会社の命令により，会社外の職務に就任したとき（出向休職）

　⑤　刑事事件に関し起訴されたとき（刑事休職）

　⑥　その他特別の事情があり，会社が休職を相当と認めたとき（特別休職）

休職の取扱い

　従業員が，自己の都合によって長期間，勤務できない事情にあるような場合，使用者はその従業

員を解雇することができる。しかし，一定期間休職扱いとし，雇用関係を存在させ，経過をみる方法が多くの企業で採られている。また，この休職制は使用者の都合による休業，例えば出向や派遣などの場合についても適用される例が多い。

休職について，就業規則上定めをする場合は，その始期，満了の扱い，休職期間中の賃金及び勤務年数の取扱いなどを，特に明確にしておかなければならない。

（休職期間）

第19条 前条に定める休職期間は，つぎのとおりとする。

① 第1号のとき

勤 続 年 数	休 職 年 数
3年未満	6カ月
3年以上10年未満	1年
10年以上	1年6カ月

ただし，結核性疾患の場合は2年とする。

② 第2号のとき………6カ月以内

③ 第3号及び第4号のとき………その期間

④ 第5号のとき………未決期間

⑤ 第6号のとき………その都度会社が決める

── **休職期間** ──────────────────────

休職期間については，特に法律上の定めはない。ただし，休職事由によってはおのずから休職期間が定められる場合がある。例えば，出向休職においては出向期間が休職期間となる。

（休職期間延長の特例）

第20条 前条の定めにかかわらず，会社は業務の都合により，必要ある場合は期間を延長することがある。

── **休職期間の延長の特例** ──────────────────────

休職期間の延長については，当然企業の自由裁量とされている。この場合，法律の要請としては公平扱いが原則であることを念頭におかねばならない。

特に，労働組合活動，政治活動，国籍を理由として差別待遇をしてはならない。このことを考慮に入れておかれたい。

（休職期間中の給与）

第21条 休職期間中の給与は原則として支給しない。

ただし，第18条第4号（出向休職）の場合は，出向（派遣）先の協定により支給することがあ

る。

2．第18条第1号（療養休職）の場合は健康保険の傷病手当金を受けるものとする。

（休職期間の勤続年数）

第22条　休職期間は原則として勤続年数に算入しない。

ただし，第18条第3号及び第4号については通算する。

（復職）

第23条　休職期間中に，休職事由が消滅した場合には，本人の申出により原職務に復帰させる。

2．原職務に復帰させることが困難である場合，または不適当である場合は就労の場所または従事する業務を変更することがある。

復職

休職は一時的に就労の義務を免除するという制度であるから，休職事由がなくなれば当然復職させることになる。

また，昇給，昇格等について休職者あるいは休職期間について特別な取扱いをするのであれば，それも明らかにしておくことが望ましい。

第4節　定年・退職及び解雇

（定年）

事例1（満65歳まで完全雇用する定年）

第24条　社員の定年は65歳までとする。満65歳に達した日をもって退職とする。

事例2（満60歳定年とするが，本人が希望する場合は，満65歳まで再雇用するもの）

第24条　社員の定年は，満60歳とし，満60歳に達した日の属する月の末日をもって退職とする。ただし，本人が希望する場合は，満65歳まで再雇用をする。

2．再雇用後の賃金，労働条件については別に定める「再雇用規程」によるものとする。

定年・継続雇用

高齢化の進展に伴って，高齢者雇用の場の確保が重要な社会的課題となっている。このため，高年齢者等の雇用の安定等に関する法律は，企業に対して，次のいずれかの方法で労働者を65歳まで雇用することを義務付けている。

① 定年の引上げ

② 継続雇用制度（定年退職者の再雇用制度または勤務延長制度）

③ 定年制の廃止

継続雇用制度（再雇用制度・勤務延長制度）の場合には，希望者全員を継続雇用の対象としなければならない。出勤率，職務遂行能力，職務経験年数，勤務態度などの面で一定の基準を設け，その基準に合致する者だけを継続雇用の対象とすることは，認められていない。

（退職）

第25条 社員が，つぎの各号の一に該当した場合は退職とし、社員としての身分を失う。

①　死亡したとき

②　本人から退職の申し出があり，所定の手続きを完了したとき

③　前条の定年に達したとき

④　期間を定める雇用が満了したとき

⑤　第19条の休職期間が満了しても復職しないとき

⑥　第27条の解雇のとき

⑦　第76条6号の懲戒解雇のとき

（自己都合退職の手続き）

第26条　社員が，自己の理由で退職しようとする場合は，できる限り1カ月以内に退職願いを提出し，引き継ぎその他の業務に支障をきたさないようにしなければならない。

　　ただし，やむをえない事由により1カ月前に退職願いを提出できない場合は，少なくとも14日前までにこれを提出し，承認を受けなければならない。

　2．前項により，退職願いを提出した者は，会社の承認あるまで従前の業務に従事しなければならない。

自己都合退職

　民法627条は，「雇用は，解約の申し入れの日から2週間を経過することによって終了する」。と規定しているので，2週間を超えると会社の諾否にかかわらず退職扱いとなる。

（解雇）

第27条　会社は，社員がつぎの各号の一に該当する場合は解雇する。

①　勤務成績又は業務能率が著しく不良で，向上の見込みがなく，他の職務にも転換できない等，就業に適さないと認められたとき

②　勤務状況が著しく不良で，改善の見込みがなく，社員としての職責を果たし得ないと認められたとき

③　業務上の負傷又は疾病による療養の開始後3年を経過しても当該負傷又は疾病がなおらない場合であって，社員が傷病補償年金を受けているとき又は受けることとなったとき（会社が打ち切り補償を支払ったときを含む）

④　精神又は身体の障害については，適正な雇用管理を行い，雇用の継続に配慮しても，なおその障害により業務に耐えられないと認められたとき

⑤　試用期間中又は試用期間満了時までに社員として不適格であると認められたとき

⑥　事業の運営上やむを得ない事情又は天災事変その他これに準ずるやむを得ない事情により，事業の継続が困難となったとき

⑦　刑事事件に関し，第18条5号（刑事休職）にかかわらず，事件の内容が社員として不適格のと

き

⑧　会社の許可なく，職務上の地位を利用して，外部の者から金品等のもてなしを不当に受けたとき

⑨　その他前各号に準ずるやむを得ない事情が生じたとき

解雇

　　使用者の一方的意思に基づいて行われる解雇については，各法律で規定されている解雇制限事由のほかは，一般的な規制がなかったため，解雇に関する紛争が多くなってきた現状に鑑み，労働契約法第16条で解雇についての原則規定が明文化されている。

　　その内容は，「解雇は，客観的に合理的な理由を欠き，社会通念上相当であると認められない場合は，その権利を濫用したものとして，無効とする」というもので，「解雇権濫用法理」が法律で明記された。そのため，労働契約の将来に向かっての解除である解雇については，その基準を明確にしておかねばならない。

　　なお，解雇の基準のなかでも，懲戒解雇と普通解雇とに分けて扱うべきとされている。

（解雇予告及び解雇予告手当）

第28条　会社は，前条により社員を解雇する場合は，少なくとも30日前に予告するか，30日分の平均賃金を解雇予告手当として支給する。

　　ただし，予告日数は平均賃金を支払った日数だけ短縮することができる。

2．前項の場合，つぎに該当する者は除く。

①　日々雇用する者

②　2カ月以内の期間を定めて雇用する者

③　第13条の試用期間中の者で14日以内のとき

　　ただし，第1号に該当する者が1カ月を越えて引き続き使用されるに至った場合，第2号に該当する者が所定の期間を越えて引き続き使用されるに至った場合においてはこの限りではない。

解雇予告及び解雇予告手当

　　労働基準法上，解雇を行う場合には，その30日前に予告することが原則となっている。この原則に対する例外はつぎのとおりである。

①　30日分以上の平均賃金を解雇予告手当として支払った場合。

②　天災地変やその他やむをえない事由のため事業の継続が不可能となった場合。

③　労働者の責に帰すべき事由に基づいて解雇する場合。

　　（②③については，労働基準監督署長の認定を受けた場合に限る）

（解雇の制限）

第29条　社員が，業務上の傷病による療養の開始後休業する期間及びその後30日間，ならびに第49条第2号（出産休暇）の休暇中及びその後30日間は解雇しない。

ただし，業務上の傷病による療養開始後３年を経過した日において，労働者災害補償保険法（以下「労災保険法」という。）に基づく第84条第１項第６号（傷病補償年金）の給付を受けている場合，もしくは同日後において給付を受けることになった場合，または天災地変等の事由で事業の継続が不可能となった場合で行政官庁の認定を受けた場合は除くものとする。

２．育児休業，介護休業の申出及び育児休業，介護休業を理由として解雇しない。

解雇の制限

労働基準法では，労働者が業務上の傷病または産前産後のため休業している期間及びその後30日間は，労働者の生活を脅かすことのないようあるいは就職活動に困難をきたさないよう配慮し，解雇を禁止している。この条文は，労働基準法第19条の規定を受けて定められたものである。

ただし書きの後段の天災地変等の事由がある場合の適用除外については，その事由について労働基準監督署長の認定が必要とされる。

育児休業法第10条によって，育児休業の申出をしたこと，及び育児休業をしたことを理由として解雇することはできない。介護休業は同法第16条によって，第10条が適用される。

（退職・解雇者の業務引継）

第30条　社員が，退職しまたは解雇された場合は，会社が指定する日までに，会社が指定した者に完全に業務の引継ぎをしなければならない。

（債務の返済等）

第31条　社員が退職し，解雇された場合は，遅滞なく，健康保険証，ユニフォーム等会社から貸与された物を取り揃えて返納しなければならない。

２．会社に債務のある場合は，退職または解雇の日までに完済しなければならない。

債務の返済等

労働契約関係が解消されたときに当たって，労働契約関係の状態にあったときの既存の債権・債務は清算されなければならず，また原状に復帰させるという義務を生ずるということをあらわしている。

（退職後の責務）

第32条　退職または解雇された者は，その在職中に行った自己の責務に属すべき職務に対する責任は免れない。

２．退職または解雇された者は，在職中に知り得た機密を他に洩らしてはならない。

退職後の責務

精神的，訓示的規定であるが，当然規定しておくことが望ましい。

（退職証明書）

第33条　会社は，退職または解雇された者が，退職証明書の交付を請求した場合は，遅滞なくこれを交

付する。

2．前項の証明事項は次のとおりとする。

① 使用期間

② 業務の種類

③ その事業における地位

④ 賃金

⑤ 退職の事由（解雇の場合はその理由）

3．前項の証明事項は退職者が請求した事項のみとする。

退職証明

解雇予告期間中に，退職証明の交付の請求した場合も含まれることになった。

第3章　勤　　務

第1節　勤務時間及び休憩

（労働時間及び休憩時間）

第34条　所定労働時間は，1週間については40時間，1日については8時間とする。

2．始業・終業の時刻及び休憩時間は，つぎのとおりとする。ただし，業務の都合やその他やむをえない事情により，これらを繰り上げ，または繰り下げることがある。

始業時刻　午前8時30分

終業時刻　午後5時30分

休憩時間　正午から午後1時まで

始業，終業

労働基準法第32条は，労働時間について，1週40時間，1日8時間の原則を定めている。事業の種類，業務の態様，その他必要に応じ，例外も定められている。したがって，就業規則に労働時間の定めを労働基準法の規定にのっとり，その企業の実情にあった最も合理的な労働時間制度を考える必要があろう。

（始業・終業・休憩時刻の変更）

第35条　会社は交通事情その他やむをえない事情のある場合は，全部または一部の者について前条に定める時刻を変更することがある。

始業，終業ならびに休憩時刻の変更

企業の業種によっては，天候の影響，交通事情等により当然予想される事由については，始業・終業・休憩の繰上げ繰下げの時刻の変更する旨を明記しておくことが望まれる。

第1章 就業規則 第2 就業規則の事例と逐条解説

（交替制）

第36条 会社は，業務の都合上必要ある場合は交替制勤務をとることがある。この場合，始業・終業・休憩時間は第34条に準じて行う。原則として１週40時間以内，１日８時間以内とし，次のように交替制をとることがある。

⑴ １番方勤務時間午前８時30分から午後５時30分まで，休憩時間正午から午後１時まで

⑵ ２番方勤務時間午後５時15分から翌午前２時15分まで，休憩時間午後11時00分から午前０時まで

⑶ ３番方勤務時間午前１時45分から午前９時45分まで，休憩時間午前６時30分から午前７時30分まで

２．前項の交替制勤務時間の勤務日，勤務割などはあらかじめ通知するものとする。

┌─ **交替制** ─────────────────────────────

交替制の場合も，始業・終業の時刻を定めることはもちろんであるが，交替制における就業時転換に関する事項は，就業規則の絶対的必要記載事項であるから，交替期日，業務期日，業務引継ぎ申渡しなどあわせて規定しておくことが必要である。

──────────────────────────────────────

（１カ月単位の変形労働時間制）

第37条 会社は業務の都合により１カ月単位の変形労働時間制をとることがある。

２．変形労働時間制を採用する場合は，毎月１日を起算日として，１カ月を平均して，１週間あたり40時間以内とする。始業・終業時刻，休憩時間並びに所定休日は，第34条及び第40条に準じて行う。

（１年単位の変形労働時間制）

第37条の２ 会社は業務の都合により１年単位の変形労働時間制をとることがある。

２．変形労働時間制を採用する場合は，毎年４月１日を起算日として，１年を平均して１週間あたり40時間以内とする。始業・終業時刻，休憩時間並びに所定休日は第34条及び第40条に規定するところに準じて行う。

３．変形労働時間制を採用する場合には，従業員代表と協定する。

┌─ **変形労働時間制** ─────────────────────────

１年単位の変形労働時間制を採用するには

１カ月を超え１年以内の期間で，１週間の労働時間が40時間以下となるように労働時間，休日を設定するものであるが，次の要件があって労使協定をしなければならない。

⑴ ①対象労働者の範囲，②対象期間及びその起算日，③特定期間の有無（連続して６日間の労働日を超える期間），④対象期間中の労働日及び各労働日ごとの労働時間，⑤労使協定の有効期間。

⑵ １日及び１週の所定労働時間の上限

１日10時間，１週52時間までの上限があること。

⑶ 休日（一般期間と特定期間）

連続する労働日数（一般期間）は6日間とする。7日間のうち1日休日を確保する。ただし，業務繁忙な期間（特定期間）は，連続して12日間労働させることができる。

例として，1日に休日を与えると，12日間連続労働させて，12日目に休日を与えることになる

(4) 対象期間が3カ月を超える場合の要件

①連続して週48時間を超える所定労働時間を設定する週が3週間以内であること。

②対象期間を起算日から3カ月ごとに区切った期間において，週48時間を超える所定労働時間を設定した週の初日が3回以内であること。

以上の要件を満たして就業規則で，上記の定めをした場合は，その定めにより，特定された日または特定された週に法定労働時間を超えて労働させることができる。この定めにより就業させるのであるが，使用者が業務の事情に応じて任意に変更することはできない。

― 変形労働時間制を採用する場合の変形期間における労働時間の計算方法 ―

(1) 1カ月単位の変形労働時間制，フレックスタイム制を採用した場合の法定総枠労働時間

計算式

40時間×{31, 30, 28, 29÷7日} ＝1カ月の法定総枠労働時間数

　31日の場合　177.1時間　　　30日の場合　171.4時間

　28日の場合　160.0時間　　　29日の場合　165.7時間

(2) 1年単位の変形労働時間制を採用した場合の法定総枠労働時間数

計算式

40時間×{1年以内の変形期間÷7日} ＝1年以内の変形期間における法定総枠労働時間

　1年間の場合　　2085.7時間　　　6カ月間の場合　1045.7時間

　4カ月間の場合　687.1時間　　　3カ月間の場合　525.7時間

― 年間休日カレンダーの作成 ―

変形労働時間は，休日を特定する必要があるので，事前に年間休日カレンダーを作成する方法もある。

〈例〉会社は，第○条の休日を前年12月1日に，翌年（1月1日～12月31日）の休日を「年間休日カレンダー」で明示する（年間休日114日）。

――参考――　　1週40時間制の組み方の例

① 完全週休2日制（最も典型的な例）

　（1日8時間・週労働5日制）

② 1日7時間15分，隔週2日制

　（4週単位の変形労働時間制）

③ 1日7時間30分，4週7休制

　（4週単位の変形労働時間制）

④　１日６時間40分，週労働６日制

（６時間40分×６日＝40時間）

⑤　土曜日半休制（１日７時間20分・土曜日３時間20分）

（７時間20分×５＝36時間40分）これに土曜日３時間20分を加えると40時間

⑥　変形労働時間制による方法（１年単位変形労働時間制による休日の設定）

変形労働時間制の妊産婦の取扱い

　妊産婦については，本人の請求があった場合には，１カ月単位の変形労働時間制，１年単位の変形労働時間制及び１週間単位の非定型的変形労働時間制の規定にかかわらず，１日及び１週間の法定労働時間を超えて労働させることはできない。

（休憩時間中の行動等）

第38条　社員は，休憩時間を自由に利用することができる。

　　ただし，休憩時間中に遠方に外出する場合は，所属長に届出るものとする。

２．食事は休憩中にとるものとする。

休憩時間

　労働基準法第34条は，休憩時間についてつぎのとおり定めている。

　　６時間以下　０時間，６〜８時間　45分以上，８時間を超えるとき　１時間

　休憩時間の自由利用……労働基準法第34条第３項に基づき自由に利用させる。

（出張者の勤務時間）

第39条　社員が出張その他会社の用務を帯び会社の外での勤務で，勤務時間の算定し難い場合は，原則として第34条の通常の就業時間を勤務したものとみなす。

　　ただし，所属長があらかじめ別段の指示をした場合にはこの限りでない。

２．当該勤務の遂行につき通常要する時間が所定勤務時間を超える場合は，通常要する時間について勤務したものとみなす。この場合において社員の過半数を代表する者との労使協定において通常要する時間について定めた場合は，その時間を勤務したものとみなす。

出張者の労働時間（労働基準法第38条の２）

　事業場外で業務に従事する場合で，労働時間の算定が困難なときには，次の(1)，(2)，(3)によって労働時間の算定とする。ただし，次のような場合は，労働時間の算定が可能であるので，みなし労働時間の適用はない。

①　何人かのグループで事業場外労働に従事する場合で，そのメンバーの中に労働時間の管理をする者がいる場合

②　事業場外で業務に従事するが，無線やポケットベル等によって随時使用者の指示を受けながら労働している場合

③　事業場において，訪問先，帰社時刻等当日の業務の具体的指示を受けたのち，事業場外で指示どおりに業務に従事し，その後事業場外から戻る場合

(1)　原則として所定労働時間労働したものとみなす。

(2)　その業務を遂行するため，通常所定労働時間を超えて労働することが必要な場合には，当該業務の遂行に通常必要とされる時間労働したものとみなす。みなされた時間外労働については，勤務の如何にかかわらず時間外手当を支給する。

(3)　(2)の場合に，労使協定を締結し「当該業務の遂行に通常必要とされる時間」を定めたときには，当該協定で定める時間がみなし労働時間となる。

　これは，事業場外労働の場合に，労働の実態に即した労働時間の算定を行うためのものであり，「当該業務の遂行に通常必要とされる時間」とは，通常人が通常の状態で，当該業務を遂行するために客観的に必要とする時間のことである。

　また，常態として事業場外労働をする場合には，労働時間の算定に関するトラブルをなくすために，あらかじめ労使協定において，この時間を協定しておくことが望ましいと考えられる。

第2節　休　　日

（休日）

第40条　休日は，つぎのとおりとする。

①　日曜日（法定休日）

②　土曜日

③　国民の祝日（日曜日と重なったときは翌日）

④　年末年始

⑤　その他会社が必要と認めた日

2．前条の休日は毎年12月10日までに翌年度の休日をカレンダーで明示する。

休日

　労働基準法第35条は，毎週少なくとも1回，あるいは4週間を通じて4日以上の休日を与えることを義務づけている。

　労働基準法は，休日を必ずしも特定すべきことを要求していないが，特定することは法の趣旨に副うものと考えられるから，就業規則では休日を特定するのが望ましい。

　なお，法定休日は割増賃金の計算で問題になるので，特定しておいた方が望ましい。

（休日の振替）

第41条　前条の休日は，会社の業務の都合，その他やむを得ない事由のある場合には，全部または一部の者について他の日に振り替えることがある。

2．休日を振り替える場合は，あらかじめ振り替える休日を指定する。

┌─ 休日の振替 ─────────────────────────────────────┐

休日の振替とは，あらかじめ休日ときめられた日を労働日とし，そのかわりに他の労働日を休日とすることで，休日に労働させ，任意に代休を与えるものとは違う。

休日の振替については，就業規則に振替の事由と振替休日の与え方について具体的に規定しておくことが望ましい。なお，振り替えるべき日については，振り替えられた日以降できる限り近接している日が望ましい。

└──┘

（災害時の勤務）

第42条 災害その他避けることのできない事由によって臨時の必要ある場合においては，労働基準法第33条の定めにより，その必要の限度において第34条の勤務時間を延長し，または第40条の休日に勤務させることがある。

第3節 時間外及び休日勤務等

（時間外及び休日勤務等）

第43条 会社は，社員に対し，つぎの各号の一に該当する場合は第34条（勤務時間）及び第40条（休日）の規定にかかわらず，時間外（早出・残業）または休日に勤務させることがある。

① 業務上必要やむを得ない事由があるとき

② 災害その他避けることのできない事由で臨時に必要を生じたとき

③ その他時間外及び休日勤務を必要とするとき

2．前項の時間外勤務ならびに休日勤務は行政官庁に届出した「時間外労働及び休日労働協定」の労使協定の範囲内とする。

3．時間外及び休日労働を命ぜられた者は，正当な理由なく拒むことはできない。

┌─ 時間外労働の上限時間 ──────────────────────────────┐

(1) 一般の労働者の場合（原則）

一 定 期 間		目安延長時間
週または月を単位とする期間	1 週 間	15時間
	2 週 間	27時間
	4 週 間	43時間
	1 箇 月	45時間
	2 箇 月	81時間
	3 箇 月	120時間
1 年 間		360時間

(2) 対象期間が3カ月を超える1年単位の変形労働時間制の適用労働者の場合（原則）

一　定　期　間	目安延長時間
1　週　間	14時間
2　週　間	25時間
4　週　間	40時間
1　箇　月	42時間
2　箇　月	75時間
3　箇　月	110時間
1　年　間	320時間

（注）
① 右欄に掲げる時間は，労働基準法第32条から第32条の5までまたは第40条の規定により労働させることができる最長の労働時間を超えて延長することができる時間である。
② 休日労働の時間数は含まれていない。

(3) 2018年6月の労働基準法改正により，時間外労働の特別条項について，次のような上限が設けられた（大企業は，2019年4月，中小企業は，2020年4月施行）。

①	1カ月における時間外労働および休日労働の時間は100時間未満
②	2～6カ月のいずれの期間においても，時間外労働および休日労働の1カ月当たりの平均時間は80時間以内
③	1年における時間外労働の時間は720時間以内
④	時間外労働が45時間を超える月数は，1年について6カ月以内

―― 女性の時間外労働・休日労働 ――

「男女雇用機会均等法」成立により，労働基準法の一部改正が行われ，女性の時間外労働，休日労働に関する制限が廃止された。ただし，妊産婦が請求した場合においては，時間外労働，休日労働，深夜業をさせることはできない。

（年少者の時間外勤務等）

第44条　前条の規程は，満18歳未満の者には適用しない。

　　　ただし，1日実働8時間以内及び法定外休日（第40条第2号，第3号，第4号，第5号）の場合は除くものとする。

（深夜勤務）

第45条　業務上必要ある場合は第43条の時間外勤務及び第40条の休日勤務が深夜（午後10時～午前5時）にわたることがある。

2．前項の定めは，満18歳未満の者には適用しない。

―― 深夜勤務 ――

労働基準法第37条は，深夜の定義を午後10時より午前5時までとしている。業務が深夜に及ぶ場合は就業規則上明確にしておくことが望ましい。

労働基準法第61条には，年少者の深夜業禁止の規定がある。

（妊産婦の時間外勤務等の取扱い）

第46条 妊産婦の社員が，時間外勤務，休日勤務，深夜勤務について，不就労の申出があった場合は，この勤務につかせない。

― **妊産婦の時間外勤務等の禁止** ―

労働基準法第66条には，妊産婦が請求した場合には，請求の範囲内で，これらの勤務が禁止されている。

第4節 休　暇

（年次有給休暇）

第47条 各年次ごとに所定労働日の8割以上出勤した社員に対しては，つぎの表のとおり勤続年数に応じた日数の年次有給休暇を与える。

勤続年数	勤　続　年　数　に　応　ず　る　休　暇　日　数						
	6カ月	1年 6カ月	2年 6カ月	3年 6カ月	4年 6カ月	5年 6カ月	6年 6カ月以上
有給休暇	10日	11日	12日	14日	16日	18日	20日

2．社員は，年次有給休暇を取得しようとするときは，あらかじめ時季を指定して請求するものとする。ただし，会社は，事業の正常な運営に支障があるときは，社員の指定した時季を変更することがある。

3．第1項の出勤率の算定に当たっては，年次有給休暇を取得した期間，慶弔休暇，特別休暇，産前産後の休業期間，育児・介護休業法に基づく育児休業期間，介護休業期間及び業務上の傷病による休業期間等は，出勤したものとして取り扱う。

4．第2項の規定にかかわらず，社員代表者との書面規定により，各社員の有する年次有給休暇日数のうち5日を超える部分について，あらかじめ時季を指定して与えることがある。

5．当該年度に新たに付与し年次有給休暇の全部または一部を取得しなかった場合には，その残日数は翌年度に限り繰り越される。

6．年次有給休暇の日数が10日以上の者については，そのうちの5日は，付与日から1年以内に，時季を指定して与える。ただし，本人の時季指定または計画的付与制度により付与した日数があるときは，その日数を5日から控除する。

― **年次有給休暇** ―

労働基準法第39条は，年次有給休暇について，その資格要件，付与日数，請求方法，給与などについて詳しく規定している。

また，年次有給休暇を請求する場合は，必ず事前に届出るように教育しておかれたい。

労使協定による計画的付与と時間単位の取得

　労使協定による計画的付与と時間単位の取得は，業務の都合との調和を図りつつ，年次有給休暇の消化を促進するための制度である。

　年次有給休暇のうち5日を超える部分については，労使協定を締結した場合には，当該協定で定めるところによって計画的に付与することができるようになった。計画的付与の方法としては，例えば次のようなものがある。

　① 事業場全体を閉鎖して一斉に付与する方法

　② 労働者をいくつかの班に分けて，班ごとに一斉に付与する方法

　③ 個人ごとに，労働者の希望を聴取して個人別の計画表を作成する方法

　また，年間5日を限度として時間単位で与えることができる。

年次有給休暇の時季指定付与

　日本の場合，年次有給休暇の取得率は高くない。取得率を高めるため，2018年6月，労働基準法の改正が行われ，「使用者は，年次有給休暇の日数が10日以上の者については，そのうちの5日は，付与日から1年以内に，時季を指定して与えなければならない。ただし，本人の時季指定または計画的付与制度により付与した日数があるときは，その日数を5日から控除することができる」と定められた（第39条7項）（2019年4月施行）。

（慶弔休暇）

第48条　会社は，社員がつぎの各号の一に該当する場合は，その者の申し出により，つぎの日数の休暇を与える。

　　① 結婚

　　　ア　本人のとき　　　　　　　　5日

　　　イ　子女のとき　　　　　　　　1日

　　② 出産

　　　ア　配偶者出産のとき　　　　　1日

　　③ 服喪

　　　ア　配偶者　　　　　　　　　　5日

　　　イ　子女，父母（養父母を含む）　3日

　　　ウ　祖父母，兄弟姉妹，孫　　　　2日

　　　　　　ただし，喪主の場合は　　　3日

　　　エ　配偶者の父母　　　　　　　1日

　　　　　　ただし，喪主の場合は　　　2日

　2．慶弔休暇は連続に与え，実労働日の日数とする。

　3．慶弔休暇に対しては通常の給与を与える。

第1章　就業規則　第2　就業規則の事例と逐条解説

慶弔休暇

　法定休暇（年次有給・産前産後の休暇・生理休暇等）のほかに，各企業において任意に与えている休暇である。就業規則上詳細に定めておくことが望ましい。

（特別休暇）

第49条　会社は，社員がつぎの各号の一に該当する場合は，その者の申し出により，つぎの特別休暇を与える。

　①　女性社員の生理日の就業が著しく困難なとき（生理による休暇）……必要期間または暦日（無給）

　②　女性社員の産前産後の休暇（出産休暇）……（無給）

　ア　産前6週間（多胎の場合は14週間）

　イ　産後8週間（医師の就業証明がある場合は6週間を経過後就業できる）

　③　公民権を行使するとき（公民休暇）…必要時間（有給）

　④　証人，鑑定人，参考人として警察，裁判所に出頭したとき（証人休暇）…必要日数及び必要時間（有給）

　⑤　裁判員候補または裁判員に選任されたとき（裁判員休暇）…必要日数及び必要時間（有給）

　⑥　社員が，天災，水害，風震災その他の災害により住居に罹災をこうむったとき（罹災休暇）…日数及び有無給はその都度決定

　⑦　その他前各号に準じ会社が必要と認めたとき…日数及び有無給はその都度決定

　2．前各号の特別休暇は，無給以外の各号は出勤したものとみなし，通常の給与を支給する。

特別休暇

　①　公民権行使のための時間（労働基準法第7条）

　②　産前産後の休暇（労働基準法第65条）

　③　生理休暇（労働基準法第68条）

就業規則上その取扱いを詳細に定めることが望まれる。

生理による休暇

　生理による休暇の日数を限定することは許されないが，有給の生理による休暇を付与する場合にはその日数についてのみの限定は差し支えない（昭和23.5.5　基発682号）。

産前産後の休暇

　「産前6週間（多胎妊娠の場合にあっては14週間）」「産後8週間，ただし産後6週間を経過した女性が請求した場合において，その者について医師が支障がないと認めた業務に就かせることは差し支えない」となっている。

（業務上の傷病休暇）

第50条　社員が業務上負傷し，または疾病にかかった場合は，医師の認める期間中休暇を与える。

45

2．休暇を与える期間は，第84条第1項第6号により，3年を経過し第84条第1項6号の傷病補償年金の受給により解雇されるまでとする。

3．休暇中に対する給与にかわり，第84条第1項第2号の休業補償給付による。

業務上の傷病休暇

業務上の傷病の場合は，ある期間第29条の解雇の制限に当たる。その期間は休職ではなく傷病となる。ただし，最初の3日間は平均賃金の3日分を支給する。

（休暇の手続き）

第51条　社員が慶弔休暇及び特別休暇を受けようとする場合は，あらかじめ所属長の承認を得て，所定用紙によってその理由と予定日数あるいは予定時間を記入のうえ，休暇願いを提出しなければならない。

　　　ただし，緊急用件で所定の手続きができない場合には，電話その他の方法によって連絡し，事後速やかに届出るものとする。

2．第49条第2号（出産休暇），第3号（公民休暇），第4号（証人休暇），第6号（罹災休暇）については，事実を証明する書類を提出しなければならない。

休暇の手続き

慶弔休暇及び特別休暇を受けようとする従業員は，必ず事前に休暇願いを提出させることが必要である。それには，手続きの規定が必要である。

第5節　母性健康管理

（時間内通院）

第52条　妊娠中および出産後1年以内の女性社員が母子保健法による健康診査等のために勤務時間内に通院する必要がある場合は，請求により次の時間内通院を認める。

①　請求できる期間及び回数

イ　妊娠23週まで　　　　　　　　　　　　　　　　　　　　　　　　　　　4週間に1回

ロ　妊娠24週から35週まで　　　　　　　　　　　　　　　　　　　　　　　2週間に1回

ハ　妊娠36週以降　　　　　　　　　　　　　　　　　　　　　　　　　　　1週間に1回

　　　ただし，医師等の指示がある場合は，その指示による回数を認める。

②　賃金は減額しない。

（通勤緩和）

第53条　妊娠中の女性社員に対し，会社は出社，退社時各々30分の遅出，早退を認める。ただし，この遅出，早退を出社時あるいは退社時のいずれか一方にまとめ計60分として取得する場合は，あらかじめ届出るものとする。

2．賃金は減額しない。

（勤務中の休憩）

第54条　妊娠中の女性社員が業務を長時間継続することが身体に負担になる場合，請求により所定の休憩以外に適宜休憩をとることを認める。

（症状等に対応する措置）

第55条　妊娠中及び出産後1年以内の女性社員が，医師等から，勤務状態が健康状態に支障を及ぼすとの指導を受けた場合は，症状等に対応する次のことを認める。

①　業務負担の軽減

②　負担の少ない業務への転換

③　勤務時間の短縮

④　休　　暇

2．賃金はその都度決定する。

母性健康管理

母性健康管理の措置については，均等法により平成10年4月1日から義務付けられている。

女性従業員が母子保健法の規定による保健指導または健康診査を受けるために必要な期間の休業の申出をした場合，事業主は，その申出に応じなければならないことになっている。

妊娠中又は出産後1年を経過していない女性従業員が，医師等から健康診査に基づいた指導を受け，この指導事項を守るための措置について申出をした場合，事業主は，申出に応じ，必要な措置を講じなければならないことになっている。

第6節　育児休業・介護休業等

（育児休業）

第56条　社員のうち，1歳未満の子（特別の事情ある場合は，2歳）の養育を必要とする者は，会社に申し出て育児休業または育児短時間勤務の適用を受けることができる。

2．育児休業または短時間勤務の対象者，手続き等の必要事項については，別に定める「育児休業規程」による。

育児休業

育児休業については，育児・介護休業法により，1歳未満の子（特別の事情ある場合は，2歳）を養育する従業員（男女を問わず）から育児休業の申出があった場合には，事業主はその申出に応じ休業させなければならない。

（介護休業）

第57条　社員の家族で傷病のため介護を要する者がいる場合は，会社に申し出て介護休業または介護短時間勤務の適用を受けることができる。

2．介護休業または介護短時間勤務に対する対象者，期間，手続き等の必要事項については，別に定

第1章　就業規則　第2　就業規則の事例と逐条解説

める「介護休業規程」による。

介護休業

　育児・介護休業法により，介護を必要とする家族を介護する従業員から介護休業の申出があった場合には，事業主はその申出に応じ休業させなければならない。

（育児時間）

第58条　女性社員から，満1歳未満の育児のため，育児時間の申し出があった場合は1日2回，1回について30分の育児時間を認める。

　2．育児時間に対しては無給とする。

育児時間

　育児時間（労働基準法第67条）は，前条の育児休業とは法的に違う。有給か無給にすることは自由である。育児時間は，勤務の始め又は勤務の終わる前に与えても差し支えないとしている（昭33・6・26基収4317号）。

第7節　出退勤

（出退勤）

第59条　社員は，始業及び終業時刻を厳守し，出退勤は必ず所定の場所より行うものとする。

　2．社員は，始業開始前に出勤し，所定の場所において各自のタイムレコーダー（出勤簿）に記録しなければならない。

　3．退勤は終業時に製品，書類，器具など整理整頓した後行い，所定の場所においてタイムレコーダーに記録しなければならない。

出退勤

　出退勤の際に遵守すべき事項を定めたもので，始業時刻までに出勤しタイムカード等所定の方法で出勤の事実を明らかにすべきことを定め，また退勤に際しては整理整頓を行った後，タイムカード等で退勤の事実を明らかにすべきことを定めたものである。

（遅刻・早退・私用外出）

第60条　社員が，やむをえない事由で，遅刻，早退ならびに私用外出する場合は，あらかじめ所属長に届出て承認を受けなければならない。

　　ただし，事前に承認を受けることができない緊急の場合は，遅滞なく電話等で連絡のうえ承認を受けなければならない。

（欠勤の手続き）

第61条　社員が，病気その他やむをえない事由により欠勤する場合は，前もってその事由と予定日数を所定の様式により，所属長を通して届出なければならない。

ただし，事前に届出る余裕のない緊急の場合は，電話その他で連絡し，事後速やかに届出なければならない。

2．病気欠勤7日以上におよぶ場合は，医師の診断書を添えなければならない。

3．第1項の手続きが正当な理由なく行われないものについては，無届欠勤として取り扱う。

欠勤の手続き

従業員に大事な仕事を控えて突然休まれては事業の正常な運営を図ることはできない。かといって，病気等でやむをえず急に休む必要の生じることも事実である。そこで，この条文では欠勤の際のルールを定め，けじめのある処置をするための規定を設けたものである。この手続きを守らない欠勤は，無届け欠勤とする。

（業務外の用件及び残留）

第62条　社員は，勤務時間以外に仕事に関係する用件以外で入場する場合は会社の許可を必要とする。

2．勤務時間後，仕事に関係する用件以外で会社に残留する場合は，会社に届出て許可を必要とする。

業務外の用件及び残留

直接業務に関係のない用件及び残留については，職場の秩序や事故防止のために，このような規定を設けることが必要であろう。

（入場禁止及び退場）

第63条　社員が，つぎの各号の一に該当する場合は，入場を禁止あるいは退場を命ずることがある。

①　職場内の秩序，風紀を乱すと認められる者

②　凶器その他業務に必要のない危険物を携帯する者

③　精神障害，伝染病の疾病または就業のため病勢悪化するおそれのある疾病にかかり就業に適しないと認められる者

④　業務を妨害し，またはそのおそれのある者

⑤　第76条第3号の出勤停止の懲戒処分を受けている者

入場禁止及び退場

精神的，訓示的規定も含まれているが，職場の秩序を守るためには，入場を禁止したり，退場を命ずることのできる規定を設けておく必要があろう。

（直行・直帰）

第64条　社員が出張により，直行または直帰する場合は，事前に所属長の承認を受けなければならない。

ただし，緊急の場合で事前に承認を受ける余裕のない場合は，電話等で連絡し届出なければならない。

> **直行・直帰**
>
> 業務の都合で出張者が，早朝会社に出社してタイムカードを刻印して出張するには支障をきたす場合もあるので（帰る場合も同様），弾力的な規定を設けておくべきである。

第4章　給与・退職金等

（給与）

第65条　社員に対する給与の決定，計算及び支払の方法，締切及び支払の時期ならびに昇給に関する事項及び賞与の支給に関する事項は，別に定める「給与規程」による。

> **給与規程（賃金規程）**
>
> 給与（賃金）は，労働時間とともに労働条件の最も重要な要素である。しかし，労働基準法はその内容について特段の基準をおかず，就業規則においてこれを定めるよう義務づけている。
>
> 賃金については，労働基準法上「絶対的必要記載事項」となっている。賃金の決定方法，諸手当等の種類，賃金制度については，企業ごとにそれぞれ異なるものであるから，企業の実情にあった規定をおく必要がある。
>
> なお，就業規則上，給与（賃金）規程は別規程にしても差し支えないが，就業規則の一部分であるから，必ず就業規則の作成と同時に給与（賃金）規程も作成されたい。

（退職金）

第66条　社員の退職，または死亡の場合は退職金を支給する。適用される社員の範囲，退職金の決定，計算及び支払の方法，支払の期日を「退職金支給規程」に定める。

> **退職金規程**
>
> 退職金については，別規程が多い。退職金制度を定めたら，これを規程化する。
>
> 退職金規程も別規則による就業規則の一部であるので必ず作成されたい。それには「適用される労働者の範囲」「退職手当の決定，計算及び支払の方法」「退職金の支払の時期」は，法定記載事項である。
>
> なお，中小企業退職金共済（中退金）や，企業年金に加入の事業場も，これらは退職金手当の一部であるから規程化して所轄の労働基準監督署長に届出る必要がある。

（慶弔見舞金）

第67条　社員の慶弔禍福，罹災の際は，別に定める「慶弔見舞金規程」により，祝金，見舞金，弔慰金を支給する。

> **慶弔見舞金規程**
>
> この制度も別規則による就業規則の一部分になる。

（出張旅費）

第68条　社員が，会社業務により出張する場合及び転勤に際しては，別に定める「出張旅費規程」により旅費を支給する。

> **出張旅費規程**
>
> この制度も別規則による就業規則の一部分になる。

第5章　服務規律

（服務の原則）

第69条　社員は，この規則に定めるほか，所属長の指示命令に従い，自己の業務に専念し，創意を発揮して能力向上に努めるとともに，互いに協力して職場の秩序を維持向上しなければならない。

2．所属長は，その所属社員の人格を尊重し誠意をもって指導し，率先してその職責を遂行しなければならない。

> **服務の原則**
>
> 就業規則は，事業場において従業員が就業するについての労働条件ならびにその従業員が服務に当たって守るべき規律を決めたものである。広い意味からみれば，就業規則全体が1つの服務規律であるともいえよう。しかし，そうした広い意味とは別に，従業員が事業場において，日常守るべき一般的な心得について，特に服務規律という条項を設け規定しているのが一般的となっている。
>
> 事業が正常な運営を維持し，円滑な発展を期するためには，労働条件が合理的であると同時に，職場における秩序が維持され，事業場の施設が正常に管理されていることが必要である。そのためには，使用者がその責任において，これらの事項を留意し適切な処置をしなければならない。
>
> 他面，従業員に対しても，一定の規範にのっとった服務が要請され，ここに服務規程の設定の必要が生ずるものである。

（服務の心得）

第70条　社員は職場の秩序を保持し，業務の正常な運営を図るため，つぎの各号の事項を守らなければならない。

① 常に健康に留意し，元気溌剌な態度で就業すること

② 職務の権限を超えて，専断的なことを行わないこと

③ 常に品位を保ち，会社の名誉を傷つけるようなことをしないこと

④ 会社の業務上の機密事項及び会社の不利益となるような事項を他に洩らさないこと

⑤ 会社の器具その他備品を大切にし，消耗品を節約し，書類その他会社の物品を丁寧に取り扱い，その保管を厳重にすること

⑥ 職場の整理，整頓に努め，常に清潔を保つようにすること

⑦ 勤務時間を励行し，職場を離れる場合は所在を明らかにしておくこと

⑧　他人の職務を妨害し，または職場の秩序を乱さないこと

⑨　職務に関し，不当な金品の借用または贈与もしくは供応の利益を受けないこと

⑩　酒気を帯びて就業しないこと

⑪　会社内において許可なく業務に関係のない集会をし，印刷物を配布し，または掲示しないこと

⑫　会社内において，政治活動，宗教活動をしないこと

⑬　許可なく，他の企業の役員もしくは従業員となり，または会社の利益に反するような業務に従事しないこと

⑭　会社内において賭事をしないこと

⑮　性的な言動によって他の社員に不利益を与えたり，就業環境を害さないこと

⑯　セクシュアルハラスメント的な行為をしないこと

⑰　職務上の地位や人間関係などの職場内の優位性を背景にした，正常な範囲を超える言動により，他の社員に精神的・身体的な苦痛を与えたり就業環境を害さないこと

⑱　妊娠・出産および出産・育児・介護等の制度を利用したことに対して，就業環境を害するような言動をしないこと

⑲　その他あらゆるハラスメントにより他の社員の就業環境を害さないこと

⑳　前各号のほか，これに準ずるような社員としてふさわしくない行為をしないこと

┌─ **服務の心得** ─────────────────────────────────
　服務規律は就業規則に必ず規定しなければならないが，企業秩序を維持するために必要不可欠のものであるから，定める場合には勤務態様に合わせ，必要な事項を規定しておくように。ただし，法令，当該事業場に適用される労働協約に違反することはできない。また，民法第90条の公序良俗に反してもいけない。
└──

┌─ **業務上の機密及び会社の不利益となる事項を他に洩らさないこと** ─────────────
　これは「守秘義務」というものである。守秘義務が労働契約上要請されるのは，忠実義務に基づいてのことである。
└──

┌─ **社内での集会，印刷物配布，政治活動・宗教活動の禁止** ──────────────────
　会社外においての集会，印刷物配布，政治活動・宗教活動等を行うことは従業員個人の自由である。しかし，会社内においては，会社は施設管理権，労働規律維持権限等いわゆる経営権がある。この経営権を無視しての行動は許されない。このような規程を設けることが一般的となっている。
└──

（執務態度のあり方）

第71条　社員の日常における執務態度は，つねに服装及び言語に気をつけていなければならない。

　2．電話その他の接遇においても意を配り，必要以上の冗長に流れる雑談に陥ることのないよう謙虚な心がけを忘れてはならない。

３．社員は特別の場合を除き，執務中は会社が貸与した所定の被服を着用しなければならない。

（指示命令・報告）

第72条　社員は，所属長の発する業務上の指示命令に従い，報告しなければならない。

２．出張を命ぜられたるものは，帰社後速やかに報告しなければならない。規定で文書報告の場合は文書による。

指示命令・報告

　企業は個々の従業員とそれぞれの労働契約を結びながら，その資質，能力，性別，年齢，知識，体力等々の面でそれぞれ異なる多数の従業員を同一の目的に向かって仕事をさせることが必要である。そのためには，意思統一が必要となり，指揮命令に従うことを原則とする必要がある。

第6章　表彰及び懲戒

第1節　表　彰

（表彰）

第73条　社員が，つぎの各号の一に該当する場合は，審査または選考のうえ表彰を行う。

①　品行方正，業務優秀，職務に熱心で他の模範となるとき

②　災害を未然に防ぎ，または災害の際，特に功労のあったとき

③　業務上有益な発明考案または献策は，著しく改善の成果があったとき

④　販売，サービス，商品の選定，事務運営などに関して，顕著な功績があったとき

⑤　社会的に功績があり，会社または社員の名誉となる行為のあったとき

⑥　永年精励恪勤したとき

⑦　その他，特に表彰に値する行為があったとき

表彰及び懲戒

　労働基準法第89条第9号で，「表彰及び制裁の定めをする場合においては，その種類及び程度に関する事項」を記載すべきことが規定されている。そのような定めをする場合には，必ず記載すべきことを要求しているものであるから，表彰や懲戒についての内規とか慣行がある場合であっても，これを就業規則に記載しなければならないことになる。

　また，その記載内容としては，少なくとも，その種類と程度を記載しなければならないことはもとより，表彰・懲戒の委員会とか懲戒の加重減免などに関する事項について，そのような定めがあれば記載しなければならない。

　表彰も懲戒もともに，企業が労働力の効率的使用と資本設備の保全を期待し，それによって効果的に事業目的を達成しようとするものである。

　表彰が積極的に労働力の活用と経営効率の増進を意図するものであるのに対し，懲戒は消極的に経営の秩序を維持するために設けられた秩序罰といえよう。

（表彰の方法）

第74条 前条の表彰は賞状を授与し，その程度により，次の各号に併せ行うことがある。

① 賞品授与

② 賞金授与

③ 特別昇給

④ 特別昇任（昇格）

第2節 懲 戒

（懲戒）

第75条 社員がつぎの各号の一に該当する場合は，次条により懲戒を行う。

① 重要な経歴を詐わり雇用されたとき

② 素行不良で会社の風紀，秩序を乱したとき

③ 正当な理由なく，しばしば欠勤，遅刻，早退し，出勤不良のとき

④ 故意に業務の能率を阻害し，また業務の遂行を妨げたとき

⑤ 業務上の怠慢または監督不行届により，会社に損害を与えたとき

⑥ 許可なく，会社の物品を持ち出し，または持ち出そうとしたとき

⑦ 会社の名誉，信用を傷つけたとき

⑧ 会社の機密を漏らし，または洩らそうとしたとき

⑨ 許可なく在職のまま他に雇用されたとき

⑩ 業務上の指示命令，または会社の諸規定通達にしばしば従わないとき

⑪ 業務上不当な行為または失礼な行為をしたとき

⑫ 金銭の横領，汚職その他刑法に触れるような行為をしたとき

⑬ 会社内において，性的な関心を示したり，噂を行なったり，性的な行為を仕掛けたりして，他の社員の業務に支障を与えたとき

⑭ 会社内において，性的な言動によって他人に不快な思いをさせ，職場の環境を悪くしたとき

⑮ 職責を利用して交際を強要したり，性的な関係を強要したとき

⑯ 職務上の地位や人間関係などの職場内の優位性を背景にした，正常な範囲を超える言動により，他人に精神的・身体的な苦痛を与えたり職場の環境を悪くしたとき

⑰ 妊娠・出産および出産・育児・介護等の制度を利用したことに対して，職場の環境を悪くするような言動をしたとき

⑱ その他あらゆるハラスメントにより他人に不快な思いをさせたり職場の環境を悪くしたとき

⑲ この規定に違反したとき

⑳ 前各号に準ずる程度の不都合な行為をしたとき

┌─ **懲戒** ─────────────────────
│ 企業秩序を維持するために，経営者が従業員に対して課する不利益処分であり，通常懲戒と呼ば

れている制裁である。懲戒に関する規程は，どこの企業の就業規則にも定められている。その種類も第75条にある種類が一般的となっている。もちろんこれ以外の懲戒も可能であるが，体罰を加えたり，監禁したりするような法令に触れるような種類のものは禁止されている。

　労働基準法では，第91条で「減給制裁」のみ定めていて，他は定めていない。その他については，懲戒の種類及び程度が公序良俗に反していない限り禁止されるものではない。

（懲戒の種類及び程度）

第76条　懲戒は，その情状により，つぎの6区分に従って行う。

　①　戒告……始末書をとり，将来を戒める。

　②　減給……始末書をとり，給与を減じて将来を戒める。

　　　ただし，減給1回の額が平均給与の半日分以内とする。なお，処分が2回以上にわたる場合においても，その総額が一給与支払期における10分の1以内で行う。

　③　出勤停止……始末書をとり，14日以内の出勤を停止し，その期間中の給与は支給しない。

　④　降格……始末書をとり，役付を免じもしくは引き下げる。

　⑤　論旨退職……退職届を提出するように勧告する。これに従わない場合は懲戒解雇とする。

　⑥　懲戒解雇……予告期間を設けることなく即時解雇する。

　　　この場合において所轄労働基準監督署長の認定を受けたときは第28条の解雇予告手当を支給しない。また，退職金は退職金支給規定により原則として支給しない。ただし，情状により減額して支給することがある。

懲戒の種類と程度

　懲戒の種類と程度はできるだけ詳細に記載することである。

　減給……労働基準法第91条は，減給の制限として「就業規則で，従業員に対して減給の制裁を定める場合においては，その減給は，1回の額が平均賃金の半額を超え，総額が一賃金支払期における賃金の総額の10分の1を超えてはならない」と規定している。

　　※行政解釈→1回の額が「1回の事案に対しては，減給の総額が平均賃金の1日分の半額以内……であることを意味する」（昭和23.9.20.基収第1789号）

　懲戒解雇……懲戒解雇は，解雇予告または予告手当を支払わずに行うには，所轄労働基準監督署長の認定が必要である。

　　退職金の無支給または減額は退職金支給規定（就業規則の一部）に明記しておかなければならない。

　懲戒処分基準

　　懲戒には，その行なった事態が，どの事項に該当するかを明らかにしておかねば公平を期しがたい。できれば社内において懲戒委員会を構成して処分を決定するのが望ましい。

（管理監督責任）

第77条　管理監督下にある社員が懲戒に該当する行為があった場合は，当該管理監督者は，監督責任により懲戒を受けることがある。

　　ただし，管理監督者がこれを防止する方法を講じていた場合においては，情状により懲戒を免ずることがある。

（損害賠償）

第78条　社員が，故意または過失によって，会社に損害を与えた場合はその全部または一部を賠償させることがある。

　　ただし，これによって第76条の懲戒を免れるものではない。

損害賠償

　従業員が企業に損害を及ぼした時は，それを損害賠償として負担すべきは当然のことである。従業員が企業の中において主体的な存在であるということは，懲戒という支配服従関係上の制裁を受けてもそれによって損害賠償義務を免れるものではないということである。

第7章　安全衛生

（安全及び衛生）

第79条　会社は，社員の安全及び衛生のため，積極的な措置を講ずるものとし，社員は常に安全及び衛生に関する規定及び通達，指示を厳守し，その予防に努めなければならない。

　２．会社は，安全衛生のために必要な施設を完備し，従業員の健康増進，危険災害の防止に努める。

　３．安全衛生に関する運営を民主的に行うため，会社・従業員同数の委員によって構成する安全衛生委員会を設け，その決定を会社は速やかに実施する。

　　安全衛生委員会の運営その他については，別に定める「安全衛生委員会規程」による。

安全衛生委員会設置義務

　①　安全委員会……労働安全衛生法第17条

　　　　建設業・製造業等常時50人以上（同法施行令第8条）

　②　衛生委員会……労働安全衛生法第18条

　　　　常時50人以上（同法施行令第9条）

　③　安全衛生委員会……労働安全衛生法第19条

　　　　前2つの委員会に代えて，安全衛生委員会の設置ができる。

　　　　常時50人以上（同法施行令第10条）ただし業種によって規模数が異なる。

安全衛生推進者

　常時10人以上50人未満の事業所には「安全衛生推進者（衛生推進者）」を設置（平成元年4月1日より）。

> **危険有害業務の禁止**
>
> 　労働基準法では，満18歳以下の年少者については，有害な業務や坑内労働に就くことを禁止している（同法第62条・第63条）。制限される有害業務は，年少者労働基準規則第8条に示されている。
> 　女性については，妊産婦を中心に制限がある（同法第64条の2及び3）。制限される業務は，女性労働基準規則第1，及び2条に示されている。

（災害処置）

第80条　社内に火災その他非常災害が発生し，またはその危険があることを知り，その他異状を認めた場合は，直ちに臨機の処置をとるとともに，関係者に連絡し，その被害を最小限度にとどめるよう努めなければならない。

> **災害処置**
>
> 労働契約に伴う忠実義務の一環たる促進義務を具体化したもののひとつである。

（健康診断）

第81条　会社は，社員に対し採用の際及び毎年1回定期に健康診断を行う。

　　　　ただし，必要ある場合は，全部または一部の者に対して臨時に行なうことがある。

　2．社員は，正当な理由なく，前項の健康診断を拒むことはできない。

　3．会社は，社員に対し，毎年1回定期的にストレスチェックを行う。

　4．社員は，前項のストレスチェックを受けるようにしなければならない。

> **健康診断**
>
> ①　採用の場合医師の健康診断……労働安全衛生規則第43条
> ②　常時使用する従業員は1年1回定期……労働安全衛生規則第44条
> ③　有害業務従事者は年2回（6カ月ごと）……労働安全衛生規則第45条
> ④　その他あり

> **ストレスチェック**
>
> 労働安全衛生法は
> ①　事業主は，労働者に対し，医師等による心理的な負担の程度を把握するための検査（ストレスチェック）を行わなければならない
> ②　検査の結果，医師の面接指導が必要であると判定された者に対しては，本人の申出により，医師の面接指導を行わなければならない
> ③　面接指導の結果，医師から就業上の措置が必要であると診断された者については，労働時間の短縮等の措置を講じなければならない
> と，定めている（第66条の10）。
> 　この規定は，労働者50人以上の事業場に適用される。

（健康診断面接指導）

第82条 休憩時間を除き１週間当たり40時間を超えて労働させた場合における，その超えた時間が１カ月80時間を超え，かつ疲労の蓄積が認められる従業員については，医師による面接指導を行なわせるものとする。ただし他の医師等により面接指導を受け，産業医が面接指導を受ける必要がないと認めた場合は除くものとする。

２　面接指導は，従業員の申し出により行なうが，健康診断実施後１カ月以内に申し出なければならない。

面接指導

平成18年４月１日から、労働安全衛生法等が改定されて，医師による面接指導等が規定された。これは、「脳・心臓疾患等」が長間労働によることが明らかとなったこと。また長時間労働が，精神的障害を引き起こす原因となっている（うつ病，自殺等）ことから新たに新設されたものである。

この面接指導を就業規則に規定するかどうかは，事業主の決定に委ねられるが，長時間労働時間数の算定期間の考え方を明確にして，時間数の把握が的確に行なわれることが望ましいことから新設したものである。

面接指導について，その他次の通達を出している。

(1) 面接指導の費用は事業者が負担する。

(2) 面接指導に要した時間にかかる賃金は，労使協議で定めるものであるが，従業員の健康確保の観点から，事業者が負担するが望ましい。

(3) 派遣労働者にかかる面接指導は，派遣元が行なうこととしている。

（要注意者の措置）

第83条 会社は，前条の健康診断の結果，要注意者として診断を受けた者については，時間外及び休日勤務の禁止，遅刻及び早退の是認，職種転換もしくは就業禁止の措置を講ずることがある。

２．社員が法定伝染病，その他の行政官庁の指示伝染病もしくは就業することが不適当な疾病，または他に悪影響を及ぼすおそれのある疾病にかかった場合は勤務を禁止する。

健康要保護者

前項の健康診断の結果，労働者の健康を保持するために必要があると認められるときは，安全衛生法第66条の５によって必要な措置を講ずることになっている。

第８章　災害補償

（業務上災害補償）

第84条 社員が業務上負傷し，または疾病にかかり，障害または死亡した場合は労働者災害補償保険法（以下「労災保険法」という。）によりつぎの補償給付を受ける。

① 療養補償給付……業務上の傷病により必要な治療を受けるときは，療養補償給付を受ける。

② 休業補償給付……業務上の傷病により療養のため休業するときは，休業補償給付を受ける。ただし，休業後最初の3日間については通常の給付を支給する。

③ 障害補償給付……業務上の傷病が治癒しても，なお身体に障害が残るときは，障害給付を受ける。

④ 遺族補償給付……業務上の事由により死亡したときは，その遺族は遺族補償給付を受ける。

⑤ 葬祭料……業務上の事由によって死亡したときは，葬祭を行うものに対して葬祭料を受ける。

⑥ 傷病補償年金……業務上の傷病が療養開始後1年6カ月を経過し，治癒しないときは傷病補償年金を受ける。

⑦ 介護補償給付……業務上の傷病で介護を要する場合に介護補償給付を受ける。

2．社員が，前項第1号，第2号及び第3号の補償給付を受けているときは，療養に努めなければならない。

3．第1項各号の補償給付は労災保険法の定めるところによる。

4．第1項の補償が行われる場合は，会社は労働基準法上の補償の義務を免れる。

災害補償

　従業員が業務上の傷病を受けたときは，使用者は労働基準法が定める災害補償（労働基準法第75条～第81条）の補償をしなければならない。この使用者の補償義務をカバーするため，労働者災害補償保険（労災保険）制度があり，労働者を使用するすべての事業場が対象となっている。

　また労災保険の給付内容は，労働基準法の規程を上回っているのが現状であるが，企業によっては上乗せ給付がある。これは規則（あるいは別規程）で明確に記載しておくべきである。

　労働基準法第84条は，労働基準法と労災保険との関係が規定されている。すなわち，労災保険で労働基準法の災害補償に相当する給付が行われる場合は，使用者は補償の責を免れるとなっている。

（通勤災害）

第85条　社員が所定の通勤途上において，負傷し，または疾病にかかり，傷害または死亡した場合は，つぎの給付を行う。

① 療養給付

② 休業給付

③ 障害給付

④ 遺族給付

⑤ 葬祭給付

⑥ 傷病年金

⑦ 介護給付

2．通勤途上であるか否かの判定は所轄労働基準監督署長の認定による。

３．第１項各号の給付は前条に準じ，労災保険法の定めるところによる。

通勤災害

労災保険法第21条〜第22条

給付内容は前条の業務上災害補償と同様であるが，通勤災害は単なる給付であって，補償給付ではなく，単なる給付である。

（付則）この規則は，○○年○○月○○日から施行する。

第3 就業規則の実例

(1) 実例　　　　就　業　規　則

〔 この就業規則は，電子部品製造業の大企業の例である。〕

（ＳＴ電子・電子部品・従業員700人）

第1章　総　　則

（目　的）

第1条　この就業規則（以下「規則」という）は，ＳＴ電子株式会社（以下「会社」という）社員の就業に関する事項を定める。

2．この規則およびこれに附属する諸規程に定めのない事項については，労働基準法およびその他の法令の定むるところによる。

3．労働者派遣企業より派遣される「派遣社員」を使用する場合は，労働者派遣法に定める。派遣先事業主に適用される労働基準法および労働安全衛生法の適用の範囲において責任を負うものとする。

（規則の遵守）

第2条　会社および社員は，ともにこの規則を守り，相協力して業務の運営に当たらなければならない。

（社員の定義）

第3条　この規則において社員とは，第2章の採用に関する手続きを経て会社に採用された者および第21条により引き続き雇用された次の各号の者をいう。

① 見習社員

見習社員とは第12条の使用期間中の者をいう。

② 社員

社員とは第12条の使用期間（見習社員）を経て本採用された者をいう。

③ 嘱託

嘱託とは高年齢者，特別の職務者で嘱託として採用した場合と第21条の定年者で引き続き再雇用した者をいう。

（職制および職能資格制度）

第4条　会社は，組織命令系統を確立するために職能資格制度および職制を設ける。

2．職能を明確にするために，職能資格を8等級に分け，それに対応する職位をおく。

3．職能資格等級，職層，職位は次のとおりとする。

職能資格等級・職層・順位表

職　層	職能等級	職　　　　位
管理職	8等級	部長
	7等級	部長・次長
	6等級	次長・課長
監督職	5等級	課長・課長代理・主任
	4等級	課長代理・主任・D級職
一般職	3等級	C級職
	2等級	B級職
	1等級	A級職

(注)　①職能資格等級と職位のとの関係はオーバーラップ（重複型）とする。
②監督職位以上の職位に相当する専門職を置くことがある。
③管理職は，部長，次長，課長とする。
④監督職は，課長代理，主任とする。
⑤一般職はD，C，B，Aの4クラスに区分する。

（適用範囲）

第5条　この規則は，会社の社員に適用する。

ただし，嘱託については，労働条件の一部を定年取扱内規（略）および別の雇用契約書で定める。定めのない事項についてはこの規則を適用する。

2．パートタイマー，アルバイト，臨時雇用者，契約社員については，別に定めるところによる。

第2章　人　　事

第1節　採　　用

（採　用）

第6条　会社は，15歳（義務教育終了者で15歳に達した以後の3月31日を過ぎた者）以上の者で入社を希望する者の中から採用試験に合格し，所定の手続きを経た者を社員として採用する。

（入社希望者の提出書類）

第7条　入社希望者は，次の書類を提出しなければならない。

①　履　歴　書

②　写　　　　真（3カ月以内に撮影したもの）

③　卒業証明書（または学業成績書）

（選　考）

第8条　会社は，入社を希望する者の中から，一定の選考（または試験）に合格し，所定の手続きを経た者を社員として採用する。

2．会社は前項の手続きに際しては，この規則を提示して労働条件の説明を行う。

（採用者の提出書類）

第9条　社員として採用された者は，次の書類を提出しなければならない。

①　住民票記載事項証明書

　②　雇用契約書

　③　その他会社が指定する書類

（記載事項異動届）

第10条　社員は前条に定める提出書類の記載事項に異動が生じた場合は，遅滞なく会社に届けなければ
ならない。

（労働条件の明示）

第11条　会社は，社員の採用に際しては，この規則を提示し，労働条件の説明を行い，雇用契約を締結
するものとする。

　２．雇用契約の締結に際しては，会社は雇用する者に，次の事項について文書を交付するものとす
る。

　①　賃金に関する事項

　②　雇用契約の期間に関する事項

　③　就業の場所及び従事する業務に関する事項

　④　始業及び終業の時刻。時間外労働の有無，休憩時間，休日休暇並びにシフト制の場合の就業時
転換に関する事項

　⑤　退職に関する事項（解雇の事由を含む）

（試用期間）

第12条　新たに社員として採用された者は，入社の日より２カ月間を試用期間とする。

　２．会社は，前項の試用期間の途中において，あるいは終了の際，本人の人柄，知識，技能，勤務態
度，健康状態などについて，社員として不適格と認められた場合は採用を取消しとする。

　　ただし，入社後14日を経過した者については，第23条の手続きによって行う。

　３．試用期間を終えて本採用された者は，試用開始の日をもって入社したこととし，勤務年数に通算
する。

（試用期間を設けない特例）

第13条　会社は，業務の都合により他企業に勤務中の者等が要請入社した場合等については，試用期間
を設けないで社員とすることがある。

第 2 節　異　　動

（異　動）

第14条　会社は業務の都合により，社員の職場，職種を異動することがある。

　２．異動を命ぜられた社員は，正当な理由なく，これを拒むことはできない。

（出　向）

第15条　会社は，業務の都合により社員を関連企業に出向を命ずることがある。

　２．出向を命ぜられた社員は，正当な理由なく，これを拒むことはできない。

第3節 休 職

（休職期間）

第16条 社員が，次の各号の一に該当する場合は休職とする。

① 業務外の傷病により連続欠勤した場合。この場合の休職期間は次の区分による。

勤続年数	欠勤期間	休職期間
1年未満	1カ月	3カ月
1年以上3年未満	2カ月	6カ月
3年以上5年未満		12カ月
5年以上10年未満	3カ月	18カ月
10年以上		24カ月

② 自己都合により連続1カ月欠勤した場合。この場合の休職期間は2カ月とする。

（休職期間の延長の特例）

第17条 休職期間が満了しても復職できない状態にある者で，特別の事情がある場合は，休職期間を延長することがある。

（休職期間中の勤続年数）

第18条 休職期間は，原則として勤続年数に通算しない。

（休職期間中の給与）

第19条 休職期間中業務外傷病の給与は，基準内給与の8割（1カ年間）を支給する。だだし健康保険法による傷病手当金受給期間中は，これを支給しない。

2．第16条第2号については無給とする。

（復 職）

第20条 休職期間中に休職事由が消滅した場合は，本人の申出により原職務に復帰させる。

2．原職務に復帰させることが困難である場合または不適当である場合は，就労の場所または従事する業務を変更することがある。

第4節 定年・退職および解雇

（定 年）

第21条 社員の定年は満60歳とし，定年年齢に達したのちの給与締切日をもって退職とする。ただし，引き続き勤務を希望する者については，65歳まで継続雇用する。

（退 職）

第22条 社員が，次の各号の一に該当する場合は退職または解雇とし，社員の身分を失う。

① 退職を申し出て，会社がこれを承認したとき。ただし少なくとも退職の14日前に申し出ることを要する。

② 休職期間が満了しても復帰できないとき（第16条）

③ 死亡したとき

④ 定年に達したとき（第21条）

⑤ 解雇されたとき（第23条）

⑥ 懲戒解雇されたとき（第81条）

（解雇およびその予告）

第23条　会社は，次の各号の一に該当する場合は，30日以前に予告するか，または30日分の平均給与を支給して解雇する。

① 社員が心身の障害により，雇用の継続に配慮してもなおその障害により業務に耐えられないと認められたとき

② 社員が勤務成績不良で，向上の見込みかなく，職場の秩序を乱すと認めたとき

③ 会社の運営上やむを得ない事情により，事業の継続が困難になったとき

④ 会社の運営上やむを得ない事情により，事業の縮小が生じ，他の職務に転換させることが困難なとき

⑤ 第12条（試用期間）第2項（採用取り消し）のとき

⑥ 前各号に準ずるやむを得ない事由があるとき

（解雇の制限）

第24条　社員が，次の各号の一に該当する期間中は解雇しない。

① 業務上負傷し，または疾病にかかり療養のため休業する期間およびその後30日間。ただし，3カ年経過し，傷病補償年金が給付されている場合はこの限りでない。

② 産前6週間（多胎の場合は14週間），産後8週間およびその後30日間。ただし医師の就業可能の証明ある場合は6週間経過した後とする。

③ 育児休業中の間。

④ 介護休業中の間。

（退職・解雇者の業務引継）

第25条　社員が，退職または解雇された場合は，会社が指定する日までに，会社が指定した者に完全に業務の引継ぎをしなければならない。

（債務の返済等）

第26条　社員が退職し，解雇された場合は，遅滞なく，健康保険証，ユニホーム等，会社から貸与された物を取揃えて返納しなければならない。

2．会社に債務のある場合は，退職または解雇の日までに完済しなければならない。

（退職証明書）

第27条　会社は退職または解雇（解雇予告期間中を含む）された者が，退職証明書を請求した場合は，遅滞なくこれを交付する。

2．前項の証明事項は次のとおりとする。

① 使用期間

② 業務の種類

③ その事業における地位

④ 賃金

⑤ 退職の事由（解雇の場合は，その理由）

3．前項証明事項は，退職者が請求した事項のみとする。

（退職後の責務）

第28条 退職または解雇された者は，その在職中に行った自己の責務に属すべき職務に対する責任は免れない。

2．退職または解雇された者は，在職中に知り得た機密を漏らしてはならない。

第3章 勤 務

第1節 服務規律

（服務の原則）

第29条 社員は，この規則に定めるほか，所属長の指示命令に従い，自己の業務に専念し，創意を発揮して能力向上に努めるとともに，互いに協力して職場の秩序を維持向上しなければならない。

2．所属長は，その所属社員の人格を尊重し誠意をもって指導し，率先してその職責を遂行しなければならない。

（順守事項）

第30条 社員は，職場の秩序を保持するため，次の事項を守らなければならない。

① 会社の名誉を害し，会社の信用を傷つける行為をしないこと

② 会社，取引先等の機密を洩らさないこと

③ 勤務時間中に，みだりに職場を離れないこと

④ 酒気を帯びて就業しないこと

⑤ 許可なく職務以外の目的で会社の施設，物品等を使用しないこと

⑥ 職務を利用し，他より不当に金品を借用し，贈与を受けるなど，不正な行為を行わないこと

⑦ 許可なく他人に雇われないこと

⑧ 他人の職務を妨害し，または職場の秩序を乱さないこと

⑨ 会社内において許可なく業務に関係のない集会をし，印刷物を配布し，または掲示しないこと

⑩ 会社内において，政治活動，宗教活動をしないこと

⑪ 素行不良で著しく会社内の秩序又は風紀を乱さないこと

⑫ 性的な言動によって他人に不快な思いをさせる行為や職場環境を乱す行為をしないこと

⑬ 他の社員の業務に支障を与えるような性的関心を示したり，性的な行為をしないこと

⑭ パワハラ，マタハラその他のハラスメントにより職場環境を乱さないこと

⑮　就業に際し，貸与したユニホームを着用すること

⑯　その他前各号に準ずる社員としてふさわしくない行為をしないこと

（入退場の制限）

第31条　社員が，次の各号の一に該当する場合は，入場を禁止し，または退場させる。

①　凶器その他危険と思われるものを所持しているとき

②　酒気を帯びているとき

③　衛生上有害と認められるとき

④　出勤停止の処分を受けたとき

⑤　その他前各号に準じ，勤務に不都合と認められるとき

（退　出）

第32条　社員は，勤務が終了したときは，速やかに残務整理を行って，職場から退出するものとする。

（無断入場の禁止）

第33条　社員でいったん退出した者，ならびに休暇または欠勤中の者は，無断で職場に出入りしてはならない。

（出勤退出の手続）

第34条　社員は，出勤退出のときは，その時刻を所定の場所で，所定のタイムカードに記録（打刻）しなければならない。

（遅刻，早退，私用外出等の手続）

第35条　社員が，遅刻，早退または私用外出，その他勤務時間中に職場を離れるときは，あらかじめ所属長の許可を受けなければならない。ただし，あらかじめ許可を受けることができない事情のある場合は，事後速やかに承認を受けなければならない。

（欠勤の手続）

第36条　社員が，病気その他やむを得ない事由によって欠勤する場合は，あらかじめその理由と予定日数を所属長を経て会社に届出なければならない。

　　ただし，事前に届出る余裕のない緊急の場合は，電話その他で連絡し，事後速やかに届出なければならない。

２．病気欠勤が１週間以上におよぶときは，医師の診断書を提出しなければならない。

（直行・直帰）

第37条　会社は，業務上必要ある場合は，社員に出張を命ずる。

２．出張を命ぜられた者は，帰社後所定の報告を所属長にしなければならない。

３．社員が，出張により直行または直帰する場合は，事前に所属長の承認を受けなければならない。ただし，緊急の場合で事前に承認を受ける余裕のない場合は，電話等で連絡し届出なければならない。

第2節　就業時間

（始業・終業・休憩時刻）

第38条　就業時間は，1日につき休憩を除き実働8時間とする。

2．社員の，始業，終業，休憩時刻は，原則として次のとおりとする。

	本　社	工　場
始　業	午前8時30分	午前8時00分
終　業	午後5時30分	午後5時00分
休　憩	－	－
	正午から1時間	正午から50分間
	－	午後2時50分から10分間

（始業・終業・休憩時刻の変更）

第39条　会社は，交通事情やその他やむを得ない事情のある場合は，全部または一部の者について前条に定める時刻を変更することがある。

（交替制）

第40条　会社は，業務上必要ある場合は，交替制をとることがある。この場合，始業，終業，休憩時刻は第38条に準じて行う。

（変形労働時間制）

第41条　会社は，業務の都合その他必要ある場合は労働組合と協議のうえ1カ月単位の変形労働時間制を採用することがある。

2．変形労働時間制は，毎月の1日を起算日として1カ月を平均して，1週40時間を超えない範囲において，特定の日または特定の週において法定労働時間（40時間）を超えて勤務させることがある。

3．特定の日および特定の週については事前に勤務表で明示する。

4．妊産婦の社員より請求があった場合は，1日（8時間）および1週間（40時間）を超えて勤務させることはない。

5．変形労働時間制採用の場合は，別に定める規程による。

（休憩時間中の行動等）

第42条　社員は，休憩時間を自由に利用することができる。

　　　ただし，休憩時間中に遠方に外出する場合は，所属長に届出るものとする。

2．食事は休憩時間中にとるものとする。

（特別勤務）

第43条　社内の警戒および作業準備などのため，日直，宿直または当番などの特別勤務をさせることがある。

（時間外勤務等の割増賃金および手当）

第44条　時間外勤務，休日勤務，深夜勤務，日直，宿直または当番などに対しては，別に定める『給与規程』により割増賃金または手当を支給する。

2．前項の定めは深夜勤務の場合を除き，管理職には適用しない。

第3節　休　　日

（休　日）

第45条　休日は年間119日として，次のとおりとする。

　　①　日　曜　日（法定休日）

　　②　土　曜　日

　　③　国民の祝日

④　年 末 年 始（12月31日〜1月3日）

　　⑤　会社創立記念日（10月1日）

　　⑥　誕　生　日

　　⑦　その他会社が定める日

2．会社は前項の休日を，前年12月15日までに翌年（1月1日〜12月31日）分をとりまとめて『年間休日カレンダー』で明示する。ただし，年間途中で変形労働時間制を採用した場合は，「改定休日カレンダー」で明示する。

（振替休日）

第46条　前条の休日は，会社の業務の都合，その他やむを得ない事情のある場合は，全部または一部の者について，他の日に振り替えることがある。

2．休日を振り替える場合は，4週間以内とし，あらかじめ振り替える休日を指定する。

（災害時の勤務）

第47条　災害その他避けることのできない事由によって臨時の必要ある場合においては，労働基準法第33条の定めにより，その必要の限度において第38条の勤務時間を延長し，または第45条の休日に勤務させることがある。

第4節　時間外および休日勤務等

（時間外勤務および休日勤務）

第48条　業務上必要のある場合は，社員代表と協定し，所轄労働基準監督署長に届出の上職場の全部または一部もしくは特定の者に対し，時間外または休日に勤務させることがある。

（時間外休日勤務の制限）

第49条　前条の勤務については，所轄労働基準監督署長に届出た，社員の過半数を代表する者との「時間外労働・休日労働に関する協定書」の範囲内とする。

2．前項の協定に際して，時間外労働の上限は次の範囲内とする。

期　　間	限度時間
1　週　間	15　時　間
2　週　間	27　時　間
4　週　間	43　時　間
1　カ　月	45　時　間
2　カ　月	81　時　間
3　カ　月	120　時　間
1　年　間	360　時　間

（年少者の時間外勤務および休日勤務）

第50条　前条の規定は満18歳未満の者には適用しない。

　　　ただし，振替休日および法定外休日の場合はこの限りではない。

（深夜勤務）

第51条　業務上必要ある場合は，第48条の時間外および休日勤務が深夜（午後10時～翌日午前5時）にわたることがある。

　2．前項の定めは，満18歳未満の者には適用しない。

（妊産婦の時間外勤務等の取扱い）

第52条　妊産婦の社員が，時間外勤務，休日勤務および深夜勤務について，不就労の請求があった場合は，この勤務につかせない。

第5節　休　　暇

（年次有給休暇）

第53条　社員が，6カ月間継続勤務し，全勤務日の8割以上出勤した場合には，次の1年間において連続または分割した10日の年次有給休暇を与える。

　2．前項の算定方式は一斉管理方式（10月1日～9月30日）の1回とする。ただし，新しく入社した者の初年度は（4月1日～9月30日）と（10月1日～3月31日）の2回とする。勤続6カ月未満は6カ月として切り上げ計算する。算定方法は次のとおりとする。

　3．1.5年以上勤務した社員に対しては，1年を超える勤続年数1年について1日，3.5年以上勤務した社員に対しては，1年を超え勤続年数1年について2日を加算し，20日を限度とする。

　4．業務上負傷または疾病にかかり，療養のため休業した期間および産前産後の女性社員が第55条第2号の出産休暇を使用した期間は出勤したものとみなす。

　5．第61条の育児休業の期間は出勤したものとみなす。

　6．第62条の介護休業の期間は出勤したものとみなす。

　7．年次有給休暇の取得期間は出勤したものとみなす。

　8．年次有給休暇は，本人の請求があった場合与える。

ただし，会社は事業の正常な運営上やむを得ない場合は，その時季を変更させることがある。

9．年次有給休暇を請求しようとする者は，あらかじめ所属長を経て事前に会社に願い出るものとする。

10．当該年度の年次有給休暇の全部または一部を消化しなかった場合，その残日数は翌年度に繰り越すこととする。

11．年次有給休暇については，通常の給与を支給する。

12．労働基準法の定めるところにより労使協定で計画的に付与することがある。

13．年次有給休暇の取得は1日単位とする。ただし社員より半日の申出があった場合は半日単位を認める。

14．年次有給休暇の日数が10日以上の者については，そのうちの5日については，付与日から1年以内に，時季を指定して与える。ただし，本人の時季指定または計画的付与制度により付与した日数があるときは，その日数を5日から控除する。

（慶弔休暇）

第54条　社員が，次の各号の一に該当する場合は，それぞれの期間休暇（日数は労働日単位）を与える。

① 本人結婚のとき　　　　　　　　　5日

② 兄弟姉妹結婚のとき　　　　　　　1日

③ 子女結婚のとき　　　　　　　　　1日

④ 配偶者出産のとき　　　　　　　　1日

⑤ 父母，配偶者または子女死亡のとき　5日

　　ただし本人喪主のとき　　　　　　7日

⑥ 配偶者の父母死亡のとき　　　　　2日

　　ただし本人喪主のとき　　　　　　3日

⑦ 祖父母，兄弟姉妹死亡のとき　　　1日

　　ただし本人喪主のとき　　　　　　2日

2．前項各号の休暇に対しては通常の給与を支給する。

（特別休暇）

第55条　社員が，次の各号の一に該当する事由で，所定の手続により休暇を願い出た場合は，特別休暇を与える。

① 生理日の就業が著しく困難な女性が休暇を請求したとき──必要日数（無給）

② 出産予定の前6週間（多胎妊娠の場合は14週）（無給）
　出産後8週間（医師の就業可能の証明のあるときは6週間）（無給）

③ 官公庁より出頭を命ぜられたとき──所要日数あるいは所要時間（本人の不正行為によるときを除く）

④ 公民権を行使するとき──所要日数あるいは所要時間（勤務時間中の場合は所属長の指示に

従って交替で行う）

⑤　天災，地変その他災害により特に会社が認めたとき——所要日数

⑥　裁判員または裁判員候補に選任されたとき——所要日数

2．前項各号のうち，第1号および第2号は無給とし，第3号から第6号に対しては通常の給与を支給する。

ただし，第2号の場合は健康保険法の出産手当金に移行するものとする。

第6節　母性健康管理

（妊娠中の通院等）

第56条　妊娠中及び出産後1年以内の女性が健康審査等を受けるために通院する場合，必要時間の遅刻，早退，離席を認める。通院のため出社不能の場合は本人の請求により，特別休暇を与えることができる。

（通勤緩和の措置）

第57条　妊娠中の女性が，通勤時の混雑が母体の負担になる場合は，本人の請求により始業時間30分繰下げ，終業時間30分繰上げることを認める。

ただし，本人の請求により合計1日1時間以内を限度として繰下げ時間の調整を認める。

（休憩の措置）

第58条　妊娠中の女性が，勤務中，業務を負担に感じる場合は，本人の請求により適宜休憩することを認める。

（妊娠中及び産後の症状等に対応する措置）

第59条　妊娠中及び出産後1年以内の女性が，身体に何らかの症状又は症状が発生するおそれがあるとして，医師又は助産婦からの指導を受けた場合は本人の請求により，医師又は助産婦の指示により業務内容の軽減，勤務時間の短縮等を認める。

また，休業が必要な場合は，特別休暇を取得することができる。

（措置中の待遇）

第60条　第56条から第59条までの措置の適用を受けることにより賃金へ影響を及ぼさない。

ただし，第59条の妊娠中及び産後の症状に対応する措置として，5日以上の特別休暇を取る場合は，6日目以降の賃金は，疾病休暇と同じ扱いとする。

第7節　育児休業等

（育児休業）

第61条　社員で，満1歳未満の子（特別の事情ある場合2歳）の養育を必要とする者は，会社に申し出て育児休業または育児短時間勤務等の適用を受けることができる。

2．育児休業または育児短時間勤務等に対する，対象者，手続き等必要な事項については別に定める「育児休業規程」による。

（介護休業）

第62条　社員で家族が傷病のため介護を要する者がいる場合は，会社に申し出て介護休業または介護短時間勤務の適用を受けることができる。

　2．介護休業または介護短時間勤務に対する対象者，期間，手続き等については，別に定める「介護休業規程」による。

（育児時間）

第63条　女性社員から，満1歳未満の育児のため，育児時間の申出があった場合，1日2回，1回について30分の育児時間を認める。

　2．育児時間に対しては給与を支給しない。

第4章　給　与　等

（給与規程）

第64条　社員の給与は，別に定める「給与規程」によって支給する。

（退職金規程）

第65条　社員の退職金は，別に定める「退職金規程」によって支給する。

（出張旅費規程）

第66条　社員が，業務により出張する場合の旅費は，別に定める「出張旅費規程」によって支給する。

（慶弔見舞金規程）

第67条　社員に対する慶弔金および見舞金は，別に定める「慶弔見舞金規程」によって支給する。

第5章　安全・衛生

（安全防災心得）

第68条　社員は，常に安全管理者その他関係者の指導に従い，安全および危険防止に努め，次の事項を守らなければならない。

　①　危険防止設備を取外し，または効力を減退もしくは消失する行為をしないこと

　②　機械設備，工具などは常に点検し，故障または危険な箇所を発見したときは直ちに所属長に報告すること

　③　職場において許可なく火気を使用しないこと

　④　業務上火気および火気を誘導しやすい物品を取扱うときは，細心の注意を払い危険防止に努めること

　⑤　車両を使用するものは安全運転を心掛けること

　⑥　喫煙，飲食は所定の場所以外では行わないこと

　⑦　職場の整理整頓に努め，特に通常，非常口，災害防止および応急救護設備のある場所には物品をおかないこと

　⑧　災害防止，応急救護設備もしくは器具，材料の備付場所およびその取扱方法を熟知練習するこ

と

⑨　作業中は定められた服装，あるいはこれに準ずる服装をすること

⑩　油脂類の容器は使用後常にふたをし，所定の位置に保管管理すること

（非常災害防止措置）

第69条　社員は，災害を発見し，または危険を察知したときは，臨機の処置をとり，所属長に急報し，協力して被害を最小限に止めるよう努力しなければならない。

（健康保持心得）

第70条　社員は，常に衛生管理者その他関係者の指導に従い，健康の保持と，体力の維持増進に努めなければならない。

（疾病による就業制限）

第71条　社員が，次の疾病にかかった場合は，医師の診断により就業を禁止する。

①　伝染病のおそれのある疾病

②　精神障害の疾病

③　その他就業のため病勢悪化のおそれある疾病

④　伝染病または重い疾病にかかった者で，その症候消失後もなお就業に適しないもの

2．前項の症候または自覚のある者は速やかに所属長に申し出なければならない。

（同居人等の疾病）

第72条　社員の同居家族または同居人が伝染病にかかり，あるいはその疑いがある場合もしくは，住居付近に伝染病が発生した場合は，直ちに所属長に申出なければならない。この場合必要な措置が講じられるまで，出勤を停止することがある。

（健康診断）

第73条　社員は，入社の際および毎年定期的に健康診断を受けなければならない。

2．社員は，正当な理由なく前項の健康診断を拒んではならない。

3．社員は，毎年定期的にストレスチェックを受けなければならない。

第6章　災害補償

（災害補償）

第74条　社員が，業務上負傷し，または疾病にかかり，障害が残りあるいは死亡した場合は，次の補償給付を行う。

①　療養補償給付

②　休業補償給付

③　障害補償給付

④　遺族補償給付

⑤　葬　祭　料

⑥　傷病補償年金

⑦　介護補償給付

2．前項の補償給付は，労働者災害補償保険法によって行う。

（休業中の会社の補償）

第75条　前条により社員が休業した場合は会社は，休業中の補償金を前条第1項第2号に上乗せして支給する（給与規程第35条・20％上乗せ）。

2．次条の通勤災害には適用しない。

（通勤災害）

第76条　社員が，通勤途上において負傷し，または疾病にかかり，障害が残りあるいは死亡した場合は，労働者災害補償保険法によって，次の支給を行う。

①　療養給付

②　休業給付

③　障害給付

④　遺族給付

⑤　葬祭給付

⑥　傷病年金

⑦　介護給付

2．通勤途上であるか否かの判定は所轄労働基準監督署長の認定による。

第7章　教　　育

（教　育）

第77条　社員は，業務に必要な知識を高め，技能を習得するため，会社が教育訓練計画に基づき実施する教育を受けなければならない。

第8章　表彰および懲戒

第1節　表　　彰

（表　彰）

第78条　社員が，次の各号の一に該当する場合は，表彰する。

①　永年勤続，職務に精励し，他の模範とするに足る者

②　災害を未然に防止し，または非常に際し特に功労のあった者

③　業務上有益な企画，改良，考案，改善等を行い，もしくは発明をなし，作業能率および業務の改善に貢献した者

④　国家的，社会的に功績があり，会社および社員の名誉となる行為のあった者

⑤　その他前各号に準ずる表彰に値する行為があったと認められる者

2．前項第1号該当者で，勤続20年，勤続30年の者には，別に定める「リフレッシュ休暇規程」によ

り，特別の休暇を与える。

3．表彰は「賞罰委員会」を設け，これにはかって行う。

（表彰の方法）

第79条　前条の表彰は次の各号によって行うこととし，その2つ以上を併せて行うことがある。

① 賞状授与

② 賞品授与

③ 賞金授与

第2節 懲　戒

第80条　社員が，次の各号の一に該当する場合は次条により，懲戒を行う。

① 就業規則その他諸規定に違反した者

② 重要な経歴を偽って雇用された者

③ 素行不良で社内の風紀，秩序を乱した者

④ 正当な理由なく，しばしば欠勤，遅刻あるいは早退しまたは勤務成績不良の者

⑤ 故意に業務の能率を阻害し，または業務を妨げた者

⑥ 業務上の怠慢，または重大な過失によって災害事故をひき起こし，または設備，機械，器具，車両などを損壊し，会社に損害を与えた者

⑦ 許可なく会社の物品を持ち出し，または持ち出そうとした者

⑧ 会社の信用を傷つけた者

⑨ 会社の機密を洩らし，または洩らそうとした者

⑩ 許可なく在職のまま他に雇用された者

⑪ 業務上の指示命令，または会社の諸規定，通達にしばしば従わない者

⑫ 顧客に対し，業務上不都合な行為をした者

⑬ 金銭の横領，汚職その他刑法に触れるような行為をした者

⑭ 出勤，退出の記録などに不正記入をした者

⑮ 会社内において，性的な関心を示したり，噂を行なったり，性的な行為を仕掛けたりして，他の社員の業務に支障を与えた者

⑯ 職務上の地位や人間関係などの職場内の優位性を背景にした，正常な範囲を超える言動により，他の社員に精神的・身体的な苦痛を与えたり就業環境を害した者

⑰ 妊娠・出産および出産・育児・介護等の制度を利用したことに対して，就業環境を害するような言動をした者

⑱ その他あらゆるハラスメントにより他の社員の就業環境を害した者

⑲ その他前各号に準ずる不都合な行為をした者

2．懲戒は「賞罰委員会」を設け，これにはかって行う。

（懲戒の程度および種類）

第81条 前条の懲戒はその情状により，次の各号によって行う。

① 譴　　責　　始末書を提出させ将来を戒める

② 減　　給　　始末書を提出させ給与を減じて将来を戒める

　　　　　　　ただし，減給1回の額が平均給与の半日分，2回以上にわたる場合においても，その総額が当該給与支払期間の給与総額の10分の1を超えない範囲内とする。

③ 出勤停止　　始末書を提出させ，14日以内出勤を停止しその期間中の給与は支給しない

④ 降　　格　　役付を免じ，あるいは職位を下げる

⑤ 諭旨退職　　退職届を提出するよう勧告を行う。これに従わないときは懲戒解雇とする

⑥ 懲戒解雇　　予告期間を設けることなく即時解雇する。この場合において，所轄労働基準監督署長の認定を受けたときは，第23条の解雇手当，および退職金を支給しない

（管理監督者責任）

第82条 所属する部下に懲戒に該当する行為があったときは，当該管理監督者は監督責任について懲戒を受けることがある。

（損害賠償）

第83条 社員が，会社に損害を与えた場合は，その全部または一部を賠償させることがある。

付　　則

（施　行）

第77条 この規則は　年　月　日より施行する。

　　　　　制定　昭和36年4月1日（改訂　14回）

　　　　　　別表　　1年間の年次有給休暇の日数

勤　続　年　数	日　　数
6カ月	10日
1年6カ月	11日
2年6カ月	12日
3年6カ月	14日
4年6カ月	16日
5年6カ月	18日
6年6カ月以上	20日

---

(2) 実例 　　　　就　業　規　則

〔 この就業規則は，従業員120人の中堅の製造業の例である。〕

（ＨＲ計器・計測器製造・従業員120人）

第1章　総　　則

（目　的）

第1条　この就業規則（以下「規則」という）は，社員の労働条件，服務規律その他の就業に関する事項を定めるものである。

（適用範囲）

第2条　この規則は社員に適用する。

　2．臨時社員，嘱託及びパートタイム労働者については，別に定めるところによる。ただし別規則に定めのない事項は，この規則を適用する。

（規則遵守の義務）

第3条　会社及び社員は，この規則及びその他諸規定を遵守し，各々その義務を履行し，相協力して，事業の発展に努めなければならない。

（服務の原則）

第4条　社員は，所属上長に指示命令を誠実に守り，たがいに協力して職責を遂行するとともに，職場の秩序の保持に努めなければならない。

　2．上長は，部下の指導に努めるとともに率先して職務の遂行にあたらなければならない。

（服務の心得）

第5条　社員は，職場の秩序を保持し，業務の正常な運営をはかるため，次の事項を守らなければならない。

　① 会社の名誉を害し，会社の信用を傷つけないこと

　② 職務の権限をこえ独断的なことをしないこと

　③ 会社の機密を漏洩しないこと

　④ 勤務時間中に，みだりに職場を離れないこと

　⑤ 酒気をおびて就業しないこと

　⑥ 職務を利用して自己の利益をはからないこと

　⑦ 職務を利用して，他より不当に金品を借用し，贈与を受けるなど，不正な行為を行わないこと

　⑧ 性的な言動によって，他の社員に不利益を与えたり，就業環境を害さないこと（セクシュアルハラスメント的な行為をしないこと）

　⑨ 職務上の地位や人間関係などの職場内の優位性を背景にした，正常な範囲を超える言動によ

り，他の社員に精神的・身体的な苦痛を与えたり就業環境を害さないこと

⑩　妊娠・出産および出産・育児・介護等の制度を利用したことに対して，就業環境を害するような言動をしないこと

⑪　その他あらゆるハラスメントにより他の社員の就業環境を害さないこと

⑫　許可なく他人に雇われ若しくは他の会社等の役員に就任し又は会社に不利益を与え若しくは秩序を乱すような自己の営業をしないこと

第2章　人　　事

（採　用）

第6条　社員の採用は，就業希望者のうちから所定の選考手続を経て決定する。

（提出書類）

第7条　社員として採用されたときは，採用後2週間以内に次の書類を提出しなければならない。

①　履歴書

②　住民票記載事項証明書

③　その他

2．前項の書類の記載事項に変更があったときは，その都度すみやかに届出なければならない。

（試みの試用期間）

第8条　新たに採用した者については，採用の日から3カ月間を試用期間とする。

2．試用期間は勤続年数に通算する。

（労働条件の明示）

第9条　会社は，社員の採用に際しては，就業規則を提示し労働条件を明示するとともに，採用時の賃金及び労働時間その他労働条件が明らかとなる書面を交付して明示する。

2．前項の文書交付事項は次のとおりとする。

①　賃金

②　雇用期間

③　就業の場所・従事する業務内容

④　所定労働時間（始業・終業）時間外労働・休憩時間・休日・休暇，交代制の場合の就業転換

⑤　退職に関する事項（解雇の事由を含む）

（雇入れ時の教育）

第10条　新たに採用した者には，就業上必要な教育又は研修を行う。

（人事異動）

第11条　業務の都合により，社員の就業の場所又は従事する業務の変更を命ずることがある。

2．前項により，社員が就業の場所又は従事する業務の変更を命ぜられた場合は，正当な理由のない限り発令の日から2週間以内に新たな業務に従事しなければならない。

3．業務上の必要がある場合は，社員を在籍のまま関係会社に出向させることがある。

（休　職）

第12条　社員が次の各号の1に該当するときは休職を命ずる。

①　業務外の傷病による欠勤が引続き3カ月を超えたとき

②　公職に就任し必要と認めたとき

③　労働組合の専従となったとき

④　会社の命令により関係会社または関係団体の業務に従事するとき

⑤　その他前各号に準ずる特別な事情があり休職させることが適当であると認めたとき

（休職期間）

第13条　前条の休職期間は次のとおりとする。

①　前条第①号のとき　　　　　6カ月

②　前条第②号から第⑤号までのとき　必要な期間

2．前項第①号の期間は，通算2年間を限度として延長することがある。

（復　職）

第14条　休職期間中に休職事由が消滅したときは，原職務に復帰させる。

　　　ただし，原職務に復帰させることが困難であるか，又は不適当な場合には，異なる職務に就かせることがある。

（休職期間）

第15条　休職期間中は，賃金を支給しない。

2．休職期間は，退職金及び永年勤続年数の計算に際してはこれを通算しない。ただし，第12条第4号の休職にあってはこの限りではない。

第3章　定年，退職及び解雇

（定　年）

第16条　社員の定年は満60歳とし，定年に達した日の属する月末をもって退職とする。ただし，本人が希望するときは，65歳まで継続雇用する。

（退　職）

第17条　社員が次の各号の1に該当するときは退職とする。

①　死亡したとき

②　期間を定めて雇用している場合，その期間が満了したとき

③　本人の都合により退職を申し出て会社の承認があったとき，又は退職の申し出をした日から起算し14日を経過したとき

④　第13条に定める休職期間が満了し，なお休職事由が消滅しないとき

第18条　社員が自己の都合により退職しようとするときは，少なくとも14日前までに，退職の申し出をしなければならない。

（解　雇）

第19条　社員が次の各号の1に該当するときは解雇する。

① 勤務成績が著しく不良で，向上の見込みがなく，他の職務にも転換できない等，就業に適さないと認められたとき

② 事業の運営上やむを得ない事情により，事業の継続が困難になったとき，又は事業の縮小により他の職務に転換させることができず人員削減が必要となったとき

③ 第8条に定める試用期間中の者について社員として不適格であると認められたとき

④ その他前各号に準ずる，やむを得ない事情があるとき

（解雇の予告）

第20条　前条により解雇する場合には，次に掲げる者を除き，30日前に本人に予告するか，又は労働基準法第12条に規定する平均賃金の30日分に相当する予告手当を支払う。

① 日々雇用する者（1カ月を超えて引き続き使用された者を除く。）

② 2カ月以内の期間を定めて雇用する者（所定の期間を超えて引き続き使用された者を除く。）

③ 試用期間中の者（14日を超えて引き続き使用された者を除く。）

2．第45条第⑥号による懲戒解雇の場合に，所轄労働基準監督署長の認定を受けたときは，予告又は予告手当の支払を行わない。

（解雇の制限）

第21条　社員が業務上傷病によるため休業する期間その後30日間並びに第30条第1項，第2項の産前産後の休業期間その後30日間及び育児休業期間中・介護休業期間中は解雇しない。ただし，業務上負傷し又は疾病にかかり療養の開始後3年を経過した日において，労災保険法に基づく傷病補償年金を受けている場合若しくは同日後に傷病補償年金を受けることとなった場合はこの限りでない。また天災事変の事由のために事業の継続が不可能となり，所轄労働基準監督署長の認定を受けた場合もこの限りでない。

（退職証明書の交付）

第22条　会社は，退職または解雇（解雇予告期間中をも含む）された者より，退職証明書の請求があった場合は，遅滞なくこれを交付する。

2．前項の証明事項は次のとおりとし，退職者が指定した事項のみとする。

① 使用期間

② 業務の種類

③ 地位

④ 賃金

⑤ 退職の事由（解雇の場合は，その理由）

第1章 就業規則 第3 就業規則の実例

第4章 勤 務

（労働時間及び休憩）

第23条 所定労働時間は1週40時間，1日8時間とし，始業・終業の時刻及び休憩時間は次のとおりとする。

始業 午前8時30分 終業 午後5時30分

休憩 正午から午後1時まで

2．交通事情その他の都合により前項の時刻を臨時に繰り上げ，または繰り下げることがある。この場合においても，1日の労働時間が8時間を超えることはない。

（休 日）

第24条 休日は次のとおりとする。

① 毎週日曜日（法定休日）

② 毎週土曜日

③ 国民の祝日（振替休日を含む。）

④ 会社創業記念日

⑤ 年末年始（12月30日から1月3日まで）

（労働時間の計算）

第25条 社員が出張勤務した場合の労働時間の算定については，出張命令によりあらかじめ特に指示があったとき又は出張先において特に証明を受けた場合を除き，第23条の所定労働時間を勤務したものとして取り扱う。

2．営業社員の事業場外労働における労働時間は，労使協定で定めるところにより9時間労働したものとして取り扱う。

（休憩時間の自由）

第26条 休憩時間は自由に利用することができる。ただし，休憩室以外の場所で集会を行うときは，あらかじめ会社の承認を受けなければならない。

（休日の振替）

第27条 業務の都合によりやむを得ない場合には，社員の全部又は一部について，第24条の休日を他の日と振り替えることがある。ただし，休日は4週間を通じ4日を下回らないものとする。

（時間外・休日労働）

第28条 業務の都合により，第23条の所定労働時間を超えまたは第24条の所定休日に労働させることがある。

2．前項の場合において，労働基準法で定める労働時間を超え，又は休日に労働させるときは，会社はあらかじめ労働者を代表する者と書面による協定をし，これを所轄労働基準監督署長に届け出るものとする。

3．前項の協定に際しての時間外労働の上限は，次のとおりとする。

82

期　間	限度時間
1　週　間	15 時　間
2　週　間	27 時　間
4　週　間	43 時　間
1　カ　月	45 時　間
2　カ　月	81 時　間
3　カ　月	120 時　間
1　年　間	360 時　間

4．満18歳未満の者については，前第2項により時間外労働又は休日労働させることはない。

第5章　休　　暇

（年次有給休暇）

第29条　次表の勤続年数に応じ，所定労働日数の8割以上出勤した者に対しては，同表に掲げる日数の年次有給休暇を与える。

勤続年数	6カ月	1　年6カ月	2　年6カ月	3　年6カ月	4　年6カ月	5　年6カ月	6　年6カ月以上
有給休暇日　　数	10日	11	12	14	16	18	20

2．年次有給休暇をとろうとする者は，所定の手続により，事前に届け出るものとする。ただし，社員の指定した日に休暇をとらせることが事業の正常な運営に支障があると認められたときは，指定した日を変更することがある。

3．前号の指定にかかわらず，会社は労使協定を締結したうえで各社員の有する年次有給休暇のうち5日を超える日数について時季を指定して与えることがある。

4．会社は労使協定を締結したうえで5日以内に限り，時間単位で年次有給休暇を与えることがある。

5．当該年度の年次有給休暇の全部又は一部を消化しなかった場合，その残日数は翌年度に繰り越すことができる。

6．第1項の出勤率の算定に当たり，業務上の傷病による休業期間，育児・介護休業法に基づく育児休業期間及び介護休業期間，産前産後の休業期間ならびに年次有給休暇の期間は，これを出勤とみなす。

7．年次有給休暇の日数が10日以上の者については，そのうちの5日については，付与日から1年以内に，時季を指定して与える。ただし，本人の時季指定または計画的付与制度により付与した日数があるときは，その日数を5日から控除する。

（産前産後の休業等）

第30条　6週間（多胎妊娠の場合は14週間）以内に出産する予定の女性社員は，その申出によって，産前6週間（多胎妊娠の場合は14週間）以内で休業することができる。

2．女性社員が出産した場合には，8週間の産後休業を与える。ただし産後6週間を経過した女性が請求した場合には医師が支障がないと認めた業務に就くことができる。

3．女性社員で，生理日の就業が著しく困難な者から請求のあったときは，必要な日数について，就業を免除する。

4．前各号は無給とする。

（公民権の行使）

第31条　選挙権その他公民としての権利を行使するため必要ある場合には，社員からの請求により公民権行使のために必要な時間を与える。

2．前項の必要時間は有給とする。

（裁判員休暇）

第32条　社員が裁判員または裁判員候補に選任されたときは，社員からの請求により休暇を与える。

2．前項の休暇は，有給とする。

（慶弔休暇）

第33条　社員が次の各号の1に該当する事由により，休暇を申請した場合には慶弔休暇を与える。

① 本人結婚のとき　　　　　　　　　　　　　5日
② 配偶者が出産したとき　　　　　　　　　　2日
③ 父母，配偶者又は子女の死亡のとき　　　　5日
④ 兄弟姉妹，祖父母又は配偶者の父母の死亡のとき　　3日

2．前各号の休暇日数は実労働日とする。

3．前各号の休暇は有給とする。

第6章　育児休業・介護休業等

（育児休業）

第34条　社員のうち，1歳未満の子（特別の事情のある場合2歳）の養育を必要とする者は，会社に申し出て育児休業又は育児短時間勤務，子の看護休暇の適用を受けることができる。

2．育児休業又は短時間勤務，子の看護休暇の対象者，手続等の必要事項については，別に定める「育児休業規程」による。

（介護休業）

第35条　社員の家族で傷病のため介護を要する者がいる場合は，会社に申し出て介護休業又は介護短時間勤務，介護休暇の適用を受けることがある。

2．介護休業又は介護短時間勤務，介護休暇に対する対象者，期間，手続等の必要事項については，別に定める「介護休業規程」による。

（育児期間）

第36条 生後1年に達しない子を育てる女性社員が，あらかじめ申し出た場合は，所定の休憩時間のほか，1日について2回それぞれ30分の育児時間を与える。ただし，無給とする。

（母体健康管理の措置）

第37条 妊娠中又は出産後1年を経過しない女性社員から，所定労働時間内に通院休暇の請求があった場合は，次の範囲で休暇を与える。

　① 産前の場合

　　妊娠23週まで………………4週間に1回

　　妊娠24週から35週まで……2週間に1回

　　妊娠36週から出産まで……1週間に1回

　② 産後（1年以内）の場合

　　医師等の指示により必要な時間

　2．通勤緩和（妊娠中の場合）

　　出社，退社各々30分の遅出，早退を認める。

　3．勤務中の休憩（妊娠中の場合）

　　適宜休憩時間の延長，休憩の回数の増加を認める。

　4．妊娠中又は出産後の諸症状に対応する措置

　① 作業の軽減

　② 勤務時間の短縮

　③ 休業等

第7章　出退勤

（出退勤手続）

第38条 社員は，始業及び終業の時刻を厳守し，出退勤は所定の場所において，出退勤時刻を各自のタイムカードに記録しなければならない。

　2．社員がやむを得ない事由により遅刻するときは，あらかじめ所属長に届け出て承認を受けなければならない。ただし，事前に承認を受けることができないときは，事後遅滞なく，その承認を受けなければならない。

（欠　勤）

第39条 病気その他やむを得ない事由により欠勤しようとするときは，所属長に届け出なければならない。

　2．病気欠勤が引続き7日以上に及ぶときは，医師の診断書を提出しなければならない。

（早退，外出等）

第40条 やむを得ない事由により，早退し，又は勤務時間中に外出しようとするときは，所属長の許可を受けなければならない。

第1章　就業規則　第3　就業規則の実例

第8章　災害補償

（業務上災害補償）

第41条　社員が業務上負傷し，又は疾病にかかり，障害又は死亡した場合は，次の補償給付を行う。

①　療養補償給付………業務上の疾病により必要な治療を受けるときは，療養補償給付を行う。

②　休業補償給付………業務上の疾病により療養のため休業するときは，休業補償給付を行う。

　　　　　　　　　　　ただし，休業後最初の3日間については，通常の給与を支給する。

③　障害補償給付………業務上の疾病が治癒しても，なお身体に障害が残るときは，障害給付を行う。

④　遺族補償給付………業務上の事由によって死亡したときは，遺族補償給付を行う。

⑤　葬　祭　料………業務上の事由により死亡したときは，葬祭を行う者に対して葬祭料を行う。

⑥　傷病補償年金………業務上の傷病が療養開始後1年6カ月を経過し，治癒しないときは，傷病補償年金を行う。

⑦　介護補償給付………業務上の傷病で，介護が必要とする場合は，介護補償給付を受ける。

2．社員が，前項第1号，第2号及び第3号の補償給付を受けているときは，療養に努めなければならない。

3．第1項各号の補償給付は，労働者災害補償保険法の定めるところによる。

4．第1項の補償が第3項により行われる場合は，会社は労働基準法上の補償の義務を免れる。

（通勤災害）

第42条　社員が所定の通勤途上において，負傷し，又は疾病にかかり，障害又は死亡した場合は，次の給付を行う。

①　療養給付

②　休業給付

③　障害給付

④　遺族給付

⑤　葬祭給付

⑥　傷病給付

⑦　介護給付

2．通勤途上であるか否かの判断は，所轄労働基準監督署長の認定による。

3．第1項各号の給付は前条に準じ，労働者災害補償保険法の定めるところによる。

第9章　表彰及び制裁

（表　彰）

第43条　会社は社員が次の各号の1に該当する場合，表彰する。

① 事業の発展に貢献し，又は業務上有益な創意工夫，発見をなした場合

② 就労態度及び技能において，他の社員の模範とするに足りる場合

③ 社会的功績により会社の名誉，信用を高めた場合

④ 事故，災害を未然に防止し，又は事故，災害に際し適切に対応し，被害を最小限にとどめるなど功績が顕著であった場合

⑤ 永年誠実に勤務した場合

⑥ 前各号に準ずる善行又は功労のあった場合

（表彰の方法）

第44条　表彰は，賞状のほか賞品又は賞金の授与をもって行う。

（懲戒の種類）

第45条　懲戒の種類及び程度は次のとおりとする。

① けん責　　始末書を徴して将来を戒める。

② 減　　給　　始末書を徴するほか，減給する。ただし，減給は1回の額が平均賃金の1日分の2分の1を超えることはなく，また，総額が一賃金支払期における賃金の総額の10分の1を超えることはない。

③ 出勤停止　　始末書を徴するほか，7日間を限度として出勤を停止し，その間の賃金は支給しない。

④ 降　　職　　始末書を徴するほか，職務上の地位を免じ，又は下位等級へ降格する。

⑤ 諭旨解雇　　諭旨により退職願を出させるが，これに応じないときは懲戒解雇する。

⑥ 懲戒解雇　　即時解雇する。

（出勤停止又は降職）

第46条　次の各号の1に該当した場合，出勤停止又は降職に処する。ただし，改しゅんの情が顕著に認められること，過去の勤務成績が良好であったこと等情状により減給又はけん責にとどめることがある。

① 正当な理由なく業務に関する命令に従わないとき

② 自己の職責を怠り，業務怠慢行為があったとき

③ 頻繁に無断欠勤，遅刻，早退，又は外出を行い，職場の秩序を乱すような身勝手な行為があったとき

④ 業務上の権限を超え，又はこれを濫用して専断的な行為があったとき

⑤ けんか等職場の秩序を乱す行為があったとき

⑥ 素行不良で会社内の風紀を乱したとき

⑦ 会社内において，性的な関心を示したり，性的な行為をしかけたりして，他の社員の業務に支障を与えたとき

⑧ 職務上の地位や人間関係などの職場内の優位性を背景にした，正常な範囲を超える言動により，他の社員に精神的・身体的な苦痛を与えたり就業環境を害したとき

⑨　妊娠・出産および出産・育児・介護等の制度を利用したことに対して，就業環境を害するような言動をしたとき

⑩　その他あらゆるハラスメントにより他の社員の就業環境を害したとき

⑪　監督不行届により，部下が会社に損害を与えたとき

⑫　前各号に準ずる程度の不都合な行為があったとき

（諭旨解雇又は懲戒解雇）

第47条　次の各号の1に該当した場合，諭旨解雇又は懲戒解雇に処する。ただし，改しゅんの情が顕著に認められること，過去の勤務成績が良好であったこと等情状により前条の処分にとどめることがある。

①　極めて軽微なものを除き，事業場内における盗取，横領，傷害等刑法犯に該当する行為があったとき

②　賭博，風紀紊乱等により職場規律を乱し，他の社員に悪影響を及ぼしたとき

③　雇入れの際の採用条件の重要な要素となるような経歴を詐称したとき

④　会社の承認を得ないで，他の事業へ転職したとき

⑤　原則として14日以上正当な理由なく無断欠勤し，出勤の督促に応じないとき

⑥　業務に関する重大な秘密を他に漏らしたとき

⑦　業務に関連し私利をはかり，又は不当に金品その他を収受するなどの行為があったとき

⑧　素行不良で会社内の風紀を乱したとき（行為が前条よりも重いとき）

⑨　職責を利用して交際を強要したり，性的な関係を強要したとき

⑩　パワハラ・マタハラその他のハラスメントにより他の社員が精神疾患に罹患するなど悪質なとき

⑪　前条各号に該当する行為を反覆し改しゅんの情が認められないとき

⑫　前各号に準ずる程度の不都合な行為があったとき

（懲戒委員会）

第48条　会社は，前条に基づく懲戒を行おうとするときは，懲戒委員会の意見を聴くものとする。

2．懲戒委員会は，会社の役職員2名及びあらかじめ労働者が推せんする者2名の計4名で構成する。

3．懲戒委員会の委員長は，委員の互選による。

第10章　安全衛生

（安全及び衛生）

第49条　会社は，社員の安全及び衛生のため，積極的な措置をとるものとし，社員は常に安全及び衛生に関する規定及び通達，指示を厳守し，その予防に努めなければならない。

第50条　社内に災害その他非常災害が発生し，又はその危険があることを知り，その他異常を認めた場合は，直ちに臨機の処置をとるとともに，関係者に連絡し，その被害を最小限にとどめるよう努め

なければならない。

（健康診断）

第51条　会社は，社員の採用の際及び毎年1回定期に健康診断を行う。

　　　ただし，必要ある場合は，全部又は一部の者に対して臨時に行うことがある。

　2．社員は，正当な理由なく，前項の健康診断を拒むことはできない。

（要注意者措置）

第52条　会社は，前条の健康診断の結果，要注意者として診断を受けた者については，時間外及び休日勤務の禁止，遅刻及び早退の是認，職種転換もしくは就業禁止措置を講ずることがある。

　2．社員が法定伝染病，その他行政官庁の指定伝染病もしくは就業することが不適な疫病又は，他に悪影響を及ぼすおそれのある疫病にかかった場合は，勤務を禁止する。

（ストレスチェック）

第53条　会社は，社員に対し，毎年1回定期的ストレスチェックを行う。

　2．社員は，前項のストレスチェックを受けるようにしなければならない。

第11章　賃 金 等

（別規定）

第54条　賃金・退職金・出張旅費・慶弔見舞金等については別規程とし，就業規則の一部分とする。

付　　則

（施　行）

第55条　この規則は　　年　　月　　日より施行する。

第1章 就業規則 第3 就業規則の実例

---

(3) 実例　　　　　　　　就　業　規　則

〔 この就業規則は，大企業の飼料製造販売業の例である。〕

（ＣＳ飼料・飼料製造販売・従業員500人）

第1章　総　　則

（目　的）

第1条　この就業規則（以下規則という）はＣＳ飼料株式会社（以下会社という）従業員の就業に関する事項を定めたものである。

　2．この規則に定めた事項のほか，従業員の就業については，労働基準法，労働協約その他の法令の定めるところによる。

（規則遵守の意味）

第2条　会社および従業員は，この規則を遵守し，相ともに協力して社業の発展に努めなければならない。

（従業員の範囲）

第3条　この規則にいう従業員とは，第2章の規定による手続を経て会社に雇用されているものをいい，下に掲げる者等は含まない。

　①　日々雇い入れる者

　②　期間を定めて臨時に雇用する者

　③　嘱託

　④　試用期間中の者

（従業員の職区分）

第4条　従業員は別に定める職能分類規程により職掌と等級に区分する。

第2章　人　　事

第1節　採　　用

（採用年齢）

第5条　従業員として採用する者は，満年齢15歳以上（義務教育修了者）の者に限る。

（就職希望者の提出書類）

第6条　従業員として就職を希望する者には，下記の書類を提出させる。

　①　履歴書

　②　卒業証明書，又は卒業見込証明書

③　学業成績証明書

④　申込者調書

⑤　写真（3カ月以内，2枚）

（採否の決定）

第7条　採用する場合は，労働条件の説明を行ない，選考試験・人物考査・学力考査を行い，採否は会社が決定する。

（労働条件の明示文書交付）

第8条　採用決定者には，次の労働条件について，文書交付する。

①　賃金に関する事項

②　就業の場所及び従事する業務に関する事項

③　労働契約の期間に関する事項

④　労働時間（所定・所定外）・休憩時間・休日・休暇及び交代制の場合の就業転換に関する事項

⑤　退職に関する事項（解雇の事由を含む）

（採用時の提出書類）

第9条　採用が決定した者は，採用の日から10日以内に，下記の書類を提出しなければならない。

①　保証人連署の誓約保証書

②　個人調査表

③　住民票記載事項証明書

④　免許証のあるものはその写

⑤　前号のほか必要な書類

（試用期間）

第10条　新たに従業員として採用された者は，入社の日より3カ月を試用期間とする。

2．会社は，前項の試用期間の途中において，あるいは終了の際，本人の人柄，知識・技能・勤務態度・健康状態等について，社員として不適格と認められた場合は解雇する。

但し，入社後14日を経過した者については，第22条の手続きによって行う。

3．試用期間を終えて本採用された者は，試用開始の日をもって入社したこととし，勤続年数に通算する。

（試用期間を設けない特例）

第11条　会社は，業務の都合により他企業に勤務中の者等の要請入社した場合等については，試用期間を設けないで社員とすることがある。

（嘱託の雇用）

第12条　嘱託の雇用については別に定める「嘱託就業規則」による。

（臨時の雇用）

第13条　臨時に雇用する者については別に定める「臨時従業員規則」「パートタイマー就業規則」による。

第2節　異　　動

（異　動）

第14条　会社業務の都合により，転勤・転属・職務の変換・駐在・派遣・出向を命ずることがある。

　2．前項の場合，従業員は正当な理由のないとき，これを拒むことは出来ない。

第3節　休　　職

（休職を命ずる場合）

第15条　従業員が，下記の各号の一に該当する場合には休職を命ずる。

　①　会社の命により，会社外の業務に従うとき。

　②　公職就任のため社務に著しく支障あるとき。

　③　組合専従者となったとき。

　④　事故欠勤が引続き1カ月に及ぶとき。

　⑤　私傷病による欠勤日数が別に定める「傷病休職規程」の限度に及んだとき。

　⑥　前各号の他，特別の事情があり，会社が必要と認めるとき。

　2．前項5号については，期間中，断続的に出勤した場合，欠勤日数はこれを通算する。

（休職の期間と復職又は雇用の終了）

第16条　前条，第1項各号の一により，休職を命ぜられた者の取扱いについては下記の通りとする。

　①　前条第1項第1，2及び3号に該当する場合の休職期間は，必要な期間とし休職事由の消滅によって復職を命ずる。

　②　前条第1項第4号に該当する場合の休職期間は，2カ月間とし休職期間経過後，雇用を終了する。

　③　前条第1項第5号に該当する場合の休職期間は，別に定める「傷病休職規程」によるものとし，休職期間経過後は雇用は終了とする。

　④　前条第1項第6号に該当する場合の休職期間は，必要な期間とし，休職期間経過後復帰させるか雇用終了するかについては，その都度定める。

（休職期間と勤続年数）

第17条　休職期間の勤続年数通算については，下記の通りとする。

　①　第15条第1号，第3号及び第6号に定める休職期間は，勤続年数に通算する。

　②　第15条第2号，第4号及び第5号に定める休職期間は，勤続年数に通算しない。

（休職期間中の給与及び扶助）

第18条　休職期間中の給与及び扶助に関しては「給与規程」及び「従業員公私傷病補償規程」の定めるところによる。

第1章 就業規則 第3 就業規則の実例

第4節　退職及び解雇

（定　年）

第19条　従業員の定年は60歳とする。

　2．定年退職の日は，定年に達した日の属する給与締切日とする。

　3．会社は，引き続き勤務することを希望している者については，65歳まで継続雇用する。

（退　職）

第20条　従業員が下記の各号の一に該当する場合は退職とする。

　　①　勤続が満1年に達しない者で傷病による欠勤が6カ月に及ぶとき。

　　　但し法令で定める業務上の傷病による場合は，この限りでない。

　　②　定年に達したとき。

　　③　本人の都合により退職を申し出て許可されたとき。

　　④　会社の都合により退職を定められたとき。

　　⑤　役員に就任したとき。

　　⑥　その他の規定により退職を定められたとき。

　2．下記の各号の一に該当するときは退職を命ぜられることはない。

　　①　業務上の傷病療養のため，勤務出来ない期間及び，その後30日間。但し3年を経過し傷病補償
　　　年金を給付を受けるに至ったときはこの限りでない。

　　②　産前産後の女性について，女性従業員の産前6週間（多胎妊娠にあっては14週間），産後8週
　　　間の出産休暇中及びその後30日間。

（解　雇）

第21条　従業員が下記の各号の一に該当する場合は解雇する。

　　①　精神又は身体の虚弱障害により，雇用の継続に配慮してもなおその障害により業務に耐えられ
　　　ないと認められたとき

　　②　休職期間が終了したとき。

　　　但し第15条第1号，第2号，第3号，第6号に該当する場合を除く。

　　③　懲戒解雇に該当する行為のあったとき。

　　④　作業に誠意なく技量，能率不良で，配置転換をしても見込みのないとき。

　　⑤　事業の運営上やむを得ない事情により，事業の廃止又は事業の縮小が生じ人員整理を行う必要
　　　がでたとき

（解雇の予告）

第22条　退職の理由が本人の申出による場合の他は，従業員を解雇しようとするときはその30日前に予
　　告するか，又は30日分の平均賃金を支払う。

（退職手続）

第23条　従業員が退職しようとするときは，少なくとも14日前に退職願を提出し会社の承認を得，完全

に事務引継ぎをしなければならない。

2．従業員は，退職又は解雇の場合，遅滞なく身分証明書及び健康保険証，その他，会社から貸与された金品は，直ちに返還しなければならない。

3．退職届を提出しても会社が受理して承認する迄は，従来通り出勤しなければならない。

　　但し，退職届提出後14日を経過したときは，この限りでない。

（退職証明書の交付）

第24条　会社は，退職又は解雇された者（懲戒解雇者を含む）が，退職証明書の交付を請求した場合は，証明書を交付する。

2．前項の証明事項は，次のとおりとし，退職者の請求した項目のみとする。

① 使用期間

② 業務の種類

③ 職務上の地位

④ 賃金

⑤ 退職事由（解雇の場合は，その理由）

第3章　服　務

（服務の義務）

第25条　従業員は，本規則及び諸規定を遵守し，別に定める職制上の所属長の指示に従い，誠実に服務しなければならない。

（所属長の義務）

第26条　所属長は，常にその所属従業員の人格を尊重し，親切に，これを指導監督するとともに，率先してその職責を遂行しなければならない。

（就業の心得）

第27条　従業員は就業に当たり，下記の各号を守り，明朗且つ規律ある職場秩序の維持に努力しなければならない。

① 労働時間中は原則として許可なく職場を離れないこと。

② 機械器具の取扱いには，細心の注意を払い，合理的に使用すること。

③ 原材料，製品の扱いに注意し，その節約に留意すること。

④ 職場の整理，整頓に努めること。

⑤ 所定の場所以外において喫煙し，又たき火，電熱器等の火気を許可なく使用しないこと。

⑥ 職場に設置してある防火器具等は，非常の場合以外は，防火管理者の許可なくして使用しないこと。

⑦ 酒気を帯びて就業しないこと。

⑧ 常に所属長の職務上の指示及び監督に従うとともに，自分の職務に対しては，十分の自覚及び責任をもつこと。

⑨　会社内における性的な行為，性的なうわさ，性的な言動によって，他の従業員の業務に支障を与えないようにする。

⑩　職務上の地位や人間関係などの職場内の優位性を背景にした，正常な範囲を超える言動により，他の社員に精神的・身体的な苦痛を与えたり就業環境を害しないこと。

⑪　妊娠・出産および出産・育児・介護等の制度を利用したことに対して，就業環境を害するような言動をしないこと。

⑫　その他あらゆるハラスメントにより他の社員の就業環境を害しないこと。

⑬　互いに相親しみ，人格を尊重しあうこと。

⑭　職務に精励し，能率増進を図るとともに，会社業務に資すべき事項は，積極的に意見を述べ所属長は責任をもって迅速にこれを処理すること。

（禁止事項）

第28条　従業員は下記の行動をしてはならない。

①　会社の信用を傷つけ，又は不名誉となるような行為をしてはならない。

②　会社の秘密を漏らしてはならない。

③　会社の金銭，物品を私用し，又は他人に融通してはならない。

④　会社と取引関係を有する者より業務に関連して金銭，物品等の利益の融通又は贈与を受け，若しくはこれに対して私事を依頼してはならない。

⑤　会社に在籍のまま他の会社，又は事業場その他の外部団体に勤務することをしてはならない。但し会社の命令又は，許可のあった場合にはその限りではない。

⑥　前号の他，誠実な業務に違反することをしてはならない。

（変更の届出）

第29条　従業員は，下記事項に変更あった場合，速やかに所定の書面をもって所属長を経て，会社に届出なければならない。ただし，個人情報管理に徹底を期すものとする。

①　現住所

②　姓名

③　家族の異動，増減

④　通勤事項及び非常呼出方法

⑤　その他人事管理上に必要な事項

（私用面会）

第30条　従業員は，労働時間中は，原則として私用面会を行ってはならない。

２．必要やむを得ない事由により私用面会を行うときは，予め所属長の許可を得て，所定の場所で行わなければならない。

（職場離脱）

第31条　従業員は勤務時間中，業務外のことで職場を離れることはできない。

２．必要やむを得ない場合は，所属長に申出て，承認を得なければならない。

（特許その他出願）

第32条 従業員の，特許その他の出願については別に定める「特許等取扱規程」による。

（掲示・宣伝）

第33条 従業員は，社内及びその他の会社施設内で，印刷物の配布，又は貼紙，掲示，その他これと類似の行為をしようとするときは，事前に会社に届出なければならない。

2．前項の場合会社は，その内容，場所等につき，不適当と認めるときは，差止め，修正，その他適宜の指示を与えることがある。

（身分証明書の携行と作業衣の着用）

第34条 従業員は会社が交付した身分証明書は常に携行し，貸与する作業衣，制服などは，就業時間中は，必ず着用しなければならない。

2．交付又は，貸与されたこれらのものは，他人に貸与，又は譲渡してはならない。

喪失したときは，直ちに届出るものとし，退職のときは，返還しなければならない。

（社内での集会）

第35条 会社の構内及び付属設備内で業務に関係しない集会を開くときは，予め会社の許可を受けなければならない。

（非常の場合の義務）

第36条 従業員は，会社の施設に非常事故のあった場合，速やかに現場に出向き，臨機の措置をとると共に，上席者の指示に従わなければならない。

第4章　勤　務

第1節　出勤，退勤及び欠勤

（定刻出退勤）

第37条 従業員は定刻までに出勤しなければならない。出勤，外出，退出の場合は，所定の場所より行うこと。

（遅刻・早退）

第38条 従業員が定刻を過ぎて出勤したときには，直ちにその旨を届出，また早退しようとするときは，予め所定の書面を以って所属長の許可を受けなければならない。

なお，遅刻及び早退は第45条を準用し正当と認められない場合は，第76条第4項を適用する。

（タイムカード）

第39条 従業員が出退勤のときは定められた場所にあるタイムレコーダにより出退勤の時間をカードに記録しなければならない。

但し出張員及び外勤者は別の規定による。

（出勤不許可退勤命令の場合）

第40条 下記の各号の一に該当する者は，出勤を許さず，又は退勤を命ずることがある。

① 法令により就業を禁止され，又は，衛生上有害と認めた者

② 酒気を帯び業務の妨害となるおそれのある者

③ 火気，凶器，その他作業上不必要と思われる危険物を携帯する者

④ 休職中及び４日以上の病欠の者で復職又は出勤許可の出ていない者

⑤ 前各号の他，会社秩序風紀を乱し，又そのおそれのある者

⑥ 第113条第４項の「出勤停止」の処分中の者

（外出許可）

第41条 従業員が社用又は，やむを得ない私用で外出するときは，所属長の許可を受けなければならない。

（持出許可）

第42条 従業員が，会社の物品を社外に持出すときは，所属長の許可を受けなければならない。

（所持品検査）

第43条 必要により，従業員の所持品検査を行うことがある。

２．従業員は，正当な理由がなければ，前項の検査を拒むことは出来ない。

（欠勤の手続）

第44条 従業員は，病気その他やむを得ない事由のため欠勤しようとするときは所定の様式で予め欠勤予定日数及び，その事由を述べて所属長に届出て，その承認を受けなければならない。

但しやむを得ない事由でその暇のないときは，速やかに電話又は伝言で連絡し，出勤当日その理由を併記して届出なければならない。

２．病気欠勤４日以上にわたるときは，前項の届出に医師の診断書を添付しなければならない。この場合，会社は医師を指定することがある。

３．第２項の予定日数を経過してなお引続き欠勤しようとするときは，更にこの手続きをとらなければならない。

（正当でない欠勤及び遅刻，早退）

第45条 正当でない欠勤及び遅刻，早退は次のとおりとする。

① 自己の慰安，娯楽，怠惰に基くもの。

② 自稼業（農業を含む）を理由とするもの。

③ 欠勤理由の明確でないもの。（私用，家事等のもの）

④ 休暇の所定日数を超え，その休暇を理由とする欠勤。

⑤ 前各号の他，会社が正当でないと認めたもの。

（公民権の行使等）

第46条 従業員は労働時間中に選挙権その他公民としての権利を行使し，又は公の職務を執行するために必要な時間を請求できる。

但し会社は権利の行使又は，公の職務の執行に妨げがない限り請求された時間の制限，変更をすることが出来る。

2．裁判員または裁判員候補に選任された従業員は，その活動に必要な日数または時間を請求できる。

（この節の所属長）

第47条　この節の所属長は所属係長以上をいう。

第 2 節　勤務時間

（勤務時間）

第48条　労働日の就業時間は原則として拘束 8 時間25分，休憩 1 時間，実働 7 時間25分とし，下記の通りとする。

2．始業及び終業の時刻を下記の通りとする。

始業時刻　　午前 8 時30分

終業時刻　　午後 4 時55分

但し季節販売量その他の都合で変更することがある。

又，特殊な職種の職場の勤務時間については別に定めることがある。

なお，従業員以外については，各職場各職種によって定める。

3．休憩時間は下記の通りとする。休日出勤の場合も同じ。

正午より　　 1 時間

4．業務上必要あるときは，労働組合との協定により，労働基準法第32条 2 及び 4 の変形勤務時間制を実施することがある。この場合の勤務等は別途規定する。

但し業務の都合により，これを分割調整することがある。

（特務職の勤務時間）

第49条　前条の定めに拘わらず特務職の勤務時間は別に定める。

第 3 節　時間外及び休日労働

（組合との協定による時間外及び休日労働）

第50条　業務上必要あるときは，労働組合との協定により，労働基準法所定（以下法定という）の労働時間を超えて就業そせ，又は法定休日に就業させることがある。

2．前項の時間外労働の上限は次のとおりとする。

一定期間		目安期間
週又は月を単位とする時間	1 週 間	15 時 間
	2 週 間	27 時 間
	4 週 間	43 時 間
	1 カ 月	45 時 間
	2 カ 月	81 時 間
	3 カ 月	120 時 間
1 年 間		360 時 間

（年少者の時間外及び休日労働）

第51条　満18歳未満の者には，法の定める休日・残業及び深夜の勤務はさせない。

　　　　但し満16歳以上の男子で交替制によって深夜勤務をする場合は，この限りではない。

（非常災害時の特例）

第52条　災害その他避けることのできない特殊な事由のある場合は，第50条の規定に拘わらず，必要限度において臨時に就業時間を延長し又は，法定休日に就業させることがある。

第4節　休日及び休暇

（休日の種類）

第53条　休日は下記の通りとする。

①　日曜日及び土曜日又は業務の都合により毎週2日，若しくは4週を通じて8日の割で予め定めた日。（1カ月単位の変形労働時間制をとることがある。起算日等別に定める。）

②　国民の祝日

　　元日（1月1日），成人の日，建国記念日（2月11日），天皇誕生日（2月23日），春分の日，昭和の日（4月29日），憲法記念日（5月3日），みどりの日（5月4日），こどもの日（5月5日），海の日，山の日，敬老の日，秋分の日，体育の日，文化の日（11月3日），勤労感謝の日（11月23日）。但し，休日と祝日が重複する場合はその翌日を休日とする。

③　年末年始

　　12月31日，1月2日，1月3日，1月4日

④　メーデー（5月1日）

⑤　夏季休暇

⑥　その他，会社が休日と定めた日

（休日の変更）

第54条　会社は臨時の必要により，前条の休日を他の日に変更することがある。

　2．変更は，特別の事情のない限り7日以前に決定する。

（振替休日）

第55条 会社は，前2条の休日に出勤させるときは，業務に支障がない限り，その翌日から7日以内に振替休日を与える。但し出張員及び外勤者は別に定める。

2．振替休日の決定に当たっては，本人の希望を考慮近接した日をもってして行うが欠勤の振替は認めない。

なお原則として連休は認めない。

3．振替休日は，年次休暇に優先して与える。

4．業務に支障ある場合は本人は部門長に申請し人事部長の承認を得て翌月内に代休をとることができる。

（年次休暇）

第56条 年次有給休暇日数

年次有給休暇日数は6カ月間勤続勤務し所定労働日の80％以上出勤した場合に次の通りとする。

(1) 入社後2カ月間に80％以上出勤した場合その後4カ月間に2日与える。

(2) 0.5年目—10日，1.5年目—11日，2.5年目—12日，3.5年目—14日，4.5年目—16日，5.5年目—18日，6.5年目以上—20日

但し，その合計日数は20日をもって限度とする。

2．この休暇を受けようとするときは，事前に所属課長に所定の様式で届出なければならない。

3．求める時季に休暇を与えることが事業の正常な運営を妨げる場合，会社は他の時季に，これを変更することがある。

4．この休暇は申し出によって病気，私事欠勤を振替えることが出来る。

5．この休暇の有効期間は2年を超えることは出来ない。

6．前年度の休暇の残日数がある場合は，翌年度における年次有給休暇は，その残日数から先に求めなければならない。

7．会社と組合との労使協定により，年次有給休暇の日数のうち5日を超える日数については，計画的に付与することがある。また5日以内については時間単位で与えることがある。

8．年次有給休暇の日数が10日以上の者については，そのうちの5日は，付与日から1年以内に，時季を指定して与える。ただし，本人の時季指定または計画的付与制度により付与した日数があるときは，その日数を5日から控除する。

（結婚休暇）

第57条 結婚休暇日数は次のとおりとする。

(イ) 本人の場合　連続　5日　　(ロ) 子供の場合　連続　2日

（生理休暇）

第58条 生理日の就業が著しく困難な者は，本人の申し出により必要日数を与える。但し，有給扱いは2日迄とする。

（忌服休暇）

第59条 忌服休暇日数は次のとおりとする。

① 配偶者（内縁の者を含む）又は1親等（父，母，子，養父母，配偶者の父母の場合）死亡のとき 連続 5日

② 2親等（兄弟，姉妹，祖父母，孫，配偶者の祖父母，兄弟，姉妹の場合）の死亡のとき

連続 3日

但し葬儀執行の責あるときは 連続 5日

③ この場合，往復に要する日数は，所属長認定の上，最短日数を与える。

2. 忌服休暇は死亡の日により起算する。

但し出張その他やむを得ない事由があるときは，従業員は，起算日の変更を求めることができる。

（交通遮断休暇）

第60条 従業員が伝染病発生，又は天災地変のため交通遮断を受け，出勤することができないときは，交通遮断休暇を与える。その日数は会社の認定日数とする。

（罹災休暇）

第61条 従業員が天災地変，その他により，罹災したときは，罹災休暇を与える。

その日数は会社の認定日数とするが，特別の事情のない限り罹災当日及びその後5日以内とする。

（赴任に伴う転居休暇）

第62条 妻帯者は，支度休暇，着後休暇通算 7日以内の必要日数。

独身者は 3日以内の必要日数。

（公傷病休暇）

第63条 業務のため負傷し又は，疾病にて休暇療養を要するときは，その期間医師の診断書に基づき休暇を与える。

但し，会社は必要ある場合には指定する医師の診断書を提出させることがある。

（出産休暇）

第64条 本人出産の休暇は次のとおり与える。

① 本人請求により産前42日間。但し多胎出産の場合98日間。

② 産後56日間。但し医師の証明ある場合は42日以降就業を認める。

2. 配偶者出産の休暇は次のとおり与える。

連続 5日

但し5日の範囲内で2回に分割請求することが出来る。（出産の日より50日以内）

（休暇の取扱）

第65条 年次有給休暇以外の休暇には休日を通算する。

2. 休暇は休日を除き欠勤の取扱いをしない。

（休暇の届出）

第66条　従業員は所定の休暇を得ようとするときは，予め所定の書面をもって所属課長を経て会社に届出て承認を得なければならない。

　2．正当な理由がなく前項の手続をとらない場合，会社は休暇の取扱いをしない。

（欠勤中の休暇）

第67条　この節に定める休暇は，現に出勤中の者に休暇を与え，これを欠勤とせず，又休日と同一の扱いをする趣旨であるから，原則として欠勤中の者に対しては与えない。

第5節　育児休業・介護休業等

（育児休業）

第68条　従業員のうち，1歳未満の子（特別の事情ある場合2歳）の養育を必要とする者は，会社に申し出て育児休業又は育児短時間勤務，子の看護休暇の適用を受けることが出来る。

　2．育児休業又は短時間勤務，子の看護休暇の対象者，手続等の必要事項については，別に定める「育児休業規程」による。

（介護休業）

第69条　社員の家族で傷病のため介護を要する者がいる場合は，会社に申し出て介護休業又は介護短時間勤務，介護休暇の適用を受けることがある。

　2．介護休業又は介護短時間勤務，介護休暇に対する対象者，期間，手続等の必要事項については，別に定める「介護休業規程」による。

（育児時間）

第70条　生後1年未満の子を養育する女性である従業員から申出があったときは，休憩時間の他に，1日について2回，各30分ずつの育児時間を取得することを認める。なお，この場合の給与の取扱いについては，給与規定による。

（母体健康管理）

第71条　妊娠中の女性には，次に定める妊娠週数の区分に応じた回数，保健指導又は健康審査を受けるために必要な時間を確保する。但し，医師等がこれと異なる指示をしたときは，その指示に従う。

　　　　妊娠23週まで………………… 4週間に1回
　　　　妊娠24週から35週まで…… 2週間に1回
　　　　妊娠36週から出産まで…… 1週間に1回

　2．産後1年以内の女性については，医師等が指示するところにより，保健指導又は健康審査を受けるために必要な時間を確保する。

　3．妊娠中及び出産後の女性から申出があった場合には，それぞれ次のような措置を講じる。

　(1)　妊娠中

　　　通勤緩和の申出………時差通勤，勤務時間短縮等の必要な措置

　　　休憩に関する申出……休憩時間の延長，回数の増加等の必要な措置

(2) 妊娠中及び出産後

つわり，妊娠中毒，回復不全等の症状に関する申出

………作業の制限，勤務時間の短縮，休憩等の必要な措置

4．妊娠中又は出産後の女性労働者に対する医師等の指導事項が正確に伝達されるように「母性健康管理指導事項連絡カード」を使用する。女性労働者は医師等に同カードに記入してもらい，事業主に措置を申請すること。

第6節　日直，宿直及び呼出し

（日直，宿直及び呼出し）

第72条　会社は業務の都合により，従業員に日直，又は宿直を命じ若しくは，呼出しをすることがある。

2．前項については別に定める「宿直，日直規程」による。

第7節　出張，駐在，派遣及び外勤

（出張及び外勤）

第73条　会社は業務の都合により，従業員に出張，駐在，派遣，出向又は外勤させることがある。この場合別に定める「出張員及び外勤服務規程」による。

第8節　警備員の勤務

（警備員の服務）

第74条　警備員の勤務は別に定める「警備員服務規程」による。

第5章　給　　与

第1節　給　　料

（給料の原則）

第75条　従業員の給料は月給制を原則とし，1年間を平均して毎月の労働時間，1日の労働時間7時間25分を基準として支払う。

（給料の日割時間割計算）

第76条　従業員が下記の各項の1に該当するときは，原則として日割又は時間割計算をもって給料を算出する。

①　労働時間中に組合会議，組合出張，罷業等の争議行為又は労働協約に取決められている以外の就業時間内組合活動を行ったとき。

②　組合専従者又は臨時組合専従者になったとき。

③　採用，復職，休職，退職（定年及び殉職の場合は除く）解雇その他労働協約の内容に著しい変

化をきたしたとき。

④　正当な理由なく欠勤，遅刻，早退，私用外出20分以上したとき。

⑤　前各号の他，法令又は「給与規程」により定められたるとき。

（給料の構成）

第77条　給料は基本給，基準内手当，基準外手当をもって構成し，詳細については給与規程に定める。

（給料の支払日）

第78条　給料は，前月16日より当月15日迄の分を当月分として毎月25日に支払う。

但し支払日が休日に当たるときは，前日に繰上げて支給する。

（給料の支払）

第79条　給料は直接本人に通貨をもって全額支払う。

但し法令で定められたもの及び社宅料，寮費等労使協定で定められたものは控除することが出来る。

２．会社は本人の同意を得た場合，本人が希望する金融機関の本人名義の口座に払込むことがある。

（非常時払）

第80条　下記の各号に該当する場合は支払日に拘わらず，請求があった日から，7日以内に給料を支払う。

①　本人が死亡したとき

②　本人が退職したとき

③　本人を解雇したとき

２．従業員が下記の各号の一に該当して請求した場合は，速やかにその月分の既往労働分の給料を支払う。

①　本人又はその収入によって生計を維持する者の出産，疾病又は災害のとき。

②　本人又はその収入によって生計を維持する者の婚礼又は葬儀のとき。

（給与規程）

第81条　従業員の給料の細部については，別に定める「給与規程」によって行う。

第2節　賞与及び昇給

（賞　与）

第82条　第1節に定める給与の他に，賞与その他臨時に給与を支給することがある。

２．前項のうち賞与については「賞与支給規程」によって行う。

（昇　給）

第83条　昇給については，別に定める「給与規程」によって行う。

第3節　退　職　金

（退職手当支給規定）

第84条　従業員が第19条，第20条，第21条により退職又は，解雇の場合は，別に定める「退職手当支給規程」によって支給する。

第4節　退職年金

（退職年金規約）

第85条　従業員が退職した場合は別に定める「退職年金規約」によって年金又は一時金を支給する。

第5節　旅　　費

（旅費規定）

第86条　従業員が社用のため，出張，社外勤務，赴任，視察，その他を命ぜられ旅行するときには別に定める「旅費規程」によって，旅費を支給する。

第6節　嘱託の給与

（嘱託の給与）

第87条　嘱託の給与は，別に定める「嘱託者就業規則」による。

第6章　安全，衛生，防火，防犯

（災害の予防）

第88条　従業員は，常に安全，衛生，防火，防犯に関する諸規定を守り，火災，その他災害予防に努め，各管理者，又は関係者の指導があった場合，業務と同じくこれに従わなければならない。

（保健衛生の保持）

第89条　従業員は，保健，衛生に関する諸規定を守り，常に注意し，保健に努め衛生管理者，並びに関係者の指導に従わなければならない。

（健康診断・ストレスチェック）

第90条　従業員は，会社の実施する定期，臨時の健康診断およびストレスチェック又は，防疫処置を必ず受けなければならない。

2．やむを得ぬ事由により，前項の診断を受けなかった場合はその結果を証明する書類を会社に提出しなければならない。

（保健衛生上の措置）

第91条　従業員中，下記の一に該当する者は，就業制限，作業転換，治療指示その他，必要な処置を講ずる。

①　担当者が要注意者と認めた者

② 心身虚弱者，妊産婦

③ その他医師の診断により健康上保護を必要と認めた者

（就業禁止）

第92条 従業員で下記の一に該当する者は就業させない。その間は病欠とみなす。

① 精神障害者

② 伝染のおそれのある結核患者，その他これに準ずる者

③ 重い病気にかかり十分回復していない者，又は病勢悪化のおそれのある者

④ 法定伝染病及び疑似症患者

⑤ その他，就業不適当と認めた者

（危険有害作業の就業制限）

第93条 満18歳未満の者及び女性は，危険，又は衛生上有害な作業並びに重量物の取扱い等の作業につかせない。

（法定伝染病発生の場合）

第94条 自家又は近隣に伝染病患者が発生した場合は，その旨を届出て出社可否の指示を受けなければならない。解除後も同じ。

（制服の貸与）

第95条 業務の安全，衛生の保持上会社が必要と認めたときは，従業員に服装具その他を貸与することがある。

（担当者の秘密保持）

第96条 衛生管理者及び健康診断の業務に従事する者は，その職務上知り得た従業員個人の秘密を漏らしてはならない。

第7章　災害補償及び扶助

（公傷病の補償）

第97条 従業員が，業務上負傷又は疾病にかかった場合は，療養を行い所定の療養費用を会社が補償する。

2．前項において労災保険法による療養補償の給付を受ける場合は，その差額を補償する。

（傷害補償給付金の給付）

第98条 業務上の傷病が全快したとき，身体に障害が残る場合，その障害の程度に応じ平均賃金に法の定めた日数を乗じた金額を障害補償給付金として給付する。

但し労働基準法の打切補償と重複して給付しない。

（休業補償金の給付）

第99条 従業員が，業務上負傷し，疾病にかかった場合で休業のため休業するときは，平均賃金の60%を支給する。ただし，労災保険法により補償を受けた場合は，これを支給しない。ただし，傷病発症後3日間については，会社が補償する。

（傷病補償年金の支給）

第100条　業務上の傷病が，療養開始後1年6カ月を経過しても，なお治癒せず，かつ，労災保険法上の傷病等級3級以上に該当するときは，傷病補償年金が支給される。

（介護補償給付）

第101条　業務上の傷病で介護が必要な場合は，介護保険給付が支給される。

（補償の不認）

第102条　業務上の疾病が下記の各号の一に該当する場合は補償は行わないことがある。

　　①　本人に重大な過失がある場合

　　②　安全，衛生に関する遵守事項に違反した場合

（遺族補償）

第103条　法令で定める業務上の死亡の場合は，遺族又は本人の死亡当時その収入によって生計を維持していた者に対して遺族補償を行う。

　2．前項の場合，葬儀を行う者に対しては葬儀料を支払う。

　　　但し前項1，2の場合，労災保険法によって受給するときは重複して支給しない。

（通勤災害）

第104条　従業員が所定の通勤途上において負傷し，又は疾病にかかり傷害又は死亡したときは，業務上災害と同様の給付を受ける。

　2．通勤災害は，給付が単なる給付であって，補償給付ではない。

（従業員災害補償規定）

第105条　従業員の災害補償の細目は，別に定める「従業員慶弔災害金贈与規程」「従業員公私傷病補償規程」「特別災害補償規程」による。

第8章　慶弔見舞い

（慶弔見舞金）

第106条　従業員の慶弔見舞金については，前条と同じ規定による。

第9章　福　　利

（福利施設機関の利用）

第107条　従業員は，会社の福利施設，文化施設及び各福利制度を，所定の方法によって利用することが出来る。この場合はそれぞれの規定による。

第10章　教　　育

（教　育）

第108条　①　従業員は，会社の計画によって行う教育は進んで受けなければならない。

　　②　教育は業務教育，管理教育，社会教育，社会派遣教育，その他についてこれを行う。

（教育時間）

第109条　会社が行う教育の時間は就業時間とみなす。

第11章　賞　　罰

（賞罰の目的）

第110条　会社は信賞必罰の厳正且つその適切な実施によって，民主的な職場規律を確立し，併せて社内秩序の維持，労働能率の向上を図るため，この章に定めるところによって賞罰を行う。

第1節　表　　彰

（表彰を行う場合）

第111条　会社は，従業員，又は従業員の団体が下記の各号の一に該当するときは表彰する。

① 会社業務について特に優秀なる企画，立案を行った者

② 会社に有益な発明，発見又は工夫考案をした者

③ 製品について優秀な企画，発明，発見改良を加え需要価値を高めた者

④ 人物，勤務又は技能が優秀で一般従業員の模範となる者

⑤ 永年勤続して成績優秀なる者

⑥ 災害を未然に防ぎ，又は非常の際に特に功労のあった者

⑦ 国家的社会的功績によって会社の名誉となるような行為のあった者

⑧ その他特別の働きをし，社業に功労のあった者

（表彰の種類）

第112条　従業員又は，従業員の団体が前条各号の何れかに該当する場合は，下記の各号の一又は二以上を併せて行い，掲示その他により周知させることがある。なお，表彰は特定の期日に行うもの以外は時期を失せず実施する。

① 賞状授与

② 賞金又は賞品の授与

③ 休暇の賦与

④ 研究出張または休暇旅行

第2節　懲　　戒

（懲戒の種類）

第113条　懲戒はその事由の程度によって，下記の戒告，譴責，減給，出勤停止，昇給停止，降格，停職及び懲戒解雇の8種類とし，掲示その他で周知させることがある。

① 戒告とは，本人を戒め厳重な警告を発することをいう。

② 譴責とは，戒告より重い罰をいい，始末書をとり将来を戒める。

③ 減給は，譴責の上1回の額が1日の平均賃金の半分を超えず，且つ総額が一給料支払期におけ

る給料総額の10分の１以内において，給料を減額する。

④　出勤停止は譴責の上，10日以内出勤を停止し，その間給与を支給しない。

⑤　昇給停止は譴責の上，一定期間昇給を停止する。

⑥　降格は譴責の上，会社職制上の役職又は役付手当を下げる。

⑦　懲戒解雇

（懲戒に処する場合）

第114条　従業員が下記の各号の一に該当するときは，懲戒に処する。

①　正当な理由なく無届欠勤をした場合

②　許可なく会社の物品を持出し，又は持出そうとした場合

③　素行不良で職場の秩序並びに風紀を乱した場合

④　故意又は重大な過失により，会社の経営方針に反する行為及び会社の信用を失墜させる行為をした場合

⑤　故意又は重大な過失，不注意で，建物，施設，機械，物品等を破損あるいは，全滅の損失を与えたとき

⑥　業務上の怠慢，又は監督不行届により，火災，傷害その他重大なる事故を発生させたとき

⑦　不正，不義及び法規にふれる等の行為により，従業員の体面を汚した場合

⑧　素行不良で会社内の秩序又は風紀を乱したとき

⑨　会社内において，性的な言動によって他人に不快な思いをさせたり，職場の環境を悪くした場合

⑩　職務上の地位や人間関係などの職場内の優位性を背景にした，正常な範囲を超える言動により，他の社員に精神的・身体的な苦痛を与えたり就業環境を害したとき

⑪　妊娠・出産および出産・育児・介護等の制度を利用したことに対して，就業環境を害するような言動をしたとき

⑫　その他あらゆるハラスメントにより他の社員の就業環境を害したとき

⑬　その他，前各号に準ずる行為のあったとき

（解雇する場合）

第115条　従業員が，下記の各号の一に該当するときは，懲戒解雇する。

但し情状により減給以上停職以下に処することができる。

①　正当な理由なく無届欠勤10日以上に及んだ場合

②　他人に対して暴行，脅迫を加え，又は，その業務を妨害した場合

③　職務上の指示に不当に反抗し業務上の秩序を乱し，職務を怠った場合

④　会社の承認を得ないで在籍のまま，他に籍を有し，又は雇入れられた場合

⑤　事業の重大な秘密を社外に漏らし，又は漏らそうとしたり故意に当社の不利となる行いをした場合

⑥　職務に関して不当な金品，その他を受け取り，又は与えたとき

⑦　懲戒を受けたにも拘らず改悛の見込みがない場合

⑧　業務に関し，会社をあざむく等，故意又は，重大な過失により，会社に損害を与えた場合

⑨　前条各号に該当し，その情状が重い場合

⑩　職責を利用して交際を強要したり，性的な関係を強要したとき

⑪　パワハラ・マタハラその他のハラスメントにより他の社員が精神疾患に罹患するなど悪質なとき

⑫　その他前各号に準ずる程度の不都合な行為があったとき

（所属長の懲戒）

第116条　従業員が前2条の懲戒に処せられたときは事情により責任者たる所属長も懲戒に処することがある。

（損害賠償）

第117条　従業員が，故意又は，重大な過失によって，会社に損害を及ぼしたときは，懲戒に処する他，なおその損害を賠償させることがある。

（懲戒の軽減）

第118条　解雇以外の項目で処罰された者が悔悟の情，著しい場合は，処置を軽減することがある。

（審議機関及び規定）

第119条　審議会の構成，運営，賞罰基準は別に定める「賞罰委員会規程」による。

（職制賞罰）

第120条　従業員の賞罰についての該当事項の程度により各部門長権限にて別に定める基準により賞罰を付すことがある。

付　　則

（施　行）

第121条　この規則は，　　年　　月　　日より施行する。

　　改訂　　年　　月　　日より一部改訂する。

（4）　実例　　　　社 員 就 業 規 則

> この就業規則はグループ8社（サービス業）の規則で各社とも同一の内容である。
> 総合職と定型職に分けられた復線型の雇用管理の例である。

（ＨＦグループ・サービス業・従業員550人）

まえがき

　この就業規則は，HF グループ各会社が，企業の目的達成のために，社員の採用，服務及び労働条件を定めたものである。

　社員は，経営の基本方針をわきまえて，職務上の責任を重んじて業務に精励しなければならない。所属長は所属社員の人格を尊重して親切にこれを指導教育し，同僚は互いに助け合い，この規則を尊重して業務に励み，以て社業の発展に寄与しなければならない。

　※　HF グループ関連企業（8企業）同一労働条件

第1章　総　　則

（目　的）

第1条　この就業規則（以下「規則」という。）は，HF 株式会社（以下「会社」という。）の社員の就業に関する基本的事項を定めることを目的とする。

　2．この規則及びこれに付属する諸規程に定めのない事項については，労働基準法その他法令の定むるところによる。

（規則の遵守）

第2条　会社及び社員は，この規則を遵守して，相ともに協力し，社業の発展に努めなければならない。

（社員の定義）

第3条　この規則で社員とは，第3章の採用に関する手続きを経て会社に採用された者及び第33条第2項により引き続き雇用された次の各号の者をいう。

　①　見習社員

　　　見習社員とは第17条の試用期間中の者をいう

　②　社員

　　　社員とは第17条の試用期間（見習社員）を経て，本採用された者をいう

　③　嘱託

　　　嘱託とは高年齢者で嘱託として採用された者と，第33条（定年）の退職者で引き続き嘱託として再雇用された者をいう

（所属長の定義）

第4条 所属長とは，職制上当該社員を指揮監督する権限を有する者をいう。

（適用範囲）

第5条 この規則は，会社の社員に適用する。但し，嘱託については，労働条件の一部を別の雇用契約書に定める。定めのない事項については，この規則を適用する。

2．臨時・パートタイマー・アルバイト，キャディについては別に定める規程による。

第2章　職種及び職制

（職　　種）

第6条 会社における社員の職種は次のとおりとする。

① 総合職

② 定型職

（総合職）

第7条 総合職は，会社の総合（主として基幹的）業務を遂行する任に当たる者をいう。

2．総合職は，本社及び事業場において勤務するものとして，業務の必要に応じて，勤務場所及び業務の異動または関連企業に，出向することがある。

（定型職）

第8条 定型職は，総合職の補助的業務，定型的業務，単純的業務に従事する者をいう。

2．定型職は，本社及び事業場において勤務するものとし，部門間の異動はあるが，原則として勤務場所の異動はない。

（職制…総合職）

第9条 会社は，会社の組織命令系統を明確にするために職制を設ける。

2．総合職の社員の職層を管理職，一般職に区分する。

3．職層を明確にするために，職能資格等級を8等級に分け，それに対応する職位を命ずる。

4．資格等級，職層，職位は次の表のとおりとする。

等　級	職　　層	職　　　　位
8等級	管　理　職	部　長　・　支　配　人
7等級		部　長・支配人・部次長
6等級		支配人・部次長・課長・副支配人
5等級		課　長　・　副　支　配　人
4等級		係　　　　　　　　　長
3等級		主　任　・　上　級　職
2等級	一　般　職	中　　　級　　　職
1等級		初　　　級　　　職

（職制…定型職）

第10条 定型職の社員の職層を管理職，一般職に区分する。

2．職層を明確にするために，職能資格等級を4等級に分け，それぞれ対応する職位を命ずる。

3．資格等級，職層，職位は，次の表のとおりとする。

等　級	職　　　層	職　　　　　位
4等級	管　理　職	係　　長　　・　　主　　任
3等級		主　任　・　上　級　職
2等級	一　般　職	中　　　　級　　　　職
1等級		初　　　　級　　　　職

（昇格・降格）

第11条 会社は必要に応じて社員の職務遂行能力，責任感，判断力，企画力，勤務成績等勘案のうえ，第9条（職制…総合職）及び第10条（職制…定型職）の昇格及び昇級を行うことがある。

2．会社は，社員の職務遂行能力において不適格と認められる場合及び第76条第4号（懲戒…降格）に該当する場合は第9条（職制…総合職）及び第10条（職制…定型職）の降格及び降級を行う。

第3章　人　　事

第1節　採　　用

（採　用）

第12条 会社は，18歳以上の者で入社を希望する者に「総合職」及び「定型職」のメニューを提示して，それぞれのコース選択者の中から採用試験に合格し，所定の手続きをした者を社員として採用する。

2．会社は，人員配置の都合で「総合職」あるいは「定型職」に区分して募集し，採用することがある。

（採用試験）

第13条 採用試験は，入社希望者に対して，次の書類の提出を求め筆記試験または選考を行い，その成績並びに社員としての適格性の順位により合格者を決める。

①　履歴書

②　身上調書（会社指定のもの）

③　学校卒業証明書または卒業見込み証明書

④　その他会社が必要とする書類

2．前項の提出書類は，都合によって一部を免除することがある。

（採用者提出書類）

第14条 前条の採用試験に合格し，新たに社員として採用された者は，採用後10日以内に，次の書類を

提出しなければならない。

① 雇用契約書（会社指定のもの）

② 誓約保証書（会社指定のもの）

③ 住民票記載事項証明書

④ 世帯家族届及び通勤方法（会社指定のもの）

⑤ 前職のあった者については，厚生年金者証及び雇用保険者証

⑥ 入社年に給与所得のあった者については源泉徴収票

⑦ その他会社が必要とする書類

（記載事項異動届）

第15条 社員は，前条に定める提出書類に異動を生じた場合には，遅滞なく会社に届出るものとする。

（労働条件の明示）

第16条 会社は，社員の採用に際しては，この規則を提示し，労働条件の説明を行い，雇用契約を締結するものとする。

2．雇用契約の締結に際しては，会社は採用する者に，次の労働条件の事項については，文書で交付する。

① 賃金に関する事項

② 雇用契約の期間に関する事項

③ 就業の場所及び従事する業務事項

④ 始業及び終業の時刻。時間外労働の有無，休憩時間，休日，休暇ならびにシフト制の場合の就業転換に関する事項

⑤ 退職に関する事項（解雇の事由を含む）

（試用期間）

第17条 新たに社員として採用された者は，入社の日より3カ月間を試用期間とする。

2．会社は，前項の試用期間の途中において，あるいは終了の際，本人の人柄・知識・技能・勤務態度・健康状態等について審査し社員として不適格と認められる場合は解雇する。

但し，入社後14日を経過した者については，第37条の手続きによる。

3．試用期間を終えて本採用された者は，試用開始の日をもって入社したこととし，勤続年数に通算する。

（試用期間を設けない特例）

第18条 会社は業務の都合により，他の企業に勤務中の者等を要請入社させた場合，あるいは関連企業より転籍入社させた場合，並びにこれに準ずる場合は，試用期間を設けないで社員とすることがある。

第2節　異　　動

（異　動）

第19条　会社は，社員に対して業務の都合または社員の健康状況により必要ある場合は，社員の就労場所または従事する業務を変更することがある（グループ企業間を含む）。

2．前項について，社員は正当な理由なく拒むことはできない。

（出　向）

第20条　会社は，総合職の社員に対して，業務の都合により関連企業に出向を命ずることがある。社員はこれを正当な理由なく拒むことはできない。

2．会社は，業務の都合により定型職の社員の了解を得て，関連企業に出向を命ずることがある。

（転　籍）

第21条　会社は，社員に対して業務の都合で，社員の同意を得て関連企業に転籍を命ずることがある。

（昇級及び昇格）

第22条　会社は，社員に対して業務上必要ある場合または成績優秀な場合は，職能資格等級の昇級を行い職位（役職）の昇格を行うことがある。

第3節　休　　職

（休　職）

第23条　社員が，次の各号の一に該当する場合は，休職を命ずる。

① 業務外の傷病により，引き続き3カ月を越えて欠勤したとき

② 自己の都合で1カ月を越えて欠勤したとき

③ 会社の承認を得て，公職に就任したとき

④ 会社の命令により，会社外の職務に就任したとき

⑤ 刑事事件に関し起訴されたとき

⑥ 前各号に準じ，会社が必要を認めたとき

（休職期間）

第24条　前条に定める休職の期間は，次のとおりとする。

① 第1号の場合

欠勤開始時の勤続年数	休職期間
3　年　未　満	9カ月
3年以上　5年未満	15カ月
5年以上　10年未満	21カ月
10　年　以　上	27カ月

② 第2号の場合　　1　　カ　　月

③ 第3号第4号　　そ　の　期　間

④　第5号の場合　　　その都度会社が決める

⑤　第6号の場合　　　その都度会社が決める

（休職期間延長の特例）

第25条　前条の定めにかかわらず，会社は業務の都合により，必要ある場合は期間を延長することがある。

（休職期間中の給与）

第26条　休職期間中の給与は原則として支給しない。

　　　但し，第23条第4号（会社外の職務就任）の場合は，出向（派遣）先との協定により支給することがある。

　2．第23条第1号（私傷病休職）の場合は健康保険の傷病手当金に移行するものとする。

（休職期間中の勤続年数）

第27条　休職期間中は原則として勤続年数は通算しない。

　　　但し，第23条第4号，第5号，第6号については通算することがある。

（復　　職）

第28条　休職期間中に，休職事由が消滅した場合は，本人の申出により原職務に復帰させる。

　2．前項の申出が，第23条第1号（私傷病休職）の場合は医師の証明書を提出しなければならない。

　3．原職務に復帰させることが困難である場合または不適当である場合，就労の場所または従事する業務を変更することがある。

第4節　育児休業・介護休業等

（育児休業）

第29条　1歳未満の子（特別の事情ある場合2歳）（実子または養子）と同居し，養育する社員は，別に定める「育児休業規程」により，育児休業が取得でき，または短時間勤務制度等の便宜を受けることができる。

（介護休業）

第30条　社員の家族で傷病のため介護を要する者がいる場合は，別に定める「介護休業規程」により，介護休業または介護短時間勤務の適用を受けることができる。

（育児時間）

第31条　生後1年に達しない子を育てる女性が，予め申し出た場合は，所定の休憩時間の他，1日について2回それぞれ30分の育児時間を与える。但し，無給とする。

（母性健康管理のための休業等）

第32条　妊娠中又は出産後1年を経過しない女性社員から，所定労働時間内に，母子保健法に定める健康診査又は保健指導を受けるために，通院休暇の請求があったときは，次の範囲で休暇を与える。

①　産前の場合

　　妊娠23週まで………………4週間に1回

妊娠24週から35週まで……2週間に1回

妊娠36週から出産まで……1週間に1回

ただし，医師又は助産師（以下「医師等」という。）がこれと異なる指示をしたときは，その指示により必要な時間

② 産後（1年以内）の場合

医師等の指示により必要な時間

2．妊娠中又は出産後1年を経過しない女性社員から，保健指導又は健康診査に基づき勤務時間等について医師等の指導を受けた旨申出があった場合，次の措置を講ずることとする。

① 妊娠中の通勤緩和

通勤時の混雑を避けるよう指導された場合は，原則として1時間の勤務時間の短縮又は1時間以内の時差出勤

② 妊娠中の休憩の特例

休憩時間について指導された場合は，適宜休憩時間の延長，休憩の回数の増加

③ 妊娠中又は出産後の諸症状に対応する措置

妊娠又は出産に関する諸症状の発生又は発生のおそれがあるとして指導された場合は，その指導事項を守ることができるようにするため作業の軽減，勤務時間の短縮，休業等

第5節　定年・退職及び解雇

（定　年）

第33条　社員の定年は60歳とし，定年に達した日をもって退職とする。

2．会社は，定年に達した者が希望する場合は嘱託として再雇用する。再雇用の年齢上限は65歳とする。

（退　職）

第34条　社員が，次の各号の一に該当した場合は退職とし，社員としての身分を失う。

① 死亡したとき

② 本人から退職の申出があり，所定の手続きが完了したとき

③ 期間を定める雇用が満了したとき

④ 第24条（休職期間）の期間が満了し，復職しないとき

⑤ 前条の定年に達し雇用延長をしないとき。また延長後65歳に達したとき

（自己都合退職の手続き）

第35条　社員が，自己の都合で退職しようとする場合は，少なくとも14日前迄に退職の事由並びに期日を明記した所定の退職願書を提出しなければならない。

2．前項により退職願書を提出した者は，会社の承認有るまで従前の業務に服さなければならない。但し，退職願書提出後14日を経過した場合はこの限りではない。

（解　雇）

第36条　会社は，社員が次の各号の一に該当する場合は解雇する。

① 精神または身体の障害若しくは虚弱，老衰，疫病の為業務に耐えられないと認められるとき

② 能率が著しく劣り，または就業に適さないと認められるとき

③ やむをえない業務上の都合で必要が生じたとき（業務縮小等の場合）

④ 天災，事変その他やむをえない事由の為事業の継続が不可能となったとき

⑤ 第17条（試用期間）の者について，社員として不適当と認められるとき

⑥ 刑事事件に関し第24条第4号（休職期間中）にかかわらず，就業が不適当と認められるとき

⑦ 第86条の業務上の災害により，職場復帰できない場合で，同条第6号（傷病補償年金）を給付されるに至り，療養開始後3カ年以上経過したとき

⑧ その他前各号に準ずるやむをえない事由があるとき

（解雇予告及び解雇予告手当）

第37条　前条により解雇する場合は，会社は少なくとも30日以前に予告するか，30日分の平均賃金を支給して解雇する。

但し，解雇予告日数は，平均賃金を支払った日数だけ短縮することができる。

2．前項の場合，次の一に該当する者は除く。

① 日々雇用する者

② 2カ月以内の期間を定めて雇用する者

③ 第17条（試用期間中）の者で14日以内の者

（解雇の制限）

第38条　社員が業務上の傷病による療養開始後休業する期間及びその後30日間並びに産前産後の休業期間及びその後30日間は，解雇しない。

但し，業務上の傷病に基づく第86条第6号の傷病補償年金を受けている場合若しくは3年を経過した同日後において傷病補償年金を受けることになった場合，または天災事変等の事由で事業の継続が不可能となった場合は除くものとする。

（物品等の返納）

第39条　退職または解雇された者は，遅滞なく身分証明書，健康保険証，会社より貸与されたユニフォーム等を取揃えて返納しなければならない。

（退職証明書，離職証明書の交付）

第40条　会社は，退職または解雇された者より，退職証明書あるいは離職証明書の請求のあった場合には，遅滞なくこれを交付する。

2．前項の退職証明事項は，次のとおりとする。

① 使用期間

② 業務の種類

③ 地位

④　賃金

⑤　退職の事由（解雇の場合はその理由）

3．前項の証明書は退職者が指定した事項のみ証明するものとする。

第4章　勤　　務

第1節　勤務時間

（始業・終業・休憩時刻）

第41条　社員の勤務時間は，原則として1日につき1時間の休憩を除き，実働8時間とする。

①　始業　　午前9時

②　休憩　　正午より1時間

③　終業　　午後6時

2．会社は，交通事情その他やむをえない事情のある場合は，全部または一部の者について前条に定める時刻を変更することがある。

（交替制）

第42条　会社は，業務上の必要により，交替制の勤務をとることがある。この場合の始業，終業，及び休憩時間は，前条に準じて行う。

（変形時間制）

第43条　社員の勤務時間は，各月の1日を起算日とし，1カ月における1週の所定勤務時間を平均して40時間を超えない範囲で1カ月単位の変形労働時間制をとることがある。

①　労使協定を締結する（この場合，労働基準監督署長へ届け出る。）

②　対象社員の範囲

③　対象期間の勤務日

④　勤務日ごとの労働時間

⑤　労働時間の上限，1日10時間，1週52時間

2．前項については，第46条の休日を基本として，社員各人の勤務表を1カ月前に作成して通知するものとする。

（休憩時間中の行動等）

第44条　社員は，休憩時間を自由に利用することができる。

但し，休憩時間中に外出する場合には，所属長に届けるものとする。

2．食事は休憩中にとるものとする。

（出張者の勤務時間）

第45条　社員が出張その他会社の用務を帯び，会社外の勤務で勤務時間の算定し難い場合には，第41条の勤務時間で勤務したものとみなす。

但し，所属長より予め別段の指示があった場合は，この限りではない。

第1章　就業規則　第3　就業規則の実例

第2節　休　日

（休　日）

第46条　社員の休日は日曜日・土曜日・国民の祝日とする。但し，国民の祝日が暦日の土曜日と重複する場合は，国民の祝日の振替休日はないものとする。

2．前条の休日は毎月10日までに翌月1カ月を通じて8日を下回らない割合で各人宛指定する。

（休日の振替）

第47条　前条の休日は，会社の業務の都合，その他やむをえない事由のある場合には，全部または一部の者について他の日に振り替えることがある。振り替えは振り替え日から近接した日に行う。

（災害時の勤務）

第48条　災害その他避けることのできない事由によって臨時に必要ある場合には，労働基準法第33条の定めにより，その必要の限度において，第41条の勤務時間を延長し，または第46条の休日に勤務を命ずることがある。

第3節　時間外及び休日勤務等

（時間外，休日，深夜勤務）

第49条　会社は，社員に対し，次の各号の一に該当する場合には，第41条（始業・終業）及び第46条（休日）の規定にかかわらず，時間外（早出・残業）または休日に勤務させることがある。

① 必要やむをえない業務上の事由のあるとき

② 災害その他避けることのできない事由で，臨時に必要を生じたとき

③ その他時間外勤務及び休日勤務を必要とするとき

2．会社の業務の都合で前項の勤務時間が深夜にわたることがある。

3．第1項の時間外勤務並びに休日勤務は，所轄労働基準監督署長に届出した社員の過半数を代表する者との「時間外労働及び休日労働協定」の範囲内とする。

4．前項の協定に際して，時間外労働の上限は，次の範囲内とする。

期　　間	限度時間
1　週　間	15 時　間
2　週　間	27 時　間
4　週　間	43 時　間
1　カ　月	45 時　間
2　カ　月	81 時　間
3　カ　月	120 時　間
1　年　間	360 時　間

5．時間外勤務及び休日勤務を命ぜられたものは，正当な理由なく拒むことはできない。

（年少者の時間外勤務等）

第50条 前条の規定は，満18歳未満の年少者には法定外休日を除き適用しない。

（妊産婦の時間外，休日，深夜勤務の制限）

第51条 妊産婦の社員が申し出た場合は，第49条の規定にかかわらず，時間外勤務及び休日勤務並びに深夜勤務はさせない。

（休　業）

第52条 会社は業務の都合により，社員の全部または一部の者について休業をさせることがある。

（適用除外）

第53条 次の各号の一に該当する社員については，この章に定める就業時間，休憩及び休日に関する定めは，その一部を適用しないことがある。

① 管理監督の地位にある者及び機密の業務を取り扱う者

② 監督または断続的業務に従事する者で，所轄労働基準監督署長の許可を受けた者

第4節　休　暇

（年次有給休暇）

第54条 社員が6カ月間継続勤務し，全勤務日の8割以上出勤した場合には，次の1年間において継続または分割した10日の年次有給休暇を与える。与える方法は次のとおりとする。

勤続年数	6カ月	1　年 6カ月	2　年 6カ月	3　年 6カ月	4　年 6カ月	5　年 6カ月	6　年 6カ月以上
年休日数	10日	11	12	14	16	18	20

2．新たに入社した者で，試用期間（3カ月）を過ぎ，年次有給権利の発生する3カ月間に2日の休暇を与える。

3．第1項の出勤率の算定に当たり，次の各号の期間は出勤とみなして取扱う。

① 業務上の傷病による休暇期間

② 産前産後の休業期間

③ 育児休業制度（第29条）及び介護休業制度（第30条）に基づく休業期間並びに母性健康管理の休業（第32条）期間

④ 会社の都合による休業期間

⑤ その他慶弔休暇及び特別休暇

⑥ 年次有給休暇の期間

⑦ 子の看護休暇期間及び家族の介護休暇期間

4．年次有給休暇は本人の請求のあった場合に与える。但し，会社は事業の正常な運営上やむをえない場合は，その時季を変更させることがある。

5．年次有給休暇を請求しようとする者は，所定の手続きにより，事前に会社に願い出るものとす

る。

6．当該年度の年次有給休暇の全部または一部を取得しなかった場合には，その残日数は翌年に限り繰り越すこととする。

7．年次有給休暇の取得単位は原則として1日単位とする。但し，社員から請求のあった場合は半日単位を認める。

8．年次有給休暇については，通常給与を支給する。

9．年次有給休暇は労働基準法の定めるところにより，計画的に付与することがある。

10．年次有給休暇の日数が10日以上の者については，そのうちの5日は，付与日から1年以内に，時季を指定して与える。ただし，本人の時季指定または計画的付与制度により付与した日数があるときは，その日数を5日から控除する。

（慶弔休暇）

第55条　社員が次の各号の一に該当する事由により，休暇を申請した場合には，慶弔休暇を与える。

① 本人の結婚のとき　　　　　　　　5日

② 子女及び兄弟姉妹結婚のとき　　　1日

③ 子女出産のとき　　　　　　　　　1日

④ 服喪のとき（本人が喪主のときは下記の日数に2日を加える）

ア．配偶者のとき　　　　　　　　3日

イ．子女及び父母のとき　　　　　2日

ウ．配偶者の父母のとき　　　　　2日

エ．祖父母・兄弟姉妹のとき　　　1日

2．慶弔休暇に対しては通常の給与を支給する。

（特別休暇）

第56条　社員が，次の各号の一に該当する事由により，休暇を申請した場合は，特別休暇を与える。

① 女性社員の生理日の就業が著しく困難な場合　　必要日数

② 女性社員の産前産後の出産休暇

ア．産前6週間（多胎の場合は14週間）

イ．産後8週間

但し，産後6週間を経過し，医師が支障ないと認めた場合は就業させる

③ 生後1年を満たない生児を育てる社員が，育児のため育児時間を請求した場合，1日2回30分の育児時間を与える。

④ 選挙権を行使する場合　　　　　　　　　　　　必要時間

⑤ 証人・鑑定人・参考人・裁判員として裁判所，警察に出頭するとき

必要時間及び日数

⑥ 社員が天災・水災・風震災その他の災害により，住居が罹災したとき

日数はその都度決定

⑦ 交通機関の罷業，交通事故による交通遮断のとき

必要時間及び日数

⑧ その他前各号に準じ会社が必要と認めたとき　　必要時間及び日数

2．前各号の給与は，第1号，第2号及び3号は無給とし，第4号，第5号及び第7号は有給とする。第6号及び第8号はその都度決定する。

（業務上傷病休暇）

第57条　社員が業務上負傷し，または疾病にかかった場合は，医師が必要と認めた期間，休暇を与える。

2．休暇を与える期間は，3年を経過し，労働者災害補償保険法（以下「労災法」という。）による傷病補償年金を受給するまでの期間とする。

3．休暇中に対する給与は，第86条第2号（休業補償給付）による。

但し，最初の3日間は平均賃金を支払う。

（休暇の手続き）

第58条　社員が慶弔休暇及び特別休暇を受けようとする場合は，予め所属長の承認を得て，所定様式によって，その事由と予定日数あるいは時間を記入の上，慶弔あるいは特別休暇願を申し出なければならない。

但し，緊急時で所定の手続きができない場合は，電話その他の方法によって連絡し，事後速やかに届出るものとする。

2．第56条第2号（出産休暇），第4号（公民権行使），第5号（裁判所等出頭），第6号（罹災）については，事実を証明する書類を提出しなければならない。

第5節　出 退 勤

（出退勤）

第59条　社員は，始業及び終業の時刻を厳守し，出退勤は必ず所定の場所より行うものとする。

2．始業時刻前に出勤し，所定の場所においてタイムカードまたは出勤簿に記録しなければならない。

3．退勤は，終業合図とともに書類，機械，器具等を整頓した後に行い，所定の場所においてタイムカードまたは出勤簿に記録しなければならない。

4．出退勤の際タイムカードまたは出勤簿の記録は，これを他人に代行せしめ，または他人の代行をすることはできない。

（入場禁止及び退場）

第60条　社員が次の各号の一に該当する場合は，入場を禁止し，退場を命ずることがある。

① 職場内の風紀，秩序を乱すと認められる者

② 凶器その他業務に必要のない危険物を携帯する者

③ 精神障害，伝染病の疾病または就業の為病勢の悪化する恐れがある病気にかかり，就業に適さ

ないと認められる者及び安全衛生上有害と認められる者

④　業務を妨害し，かつまたその恐れのある者

⑤　職場内で暴力を振るったとき，またはその恐れのある者

⑥　第76条第3号の懲戒処分で出勤停止中の者

⑦　その他前各号に準じ，公序良俗に違反した者

（業務外用件の入場及び残留）

第61条　社員は，勤務時間以外に，業務に関係する用件以外で入場及び残留する場合は，会社の許可を必要とする。

（欠　勤）

第62条　社員が，病気その他の事由により欠勤する場合は，前もってその事由と予定日数を所定の様式により届出なければならない。

　　　　但し，事前に届出る余裕のない緊急の場合には，電話その他で事前に連絡し，事後速やかに届出なければならない。

2．病気欠勤10日以上に及ぶ場合には，医師の診断書を提出しなければならない。

3．欠勤は，本人の申出により，年次有給休暇の残存限度により，これを振替ることができる。

（遅刻・早退・私用外出）

第63条　社員が，やむをえない事由により遅刻，早退する場合は，予め所属長に届出て承認を受けなければならない。

　　　　但し，事前に承認を受けることができない場合には，遅滞なく電話等で連絡のうえ承認を受けなければならない。

2．やむをえず，前項の承認を受けることができない場合は，会社に入場と同時に届出て承認を受けるものとする。

3．私用の為外出しようとする者は，予め所属長の承認を受け，会社に届出をしなければならない。

（直行・直帰）

第64条　社員が，出張により直行または直帰する場合は，事前に所属長の承認を受けなければならない。

　　　　但し，緊急の場合で，事前に承認を受ける余裕がない場合には，電話等で連絡し，所属長の承認を得なければならない。

第5章　給 与 等

（給　与）

第65条　社員に対する給与の決定，計算及び支払の方法，締切及び支払の時期並びに昇給に関する事項，賞与に関する事項は，別に定める「給与規程」の定めるところによる。

（退職金）

第66条　社員が退職し，死亡した場合の退職金は，適用される社員の範囲，退職金の決定，計算及び支

払の方法，支払の期日を別に定める「退職金規程」により，退職金を支給する。

（出張旅費）

第67条　社員が，会社業務により出張する場合は，別に定める「出張旅費規程」により，出張旅費を支給する。

（慶弔見舞金）

第68条　社員の，慶弔禍福，罹災の場合は，別に定める「慶弔見舞金規程」により，慶弔見舞金を支給する。

第6章　服務規律

（服務の原則）

第69条　社員は，この規則に定めた事項の他，所属長の指示命令に従い，自己の業務に専念し，創意を発揮して能力向上に努力すると共に，互いに協力して職場の秩序を維持しなければならない。

　２．所属長は，その所属社員の人格を尊重し，誠意をもってこれを指導し率先してその職責を遂行しなければならない。

（服務の心得）

第70条　社員は職場の秩序を保持し，業務の正常な運営を図るため，次の各号の事項を守らなければならない。

① 常に健康に留意し，元気はつらつな態度をもって勤務すること

② 職務の権限を越えて専断的なことを行わないこと

③ 自己の職務は，これを正確かつ迅速に処理し，常にその能率化をはかり自己の創造性を高めること

④ 業務遂行に当たっては，会社の方針を尊重し，常に同僚と互いに助け合い円滑な運営を期すること

⑤ 消耗品は，常に節約し，商品並びに帳票類はていねいに取り扱いその保管は充分注意すること

⑥ 業務遂行上不都合な服装などしないこと

⑦ 背信の行為により，会社の体面を傷つけ，または会社全体の不名誉となるような行為をしないこと

⑧ 会社の内外を問わず業務上の秘密事項の他，会社の不利益となる事項を他に洩らさないこと

⑨ 会社の施設，車両，事務機械，販売器具などの物品をみだりに使用したり，または許可なく私用に用いないこと

⑩ 会社と利害関係のある取引先との間に私事の事由で貸借関係を結んだり，または金品並びに飲食などのもてなしを受けないこと

⑪ 会社の許可なく，他の会社の役員に就任し，または社員として雇用契約を結んだり，あるいは営利を目的とする業務を行わないこと

⑫ 勤務時間中は，定められた業務に専念し，みだりに職場を離れ，または他の者の業務を妨げな

いこと

⑬　会社の許可なく，社内に於いて宗教活動または政治活動など業務に関係のない活動を行わないこと

⑭　会社の許可なく，社内に於いて，業務に関係のない集会，文書掲示，配布または放送などの行為をしないこと

⑮　会社の許可なく，他社の事業に従事または就職してはならない

⑯　勤務に必要な物品以外の物品を持ちこみまたは存置してはならない。会社の物品を持ち出すときは所定の手続きにより，会社の許可を受けなければならない

⑰　自己の職務の範囲に属する事柄に関して発明，考案及び工夫をしたときは，その調書をつくり，所属長を経て会社に提出しなければならない

⑱　会社が正常な秩序維持のため，入場及び退場において所持品の検査をすることがある。社員は正当な理由なくしてこれを拒むことはできない

⑲　性的な言動によって他の社員に不利益を与えたり，就業環境を害さないこと（セクシュアルハラスメントを含む）

⑳　職務上の地位や人間関係などの職場内の優位性を背景にした，正常な範囲を超える言動により，他の社員に精神的・身体的な苦痛を与えたり就業環境を害さないこと

㉑　妊娠・出産および出産・育児・介護等の制度を利用したことに対して，就業環境を害するような言動をしないこと

㉒　その他あらゆるハラスメントにより他の社員の就業環境を害さないこと

㉓　前各号の他，これに準ずるような社員としてふさわしくないような行為をしないこと

（執務態度のあり方）

第71条　社員の日常に於ける執務態度は，常に服装及び言語に気をつけなければならない。

2．電話その他の接遇においてもサービス業であることに意を配り，必要以上の冗長に流れる雑談に陥ることのないよう，謙虚な心掛けを忘れてはならない。

3．社員は，特別の場合を除き，執務中は会社が貸与した所定の被服を着用しなければならない。

（業務命令・指示・報告）

第72条　社員はこの規則に基づいて，会社の発する業務上の命令指示に従い，報告しなければならない。

2．前項の命令指示は，正当な理由なく拒むことはできない。

第7章　表彰及び懲戒

（表　彰）

第73条　社員が次の各号の一に該当し模範とするに足ると会社が認めたときはこれを表彰する。

①　永年誠実に勤務して会社に功労のあった者

②　品行方正，業務に誠実で衆の模範になる者

③　会社発展の為に功績があった者

④　災害を未然に防止し，または非常災害の際特に功労があった者

⑤　国家的，社会的功績があり会社または社員の名誉となるような行為のあった者

⑥　その他前各号に準ずる篤行または功労のあった者

（表彰の方法）

第74条　表彰の方法は次のとおりとし，その功績により二以上を併せ行うこともある。

①　賞状授与

②　賞品授与

③　賞金授与

④　褒賞授与

（懲戒事由）

第75条　社員が次の各号の一に該当する行為を行った場合は懲戒に処する。

（誠実勤務に違反する事項）

①　故意または重過失により業務上重大な失態があったとき

②　正当な理由なく就業を拒んだとき

③　正当な理由なくしばしば遅刻・早退または私用外出をしたとき

④　無届欠勤3日以上にわたったとき

⑤　出勤が著しく常でないとき

⑥　正当な理由なく会社の行う教育を拒み，または誠実に受諾しないとき

⑦　許可なく労働時間中，自己の受持以外の仕事をしたとき

⑧　その他，著しく自己の職責を怠り，誠実に勤務しないとき

（会社の秩序保持に違反する事項）

⑨　会社の定める諸規則に従わないとき

⑩　著しく自己の権限を越えて専断の行為があり，失態を招いたとき

⑪　重要な経歴を詐り，その他，詐術を用いて雇入れられたとき

⑫　許可なく在籍のまま他に就職し，または自己の営業を行ったとき

⑬　会社の秩序を乱す流言をしたとき

⑭　みだりに会社の職制を中傷または誹謗し，若しくは職制に対して反抗したとき

⑮　許可なく会社施設内で，演説，集会，示威行為，貼紙，掲示，図書，印刷物の配布その他これに類する行為のあったとき

⑯　故意に会社の掲示を汚損，抹消，改変または破棄したとき

⑰　故意に作業能率の低下または作業の疎外を図ったとき

⑱　タイムカードの打刻または出勤票の提出を他人に依頼し，または依頼に応じたとき

⑲　タイムカード・社員身分証明書その他の証明書を偽造，変造もしくは乱用したとき

⑳　許可なく外来者を事業場内に誘い入れ，または外来者と面接したとき

㉑　事業場内で暴行・脅迫・監禁その他これに類する行為をしたとき

㉒　会社の行う催物・行事を妨害したとき

㉓　懲戒に処せられたにもかかわらず，始末書を提出しないなど，懲戒に服する意志が全く認められないとき

㉔　会社内において，性的な関心を示したり，噂を行なったり，性的な行為を仕掛けたりして，他の社員の業務に支障を与えたとき（セクシュアルハラスメント行為を含む。）

㉕　職務上の地位や人間関係などの職場内の優位性を背景にした，正常な範囲を超える言動により，他の社員に精神的・身体的な苦痛を与えたり就業環境を害したとき

㉖　妊娠・出産および出産・育児・介護等の制度を利用したことに対して，就業環境を害するような言動をしたとき

㉗　その他あらゆるハラスメントにより他の社員の就業環境を害したとき

㉘　その他会社の秩序風紀を著しく乱す行為があったとき

（会社所有物の尊重義務に違反する事項）

㉙　火災・風水害その他，非常災害が発生し，または発生する恐れがあるとき，これに対する防止の努力を怠ったとき

㉚　故意または重過失により会社の設備・機械・什器その他の物品を毀損滅失したとき，若しくは重大な災害事故を発生させたとき

㉛　会社の所有物を許可なく私用に供し，または盗んだとき

（不利益行為の禁止に違反する事項）

㉜　会社の秘密を洩らしたとき

㉝　在籍のまま競争関係にある他の会社の為に便宜をはかり，またはその意図で会社の不利になる行為をしたとき

㉞　不正行為により賃金・補償等の給与または給付，若しくはその他の利益を得たとき

㉟　会社の名義を濫用し，若しくは職制を利用して不当の金銭・物品の授受その他私利をはかったとき

（再度の違反）

㊱　再度懲戒処分を受け，なお改悛の情が認められないとき

（その他）

㊲　前各号に準ずる程度の不都合な行為をしたとき

（懲戒の程度及び種類）

第76条　懲戒は，その情状により，次の6つの区分に従って行う。

①　譴　　責　　始末書をとり，将来を戒める

②　減　　給　　始末書をとり，給与を減じて将来を戒める

　　　　　　　　但し，減給1回の額が平均給与の半日分，2回以上の場合は当該給与支払い期間の給与総額の10分の1を越えない範囲内とする

③　出勤停止　　始末書をとり，14日以内出勤を停止し，その期間中の給与は支給しない

④　降　　格　　始末書をとり，役付きを免じ若しくは職能資格等級号を下げる。

この場合，給与規程に於ける職能給等は直近下位に引き下げる

⑤　諭旨退職　　退職願を提出するよう勧告を行う。これに従わない場合は次号の懲戒解雇とする

⑥　懲戒解雇　　予告期間を設けることなく即時解雇する。

この場合において所轄労働基準監督署長の「解雇予告除外認定申請書」の承認を

受けた場合は，第37条の解雇予告手当を支給しない

（管理監督責任）

第77条　所属する社員が懲戒に該当する行為があった場合には，当該管理監督者は監督責任について懲戒を受けることがある。

但し，管理監督者がこれを防止する方法を講じていた場合においては，情状により懲戒を免ずることがある。

（損害賠償）

第78条　社員が故意または過失によって，会社に損害を与えた場合には，その全部または一部を賠償させることがある。

但し，これによって第76条の懲戒を免れるものではない。

第8章　安全及び衛生

（災害予防）

第79条　会社は災害予防のため必要な安全施設並びに安全規則を設けて作業環境の整備を図るものとする。社員もまた安全規則を守り会社と協力して災害予防のため努めなければならない。

2．会社並びに社員とも食品衛生若しくは防災に関し監督官庁等より指示のあった事項は厳重にこれを守らなければならない。

（安全及び防火管理）

第80条　各責任者は前条の目的達成のため安全管理者及び防火管理者を兼務し各職場よりそれぞれ安全管理者及び防火責任者の代理者を任命し下記の事項を遂行せしめる。

①　災害防止のための教育訓練

②　安全装置，消防器具及び救急品の所在箇所並びにその使用方法を周知させる。

③　火気，電気，ガスその他火災発生の危険に対して常に注意を怠らず異常を認めたときは直ちに臨機の処置をとると共に管理責任者に連絡しその被害を最小限度に止める。

④　障害事故が発生したときは業務上と否とを問わず臨機の処置をとると共にその軽重にかかわりなく管理者に報告しその指示を受けて善処する。

（健康診断）

第81条　会社は採用時並びに見習期間終了後に健康診断を行う。その後毎年1回定期健康診断を行う他，必要に応じて社員の全部または一部に対し臨時に健康診断または予防注射を行う。

2．健康診断の結果特に必要ある場合は就業を一定期間禁止しまたは職務の配置替えをすることがある。

3．会社は，毎年ストレスチェックを行う。

4．ストレスチェックの結果，特に必要ある場合は職務の配置替えその他の措置を講じることがある。

（保菌検査）

第82条　飲食関係の業務に従事する社員には定期的に保菌検査を行う。社員は前条及び本条の事項を理由なく拒否してはならない。

（疫病による就業禁止）

第83条　社員が次の疾病に罹っていることが明らかになった場合には就業を禁止する。

① 法定伝染病及びその他の伝染性疾病

② 精神障害の疾病

③ 就業のため病勢悪化の恐れのある疾病

（法定伝染病発生時の措置）

第84条　社員の自宅・近隣に法定伝染病が発生し，若しくは疑いがあるとき，または伝染患者に接したとき，あるいは，法定伝染病による隔離が解除されたときは，直ちに，会社に届け出，勤務についての指示を受けなければならない。

（安全衛生教育）

第85条　会社は，社員に対して，業務に必要な安全及び衛生のための教育訓練を行う。この場合，社員は進んでこれを受けなければならない。

第9章　災害補償

（業務上災害）

第86条　社員が，業務上で負傷し，または疾病に罹り障害または死亡したとき，労災保険法の定めるところにより，次の補償を受ける。

① 療養補償給付　　社員が業務上の疾病により必要に治療を受けたときは労災保険法の定めるところにより，療養補償給付を受ける

② 休業補償給付　　社員が，業務上の傷病により療養の為休業するときは労災保険法の定めるところにより，休業補償給付を受ける。但し，休業後最初の3日間は3日分の平均賃金を支給する

③ 障害補償給付　　社員は，業務上の傷病が治癒してもなお身体に障害が残るときは，労災保険法の定めるところにより，障害補償給付を受ける

④ 遺族補償給付　　社員が，業務上の事由によって死亡したときは，その遺族は労災保険法に定めるところにより，遺族補償給付を受ける

⑤ 葬　祭　料　　社員が，業務上の事由によって死亡したときは，葬祭を行う者に対しては労

災保険法の定めるところにより，葬祭料の給付を受ける

⑥　傷病補償年金　　業務上の傷病が，療養開始後１年６カ月を経過し，治癒しないときは，労災保険法の定めるところにより，傷病補償年金を受ける

⑦　介護補償給付　　業務上の傷病で，介護が必要な場合は，介護補償給付を受ける

２．前項の補償が行われるときは，会社は労働基準法上の補償の義務が免れる。

（通勤災害）

第87条　社員が，通勤途上において負傷しまたは疾病に罹り，障害または死亡したときは，労災保険法の定めるところにより，次の給付を受ける。

①　療養給付

②　休業給付

③　障害給付

④　遺族給付

⑤　葬祭給付

⑥　傷病年金

⑦　介護給付

２．給付の内容は，前条の補償給付と同一である。

３．通勤途上であるか否かの判断は，所轄労働基準監督署長の認定による。

第10章　雑　　則

（教育訓練）

第88条　社員の人格を陶冶し，知識を高め技能を練磨するために，会社は教育計画に基づき教育訓練を実施する。

２．社員は，会社の行う教育訓練を進んで受けなければならない。

（宿日直）

第89条　会社は，業務の必要上，所定時間外または休日に宿直または日直の業務を命ずることがある。

２．前項の勤務要員は，満18歳以上男子社員とする。

３．宿直に関する事項については，別に定める「宿日直規程」による。

（物品貸与）

第90条　会社は，社員に業務上必要な被服その他物品を貸与する。

２．貸与に関する事項については，別に定める「物品貸与規程」による。

付　則

（施　行）

第91条　この就業規則は，　年　月　日より施行する。

　　　　（制　定）昭和　年　月　日

　　　　（改　定）昭和　年　月　日

　　　　（改　定）平成　年　月　日

　　　　（改　定）平成　年　月　日

第1章 就業規則 第3 就業規則の実例

```
┌─────────────────────────────────────────────────────────────┐
│ (5) 実例        就 業 規 則                                  │
│                                                               │
│   ⎛ この就業規則は，研究開発機器の製造業の例である。特徴は，労働時間が ⎞ │
│   ⎝ フレックスタイム制で，この関係が詳細に記載されている。        ⎠ │
│                                                               │
│          （KSB・試験器製造・従業員230人）                     │
└─────────────────────────────────────────────────────────────┘
```

第1章 総 則

（目　的）

第1条　この規則は，KSB 株式会社（以下「会社」という）の社員の就業に関する必要な事項を定めたものである。

　2．この規則及び付属する諸規則（程）に定めのない事項については，労働基準法その他の法令の定めるところによる。

（社員の定義）

第2条　この規則で「社員」とは，次に掲げる者をいう。

　⑴　第6条の定めにより会社に採用された者（正規社員）

　⑵　企業等から会社に出向した者（出向社員）

　⑶　高年齢者で嘱託として採用した者及び第19条（定年）の退職者で引き続き嘱託として再雇用した者

（規則の遵守）

第3条　社員は，この規則その他の諸規程を守り，上司の指示・命令に従い職場の秩序を維持するとともに，互いに協力して誠実にその職務を遂行しなければならない。

（所属長の定義）

第4条　所属長とは，職制上当該社員を指揮監督する権限を有する者をいう。

（適用範囲）

第5条　この規則は，会社の社員に適用する。但し，嘱託については，労働条件の一部を別の雇用契約書に定める。定めのない事項については，この規則を適用する。

　2．臨時・パートタイマー・アルバイト，については別に定める規程による。

第2章 人 事

（採　用）

第6条　会社は，満15歳を超え（15歳に達した以後の最初の3月31日を過ぎた者）義務教育の課程またはこれ以上の課程を終了し，入社を希望する者の中から選考試験に合格し，所定の手続きを経た者を社員として採用する。

（選考試験）

第7条 入社希望者に対しては，つぎの書類の提出を求め選考を行ない，その成績ならびに社員としての適格性の順位により合格者をきめる。

① 履歴書（自筆写真添付）

② 身上調書（会社指定のもの）

③ 最終学校の卒業証明書または卒業見込証明書

④ 学業成績証明書

⑤ その他会社の指示する書類

ただし，その一部の提出を省略することがある。

2．前項の選考の方法は，筆記試験，面接選考および実地試験とする。

ただし，その一部を省略することがある。

（労働条件の明示）

第8条 会社は，社員の採用に際しては，この規則を提示し，労働条件の説明を行い雇用契約を締結するものとする。

2．雇用契約の締結に際しては，会社は採用する者に，つぎの労働条件の事項について文書を交付する。

① 賃金に関する事項

② 雇用契約の期間に関する事項

③ 就業の場所および従事する義務に関する事項

④ 始業および終業の時刻，時間外労働の有無，休憩時間，休日，休暇ならびにシフト制の場合の就業時転換に関する事項

⑤ 退職に関する事項（解雇の事由を含む）

（書類提出）

第9条 第7条の選考試験に合格し，新たに社員として採用された者は，採用後10日以内につぎの書類を提出しなければならない。

① 住民票記載事項証明書

② 雇用契約書（会社指定のもの）

③ 誓約保証書（会社指定のもの）

④ 年金手帳，雇用保険被保険者証（前歴者），源泉徴収票（入社年に給与所得のあった者）

⑤ 家族調書（会社指定のもの）

⑥ その他会社が指定する書類

（記載事項異動届）

第10条 社員は，第7条，第9条の定めにより提出した書類に記載した事項および保証人の身上に異動を生じたときには遅滞なく届出なければならない。

（試用期間）

第11条 社員として採用された者は，入社の日より３カ月間を試用期間とする。

　２．会社は試用期間の途中において，あるいは終了の際，本人の人柄，知識，技能，勤務態度，健康状態などについて，社員として不適格と認められる場合は解雇する。

　　　ただし，入社後14日を経過した者については第21条の手続きによって行う。

　３．試用期間を終えて，本採用された者は，試用期間の開始の日をもって入社したこととし，勤続年数に算入する。

（試用期間不設の特例）

第12条 会社は，業務の都合により，他企業に勤務中の者等に要請入社した場合，あるいは，特殊な技術または経験を有する者等で試用期間を設けないで社員とすることがある。

（配置転換）

第13条 会社は社員に対し，業務上，または健康状態により必要あるときは，転勤，職場転換，または出向等を命ずることがある。

　２．社員は正当な理由なくして，前項の転勤等を拒むことはできない。

（休　職）

第14条 社員がつぎの各号の一に該当する場合は休職とする。

　①　会社の命により会社外の職務につくとき（出向休職）

　②　業務外の傷病により引続き長期間欠勤したつぎのとき（傷病休職）

　　ア．勤続１年未満の者　　　１カ月

　　イ．勤続５年未満の者　　　３カ月

　　ウ．勤続５年以上の者　　　６カ月

　③　自己の都合により引続き１カ月を超えて欠勤したとき（私事休職）

　④　刑事事件に関し起訴されたとき（刑事休職）

　⑤　引続き１カ月を超えて職場を離れる事由があるとき（事故休職）

　⑥　前各号のほか，特別の事情があって休職させることを適当と認めたとき（特別休職）

（休職期間）

第15条 前条に定める休職事由に該当する場合はつぎの休職期間とする。

　①　第１号のとき………その期間

　②　第２号のとき

　　ア．勤続10年未満の者………………６カ月

　　イ．勤続10年以上20年未満の者……９カ月

　　ウ．勤続20年以上の者………………12カ月

　③　第３号のとき………２カ月

　④　第４号のとき………未決期間

　⑤　第５号のとき………その都度会社が決定

⑥　第6号のとき………その都度会社が決定

2．前項にかかわらず，会社は業務上必要ある場合は，期間を延長することがある。

3．休職期間は勤続年数に算入しない。ただし，第14条第1号，第4号，第6号については算入する場合がある。

（休職期間中の給与）

第16条　休職期間中の給与は原則として支給しない。

　　　　ただし，第14条第1号（出向休職）の場合は出向（派遣）先の協定により支給することがある。

2．第14条第2号（傷病休職）については，健康保険の傷病手当金による。

3．第14条第6号（特別休職）については，その都度会社が定める。

（休職期間中の就職制限）

第17条　前条に定める休職期間中は，会社の許可なく他の職務に就くことはできない。

（復　職）

第18条　休職期間満了前に休職事由が消滅し，休職を解き復帰させるときはこの旨を本人に通知する。

　　　　ただし，旧職務と異なる職務に配置することがある。

（定　年）

第19条　社員の定年は60歳とし，定年年令に到達した月の末日とする。

2．定年に達した者のうち，健康で働く意思と能力のあるものについては，本人の希望により満65歳まで嘱託社員として再雇用する。

（解　雇）

第20条　会社は社員がつぎの各号の一に該当するときは解雇する。

①　精神または身体の障害もしくは虚弱，老衰，疾病のため業務に耐えられないと認めるとき

②　勤務成績または業務能率が著しく不良で，向上の見込みがなく，他の職務にも転換できない等，就業に適さないと認められたとき

③　やむを得ない事業上の都合により，事業の縮小・転換または部門の閉鎖等を行う必要が生じ，他の職務に転換させることが困難なとき

④　天災地変，その他やむを得ない事由のため事業の継続が不可能となったとき

⑤　刑事事件に関し，第14条第4号（刑事休職）にかかわらず，事件の内容が社員として不適格のとき

⑥　業務上の災害により職場復帰できない場合で，第72条第1項6号（傷病補償年金）の給付を受けるに至り，療養開始後3年以上経過したとき

⑦　その他前各号に準ずるやむを得ない事由があるとき

（解雇予告および解雇予告手当）

第21条　前条の場合，会社は30日前に予告するか，もしくは30日分の平均賃金を支給して解雇する。

　　　　ただし，予告日数は平均賃金を支払った日数だけ短縮することがある。

２．前条第４号の場合に，行政官庁の除外認定を受けた場合には，減額または支給しないことがある。

（解雇の制限）

第22条　社員が業務上傷病にかかり，療養のため休業する期間およびその後30日間ならびに産前産後の女性は労働基準法に定める就業禁止（労働基準法第65条）の期間およびその後30日間は解雇しない。

　　　ただし，業務上負傷し，または疾病にかかわる療養の開始後３年を経過した日において，労働者災害補償保険法に基づく，傷病補償年金を受けている場合，もしくは同日後において傷病補償年金を受けることになった場合，または，天災地変その他やむを得ない事由のため事業の継続が不可能になった場合はこの限りでない。

２．前項，ただし書後段の場合は，その事由について行政官庁の認定を受けて行う。

（退　職）

第23条　社員がつぎの各号の一に該当するに至ったときは，その日を退職の日とし，社員としての資格を失う。

　①　死亡したとき。

　②　退職を願い出て会社が承認したとき（第24条の手続きによる）

　③　定められた雇用期間が満了したとき

　④　第19条に定める定年に達し継続雇用及び嘱託社員としての雇用が終了したとき

　⑤　第15条に定める休職期間が満了し，休職事由が消滅しないとき

　⑥　第20条（解雇）および第66条第４号（諭旨退職）ならびに第５号（懲戒解雇）のとき

（自己退職）

第24条　社員が自己の都合で退職しようとする場合は，退職事由ならびに期日を明記して少なくとも14日前までに所定の退職願を提出しなければならない。

２．前項により退職願を提出した者は，会社の承認があるまで従前の業務に服さなければならない。

（物品の返納）

第25条　退職または解雇された者は，会社から借用中の金品，身分証明書および健康保険被保険者証等取り揃えて返納しなければならない。

（退職証明書の交付）

第26条　会社は退職または解雇された者が，退職証明書の交付を願い出たときは遅滞なくこれを交付する。

　　　ただし，証明事項は，使用期間，職務の種類，会社における地位，給与および退職の事由（解雇の場合はその理由を含む）とする。

２．前項の証明は，退職者が指定した事項のみを証明するものとする。

（在職中の義務）

第27条　社員は退職または解雇された後も，在職中に生じた会社に対する義務は免れないものとする。

　2．退職または解雇された者は，その在職中に知り得た機密を他に漏らしてはならない。

第3章　勤　務

（勤務時間および休憩時間）

第28条　勤務時間は，1日実働7.5時間とし，始業，終業および休憩時間は次のとおりとする。ただし，業務上の必要により変更することがある。

　　　　　　始業時間　午前9時00分

　　　　　　終業時間　午後5時30分

　　　　　　休憩時間　正午から午後1時まで

　2．出張中および外勤中は，別段の命令がない限り，所定の勤務時間勤務したものとみなす。

（フレックスタイム制の適用）

第29条　前条第1項に定める始業時刻・終業時刻を社員の自主的決定に委ねるフレックスタイム制を適用する。ただし，出張または外勤中の社員については適用を除く。

（フレキシブルタイム）

第30条　始業時間帯は，午前8時から午前11時とし，終業時間帯は，午後3時から午後9時とする。

（コアタイム）

第31条　午前11時から，午後3時迄をコアタイムとする。

（清算期間）

第32条　フレックスタイム制の清算期間は，当月21日から翌月20日迄の1カ月とする。

　※法改正により清算期間を3カ月まで拡大することが可能となりました。（581頁参照）

（清算期間の総勤務時間）

第33条　フレックスタイム制を採用する場合，清算期間中の総勤務時間は，清算期間における所定労働日数に7時間30分を乗じて得た時間数とする。ただし，40時間×｛1カ月の総暦日数÷7｝で算出した時間以内とする。

　2．社員は，総勤務労働時間を下回ることのないよう勤務するものとする。

（勤務時間の過不足の取扱）

第34条　清算期間中の実勤務時間が，法定勤務時間を上回ったときは，その上回った時間について給与規程に定める超過勤務手当を支給する。

　2．清算期間中の実勤務時間が，総勤務時間を下回ったときは，7時間30分を限度に不足した時間を，次の清算期間へ繰り越すことができる。

（フレックスタイム制の解除）

第35条　業務の都合により会社が必要と認めるときは，あらかじめ日を指定してフレックスタイム制の採用を取り消すことがある。

（休　日）

第36条　休日は，次のとおりとする。ただし，業務上の必要により変更または他の日と振り替えること
がある。

①　土曜日および日曜日

②　国民の祝日（その日が日曜日にあたるときは，その翌日）

③　年末年始（12月29日から1月3日まで）

④　会社の創立記念日（11月1日）

⑤　その他会社が特に指定する日

（時間外および休日勤務）

第37条　業務上の必要あるときは，所定の勤務時間をこえる勤務（以下「時間外勤務」という。）また
は休日勤務を命ずることがある。

2．法定の労働時間を超える労働又は法定の休日における労働については，あらかじめ会社は社員の
代表と書面による協定を締結し，これを所轄の労働基準監督署長に届け出るものとする。

3．前項の協定に際して，時間外労働の上限は次の範囲内とする。

期　　間	限度時間
1　週　間	15　時　間
2　週　間	27　時　間
4　週　間	43　時　間
1　カ　月	45　時　間
2　カ　月	81　時　間
3　カ　月	120　時　間
1　年　間	360　時　間

（災害時の勤務）

第38条　災害その他避けることのできない事由によって臨時に必要ある場合には，労働基準法第33条の
定めにより，その必要の限度において，第28条の勤務時間を延長し，又は第37条の勤務を命ずるこ
とがある。

（時間外，休日及び深夜勤務の制限）

第39条　小学校就学前の子の養育又は家族の介護を行う社員で時間外労働を短縮してほしいと申し出た
者の法定の労働時間を超える勤務については，37条2項の協定において別に定めるものとする。

2．妊娠中の女性及び産後1年を経過しない女性であって請求した者及び18歳未満の者については，
第1項後段による時間外若しくは休日又は午後10時から午前5時までの深夜に労働させることはな
い。

3．前項の社員のほか小学校就学前の子の養育又は家族の介護を行う一定範囲の社員で会社に請求し
た者については，事業の正常な運営を妨げる場合を除き午後10時から午前5時までの深夜に労働さ

せることはない。

4．前項の深夜業の制限の手続等必要な事項については，「育児休業規程」「介護休業規程」で定める。

（年少者の時間外勤務等）

第40条 第37条の規定は，満18歳未満の年少者には法定外休日を除き適用しない。

（適用除外）

第41条 次の各号の一に該当する社員については，この章に定める就業時間，休憩及び休日に関する定めは，その一部を適用しないことがある。

1．管理監督の地位にある者及び機密の業務を取り扱う者

2．監督又は断続的業務に従事する者で，所轄労働基準監督署長の許可を受けた者

（休憩時間中の行動等）

第42条 社員は，休憩時間を自由に利用することができる。

　　但し，休憩時間中に外出する場合は，所属長に届けるものとする。

2．食事は休憩時間中にとるものとする。

第4章 休　　暇

（年次有給休暇）

第43条 社員が6カ月間継続勤務し，全就業日の8割以上出勤した場合には，次の1年間において継続又は分割した10日の年次有給休暇を与える（法定）。

1．入社初年度における場合は，入社日に応じて，次の日数の年次有給休暇を与える。

入　　社　　日	付与日数
4月1日〜9月30日（6カ月とみなす）	10日
10月1日〜10月31日	6日
11月1日〜11月30日	5日
12月1日〜12月31日	4日
1月1日〜1月31日	3日
2月1日〜2月28日（29日）	2日
3月1日〜3月31日	1日

2．会社は，4月1日より翌年3月31日までの1年間を管理年度とし，前年度に8割以上出勤した社員に，毎年4月1日に，勤務年数に応じて次のとおり年次有給休暇を与える。

勤務年数	付与日数
1年以下	11日
1年以上2年以下	12日
2年以上3年以下	14日
3年以上4年以下	16日
4年以上5年以下	18日
5年以上	20日

3．前各項の出勤率の算定については，業務上負傷又は疾病にかかり，療養のため休業した期日及び産前産後の社員が第45条第2号（出産休暇）・第50条（育児休業）・第51条（介護休業）によって休暇した期間は出勤したものとみなす。

4．年次有給休暇は，本人の請求のあった場合に与える。

但し，会社は事業の正常な運営上やむをえない場合は，その時期を変更させることがある。

5．年次有給休暇を請求しようとする者は，所定の手続きにより，事前に会社に願い出るものとする。その方法は第48条（休暇の手続）に準じて行う。

6．当該年度の年次有給休暇の全部又は一部を消化しなかった場合，その残日数は翌年度に限り繰越すことが出来る。

7．年次有給休暇については通常の給与を支給する。

8．年次有給休暇の日数が10日以上の者については，そのうちの5日は，付与日から1年以内に，時季を指定して与える。ただし，本人の時季指定または計画的付与制度により付与した日数があるときは，その日数を5日から控除する。

（慶弔休暇）

第44条　社員が次の各号の一に該当する事由により，休暇を申請した場合には慶弔休暇を与える。

① 本人の結婚のとき　　　　　　　5日

② 子女及び兄弟姉妹結婚のとき　　1日

③ 子女出産のとき　　　　　　　　1日

④ 服喪のとき（本人が喪主のときは下記の日数に2日を加える）

　ア．配偶者のとき　　　　　　　3日

　イ．子女及び父母のとき　　　　2日

　ウ．配偶者の父母のとき　　　　2日

　エ．祖父母・兄弟姉妹のとき　　1日

2．慶弔休暇は，所定休日数を含まず，実労働日の日数とする。

3．慶弔休暇の日数に対しては，通常の給与を支給する。

（特別休暇）

第45条　社員が，次の各号の一に該当する事由により，休暇を申請した場合には特別休暇を与える。

① 女性社員の生理日の就業が著しく困難な場合　　必要日数

② 社員の産前産後の出産休暇

　ア．産前6週間（多胎の場合は14週間）

　イ．産後8週間

　　但し，産後6週間を経過し，医師が支障ないと認めた場合は就業させる

③ 選挙権を行使する場合　　　　　　　　　　　　　　　必要時間

④ 証人・鑑定人・参考人・裁判員として裁判所，警察に出頭するとき　　必要時間及び日数

⑤ 社員が天災・水災・風震災その他の災害により，住居が罹災したとき

　　　　　　　　　　　　　　　　　　　　　　　　　　日数はその都度決定

⑥ 交通機関の罷業，交通事故による交通遮断のとき　　　必要時間及び日数

⑦ その他前各号に準じ会社が必要と認めたとき　　　　　必要時間及び日数

2．前各号の給与は，第1号及び第2号は無給とし，第3号，第4号及び第6号は有給とする。第5号及び第7号はその都度決定する。

（母性健康管理のための休暇等）

第46条　妊娠中又は出産後1年を経過しない女性社員から，所定労働時間内に母子保健法に基づく保健指導又は健康診査を受けるために，通院休暇の請求があったときは，次の範囲で休暇を与える。

① 産前の場合

　　妊娠23週まで………………4週に1回

　　妊娠24週から35週まで……2週に1回

　　妊娠36週から出産まで……1週に1回

　　ただし，医師又は助産師（以下「医師等」という。）がこれと異なる指示をしたときは，その指示により必要な時間。

② 産後（1年以内）の場合

　　医師等の指示により必要な時間。

2．妊娠中又は出産後1年を経過しない女性社員から，保健指導又は健康診査に基づき勤務時間等について医師等の指導を受けた旨申出があった場合，次の措置を講ずることとする。

① 妊娠中の通勤緩和

　　通勤時の混雑を避けるよう指導された場合は，原則として1時間の勤務時間の短縮又は1時間以内の時差出勤

② 妊娠中の休憩の特例

　　休憩時間について指導された場合は，適宜休憩時間の延長，休憩の回数の増加

③ 妊娠中又は出産後の諸症状に対応する措置

　　妊娠又は出産に関する諸症状の発生又は発生のおそれがあるとして指導された場合は，その指導事項を守ることができるようにするため作業の軽減，勤務時間の短縮，休業等

3．第1項及び第2項の各号の処置は無給とする。

（業務上傷病休暇）

第47条　社員が業務上負傷し，又は疾病にかかった場合は，医師が必要と認めた期間，休暇を与える。

2．休暇を与える期間は，3年を経過し，労働者災害補償保険法（以下「労災法」という。）による
傷病補償年金を受給するまでの期間とする。

3．休暇中に対する給与は，第72条第2号（休業補償給付）による。

但し，最初の3日間は平均賃金を支払う。

（休暇の手続）

第48条　社員が慶弔休暇及び特別休暇を受けようとする場合は，あらかじめ所属長の承認を得て，所定
様式によって，その事由と予定日数あるいは時間を記入の上，慶弔あるいは特別休暇願を申し出な
ければならない。

但し，緊急時で所定の手続きができない場合は，電話その他の方法によって連絡し，事後速やか
に届出るものとする。

2．第45条第2号（出産休暇），第3号（公民権行使），第4号（裁判所等出頭），第5号（罹災）及
び第50条（育児休業）については，事実を証明する書類を提出しなければならない。

第5章　育児・介護休業等

（育児時間）

第49条　生後1年に達しない幼児を育てる社員が，申し出た場合は，所定休憩時間のほか1日2回，そ
れぞれ30分の育児時間を与える。

但し，その時間に対する賃金は支給しない。

（育児休業）

第50条　社員のうち，1歳未満の子（特別の事情ある場合2歳）の養育を必要とする者は，会社に申し
出て，育児休業，育児短時間勤務，深夜勤務の制限，子の看護休暇の適用を受けることができる。

2．育児休業，育児短時間勤務，深夜勤務の制限，子の看護休暇に対する対象者，手続き等必要な事
項については，別に定める「育児休業等規程」による。

（介護休業）

第51条　社員のうち，家族の介護を必要とする者は会社に申し出て，介護休業，短時間勤務，深夜勤務
の制限，介護休暇の適用を受けることができる。

2．介護休業，短時間勤務，深夜勤務の制限，介護休暇に対する対象者，手続き等必要な事項につい
ては，別に定める「介護休業等規程」による。

第6章　出 退 勤

（出　勤）

第52条　出勤したときは，出退勤タイムカードに刻印しなければならない。

（欠　勤）

第53条　社員が第28条に規定する労働時間並びに第31条に規定するコアタイムの一部または全部について，この規定する休暇以外の理由により勤務を欠いた時間または日は欠勤時間または欠勤日とする。

2．社員は病気その他やむを得ない理由により欠勤するときは，あらかじめその理由及び欠勤見込み日数を別紙様式（省略）定める欠勤承認申請書を届け出て承認を得なければならない。ただし，やむを得ない理由によりあらかじめ届け出ることができなかったときは，事後遅滞なく届け出てその承認を受けなければならない。

3．前項の場合において，傷病のため1週間以上にわたり欠勤するときは医師の診断書を提出しなければならない。

（欠勤日）

第54条　欠勤日および欠勤時間は，本人の申し出により，無届出欠勤の場合を除き，年次有給休暇の日数の範囲内で年次有給休暇に振り替えることができる。

（遅刻・早退および外出）

第55条　始業時刻後に出勤する場合および勤務時間中に早退または私用で外出するときは，あらかじめ所属長に届け出て許可を得なければならない。ただし，あらかじめ許可を得ることが困難な場合には，事後遅滞なく届け出るものとする。

2．フレックスタイム制の適用を受ける社員については，前項の「始業時刻後」を「コアタイム開始後」に，又「勤務時間中に早退」を「コアタイム終了以前に退社」と読みかえるものとする。

（直行・直帰）

第56条　社員が，出張により直行または直帰する場合は，事前に所属長の承認を受けなければならない。

但し，緊急の場合で，事前に承認を受ける余裕がない場合には，電話等で連絡し，所属長の承認を得なければならない。

第7章　給　与　等

（給　与）

第57条　社員に対する給与の決定，計算及び支払いの方法，締切及び支払いの時期並びに昇給に関する事項，賞与に関する事項は，別に定める「給与規程」の定めるところによる。

（退職金）

第58条　社員が退職又は死亡した場合の退職金は，適用される社員の範囲，退職金の決定，計算及び支払の方法，支払の期日を別に定める「退職金規程」により，退職金を支給する。

（出張旅費）

第59条　社員は，業務上必要があるときは，出張を命ぜられることがある。

2．出張を命ぜられた者には，別に定める出張旅費規程により，出張旅費を支給する。

（慶弔見舞金）

第60条 社員の，慶弔禍福，罹災の場合は，別に定める「慶弔見舞金規程」により，慶弔見舞金を支給する。

第8章　服務規律

（服務の原則）

第61条 社員は，この規則に定めた事項の他，所属長の指示命令に従い，自己の業務に専念し，創意を発揮して能力向上に努力すると共に，互いに協力して職場の秩序を維持しなければならない。

2．所属長は，その所属社員の人格を尊重し，誠意をもってこれを指導し率先してその職責を遂行しなければならない。

（服務の心得）

第62条 社員は職場の秩序を保持し，業務の正常な運営を図るため，次の各号の事項を守らなければならない。

① 常に健康に留意し，元気はつらつな態度をもって勤務すること

② 職務の権限を越えて専断的な事を行わないこと

③ 自己の職務は，これを正確かつ迅速に処理し，常にその能率化をはかり自己の創造性を高めること

④ 業務遂行にあたっては，会社の方針を尊重し，常に同僚と互いに助け合い円滑な運営を期すること

⑤ 消耗品は，常に節約し，商品並びに帳票類は丁寧に取り扱いその保管は充分注意すること

⑥ 業務遂行上不都合な服装などしないこと

⑦ 背信の行為により，会社の体面を傷つけ，又は会社全体の不名誉となるような行為をしないこと

⑧ 会社の内外を問わず業務上の秘密事項のほか，会社の不利益となる事項を他に洩らさないこと

⑨ 会社の施設，車輌，事務機械，販売器具などの物品をみだりに使用したり，又は許可なく私用に用いないこと

⑩ 会社と利害関係のある取引先との間に私事の事由で貸借関係を結んだり，又は金品並びに飲食などのもてなしを受けないこと

⑪ 会社の許可なく，他の会社の役員に就任し，又は社員として雇用契約を結んだり，或いは営利を目的とする業務を行わないこと

⑫ 勤務時間中は，定められた業務に専念し，みだりに職場を離れ，又他の者の業務を妨げないこと

⑬ 会社の許可なく，社内に於いて宗教活動又は政治活動など業務に関係のない活動を行わないこと

⑭ 会社の許可なく，社内に於いて，業務に関係のない集会，文書掲示，配付又は放送などの行為

をしないこと

⑮　会社の許可なく，他社の事業に従事又は就職してはならない

⑯　勤務に必要な物品以外の物品をもちこみ，又は存置してはならない

　　会社の物品を持ち出すときは所定の手続きにより，会社の許可を受けなければならない

⑰　自己の職務の範囲に属する事柄に関して発明，考案及び工夫をしたときは，その調書をつくり，所属長を経て会社に提出しなければならない

⑱　会社が正常な秩序維持のため，入場及び退場において本人の了解の上所持品の検査をすることがある。社員は正当な理由なくしてこれを拒むことはできない

⑲　職場での性的言動によって，他人に不快な思いをさせることや，職場の環境を悪くしないよう努めること

⑳　勤務中に他の社員の業務に支障を与えるような性的関心を示したり性的行為をしかけるなどのことはしないこと

㉑　その他，セクシャルハラスメント的な行為をしないこと

㉒　職務上の地位や人間関係などの職場内の優位性を背景にした，正常な範囲を超える言動により，他の社員に精神的・身体的な苦痛を与えたり就業環境を害さないこと

㉓　妊娠・出産および出産・育児・介護等の制度を利用したことに対して，就業環境を害するような言動をしないこと

㉔　その他あらゆるハラスメントにより他の社員の就業環境を害さないこと

㉕　前各号の他，これに準ずるような社員としてふさわしくないような行為をしないこと

第9章　表彰及び懲戒

（表　彰）

第63条　社員が次の各号の一に該当し他の模範とするに足ると会社が認めたときはこれを表彰する。

①　永年誠実に勤務して会社に功労のあった者

②　品行方正，業務に誠実で衆の模範になる者

③　会社発展のために特に功績があった者

④　災害を未然に防止し，又は非常災害の際特に功労があった者

⑤　国家的，社会的功績があり会社又は社員の名誉となるような行為のあった者

⑥　その他前各号に準ずる篤行又は功労のあった者

２．表彰は原則として会社創立記念日に行う。

（表彰の方法）

第64条　表彰の方法は次のとおりとし，その功績により二以上を併せ行うこともある。

①　賞状授与

②　賞品授与

③　賞金授与

④　特別休暇及び慰安旅行

（懲戒の理由）

第65条　社員のいずれかに該当するときは，情状に応じ次条の懲戒に処する。

①　正当な理由なく無断欠勤5日以上に及び，出勤の督促に応じないとき

②　しばしば遅刻，早退及び欠勤を繰り返し，3回にわたって注意を受けても改めないとき

③　会社内における窃盗，横領，傷害等刑法犯に該当する行為があったとき，又はこれらの行為が会社外で行われた場合であっても，それが著しく会社の名誉若しくは信用を傷つけたとき

④　故意又は重大な過失により会社に重大な損害を与えたとき

⑤　素行不良で著しく会社内の秩序又は風紀を乱したとき

⑥　会社内において，性的な関心を示したり，噂を行なったり，性的な行為を仕掛けたり，他の社員の業務に支障を与えたとき

⑦　職務上の地位や人間関係などの職場内の優位性を背景にした，正常な範囲を超える言動により，他の社員に精神的・身体的な苦痛を与えたり就業環境を害したとき

⑧　妊娠・出産および出産・育児・介護等の制度を利用したことに対して，就業環境を害するような言動をしたとき

⑨　その他あらゆるハラスメントにより他の社員の就業環境を害したとき

⑩　重大な経歴詐称をしたとき

⑪　第62条に違反する重大な行為があったとき

⑫　その他前各号に準ずる重大な行為があったとき

（懲戒の種類）

第66条　会社は，社員が前条のいずれかに該当する場合は，その事由に応じ次の区分により懲戒を行う。

①　けん責　　始末書を提出させて将来を戒める

②　減　給　　始末書を提出させて減給する。ただし，減給は1回の額が平均給与の1日分の5割を超えることはなく，また，総額が1賃金支払い期間における賃金総額の1割を超えることはない

③　出勤停止　始末書を提出させるほか，14日間を限度として出勤を停止し，その間の賃金は支給しない

④　諭旨退職　退職願を提出するよう勧告を行なう。これに従わない場合は次号の懲戒解雇とする

⑤　懲戒解雇　即時に解雇する。ただし，労働基準監督署長の認定がない場合は，第21条により解雇する

（損害賠償）

第67条　社員が故意又は過失によって，会社に損害を与えた場合には，その全部又は一部を賠償させることがある。

但し，これによって前条の懲戒を免れるものではない。

第10章　安全衛生

（安全および衛生）

第68条　会社は，職員の安全および衛生について，積極的な措置を講ずるものとする。

　2．社員は常に安全および衛生に関する規定および通達，指示を厳守し，その予防に留意しなければ
　ならない。

　3．会社は，安全および衛生に関して必要な事項を別に定める。

（災害措置）

第69条　社員は会社内に火災その他非常災害が発生し，またはその危険があることを知り，その他異状
　を認めた場合は，直ちに臨機の措置をとるとともに責任者に連絡しなければならない。

（健康診断）

第70条　会社は社員に対し，採用の際および毎年1回定期に健康診断を行う。

　　　　ただし，必要ある場合は，全部または一部の者に対して臨時に行うことがある。

　2．会社は社員に対し，毎年ストレスチェックを行う。

　3．社員は正当な理由なくして，健康診断およびストレスチェックを拒んではならない。

（要注意者の措置）

第71条　前条の健康診断の結果，要注意者として診断された者については，時間外勤務の禁止，遅刻，
　早退の是認，職種転換もしくは就業禁止の措置を講ずることがある。

　2．社員が法定伝染病，その他行政官庁の指定伝染病，もしくは就業することが不適用な疾病，また
　は他に影響をおよぼすおそれのある疾病にかかった場合は就業を禁止する。

第11章　災害補償

（災害補償）

第72条　社員が業務上負傷し，または疾病にかかり，傷害または死亡した場合は，つぎの補償給付を行
　う。

　①　療養補償給付………業務上の傷病により必要な治療を受けるときは，療養補償給付を受ける

　②　休業補償給付………業務上の傷病により療養のため休業するときは，休業補償給付を受ける

　③　障害補償給付………業務上の傷病が治癒しても，なお身体に障害が残るときは，障害補償給付
　　　　　　　　　　　　　を受ける

　④　遺族補償給付………業務上の事由により死亡したときは，その遺族は遺族補償給付を受ける

　⑤　葬　　祭　　料………業務上の事由により死亡した場合は，その遺族は葬祭料を受ける

　⑥　傷病補償年金………業務上の傷病が，療養開始後1年6カ月を経過しても，なお治癒せず，か
　　　　　　　　　　　　　つ，労災保険法上の傷病等級3級以上に該当するときは，傷病補償年金が
　　　　　　　　　　　　　支給される

⑦　介護補償給付………業務上の傷病が介護を要する場合に，介護補償給付を受ける

2．社員が前項第1号，第2号および第3号の給付を受けている場合は，療養に努めなければならない。

3．第1項各号の補償給付は，労災保険の定めるところによる。

4．第1項の補償給付が行われる場合は，会社は，労働基準法上の，義務が免がれるものとする。

（通勤災害）

第73条　社員が通勤途上において負傷し，または疾病にかかり，傷害または死亡したときはつぎの給付を行う。

　　①　療養給付

　　②　休業給付

　　③　障害給付

　　④　遺族給付

　　⑤　葬祭給付

　　⑥　傷病年金

　　⑦　介護給付

2．前項の給付は，前条に準じ労災保険の定めるところによる。

3．通勤途上にあるか否かの判定は所轄労働基準監督署長の認定による。

第12章　雑　　則

（教育訓練）

第74条　社員の人格を統治し，知識を高め技能を錬磨するために，会社は教育計画に基づき教育訓練を実施する。

2．社員は，会社の行う教育訓練を進んで受けなければならない。

（宿日直）

第75条　会社は，業務の必要上，所定時間外又は休日に宿直又は日直の業務を命ずることがある。

2．前項の勤務要員は，満18歳以上の社員とする。

3．宿直に関する事項については，別に定める「宿日直規程」による。

付　　則

（施　行）

第76条　この規則は○○年○月○日より施行する。

（6）　実例　　　　　就　業　規　則

〔 この就業規則は，賃金・退職金も含めた卸売業の包括的な就業規則である。〕

（ＡＫ商事・流通業・従業員200人）

第1章　総　　則

（目　的）

第1条　この規則は，AK 商事株式会社（以下「会社」という。）の従業員の労働条件，服務規律その他の就業に関する事項を定めるものである。

2．この規則に定めのない事項については，労働基準法その他法令の定めるところによる。

（規則の遵守）

第2条　会社および従業員は，ともにこの規則を守り，相協力して業務の運営に当たらなければならない。

第2章　採用および異動

（採　用）

第3条　従業員は，就職希望者のうちから選考して採用する。

2．選考の方法は，履歴書および身上調書の提出を求めて行う。

（試用期間）

第4条　新たに採用した者については，採用の日から2カ月を試用期間とする。ただし，適当と認めるときは，この期間を短縮し，または設けないことがある。

2．試用期間中に従業員として不適格であることが明らかとなったときは，解雇する。

3．試用期間は，勤続年数に通算する。

（労働条件の明示）

第5条　会社は，社員の採用に際しては，この規則を提示し，労働条件の説明を行い雇用契約を締結するものとする。

2．雇用契約の締結に際しては，会社は雇用する者に，次の事項について文書を交付するものとする。

1　賃金に関する事項

2　雇用契約の期間に関する事項

3　就業の場所及び従事する業務に関する事項

4　始業及び終業の時刻。時間外労働の有無，休憩時間，休日休暇並びにシフト制の場合の就業時，転換に関する事項

5　退職に関する事項（解雇の事由を含む）

（人事異動）

第6条　会社は，業務の都合により，従業員の就業する場所もしくは従事する業務を変更し，または従業員を関係会社へ出向させることがある。

2．出向の場合は本人の同意のうえ行うことを原則とする。

第3章　服務規律

（服　務）

第7条　従業員は，業務の正常な運営を図るため，会社の指示命令を守り，誠実に職責を遂行するとともに，職場の秩序の保持に努めなければならない。

（遵守事項）

第8条　従業員は，職場の秩序を保持するため，次の事項を守らなければならない。

①　会社の名誉を害し，会社の信用を傷つける行為をしないこと

②　会社，取引先等の機密を漏らさないこと

③　勤務時間中に，みだりに職場を離れないこと

④　酒気をおびて就業しないこと

⑤　許可なく職務以外の目的で会社の施設，物品等を使用しないこと

⑥　職務を利用し，他より不当に金品を借用し，贈与を受けるなど，不正な行為を行わないこと

⑦　性的な言動によって他の従業員に不利益を与えたり，就業環境を害さないこと（セクシュアルハラスメントによるもの）

⑧　パワハラ，マタハラその他のハラスメントにより他の従業員に苦痛を与えたり，就業環境を害さないこと

⑨　許可なく他人に雇われないこと

第4章　労働時間，休憩および休日

（労働時間および休憩時間）

第9条　労働時間は，1カ月単位の変形労働時間制とし，各月において平均して週当たり40時間以内とする。この場合において各月の起算日は，賃金締切日の翌日（毎月21日）とする。

2．1日の労働時間は，8時間とする。

3．始業および終業の時刻は，次のとおりとする。

始業時刻　午前8時30分

終業時刻　午後5時30分

4．休憩時間は，正午から午後1時までとし，自由に利用することができる。

5．前2項の規定にかかわらず，業務の都合その他やむを得ない事情により始業および終業の時刻ならびに休憩時間を繰り上げまたは繰り下げることがある。

（休　日）

第10条　休日は，次のとおりとする。

　　①　日曜日（法定休日）

　　②　土曜日

　　③　国民の祝日（振替休日を含む。）

　　④　年末年始（12月30日から1月3日まで）

　2．業務の都合によりやむを得ない場合には，従業員の全部または一部について，あらかじめ前項の
　　休日を他の日と振り替えることがある。ただし，休日は4週間を通じ8日を下らないものとする。

（時間外・休日労働等）

第11条　業務の都合により，第9条の所定労働時間を超えまたは前条の所定休日に労働させることがあ
　　る。この場合において，法定の労働時間を超える労働，または法定の休日に労働させる労働につい
　　ては，あらかじめ会社は従業員の過半数を代表する者と書面による協定をし，これを労働基準監督
　　署長に届けてある（36協定）範囲内とする。

　2．前項の協定に際して，時間外労働の上限は次の範囲内とする。

期　　間	限度時間
1　週　間	15　時　間
2　週　間	27　時　間
4　週　間	43　時　間
1　カ　月	45　時　間
2　カ　月	81　時　間
3　カ　月	120　時　間
1　年　間	360　時　間

　3．満18歳未満の者については，第1項による時間外または休日に労働させることはない。

　4．満18歳未満の者については，午後10時から午前5時までの深夜に労働させることはない。

（出退勤手続）

第12条　従業員は，出退勤に当たっては，出退勤時刻を各自タイムカードに記録しなければならない。

（遅刻・早退・欠勤等）

第13条　従業員が遅刻・早退・欠勤または勤務時間中に私用外出するときは，あらかじめ届け出て許可
　　を受けなければならない。ただし，やむを得ない理由で事前に許可を得ることができなかった場合
　　には，事後速やかに届け出て承認を得るものとする。

　2．傷病のため欠勤が引き続き7日以上におよぶときは，医師の診断書を提出しなければならない。

第5章　休暇等

（年次有給休暇）

第14条　社員が6カ月間継続勤務し，全勤務日の8割以上出勤した場合には，次の1年間において継続
または分割した10日の年次有給休暇を与える。与える方法は次のとおりである。

勤続年数	0.5	1.5	2.5	3.5	4.5	5.5	6.5年以上
有給休暇日数	10日	11	12	14	16	18	20

2．従業員は，年次有給休暇を取得しようとするときは，あらかじめ期日を指定して届け出るものと
する。ただし，会社は，事業の正常な運営に支障があるときは，従業員の指定した日を変更するこ
とがある。

3．前項の規定にかかわらず，従業員の過半数を代表する者との書面協定により各従業員の有する年
次有給休暇のうち5日を超える日数についてあらかじめ期日を指定して計画的に与えることがあ
る。

4．当該年度の年次有給休暇の全部または一部を取得しなかった場合には，その残日数は翌年度に限
り繰り越すことができる。

5．年次有給休暇は通常の給与を支給する。

6．第1項の出勤率の算定に当たり，次の各号の期間は出勤とみなして取り扱う。

①　業務上の傷病による休暇期間

②　産前産後の休業期間

③　育児休業制度・介護休業制度に基づく休業期間

④　会社の都合による休業期間

⑤　その他慶弔休暇および特別休暇

⑥　年次有給休暇の期間

7．年次有給休暇の日数が10日以上の者については，そのうちの5日は，付与日から1年以内に，時
季を指定して与える。ただし，本人の時季指定または計画的付与制度により付与した日数があると
きは，その日数を5日から控除する。

（産前産後の休業）

第15条　6週間（多胎妊娠の場合は14週間）以内に出産する予定の女子従業員は，その請求によって休
業することができる。

2．産後8週間を経過しない女子従業員は就業させない。ただし，産後6週間を経過した女子従業員
から請求があった場合には，医師が支障ないと認めた業務に就かせることがある。

（育児時間等）

第16条　生後1年未満の生児を育てる女子従業員から請求があったときは休憩時間のほか1日について

２回，１回について30分の育児時間を与える（無給）。

２．生理日の就業が著しく困難な女子従業員から請求があったときは必要な期間休暇を与える（無給）。

（育児休業）

第17条　１歳未満の子（特別の事情ある場合２歳）を養育する従業員は，別に定める「育児休業規程」に基づき，育児休業を取得し，または短時間勤務の便宜を受けることができる。

（介護休業）

第18条　社員の家族で傷病のため介護を要する者がいる場合は，会社に申し出て介護休業または介護短時間勤務の適用を受けることができる。

２．介護休業または短時間勤務に対する対象者，期間，手続き等の必要事項については，別に定める「介護休業規程」による。

（母性健康管理）

第19条　妊娠中の女性には，次に定める妊娠週数の区分に応じた回数，保健指導又は健康審査を受けるために必要な時間を確保する。但し，医師等がこれと異なる指示をしたときは，その指示に従う。

　　　　妊娠23週まで…………………４週間に１回

　　　　妊娠24週から35週まで……２週間に１回

　　　　妊娠36週から出産まで……１週間に１回

２．産後１年以内の女性については，医師等が指示するところにより，保健指導又は健康審査を受けるために必要な時間を確保する。

３．妊娠中及び出産後の女性から申出があった場合には，それぞれ次のような措置を講じる。

　(1)　妊娠中

　　　通勤緩和の申出…………時差通勤，勤務時間短縮等の必要な措置

　　　休憩に関する申出………休憩時間の延長，回数の増加等の必要な措置

　(2)　妊娠中及び出産後

　　　つわり，妊娠中毒，回復不全等の症状に関する申出

　　　　　………作業の制限，勤務時間の短縮，休憩等の必要な措置

（慶弔休暇）

第20条　従業員が次の事由により休暇を申請したときは，次のとおり慶弔休暇を与える。

　①　本人が結婚したとき　　　　　　　　　　　　　　５日

　②　妻が出産したとき　　　　　　　　　　　　　　　１日

　③　父母，配偶者または子女が死亡したとき　　　　　５日

　④　兄弟姉妹，祖父母または配偶者の父母が死亡したとき　　３日

（特別休暇）

第21条　会社は，従業員が次のいずれかに該当するときは，その者の申し出により，次の特別休暇を与える。

① 公民権を行使するとき……必要時間

② 証人，鑑定人，参考人，裁判員として警察，裁判所等に出頭したとき……必要日数および必要時間

③ 従業員が，自然災害等により住居に罹災を受けたとき……日数はその都度決定

④ 会社が必要と認めたとき

2．前各号の特別休暇は，通常の給与を支給する。

第6章　休　　職

（休職の事由）

第22条　従業員が次の各号の一に該当するときは休職を命ずる。

① 業務外の傷病疾病のため欠勤3カ月以上におよぶとき

② 法令または社則に違反する行為があった疑を受けたとき

③ 会社の都合により会社外の職務に従事するとき

④ その他休職の必要あると認めたとき

（休職期間）

第23条　休職期間は次のとおりとする。

① 業務外の負傷疾病による欠勤者

勤続1年未満の者　　6カ月

勤続1年以上の者　　1カ年

ただし会社は事情により期間を延長することがある。

② 前条の第2号から第4号に該当する者は会社が必要と認めた期間

（休職中の処置）

第24条　① 第22条第1号，第2号の休職期間中の勤続年数計算は2分の1とする。

② 休職期間中は給与を支給しない。ただし第22条第3号，第4号の場合はその都度判断する。

③ 休職期間中においても，会社は事情により復職を命ずることがある。

（復　　職）

第25条　休職期間満了前に休職事由が消滅したときはただちに復職させる。ただし旧職務と異なる職務に配置することがある。

第7章　賃　　金

（賃金の構成）

第26条　賃金は月給制とし，次の構成とする。

（基本給）

第27条 基本給は，本人の技能，経験，職務遂行能力等を考慮して各人別に決定する。

（役付手当）

第28条 役付手当は，管理職および監督職の地位にある者に対し，次の区分により支給する。

部　長　　月額　70,000円

次　長　　月額　60,000円

課　長　　月額　50,000円

係　長　　月額　10,000円

主　任　　月額　5,000円

（家族手当）

第29条 家族手当は，次の扶養家族を有する者に対し，次の額を支給する。

① 配偶者　　　　　　　　　　　　　　　月額　12,000円

② 満18未満の子1人から3人まで1人につき　月額　3,000円

③ 満60歳以上の父母　　　1人につき　　　月額　2,000円

（住宅手当）

第30条 住宅手当は，従業員の生活補給のため，次の区分により支給する。

① 配偶者または扶養家族のいる世帯　　月額　15,000円

② 前号に該当しないもの　　　　　　月額　10,000円

（通勤手当）

第31条 通勤手当は，月額で通勤に要する実費（定期券等）を支給する。

　　　ただし，支給額の上限は課税上の免税額までとする。

（精勤手当）

第32条 精勤手当は，当該賃金計算期間における次の出勤成績により，次のとおり支給する。

① 無欠勤の場合　　月額　6,000円

② 欠勤1日の場合　　月額　3,000円

2．前項の精勤手当の計算においては，次のいずれかに該当するときには出勤したものとみなす。

① 年次有給休暇を取得したとき

② 業務上負傷し，または疾病にかかり療養のため休業したとき

３．第１項の精勤手当の計算に当たっては，遅刻または早退３回をもって，欠勤１日とみなす。

（割増賃金）

第33条 割増賃金は次の算式により支給する。

① 時間外労働割増賃金
$$\frac{基本給＋役付手当＋住宅手当＋精勤手当}{１カ月平均所定労働時間}×1.25×時間外労働時間数$$
（所定労働時間を超えて労働させた場合）

② 休日割増賃金
$$\frac{基本給＋役付手当＋住宅手当＋精勤手当}{１カ月平均所定労働時間}×1.35×休日労働時間数$$
（所定の休日に労働させた場合）

③ 深夜労働の割増
$$\frac{基本給＋役付手当＋住宅手当＋精勤手当}{１カ月平均所定労働時間}×1.50×深夜労働時間数$$
（休日深夜労働は1.60）
（午後10時から午前５時までの間に労働させた場合）

※深夜労働だけの場合は25％

２．時間外労働が60時間を超える部分については，割増率は50％とする。

（休暇等の賃金）

第34条 年次有給休暇を取得したときには，所定労働時間労働したときに支払われる通常の賃金を支給する。

２．慶弔休暇を取得した場合は，有給とする。

３．生理日の休暇を取得した場合は，無給とする。

４．産前産後の女子が休業する期間および休職中の期間は無給とする。

５．育児休業期間中は無給とする。

６．介護休業期間中は無給とする。

７．母性健康管理の休暇は無給とする。

（欠勤等の扱い）

第35条 欠勤，遅刻，早退および私用外出の時間については，１時間当たりの賃金額に欠勤，遅刻，早退および私用外出の合計時間数を乗じた額を差し引くものとする。

（賃金の計算期間および支払日）

第36条 賃金は，毎月20日に締切り，当月27日に支払う。ただし，支払日が休日に当たるときはその前日を支払日とする。

２．計算期間の中途で入社または退職した場合の賃金は，当該計算期間の所定労働日数を基準に日割計算して支払う。

（賃金の支払方法）

第37条 賃金は，従業員に対し，通貨で直接その金額を支払う。ただし，次に掲げるものは，賃金から控除するものとする。

① 源泉所得税

② 住民税

③ 健康保険料および厚生年金保険料

④ 雇用保険料

⑤ 従業員の過半数を代表する者との書面協定により賃金から控除することとしたもの

2．前項の定めにかかわらず，従業員本人の希望する金融機関の本人名義の口座に振込むことがある。

（昇　給）

第38条　昇給は，毎年4月1日をもって，基本給について行うものとする。ただし，会社業績の著しい低下その他やむを得ない事由がある場合には，昇給の時期を変更し，または昇給を行わないことがある。

2．昇給額は，従業員の勤務成績等を考慮して各人ごとに決定する。

（賞　与）

第39条　賞与は，原則として毎年6月1日および12月1日に在籍する従業員に対し，会社の業績等を勘案して7月および12月に支給する。ただし，会社業績の著しい低下その他やむを得ない事由がある場合には支給しないことがある。

2．前項の賞与の額は，従業員の勤務成績等を考慮して各人ごとに決定する。

第8章　定年，退職および解雇

（定年等）

第40条　従業員の定年は満60歳とし，定年に達した日の属する給与締切日をもって退職とする。

2．定年に達した従業員で，引き続き勤務することを希望している者については，65歳まで継続雇用する。

（退　職）

第41条　従業員が次のいずれかに該当するときは退職とする。

① 死亡したとき

② 雇用期間の定めのある場合においてその期間が満了したとき

③ 第23条に定める休職期間が満了し，休職事由が消滅したとき

④ 本人の都合により退職を申し出て会社の承認があったとき，または退職の申し出をした日から起算して14日を経過したとき

（解　雇）

第42条　従業員が次のいずれかに該当するときは，30日前に予告するか，または平均賃金の30日分の解雇予告手当を支払って解雇する。

① 事業の休廃止または縮小その他事業の運営上やむを得ないとき

② 本人の身体または精神に障害があり，医師の診断に基づき業務に耐えられないと認められたとき

③ 勤務成績が不良で就業に適しないと認められるとき

④ 前各号に準ずるやむを得ない事由があるとき

⑤ 前項の予告の日数は，平均賃金を支払った日数だけ短縮することができる

（証明書の交付）

第43条 会社は，解雇又は退職した者が（以下「退職者」という）が請求した場合は，次の事項に限り証明書の交付を遅滞なく行う。

① 使用期間

② 業務の種類

③ 地位

④ 賃金

⑤ 退職の事由（解雇の場合にあってはその理由を含む）

2．前項の証明書は退職者が指定した事項のみ証明するものとする。

第9章 退職金

（退職金の支給）

第44条 従業員が退職しまたは解雇されたときは，この章に定めるところにより退職金を支給する。ただし，勤続2年未満の者については退職金を支給しない。

（退職金額）

第45条 退職金は退職または解雇時の基本給に，勤続年数に応じて定めた別表の支給率を乗じて計算した金額とする。

2．別表の退職金の支給率は，会社都合と自己都合退職に区分する。

3．第54条4項により懲戒解雇された場合は，退職金を支給しない。

ただし，情状によって自己都合退職以下に減じて支給することがある。

（退職金の支払時期）

第46条 退職金は，支給事由の生じた日から1カ月以内に支払う。

（退職金の支給方法）

第47条 退職金の支給方法は本人の同意のうえ，次のいずれかの方法で支給する。

① 通貨

② 本人が指定する金融機関の本人口座振込み

③ 銀行振出小切手

別表　退　職　金　支　給　率　表

勤　続 年　数	支　給　率		勤　続 年　数	支　給　率	
	A	B		A	B
1	0.8	0.5	21	16.8	12.8
2	1.6	1.0	22	17.6	13.6
3	2.4	1.5	23	18.4	14.4
4	3.2	2.0	24	19.2	15.2
5	4.0	2.5	25	20.0	16.0
6	4.8	3.0	26	20.8	16.8
7	5.6	3.5	27	21.6	17.6
8	6.4	4.0	28	22.4	18.4
9	7.2	4.5	29	23.2	19.2
10	8.0	5.0	30	24.0	20.0
11	8.8	5.7	31	24.8	20.9
12	9.6	6.4	32	25.6	21.8
13	10.4	7.1	33	26.6	22.7
14	11.2	7.8	34	27.2	23.6
15	12.0	8.5	35	28.0	24.5
16	12.8	9.2	36	28.8	25.4
17	13.6	9.9	37	29.6	26.3
18	14.4	10.6	38	30.4	27.2
19	15.2	11.3	39	31.2	28.1
20	16.0	12.0	40	32.0	29.0

（注）　1．支給率Aは，会社都合（定年・在職中の死亡・会社の都合による退職・休職満了による退職・私傷病による退職等）。
　　　　2．支給率Bは，自己都合（自己の都合による退職）。

第10章　安全衛生

（順守義務）

第48条　会社は，従業員の安全衛生の確保および改善を図るために必要な措置を講ずる。

　2．従業員は，安全衛生に関する法令，規則ならびに会社の指示を守り，会社と協力して労働災害の防止に努めなければならない。

（健康診断）

第49条　従業員に対しては，採用の際および毎年定期に，健康診断を行う。

　2．前項の健康診断のほか，法令で定められた有害業務に従事する従業員に対しては，特別の項目についての健康診断を行う。

　3．前2項の健康診断の結果必要と認められるときは，一定の期間就業の禁止，就業時間の短縮，配置転換その他健康保持上必要な措置を命ずることがある。

（ストレスチェック）

第50条　従業員に対しては，毎年ストレスチェックを行う。

2．ストレスチェックの結果必要と認められるときは，作業の転換その他必要な措置を命ずることがある。

（安全衛生教育）

第51条　従業員に対し，採用の際および配置換え等により作業内容を変更した際に，その従事する業務に必要な安全衛生教育を行う。

（要注意者措置）

第52条　会社は，第49条の健康診断の結果および第50条のストレスチェックの結果，要注意者として診断を受けた者については，時間外および休日勤務の禁止，遅刻および早退の是認，職種転換もしくは就業禁止措置を講ずることがある。

2．従業員が法定伝染病，その他行政官庁の指示伝染病もしくは就業することが不適な疾病または，他に悪影響をおよぼすおそれのある疾病にかかった場合は，勤務を禁止する。

第11章　表彰および制裁

（表　彰）

第53条　会社は，従業員が次に該当するときは，表彰をする。

①　事業の発展に貢献し，または業務上有益な創意工夫，発見をなしたとき

②　10年以上誠実に勤務したとき

③　前各号に準ずる篤行または功労があったとき

2．表彰は，賞品または賞金の授与等によって行う。

（制裁の種類）

第54条　制裁は，その情状に応じ次の区分により行う。

①　けん責　　始末書を提出させて将来を戒める

②　減　給　　始末書を提出させ減給する。ただし，減給は1回の額が平均賃金の1日分の5割（2分の1）を超え，総額が1賃金支払期間における賃金の1割（10分の1）を超えることはない

③　出勤停止　　始末書を提出させるほか，7日間を限度として出勤を停止し，その間の賃金は支給しない

④　懲戒解雇　　行政官庁の認定を得て即時に解雇する

（制裁の事由）

第55条　次のいずれかに該当するときは，けん責，減給または出勤停止に処する。

①　正当な理由なく無断欠勤3日以上におよぶとき

②　しばしば欠勤，遅刻，早退するなど勤務に熱心でないとき

③　過失により会社に損害を与えたとき

④　素行不良で会社内の秩序または風紀を乱したとき

⑤　会社内において，性的な言動によって他人に不快な思いをさせたり，職場の環境を悪くしたとき

⑥　パワハラ・マタハラその他のハラスメントにより他人に苦痛を与えたり就業環境を悪くしたとき

⑦　その他この規則に違反しまたは前各号に準ずる不都合な行為があったとき

2．次のいずれかに該当するときは，懲戒解雇に処する。

①　正当な理由なく無断欠勤7日以上におよび，出勤の督促に応じないとき

②　遅刻，早退および欠勤を繰り返し，数回にわたって注意を受けても改めないとき

③　会社内における盗取，横領，傷害等刑法犯に該当する行為があったとき，またはこれらの行為が会社外で行われた場合であっても，それが著しく会社の名誉もしくは信用を傷つけたとき

④　故意または重大な過失により会社に損害を与えたとき

⑤　素行不良で著しく会社内の秩序または風紀を乱したとき

⑥　会社内において，性的な関心を示したり，噂を行なったり，性的な行為を仕掛けたりして，他の従業員の業務に支障を与えたとき

⑦　パワハラ・マタハラその他のハラスメントにより他の従業員が精神疾患に罹患するなど悪質なとき

⑧　重大な経歴を詐称したとき

⑨　その他前各号に準ずる重大な行為があったとき

第12章　災害補償

（業務上災害補償）

第56条　従業員が業務上負傷し，または疾病にかかり，障害または死亡した場合は，次の補償給付を行う。

①　療養補償給付………業務上の疾病により必要な治療を受けるときは，療養補償給付を受ける

②　休業補償給付………業務上の疾病により療養のため休業するときは，休業補償給付を受ける
　　　　　　　　　　　　ただし，休業後最初の3日間については，通常の給与を支給する

③　障害補償給付………業務上の疾病が治癒しても，なお身体に障害が残るときは，障害補償給付を受ける

④　遺族補償給付………業務上の事由によって死亡したときは，その遺族は遺族補償給付を受ける

⑤　葬　祭　料………業務上の事由により死亡したときは，葬祭を行う者に対して葬祭料を受ける

⑥　傷病補償年金………業務上の傷病が療養開始後1年6カ月を経過したときで治癒しないときは，傷病補償年金を受ける

⑦　介護補償給付………業務上の傷病で，介護が必要な場合は，介護補償給付を受ける

２．社員が，前項第1号，第2号および第3号の補償給付を受けているときは，療養に努めなければならない。

３．第1項各号の補償給付は，労災保険法の定めるところによる。

４．第1項の補償が行われる場合は，会社は労働基準法上の補償の義務を免れる。

（通勤災害）

第57条 従業員が所定の通勤途上において，負傷し，または疾病にかかり，障害または死亡した場合は，次の給付を受ける。

① 療養給付

② 休業給付

③ 障害給付

④ 遺族給付

⑤ 葬祭給付

⑥ 傷病年金

⑦ 介護給付

２．通勤途上であるか否かの判断は，所轄労働基準監督署長の認定による。

３．第1項各号の給付は，労災保険法の定めるところにより，前条の補償給付と同じである。

付 則

（施 行）

第58条 この規則は，　年　月　日より施行する。

---

(7) 実例　　　　　就　業　規　則

〔 この就業規則は，小規模の製造業の例で，賃金・退職金も含めた包括的な規則である。〕

（ＳＳプレス・金属製品製造業・従業員40人）

第1章　総　　則

（目　的）

第1条　この就業規則（以下「規則」という）は，従業員の労働条件，服務規律その他の就業に関する事項を定めるものである。

2．この規則に定めのない事項については，労働基準法その他の法令の定めるところによる。

（適用範囲）

第2条　この規則は，第2章で定める手続きにより採用された従業員に適用する，ただし，パートタイム従業員又は臨時従業員の就業に関し必要な事項については，別に定めるところによる。

2．嘱託については，労働条件の一部を雇用契約書に定める。定めのない事項については，この規則を適用する。

（規則の遵守）

第3条　会社及び従業員は，ともにこの規則を守り，相協力して業務の運営に当たらなければならない。

第2章　採用，異動等

（採用手続き）

第4条　会社は，就職希望者のうちから選考して，従業員を採用する。

（採用時の提出書類）

第5条　従業員に採用された者は，次の書類を採用日から2週間以内に提出しなければならない。

①　履歴書

②　住民票記載事項の証明書

③　職歴のある者にあっては，年金手帳及び雇用保険被保険者証

④　その他会社が指定するもの

2．前項の提出書類の記載事項に変更を生じたときは，速やかに書面でこれを届けなければならない。

（試用期間）

第6条　新たに採用した者については，採用の日から3カ月間を試用期間とする。ただし，会社が適当と認めるときは，この期間を短縮し，又は設けないことがある。

2．試用期間中に従業員として不適格と認められた者は，解雇することがある。

3．試用期間は，勤続年数に通算する。

（労働条件の明示）

第7条　会社は，従業員との労働契約の締結に際しては，この規約を提示し，労働条件の説明を行い雇用契約を締結するものとする。

（労働条件の文書交付）

第8条　前条の雇用契約の締結に際しては，会社は雇用する者に，次の事項について文書を交付するものとする。

①　賃金に関する事項

②　雇用契約の期間に関する事項

③　就業の場所及び従事する業務に関する事項

④　始業及び終業の時刻，時間外労働の有無，休憩時間，休日，休暇，交代制の取扱い

⑤　退職に関する事項（解雇の事由を含む）

（人事異動）

第9条　会社は，業務上必要がある場合は，従業員の就業する場所又は従事する業務の変更を命ずることがある。

（休　職）

第10条　従業員が，次の場合に該当するときは，所定の期間休職とする。

①　私傷病による欠勤が3カ月を超え，なお療養を継続する必要があるため勤務できないと認められたとき2年

②　前号のほか，特別の事情があり休職させることが適当と認められるとき必要な期間

2．休職期間中に休職事由が消滅したときは，元の職務に復帰させる。

　　ただし，元の職務に復帰させることが困難であるか，又は不適当な場合には，他の職務に就かせることがある。

3．第1項第1号により休職し，休職期間が満了してもなお傷病が治ゆせず就業が困難な場合は，休職期間の満了をもって退職とする。

第3章　服務規律

（服　務）

第11条　従業員は，会社の指示命令を守り，職務上の責任を自覚し，誠実に職務を遂行するとともに，職場の秩序の維持に努めなければならない。

（遵守事項）

第12条　従業員は，次の事項を守らなければならない。

①　勤務中は職務に専念し，みだりに勤務の場所を離れないこと

②　許可なく職務以外の目的で会社の施設，物品等を使用しないこと

③　職務に関連して自己の利益を図り，又は他より不当に金品を借用し，若しくは贈与を受けるなど不正な行為を行わないこと

④　会社の名誉又は信用を傷つける行為をしないこと

⑤　会社，取引先等の機密を漏らさないこと

⑥　許可なく他の会社等の業務に従事しないこと

⑦　性的な言動によって他の従業員に不利益を与えたり，就業環境を害さないこと（セクシュアルハラスメント行為）

⑧　パワハラ・マタハラその他のハラスメントにより他の従業員に苦痛を与えたり就業環境を害さないこと

⑨　その他酒気をおびて就業するなど従業員としてふさわしくない行為をしないこと

（出退勤）

第13条　従業員は，出退勤に当たっては，出退勤時刻をタイムカードに自ら記録しなければならない。

（遅刻，早退，欠勤等）

第14条　従業員が，遅刻，早退若しくは欠勤をし，又は勤務時間中に私用外出するときは，事前に申し出て許可を受けなければならない。ただし，やむを得ない理由で事前に申し出ることができなかった場合は，事後に速やかに届け出なければならない。

2．傷病のため欠勤が引き続き10日以上に及ぶときは，医師の診断書を提出しなければならない。

第4章　労働時間，休憩及び休日

（労働時間及び休憩時間）

第15条　労働時間は，1週間については40時間，1日については8時間とする。

2．始業・終業の時刻及び休憩，時間は，次のとおりとする。ただし，業務の都合その他やむを得ない事情により，これらを繰り上げ，又は繰り下げることがある。この場合において業務の都合によるときは，会社が前日までに通知する。

①　始業　　午前8時30分

②　終業　　午後5時30分

③　休憩　　正午より60分

3．休憩時間は，原則として一斉に与えるものとする。

ただし，業務の都合で交代休憩は労使協定の定めるところによる。

（出張者の労働時間）

第16条　従業員が出張その他会社の用務を帯び会社外の労働で，労働時間の算定し難い場合は，原則として前条の就業時間を勤務したものとみなす。

ただし，所属長があらかじめ別段の指示をした場合には，この限りでない。

（休　日）

第17条　休日は，次のとおりとする。

① 土曜日及び日曜日

② 国民の祝日（日曜日と重なったときは翌日）

③ 年末年始（12月29日〜1月3日）

④ 夏季休日（8月13日〜17日）

⑤ その他会社が指定する日

2．業務の都合により会社が必要と認める場合は，あらかじめ前項の休日を他の日と振り替えることがある。

（時間外及び休日労働）

第18条　業務の都合により，第15条の所定労働時間を超え，又は第17条の所定休日に労働させることがある。この場合において，法定の労働時間を超える労働又は法定の休日における労働については，あらかじめ会社は従業員の代表と書面による協定を締結し，これを所轄の労働基準監督署長に届け出るものとする。

2．小学校就学前の子の養育又は家族の介護を行う従業員で時間外労働を短縮してほしいと申し出た者の法定の労働時間を超える労働については，前項後段の協定において別に定めるものとする。

3．妊産婦で請求のあった者及び18歳未満の者については，第1項後段による時間外若しくは休日又は午後10時から午前5時までの深夜に労働させることはない。

4．前項の従業員のほか小学校就学前の子の養育又は家族の介護を行う一定範囲の従業員で会社に請求した者については，事業の正常な運営を妨げる場合を除き午後10時から午前5時までの深夜に労働させることはない。

5．前項の深夜業の制限の手続等必要な事項については「育児休業規程」「介護休業規程」で定める。

（時間外労働の上限）

第19条　前条第1項の協定に際して時間外労働の上限は次の範囲内とする。

① 1週間…… 15時間

② 2週間…… 27時間

③ 4週間…… 43時間

④ 1カ月…… 45時間

⑤ 2カ月…… 81時間

⑥ 3カ月……120時間

⑦ 1年間……360時間

第5章　休　暇　等

（年次有給休暇）

第20条　各年次ごとに所定労働日の8割以上出勤した従業員に対しては，次の表のとおり勤続年数に応じた日数の年次有給休暇を与える。

勤続年数	6カ月	1 年 6カ月	2 年 6カ月	3 年 6カ月	4 年 6カ月	5 年 6カ月	6 年 6カ月以上
付与日数	10日	11日	12日	14日	16日	18日	20日

2．前項の規定にかかわらず，嘱託の週所定労働時間が30時間未満で，週所定労働日数が4日以下又は年間所定労働日数が216日以下の者に対しては，次の表のとおり勤続年数に応じた日数の年次有給休暇を与える。

週所定労働日数	1年間の所定労働日数	6カ月	1 年 6カ月	2 年 6カ月	3 年 6カ月	4 年 6カ月	5 年 6カ月	6 年 6カ月以上
4日	169～216日	7日	8日	9日	10日	12日	13日	15日
3日	121～168日	5日	6日	6日	8日	9日	10日	11日
2日	73～120日	3日	4日	4日	5日	6日	6日	7日
1日	48～ 72日	1日	2日	2日	2日	3日	3日	3日

3．従業員は，年次有給休暇を取得しようとするときは，あらかじめ時季を指定して請求するものとする。ただし，会社は，事業の正常な運営に支障があるときは，従業員の指定した時季を変更することがある。

4．前項の規定にかかわらず，従業員代表との書面による協定により，各従業員の有する年次有給休暇日数のうち5日を超える部分について，あらかじめ時季を指定して与えることがある。

5．第1項及び第2項の出勤率の算定に当たっては，年次有給休暇を取得した期間，産前産後の休業期間，育児・介護休業法に基づく育児休業期間，介護休業期間，子の看護休暇，家族の介護休暇及び業務上の傷病による休業期間は出勤したものとして取り扱う

6．当該年度に新たに付与した年次有給休暇の全部又は一部を取得しなかった場合には，その残日数は翌年度に繰り越される。

7．年次有給休暇の日数が10日以上の者については，そのうちの5日は，付与日から1年以内に，時季を指定して与える。ただし，本人の時季指定または計画的付与制度により付与した日数があるときは，その日数を5日から控除する。

（産前産後の休業）

第21条　6週間（多胎妊娠の場合は14週間）以内に出産する予定の女性従業員から請求があったときは，休業させる。

2．出産した女性従業員は，8週間は休業させる。ただし，産後6週間を経過した女性従業員から請求があったときは，医師が支障がないと認めた業務に就かせることができる。

（母性健康管理のための休暇等）

第22条　妊娠中又は出産後1年を経過しない女性従業員から所定労働時間内に，母子保健法に定める健康診査又は保健指導を受けるために，通院休暇の請求があったときは，次の範囲で休暇を与える。

① 産前の場合

妊娠23週まで……… 4週に1回

妊娠24週から35週まで……… 2週に1回

妊娠36週から出産まで……… 1週に1回

ただし，医師又は助産師（以下「医師等」という）がこれと異なる指示をしたときには，その指示により必要な時間。

② 産後（1年以内）の場合

医師等の指示により必要な時間。

2．妊娠中又は出産後1年を経過しない女性従業員から，保健指導又は健康診査に基づき勤務時間等について医師等の指導を受けた旨申出があった場合，次の措置を講ずることとする。

① 妊娠中の通勤緩和

通勤時の混雑を避けるよう指導された場合は，原則として1時間の勤務時間の短縮又は1時間以内の時差出勤

② 妊娠中の休憩の特例

休憩時間について指導された場合は，適宜休憩時間の延長，休憩の回数の増加

③ 妊娠中又は出産後の諸症状に対応する措置

妊娠又は出産に関する諸症状の発生又は発生のおそれがあるとして指導された場合は，その指導事項を守ることができるようにするため作業の軽減，勤務時間の短縮，休業等

（育児時間等）

第23条　1歳に満たない子を養育する女性従業員から請求があったときは，休憩時間のほか1日について2回，1回について30分の育児時間を与える。

2．生理日の就業が著しく困難な女性従業員から請求があったときは，必要な期間休暇を与える。

（育児休業等）

第24条　従業員は，1歳に満たない子（特別の事情ある場合2歳）を養育するため必要があるときは，会社に申し出て育児休業をし，子の看護休暇を取得し，又は育児短時間勤務制度等の適用を受けることができる。

2．育児休業をし，又は育児短時間勤務制度あるいは子の看護休暇等の適用を受けることができる従業員の範囲その他必要な事項については，「育児休業，育児のための深夜業の制限及び育児短時間勤務に関する規定」で定める。

（介護休業等）

第25条　従業員のうち必要のある者は，会社に申し出て介護休業をし，家族の介護休暇を取得し，又は介護短時間勤務制度等の適用を受けることができる。

2．介護休業をし，家族の介護休暇又は介護短時間勤務制度等の適用を受けることができる従業員の範囲その他必要な事項については，「介護休業，介護のための深夜業の制限及び介護短時間勤務に関する規定」で定める。

（慶弔休暇）

第26条 従業員が次の事由により休暇を申請した場合は，次のとおり慶弔休暇を与える。

① 本人が結婚したとき　　　　　　　　　　　　　　　4日
② 妻が出産したとき　　　　　　　　　　　　　　　　1日
③ 配偶者，子又は父母が死亡したとき　　　　　　　　5日
④ 兄弟姉妹，祖父母，配偶者の父母又は兄弟姉妹が死亡したとき　2日

2．前項の休暇日数は労働日単位とする。

第6章　賃　金

（賃金の構成）

第27条 賃金の構成は，次のとおりとする。

（基本給）

第28条 基本給は，本人の経験，年齢，技能，職務遂行能力等を考慮し各人別に決定する。

（家族手当）

第29条 家族手当は，次の家族を扶養している従業員に対し，支給する。

① 配偶者　　　　　　　　　　　　　　月額　10,000円
② 18歳未満の子1人から3人まで　1人につき　月額　3,000円
③ 60歳以上の父母　　　　　　1人につき　月額　2,000円

（通勤手当）

第30条 通勤手当は，公共交通機関の通勤に要する定期券実費に相当する額を支給する。

（役付手当）

第31条 役付手当は，次の職位にある者に対し支給する。

① 部　長　　月額　60,000円
② 部次長　　月額　50,000円
③ 課　長　　月額　40,000円
④ 係　長　　月額　5,000円

（精勤手当）

第32条 精勤手当は，当該賃金計算期間における次の出勤成績により，次のとおり支給する。

① 無欠勤の場合　　　　月額　10,000円

② 欠勤1日以内の場合　　月額　5,000円

2．前項の精勤手当の計算においては，次のいずれかに該当するときは出勤したものとみなす。

① 年次有給休暇を取得したとき

② 業務上負傷し，又は疾病にかかり療養のため休業したとき

3．第1項の精勤手当の計算に当たっては，遅刻又は早退3回をもって，欠勤1日とみなす。

（時間外労働等の割増賃金）

第33条　割増賃金は，次の算式により計算して支給する。

① 時間外労働割増賃金（所定労働時間を超えて労働させた場合）

$$\frac{基本給＋役付手当＋精勤手当}{1カ月平均所定労働時間} \times 1.25 \times 時間外労働時間数$$

② 休日労働割増賃金（所定の休日に労働させた場合）

$$\frac{基本給＋役付手当＋精勤手当}{1カ月平均所定労働時間} \times 1.35 \times 休日労働時間数$$

③ 深夜労働割増賃金（午後10時から午前5時までの間に労働させた場合）

$$\frac{基本給＋役付手当＋精勤手当}{1カ月平均所定労働時間} \times 0.25 \times 深夜労働時間数$$

2．時間外労働が60時間を超える部分については，割増率は50％とする。

（休暇等の賃金）

第34条　年次有給休暇の期間は，所定労働時間労働したときに支払われる通常の賃金を支給する。

2．産前産後の休業期間，母性健康管理のための休暇，育児・介護休業法に基づく育児休業及び介護休業の期間，子の看護休暇，家族の介護休暇，育児時間，生理日の休暇の期間は，無給とする。

3．慶弔休暇の期間は，第1項の賃金を支給する。

4．休職期間中は，賃金を支給しない。

（欠勤等の扱い）

第35条　欠勤，遅刻，早退及び私用外出の時間については，1時間当たりの賃金額に欠勤，遅刻，早退及び私用外出の合計時間数を乗じた額を差し引くものとする。

（賃金の計算期間及び支払日）

第36条　賃金は，毎月20日に締切り，当月28日に支払う。ただし，支払日が休日に当たるときはその前日に繰り上げて支払う。

2．計算期間中の中途で採用され，又は退職した場合の賃金は，当該計算期間の所定労働日数を基準に日割計算して支払う。

（賃金の支払いと控除）

第37条　賃金は，従業員に対し，通貨で直接その金額を支払う。ただし，次に従業員代表との書面協定により，従業員が希望した場合は，その指定する金融機関の口座又は証券総合口座に振り込むことにより賃金を支払うものとする。

2．次に掲げるものは，賃金から控除するものとする。

① 源泉所得税

② 住民税

③ 健康保険及び厚生年金保険の保険料の被保険者負担分

④ 雇用保険の保険料の被保険者負担分

⑤ 従業員代表との書面による協定により賃金から控除することとしたもの

（昇　給）

第38条 昇給は，毎年4月分賃金をもって，基本給について行うものとする。ただし，会社の業績に著しい低下その他やむを得ない事由がある場合にはこの限りではない。

2．前項のほか，特別に必要がある場合は，臨時に昇給を行うことがある。

3．昇給額は，従業員の勤務成績等を考慮して各人ごとに決定する。

（賞　与）

第39条 賞与は，原則として毎年7月及び12月に在籍する従業員に対し，会社の業績等を勘案して支給する。ただし，会社の業績の著しい低下その他やむを得ない事由がある場合には，支給時期を延期し，又は支給しないことがある。

2．前項の賞与の額は，会社の業績及び従業員の勤務成績などを考慮して各人ごとに決定する。

第7章　定年，退職及び解雇

（定年等）

第40条 従業員の定年は，満60歳とし，定年に達した日の属する月の末日をもって退職とする。

2．定年に達した従業員について，引き続き勤務することを希望している者については，満65歳まで継続雇用する。

3．雇用は，嘱託とする。

（退　職）

第41条 前条に定めるもののほか従業員が次のいずれかに該当するときは，退職とする。

① 退職を願い出て会社から承認されたとき，又は退職願を提出して14日を経過したとき

② 期間を定めて雇用されている場合，その期間を満了したとき

③ 第10条に定める休職期間が満了し，なお，休職事由が消滅しないとき

④ 死亡したとき

⑤ 第42条の解雇されたとき

⑥ 第48条の懲戒解雇されたとき

（解　雇）

第42条 従業員が次のいずれかに該当するときは，解雇するものとする。

① 勤務成績又は業務能率が著しく不良で，従業員としてふさわしくないと認められたとき

② 精神又は身体の障害により，業務に耐えられないと認められたとき

③　事業の縮小その他事業の運営上やむを得ない事情により，従業員の減員が必要となったとき

④　その他前各号に準ずるやむを得ない事情があるとき

2．前項の規定により従業員を解雇する場合は，少なくとも30日前に予告をするか，又は平均賃金の30日分以上の解雇予告手当を支払う。ただし，労働基準監督署長の認定を受けて第48条に定める懲戒解雇をする場合，又は次の各号のいずれかに該当する従業員を解雇する場合は，この限りでない。

①　日々雇い入れられる従業員（1カ月を超えて引き続き雇用された者を除く）

②　2カ月以内の期間を定めて使用する従業員（その期間を超えて引き続き雇用された者を除く。）

③　試用期間中の従業員（14日を超えて引き続き雇用された者を除く。）

（退職証明書）

第43条　会社は退職または解雇（解雇予告期間中含む）された者が，退職証明書を請求した場合は，遅滞なくこれを交付する。

2．前項の証明事項は次のとおりとする。

①　使用期間

②　業務の種類

③　職務上の地位

④　賃金

⑤　退職事由（解雇の場合はその理由）

3．前項の証明事項は，退職者が請求した事項のみとする。

第8章　退　職　金

（退職金の支給）

第44条　勤続1年以上の従業員が退職し，又は解雇されたときは，この章に定めるところにより退職金を支給する。ただし，第48条第4号により懲戒解雇された者には，退職金の全部又は一部を支給しないことがある。

（退職金の額）

第45条　退職金の額は，退職又は解雇時の基本給の額に，勤続年数に応じて定めた別表の支給率を乗じた金額とする。

2．第10条により休職する期間は，会社の都合による場合を除き，前項の勤続年数に算入しない。

第1章 就業規則 第3 就業規則の実例

別表 退職金支給率

勤続年数	支給率	勤続年数	支給率	勤続年数	支給率
1年	0.5	11年	6.5	21年	16.5
2	0.7	12	7.5	22	17.5
3	1.5	13	8.5	23	18.5
4	2.0	14	9.5	24	19.5
5	2.5	15	10.5	25	21.0
6	3.0	16	11.5	26	22.0
7	3.5	17	12.5	27	23.0
8	4.0	18	13.5	28	24.0
9	4.5	19	14.5	29	25.0
10	5.5	20	15.5	30	26.0

(注) ① 30年を越える場合は，1年を増すごとに1.0を加える。
　　　② 自己都合退職は次のとおり。
　　　　　1～5年　　　60％
　　　　　5～10年　　 70％
　　　　　10～20年　　85％
　　　　　20年以上　　100％

（退職金の支払い方法及び支払時期）

第46条　退職金は，支給の事由の生じた日から1カ月以内に，退職した従業員（死亡による退職の場合はその遺族）に対して支払う。

第9章　表彰及び懲戒

（表　彰）

第47条　会社は，従業員が次のいずれかに該当する場合は，表彰する。

①　業務上有益な創意工夫，改善を行い，会社の運営に貢献したとき

②　永年にわたって誠実に勤務し，その成績が優秀で他の模範となるとき

③　事故，災害等を未然に防ぎ，又は非常事態に際し適切に対応し，被害を最小限にとどめるなど特に功労があったとき

④　社会的功績があり，会社及び従業員の名誉となったとき

⑤　前各号に準ずる善行又は功労のあったとき

2．表彰は，原則として会社の創立記念日に行う。

（懲戒の種類）

第48条　会社は従業員が次号のいずれかに該当する場合は，その事由に応じ，次の区分により懲戒を行う。

①　けん責　始末書を提出させて将来を戒める

② 減給 始末書を提出させて減給する。ただし，減給は1回の額が平均賃金の1日分の5割を超えることはなく，また，総額が1賃金支払い期間における賃金総額の1割を超えることはない

③ 出勤停止 始末書を提出させるほか，7日間を限度として出勤を停止し，その間の賃金は支給しない

④ 懲戒解雇 即時に解雇する

（懲戒の事由）

第49条 従業員が次のいずれかに該当するときは，情状に応じ，けん責，減給又は出勤停止とする。

① 正当な理由なく無断欠勤4日以上に及ぶとき

② 正当な理由なくしばしば欠勤，遅刻，早退するなど勤務を怠ったとき

③ 過失により会社に損害を与えたとき

④ 素行不良で会社内の秩序又は風紀を乱したとき

⑤ 会社内において，性的な言動によって他人に不快な思いをさせたり，職場の環境を悪くしたとき

⑥ パワハラ・マタハラその他のハラスメントにより他の従業員に苦痛を与えたり，就業環境を害したとき

⑦ 第12条に違反したとき

⑧ その他この規則に違反し，又は前各号に準ずる不都合な行為があったとき

2．従業員が，次のいずれかに該当するときは，懲戒解雇する。ただし，情状により減給又は出勤停止とすることがある。

① 正当な理由なく無断欠勤14日以上に及び，出勤の督促に応じないとき

② しばしば遅刻，早退及び欠勤を繰り返し，3回にわたって注意を受けても改めないとき

③ 会社内における窃盗，横領，傷害等刑法犯に該当する行為があったとき，又はこれらの行為が会社外で行われた場合であっても，それが著しく会社の名誉若しくは信用を傷つけたとき

④ 故意又は重大な過失により会社に重大な損害を与えたとき

⑤ 素行不良で著しく会社内の秩序又は風紀を乱したとき

⑥ 会社内において，性的な関心を示したり，噂を行なったり，性的な行為を仕掛けたりして，他の従業員の業務に支障を与えたとき

⑦ パワハラ・マタハラその他のハラスメントにより他の社員が精神疾患に罹患するなど悪質なとき

⑧ 重大な経歴詐称をしたとき

⑨ 第12条に違反する重大な行為があったとき

⑩ その他前各号に準ずる重大な行為があったとき

附　　則

この規則は，　　年　　月　　日から施行する。

| 第1章 就業規則 第3 就業規則の実例

---

(8) 実例　　モデル　就　業　規　則（労働条件の基本事項）

> この就業規則は，就業規則の作成届出の義務のない従業員10人未満の
> 小規模事業場の製造業を対象に作成されたモデル就業規則である。

（社）全国労働基準関係団体連合会）

第1章　総　則

（目　的）

第1条　1．この就業規則（以下「規則」という。）は，従業員の労働条件，服務規律その他の就業に関する事項を定めるものである。ただし，パートタイム従業員又は臨時従業員の就業に関し必要な事項については，別に定めるところによる。

　　2．次の事項については，別紙（略）のとおりとする。

　　① 労働契約の期間に関する事項

　　② 就業の場所及び就業すべき業務に関する事項

　　③ 労働時間に関する事項

　　④ 賃金に関する事項

　　⑤ 退職に関する事項（解雇の事由を含む）

　　3．この規則に定めのない事項については，労働基準法，雇用の分野における男女の均等な機会及び待遇の確保等に関する法律，育児休業，介護休業等育児又は家族介護を行う労働者の福祉に関する法律その他の法令の定めるところによる。

（規則の遵守）

第2条　会社及び従業員は，ともにこの規則を守り，相協力して業務の運営に当たらなければならない。

（採用手続き及び提出書類）

第3条　会社は，就職希望者のうちから選考して採用し，従業員に採用された者は，採用の日から14日間を試用期間とし，会社が指定する書類を採用日から　週間以内に提出しなければならない。

（労働条件の明示）

第4条　会社は，従業員との労働契約の締結に際しては，採用時の賃金，就業場所，従事する業務，労働時間，休日，その他の労働条件を明らかにするための労働条件通知書及びこの規則を交付して労働条件を明示するものとする。

（服　務）

第5条　従業員は，会社の指示命令を守り，職務上の責任を自覚し，誠実に職務を遂行するとともに，職場の秩序の維持に努めなければならない。

（労働時間及び休憩時間）

第6条 1．労働時間は，1週間については40時間，1日については8時間とする。

2．始業・終業の時刻及び休憩時間は，次のとおりとする。ただし，業務の都合その他やむを得ない事情により，これらを繰り上げ，又は繰り下げることがある。

始業・終業時間	休憩時間
始業　午前　　時　　分	時　　分から
終業　午後　　時　　分	時　　分まで

（休　日）

第7条 1．休日は，次のとおりとする。

① 土曜日及び日曜日

② 国民の祝日（日曜日と重なったときは翌日）

③ 年末年始（12月　　日〜　1月　　日）

④ 夏季休日（　月　　日〜　　月　　日）

⑤ 会社が指定する日

　　業務の都合により必要やむを得ない場合は，あらかじめ前項の休日を他の日と振り替えることがある。

（時間外及び休日労働）

第8条 1．業務の都合により，第6条の所定労働時間を超え，又は前条の所定休日に労働させることがある。この場合において，法定の労働時間を超える労働又は法定の休日における労働については，あらかじめ会社は従業員代表と書面による協定を締結し，これを所轄の労働基準監督署長に届け出るものとする。

2．小学校就学前の子の養育又は家族の介護を行う従業員で時間外労働を短縮してほしいと申し出た者の法定の労働時間を超える労働については，前項後段の協定において別に定めるものとする。

（年次有給休暇）

第9条 各年次ごとに所定労働日の8割以上出勤した従業員に対しては，次の表のとおり勤続年数に応じた日数の年次有給休暇を与える。

勤続年数	6カ月	1　年6カ月	2　年6カ月	3　年6カ月	4　年6カ月	5　年6カ月	6　　　年6カ月以上
付与日数	10日	11	12	14	16	18	20

2．年次有給休暇の日数が10日以上の者については，そのうちの5日は，付与日から1年以内に，時季を指定して与える。ただし，本人の時季指定または計画的付与制度により付与した日数があるときは，その日数を5日から控除する。

（賃金の構成）

第10条 賃金の構成は，次のとおりとする。

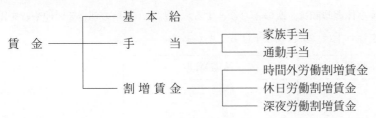

（基本給）

第11条 ① 基本給は，本人の経験，年齢，技能，職務遂行能力等を考慮して各人別に決定する。

② 雇入時の基本給は，別紙（略）のとおりとする。

（家族手当）

第12条 家族手当は，次の家族を扶養する従業員に対し支給する。

① 配偶者　　　　　　　　　　　円

② 18歳未満の子　1人につき　　　円

（通勤手当）

第13条 通勤手当は，通勤に要する実費を支給する。ただし，支給額は月額　　円までとする。

（割増賃金）

第14条 1．割増賃金は，次の算式により計算して支給する。

① 時間外労働割増賃金（所定労働時間を超えて労働させた場合）

$$\frac{基本給}{1カ月平均所定労働時間} \times 1.25 \times 時間外労働時間数$$

② 休日労働割増賃金（所定の休日に労働させた場合）

$$\frac{基本給}{1カ月平均所定労働時間} \times 1.35 \times 休日労働時間数$$

③ 深夜労働割増賃金（午後10時から午前5時までの間に労働させた場合）

$$\frac{基本給}{1カ月平均所定労働時間} \times 0.25 \times 深夜労働時間数$$

2．時間外労働が1カ月60時間を超える部分については，割増率は50％とする。

（年次有給休暇の賃金）

第15条 年次有給休暇の期間は，所定労働時間労働したときに支払われる通常の賃金を支給する。

（欠勤等の扱い）

第16条 欠勤，遅刻，早退及び私用外出の時間については，1時間当たりの賃金額に欠勤，遅刻，早退及び私用外出の合計時間数を乗じた額を差し引くものとする。

（賃金の計算期間及び支払日）

第17条 1．賃金は，毎月　　日に締切り，翌月　　日に支払う。ただし，支払日が休日に当たるとき

はその前日に繰り上げて支払う。

2．計算期間中の中途で採用され，又は退職した場合の賃金は，当該計算期間の所定労働日数を基準に日割計算して支払う。

（賃金の支払いと控除）

第18条　賃金は，従業員に対し，通貨で直接その金額を支払う。ただし，次に掲げるものは，賃金から控除するものとする。

① 源泉所得税

② 住民税

③ 健康保険及び厚生年金保険の保険料の被保険者負担分

④ 雇用保険の保険料の被保険者負担分

⑤ 従業員代表との書面による協定により賃金から控除することとしたもの

（昇　給）

第19条　1．昇給は，毎年　　月　　日をもって，基本給について行うものとする。ただし，会社の業績に著しい低下その他やむを得ない事由がある場合にはこの限りではない。

2．前項のほか，特別に必要がある場合は，臨時に昇給を行うことがある。

3．昇給額は，従業員の勤務成績等を考慮して各人ごとに決定する。

（賞　与）

第20条　1．賞与は，原則として毎年　　月　　日及び　　月　　日に在籍する従業員に対し，会社の業績等を勘案して　　月　　日及び　　月　　日に支給する。ただし，会社の業績の著しい低下その他やむを得ない事由がある場合には，支給時期を延長し，又は支給しないことがある。

2．前項の賞与の額は，会社の業績及び従業員の勤務成績などを考慮して各人ごとに決定する。

（定年等）

第21条　1．従業員の定年は，満65歳とし，定年に達した日の属する月の末日をもって退職とする。

2．退職を願い出て会社から承認されたとき，又は退職願を提出して14日を経過したときは退職とする。

（解　雇）

第22条　従業員が次のいずれかに該当するときは，第3条で定める14日間の試用期間を除き，30日前に予告して解雇するものとする。

① 勤務成績又は業務能率が著しく不良で，向上の見込みがなく，他の職務にも転換できない等，就業に適さないと認められたとき。

② 会社内での刑法犯に該当する行為があったとき，また素行不良で，従業員としてふさわしくないと認められたとき

③ 精神又は身体の障害により，業務に耐えられないと認められたとき

④ 事業の縮小，その他事業の運営上やむを得ない事情により，従業員の減員が必要となり他の職務に転換さえることが困難なとき

⑤　その他前各号に準ずるやむを得ない事情があるとき

附　　則

この規則は，　　年　　月　　日から施行する。

第4　解説・パートタイマー就業規則の手引

1．パートタイマー就業規則作成にあたって

　パートタイマーの労働条件，雇用の安定等に関しては，雇入れに際して労働条件が不明確であること，パートタイマーの特性に配慮した労働時間管理，雇用管理等が行われているとは言い難い状態も見られること等種々の問題点が指定されており，さらにはパートタイマーと通常の労働者との区別が明確でないという問題も指摘されている。

　そこで，正しいパートタイム雇用のあり方については，パートタイマーがその個性と能力を十分発揮できる職場づくりと，企業の発展のために，よりよい雇用管理体制を確立しなければならない。そのためには労働条件を画一的・統一的に定めることが必要とされる。このような必要から生まれたのが「パートタイマー就業規則」である。

　就業規則の作成については，一般従業員の「就業規則」の「事例と逐条解説」を参考にされたい。ここではパートタイマーの雇用上の管理，すなわち，就業規則作成上のポイントとなる諸項目について若干説明しておくことにする。

　なお，少数のパートタイマーを雇用する場合でも就業規則の作成が望ましいが，できない場合は必ず「労働条件通知書（参考・P.188）」を渡すか，もしくは「雇用契約書（参考・P.245）」を締結するようにされたい。

2．パートタイマーの定義

　わが国ではパートタイム雇用制度の歴史が比較的浅いため，パートタイマーを一般従業員とは別なものと考えて，労働基準法等労働者保護に関する法律はパートタイマーには適用されないものと考えている方も一部に見受けられる。では，「パートタイマーとは何か」というと，パート労働法（短時間労働者の雇用管理改善等に関する法律：平成5年12月1日施行）に次のように示されている。

> 　この法律の対象となる短時間労働者は，1週間の所定労働時間が同一の事務所に雇用される，通常の労働者の1週間の所定労働時間に比べて短い労働者をいう。

(1)　1週間の所定労働時間が同一の事業所に雇用される通常の労働者より短い者は，その短さの程度を問わず，この法律の対象となる。

(2)　原則として同種の業務に従事する通常の労働者と比較して，短時間労働者であるかどうかを判断とする。

(3)　1カ月など1週間より長い期間で所定労働時間が定められている場合には，1サイクルの所定労働時間を平均して1週間の所定労働時間を算定して比較することとなる。

(4)　「通常の労働者」とは，いわゆる正規型の従業員をいう。

　したがって，パートタイマーは労働時間以外の点においては一般従業員と何ら異なるものではなく，

雇用労働者として労働基準法，男女雇用機会均等法等労働者保護に関する法律の適用を受けるものである。パートタイマーを雇用するにあたり，このことは非常に重要なことであるので，この定義を正しく確認し，パートタイマーがその個性と能力を十分に発揮し，充実した職業生活が送れるよう労働条件等の整備を図ることが必要であろう。

3．改正パートタイマー労働指針のポイント

（平成16年１月１日から適用）

パートタイマー労働指針は，パートタイマー労働者の適正な労働条件の確保と雇用管理の改善に関して，事業主が講じなければならない措置をわかりやすく定めたものである。

改正パートタイマー労働指針のポイントは，次のとおりである。

⑴　**労働条件は，文書で明示すること。**

労働契約の締結に際しては，次の項目に関する事項等を明らかにした文書を交付すること。（モデル様式は P.188）

特に，①～⑩に関する事項については，必ず文書で明示しなければならない。（労働基準法第15条）

┌── **【明示すべき主な労働条件】** ──────────────────────────┐
① 労働契約の期間　②　就業の場所　③　従事すべき業務　④　始業・終業時刻

⑤　所定時間外労働の有無　⑥　休憩時間　⑦　休日・休暇　⑧　就業時転換

⑨　賃金（⑫を除く。）の決定・計算・支払の方法，賃金の締切り・支払の時期

⑩　退職（解雇の事由を含む）　⑪　昇給　⑫　退職手当，賞与等　⑬　休日労働の有無

⑭　所定時間外労働・休日労働の程度　⑮　安全衛生　⑯　教育訓練　⑰　休職
└───┘

⑵　**就業規則を作成・変更するときは，パートタイマー労働者の過半数を代表するものの意見を聴くこと。**

パートタイマー労働者に適用される就業規則を作成・変更するときは，事業主は，パートタイム労働者の過半数を代表すると認められるものの意見を聴くよう努めなければならない。

また，パートタイマー労働者の過半数を代表する者に対しては，不利益な取扱いをしてはならない。

パートタイマー労働者の過半数を代表する者の要件は，次のとおりである。
①　監督又は管理の地位にある者でないこと。
②　就業規則の作成等についての意見聴取の対象者を選出することを明らかにして実施される投票，挙手等により選出された者であること。

(3) パートタイマー労働者にも，年次有給休暇を与えなければならない。

　　パートタイマー労働者に対しても，年次有給休暇を与えなければならない。（労働基準法第39条）

(4) パートタイマー労働者にも，解雇するときは予告をしなければならない。

　　パートタイマー労働者に対しても，解雇しようとするときは，30日前に予告するか，30日分の平均賃金を支払わなければならない。（労働基準法第20条）

(5) パートタイマー労働者で期間の定めある（以下「有期労働契約」という。）労働契約者については，有期契約の締結，更新及び雇止めに関する基準（平成15年厚生労働省告示第357号）の定めるところによる措置を講じなければならない。

　　パートタイマー労働者で期間の定めをした，いわゆる有期労働契約をした労働者についての，契約期間の締結，契約期間の更新，契約期間を更新しない場合等について一定の規制が加えられたものである。

┌─ **有期労働契約の基準** ─────────────────────────────┐
① 契約期間満了後の更新の有無
② 更新する場合があると明示したときは，更新する又は更新しない場合の判断基準の明示
③ 雇止めの予告　④ 雇止めの理由の明示
⑤ 有期労働契約が更新されなかった場合の証明書の交付（請求があったとき）
└──────────────────────────────────────┘

(6) パートタイマー労働者が退職時に請求したときは，証明書を交付しなければならない。

　　パートタイマー労働者が，退職（解雇予告期間中を含む）に際し，退職事由等について証明書を請求したときは，遅滞なくこれを交付しなければならない。（労働基準法第22条）

(7) パートタイマー労働者にも，健康診断を実施しなければならない。

　　パートタイマー労働者に対しても，定期健康診断をはじめ，必要な健康診断を実施しなければなりません。（労働安全衛生法第66条）

(8) 妊娠中・出産後のパートタイマー労働者には，特別な措置が必要です。

　　妊娠中及び出産後のパートタイマー労働者に対しては，次の措置をはじめ，必要な措置を講じなければならない。（労働基準法，男女雇用機会均等法第22・23条）

┌─ **【講じなければならない主な措置】** ───────────────────
① 産前産後休業
② 通院時間の確保

第1章 就業規則 第4 解説・パートタイマー就業規則の手引

③ 医師等の指導事項を守れるようにするための勤務時間の短縮，勤務の軽減等

(9) **パートタイマー労働者にも，育児休業・介護休業の制度等を講じなければならない。**

　育児・介護を行うパートタイマー労働者に対しては，育児休業，介護休業等の措置を講じなければならない。（育児・介護休業法）

(10) **パートタイマー労働者には，通常の労働者への応募に関する情報をあらかじめ周知されたい。**

　事業主は，通常の労働者を募集しようとするときは，あらかじめ，通常の労働者の募集を行うことや，募集の内容についてパートタイマー労働者に周知させるよう努めなければならない。

　また，現に雇用する同種の業務に従事するパートタイマー労働者に対して，優先的に応募の機会を与えるよう努めなければならない。

(11) **短時間雇用管理者を選任し，その氏名を周知されたい。**

　事業主は，常時10人以上のパートタイマー労働者を雇用する事業所ごとに，短時間雇用管理者を選任するよう努めなければならない。

　また，短時間雇用管理者の氏名をパートタイマー労働者に周知させるよう努めなければならない。

　短時間雇用管理者の業務は，次のとおりです。
① 本指針に定める事項をはじめ，パートタイマー労働者の雇用管理の改善等に関する事項について，事業主の指示に基づき必要な措置を検討し，実施すること。
② パートタイマー労働者の労働条件等に関し，パートタイマー労働者の相談に応ずること。

4．パートタイマーと労働関係法令

(1) 労働者災害補償保険法

　労災保険法は，労働者を使用するすべての事業に強制的に適用される。また，労災保険法の適用を受ける労働者は，同法の適用を受ける事業に使用される労働者で，賃金を支払われるものであるから，パートタイマー労働者についても，その雇用形態を問わず適用の対象となる。

　業務災害に係る保険給付の種類としては，①療養補償給付，②休業補償給付，③障害補償給付，④遺族補償給付，⑤葬祭料，⑥傷病補償年金，⑦介護補償給付があり，また，通勤災害についても同様の給付がある。

(2) 雇用保険法

　パートタイマー労働者は，その所定労働時間が通常の労働者の所定労働時間より相当程度短い労働者であることから，次の基準を満たす者については，通常の常用労働者とその性格がおおむね同様である

ので，雇用保険の被保険者として取扱われる。

すなわち，パートタイマー労働者（短時間就労者）については，その労働時間，賃金その他の労働条件が就業規則（これに準ずる規程等を含む。）で明確に定められていると認められる場合であって，次のいずれにも該当するときに限り一般の被保険者として取扱われる。

① 1週間の労働時間が30時間以上の者は，従来どおりの一般の雇用保険が適用になる。

② 1週間の労働時間が20時間以上，30時間未満であること。

③ 雇用期間が31日以上見込まれること。

なお，パートタイマー労働者については，週所定労働時間，年齢等により次のような被保険者区分となる。

週所定労働時間 ＼ 年　齢	65歳未満	65歳以上
30時間以上	一　般　被　保　険　者	高　年　齢　被　保　険　者
30時間未満	短　時　間　被　保　険　者	高年齢短時間被保険者

⑶ 社会保険

雇用者である配偶者を有するパートタイマー労働者に関する社会保険の適用については，原則として下記の表のようになる。

資格要件	所要労働時間 年　　収	1日又は1週間の所定労働時間及び1月の所定労働日数が通常の就労者のおおむね4分の3以上である者（注1）	1日又は1週間の所定労働時間若しくは1月の所定労働日数が通常の就労者のおおむね4分の3未満である者	
			原則として年収が130万円（180万円　注2）未満で，被保険者の年収の半分未満は被扶養者	原則として年収が130万円（180万円　注2）以上は被保険者

（注1）　上記の所定労働時間については，保険者が労働状況等を総合的に勘案して，常用的使用関係にある被保険者に該当するかどうかを判断します。

（注2）　認定対象者が60歳以上の者である場合（医療保険のみ），又は，おおむね厚生年金保険法による障害厚生年金の受給要件に該当する程度の障害者である場合。

※　平成28年10月1日より，501人以上の企業で，1週間の所定労働時間が20時間以上で月額88,000円以上で1年以上使用されることが見込まれる学生以外は社会保険の被保険者となりました。

⑷ 中小企業退職金共済制度

中小企業退職金共済制度では，通常の，掛金月額5,000円〜30,000円のところ，パートタイマー労働者については，2000円，3000円及び4000円の特例が設けられており，パートタイマー労働者が加入しやすくなっている。

（注）　掛金月額の最低額の特例が認められるのは，1週間の所定労働時間が同一の事業主に雇用される通常の労働者よりも，短く，かつ，30時間未満である方です。

5．パートタイマーと年次有給休暇

(1)　基準付与日数（1週5日以上の勤務者）

　1週5日以上勤務するパートタイマーには，次の日数の年次有給休暇を付与しなければならない。

勤 続 年 数	6カ月	1　年 6カ月	2　年 6カ月	3　年 6カ月	4　年 6カ月	5　年 6カ月	6　年 6カ月以上
年次有給休暇 付 与 日 数	10日	11日	12日	14日	16日	18日	20日

(2)　比例付与制度（1週4日以下の勤務者）

　比例付与制度の対象となる労働者は，パートタイマー等の週所定労働日数が4日以下の者および週以外の期間によって所定労働日数が定められている労働者については年間所定労働日数216日以下の者である（ただし，週所定労働時間が30時間以上の労働者については，通常の労働者と同じ日数の年次有給休暇を与えなければならない。）

　比例付与日数は具体的には次の表のとおりである。

週所定 労働日数	1年間の所定 労 働 日 数	勤　続　年　数						
		6カ月	1　年 6カ月	2　年 6カ月	3　年 6カ月	4　年 6カ月	5　年 6カ月	6　年 6カ月以上
4日	169～216日	7日	8日	9日	10日	12日	13日	15日
3日	121～168日	5日	6日	6日	8日	9日	10日	11日
2日	73～120日	3日	4日	4日	5日	6日	6日	7日
1日	48～ 72日	1日	2日	2日	2日	3日	3日	3日

(3)　年次有給休暇の時季指定付与

　2018年6月に成立した改正労働基準法は，「使用者は，年次有給休暇の日数が10日以上の者については，そのうちの5日は，付与日から1年以内に，時季を指定して与えなければならない。ただし，本人の時季指定または計画的付与制度により付与した日数があるときは，その日数を5日から控除することができる」と定めている（第39条7項）（2019年4月施行）。

　この規定は，パートタイマーにも適用される。

6．パートタイマーの雇止め

　パートタイマーについては，雇止めをめぐってトラブルが生じることがある。雇止めについて，厚生労働省では，次のような基準を定めている（厚生労働省「有期労働契約の締結，更新及び雇止めに関する基準」）。

　①　使用者は，期間を定めて雇用している者のうち，雇用契約を3回以上更新している者，または1

年を超えて継続雇用している者について，雇用契約を更新しないときは，雇用契約の満了日の30日前までにその予告をしなければならない。

② 使用者は，労働者から，雇用契約を更新しないことについての証明書を請求されたときは，遅滞なくこれを交付しなければならない。

７．無期労働契約への転換

平成25年４月１日以後に開始する有期労働契約が，同一の使用者との間で通算５年を超えて更新された場合は，労働者の申込により次の更新時から期間の定めのない無期労働契約に転換されます（労働契約法第18条）。

第1章　就業規則　第4　解説・パートタイマー就業規則の手引

（パートタイマー・アルバイト等）

労働条件通知書（モデル様式）

<table>
<tr><td colspan="2"></td><td>年　　月　　日</td></tr>
<tr><td colspan="3">＿＿＿＿＿＿＿＿＿＿＿殿
　　　　　　　　　　事業場名称・所在地
　　　　　　　　　　使 用 者 職 氏 名</td></tr>
<tr><td>契 約 期 間</td><td colspan="2">期間の定めなし，期間の定めあり（　　年　　月　　日〜　　年　　月　　日）</td></tr>
<tr><td>就 業 場 所</td><td colspan="2"></td></tr>
<tr><td>従事すべき
業務の内容</td><td colspan="2"></td></tr>
<tr><td>始業，終業
の 時 刻，休
憩 時 間，就
業 時 転 換
（(1)〜(5)のう
ち該当する
もの一つに
○を付ける
こと。），所
定時間外労
働 の 有 無 に
関する事項</td><td colspan="2">1　始業・終業の時刻等
　(1)　始業（　　時　　分）　終業（　　時　　分）

　【以下のような制度が労働者に適用される場合】
　(2)　変形労働時間制等；（　　）単位の変形労働時間制・交替制として，次の勤務時間の組み合
　　　わせによる。
　　┌──始業（　　時　　分）終業（　　時　　分）（適用日　　　　　　　　）
　　├──始業（　　時　　分）終業（　　時　　分）（適用日　　　　　　　　）
　　└──始業（　　時　　分）終業（　　時　　分）（適用日　　　　　　　　）
　(3)　フレックスタイム制；始業及び終業の時刻は労働者の決定に委ねる。
　　　　　　　（ただし，フレキシブルタイム　（始業）　時　　分から　　時　　分，
　　　　　　　　（終業）　時　　分から　　時　　分，コアタイム　　時　　分から
　　　　　　　　　　　時　　分）
　(4)　事業場外みなし労働時間制；始業（　　時　　分）終業（　　時　　分）
　(5)　裁量労働制；始業（　　時　　分）終業（　　時　　分）を基本とし，労働者の決定に委ね
　　　る。
○詳細は，就業規則第　条〜第　条，第　条〜第　条，第　条〜第　条
2　休憩時間（　　）分
3　所定時間外労働　（有　（1週　　時間，1カ月　　時間，1年　　時間），無）
4　休 日 労 働 ，（有　（1カ月　　日，1年　　日），無）</td></tr>
<tr><td>休　　　　　日</td><td colspan="2">・定例日；毎週　　曜日，国民の祝日，その他（　　　　　　　　　　　　　　　）
・非定例日；週・月当たり　　日，その他（　　　　　　　　　　　　　　　　　）
・1年単位の変形労働時間制の場合−年間　　日
（勤務日）
毎週（　　　　　　　　　），その他（　　　　　　　　）
○詳細は，就業規則第　条〜第　条，第　条〜第　条</td></tr>
<tr><td>休　　　　　暇</td><td colspan="2">1　年次有給休暇　6カ月継続勤務した場合→　　　　　　日
　　　　　　　　継続勤務6カ月以内の年次有給休暇　（有，無）
　　　　　　　　→　　カ月経過で　　日
2　その他の休暇　有給（　　　　　　　　）
　　　　　　　　無給（　　　　　　　　）
○詳細は，就業規則第　条〜第　条，第　条〜第　条</td></tr>
</table>

（次頁に続く）

第1章 就業規則 第4 解説・パートタイマー就業規則の手引

賃　　　金	1　基本賃金　イ　月　給（　　　　　　　円），ロ　日　給（　　　　　　円） 　　　　　　　ハ　時間給（　　　　　　円）， 　　　　　　　ニ　出来高給（基本単位　　　　　円，保障給　　　　　円） 　　　　　　　ホ　その他（　　　　　　円） 　　　　　　　ヘ　就業規則に規定されている賃金等級等 2　諸手当の額及び計算方法 　イ（　　　　手当　　　円　／計算方法：　　　　　　　　　　　　） 　ロ（　　　　手当　　　円　／計算方法：　　　　　　　　　　　　） 　ハ（　　　　手当　　　円　／計算方法：　　　　　　　　　　　　） 　ニ（　　　　手当　　　円　／計算方法：　　　　　　　　　　　　） 3　所定時間外，休日又は深夜労働に対して支払われる割増賃金率 　イ　所定時間外　法定超（　　　）％，所定超（　　　）％， 　ロ　休日　法定休日（　　　）％，法定外休日（　　　）％， 　ハ　深夜（　　　）％ 4　賃金締切日（　　　）－毎月　　　日，（　　　）－毎月　　　日 5　賃金支払日（　　　）－毎月　　　日，（　　　）－毎月　　　日 6　労使協定に基づく賃金支払時の控除　（無，有（　　　　　　　　　　　）） 7　昇　給　（時期等　　　　　　　　　　　　　　　　　　　　　　　） 8　賞　与　（有（時期，金額等　　　　　　　　　　　　），無　） 9　退職金　（有（時期，金額等　　　　　　　　　　　　），無　）
退　職　に 関する事項	1　定時制　（有（　　　歳），無　） 2　自己都合退職の手続き（退職する　　　日以上前に届け出ること） 3　解雇の事由及び手続 ○詳細は，就業規則第　条〜第　条，第　条〜第　条
そ　の　他	・社会保険の加入状況（　厚生年金　　健康保険　　厚生年金基金 　　　　　　　　　　　　　その他（　　　　　　　）） ・雇用保険の適用　（　有，　無　） ・その他 ・具体的に適用される就業規則名（　　　　　　　　　　　　　）

※　短時間労働者の場合，本通知書の交付は，労働基準法第15条に基づく労働条件の明示及び短時間労働者の雇用管理の改善等に関する法律第6条に基づく文書の交付を兼ねるものであること。

第5　パートタイマー就業規則の実例

(1)　実例　　　　　就　業　規　則

> この就業規則は，食料品販売（卸売業）のCI食料のパート専用の規定である。
> 内容が法的にみても，すべてが記載されており，モデル的な規程である。

（CI食料・食料品販売・従業員280人，内パート50人）

第1章　総　　則

（目　的）

第1条　この就業規則（以下「規則」という。）は，CI食料株式会社（以下「会社」という。）のパートタイマーの就業に関する事項を定めたものである。

2．パートタイマーの就業に関する事項は，この規則または雇用契約書及び関係諸規定のほか労働基準法その他の法令の定めるところによる。

（パートタイマーの定義）

第2条　この規則においてパートタイマーとは，第4条の手続きを経て会社に採用され，特定の期間勤務し，一般社員より就業日または就業時間の短い者をいう。

（遵守義務）

第3条　会社はパートタイマーに対して，この規則による就業条件により，就業させる義務を負うものとする。

2．パートタイマーは，この規則を遵守し，所属長の指示に従い，職場秩序を維持し，互いに協力してその職責を遂行しなければならない。

第2章　人　　事

（採　用）

第4条　会社はパートタイマーとして就職を希望する15歳（義務教育修了者で15歳に達した以後の3月31日を過ぎた者）以上の者より履歴書の提出を求め，面接選考を行い，雇用期間を定め，第6条の労働条件を示して，パートタイマーとして採用する。

2．前項の雇用期間は，原則として，1カ年以内とし，必要有る場合には更新するものとする。

（提出書類）

第5条　新たに，パートタイマーとして採用された者は，会社の指定する日までに次の書類を提出しなければならない。

① パートタイマー雇用契約書（別表・省略）

　② 住民票記載事項証明書

　③ その他会社が必要とする書類

　2．前項の提出書類の記載事項に異動があった場合には，その都度速やかに文書をもって届出なければならない。

（労働条件の明示）

第6条　会社は，パートタイマーの採用に際しては，この規則を提示し，労働条件を明示するとともに，給与の支払方法等の事項については文書による「労働条件通知書」（P.203）を交付する。

　2．前項の雇用契約の交付文書には次の事項は必ず記載する。

　① 賃金に関する事項

　② 雇用契約の期間に関する事項

　③ 就業の場所及び従事する業務に関する事項

　④ 始業及び終業の時刻，時間外労働の有無，休憩時間，休日，休暇並びに交替制の場合の就業時転換に関する事項

　⑤ 退職に関する事項（解雇の事由を含む）

　⑥ その他「パートタイマー労働指針」に示されている労働条件

（試用期間）

第7条　パートタイマーの試用期間は1カ月とする。

　2．試用期間の途中または終了の際，パートタイマーとして不適当と認められる者は解雇する。

　　ただし，入社後14日過ぎた者は，第13条の手続きによる。

（異　動）

第8条　会社は，業務の都合により必要有る場合は，パートタイマーに対して職場又は職務の変更を命ずることがある。

　2．会社は，業務の都合により必要有る場合は本人の了解を得て関係企業に転籍出向を命ずることがある。

　3．前第1項の場合，パートタイマーは，正当な理由なくこれを拒む事はできない。

（退　職）

第9条　パートタイマーは，つぎの各号の一に該当した場合は退職とする。

　① 死亡したとき

　② 契約期間が満了したとき

　③ 退職願を出して承認されたとき（承認は14日以内）

　④ 解雇されたとき

　⑤ 懲戒解雇されたとき

（自己都合退職の手続き）

第10条　パートタイマーが，契約期間の途中において，前条第3号によって退職しようとする場合は，

14日前迄に所属長を経て退職願を提出しなければならない。

2．退職願を提出したパートタイマーは，14日以内，会社の承認あるまでは，従前の職務に従事しなければならない。

（解　雇）

第11条　会社は，パートタイマーが，次の各号に該当する場合は，雇用契約期間中といえども解雇する。

① 勤務不良で，改善の見込みがないと認められるとき

② 能率または職務遂行能力が低劣の為，就業に適さないと認められるとき

③ 事業の縮小，設備変更その他業務上止むを得ない事由があるとき

④ 業務上の指示命令に従わない

⑤ 雇用の継続が不都合となる事情が生じ，他に雇用の転換ができないとき

⑥ その他前各号に準ずる事由があり，パートタイマーとして不適当と認められるとき

（解雇の特例）

第12条　天災地変その他止むを得ない事由のため，事業の継続が不可能となった場合は，次条の規定に関わらず，即時解雇する。

2．前項の場合，会社は所轄労働基準監督署長の認定を受けて行う。

（解雇予告）

第13条　会社は，第11条の解雇の場合，30日前に予告するか，30日分の平均賃金の解雇予告手当を支払って即時解雇する。

2．前項の予告日数は，平均賃金を支払った日数だけ短縮することが出来る。

3．次の場合は，第1項の定めを適用しない。

① 第53条の懲戒解雇で行政官庁の認定を受けたとき

② 第7条の試用期間中の者で入社後14日以内の解雇のとき

③ 日々雇用するとき

④ 2カ月以内の期間を定めて雇用するとき

（雇用契約の更新）

第14条　雇用契約期間を定めて雇用した場合に，その期間を更新しないとしたときは，次の判断基準により契約を更新しないものとする。

① 雇用契約期間満了時の業務量

② 勤務成績，業務遂行能力及び勤務態度

③ 会社の経営状況

④ 従事している業務の進捗状況

2．1年を超えて引き続き雇用した場合，または雇用契約を3回以上更新した場合において，契約期間を更新しない場合は，契約期間の満了する日の30日前までに，その予告をする。

3．平成25年4月1日以後に開始する有期労働契約が，通算5年を超えて更新された場合は，労働者

の申込により次の更新時から期間の定めのない無期労働契約に転換する。ただし労働契約が締結されていない期間が連続して6カ月以上ある場合についてはそれ以前の契約期間は通算契約期間に含めない。無期労働契約となった場合の定年は65歳とし，定年に達した日の属する月の末日を以て退職とする。

（退職証明書の交付）

第15条　会社は，退職または解雇（解雇予告中をも含む）されたパートタイマー（以下「退職者」という）が退職証明書を請求した場合は，次の事項に限り証明書の交付を遅滞なく行う。

① 雇用期間

② 業務の種類

③ 地位

④ 賃金

⑤ 退職事由（解雇の場合にあってはその理由）

2．前項の請求は退職者が指定した事項のみを証明するものとする。

3．退職者に対して，雇用保険の資格のあるパートタイマーには，会社は，速やかに離職証明書を交付する。

第3章　勤　　務

（勤務時間）

第16条　パートタイマーの1日の勤務時間は，60分の休憩時間を含めて7時間以内，実働時間は6時間以内とし，始業および終業時刻は，次の通りとする。

1．基本的シフト

始業時刻	終業時刻	休憩時間	実働時間
9：00	16：10	12：00～13：00 15：00～15：10	6時間00分
9：00	12：00		3時間00分
13：00	17：10	15：00～15：10	4時間00分

2．前項以外による勤務時間は1日8時間・1週40時間以内とする。

3．業務の都合により前項の勤務時間は，実労働時間の範囲内で，職場の全部または一部において，始業，終業および休憩時刻の変更をすることがある。

（休憩時間）

第17条　休憩時間は，業務の都合により交替または一斉休憩とし，食事は休憩時間内にとるものとする。

2．休憩時間の変更については，社員（パートタイマーを含む）の過半数を代表する者との労使協定を締結した場合は，その協定の定めるところによる。

3．休憩時間は自由に利用することが出来る。

但し，会社の秩序を乱したり，顧客の迷惑になったり，他の者の自由を妨げてはならない。

4．休憩時間中に遠方に外出する場合は，所属長に届け出るものとする。

（休　日）

第18条　会社の休日は，4週6休制を原則として，次の通りとする。

　　1）　日曜日（法定休日）

　　2）　第2・第4土曜日

　　3）　年末年始　12月31日より1月3日まで

　　4）　国民の祝日。但し第1・第3土曜の週間にあたる場合は出勤とし土曜日を休日とする。

　　5）　その他会社が特に必要と認めた日

2．前項の休日は翌年の休日を前年の12月10日迄にカレンダーで明示する。

（休日の振替）

第19条　会社は業務の都合上やむを得ない場合には，部署又は個人ごとに前条各号の休日を他の日に振り替えることがある。

2．休日を振り替える場合は，あらかじめ振り替える休日を指定する。

ただし，4週間を通じて休日が6日を下回ることはない。

（時間外及び休日勤務）

第20条　会社は，業務の都合により必要ある場合は，第16条（勤務時間）および第18条（休日）の定めにかかわらず時間外または休日に勤務させることがある。

2．前項の時間外および休日勤務が深夜（午後10時～午前5時）勤務に及ぶことがある。

（時間外・休日勤務の制限）

第21条　前条の勤務について，社員の過半数（パートタイマーを含む）の代表との協定に際して時間外労働の協定は，次の範囲内とする（法定労働時間を超える部分より）。

期　間	限度時間		期　間	限度時間		期　間	限度時間
1週間	15時間		1カ月	45時間		1年間	360時間
2週間	27時間		2カ月	81時間			
4週間	43時間		3カ月	120時間			

2．休日勤務については，法定休日については月1日とする。

3．臨時的に限度時間を超えて時間外労働を行わなければならない特別の事情が予想される場合には，社員の過半数（パートタイマーを含む）の代表との協定の上，1カ月60時間まで延長することができる。

（年少者の時間外・休日勤務）

第22条　前条の規定は，満18歳未満の年少パートタイマーには適用しない。

ただし，法定内時間（実働8時間以内）の時間外勤務および法定外休日は除くものとする。

（妊産婦の時間外・休日および深夜勤務）

第23条 妊産婦のパートタイマーから，時間外，休日および深夜勤務についての不就労の申出があった場合は，これらの勤務にはつかせない。

（年次有給休暇）

第24条 パートタイマーが，６カ月間継続勤務し，１週５日以上の勤務者で，全勤務日の８割以上の出勤者（契約更新を含む）である場合には，次表に掲げる年次有給休暇を与える。

継続勤続年数	0.5	1.5	2.5	3.5	4.5	5.5	6.5以上
付 与 日 数	10	11	12	14	16	18	20

２．前項の計算方式は，斉一管理方式（１月１日～12月31日）とし，勤続６カ月未満は６カ月とみなして切り上げて計算する。

よって取扱は次の通りとする。

①　６月30日以前の新規入社者は初年度だけ２回の切替えとする。

ア．１月１日～６月30日入社者

７月１日に10日

１月１日に11日

イ．７月１日～12月31日入社者

１月１日に10日

３．週所定労働時間が30時間未満のパートタイマーには，次の年次有給休暇を与える。

①　週所定労働日数が４日又は１年間の所定労働日数が169日から216日までの者

継続勤続年数	0.5	1.5	2.5	3.5	4.5	5.5	6.5以上
付 与 日 数	7	8	9	10	12	13	15

②　週所定労働日数が３日又は１年間の所定労働日数が121日から168日までの者

継続勤続年数	0.5	1.5	2.5	3.5	4.5	5.5	6.5以上
付 与 日 数	5	6	6	8	9	10	11

③　週所定労働日数が２日又は１年間の所定労働日数が73日から120日までの者

継続勤続年数	0.5	1.5	2.5	3.5	4.5	5.5	6.5以上
付 与 日 数	3	4	4	5	6	6	7

④　週所定労働日数が１日又は１年間の所定労働日数が48日から72日までの者

継続勤続年数	0.5	1.5	2.5	3.5	4.5以上
付 与 日 数	1	2	2	2	3

4．新規採用者の年次有給休暇の請求は1カ月の試用期間後とする。

5．出勤率の算定にあたり，次の各号の期間は出勤とみなして取り扱う。

① 業務上の傷病による休暇期間

② 産前産後の休業期間

③ 育児休業および介護休業制度に基づく休業期間

④ 会社の都合による休業期間

⑤ その他慶弔休暇および特別休暇

⑥ 年次有給休暇の期間

6．年次有給休暇は本人の請求のあった場合に与える。但し，会社は事業の正常な運営上やむを得ない場合は，その時季を変更させることがある。

7．年次有給休暇を請求しようとする者は，所定の手続きにより，事前に会社に届け出るものとする。

8．当該年度の年次有給休暇の全部または一部を取得しなかった場合は，その残日数は翌年に限り繰り越すこととする。

9．年次有給休暇については，通常給与を支給する。

10．年次有給休暇は労働基準法の定めるところにより，計画的に付与する事がある。

11．年次有給休暇の日数が10日以上の者については，そのうちの5日は，付与日から1年以内に，時季を指定して与える。ただし，本人の時季指定または計画的付与制度により付与した日数があるときは，その日数を5日から控除する。

（生理による休暇）

第25条 女性パートタイマーで生理日の就業が著しく困難な者，または生理に有害な業務に従事する者から請求があった場合には生理による休暇を与える。

2．生理による休暇は無給とする。

（出産休暇）

第26条 女性パートタイマーが出産する場合，産前は請求により，産後は請求を待たず次の出産休暇を与える。ただし，無給とする。

① 産前……予定日から遡り6週間（多胎の場合は14週間）

② 産後……出産日の翌日から起算し8週間

　　　　　ただし，産後6週間を経過し医師が支障ないと認めた場合には就業させる

（育児時間）

第27条 生後1年に達しない子を育てる女性パートタイマーが，あらかじめ申し出た場合は，所定の休憩時間のほか，1日について2回それぞれ30分の育児時間を与える。ただし，無給とする。

（育児休業）

第28条 1週3日以上で1年以上継続勤務のパートタイマーのうち，1歳未満の子（特別の事情ある場合2歳）の養育を必要とする者は，会社に申し出て育児休業・育児短時間勤務・深夜勤務の制限等

の適用を受けることができる。

2．手続き等必要な事項については，別に定める正規社員の「育児休業等規程」を準用する。

（介護休業）

第29条　1週3日以上で1年以上継続勤務のパートタイマーのうち，家族の介護を必要とする者は，会社に申し出て，介護休業・介護短時間勤務・深夜勤務の制限等を受けることができる。

2．手続き等必要な事項については，別に定める正規社員の「介護休業等規程」を準用する。

（母性健康管理）

第30条　妊娠中の女性には，次に定める妊娠週数の区分に応じた回数，保健指導又は健康診査を受けるために必要な時間を確保する。但し，医師等がこれと異なる指示をしたときは，その指示に従う。

妊娠23週まで……………… 4週間に1回

妊娠24週から35週まで…… 2週間に1回

妊娠36週から出産まで…… 1週間に1回

2．産後1年以内の女性については，医師等が指示するところにより，保健指導又は健康診査を受けるために必要な時間を確保する。

3．妊娠中及び出産後の女性から申出があった場合には，それぞれ次のような措置を講じる。

(1)　妊娠中

通勤緩和の申出………時差通勤，勤務時間短縮等の必要な措置

休憩に関する申出……休憩時間の延長，回数の増加等の必要な措置

(2)　妊娠中及び出産後

つわり，妊娠中毒，回復不全等の症状に関する申出

……作業の制限，勤務時間の短縮，休憩等の必要な措置

4．妊娠中又は出産後の女性パートタイマーに対する医師等の指導事項が正確に伝達されるように「母性健康管理指導事項連絡カード」を使用する。女性パートタイマーは医師等に同カードに記入してもらい，事業主に措置を申請すること。

第4章　服務心得

（服務心得）

第31条　パートタイマーは，次の事項を守らなければならない。

①　所属長の指示に従い，勤務に精励すること

②　規律を重んじ，秩序を保つこと

③　設備の保全に留意し，諸物資の愛護と節約に努めること

④　事業場内外の整理整頓に努めること

（禁止事項）

第32条　パートタイマーは，次の各号の一に該当する行為をしてはならない。

①　会社の許可無く他に雇用されること

② みだりに他の職場に出入りし，もしくは禁止された場所に立ち入ること

③ 会社の物品を無断で持ち出すこと

④ 会社内で，風紀，秩序を乱す行為をすること

⑤ 勤務時間中，業務に関係ない行為をすること

⑥ 業務上の機密または会社の不利益となる事項を他に漏らすこと

⑦ 職務を利用して自己の利益を図ること

⑧ 会社の許可無く会社構内または施設内において，宗教活動・政治活動または業務に関係のない集会，文書掲示・配布，放送等の行為をすること

⑨ 職場での性的言動によって，他の社員（パートタイマーも含む）に不快な思いをさせることや，職場の環境を悪くすること

⑩ 勤務中に他の社員（パートタイマーも含む）の業務に支障を与えるような性的関心を示したり，性的な行為をしかけるなどのこと

⑪ その他，セクシュアルハラスメント的な行為

⑫ 職務上の地位や人間関係などの職場内の優位性を背景にした，正常な範囲を超える言動により，他の社員（パートタイマーも含む）に精神的・身体的な苦痛を与えたり就業環境を害さないこと

⑬ 妊娠・出産および出産・育児・介護等の制度を利用したことに対して，就業環境を害するような言動をしないこと

⑭ その他あらゆるハラスメントにより他の社員（パートタイマーも含む）の就業環境を害さないこと

⑮ 所属長の許可を受けないで勝手に職場を離れること

⑯ その他前各号に準ずること

（ユニフォームの着用）

第33条 パートタイマーは，特別の場合を除き，原則として勤務時間中は会社が貸与した所定のユニフォームを着用しなければならない。

（入退場）

第34条 パートタイマーの出勤及び退出にあたっては，所定の場所より入場もしくは退場するとともに，タイムカードに打刻し，時刻を記録しなければならない。

（入退場の統制）

第35条 パートタイマーが，次の各号の一に該当する場合は，入場を禁止し，または退場させることがある。

① 職場内の風紀，秩序を乱すと認められる者

② 凶器その他業務に必要のない危険物を携帯する者

③ 精神病，伝染病または就業のため病勢悪化の恐れのある者

（遅刻，早退および私用外出などの手続き）

第36条 パートタイマーが，遅刻，早退，私用外出等の不就労の場合は，所定の手続きにより所属長の許可を受けなければならない。

　ただし，事前に届け出る余裕のない緊急の場合は，電話その他で連絡し事後速やかに届け出なければならない。

（欠勤手続き）

第37条 パートタイマーが，病気その他やむを得ない事由で欠勤する場合は，その具体的事由と予定日数をあらかじめ所属長を経て会社に届け出なければならない。

　ただし，事前に届け出る余裕のない緊急の場合は，電話その他で連絡し，事後速やかに届け出なければならない。

第5章　給　　与

（給　与）

第38条 パートタイマーの給与は，次の通りとする。

　① 基本給（時間給）

　② 精皆勤手当

　③ 通勤手当

　④ 時間外手当（時間外，休日出勤，深夜勤務）

（基本給）

第39条 基本給は時間給とする。

　2．時間給は，地域社会水準を考慮し，パートタイマーの従事する職種および本人の能力によって，各人ごとに決定する。

　3．基本給（時間給）は，所轄労働局長公示の最低賃金以上の額とする。

　4．基本給（時間給）は，勤務の時間に対応して支給し，欠勤，遅刻，早退または私用外出等による不就労時間は支給しない。

（精皆勤手当）

第40条 精皆勤手当は第43条の給与締切期間中の精励恪勤者に，次の区分により支給する。

　① 皆勤者　月額　5,000円

　② 精勤者　月額　2,400円

　2．前項の支給額は1日の勤務時間，6時間以上の者とし，6時間未満の者は半額とする。

（通勤手当）

第41条 通勤手当は，通常の公共運輸機関利用者で週4日以上の勤務者には通勤定期券相当額を支給する。

　ただし，最高の限度額は30,000円とする。

　2．週3日以内の勤務者には回数券の現物支給とする。

（時間外手当）

第42条 パートタイマーの勤務時間が1日8時間を超え，または休日に勤務した場合は，その勤務時間1時間につき，次の計算による時間外手当を支給する。

① 時間外手当——基本給（時給）×1.25＋（精皆勤手当÷1カ月平均所定労働時間）×1.25

② 法定休日（日曜日）——基本給（時給）×1.35＋（精皆勤手当÷1カ月平均所定労働時間）×1.35

2．パートタイマーが深夜に勤務した場合は，前号（①1.25，②1.35）に0.25を加える。

（①1.50・②1.60の計算）

3．時間外勤務が60時間を超える部分については，割増率は50％とする。

（給与の締切・支払）

第43条 パートタイマーの給与は，前月21日より当月20日迄の分を当月月末に支払う。

ただし，支払日が休日にあたる場合は前日に繰り上げて支払う。

2．給与は，その全額を通貨で直接本人に支払う。

ただし，次の各号の一に該当する場合は，給与から控除する。

① 法令に定められているもの

② 社員の代表と書面によって協定している福利厚生費等

3．前項の定めにかかわらず，本人の希望する金融機関の本人名義の口座振替を行う場合がある。

（昇　給）

第44条 成績良好なパートタイマーには基本給の昇給を行うことがある。

2．昇給の時期は，毎年4月分給与とする。

（慶弔見舞金）

第45条 パートタイマーの慶弔見舞金は，正規社員の慶弔見舞金規程を参考にして，その都度決定する。

第6章　安全および衛生

（安全衛生）

第46条 パートタイマーは，安全衛生に関し，会社の定めた規程に従い危険の予防および保健衛生の向上に努めるとともに，会社の行う安全衛生に関する措置には進んで協力しなければならない。

（応急措置）

第47条 パートタイマーは，火災とその他非常災害を発見し，または危険があると知った場合は，臨機の措置をとるとともに，直ちに関係者その他適当な者に報告し，互いに協力してその災害を最小限に止めるよう努めなければならない。

（安全衛生教育）

第48条 会社が業務に関し必要な安全および衛生のための教育訓練を行う場合，これを受けなければならない。

第7章　災害補償

（業務上の災害補償）

第49条　パートタイマーが，業務上の負傷，障害または死亡した場合は，労働者災害補償保険法の定めるところにより，つぎの補償給付を受ける。

① 療養補償給付

② 休業補償給付

③ 障害補償給付

④ 遺族補償給付

⑤ 葬祭料

⑥ 傷病補償年金

⑦ 介護補償給付

２．前項の補償給付が行われる場合は，会社は労働基準法上の責を免れるものとする。

３．通勤途上における災害は，第１項に準じて，災害給付を受ける。

第8章　表彰および懲戒

（表　彰）

第50条　パートタイマーが，次の各号の一に該当する場合は，審査または選考のうえ表彰を行う。

① 品行方正・業務優秀・職務に熱心で他の模範になるとき

② 災害を未然に防ぎ，または災害の際とくに功労のあったとき

③ 業務上有益な発明，考案または献策をし，著しく改善の効果があったとき

④ 業務の運営に関し顕著な功績があったとき

⑤ 社会的功績があり，会社または社員の名誉となる行為のあったとき

⑥ 永年精励恪勤したとき

⑦ その他特に表彰に値する行為のあったとき

（表彰の方法）

第51条　前条の表彰は賞状を授与し，その程度により，次の各号を合わせて行うことがある。

① 賞品授与

② 賞金授与

③ 特別昇給

（懲　戒）

第52条　パートタイマーが，次の各号の一に該当する場合は，次条により懲戒を行う。

① 重要な経歴を詐わり雇用されたとき

② 素行不良で，会社内の風紀，秩序を乱したとき

③ 正当な理由無く，しばしば遅刻・早退・私用外出し，勤務状態不良のとき

④　故意に業務の能率を阻害し，または業務の遂行を妨げたとき

⑤　許可無く会社の物品（商品）を持ち出し，または持ち出そうとしたとき

⑥　業務上の指示，命令に従わないとき

⑦　金銭の横領，その他刑法に触れるような行為のあったとき

⑧　業務上不当な行為または失礼な行為をしたとき

⑨　会社内において，性的な行動によって他人に不快な思いをさせたり，職場の環境を悪くしたとき

⑩　会社内において，性的な関心を示したり，噂を行なったり，性的な行為を仕掛けたりして，他のパートタイム労働者の業務に支障を与えたとき

⑪　職務上の地位や人間関係などの職場内の優位性を背景にした，正常な範囲を超える言動により，他のパートタイム労働者に精神的・身体的な苦痛を与えたり就業環境を害したとき

⑫　妊娠・出産および出産・育児・介護等の制度を利用したことに対して，就業環境を害するような言動をしたとき

⑬　その他あらゆるハラスメントにより他のパートタイム労働者の就業環境を害したとき

⑭　その他前各号に準ずる程度の不都合があったとき

（懲戒の種類および程度）

第53条　懲戒は，その情状により，次の5区分に従って行う。

①　戒　　告……始末書をとり，将来を戒める。

②　減　　給……始末書をとり，給与を減じて将来を戒める。
　　　　　　　　　ただし，減給1回の額が平均給与の半日分とし，減額は総額で1カ月給与総額の10分の1を超えない範囲内とする。

③　出勤停止……始末書をとり，7日以内出勤停止し，その期間の給与は支給しない。

④　諭旨解雇……退職願を提出するよう勧告を行う。これに従わないときは，次号の懲戒解雇とする。

⑤　懲戒解雇……解雇予告期間を設けないで即時解雇する。この場合，所轄労働基準監督署長の認定を受けた場合は，第13条の解雇予告手当を支給しない。

付　　則

（施　行）

第54条　この規則は　年　月　日より施行する。

第1章 就業規則 第5 パートタイマー就業規則の実例

労働条件通知書

<table>
<tr><td colspan="2" style="text-align:right">年　　月　　日</td></tr>
<tr><td colspan="2">＿＿＿＿＿＿＿＿＿＿＿＿　殿
　　　　　　　　　　　事業場名称・所在地
　　　　　　　　　　　代表取締役社長　　　　　　　　　㊞</td></tr>
<tr><td>契 約 期 間</td><td>期間の定めなし，
期間の定めあり
　　（　　年　　月　　日～　　年　　月　　日）</td></tr>
<tr><td>就 業 の 場 所</td><td></td></tr>
<tr><td>従事すべき
業務の内容</td><td></td></tr>
<tr><td>始業，就業
の時刻，休
憩時間，就
業時転換
((1)～(5)のう
ち該当する
もの一つに
○を付ける
こと。)，所
定時間外労
働の有無に
関する事項</td><td>1　始業・終業の時刻等
(1)　始業（　　時　　分）終業（　　時　　分）
【以下のような制度が労働者に適用される場合】
(2)　変形労働時間制等；（　　）単位の変形労働時間制・交替制として，次の勤務時間の組み合わせによる。
　├─　始業（　　時　　分）終業（　　時　　分）（適用日　　　　　　　　）
　├─　始業（　　時　　分）終業（　　時　　分）（適用日　　　　　　　　）
　├─　始業（　　時　　分）終業（　　時　　分）（適用日　　　　　　　　）
(3)　フレックスタイム制；始業及び終業の時刻は労働者の決定に委ねる。
（ただし，フレキシブルタイム（始業）　時　　分から　　時　　分，（終業）　時　　分から　　時　　分，コアタイム　　時　　分から　　時　　分）
(4)　事業場外みなし労働時間制；始業（　　時　　分）終業（　　時　　分）
(5)　裁量労働制；始業（　　時　　分）終業（　　時　　分）を基本とし，労働者の決定に委ねる。
○詳細は，就業規則第　条～第　条，第　条～第　条，第　条～第　条
2　休憩時間（　　）分
3　所定時間外労働　（有　（1週　　時間，1カ月　　時間，1年　　時間），無）
4　休 日 労 働 ，（有　（1カ月　　日，1年　　日），無）</td></tr>
<tr><td>休　　　日</td><td>・定例日；毎週　　曜日，国民の祝日，その他（　　　　　　　　　　　）
・非定例日；週・月当たり　　　日，その他（　　　　　　　　　　）
・1年単位の変形労働時間制の場合－年間　　日
（勤務日）
毎週（　　　　　　　），その他（　　　　　　　）
○詳細は，就業規則第　条～第　条，第　条～第　条</td></tr>
</table>

（次頁に続く）

休　　暇	1　年次有給休暇　6カ月継続勤務した場合→　　　　　　日 　　　継続勤務6カ月以内の年次有給休暇　（有，無） 　　　→　　カ月経過で　　日 2　その他の休暇　有給（　　　　　　　　　） 　　　　　　　　無給（　　　　　　　　　） ○詳細は就業規則第　条～第　条，第　条～第　条	
賃　　金	1　基本賃金　イ　月　給（　　　　　　円)，ロ　日　給（　　　　　円） 　　　　　　ハ　時間給（　　　　円） 　　　　　　ニ　出来高給（基本単位　　　円，保障給　　　円） 　　　　　　ホ　その他（　　　　円） 　　　　　　ヘ　就業規則に規定されている賃金等級等 2　諸手当の額及び計算方法 　イ（　　　手当　　円　／計算方法：　　　　　　　　　　） 　ロ（　　　手当　　円　／計算方法：　　　　　　　　　　） 　ハ（　　　手当　　円　／計算方法：　　　　　　　　　　） 　ニ（　　　手当　　円　／計算方法：　　　　　　　　　　） 3　所定時間外，休日又は深夜労働に対して支払われる割増賃金率 　イ　所定時間外　法定超（　　）%，所定超（　　）% 　ロ　休日　法定休日（　　）%，法定外休日（　　）% 　ハ　深夜（　　）% 4　賃金締切日（　　）－毎月　　日，（　　）－毎月　　日 5　賃金支払日（　　）－毎月　　日，（　　）－毎月　　日 6　労使協定に基づく賃金支払時の控除　（無，有（　　　　　　　　）） 7　昇　給　（時期等　　　　　　　　　　　　　　　　　　　　　　） 8　賞　与　（有（時期，金額等　　　　　　　　　　），　無　） 9　退職金　（有（時期，金額等　　　　　　　　　　），　無　）	
退　職　に 関する事項	1　定年制　（有（　　歳），無　） 2　自己都合退職の手続き（退職する　　日以上前に届け出ること） 3　解雇の事由及び手続 　（　　　　　　　　　　　　　　　　　　　　　　　　　　　　） ○詳細は，就業規則第　条～第　条，第　条～第　条	
そ　の　他	・社会保険の加入状況（　厚生年金　　健康保険　　厚生年金基金 　　　　　　　　　　　　その他（　　　　　　　）） ・雇用保険の適用　（　有，無　） ・その他 　（　　　　　　　　　　　　　　　　　　　　　　　　　　　　） ・具体的に適用される就業規則名（　　　　　　　　　　　　）	

（注）　①　短時間労働者の場合，本通知書の交付は，労働基準法第15条に基づく労働条件の明示及び短時間労働者の雇用管理の改善　　　　等に関する法律第6条に基づく文書の交付を兼ねたものであること。
　　　　②　この通知書は厚生労働省のモデル書式を転用したものである。

（2）　実例　　　　パートタイマー就業規則

> このパートタイマー就業規則は機械製造業の中堅企業の例で，従業員に占めるパートは80人であるために，就業規則作成の用件をすべて満たしている例である。

（ＡＳ機械・機械製造・従業員630人，内パート80人）

第1章　総　　則

（目　的）

第1条　この規則は，パートタイマーの就業に関する事項について定めたものである。

（定　義）

第2条　この規則においてパートタイマーとは，会社に雇用される者のうち，つぎの各号のすべてに該当する者をいう。

1．雇用契約期間に定めがあること。

2．1日の所定労働時間が6時間を超えないこと。

3．賃金が時間をもって定められていること。

第2章　人　　事

第1節　採　　用

（採用手続）

第3条　会社は，つぎの書類を提出した者の中から選考してパートタイマーを採用する。

1．履歴書　　　2．身上書　　　3．その他会社が必要とする書類

（雇用契約期間）

第4条　パートタイマーの雇用契約は，1年以内の期間を定めて行う。

2．会社は，必要と認めた場合，雇用契約の更新または，雇用契約期間の延長を行うことがある。

（年齢制限）

第5条　パートタイマーの年齢は，満65歳を超えないものとする。

2．つぎの各号にかかげる職種については，満65歳を超えたものを雇用することができる。

①　清掃　　　②　看護

（労働条件の明示）

第6条　会社は，パートタイマーの採用に際しては，この規則を提示し，労働条件の説明を行い，雇用契約を締結するものとする。

2．雇用契約の締結に際しては，会社は雇用するパートタイマーに，次の事項について文書を交付す

るものとする。

① 賃金に関する事項

② 雇用契約の期間に関する事項

③ 就業の場所及び従事する業務に関する事項

④ 始業及び終業の時刻。時間外労働の有無，休憩時間，休日休暇並びにシフト制の場合の就業時，転換に関する事項

⑤ 退職に関する事項（解雇の事由を含む）

（入社後の提出書類）

第7条 パートタイマーに採用された者は，入社の日から2週間以内につぎの書類を提出しなければならない。

① 身元保証人2名が連署した誓約書

② その他会社が必要とする書類

2．前項の誓約書に連署する保証人は，独立の生計を営む成年者であって会社が適当と認めた者でなければならない。

（試用期間）

第8条 新たに採用された者に対しては，入社の日から14日間の試用期間をおく。

2．試用期間中に技能勤怠その他不適当と認められる場合には，採用を取り消すことがある。

第2節　異動・休職および復職

（異　動）

第9条 会社は業務の都合により，パートタイマーに職場，職務の変更，応援または出向を命じることがある。

（休職事由）

第10条 パートタイマーがつぎの各号の一に該当するときは，休職とする。

① 通勤災害休職　通勤災害による負傷または疾病のため引続き3カ月以上欠勤したとき

② 業務外傷病休職　業務外の負傷または疾病のため引続き2カ月以上欠勤したとき

③ 自己休職　家事都合その他の事由により引続き1カ月以上欠勤したとき

④ 出向休職　事業の都合その他の事由により会社外の業務に従事するとき

⑤ 公務休職　公職に就任し会社の業務に著しい支障を生ずるとき

⑥ 特別休職　刑事事件について起訴され休職とする必要があるとき

（休職期間）

第11条 前条各号の場合の休職期間は，つぎのとおりとする。ただし，期間中に雇用契約期間が満了する場合は，満了の日までとする。

① 通勤災害休職　　　2カ年

② 業務外傷病休職　　3カ月

③　自己休職　　　　　　２カ月

　④　その他の休職　　　必要な期間

　２．前項にかかわらず相当と認められる事由があるときは休職期間を延長することがある。

　（休職期間と賃金）

第12条　休職期間中は賃金を支給しない。

　（休職期間と勤続年数）

第13条　休職期間は勤続年数に通算しない。

　（復　職）

第14条　休職中の者が，つぎの各号の一に該当したときは復職させる。

　１．通勤災害休職・業務外傷病休職および自己休職復職願を提出し，会社の承認を得たとき。ただ
　　し，通勤災害休職および業務外傷病休職の場合は，復職願に会社の指定した医師の診断書を添えな
　　ければならない。

　２．その他の休職　会社が休職事由が消滅したと認めたとき。

第3節　退職および解雇

　（退　職）

第15条　パートタイマーが，つぎの各号の一に該当したときは退職とする。

　①　雇用期間が満了したとき。

　②　退職を願い出て承認されたとき。

　③　通勤災害休職・業務外傷病休職または自己休職の期間が満了したとき。

　④　死亡したとき。

　（自己退職の手続）

第16条　自己の都合により退職しようとする場合は，次条やむを得ない場合を除き，14日前までに退職
　　願を提出し会社の承認を得なければならない。

　（解　雇）

第17条　パートタイマーがつぎの各号の一に該当したときは解雇する。

　①　精神または身体の障害により勤務に堪えられないと認められたとき。

　②　懲戒解雇の基準に該当したとき。

　③　やむを得ない事情により，事業の縮小を行う必要が生じたとき。

　④　勤務成績又は業務能率が著しく不良で，就業に適さないと認められたとき。

　⑤　その他前各号に準ずる事由のあるとき。

　（解雇の制限）

第18条　つぎの各号の一に該当する期間およびその後30日間は解雇しない。ただし，天災事変その他や
　　むを得ない事由のため事業継続が不可能となり，あらかじめ行政官庁の認定を受けた場合および法
　　令に定める傷病補償年金を行う場合はこの限りでない。

① 業務上負傷しまたは疾病にかかり療養のため休業する期間，その後30日間。

② 産前産後の女性が，第50条第5号の規定によって休業する期間。

（解雇の予告）

第19条　会社は解雇を行う場合は30日以前に予告するかまたは平均賃金の30日分を支給する。ただし，労働基準法第20条第1項ただし書または第21条に該当する場合はこの限りでない。

2．前項の予告日数は平均賃金の1日分を支払ったごとに，その日数だけ短縮する。

（雇用契約の更新）

第20条　雇用契約期間を定めて雇用した場合に，その期間を更新しないとしたときは，次の判断基準により契約を更新しないものとする。

① 雇用契約期間満了時の業務量

② 勤務成績，業務遂行能力及び勤務態度

③ 会社の経営状況

④ 従事している業務の進捗状況

2．契約期間を更新し，1年を超えて引き続き雇用契約をした場合および3回以上更新されている場合において契約期間を更新しない場合は，契約期間の満了する日の30日前までに，その予告をする。

3．平成25年4月1日以後に開始する有期労働契約が，通算5年を超えて更新された場合は，労働者の申込により次の更新時から期間の定めのない無期労働契約に転換する。ただし労働契約が締結されていない期間が連続して6カ月以上ある場合についてはそれ以前の契約期間は通算契約期間に含めない。無期労働契約となった場合の定年は65歳とし，定年に達した日の属する月の末日を以て退職とする。

（退職証明書の交付）

第21条　会社は，解雇（解雇予告中をも含む）又は退職したパートタイマー（以下「退職者」という）が請求した場合は，次の事項に限り証明書の交付を遅滞なく行う。

1　雇用期間

2　業務の種類

3　地位

4　賃金

5　退職の事由（解雇の場合にあってはその理由を含む）

2．前項の証明書は退職者が指定した事項のみ証明するものとする。

第3章 服　務

第1節 規　律

（規則の遵守職責の遂行）

第22条　パートタイマーは，この規則その他会社の指定・指示・命令などを誠実に遵守して，職場の秩序を保持し，相協力してその職責を遂行しなければならない。

（職務の保持）

第23条　パートタイマーは，会社の信用ならびに利益を重んじ，会社の名誉を傷つけ又は業務上の機密その他会社の不利益となることを漏らしてはならない。

（職場愛護）

第24条　パートタイマーは自己の職場を愛護し，災害の発生は未然に防止し不幸にして発生した場合は，相協力してその被害を最小限に止め，常に正常な業務の運行を確保するよう努力しなければならない。

（政治活動の制限）

第25条　パートタイマーはあらかじめ会社の許可を受けないで，会社施設内および構内において政治活動を行ってはならない。

（集会等の制限）

第26条　パートタイマーは所属長を通じて会社の許可を受けた場合でなければ会社施設内および構内において集会もしくは演説会を開き，または印刷物その他文書を掲示もしくは配布し，その他宣伝，放送等の行為をしてはならない。

（団体結成届）

第27条　パートタイマーは団体を結成しようとする場合，その責任者は遅滞なく団体の名称，目的，規約，構成員の所属氏名その他必要な事項を会社に届出なければならない。

2．届出事項の変更および団体の解散の場合も前項に準じて届出なければならない。

（ハラスメントの禁止）

第28条　次の行為をしてはならない。

(1)　会社内において，性的な言動によって他人に不快な思いをさせたり，職場の環境を悪くしてはならない

(2)　会社内において，性的な関心を示したり，噂を行なったり，性的な行動を仕掛けたりして，他のパートタイム労働者の業務に支障を与えてはならない

(3)　職責を利用して交際を強要したり，性的な関係を強要してはならない

(4)　職務上の地位や人間関係などの職場内の優位性を背景にした，正常な範囲を超える言動により，他のパートタイム労働者に精神的・身体的な苦痛を与えたり就業環境を害してはならない

(5)　妊娠・出産および出産・育児・介護等の制度を利用したことに対して，就業環境を害するよう

な言動をしてはならない

(6) その他あらゆるハラスメントにより他のパートタイム労働者の就業環境を害してはならない

(社員証明書の所持と名札の着用)

第29条 パートタイマーは常に社員証明書を携帯するとともに，就業時間中は所定の名札を着用していなければならない。

2．社員証明書に関する規定は別に定める。

(身辺検査)

第30条 会社は危害予防その他会社施設内および構内の秩序保持のため必要に応じて保安員に命じてパートタイマーの身辺検査を行うことがある。

2．前項の身辺検査は正当な事由がない限りこれを拒むことはできない。

(身上異動の届出)

第31条 パートタイマーはつぎの各号の一に該当したとき，遅滞なく届出なければならない。

① 氏名を変更したとき。

② 現住所または通勤方法を変更したとき。

③ 結婚または離婚したとき。

④ 扶養親族または世帯主が変更したとき。

⑤ 身元保証人を変更したとき。

⑥ 会社業務に有用な資格を取得したとき。

⑦ 公職に就任したとき。

⑧ その他会社が必要とする事項が生じたとき。

(私用面会)

第32条 パートタイマーは勤務時間中には原則として外来者と面会することはできない。ただし，やむを得ない事由のあるときは，所属長の承認を得てその指示する場所で行うものとする。

2．パートタイマーは休憩時間中といえども，外来者と面会するときは，所属長の指定する場所で行わなければならない。

(労働時間中の離場)

第33条 パートタイマーは労働時間中に職場を離れようとするときは，所属長の許可を得なければならない。

(公民権の行使)

第34条 労働時間中に選挙権その他公民としての権利を行使しようとするときまたは，公共団体の議員に立候補もしくは就任しようとするときは，あらかじめ会社に届出なければならない。

(入退場)

第35条 パートタイマーは始業時刻と同時に作業が開始できるように入場し，終業後は特別の用務がない限り30分以内に退場しなければならない。

（物品の持込・持出）

第36条　入退場に際しての日常携帯品以外の物品の持込または持出は所定の手続きに従い許可を得なければならない。

（入場禁止）

第37条　つぎの者は入場を禁止するか退場を命ずることがある。

① 風紀秩序を乱しまたは衛生上有害と認められる者。

② 火記・凶器その他業務上不必要な危険物を所持する者。

③ 酒気を帯びた者。

④ 社員証明書を所持していない者。

⑤ 第30条の身辺検査に応じない者。

⑥ その他会社が入場を禁じた者。

（保安員への協力）

第38条　パートタイマーは保安員などが警備・保安その他社内秩序維持のために行う措置に協力しなければならない。

第2節　人事考課

（人事考課）

第39条　会社は適正な職場配置・賃金・賞与の決定等人事管理に資するため，人事考課を行う。

第3節　教　　育

（教　育）

第40条　パートタイマーは業務知識，教養，技術，安全衛生等に関し，会社の行う教育を受けなければならない。

第4節　労働時間と休憩

（労働時間等）

第41条　パートタイマーの1日の労働時間等は，原則としてつぎのいずれかとする。ただし，業務上特に必要があるときは，これと異なる定めをすることができる。

	労働時間	始業時刻	終業時刻	休　憩
1	6 時間	9 時15分	16　時	12時15分 〜13時
2	5 時間	9 時15分	15　時	（45分）

（時間外および休日勤務）

第42条　会社は業務の都合により，パートタイマーに時間外勤務または休日勤務をさせることがある。

2．前条の勤務については，所轄労働基準監督署長に届出た，パートタイマー過半数を代表する者の意見とともに労働組合の過半数を代表する者との「時間外労働・休日労働に関する協定書」の範囲内とする。

3．前項の協定に際して，時間外労働の上限は次の範囲内とする。

期　間	限度時間
1　週　間	15　時　間
2　週　間	27　時　間
4　週　間	43　時　間
1　カ　月	45　時　間
2　カ　月	81　時　間
3　カ　月	120　時　間
1　年　間	360　時　間

4．労働時間が8時間を超える場合は，その2時間につき15分間の休憩を労働時間内に与える。

（振替休日）

第43条　会社がパートタイマーに休日勤務を命じたときは，2週間以内に振替休日を与えることがある。

2．前項の振替休日は事前に本人の意見を聴取して決定する。

（年少者の労働時間）

第44条　18歳に満たない者の労働時間に関しては，労働基準法第60条および第61条の定めるところに従う。

（一斉休憩と休憩の自由利用）

第45条　休憩時間は原則として一斉に与えるものとし，パートタイマーはこれを自由に利用することができる。

（育児時間）

第46条　生後1年に達しない乳児を育てる女性は，あらかじめ申し出て，休憩時間のほかに，1日に2回各30分間の育児時間を受けることができる。

2．前項の育児時間は無給とする。ただし，昇給賞与等の査定については勤務したものとして取扱う。

（非常災害時の勤務）

第47条　災害その他避けることのできない事由によって臨時の必要があるときは，この節の定めにかかわらず，行政官庁の許可を得てその必要の限度において労働時間を延長することがある。

第5節　休日・休暇および休業

（休　日）

第48条　パートタイマーの休日はつぎのとおりとする。ただし，これにより難い職場については別に定める。

　① 週休日　年間115日

　　内訳はつぎのとおりとするが，他の日にふりかえることがある。

　　日曜日，国民の祝日（日曜日と重複したときはその翌日），土曜日（国民の祝日のあった週は除く）

　② 特別休日　年間3日

　　年末年始（12月31日・1月2日・1月3日）

（年次有給休暇）

第49条　パートタイマーにつぎの年次有給休暇を付与する。

　① 入社後3カ月を経過しその間の出勤率が80％以上の者は2労働日

　② 入社後6カ月を経過し，その間の出勤率が80％以上の者は10労働日

　③ 入社後1.5年以上を経過し，前1年間の出勤率が80％以上の者の休暇日数は1年を超えるごとに1労働日（3.5年以上は1年を超えるごとに2労働日）を加算。20日を限度とする。

勤続年数	6カ月	1　年 6カ月	2　年 6カ月	3　年 6カ月	4　年 6カ月	5　年 6カ月	6　年 6カ月以上
年休日数	10日	11	12	14	16	18	20

2．当該年次の年次有給休暇残日数は翌年次に限り繰り越すことができる。

3．前項にかかわらず，つぎの各号のすべてに該当する場合は，前項の繰り越し期間中に使用されなかった年次有給休暇を繰り越し期間満了後2年間に限り使用することができる。

　① 業務外傷病により，引続き7日以上の休暇を必要とすること。

　② 当該傷病につき，医師の診断書が提出されること。

4．第1項および第2項の休暇の届出に対しては，会社の業務の都合により，休暇を他の日に変更させることがある。

5．1週4日以下（1年を通じて216日以下）のパートタイマーは第1項を比例付与で次表の年次有給休暇を付与する。

週 所 定 労働日数	1年間の所定 労 働 日 数	勤　続　年　数						
		6カ月	1　年 6カ月	2　年 6カ月	3　年 6カ月	4　年 6カ月	5　年 6カ月	6　年 6カ月以上
4日	169～216日	7日	8日	9日	10日	12日	13日	15日
3日	121～168日	5日	6日	6日	8日	9日	10日	11日
2日	73～120日	3日	4日	4日	5日	6日	6日	7日
1日	48～ 72日	1日	2日	2日	2日	3日	3日	3日

6．年次有給休暇の日数が10日以上の者については，そのうちの5日は，付与日から1年以内に，時季を指定して与える。ただし，本人の時季指定または計画的付与制度により付与した日数があるときは，その日数を5日から控除する。

（その他の休暇）

第50条　パートタイマーはつぎの休暇をとることができる。

1．公務休暇，証人，鑑定人，参考人または裁判員として裁判所に出頭するため業務を離れるとき，あらかじめ許可を受けた期間。

2．慶弔休暇　休日を含みつぎに定める日数とし，出生休暇を除いては，連続してとらなければならない。

①　結婚休暇　5日以内

②　出生休暇　子女出生のとき，2日以内

③　忌引休暇

　㈇　実父母，養父母，配偶者または子女の喪に服するとき，7日以内

　㈂　実祖父母，養祖父母，配偶者の父母または兄弟姉妹の喪に服するとき，3日以内

　㈅　㈇及び㈂以外の3親等内の親族の喪に服するとき，1日

3．生理休暇　生理日の就業が著しく困難な者が請求してきたとき，その期間

4．業務災害休暇　業務上負傷しまたは疾病にかかり，医師の診断書を提出したとき，その期間

5．出産休暇　女性が出産するとき，予定日前6週間（多胎妊娠の場合は14週間）以内および出産日から8週間以内。

6．その他前各号に準じ会社が必要と認めたとき，その期間。

（休暇と賃金等の取扱い）

第51条　前条第1号2号の休暇は有給とする。

2．生理休暇に対しては，1生理につき2日間は賃金の60％を支給，2日を超える分は無給とする。

3．業務災害休暇および出産休暇は無給とする。

4．前2条の休暇は，昇給，賞与等の査定については，勤務したものとして取扱う。

（育児休業）

第52条　1週3日以上で1年以上継続勤務のパートタイマーのうち，1歳未満の子（特別の事情ある場

合2歳)の養育を必要とする者は，会社に申し出て育児休業，育児短時間勤務または子の看護休暇等の適用を受けることができる。

2．手続き等必要な事項については，別に定める正規社員の「育児休業等規程」を準用する。

（介護休業）

第53条 パートタイマーの家族で傷病のため介護を要する者がいる場合は，会社に申し出て介護休業，介護短時間勤務または介護休暇の適用を受けることがある。

2．介護休業，介護短時間勤務または介護休暇に対する対象者，期間，手続き等の必要事項については，別に定める「介護休業規程」による。

（母性健康管理）

第54条 女性パートタイマーの妊娠中には，次に定める妊娠週数の区分に応じた回数，保健指導又は健康診査を受けるために必要な時間を確保する。但し，医師等がこれと異なる指示をしたときは，その指示に従う。

　　　　　妊娠23週まで……………… 4週間に1回

　　　　　妊娠24週から35週まで…… 2週間に1回

　　　　　妊娠36週から出産まで…… 1週間に1回

2．産後1年以内の女性については，医師等が指示するところにより，保健指導又は健康診査を受けるために必要な時間を確保する。

3．妊娠中及び出産後の女性から申出があった場合には，それぞれ次のような措置を講じる。

　(1)　妊娠中

　　　通勤緩和の申出………時差通勤，勤務時間短縮等の必要な措置

　　　休憩に関する申出……休憩時間の延長，回数の増加等の必要な措置

　(2)　妊娠中及び出産後

　　　つわり，妊娠中毒，回復不全等の症状に関する申出

　　　　　　……作業の制限，勤務時間の短縮，休憩等の必要な措置

4．妊娠中又は出産後の女性パートタイマーに対する医師等の指導事項が正確に伝達されるように「母性健康管理指導事項連絡カード」を使用する。女性パートタイマーは医師等に同カードに記入してもらい，事業主に措置を申請すること。

（休　業）

第55条 会社は，業務の都合によりパートタイマーの全部または一部に休業を命じることがある。この場合労働基準法第26条に定める休業手当を支払う。

第6節　欠勤・休暇等の手続

（遅刻の手続）

第56条 パートタイマーは始業時刻に遅れて入場したときは，遅刻届を所属長に提出しなければならない。

（早退および外出の手続）

第57条　パートタイマーは就業時間中に外出するときは，出門承認書を保安本部へ提出しなければならない。

2．前項の外出者が帰社したときはただちに所属長に届出なければならない。

（休暇および欠勤の手続）

第58条　パートタイマーは休暇をとるときまたは欠勤するときは，原則として前日までに休暇，欠勤届を提出しなければならない。

2．前項にかかわらず第50条第1項および第2項の休暇の場合は，会社の承認を得なければならない。

（診断書の提出）

第59条　パートタイマーは病気欠勤引続き4日以上におよぶときは，前条の届出に医師の診断書を添付しなければならない。

2．欠勤が診断書の期間を超えるときは，すみやかに再提出しなければならない。

第4章　賃　　金

（賃　金）

第60条　パートタイマーの賃金に関する規定は別に定める。

第5章　安全および衛生

（安全衛生）

第61条　パートタイマーは総括安全衛生管理者その他安全衛生関係者の指導に従い，安全衛生に関する諸規定ならびに諸注意を遵守し，災害の防止ならびに健康の維持増進に努めなければならない。

（総括安全衛生管理者など）

第62条　会社は総括安全衛生管理者，安全管理者，産業医および医師でない衛生管理者を選任し，安全衛生に関する事項を管理させる。

（安全衛生委員会）

第63条　会社は総括安全衛生管理者のもとに安全衛生委員会を設ける。

2．安全衛生委員会の運営については別に定める。

第1節　安　　全

（非常災害）

第64条　パートタイマーはつぎの各号の場合は，臨機の措置を講ずるとともにただちに担当者および保安員に急報し，これと協力して災害の防止にあたらなければならない。

①　火災その他の災害を発見しまたはその発生を予知したとき。

②　建造物，機械，措置などに異常を発見したとき。

（安全装置などの保障）

第65条　パートタイマーは安全装置，消火設備その他危険防止のための諸施設の保護とその性能の安全に努めなければならない。

（爆発物の取扱い）

第66条　爆発性，発火性または引火性の危険物を取扱う場合は，責任者の指示に従い，爆発または火災の防止のため特別の注意を払わなければならない。

（立入禁止）

第67条　火薬庫その他指定された区域へは，担当者以外の者は立入ってはならない。

（その他の遵守事項）

第68条　パートタイマーは前各条のほか，つぎの事項を遵守しなければならない。

①　原動機または動力伝動装置の運転を開始する際はこれをあらかじめ関係者に周知させること。

②　通路，出入口，非常口または消火器のある場所に物品を置かないこと。

③　許可なく安全装置を取りはずしまたはその効力を失わせるような行為をしないこと。

④　許可なく建物，建築物などに登らないこと。

⑤　指示なく運転中の機械の掃除をしないこと。

⑥　許可なくたき火しまたは電熱器を使用しないこと。

⑦　危険または有害な作業に従事するときは，所定の保護具を使用すること。

第2節　衛　　生

（健康診断）

第69条　会社はパートタイマーに対し，法令の定めるところによって定期健康診断および特殊健康診断を行う。

２．前項のほか，会社は必要に応じてパートタイマーの全部または一部に対して臨時の健康診断または予防接種を行うことがある。

３．健康診断または予防接種を命じられたパートタイマーは，正当な理由なしにこれを拒んではならない。ただし，他の医師の健康診断または予防接種を受けてその結果を証明する書面を提出したときはこの限りでない。

（ストレスチェック）

第70条　会社は，パートタイマーに対し，毎年ストレスチェックを行う。

２．パートタイマーは，ストレスチェックを受けるようにしなければならない。

（健康要保護者）

第71条　つぎの各号の一に該当する者は，健康要保護者として交替制勤務，時間外勤務および休日出勤の禁止，職種の変更，その他保健上必要な措置を講ずる。

①　ツベルクリン反応陽転後１年以内の者

②　結核性疾患回復後３カ月以内の者

③　妊婦

④　その他医師が必要と認めた者

（就業禁止）

第72条　つぎの各号の一に該当する者は就業を禁止する。

①　病毒伝ぱのおそれのある伝染性の疾病にかかった者

②　精神障害のために自身を傷つけ，または他人に害を及ぼすおそれのある者

③　心臓，腎臓，肺等の疾患にかかっており就業すると病気が悪化するおそれのある者

④　その他産業医が就業不適当と認めた者

（伝染病発生時の措置）

第73条　パートタイマーは同一世帯内もしくはその近隣に法定伝染病または指定伝染病が発生し，もしくはその疑いがあるときは，ただちに主任衛生管理者に届出て，その指示を受けなければならない。

（産前産後）

第74条　6週間（多胎妊娠の場合は14週間）以内に出産する予定の女性が休業を申し出たとき，および産後8週間を経過しない女性は就業させない。ただし，産後6週間を経過して，本人が就業を申し出て医師が支障がないと認めたときはこの限りでない。

2．妊娠中の女性が申し出たときは，他の軽易な業務に転換させる。

3．妊娠中の女性および産後1年を経過しない女性が申し出たときは，時間外勤務，休日勤務ならびに深夜勤務をさせない。

（労働時間内診療）

第75条　パートタイマーは労働時間中においても所定の手続による許可を得た場合は，社内診療所において診療を受けることができる。

第6章　業務災害に対する補償および通勤災害に対する給付

（災害補償）

第76条　パートタイマーが業務上負傷し，または疾病にかかり，障害または死亡した場合は，つぎの補償給付を行う。

①　療養補償給付……業務上の傷病により必要な治療を受けるときは，療養補償給付を受ける

②　休業補償給付……業務上の傷病により療養のため休業するときは，休業補償給付を受ける

③　障害補償給付……業務上の傷病が治癒しても，なお身体に障害が残るときは，障害補償給付を受ける

④　遺族補償給付……業務上の事由により死亡したときは，その遺族は遺族補償給付を受ける

⑤　葬　祭　料……業務上の事由により死亡した場合は，その遺族は葬祭料を受ける

⑥　傷病補償年金……業務上の傷病が療養1年6カ月またはそれ以後経過し治癒せず傷病等級に該当したときは給付を受ける

⑦　介護補償給付……業務上の傷病が介護を要する場合に，介護補償給付を受ける

2．パートタイマー社員が前項第1号，第2号および第3号の給付を受けている場合は，療養に努めなければならない。

3．第1項各号の補償給付は，労災保険の定めるところによる。

4．第1項の補償給付が行われる場合は，会社は，労働基準法上の義務が免れるものとする。

（通勤災害）

第77条　パートタイマーが通勤途上において負傷し，または疾病にかかり，障害または死亡したときはつぎの給付を行う。

①　療養給付

②　休業給付

③　障害給付

④　遺族給付

⑤　葬祭給付

⑥　傷病年金

⑦　介護給付

2．前項の給付は，前条に準じ労災保険の定めるところによる。

3．通勤途上にあるか否かの判定は所轄労働基準監督署長の認定による。

（通勤災害欠勤の取扱い）

第78条　通勤災害により欠勤した期間は年次有給休暇付与のための出勤率の計算および昇給の査定については出勤したものとして取扱う。

第7章　福利厚生

（施設および制度）

第79条　会社はパートタイマーの福利厚生を目的として各種の活動を行うほか，各事業所の実情に応じて次の諸施設の利用および制度を設ける。

①　診療所

②　作業用被服類の貸与制度

③　日用品販売所

④　教養文化施設

⑤　体育施設

⑥　その他

2．前項各号の諸施設ならびに制度の運営および利用方法等の細目についてはそれぞれ別に定める。

（利用心得）

第80条　パートタイマーは前条に定める諸施設ならびに制度を利用するに際しては所定の規則指示等を遵守しなければならない。

第8章 賞　　罰

（総　則）

第81条　会社は労働能率の向上と社内秩序の維持を図るため，この章に定める規定によってパートタイマーの賞罰を行う。

（賞罰委員会）

第82条　パートタイマーの賞罰は，賞罰委員会に諮問し，その審議を経た上で行う。

　2．賞罰委員会の構成組織ならびに運営等に関しては別に定める。

第1節 表　　彰

（表彰事由）

第83条　つぎの各号の一に該当する者は表彰される。

　1．品行方正，技能優秀，職務に誠実で社員の模範になる者

　2．業務上有益な発明発見改良または工夫考案等をした者

　3．火災その他災害を未然に防止しまたは，災害に際し特に功労のあった者

　4．業務に関する講習，教育，競技会等に出席または出場してその成績が優秀な者

　5．その他表彰の必要があると認められた者

（表彰の方法）

第84条　表彰は賞状の授与をもって行い，別に賞品，記念品または特別有給休暇を付することがある。

　2．表彰はこれを社内報に掲載する。

第2節 懲　　戒

（懲戒の種類）

第85条　懲戒は，譴責，減給，出勤停止，諭旨退職および懲戒解雇の5種とする。ただし，情状によりその懲戒を免じて訓戒に止めることがある。

（懲戒の方法）

第86条　懲戒の方法はつぎの通りとし第3号ないし第5号の場合は原則として事業所内に掲示する。

　①　譴責は始末書を提出させて将来を戒める

　②　減給は譴責に加え，1回の額が平均賃金の半日分以内，総額が当該支払期の総収入の10分の1以内を減額する

　③　出勤停止は譴責に加え7日以内において出勤を停止しこの間の賃金を支給しない

　④　諭旨退職は辞表を提出させる。ただし，通告を受けてから7日以内に辞表を提出しないときは懲戒解雇とする

　⑤　懲戒解雇は，予告期間を設けないで即時解雇する。但し行政官庁の認定が無い場合は，第19条に基づき解雇する

第1章 就業規則 第5 パートタイマー就業規則の実例

（譴責・減給または出勤停止となる事由）

第87条 つぎの各号の一に該当するときは譴責，減給または出勤停止に処する。

ただし，情状が特に重いときは諭旨退職または懲戒解雇に処することができる。

① 事業所内の秩序風紀を乱したとき

② 正当な理由なくして往々遅刻，早退または欠勤したとき

③ 労働時間中無断で職場を離れたとき

④ 所定の場所以外で喫煙したとき

⑤ 勤務に関する手続その他届出を故意に怠りまたは偽ったとき

⑥ 他人の名誉を毀損する行為に出たとき

⑦ 会社の名誉体面を毀損したとき

⑧ 私物を修理作成しまたは修理作成させたとき

⑨ 必要な注意を怠って建造物，機械工作物その他の物品を破損または紛失したとき

⑩ 故意または重大な過失により会社に損害を与えたとき

⑪ 業務上の怠慢または監督不行届により，災害，障害，横領その他の重大な事故を発生させたとき

⑫ 越権専断その他の行為により会社業務の運営を疎外したとき

⑬ 安全または衛生に関する規則指示に従わなかったとき

⑭ 集会に際し所定の手続を経ないで会社の施設または場所を利用したとき

⑮ 会社内において，性的な言動によって他人に不快な思いをさせたり，職場の環境を悪くしたとき

⑯ 職務上の地位や人間関係などの職場内の優位性を背景にした，正常な範囲を超える言動により，他のパートタイム労働者に精神的・身体的な苦痛を与えたり就業環境を害したとき

⑰ 妊娠・出産および出産・育児・介護等の制度を利用したことに対して，就業環境を害するような言動をしたとき

⑱ その他あらゆるハラスメントにより他のパートタイム労働者の就業環境を害したとき

⑲ その他前各号に準ずる行為のあったとき

（諭旨退職または懲戒解雇となる事由）

第88条 つぎの各号の一に該当するときは諭旨退職または懲戒解雇に処する。ただし，情状により出勤停止または減給に止めることがある。

① 数回懲戒または訓戒を受けたにもかかわらずなお改心の見込みがないとき

② 正当な理由なしで無届で欠勤が引続き14日以上に及んだとき

③ 会社の規定に違反し，職務上の指示命令に不当に従わずまたは事業所の秩序を乱したとき

④ 他人に対して暴行または脅迫を加えたとき

⑤ 会社に対し故意に破壊的行為に出たとき，またはかかる結果の発生するおそれのある行為に出たとき

⑥　業務に必要のない火器，凶器その他危険の物を会社構内に持ち込もうとしたとき

⑦　許可なく事業所の物品，製品などを持出しまたは持出そうとしたとき

⑧　火気を粗略に取扱いまたはみだりにたき火したとき

⑨　禁止区域内において許可なしに撮影したとき

⑩　業務上の秘密を漏らしまたは漏らそうとしたとき

⑪　会社の許可を受けないで印刷物その他の文書または図面を掲示もしくは配布したとき

⑫　氏名，学歴などの重要な経歴を偽って入社したことが判明したとき

⑬　事実と異なる宣伝をして会社に重大な不利益を与えたとき

⑭　会社の承認を得ないで在籍のまま他人に雇用されたとき

⑮　職務を利用して私利を図ったとき

⑯　給与計算の基礎となる事項に関して，不正の行為があったとき

⑰　職責を利用して交際を強要したり，性的な関係を強要したとき

⑱　刑事事件について起訴され，有罪の確定判決を受けたとき

⑲　会社内において，性的な関心を示したり，噂を行なったり，性的な行為を仕掛けたりして，他のパートタイム労働者の業務に支障を与えたとき

⑳　パワハラ・マタハラその他のハラスメントにより他の従業員が精神疾患に罹患するなど悪質なとき

㉑　前各号に準ずる行為があったとき

（損害賠償）

第89条　第88条各号の懲戒処分のほか会社は実情に応じてその被った損害の全部または一部を賠償させることがある。

（規則の不知）

第90条　パートタイマーはこの規則および規則に基づく規定を知らないという理由でその責を免れることができない。

付　　則

（法令との関係）

第91条　法令により，この規則に定める労働条件を上まわる内容が規定された場合，その部分については，法令の定めるところに従う。

（手続および会社の許可）

第92条　この規則における会社への届出および許可申請はすべて所定の様式により所属長を通じ所管課に対して行うものとする。

　２．前項の所管課は本社においては人事第二課，東京支店においては総務課をいう。

　３．この規則において会社の許可とは人事部長の許可をいう。

第93条　この規定は　年　月　日より施行する。

(3) 実例　　　　　パートタイマー就業規則

このパートタイマー就業規則は電子部品製造業の中堅企業の実例である。
モデル的な事例といえよう。

（ＳＲ電子・電子部品製造・従業員290人，内パート60人）

第1章　総　　則

（目　的）
第1条　この規則は SR 電子株式会社（以下会社という）に雇用されるパートタイマーの就業に関する
事項を定める。

　　この規則に定めのない事項については正規社員就業規則，労働基準法その他の法令の定めによ
る。

（定　義）
第2条　この規則でパートタイマーとは，第2章で定める手続きを経て雇い入れられた者で，1日また
は1週間の労働時間が一般従業員より短い者をいう。

（遵守義務）
第3条　パートタイマーは，この規則ならびに業務上の指示命令を遵守して，誠実に職務に従事しなけ
ればならない。

第2章　人　　事

（採　用）
第4条　会社はパートタイマーとして就業を希望する者の中から選考して採用する。

　2．会社は採用する者に，次の事項についての文書を交付するものとする。（別表①雇入通知書
P.232）

　①　雇用契約の期間に関する事項

　②　就業の場所及び従事する業務に関する事項

　③　始業及び終業の時刻，時間外労働の有無，休憩時間，休日，休暇並びに交替制の場合の就業転
換に関する事項

　④　賃金に関する事項

　⑤　退職に関する事項（解雇の事由を含む）

　3．採用決定者は採用の日から10日以内に誓約書を提出しなければならない。

（提出書類）
第5条　パートタイマーとして雇い入れられた者は，雇用開始後10日以内に会社の定める書式に従い，

次の各号の書類を会社へ提出しなければならない。

① 住民票記載事項証明書

② 労働契約書

③ 身元証明書

④ その他会社が必要と認める書類

前各号の書類は，会社が必要を認めない場合は，その一部を省略することがある。

（雇用期間）

第6条 パートタイマーの雇用期間は最長1年とし，個別に定める。

2．雇用期間は会社業務の都合により更新することができる。その場合平成25年4月1日以後に開始する有期労働契約が，通算5年を超えて更新された場合は，労働者の申込により次の更新時から期間の定めのない無期労働契約に転換する。ただし労働契約が締結されていない期間が連続して6カ月以上ある場合についてはそれ以前の契約期間は通算契約期間に含めない。無期労働契約となった場合の定年は65歳とし，定年に達した日の属する月の末日を以て退職とする。

（異　動）

第7条 会社は業務上，必要があるときは職場もしくは職種の変更を命ずることがある。この場合，正当な理由なく，これを拒むことはできない。

（退　職）

第8条 パートタイマーが，次の各号の一に該当するときは退職するものとする。

① 死亡したとき

② 契約期間が満了したとき

③ 退職を願い出て承認されたとき

④ 私傷病または事故による欠勤が○日以上に及んだとき

⑤ 第10条の規定により解雇されたとき

（自己退職手続）

第9条 パートタイマーが退職を希望するときは14日前までに，会社にその旨願い出なければならない。

（解　雇）

第10条 会社は，パートタイマーが次の各号の一に該当するときは解雇する。

① 心身の障害により業務にたえられないと認めたとき

② 仕事の能力が劣り，または職務に怠慢なとき

③ 事業の運営上やむを得ない事情により，事業の縮小が生じたとき

④ 秩序保持上やむを得ない事由があるとき

⑤ その他前各号に準ずる事由があり，パートタイマーとして不適当と認められるとき

（秩序保持上解雇事由）

第11条 前条第4号の秩序保持上やむを得ない事由とは，次の場合をいう。

① 正当な事由なく，会社の指示命令に従わないとき

② 連続無断欠勤〇日以上に及んだとき

③ 他人に対し暴行もしくは脅迫を加え，またはその業務を妨害したとき

④ 経歴を詐り，その他不正な方法を用いて雇い入れられたとき

⑤ 会社の秘密を社外に漏らし，または漏らそうとしたとき

⑥ 業務に関し，私利を図り，または不当の金品その他を授受したとき

⑦ 不正に会社の物品を持ち出し，または持ち出そうとしたとき

⑧ 故意または重大な過失により，会社に損害を与え，または会社の信用を傷つけたとき

⑨ 会社業務の運営遂行を妨害し，またはそのおそれのあるとき

⑩ 逮捕拘留され，引き続き14日以上労務の提供がないとき

⑪ 罰金以上の刑の宣告を受けたとき

⑫ その他前各号に準ずる程度の不都合な行為があったとき，またはこの規則に違反してその情状が重いとき

（解雇予告，予告手当）

第12条 会社は第10条による解雇の場合，法令の定めに従い，30日前に予告するか，または30日分の平均賃金を解雇予告手当として支払って解雇する。ただし，次の者は除く。

① 日々雇い入れられるパートタイマー（１カ月を超えて引き続き雇用された者を除く。）

② ２カ月以内の期間を定めて使用するパートタイマー（所定期間を超えて引き続き雇用された者を除く。）

③ 試みの使用期間中のパートタイマー（14日を超えて引き続き雇用された者を除く。）

２．前項の予告の日数は１日につき平均賃金を支払った場合においては，その日数を短縮する。

（雇用契約の更新）

第13条 雇用契約期間を定めて雇用した場合に，その期間を更新しないとしたときは，次の判断基準により契約を更新しないものとする。

① 雇用契約期間満了時の業務量

② 勤務成績，業務遂行能力及び勤務態度

③ 会社の経営状況

④ 従事している業務の進捗状況

２．雇用契約を３回以上更新している場合，または，契約期間を更新し，１年を超えて引き続き雇用契約をした場合において，契約期間を更新しない場合は，契約期間の満了する日の30日前までに，その予告をする。

第14条 雇用契約期間を定めて雇用した場合に，その期間を更新しない判断基準は次により決定する。

(1) 雇用契約期間満了時の業務量

(2) 勤務成績，業務遂行能力及び勤務態度

(3) 会社の経営状況

(4)　従事している業務の進捗状況

（退職証明書の交付）

第15条　会社は，退職または解雇（解雇予告中をも含む）された者（以下「退職者」という）が，退職に関する証明書を請求した場合は，次の事項に限り証明書の交付を遅滞なく行う。

①　雇用期間に関する事項

②　業務の種類に関する事項

③　地位に関する事項

④　賃金に関する事項

⑤　退職事由（解雇の場合にあってはその理由）に関する事項

（債務・物品の返済）

第16条　パートタイマーは退職または解雇にあたり会社に債務があるとき，あるいは会社からの貸与物品があるときは直ちに返還しなければならない。

第3章　服務心得

（服務心得）

第17条　パートタイマーは次の事項を守らなければならない。

①　就業時間中は上長の指示に従い熱心に仕事をすること。

②　時間を厳守し，与えられた仕事を確実，迅速に処理すること。

③　上長の許可を受けないで勝手に職場を離れないこと。

④　正当な理由なく遅刻，欠勤，早退をしないこと。

⑤　会社備え付けの機械器具，容器備品等を正しく使用し，無駄使いをしないこと。

⑥　職場を整理整頓し，気持ちよく作業ができるように努めること。

⑦　会社内の風紀，秩序を乱す行為をしないこと。

⑧　性的な言動によって従業員に不利益を与えたり，就業環境を害さないこと。

⑨　パワハラ・マタハラその他のハラスメントにより他の従業員に苦痛を与えたり就業環境を害さないこと。

⑩　仕事上の機密または会社の不利益となる事項を他に漏らさないこと。機密の範囲は別に指示する。

⑪　会社の許可なく，会社構内または施設内において宗教活動または政治活動など業務に関係のない活動（集会，文書掲示，配布または放送などの行為）を行わないこと。

⑫　その他前各号に準ずる場合。

（遅刻・早退）

第18条　やむを得ない事由により遅刻または早退するときは，その都度，事前に所属長の許可を得なければならない。

（外　出）

第19条　就業時間中の私用外出は原則として認めない。ただし所属長の許可を得た場合はこの限りではない。

（欠　勤）

第20条　病気その他の理由で欠勤するときは，あらかじめその理由と予定日数を所属長に届け出て許可を得なければならない。

　　　やむを得ず，事前に届け出ることができないときは，事後すみやかに届け出て許可を得なければならない。

（職場の離脱）

第21条　やむを得ない事由により職場を離脱しなければならない場合は，所属長の許可を得なければならない。

（遅刻・早退・外出）

第22条　遅刻，早退もしくは外出しようとする場合は，その都度所属長に届け出て承認を受けるものとする。

（面　会）

第23条　就業時間中の外来者との面会は原則として認めない。ただし，やむを得ないと認め所属長が許可した場合はこの限りでない。

（欠　勤）

第24条　病気その他やむを得ない理由により欠勤するときは，事前または当日の始業時刻前に定められた様式によりその理由と予定日数を所属長を経て会社に願い出なければならない。ただし，やむを得ない理由でその暇がないときは事後すみやかに届け出なければならない。

　2．病気で○日以上連続して欠勤するときは医師の診断書を添えて願い出なければならない。この場合，会社の指示する医師に診断させることがある。

（入退場時の心得）

第25条　パートタイマーは，入場及び退場にあたり次の各号を遵守しなければならない。

　⑴　入退場に際しては，自己のタイムカードに自らの入退時刻を打刻すること

　⑵　始業前に入場し始業時間に就業できるよう準備し，終業後は指示または特別の用務のない限り遅滞なく退場すること

（入場の禁止）

第26条　次の場合は入場させないことがありまたは退場させることがある。

　⑴　風紀を乱しまたは衛生上有害と認められたとき

　⑵　業務に必要でない火器，凶器，毒物その他危険と思われる物を持っているとき

　⑶　その他業務を妨害し若しくは事業場の秩序を乱しまたはそのおそれのあるとき

　⑷　出勤停止処分または自宅謹慎処分を受けている者

　⑸　法令によって出勤を停止させられた者

(6) 定められた就労を拒否している者

(7) 前各号のほか会社が必要ありと認めたとき

（持ち込み・持ち出しの禁止）

第27条　入場及び退場の場合において，日常携帯品以外の品物を工場内に持ち込みまたは持ち出さんとするときは別に定める手続により許可を受けなくてはならない。

第4章　勤　　務

（勤務時間）

第28条　パートタイマーの所定労働時間は原則として6時間以内とし，始業，終業の時刻は個人別の労働契約で定める。

2．前項で定めた始業，終業の時刻は業務または季節の都合による場合及びパートタイマーからの申し出を会社が承認した場合はこれを変更することがある。

（始業，終業時刻および休憩の時刻）

第29条　始業，終業時刻および休憩の時刻は，次のとおりとする。

始　業	終　業
9時00分	16時00分

休　憩　時　間		
自	至	
10時00分	10時10分	10分
12時00分	12時40分	40分
15時00分	15時10分	10分

（休　　日）

第30条　パートタイマーの休日は，次のとおりとする。

(1) 日曜日（法定休日）

(2) 土曜日

(3) 国民の祝日

(4) 会社創立記念日

(5) 年末年始の休日

(6) 会社が特別に指定する日

2．前項の休日は業務上必要ある場合，他の日に振り替えることがある。

（時間外および休日勤務）

第31条　会社は，業務の都合により必要ある場合は，第28条（勤務時間）および第30条（休日）の定めにかかわらず時間外または休日に勤務させることがある。

2．前項の時間外および休日勤務が深夜（午後10時〜午前5時）勤務におよぶことがある。

（時間外・休日勤務の上限）

第32条　前条の勤務について，パートタイマーの過半数を代表する者との意見を聴いて，従業員全員の

過半数を代表する者との協定で，時間外勤務の限度は，次の範囲内とする。

期　間	限度時間
1　週　間	15　時　間
2　週　間	27　時　間
4　週　間	43　時　間
1　カ　月	45　時　間
2　カ　月	81　時　間
3　カ　月	120　時　間
1　年　間	360　時　間

2．休日勤務については，法定休日は月1日以内とする。

前条の規定は，満18歳未満の年少パートタイマーには勤務させない。

ただし，法定内時間（実働8時間以内）の時間外勤務および法定外休日は除くものとする。

（年次有給休暇）

第33条　6カ月間継続勤務し1週5日以上の勤務者で全労働日の8割以上出勤した者には10日の年次有給休暇を与える。（別表② P.233）

2．1.5年以上継続勤務した者は，前項の基礎日数に1年を超えるごとに1労働日（3.5年以上勤務した者は，1年を超えるごとに2労働日）を加算した有給休暇を与える。ただしその日数は20日を限度とする。

3．1週4日以下（1年を通じて216日以下）のパートタイマーは第1項および第2項の比例付与で年次有給休暇を与える。（別表③ P.233）

4．年次有給休暇を請求しようとするものは事前に申し出なければならない。

本人の請求した時季に与えるものとするが，事業の正常な運営を妨げる場合には，他の時季に変更させることがある。

5．年次有給休暇の日数が10日以上の者については，そのうちの5日は，付与日から1年以内に，時季を指定して与える。ただし，本人の時季指定または計画的付与制度により付与した日数があるときは，その日数を5日から控除する。

（特別休暇）

第34条　パートタイマーが次の各号の一に該当するときは，本人の請求により休暇を与える。ただし，無給とする。

(1)　産前産後休暇

産前休暇　6週間（多胎の場合は14週間）　産後休暇　8週間（医師の証明のある場合は6週間）……無給

(2)　生理休暇

生理日の就業が著しく困難な場合　申し出た日数……無給

(3) 育児時間

　生後1年に満たない生児を育てる場合は，勤務時間中に2回の育児時間を与える。……無給

第5章　賃　　金

（給与体系）

第35条　パートタイマーの賃金とは次の各号のものをいう。

(1) 基 準 賃 金

(2) 精皆勤手当

(3) 基準外賃金　　時間外勤務手当

　　　　　　　　　休日勤務手当

　　　　　　　　　深夜手当

　　　　　　　　　通勤手当

(4) 賞　　　　与

（基準賃金）

第36条　基準賃金は日給または時間給とし職務内容，能力，技能，勤務時間等を勘案して各人ごとに定める。

　2．基準賃金は労働に応じて支払う。

　3．不就労の場合は，不就労時間に相当する金額を控除して支払う。ただし，不就労時間に端数がある場合は〇分単位で計算する。

（精皆勤手当）

第37条　精皆勤手当は賃金締切り期間中の精励恪勤者に，次の区分により支給する。

(1) 皆勤者　　　　　　　　　円

(2) 精勤者（遅刻・早退，私用外出3回以内，時間5時間以内の者）　　　　　　　円

（時間外勤務手当）

第38条　法定内労働時間外に勤務した場合はその実働1時間につき基準賃金の100%を支払う。ただし，1日の実働時間が8時間を超えた場合は超えた1時間については基準賃金＋（精皆勤手当÷1カ月平均所定労働時間）の125%を支払う。時間外勤務が60時間を超える部分の割増率は50%とする。

（休日勤務手当）

第39条　第30条第1項で定める休日に勤務した場合はその実働1時間につき基準賃金＋（精皆勤手当÷1カ月平均所定労働時間）の135%を支払う。

（深夜手当）

第40条　午後10時以降午前5時までの間に勤務した場合はその実働1時間につき基準賃金＋（精皆勤手当÷1カ月平均所定労働時間）の150%を支給する。

（通勤手当）

第41条　通勤手当は，勤務日1日につき〇円を限度として実費支給する。

（賞　与）

第42条　会社は毎年上半期及び下半期の2回，賞与を支給する。

（給与の支払）

第43条　パートタイマーの給与は前月21日から当月20日までの分を当月25日に直接本人に支払う。

2．前項にかかわらず，本人が希望する場合は指定する金融機関の本人口座に振込むものとする。

（控　除）

第44条　給与の支払の際所得税，社会保険料など法令に定められて金額を控除する。

第6章　社員就業規則の準用

（準用項目）

第45条　正規社員就業規則のうち，次の項目は，パートタイマーにも適用する。

① 育児休業

② 介護休業

③ 母性健康管理

④ 表彰と懲戒

⑤ 安全と衛生

⑥ 災害補償

付　　則

（実　施）

この規則は，　年　月　日より実施する。

別表①

雇 入 通 知 書

年　月　日

　　　　　　　　　　殿

　　　　　　　　　　　　　　事業所　名　称　ＳＲ電子株式会社
　　　　　　　　　　　　　　　　　　　所在地　東京都
　　　　　　　　　　　　　　　　　　　使用者　代表取締役社長　　　　　　　　㊞

あなたを採用する（パートタイマーとして）に当たっての労働条件は，次のとおりです。

雇 用 期 間	1　時間の定めなし　　　2　　年　月　日から　　年　月　日まで
勤 務 場 所	
仕 事 の 内 容	
始業・就業時刻 及び休憩時間	1　午前後　　時　　分から午前後　　時　　分まで（うち休憩時間　　分） 2　交替制等　｛　イ　午前後　　時　　分から午前後　　時　　分まで（うち休憩時間　　分） 　　　　　　　　　ロ　午前後　　時　　分から午前後　　時　　分まで（うち休憩時間　　分）｝
休日又は勤務日	（休日／勤務日）は　｛　イ　毎週（　　　　　　　　）曜日 　　　　　　　　　　　　　ロ　（　　　　　　　　　　　　　　　）｝
所 定 労 働 等	1　所定外労働をさせることが（有／無）→（　　　　　　　　　　　　　　） 2　休日労働させることが（有／無）→（　　　　　　　　　　　　　　）
休 暇	1　年次有給休暇　｛　イ　6カ月間継続勤務した場合　｛　(イ)　法定どおり 　　　　　　　　　　　　　　　　　　　　　　　　　　　　(ロ)　法定を上回る→（　　日） 　　　　　　　　　　　ロ　再雇用者（嘱託）は雇用通算 2　その他の休暇　｛　イ　有給（　　　　　　　　　　　　　　　　　　　　　） 　　　　　　　　　　　ロ　無給（　　　　　　　　　　　　　　　　　　　　　）
賃 金	1　基本賃金　イ　時間給　ロ　日給　ハ　月給（　　　　　　円） 　　　　　　　ニ　出来高給（基本単価　　　　　円，保障給　　　　円 2　諸 手 当　イ（　　　手当　　　円），ロ（　　　手当　　　円） 　　　　　　　ハ（　　　手当　　　円） 3　所定外労働等に対する割増率 　　イ　所定外　a　法 定 超（　　%），b　所 定 超（　　%） 　　ロ　休 日　a　法定休日（　　%），b　法定外休日（　　%） 　　ハ　深 夜（　　%） 4　賃金締切日（　　　　　　　円） 5　賃金支払日（　　　　　　　円） 6　賃金支払時の控除　→（費目，金額等　　　　　　　　　　　　　　　） 7　昇　給：（有／無）　→（時期，金額等　　　　　　　　　　　　　　） 8　賞　与：（有／無）　→（時期，金額等　　　　　　　　　　　　　　） 9　退職金：（有／無）　→（時期，金額等　　　　　　　　　　　　　　）
社 会 保 険 加 入 状 況	雇用保険　・　労災保険　・　健康保険　・　厚生年金保険
そ の 他	

（注）「その他」欄には以下の事項についても記載すること。書ききれない場合には，就業規則を提示するなどの方法により明示する。
　　　○退職に関する事項　○安全及び衛生に関する事項　○職業訓練に関する事項
　　　○休業に関する事項　○表彰及び制裁に関する事項　○災害補償及び業務外の傷病扶助に関する事項

第1章　就業規則　第5　パートタイマー就業規則の実例

別表②

勤 続 年 数	6カ月	1　　年 6カ月	2　　年 6カ月	3　　年 6カ月	4　　年 6カ月	5　　年 6カ月	6　　　　　年 6カ月以上
年次有給休暇 付 与 日 数	10日	11	12	14	16	18	20

別表③

週 所 定 労働日数	1年間の所定 労 働 日 数	勤　続　年　数						
		6カ月	1　　年 6カ月	2　　年 6カ月	3　　年 6カ月	4　　年 6カ月	5　　年 6カ月	6　　　　　年 6カ月以上
4日	169〜216日	7日	8日	9日	10日	12日	13日	15日
3日	121〜168日	5日	6日	6日	8日	9日	10日	11日
2日	73〜120日	3日	4日	4日	5日	6日	6日	7日
1日	48〜 72日	1日	2日	2日	2日	3日	3日	3日

(4) 実例　　　　　パートタイマー就業規則

このパートタイマー就業規則は機械器具製造業で従業員は280人，うちパートは40人である。用件はすべて記載されているようである。

（GS製作所・機械器具製造・従業員280人，内パート40人）

第1章　総　　則

（目　的）

第1条　この規則は，株式会社GS製作所（以下会社という）のパートタイマー，臨時（以下パートタイマー等という）の服務規律ならびに労働条件，その他就業に関する事項を定める。

　　この規則に定めのない事項については，労働基準法，男女雇用機会均等法その他の法令による。

（パートタイマー等の定義）

第2条　この規則においてパートタイマー等の従業員とは，第4条の定めにより雇い入れた者で，つぎの各項の一に該当する者をいう。

①　1日または1週間の所定勤務時間が正規従業員より短い者。

②　1週間または1カ月のうち，特定の日のみ勤務する者。

（相互義務）

第3条　会社はパートタイマー等に対して，この規則による就業条件により就業させる義務を負う。

2．パートタイマー等は，この規則を遵守し，業務上の指示命令に従って誠実に従事しなければならない。

第2章　人　　事

（採用及び労働条件の明示）

第4条　会社はパートタイマーとして就業を希望する者より提出された書類により選考し，面接の上，適任と認められた者をパートタイマー等として採用する。

2．採用者の雇用契約締結に際しては，会社は採用する者に，次の事項等についての文書を交付するものとする。

①　雇用契約の期間に関する事項

②　就業の場所及び従事する業務に関する事項

③　始業及び終業の時刻，時間外労働の有無，休憩時間，休日，休暇並びに交替制の場合の就業転換に関する事項

④　賃金に関する事項

⑤　退職に関する事項（解雇の事由を含む）

3．前項の文書は雇用契約書に記載する。

（提出書類）

第5条 パートタイマー等として採用内定した者は，会社につぎの書類の全部または一部を提出しなければならない。

① 履歴書（自筆，写真添付）

② 住民票記載事項証明書

③ 健康診断書

④ パートタイマー等雇用契約書（別紙）（P.245）

⑤ その他会社が必要とする書類

2．会社に採用されたパートタイマー等で前項により提出した書類の内容に異動があった場合には，速やかにその旨を届出なければならない。

（試用期間）

第6条 パートタイマー等の試用期間は14日とする。会社は試用期間の途中または終了の際，パートタイマー等として不適格と認めたときは採用を取り消す。

（異　動）

第7条 会社は業務の都合によりパートタイマー等の職種もしくは職場を変更することがある。この場合に，パートタイマー等は正当な理由のない限り拒むことはできない。

（休　職）

第8条 パートタイマー等がつぎの各号に該当するときは，休職を発令する。

① 業務外の傷病により引き続き長期間欠勤し，その期間が1カ月を越えた場合。

② 前号の他，特別の事情があって休職させることが適当と認めた場合。

2．休職の期間は6カ月とする。

3．休職期間中の給与は支給しない。

4．休職期間満了前に休職事由が消滅したときは休職を解き，復職させる時はこの旨本人に通知する。

（退　職）

第9条 パートタイマー等がつぎの各項の一に該当した場合は，退職するものとする。

① 死亡したとき。

② 契約期間が満了したとき。

③ 退職希望が認められたとき。

④ 解雇されたとき。

（退職願いの届出）

第10条 パートタイマー等が前条第3号によって退職しようとするときは，14日前までに所属上長を経て退職願いを提出しなければならない。

2．退職願いを届け出たパートタイマー等は会社の承認あるまでは，従前の職務に従事しなければな

らない。

（解　雇）

第11条　第9条第4号の解雇は，つぎの各項の一に該当した場合に行う。

① 事業縮小，閉鎖，設備の変更などにより剰員となったとき。

② 勤務能力がいちじるしく低く勤務に耐えられないと認めたとき。

③ 甚だしく職務が怠慢なとき。

④ この規則に違反したとき。または業務上の指示命令に違反したとき。

⑤ 遅刻，早退，外出，欠勤が多く勤務が不適当と認められたとき。

⑥ 就業秩序，規律に違反ないし，これを乱したとき。

⑦ 第48条の懲戒解雇に該当したとき。

⑧ その他前各号に準ずる事由があり，パートタイマー等として不適当と認められたとき。

（解雇予告，予告手当）

第12条　会社は前条による解雇の場合，30日前に予告するか，30日分の平均給与の解雇予告手当を支払って即時解雇する。

2．前項後段の解雇予告手当は前条第7号に該当したときは支給しない。

　　　この場合所轄労働基準監督署長の解雇予告除外認定を受けるものとする。

（退職証明書の交付）

第13条　会社は，退職または解雇（解雇予告中をも含む）された者（以下「退職者」という）が，退職に関する証明書を請求した場合は，次の事項に限り証明書の交付を遅滞なく行う。

① 雇用期間に関する事項

② 業務の種類に関する事項

③ 地位に関する事項

④ 賃金に関する事項

⑤ 退職事由（解雇の場合にあってはその理由）に関する事項

2．前項の証明書は，退職者の請求した事項のみとする。

第3章　勤　　務

（勤務日および労働時間）

第14条　パートタイマー等の勤務日は原則として休日を除いた日とする。ただし，本人の都合を考慮して1週3日〜5日で個人別雇用契約書で定める。

2．パートタイマー等の労働時間は原則として，実労働時間6時間以内とし，その始業，終業の時刻の定めは，つぎのいずれかを標準とし，本人の都合を考慮して，個人別の雇用契約において定める。

区分＼形態	始業時間	休憩	終業時間	実働
Ⅰ	9時00分	12時00分〜13時00分	15時30分	5時間30分
Ⅱ	9時30分	12時00分〜13時00分	16時00分	5時間30分
Ⅲ	9時30分	12時00分〜13時00分	16時30分	6時間
Ⅳ	10時00分	12時00分〜13時00分	16時30分	5時間30分

なお，本人との契約において定めた実労働時間を所定労働時間とする。

3．前項において契約した始業，終業の時刻は業務または，季節の都合によりこれを繰上げ，あるいは繰下げて変更することがある。

4．会社は第1項の所定労働時間を業務の都合によって事前に本人に通告の上，承諾を得て短縮することがある。

この場合の給与は当日の実労働時間をもって計算するものとする。

（休　憩）

第15条　休憩は前条第2項の各シフト（4つのシフト）とも12時より13時までの1時間とする。

（休　日）

第16条　パートタイマー等の所定休日は，つぎのとおりとし，給与は支給しない。

① 日曜日（法定休日）

② 土曜日

③ 国民の祝日

④ 年末年始

⑤ 会社の指定日

2．前項の定めにかかわらず，会社は業務の都合により休日をあらかじめ他の日に振り替えることがある。

（時間外，休日労働）

第17条　会社は，パートタイマー等に対しやむを得ない業務の必要があるときは時間外勤務，および休日勤務をさせることがある。

2．前項の規定は，満18歳未満の者には適用しない。

ただし，法定内時間（1日8時間）および法定外休日は除くものとする。

3．妊産婦のパートタイマー等が時間外勤務および休日勤務について不就労の申出があったときは，この勤務にはつかせない。

237

（時間外・休日勤務の制限）

第18条　前条の勤務について，社員の過半数を代表する者との協定に際して，時間外勤務の限度は，次の範囲内とする。

期　　間	限度時間
1　週　間	15 時　間
2　週　間	27 時　間
4　週　間	43 時　間
1　カ　月	45 時　間
2　カ　月	81 時　間
3　カ　月	120 時　間
1　年　間	360 時　間

2．休日勤務については，法定休日は月1日以内とする。

（年次有給休暇）

第19条　契約更新により6カ月間継続勤務し，全労働日の8割以上出勤したパートタイマー等に対して，継続し又は分割した次表の年次有給休暇を与える。

年次有給休暇の日数

勤　続　年　数	1　週　5　日 （年217日）以上	1週4日（年216日）以下				
	週　5日	4日	3日	2日	1日	
	年　217日以上	169日から 216日まで	121日から 168日まで	73日から 120日まで	48日から 72日まで	
6　　カ　　月	10日	7日	5日	3日	1日	
1 年 6 カ 月	11日	8日	6日	4日	2日	
2 年 6 カ 月	12日	9日	6日	4日	2日	
3 年 6 カ 月	14日	10日	8日	5日	2日	
4 年 6 カ 月	16日	12日	9日	6日	3日	
5 年 6 カ 月	18日	13日	10日	6日	3日	
6年6カ月以上	20日	15日	11日	7日	3日	

2．年次有給休暇を請求しようとする者は，前日までに申し出なければならない。

3．年次有給休暇は本人の請求のあった時季に与える。ただし業務の都合によりやむを得ない場合はその時季を変更することがある。

4．年次有給休暇の期間については通常の給与を支払う。

5．当該年度の年次有給休暇の残日数がある場合は翌年に限り繰越すことができる。

6．年次有給休暇の日数が10日以上の者については，そのうちの5日は，付与日から1年以内に，時

季を指定して与える。ただし，本人の時季指定または計画的付与制度により付与した日数があるときは，その日数を5日から控除する。

（出産休暇）

第20条 女性パートタイマーが出産する場合，産前は請求により6週間（多胎の場合は14週間），産後は8週間（医師の証明ある場合は6週間以上）の出産休暇を与える。

　　　ただし給与は支給しない。

（育児時間）

第21条 生後1年に達しない子を育てる女性パートタイマーが，あらかじめ申し出た場合は，所定の休憩時間の外，1日について2回それぞれ30分の育児時間を与える。ただし，無給とする。

（育児休業）

第22条 1週3日以上で1年以上継続勤務のパートタイマーのうち，1歳未満の子（特別の事情ある場合2歳）の養育を必要とする者は，会社に申し出て育児休業，子の看護休暇または育児短時間勤務の適用を受けることができる。

　2．手続き等必要な事項については，別に定める正規社員の「育児休業規程」を準用する。

（介護休業）

第23条 1週3日以上のパートタイマーの家族で傷病のため介護を要する者がいる場合は，会社に申し出て介護休業，介護休暇または介護短時間勤務の適用を受けることができる。

　2．手続き等必要事項については，別に定める正規社員の「介護休業規程」を準用する。

（母性健康管理のための休暇等）

第24条 妊娠中又は出産後1年を経過しない女性社員から，所定労働時間内に，母子保健法に基づく保健指導又は健康診査を受けるために，通院休暇の請求があったときは，次の範囲で休暇を与える。

　　① 産前の場合

　　　　妊娠23週まで……………… 4週に1回

　　　　妊娠24週から35週まで…… 2週に1回

　　　　妊娠36週から出産まで…… 1週に1回

　　　　ただし，医師又は助産師（以下「医師等」という。）がこれと異なる指示をしたときには，その指示により必要な時間。

　　② 産後（1年以内）の場合

　　　　医師等の指示により必要な時間。

　2．妊娠中又は出産後1年を経過しない女性社員から，保健指導又は健康診査に基づき勤務時間等について医師等の指導を受けた旨申出があった場合，次の措置を講じることとする。

　　① 妊娠中の通勤緩和

　　　　通勤時の混雑を避けるよう指導された場合は，原則として1時間の勤務時間の短縮又は1時間以内の時差出勤

　　② 妊娠中の休憩の特例

休憩時間について指導された場合は，適宜休憩時間の延長，休憩の回数の増加

③　妊娠中又は出産後の諸症状に対応する措置

妊娠又は出産に関する諸症状の発生又は発生のおそれがあるとして指導された場合は，その指導事項を守ることができるようにするため作業の軽減，勤務時間の短縮，休業等

3．前各項の給与の措置は無給とする。

（出退勤手続）

第25条　パートタイマー等は，始業および終業の時刻を厳守し，出退勤は所定の場所において，出退勤時刻を所定の方法により記録しなければならない。

（遅刻または早退）

第26条　やむを得ない事由により遅刻または早退をしようとするときは，会社に届け出承認を受けなければならない。

（外　出）

第27条　就業時間中の私用外出は原則として認めない。

ただし，やむを得ない事由により会社の許可を受けて外出するときはこの限りでない。

（欠　勤）

第28条　病気その他やむを得ない事由により欠勤しようとするときは，会社に届け出なければならない。

2．傷病のため3日間を超えて欠勤したときは前項の届出のほか医師の診断書を提出しなければならない。

（服務の原則）

第29条　パートタイマー等はこの規則で定めるものの外業務上の指示命令に従い，自己の業務に専念し，作業能率の向上に努力するとともに，互いに協力して職場の秩序を維持しなければならない。

（服務の心得）

第30条　パートタイマー等は，つぎの事項を遵守しなければならない。

①　常に健康に留意し，元気溌剌な態度をもって就業すること。

②　職務の権限を越えて，専断的なことを行わないこと。

③　常に品位を保ち，会社の名誉を害し，信用を傷つけるようなことをしないこと。

④　会社の業務上の機密事項および会社の不利益となるような事項を他に漏らさないこと。

⑤　会社の車輌，機械，器具その他，備品を大切にし，消耗品を節約し，製品および書類その他会社の物品を丁寧に取扱い，その保管を厳にすること。

⑥　許可なく職務以外の目的で，会社の設備，車輌，機械，器具その他の物品を使用しないこと。

⑦　職場の整理，整頓に努め常に清潔を保つようにすること。

⑧　勤務時間を励行し，職場を離れるときは所在を明らかにし，また作業を妨害し，または職場の風紀秩序を乱さないこと。

⑨　性的な言動によって他の従業員に不利益を与えたり，就業環境を害さないこと（セクシュアル

240

ハラスメント的な行為をしないこと）。

⑩　職務上の地位や人間関係などの職場内の優位性を背景にした，正常な範囲を超える言動により，他のパートタイム労働者に精神的・身体的な苦痛を与えたり就業環境を害さないこと（パワーハラスメントをしないこと）。

⑪　妊娠・出産および出産・育児・介護等の制度を利用したことに対して，就業環境を害するような言動をしないこと（マタニティハラスメントをしないこと）。

⑫　その他あらゆるハラスメントにより他のパートタイム労働者の就業環境を害さないこと。

⑬　職務に関し，不当な金品の借用もしくは贈与もしくは供応の利益を受けないこと。

⑭　喫煙に際しては，防火に留意し，社内を歩行中くわえ煙草をしないこと。

⑮　酒気を帯びて就業しないこと。

⑯　社内において政治活動，宗教活動をしないこと。

⑰　社内において許可なく業務に関係のない集会をし，印刷物を配布し，または掲示等をしないこと。

⑱　許可なく他の会社の役員もしくは従業員となり，または会社の利益に反するような業務に従事しないこと。

⑲　許可なく社用以外の目的で社名を用いないこと。

⑳　前各号のほか，これに準ずるような社員としてふさわしくない行為をしないこと。

第4章　給　　与

（給　与）

第31条　パートタイマー等の給与は，つぎのとおりとする。

①　基　　本　　給……時給または日給とする。

②　精 皆 勤 手 当……皆勤3,000円，精勤1,500円

③　時間外勤務手当……実労働7時間超過に対し1時間に2割5分増。ただし，1カ月60時間超に対しては1時間に5割増。

④　休 日 出 勤 手 当……1時間に3割5分増

⑤　通　勤　手　当……交通機関の最短経路の実費（定期代）

　　　　　　　　　　　　自己所有の自転車，オートバイ，自動車等を利用する場合，通勤距離2km以上の者で非課税限度額範囲内。

2．前項の基本給は労働局長の公示する最低賃金額以上とする。

（給与の計算）

第32条　給与は前月21日から当月20日までの分を毎月25日に支給する。

　　ただし，支給日が休日に当たる場合は原則として前日に繰上げて支給する。

（給与の支給）

第33条　前条の給与は通貨で直接パートタイマー等本人に全額支給する。

2．本人が希望する場合は，労使協定により，本人が指定する金融機関の本人口座に振込むものとする。

（遅刻，早退の給与）

第34条 遅刻，早退，外出その他勤務時間中職場を離れる場合は，給与より時間割り計算をもって差引くものとする。

（非常時払い）

第35条 パートタイマー等が，つぎの各項の一に該当した場合は所定の給与支払日前であっても，本人または受給権者の請求により既往の労働に対する給与を支給する。

① 死亡したとき。

② 退職し，または解雇されたとき。

③ 本人またはその収入によって生計を維持している者が，結婚，出産，疾病，その他災害を受け臨時に出費を必要とするとき。

第5章　安全衛生

（安全衛生）

第36条 パートタイマー等は安全衛生に関し，会社の定める規定に従い，安全衛生教育を受け，当該就業に関し定められた安全衛生心得を遵守しなければならない。

2．会社の指示を守り，危害の予防および保健衛生上の向上に努めるとともに会社の行う安全衛生に関する措置には進んで協力し，事故のないよう注意して就業しなければならない。

（健康診断・ストレスチェック）

第37条 会社は1年について定期に1回，または必要あるときは臨時にパートタイマー等の健康診断およびストレスチェックを行う。この場合正当な理由なく拒むことはできない。

第6章　災害補償

（災害補償）

第38条 パートタイマー等が業務上負傷し疾病にかかりあるいは死亡した場合にはすべて労働者災害補償保険法の定むるところによる。

（通勤災害）

第39条 パートタイマー等が所定の通勤途上において負傷し疾病にかかり，あるいは死亡したときは，すべて労働者災害補償保険法の定むるところによる。

第7章　表彰および懲戒

（表彰事項）

第40条 パートタイマー等が，つぎの各項の一に該当する場合は審査の上表彰する。

① 業務上有益な改良または工夫考案した者。

② 善行があり衆の模範となる者。

③ 業務能率がいちじるしく秀でている者。

④ 災害を未然に防止し，または非常の際とくに功労のあった者。

⑤ 会社の名誉となるような行為をした者。

⑥ その他前各号に準ずる程度の善行，または功労があると認められた者。

（表彰の方法）

第41条 前条の表彰は，つぎの一または二以上を併せ授与してこれを行う。

① 賞　状

② 賞　品

③ 賞　金

（懲戒の種類）

第42条 パートタイマー等の懲戒処分は，譴責，減給，出勤停止，懲戒解雇の４種類とする。

（譴　責）

第43条 譴責は始末書をとり将来を戒める。

（減　給）

第44条 減給は始末書をとり１回について平均給与の半日分以内，総額においてその月の総収入の10分の１以内を減ずる。

（出勤停止）

第45条 出勤停止は始末書をとり，７日以内出勤を停止し，その期間給与を支給しない。

（懲戒解雇）

第46条 懲戒解雇は所轄労働基準監督署長の認定を経て解雇予告あるいは解雇予告手当なしに即時解雇する。

（譴責に該当する事項）

第47条 パートタイマー等が，つぎの各項の一に該当する場合は譴責に処する。ただし情状により訓戒に止めることがある。

① 正当な理由なく無断欠勤４日以上に及んだ者。

② 正当な理由なしに，しばしば遅刻，早退，または欠勤した者。

③ この規則，その他会社の諸規定に違反した者。

④ 会社内において，性的な言動によって他人に不快な思いをさせたり，職場の環境を悪くしたとき。

⑤ パワハラ，マタハラその他のハラスメントにより他の従業員に苦痛を与えたり職場の環境を悪くしたとき。

⑥ その他前各号に準ずる不都合な行為をなした者。

（減給，出勤停止，懲戒解雇に該当する事項）

第48条 パートタイマー等が，つぎの各項の一に該当するときは懲戒解雇とする。

ただし情状により減給，出勤停止に止めることがある。

① 正当な理由なしに無断欠勤7日以上に及んだ者。

② 他人に対し暴行，脅迫を加え，またはその業務を妨害した者。

③ 職務上上長の指示命令に従わず，越権専断の行為をなし秩序を乱した者。

④ 故意に会社の施設，備品等を破壊した者。

⑤ 再度の譴責を受けながら，なお職務に怠慢不熱心な者。

⑥ 刑罰法規に触れるような行為をした者。

⑦ 会社に迷惑を及ぼし，または取引先もしくは従業員の名前，信用，その他影響を及ぼす行為をした者。

⑧ 素行不良で著しく協会の秩序又は風紀を乱したとき。

⑨ 会社内において，性的な関心を示したり，噂を行なったり，性的な行為を仕掛けたりして，他のパートタイム労働者の業務に支障を与えたとき。

⑩ パワハラ・マタハラその他のハラスメントにより他の従業員が精神疾患に罹患するなど悪質なとき。

⑪ この規則の第30条に定める服務規律に違反した者。

⑫ その他，前各号に準ずる社会通念上不都合な行為をした者。

（慶弔見舞金関係）

第49条 パートタイマー等についての慶弔見舞金はその都度定める。

付　則

（社会保険の加入）

第50条 パートタイマーが，社会保険の加入に必要な基準に達した場合は，遅滞なく加入の手続きをとる。

第51条 この規則は○年○月○日より実施する。

昭和57年4月1日　制定

平成16年4月1日　一部改正

第1章　就業規則　第5　パートタイマー就業規則の実例

別紙　　　　　　　　　　　　パートタイマー雇用契約書

年　　月　　日

会（甲という）社 印		パートタイマー（乙という）	個人番号	フリガナ	
				氏名　　　　　　　　　印	
			現住所		

甲と乙は，下記労働条件により雇用契約を締結する。

雇用期間	年　　月　　日から　　　　年　　月　　日まで		
勤務場所		職務内容	
勤務時間	時　分から　　時　分まで	休憩時間	分
休　　日	日曜・国民の祝日・土曜日・夏期及び年末年始の各休日		
休　　暇	年次有給休暇　年休の日数は，週の所定労働日数が5日又は6日の者については，6カ月間継続勤務（雇用期間が定められている場合であっても，更新により実質的に労働関係が継続していると認められるときを含む。）し，その間の出勤率が8割以上であるときは10労働日とする。なお，週の所定労働日数が4日以下（年間216日以下）の者については比例配分で行う。		
賃　　金	基本給　1時間当り　　　　　　　円		
	皆勤手当　(1)　1カ月（前月21日より当月20日まで以下同じ）の間，全然欠勤・遅刻・早退・私用外出しなかった者。　　　　　月額 (2)　1カ月の間に遅刻・早退・私用外出の時間が3時間以内の者 　　　　　　　　月額 (3)　1カ月の間に遅刻・早退・私用外出の時間が6時間以内の者 　　　　　　　　月額		
	通勤手当　全額支給　本人の居所により，勤務地までの最短区間により，通勤手当として交通費の実費を支給する。（手当の基準は半径2km以上あること）賃金計算期間中の中途で採用，退職，又は休職，復職した場合は，日割り計算で支給する。		
	支　　払　前月21日から計算し当月20日で締切り25日に支払う。		
その他	1．甲は乙と，信義誠実の原則に従いパートタイマー就業規則にもとづき契約を完全に履行する。 2．会社の経営上の都合により，契約内容については契約期間中であっても協議の上変更することがある。 3．本契約並びにパートタイマー就業規則に違反した場合は，いつでも契約を解除することができる。 4．本契約の記載のない事項についてはパートタイマー就業規則による。		

(5) 実例　　　パートタイマー就業規則

〔 この規則はＳＷ産業物流センター（卸売業）で従業員総数の３分の１がパート従業員である。〕

（ＳＷ産業・物流センター・従業員230人，内パート70人）

第1章　総　　則

（目　的）

第1条　この就業規則（以下「規則」という）は，ＳＷ産業株式会社（以下「会社」という）就業規則第○条○項に基づき，会社に使用されるパートタイマーの就業に関する事項を定めたものである。

2．パートタイマーの就業に関する事項は，この規則または雇用契約書および関係諸規程のほか，労働基準法その他の法律の定めるところによる。

（パートタイマーの定義）

第2条　この規則で，パートタイマーとは第４条で定めるところにより採用され，所定労働時間および休日が第16条，第17条の適用を受ける者をいう。（１日６時間・完全週休２日制）

2．前項にかかわらず，所定労働日数および所定労働時間が短い者をいう。

（遵守義務）

第3条　会社およびパートタイマーは，この規則を誠実に遵守し互いに協力して職場の秩序を維持し，事業の発展に努めなければならない。

（採　用）

第4条　会社は，パートタイマーとして就業を希望する者より，履歴書の提出を求め，選考の上適当と認めたものに雇用期間を定め労働条件を示して，パートタイマーとして採用する。

2．前項の雇用期間は，原則として１カ年以内とし，必要ある場合には更新をするものとする。その場合平成25年４月１日以後に開始する有期労働契約が，通算５年を超えて更新された場合は，労働者の申込により次の更新時から期間の定めのない無期労働契約に転換する。ただし労働契約が締結されていない期間が連続して６カ月以上ある場合についてはそれ以前の契約期間は通算契約期間に含めない。無期労働契約となった場合の定年は65歳とし，定年に達した日の属する月の末日を以て退職とする。

（雇用契約書の締結）

第5条　会社は，パートタイマーの採用に当たっては，雇用契約書（P.256）の締結を行う。

2．前項の雇用契約締結に際しては，会社は採用する者に，次の事項についての文書を交付するものとする。

① 雇用契約の期間に関する事項

② 就業の場所及び従事する業務に関する事項

③ 始業及び終業の時刻，時間外労働の有無，休憩時間，休日，休暇並びに交替制の場合の就業転換に関する事項

④ 賃金に関する事項

⑤ 退職に関する事項（解雇の事由を含む）

（採用時の提出書類）

第6条 新に採用されたパートタイマーは，会社の指定する日までに次の書類を提出しなければならない。

① 住民票記載事項証明書（本人の住所・氏名および生年月日に限る）

② 通勤経路に係る届

③ その他会社が必要とする書類

2．前各号の書類は，会社が必要を認めない場合は，その一部を省略することがある。

（正社員優先採用）

第7条 会社は，正社員採用に際して現に使用する同種の業務に従事するパートタイマーであって，正社員として雇用されることを希望する者に対し，これに応募する機会を優先的に与えるものとする。

（試用期間）

第8条 パートタイマーの試用期間は，1カ月とする。

2．会社は試用期間の途中または終了の際，パートタイマーとして不適当と認められる場合は解雇する。

ただし，入社後14日過ぎた者には，第13条の手続きによる。

（異　動）

第9条 会社は，業務の都合により必要があるときは，パートタイマーに勤務場所または勤務内容の変更を命ずることがある。

（退　職）

第10条 パートタイマーが次の各号のいずれかに該当する場合には退職する。

① 雇用契約書に定めた雇用期間の終期が到来し，契約を更新しないとき。

② 更新しない場合の判断基準は次によるところとする。

　イ　雇用契約期間満了時の業務量

　ロ　勤務成績，業務遂行能力及び勤務態度

　ハ　会社の経営状況

　ニ　従事している業務の進捗状況

③ 本人の都合により，退職を申し出て会社の承認を得たときまたは申し出の日から起算し14日を経過したとき。

④ 死亡したとき。

2．パートタイマーが本人の都合により退職しようとするときは，少なくとも14日前までにその旨，

会社に申し出なければならない。

（雇用契約終了の予告）

第11条　会社は，期間の定めのある雇用契約の更新により１年を超えて引続き使用するに至ったパートタイマーまたは雇用契約を３回以上更新しているパートタイマーについて，期間の満了により雇用契約を終了させる場合には，少なくとも30日前にその旨予告するものとする。

（解　雇）

第12条　事業の休廃止または縮小その他事業の運営上やむを得ない場合またはパートタイマーが，次の各号のいずれかに該当する場合には，解雇することができる。

①　身体または精神に異常があり，医師の診断に基づき業務に耐えられないと認められたとき

②　勤務成績が不良で，就業に適さないと認められたとき

③　その他，前各号に準ずる行為があり就業に適さないと認められたとき

（解雇予告）

第13条　会社が前条により，パートタイマーを解雇する場合には，少なくとも30日前に本人に予告するか，または労働基準法第12条による平均賃金の30日分の解雇予告手当を支給する。この場合予告の日数は平均賃金を支払った日数分だけ短縮することができる。

２．前項の規定にかかわらず，次の各号のいずれかに該当する場合には予告手当を支払わずに即時に解雇することがある。

①　雇用期間契約が２カ月以内のパートタイマーを解雇するとき（所定の期間を超えて引続き使用されるに至ったときを除く）

②　天災，事変その他やむを得ない事由のため事業の継続が不可能となった場合で，会社が労働基準監督署長の解雇予告除外認定を受けたとき

（退職証明書，離職証明書の交付）

第14条　会社は退職または解雇（解雇予告期間中を含む）された者（以下「退職者」という）が，退職に関する証明書を請求した場合は，次の事項の証明書の交付を遅滞なく行う。証明事項は退職者の請求した項目のみとする。

①　雇用期間に関する事項

②　業務の種類に関する事項

③　地位に関する事項

④　賃金に関する事項

⑤　退職事由（解雇の場合にあってはその理由）に関する事項

第2章　勤　務

第1節　服務心得

（服務心得事項）

第15条　パートタイマーは，次の各号に掲げる事項を守らなければならない。

① 所属長の指示，命令に従って，職場の秩序を維持し，職務を確実に行うこと

② 所属長の許可なく，勤務時間中に職場を離れないこと

③ 所属長の許可なく，会社の物品を社外に持ち出したり，私用に供しないこと

④ 職務上の地位を利用して，自己の利益を図ったり，不正な行為を行わないこと

⑤ 会社および取引先の機密事項や不利益になる事項を他人に漏らさないこと

⑥ 性的な言動によって他の従業員に不利益を与えたり，就業環境を害さないこと

⑦ パワハラ，マタハラその他のハラスメントにより他の従業員に苦痛を与えたり職場の環境を悪くしないこと

⑧ その他，会社の名誉，信用を損う行為は行わないこと

第2節　労働時間，休憩，休日など

（勤務時間，休憩）

第16条　パートタイマーの始業，終業の時刻および休憩時間は下表のとおりで，雇用契約書に示すものとする。

始　業	終　業	休憩時間	実働時間
9：00	16：00	10：00〜10：05 12：00〜12：50 15：00〜15：05	6時間

2．前項において定めた時刻は，業務の都合により変更することがある。その場合はあらかじめ3日前までに通知する。

（休　日）

第17条　パートタイマーの休日は，下記のとおりである。

① 日曜日（法定休日）

② 土曜日

③ 国民の祝日

④ 年末年始（12月31日〜1月4日）

⑤ 会社が特に定める日

2．会社は，業務上必要があるときは，前項の休日を他の日に振替えることがある。この場合，少な

くとも前日までに振替える休日を定め，通知する。

（時間外および休日勤務）

第18条 会社は業務の都合により，必要のある場合は，第16条，第17条の定めにかかわらず，時間外または休日に勤務させることがある。

2．前項の時間外および休日勤務は「36協定」の範囲内とする。

3．前項の協定に際して，時間外労働の上限は次の範囲内とする。

期　　　間	限度時間
1　週　間	15 時　間
2　週　間	27 時　間
4　週　間	43 時　間
1　カ　月	45 時　間
2　カ　月	81 時　間
3　カ　月	120 時　間
1　年　間	360 時　間

（年少者の時間外，休日勤務）

第19条 前条の規定は満18歳未満の年少者パートタイマーには時間外および休日勤務はさせない。法定内労働時間（実働8時間以内）での時間外勤務および法定外休日は除くものとする。

2．妊産婦のパートタイマーが時間外，深夜および休日勤務について不就労の申出があった場合は，これらの勤務には就かせない。

（育児時間）

第20条 生後満1年に達しない嬰児を育てる女性パートタイマーが請求した場合には，第16条で定める休憩時間のほかに1日に2回それぞれ30分間の育児時間を与える。ただし，この時間は無給とする。

（育児休業）

第21条 パートタイマー（男女）のうち，1歳未満の子（特別の事情ある場合2歳）の養育を必要とする者は，会社に申し出て育児休業，子の看護休暇または育児短時間勤務の適用を受けることができる。

2．育児休業，子の看護休暇または短時間勤務の対象者で，手続き等の必要事項については，別に定める正規社員の「育児休業規程」による。

（介護休業）

第22条 パートタイマー（男女）の家族で傷病のため介護を要する者がいる場合は，会社に申し出て介護休業，介護休暇または介護短時間勤務の適用を受けることがある。

2．介護休業，介護休暇または介護短時間勤務に対する対象者，期間，手続き等の必要事項については，別に定める正規社員の「介護休業規程」による。

（母性健康管理）

第23条 妊娠中の女性には，次に定める妊娠週数の区分に応じた回数，保健指導又は健康診査を受けるために必要な時間を確保する。但し，医師等がこれと異なる指示をしたときは，その指示に従う。

妊娠23週まで……………………4週間に1回

妊娠24週から35週まで………2週間に1回

妊娠36週から出産まで………1週間に1回

2．産後1年以内の女性については，医師等が指示するところにより，保健指導又は健康診査を受けるために必要な時間を確保する。

3．妊娠中及び出産後の女性から申出があった場合には，それぞれ次のような措置を講じる。

(1) 妊娠中

通勤緩和の申出…………時差通勤，勤務時間短縮等の必要な措置

休憩に関する申出………休憩時間の延長，回数の増加等の必要な措置

(2) 妊娠中及び出産後

つわり，妊娠中毒，回復不全等の症状に関する申出

………作業の制限，勤務時間の短縮，休憩等の必要な措置

第3節　出勤，遅刻，早退，欠勤など

（出　勤）

第24条 パートタイマーは始業時刻までに出勤し，タイムカードに打刻しなければならない。

（遅刻・早退・私用外出）

第25条 パートタイマーはやむを得ない事情により遅刻，早退または勤務時間中に私用外出をするときは，所属長に届出なければならない。

（欠　勤）

第26条 パートタイマーは，傷病その他の理由により欠勤するときは，書面により会社に届け出なければならない。ただし，事前に届け出る余裕がないときは，電話その他の手段によって所属長に連絡するとともに，事後速やかに届け出なければならない。

2．私傷病により，7日以上欠勤する者については，会社は医師の診断書を求めることがある。

第4節　休　憩

（年次有給休暇）

第27条 週の所定労働日数が5日以上のパートタイマーで6カ月勤続し，所定労働日数の8割以上出勤した者には，10労働日の年次有給休暇を与える。

以後勤続1年につき，1労働日（勤続3.5年以上は1年につき2労働日）を加算し，次の表のとおりとする。

勤続年数	0.5	1.5	2.5	3.5	4.5	5.5	6.5以上
付与日数	10	11	12	14	16	18	20

2．年次有給休暇を請求しようとする者は，事前に申し出なければならない。

3．年次有給休暇は，本人が請求した時季に与える。ただし事業の都合によりやむを得ない場合には他の時季に変更することがある。

4．年次有給休暇を与えた日は，出勤とみなし，当該勤務日の通常の賃金を支払う。

5．当該休暇年度における年次有給休暇の残余日数は，翌休暇年度に限り繰越すことができる。

6．1週4日以下のパートタイマーは，第1項の比例区分で年次有給休暇を与える（別表）。

別表　週の所定労働日数の少ない者に対して比例付与される年次有給休暇の日数

週所定労働日数	1年間の所定労働日数	勤　　続　　年　　数						
		6カ月	1年6カ月	2年6カ月	3年6カ月	4年6カ月	5年6カ月	6年6カ月以上
4日	169〜216日	7日	8日	9日	10日	12日	13日	15日
3日	121〜168日	5日	6日	6日	8日	9日	10日	11日
2日	73〜120日	3日	4日	4日	5日	6日	6日	7日
1日	48〜 72日	1日	2日	2日	2日	3日	3日	3日

7．年次有給休暇の日数が10日以上の者については，そのうちの5日は，付与日から1年以内に，時季を指定して与える。ただし，本人の時季指定または計画的付与制度により付与した日数があるときは，その日数を5日から控除する。

（産前産後休暇）

第28条　6週間以内に出産する予定のパートタイマーは，その申し出により，産前6週間（多胎妊娠の場合は14週間）の産前休暇を与える。

2．女性パートタイマーが出産したときは，8週間の産後休暇を与える。ただし，産後6週間を経過した女性が請求した場合において医師が支障がないと認めた場合には，就業させることがある。

3．産前産後の休暇は無給とする。

（生理休暇）

第29条　生理日の就業が著しく困難な女性パートタイマーが休暇を請求したときは，生理休暇を与える。

2．前項の休暇は無給とする。

第3章　賃　　金

（賃　金）

第30条　パートタイマーの賃金は次のとおりとする。

① 基本給

② 通勤手当

③ 時間外勤務手当

（基本給）

第31条 基本給は，時間給とし，職種・技術・経験・年数等を考慮して各人ごとに定めることとし雇用契約書により示すものとする。

2．基本給（時間給）は，所轄労働局長公示の最低賃金を下回らないものとする。

3．基本給は，欠勤・遅刻・早退または私用外出などによる不就労がある場合は，その相当額を支給しない。

（時間外勤務手当）

第32条 パートタイマーの勤務時間が時間外に及び実働8時間を超え，または休日に勤務した場合は，その勤務時間1時間につき，次の計算により時間外勤務手当を支給する。

基本給（時間給分）×1.25　ただし，時間外勤務が60時間を超える部分については1時間につき1.50，また法定休日出勤は1時間につき1.35とする。

2．深夜（午後10時〜午前5時）に勤務したときは上記の計算に0.25加給する。

（通勤手当）

第33条 通勤手当は，自己の住居から通勤するために，会社が定めた通勤手当支給細則に準じて支給する。

（賃金計算の端数処理）

第34条 一賃金の締切り期間における賃金の総額に1円未満の端数が生じた場合は，四捨五入で計算する。

（賃金の支払方法）

第35条 賃金は通貨で，直接本人に支払う。

2．前項の規定にかかわらず，次に掲げるものは賃金から控除して支払う。

① 所得税，社会保険料など法令により控除することが認められたもの

② 会社が労働者代表と書面により控除することと協定したもの

（賃金の計算期間，支払い日）

第36条 賃金の計算期間は，前月21日から当月20日までとし，その支払日は当月29日とする。

2．パートタイマーが退職する（解雇を含む）場合には，賃金は退職の日から7日以内（その間に前項で定める支払日があるときは当該支払日）に支給する。

（昇　給）

第37条 1年以上従属勤務し，成績良好なパートタイマーについて昇給を行うことがある。

2．昇給の時期は毎年7月とし基本給について行う。

第4章　安全衛生

（安全衛生教育）

第38条　パートタイマーは，会社が行う安全衛生教育を受けなければならない。

（安全衛生遵守事項）

第39条　パートタイマーは，次の事項を遵守しなければならない。

①　喫煙は，所定の場所で行うこと

②　許可なく火気を使用しないこと

③　通路，非常口および消火設備のある場所に物品を置かないこと

④　危険区域に立入らないこと

（健康診断・ストレスチェック）

第40条　パートタイマーは，会社が雇入れ時および定期に実施する健康診断を受けなければならない。

2．パートタイマーは，定期的に実施するストレスチェックを受けるようにしなければならない。

第5章　災害補償・社会保険

（災害補償）

第41条　パートタイマーの業務上または通勤途上の災害による負傷，疾病，傷害または死亡に対しては，労働者災害補償保険法の定めるところにより補償を受けることができる。

（社会保険）

第42条　会社はパートタイマーが，健康保険，厚生年金保険および雇用保険の被保険者の基準に達したときは，直ちに必要な手続きをとる。

第6章　表彰及び懲戒

（表　彰）

第43条　パートタイマーが，次の各項の一に該当する場合は，審査または選考の上表彰を行う。

①　品行方正，業務優秀，職務に熱心で他の模範となるとき

②　災害を未然に防ぎ，または災害の際とくに功労のあったとき

③　業務上有益な発明考案または献策し，著しく改善の効果のあったとき

④　社会的功績があり，会社または社員の名誉となる行為のあったとき

⑤　永年精励皆勤したとき

⑥　その他とくに表彰に値する行為があったとき

（表彰方法）

第44条　前条の表彰は賞状を授与し，その程度により次の各号を併せて行うことがある。

①　賞品授与

②　賞金授与

③　特別昇給

（懲　戒）

第45条　パートタイマーが，次の各項の一に該当する場合は，次条により懲戒を行う。

①　重要な経歴を偽り雇用されたとき

②　素行不良で，会社内の風紀を乱したとき

③　正当な理由なく，しばしば欠勤，早退，私用外出し勤務不良のとき

④　故意に業務の能率を阻害し，または業務の遂行を妨げたとき

⑤　許可なく会社の物品（商品）を持ち出し，または持ち出そうとしたとき

⑥　業務上の指示，命令に従わないとき

⑦　金銭の横領，その他刑法に触れるような行為のあったとき

⑧　業務上不当な行為または失礼な行為をしたとき

⑨　会社内において，性的な関心を示したり，噂を行なったり，性的な行為を仕掛けたりしてパートタイマーの業務に支障を与えたとき

⑩　パワハラ，マタハラその他のハラスメントにより他のパートタイマーの業務に支障を与えたとき

⑪　その他前各号に準ずる程度の不都合があるとき

（懲戒の種類および程度）

第46条　懲戒はその情状により，次の5区分に従って行う。

①　戒　　告……始末書をとり将来を戒める

②　減　　給……始末書をとり，給与を減じて将来を戒める
　　　　　　　　ただし，減給1回の額が平均給与の半日分または給与締切期間中2回以上にわたる減給処分の場合においても月額の10分の1を超えない範囲内とする

③　出勤停止……始末書をとり，7日以上出勤停止し，その期間給与は支払わない

④　諭旨解雇……予告期間を設けるか，または予告手当を支給して解雇する

⑤　懲戒解雇……予告期間を設けないで即時解雇する。この場合労働基準監督署長の認定を受けたときは，予告手当を支給しない

附　　則

1．このパートタイマー就業規則は，　年　月　日から実施する。

2．この就業規則を改正する場合には，あらかじめ説明会を開催しパートタイマーの意見を聴くこととする。

パートタイマー雇用契約書

甲　SW産業株式会社

乙　住　所
　　氏　名

年　　　月　　　日生

甲と乙とは，次の労働条件で雇用契約を締結する。

記

1. パート資格　　日　雇・普　通・季　節・臨　時
2. 雇 用 期 間　　自　　　　年　　　　月　　　　日
　　　　　　　　　至　　　　年　　　　月　　　　日
3. 就 業 場 所
4. 従事する業務
5. 就 労 時 間　　実働　　　　時間　　　　分
　　　　　　　　　始業　午前　　　時　　　　分
　　　　　　　　　終業　午後　　　時　　　　分
　　　　　　　　　休憩
6. 休　　　　日　　日曜日・土曜日，国民の祝日，年末年始，その他
7. 給　　　　与　　基本給（時間給）
　　　　　　　　　皆 勤 手 当　　　　　円
　　　　　　　　　時間外手当　　　　　円
　　　　　　　　　通 勤 手 当　　　　　円
　　＊締切り日　前月21日〜当月20日
　　＊支払い日　毎月29日（その日が休日のときは，その前日）
8. 休　　　　暇　　年次有給休暇
　　　　　　　　　　　パート就業規則第27条のとおり
　　　　　　　　　生理休暇
　　　　　　　　　　　パート就業規則第29条のとおり
　　　　　　　　　出産休暇
　　　　　　　　　　　パート就業規則第28条のとおり
9. 賞　　　　与　　金一封（夏期・冬期）
10. 退 職 金　　　支給しない
11. 遵 守 義 務　　甲と乙とは，甲の定める「パートタイマー」就業規則を遵守すること
12. 契 約 更 新　　甲が乙を必要とし，乙が甲において働く意志のある場合には，契約満了時に
　　　　　　　　　更新する。規約更新の判断基準は次のところとする。
　　　　　　　　　①雇用契約期間満了時の業務量，②勤務成績，業務遂行能力及び勤務態度，
　　　　　　　　　③会社の経営状況，④従事している業務の進捗状況
13. そ の 他　　　この契約書に記載のないことは，すべて「パートタイマー就業規則」による

年　　　月　　　日

〇〇区△△×丁目×−×

甲　　SW産業株式会社

取締役社長

乙

第1章 就業規則 第5 パートタイマー就業規則の実例

---

(6) 実例　　　　　パートタイマー就業規則

> この就業規則は業界団体の事務局の規定である。割合にスッキリと
> 組まれている。1つの参考になろう。

（TKサービス業協会・団体事務・従業員40人，内パート15人）

第1章　総　　則

（目　的）

第1条　このパートタイマー就業規則（以下「規則」という。）は，職員就業規則第4条第3項（略）
　　により，パートタイマーの就業に関する事項を定めたものである。

　2．パートタイマーの就業に関する事項は，この規則または雇用契約書および関係諸規程のほか労働
　　基準法その他の法令の定めるところによる。

（パートタイマーの定義）

第2条　この規則においてパートタイマーとは，第4条の手続を経て会に採用され，特定の期間勤務
　　し，一般職員より就業日または就業時間の短い者をいう。

（遵守事項）

第3条　会は，パートタイマーに対して，この規則による就業条件により就業させる義務を負うものと
　　する。

　2．パートタイマーは，この規則を遵守し，所属長の指示に従い職場秩序を維持し，互いに協力して
　　その職責を遂行しなければならない。

第2章　人　　事

（採　用）

第4条　会は，15歳（義務教育終了者で，15歳に達した以後の3月31日を過ぎた者）以上の者で，パー
　　トタイマーとして就職を希望する者より履歴書の提出を求め，面接選考を行い，雇用期間を定め，
　　第6条の労働条件を示して，パートタイマーとして採用する。

　2．前項の雇用期間は，原則として1年以内とし，必要ある場合には更新するものとする。

（提出書類）

第5条　新たに，パートタイマーとして採用された者は，会の指定する日までに，つぎの書類を提出し
　　なければならない。

　①　パートタイマー雇用契約書

　②　誓約保証書

　③　住民票記載事項証明書

④　その他会が必要とする書類

2．前項の提出書類の記載事項に異動があった場合には，その都度速やかに文書をもって届出なければならない。

（労働条件の明示）

第6条　会は，パートタイマーの採用に際しては，この規則を提示し労働条件を明示し，雇用契約を締結するものとする。

2．前項の雇用契約締結に際しては，会は採用する者に，次の事項についての文書を交付するものとする。（別表「雇入通知書」〈P.269〉）

①　雇用契約の期間に関する事項

②　就業の場所及び従事する業務に関する事項

③　始業及び終業の時刻，時間外労働の有無，休憩時間，休日，休暇並びに交替制の場合の就業転換に関する事項

④　賃金に関する事項

⑤　退職に関する事項（解雇の事由を含む）

（試用期間）

第7条　パートタイマーの試用期間は1カ月とする。

2．会は，試用期間の途中または終了の際，パートタイマーとして不適当と認められる場合は解雇する。

ただし，就職後14日過ぎた者は，第13条の手続きによる。

（異　動）

第8条　会は，業務の都合により必要ある場合は，パートタイマーに対して職場または職務の変更および関連企業に出向を命ずることがある。

2．前項の場合，パートタイマーは正当な理由なくこれを拒むことはできない。

（退　職）

第9条　パートタイマーは，つぎの各号の一に該当する場合は退職とする。

①　死亡したとき

②　契約期間が満了したとき

③　退職願を出して承認されたとき

④　解雇されたとき

⑤　懲戒解雇されたとき

（自己都合退職の手続き）

第10条　パートタイマーが，契約期間途中において，前条第3号によって退職しようとする場合は，14日前までに所属長を経て退職願を提出しなければならない。

2．退職願を提出したパートタイマーは，14日以内，会の承認あるまでは従前の職務に従事しなければならない。

（解　雇）

第11条　会は，パートタイマーが，つぎの各号に該当する場合は，雇用契約期間中といえども解雇する。

①　勤務不良で，改善の見込みがないと認められるとき

②　能率または職務遂行能力が低劣のため，就業に適さないと認められるとき

③　事業の縮小，設備変更その他業務上やむをえない事由があるとき

④　業務上の指示命令に従わないとき

⑤　雇用の継続が，不都合となる事情が生じたとき

⑥　その他前各号に準ずる事由があり，パートタイマーとして不適当と認められるとき

（解雇の特例）

第12条　天災地変その他やむを得ない事由のため，事業の継続が不可能となった場合は，次条の規定にかかわらず，即時解雇する。

（解雇予告）

第13条　会は，第11条の解雇の場合，30日前に予告するか30日分の平均賃金の解雇予告手当を支払って即時解雇する。

2．予告日数は平均賃金を支払った日数だけ短縮することができる。

3．つぎの場合は，第1項の定めを適用しない。

①　第47条の懲戒解雇で行政官庁の認定を受けたとき

②　第7条の試用期間中の者で14日以内の解雇のとき

③　日々雇用するとき

④　2カ月以内の期間を定めて雇用するとき

（雇用契約の更新）

第14条　雇用契約期間を定めて雇用した場合に，その期間を更新しないとしたときは，次の判断基準により契約を更新しないものとする。

①　雇用契約期間満了時の業務量

②　勤務成績，業務遂行能力及び勤務態度

③　会社の経営状況

④　従事している業務の進捗状況

2．契約期間を更新し，1年を超えて引き続き雇用契約をした場合，または雇用契約を3回以上更新している場合において契約期間を更新しない場合は，契約期間の満了する日の30日前までに，その予告をする。

3．平成25年4月1日以後に開始する有期労働契約が，通算5年を超えて更新された場合は，労働者の申込により次の更新時から期間の定めのない無期労働契約に転換する。ただし労働契約が締結されていない期間が連続して6カ月以上ある場合についてはそれ以前の契約期間は通算契約期間に含めない。無期労働契約となった場合の定年は65歳とし，定年に達した日の属する月の末日を以て退

職とする。

（退職証明）

第15条 会は，退職または解雇（解雇予告期間中をも含む）された者（以下「退職者」という）が，退職に関する証明書を請求した場合は，次の事項に限り証明書の交付を遅滞なく行う。

① 雇用期間に関する事項

② 業務の種類に関する事項

③ 地位に関する事項

④ 退職事由（解雇の場合にあっては，その理由）に関する事項

2．前項の退職証明書は，退職者の請求した事項のみとする。

第3章 勤 務

（勤務時間）

第16条 パートタイマーの1日の勤務時間は60分の休憩を含め拘束8時間，実働時間は7時間以内とし，始業および終業時刻は個人毎の雇用契約書に定める。

2．業務の都合により前項の勤務時間実働時間7時間の範囲内で職場の全部または一部において，始業・終業および休憩時刻の変更をすることがある。

（休憩時間）

第17条 休憩時間は，業務の都合により交替または一斉休憩とし，食事は休憩時間内にとるものとする。

2．前項の休憩時間については，職員（パートタイマーも含む）の過半数を代表する者との労使協定を締結した場合は，その協定の定むるところによる。

3．休憩時間は自由に利用することができる。

ただし，協会の秩序を乱したり，顧客の迷惑になったり，他の者の自由を妨げてはならない。

4．休憩時間中に遠方に外出する場合は，所属長に届出るものとする。

（休 日）

第18条 パートタイマーの休日は，つぎのとおりとする。

① 日曜日（法定休日）

② 土曜日

③ 国民の祝日

④ 年末年始（12月29日〜1月4日）

⑤ その他会がとくに必要と認めた日

（休日の振替）

第19条 会は，業務の都合上やむを得ない場合には，部署または個人ごとに前条各号の休日を他の日に振り替えることがある。

2．休日を振り替える場合は，あらかじめ振り替える休日を指定する。

ただし，休日は４週間を通じて８日を下回ることはない。

（時間外および休日勤務）

第20条　会は，業務の都合により必要ある場合は，第16条（勤務時間）および第18条（休日）の定めにかかわらず，時間外または休日勤務させることがある。

２．前項の時間外および休日勤務は，深夜勤務（午後10時～午前５時）におよぶことがある。

（時間外・休日勤務の制限）

第21条　前条の勤務については，職員の過半数の代表との協定に際して時間外労働の協定は，次の範囲内とする。

期　　間	限度時間
１　週　間	15 時　間
２　週　間	27 時　間
４　週　間	43 時　間
１　カ　月	45 時　間
２　カ　月	81 時　間
３　カ　月	120 時　間
１　年　間	360 時　間

２．休日勤務については，法定休日は，月１日（１回）とする。

（年少者）

第22条　前条の規定は，満18歳未満の年少者のパートタイマーには適用しない。

ただし，法定内時間（実働８時間以内）の時間外勤務および法定外休日は除くものとする。

２．妊産婦のパートタイマーが，時間外，休日および深夜勤務について不就労の申出があった場合は，これらの勤務にはつかせない。

（年次有給休暇）

第23条　パートタイマーが契約更新により，0.5年間（６カ月）継続勤務し，１週５日以上勤務者（週30時間以上。年間217日以上の所定勤務者）で，全勤務日のの８割以上の出勤者には，会は継続または分割した10勤務日の年次有給休暇を与える。

２．1.5年以上継続勤務した者には，１年を超えるごとに１勤務日を，3.5年以上の継続勤務者には，２勤務日を加算した年次有給休暇を与える。（次表）

ただし，総日数は20日を限度とする。

① １週５日以上の勤務者

勤　続　年　数		0.5	1.5	2.5	3.5	4.5	5.5	6.5以上
付与日数	13年度以降	10	11	12	14	16	18	20

３．第１項の出勤率の算定にあたり，次の各号の期間は出勤とみなして取り扱う。

① 業務上の傷病による休暇期間

② 産前産後の休業期間

③ 育児休業制度に基づく休業期間および介護休業制度に基づく休業期間

④ 会の都合による休業期間

⑤ その他慶弔休暇および特別休暇

⑥ 年次有給休暇の期間

4．年次有給休暇を請求しようとする者は，事前に申し出なければならない。

5．年次有給休暇は，本人の請求のあった時季に与える。

　　ただし，事業の都合によりやむをえない場合は，その時季を変更することがある。

6．年次有給休暇の期間については，通常の給与を支払う。

7．当該年度の年次有給休暇に残日数がある場合は，翌年に限り繰越すこととする。

8．1週4日以下（1週30時間未満・1年を通じて216日以下）のパートタイマーは第1項および第2項を比例付与で次表のとおり年次有給休暇を与える。

② 週労働時間が30時間未満の勤務者

ア．週労働日数が4日又は1年間の労働日数が169日から216日までの者

勤 続 年 数	0.5	1.5	2.5	3.5	4.5	5.5	6.5以上
付 与 日 数	7	8	9	10	12	13	15

イ．週労働日数が3日又は1年間の労働日数が121日から168日までの者

勤 続 年 数	0.5	1.5	2.5	3.5	4.5	5.5	6.5以上
付 与 日 数	5	6	6	8	9	10	11

ウ．週労働日数が2日又は1年間の労働日数が73日から120日までの者

勤 続 年 数	0.5	1.5	2.5	3.5	4.5	5.5	6.5以上
付 与 日 数	3	4	4	5	6	6	7

エ．週労働日数が1日又は1年間の労働日数が48日から72日までの者

勤 続 年 数	0.5	1.5	2.5	3.5	4.5	5.5以上
付 与 日 数	1	2	2	2	3	3

9．年次有給休暇の日数が10日以上の者については，そのうちの5日は，付与日から1年以内に，時季を指定して与える。ただし，本人の時季指定または計画的付与制度により付与した日数があるときは，その日数を5日から控除する。

（生理休暇）

第24条　女性パートタイマーで生理日の就業が著しく困難な者，または生理に有害な業務に従事する者から請求があった場合には生理休暇を与える。

２．生理休暇は無給とする。

（出産休暇）

第25条　女性パートタイマーが出産する場合，産前は請求により，産後は請求を待たず，次の出産休暇を与える。

ただし，出産休暇は無給とする。

⑴　産前　予定日から遡り６週間（多胎の場合は14週間）

⑵　産後　出産日の翌日から起算し８週間

ただし，産後６週間を経過し医師が支障ないと認めた場合には就業させる。

（育児休業）

第26条　契約更新により，１週３日以上の勤務で継続１年以上のパートタイマーが，１才未満の子（特別の事情ある場合２歳）の養育を必要とする者は，会に申し出て育児休業または短時間勤務の適用を受けることができる。

２．手続き等必要な事項については，正規職員の「育児休業規程」を準用する。

（介護休業）

第27条　契約更新により，１週３日以上の勤務で継続１年以上のパートタイマーの家族で傷病のため介護を要する者がいる場合は，会に申し出て介護休業または介護短時間勤務の適用を受けることがある。

２．介護休業または介護短時間勤務に対する対象者，期間，手続き等の必要事項については，別に定める正規職員の「介護休業規程」による。

（育児時間）

第28条　生後１年に満たない生児を育てる女性パートタイマーが，あらかじめ申し出た場合は，所定の休憩時間の他，１日について２回，それぞれ30分の育児時間を与える。

ただし，育児時間中は無給とする。

（母性健康管理のための休暇等）

第29条　妊娠中又は出産後１年を経過しない女性パートタイマーから，所定労働時間内に，母子保健法に基づく保健指導又は健康診査を受けるために，通院休暇の請求があったときは，次の範囲で休暇を与える。

①　産前の場合

妊娠23週まで……４週に１回

妊娠24週から35週まで……２週に１回

妊娠36週から出産まで……１週に１回

ただし，医師又は助産師（以下「医師等」という。）がこれと異なる指示をしたときには，その指示により必要な時間。

②　産後（１年以内）の場合

医師等の指示により必要な時間。

2．妊娠中又は出産後1年を経過しない女性社員から，保健指導又は健康診査に基づき勤務時間等について医師等の指導を受けた旨申出があった場合，次の措置を講ずることとする。

① 妊娠中の通勤緩和

通勤時の混雑を避けるよう指導された場合は，原則として1時間の勤務時間の短縮又は1時間以内の時差出勤

② 妊娠中の休憩の特例

休憩時間について指導された場合は，適宜休憩時間の延長，休憩の回数の増加

③ 妊娠中又は出産後の諸症状に対応する措置

妊娠又は出産に関する諸症状の発生又は発生のおそれがあるとして指導された場合は，その指導事項を守ることができるようにするため作業の軽減，勤務時間の短縮，休業等

3．前各項の給与の処置は無給とする。

第4章　服務心得

（服務心得）

第30条　パートタイマーは，つぎの事項を守らなければならない。

① 所属長の指示に従い，勤務に精励すること

② 規律を重んじ秩序を保つこと

③ 設備の保全に留意し，諸物資の愛護と節約に努めること

④ 会内外の清潔整頓につとめること

（禁止事項）

第31条　パートタイマーは，つぎの各号の一に該当する行為をしてはならない。

① 会の許可なく他に雇用されること

② みだりに他の職場に出入し，もしくは禁止された場所に立ち入ること

③ 会の物品を無断で持ち出すこと

④ 会内で風紀，秩序を乱す行為をすること

⑤ 勤務時間中，業務に関係のない行為をすること

⑥ 業務上の機密または協会の不利益となる事項を他に漏らすこと

⑦ 職務を利用して自己の利益をはかること

⑧ 会の許可なく会構内，施設内に於て宗教活動，政治活動または業務に関係のない集会，文書掲示，配布，放送などの行為をすること

⑨ 職場での性的な言動によって他人に不快な思いをさせることや，職場の環境を悪くすること

⑩ 職務中に他の職員（パートタイマーを含む）の業務に支障を与えるような性的関心を示したり，性的な行為をしかけるなどのこと

⑪ その他，セクシュアルハラスメント的な行為をすること

⑫ 職務上の地位や人間関係などの職場内の優位性を背景にした，正常な範囲を超える言動によ

り，他のパートタイム労働者に精神的・身体的な苦痛を与えたり就業環境を害すること

⑬　妊娠・出産および出産・育児・介護等の制度を利用したことに対して，就業環境を害するような言動をすること

⑭　その他あらゆるハラスメントにより他のパートタイム労働者の就業環境を害すること

⑮　所属長の許可を受けないで勝手に職場を離れること

⑯　その他前各号に準ずること

（入退場）

第32条　パートタイマーの出勤および退出にあたっては，所定の場所より入場もしくは退場するとともに，各自タイムカードに打刻し時刻を記録しなければならない。

（入退場の統制）

第33条　パートタイマーが，つぎの各号の一に該当する場合は，入場を禁止し，または退場させることがある。

①　職場内の風紀，秩序を乱すと認められる者

②　凶器その他業務に必要ない危険物を携帯する者

③　精神障害，伝染病又は就業のため病勢悪化の者

（欠勤手続）

第34条　パートタイマーが，病気その他やむを得ない事由で欠勤する場合は，その具体的事由と予定日数をあらかじめ所属長に届出て許可を受けなければならない。

　　ただし，事前に届出る余裕のない緊急の場合は，電話その他で連絡し，事後速やかに届出なければならない。

第5章　給　　与

（給　与）

第35条　パートタイマーの給与は，つぎのとおりとする。

①　基本給（時間給）

②　通勤手当

③　時間外手当（時間外，休日出勤，深夜勤務）

④　精皆勤手当

（基本給）

第36条　基本給は時間給とする。

２．時間給は，地域社会水準を考慮し，パートタイマーの従事する職種および本人の能力によって各人ごとに決定する。

３．基本給（時間給）は，所轄労働局長公示の最低賃金を下廻らない額とする。

４．基本給（時間給）は，勤務の時間に対応して支給し，欠勤，遅刻，早退または私用外出等による不就労時間は支給しない。

（通勤手当）

第37条　通勤手当は，公共運輸機関利用の通勤定期券相当額を支給する。

（時間外手当）

第38条　パートタイマーの勤務時間が1日8時間を超え，または法定外休日に勤務した場合は，その勤務時間1時間につき，つぎの計算による時間外手当を支給する。ただし，時間外勤務が60時間を超える部分については，割増率は50％とする。

$$（1時間当たり基本給＋\frac{精　皆　勤　手　当}{1カ月平均所定労働時間数}）×1.25$$

2．パートタイマーが法定休日に勤務した場合は，その勤務時間1時間につき，つぎの計算による休日出勤手当を支給する。

$$（1時間当たり基本給＋\frac{精　皆　勤　手　当}{1カ月平均所定労働時間数}）×1.35$$

3．パートタイマーが深夜に勤務した場合は，前項の方程式につぎの計算による深夜勤務手当を追加する。

$$（1時間当たり基本給＋\frac{精　皆　勤　手　当}{1カ月平均所定労働時間数}）×0.25$$

（給与の締切，支払）

第39条　パートタイマーの給与は，前月16日より当月15日までの分を当月25日に支払う。

　　ただし，支払日が休日に当る場合は前日に繰上げて支払う。

2．給与は，その全額を通貨で直接本人に支払う。

　　ただし，つぎの各号の一に該当する場合は，給与から控除する。

⑴　法令に定められているもの

⑵　職員の代表と書面によって協定している福利厚生費等

3．前項の定めにかかわらず，職員の代表と書面による協定にもとづき，本人の希望する金融機関に口座振り込みを行うことがある。

第6章　安全および衛生

（安全衛生）

第40条　パートタイマーは，安全衛生に関し会の定めた規定に従い危害の予防および保健衛生の向上に努めるとともに，会の行う安全衛生に関する措置には進んで協力しなければならない。

（応急措置）

第41条　パートタイマーは，火災その他非常災害を発見し，または危険があると知った場合は，臨機の措置をとるとともに，直ちに関係者その他適当な者に報告し，互いに協力してその災害を最小限に止めるよう努めなければならない。

（安全衛生教育）

第42条　会が，業務に関し必要な安全および衛生のための教育訓練を行う場合は，これを受けなければならない。

第7章　災害補償

（業務上の災害補償）

第43条　パートタイマーが，業務上の負傷，障害または死亡した場合は，労災保険の定めるところにより，つぎの補償給付を受ける。

① 療養補償給付

② 休業補償給付

③ 障害補償給付

④ 遺族補償給付

⑤ 葬祭料

⑥ 傷病補償年金

⑦ 介護補償給付

2．前項の補償給付が行われる場合は，会は労働基準法上の責を免れるものとする。

3．通勤途上における災害補償は第1項に準じて給付を受ける。

第8章　表彰及び懲戒

（表　彰）

第44条　パートタイマーが，つぎの各号の一に該当する場合は，審査または選考のうえ表彰を行う。

① 品行方正，業務優秀，職務に熱心で他の模範となるとき

② 災害を未然に防ぎ，または災害の際とくに功労のあったとき

③ 業務上有益な発明考案または献策し，いちじるしく改善の効果があったとき

④ 業務の運営に関し顕著な功績があったとき

⑤ 社会的功績があり会または職員の名誉となる行為のあったとき

⑥ 永年精励恪勤したとき

⑦ その他とくに表彰に値する行為があったとき

（表彰の方法）

第45条　前条の表彰は賞状を授与し，その程度により，つぎの各号を併せて行うことがある。

① 賞品授与

② 賞金授与

③ 特別昇給

④ 特別有給休暇付与

（懲　戒）

第46条　パートタイマーが，つぎの各号の一に該当する場合は，次条により懲戒を行う。

①　重要な経歴を偽り雇用されたとき

②　素行不良で，会内の風紀秩序を乱したとき

③　正当な理由なく，しばしば欠勤，早退，私用外出し，勤務状態不良のとき

④　故意に業務の能率を阻害し，または業務の遂行を妨げたとき

⑤　許可なく会の物品（商品）を持ち出し，または持ち出そうとしたとき

⑥　業務上の指示，命令に従わないとき

⑦　金銭の横領，その他刑法に触れるような行為のあったとき

⑧　業務上不当な行為または失礼な行為をしたとき

⑨　会社内において，性的な関心を示したり，噂を行なったり，性的な行為を仕掛けたりして，パートタイマーの業務に支障を与えたとき

⑩　パワハラ，マタハラその他のハラスメントにより他のパートタイマーの業務に支障を与えたとき

⑪　その他前各号に準ずる程度の不都合があったとき

（懲戒の種類および程度）

第47条　懲戒は，その情状により，つぎの５区分に従って行う。

①　戒　　　告　　始末書をとり将来を戒める

②　減　　　給　　始末書をとり給与を減じて将来を戒める

　　　　　　　　　ただし，減給１回の額が平均給与の半日分，または給与締切期間中２回以上にわたる減給処分にわたる場合においても月額10分の１を超えない範囲内とする

③　出勤停止　　始末書をとり，７日以内出勤停止し，その期間の給与は支給しない

④　諭旨解雇　　予告期間を設けるか，または予告手当を支給して解雇する

⑤　懲戒解雇　　予告期間を設けないで即時解雇する。この場合，行政官庁の認定を受けたときは，解雇予告手当を支給しないが，認定のない場合は第13条による。

付　　則

（施　行）

第48条　この規則は　年　月　日より改訂施行する。

　　　　　制定　昭和63年４月１日

第1章　就業規則　第5　パートタイマー就業規則の実例

（様式）

雇　入　通　知　書

年　　月　　日

_____　殿

事業所　名　称
　　　　　所在地
使用者　職氏名　　　　　　　㊞

あなたを採用するに当たっての労働条件は，次のとおりです。

雇 用 期 間	1　時間の定めなし　　2　　　年　　月　　日から　　年　　月　　日まで
勤 務 場 所	
仕 事 の 内 容	
始業・就業時刻及び休憩時間	1　午前後　　時　　分から午前後　　時　　分まで（うち休憩時間　　分） 2　交替制等　イ　午前後　　時　　分から午前後　　時　　分まで（うち休憩時間　　分） 　　　　　　　ロ　午前後　　時　　分から午前後　　時　　分まで（うち休憩時間　　分）
休日又は勤務日	（休日／勤務日）は　イ　毎週（　　　　　　　　　）曜日 　　　　　　　　　　　ロ　（　　　　　　　　　　　　　　　　　）
所 定 労 働 等	1　所定外労働をさせることが（有／無）→（　　　　　　　　　　　　　） 2　休日労働させることが（有／無）→（　　　　　　　　　　　　　　）
休　　暇	1　年次有給休暇　イ　6カ月間継続勤務した場合　（イ）　法定どおり 　　　　　　　　　　　　　　　　　　　　　　　　（ロ）　法定を上回る→（　日） 　　　　　　　　　ロ　再雇用者（嘱託）は雇用通算 2　その他の休暇　イ　有給（　　　　　　　　　　　　　　　　　　　　　） 　　　　　　　　　ロ　無給（　　　　　　　　　　　　　　　　　　　　　）
賃　　金	1　基本賃金　イ　時間給　ロ　日給　ハ　月給（　　　　　円） 　　　　　　　ニ　出来高給（基本単価　　　円，保障給　　　円 2　諸 手 当　イ（　　手当　　円），ロ（　　手当　　円） 　　　　　　　ハ（　　手当　　円） 3　所定外労働等に対する割増率 　　イ　所定外　a　法 定 超（　%），b　所 定 超（　%） 　　ロ　休　日　a　法定休日（　%），b　法定外休日（　%） 　　ハ　深　夜（　%） 4　賃金締切日（　　　　円） 5　賃金支払日（　　　　円） 6　賃金支払時の控除　→（費目，金額等　　　　　　　　　　　） 7　昇　給：（有／無）　→（時期，金額等　　　　　　　　　　　） 8　賞　与：（有／無）　→（時期，金額等　　　　　　　　　　　） 9　退職金：（有／無）　→（時期，金額等　　　　　　　　　　　）
社 会 保 険加 入 状 況	雇用保険　・　労災保険　・　健康保険　・　厚生年金保険
退職に関する事　　　　項	
そ　の　他	

（注）　「その他」欄には以下の事項についても記載すること。書ききれない場合には，就業規則を提示するなどの方法により明示する。

●安全及び衛生に関する事項　●職業訓練に関する事項　●休業に関する事項
●表彰及び制裁に関する事項　●災害補償及び業務外の傷病扶助に関する事項

269

(7) 実例　　　　アルバイト就業規則

> このアルバイト就業規則は，雑誌を主とした，発送，回収の業務の企業である。
> 正社員よりもアルバイトが多いのが特徴である。

（ＫＲ産業・書籍梱包・従業員130人，内アルバイト100人）

第1章　総　　則

（目　的）

第1条　この規則は，KR産業株式会社（以下「会社」という。）のアルバイト従業員（以下「アルバイト」という）の就業に関係する事項を定めたものである。

　2．アルバイトの就業に関する事項は，この規則または雇用契約書および関係諸規程のほか労働基準法その他の法令の定むるところによる。

（アルバイトの定義）

第2条　この規則においてアルバイトとは，第4条の手続を経て会社に採用され，特定の期間勤務する，つぎの者をいう。

　①　大学などに在籍している生徒・学生であって夏期休暇・冬期休暇，年度休暇中その他勉学と両立する形で期間を限って，短期間雇用される者

　②　中高年令者その他これに準ずる者であって，期間を限って短期間雇用される者

　③　その他フリーター的雇用の希望者及び臨時的業務に従事する者（臨時雇用者）

（遵守義務）

第3条　会社は，アルバイトに対して，この規則による就業条件により，就業させる義務を負う。

　2．アルバイトは，この規則を遵守し，上長の指示命令に従い，職場秩序を維持し，互いに協力してその職責を遂行しなければならない。

第2章　人　　事

第4条　会社は，アルバイトとして就職を希望する者より履歴書の提出を求め，面接選考を行い，雇用期間を定めてアルバイトとして採用する。

　2．前項の雇用期間は，原則として1年以内とする。

　　ただし，会社が必要とし，本人が希望する場合は引続き契約更新することがある。

（提出書類）

第5条　新たにアルバイトとして採用された者は，会社の指定する日までに，つぎの書類を提出しなければならない。

　①　アルバイト雇用契約書（別紙）

② 写真

③ 学校（予備校・学生塾を含む）に在学中のものは学生証写

④ その他会社が必要とする書類

（労働条件の明示）

第6条 会社は，アルバイトの採用に際しては，この就業規則を提示し，労働条件を明示するとともに，賃金その他の労働条件については「アルバイト雇用契約書」（P.279）の書面により明示する。

（試用期間）

第7条 アルバイトの試用期間は14日とする。

会社は，試用期間の途中または終了の際，アルバイトとして不適格と認めたときは採用を取り消す。

（異　動）

第8条 会社は，業務の都合により必要あるときは，アルバイトに対して職場または職務の変更を命ずることがある。

２．前項の場合，アルバイトは正当の理由なくこれを拒んではならない。

（退　職）

第9条 アルバイトが，つぎの各項の一に該当したときは退職する。

① 死亡したとき

② 契約期間が満了したとき

③ 退職願を出したとき

④ 解雇されたとき

（自己都合退職の手続）

第10条 アルバイトが契約期間の途中において，前条第3号によって退職しようとするときは，14日前までに所属上長を経て退職願を提出しなければならない。

（解　雇）

第11条 会社は，アルバイトが，つぎの各項に該当するときは，雇用契約期間中といえども解雇する。

① 勤怠不良で，改善の見込みがないと認めたとき

② 能率または職務遂行能力が低劣のため，就業に適さないと認めたとき

③ 事業の縮小，設備変更その他業務上やむを得ない事由があるとき

④ 業務上の指示命令に従わないとき

⑤ 雇用の継続が，不都合となる事情が生じたとき

④ その他前各号に準ずる事由があり，アルバイトとして不適当と認められたとき

（解雇の特例）

第12条 天災事変その他やむを得ない事由のため事業の継続が不可能になったときは，次条の規定にかかわらず即時解雇する。

（解雇予告）

第13条 会社は第11条の解雇の場合，30日前に予告するか，30日分の平均賃金の解雇予告手当を支払って即時解雇する。

ただし，つぎに該当するものは適用しない。

① 日々雇用する者

② ２カ月以内の期間を定めて雇用する者

③ 季節業務で４カ月以内の期間を定めて雇用する者

④ 第７条の試用期間中の者

（雇用契約の更新）

第14条 雇用契約期間を定めて雇用した場合に，その期間を更新しないとしたときは，次の判断基準により契約を更新しないものとする。

① 雇用契約期間満了時の業務量

② 勤務成績，業務遂行能力及び勤務態度

③ 会社の経営状況

④ 従事している業務の進捗状況

２．契約期間を更新し，１年を超えて引き続き雇用契約をした場合，または雇用契約を３回以上更新している場合において契約期間を更新しない場合は，契約期間の満了する日の30日前までに，その予告をする。

３．平成25年４月１日以後に開始する有期労働契約が，通算５年を超えて更新された場合は，労働者の申込により次の更新時から期間の定めのない無期労働契約に転換する。ただし労働契約が締結されていない期間が連続して６カ月以上ある場合についてはそれ以前の契約期間は通算契約期間に含めない。無期労働契約となった場合の定年は65歳とし，定年に達した日の属する月の末日を以て退職とする。

（退職証明書の交付）

第15条 会社は解雇（解雇予告期間中をも含む）又は退職した者が（以下「退職者」という）が請求した場合は，次の事項に限り証明書の交付を遅滞なく行う。

① 雇用期間

② 業務の種類

③ 地位

④ 賃金

⑤ 退職の事由（解雇の場合にあってはその理由を含む）

２．前項の証明書は退職者が指定した事項のみ証明するものとする。

第3章　勤　務

（勤務時間）

第16条　アルバイトの1日の勤務時間は，1時間20分の休憩時間を含めて拘束8時間05分とし，実働7時間00分以内とする。

2．始業，終業は，つぎの時刻の範囲内で，各人ごとに「アルバイト雇用契約書」によって定める。

　　始　業　　午前9時00分

　　終　業　　午後5時05分

　　休　憩　　午前11時00分〜11時10分

　　　　　　　正午〜午後1時00分

　　　　　　　午後3時00分〜3時10分

（休憩時間）

第17条　休憩時間は一斉とする。食事は休憩時間中にするものとする。

2．休憩時間は自由に利用することができる。ただし会社の秩序を乱したり他の者の自由を妨げてはならない。

3．休憩時間中に遠方に外出する場合は，所属長に届出るものとする。

（休　日）

第18条　アルバイトの休日は，次のとおりとする。休日はすべて無給とする。

　①　日曜日（法定休日）

　②　土曜日

　③　国民の祝日

　④　年末・年始　12月30日より1月4日まで

　⑤　その他会社がとくに必要と認めた日

（休日の振替）

第19条　会社は，業務の都合上やむをえない場合は，職場または個人ごとに前条各号の休日を他の日に振り替えることがある。

　　　ただし，4週間に8日の休日は確保する。

2．休日を振り替える場合は，あらかじめ振り替える休日を1週間以内に指定して行う。

3．休日が振り替えられた場合は第30条の休日出勤手当の割増は支給しない。

（時間外および休日勤務）

第20条　会社は，業務の都合により必要あるときは，第16条および第18条の規定にかかわらず，時間外または休日に勤務させることがある。この場合「36協定」の範囲内とする。

2．前項の勤務について，社員（アルバイトも含む）の過半数を代表する者との協定に際して，時間外勤務の限度は，次の範囲内とする。

期　　間	限度時間
1　週　間	15　時　間
2　週　間	27　時　間
4　週　間	43　時　間
1　カ　月	45　時　間
2　カ　月	81　時　間
3　カ　月	120　時　間
1　年　間	360　時　間

2．休日勤務については，法定休日は月1日以内とする。

3．18歳未満の者には勤務させない。ただし，法定外の勤務時間（実働8時間以内）及び法定外休日は適用しない。

（非常時の場合）

第21条　災害その他避けることのできない事由によって臨時に必要がある場合は，第16条の所定の勤務時間を延長し，または第18条の所定の休日に勤務させることがある。

（年次有給休暇）

第22条　アルバイトが契約更新により，1週の所定勤務日数が5日以上の者で6カ月間継続勤務をし，全勤務日の8割以上勤務したときは，会社は継続または分割した10勤務日の年次有給休暇を与える。

2．1.5年以上継続した者には，1年を超えるごとに1勤務日（3.5年以上継続勤務したときは，1年につき2勤務日）を加算した年次有給休暇を与える。

ただし，総日数は20日を限度とする（別表① P.278）

3．1週4日以下（年間216日以下）の者については，第1項・第2項の比例配布とする。（別表② P.278）

4．年次有給休暇を請求しようとするものは，事前に申し出なければならない。

5．年次有給休暇は，本人の請求があった時季に与える。

ただし業務の都合によりやむをえない場合は，その時季を変更することがある。

6．年次有給休暇の期間については，通常の賃金を支給する。

7．当該年度の年次有給休暇に残日数があるときは，翌年に限り繰越すことができる。

8．年次有給休暇の日数が10日以上の者については，そのうちの5日は，付与日から1年以内に，時季を指定して与える。ただし，本人の時季指定または計画的付与制度により付与した日数があるときは，その日数を5日から控除する。

（生理休暇）

第23条　女性アルバイトで生理日の就業がいちじるしく困難な者，または生理に有害な業務に従事する者から請求があったときは，生理休暇を与える。

２．前項の生理休暇は無給とする。

第4章　服務規律

（服務の心得）

第24条　アルバイトは，服務についてつぎの事項を守らなければならない。

①　勤務時間中は，上長の指示に従い熱心に仕事すること。

②　時間を遵守し，与えられた仕事を確実・迅速に処理すること。

③　上長の許可を受けないで勝手に職場を離れないこと。

④　会社備付の機械器具設備の保全，材料，動力，消耗品など無駄使いをしないこと。

⑤　仕事上の機密または会社の不利益となる事項を他にもらさないこと。

⑤　遅刻，欠勤，早退をみだりにしないこと。

⑦　許可なく構内において宗教活動または政治活動など業務に関係のない活動を行わないこと。

⑧　許可なく構内において業務に関係のない集会等を行わないこと。

⑨　許可なく会社施設または構内を利用して，報道，宣伝，募金，署名運動，その他これに類する行為をしないこと。

⑩　勤務時間中は定められた業務に専念し，みだりに職場を離れ，または他の者の業務を妨げないこと。

⑪　職場の生理整頓をして気持ちよく作業ができるように努めること。

⑫　会社内の秩序又は風紀を乱さないこと。

⑬　会社内において，性的な言動によって他人に不快な思いをさせたり，職場の環境を悪くしないこと

⑭　パワハラ，マタハラその他のハラスメントにより職場の環境を悪くしないこと

⑮　その他前各号に準ずるような，アルバイトとしてふさわしくない行為をしないこと。

（入退場）

第25条　アルバイトが出勤および退出にあたっては，所定の通用門より入場もしくは退場するとともに，タイムレコーダーによって時刻を刻印しなければならない。

（入退場の統制）

第26条　アルバイトが，つぎの各項の一に該当するときは，入場を禁止し，または退場させることがある。

①　火器，凶器その他業務上必要でない危険物を所持するとき

②　安全衛生上支障があると認められるとき

③　酒気を帯びているとき

④　業務を妨害し，もしくは職場の風紀秩序を乱し，またはそのおそれのあるとき

⑤　その他会社が必要と認めたとき

（ユニフォームの着用）

第27条 アルバイトは特別の場合を除き，勤務時間中は会社が貸与したユニフォームを着用しなければならない。

（遅刻，早退および私用外出などの手続）

第28条 アルバイトが，遅刻，早退，私用外出または不就労のときは，所定の手続により事前に所属長の許可を得なければならない。

　　　ただしやむを得ない事由により事前に許可を得られなかったときは，事後速やかに届出て許可を得なければならない。

（欠勤手続）

第29条 アルバイトが，病気その他やむをえない事由で欠勤するときは，その具体的事由と予定日数をあらかじめ所属上長に届出て許可を得なければならない。

第5章　賃　　金

（給　与）

第30条 アルバイトの賃金は，つぎのとおりとする。

① 基本給（時間給）

② 時間外および休日出勤手当

③ 交通費

（基本給）

第31条 基本給は時間給とする。時間給は地域社会水準を考慮し，本人の職務および能力によって各人ごとに決定する。

2．基本給（時間給）は，所轄労働局長公示の最低賃金を下回らないものとする。

3．基本給は，勤務の時間に応じて支給し，欠勤，遅刻，早退または私用外出などによる不就労の場合は，その相当額は支給しない。

（時間外および休日出勤手当）

第32条 アルバイトの勤務時間が所定労働時間を超え，または休日に出勤したときは，その勤務時間1時間につき，つぎの計算による手当を支給する。ただし，時間外勤務が60時間を超える部分については，割増率は50％とする。

　　　　時間外勤務基本給×1.25　　休日勤務1.35

（交通費）

第33条 アルバイトの給与は，月払者には前月26日より当月25日までの分を当月末に支払う。また週払者には木曜日に締切り土曜日に支払う。ただし，支払日が休日に当たるときは前日に繰上げて支払う。

2．賃金は，その全額を通貨で直接本人に支払う。ただし，つぎの各項の一に該当する場合は，給与から控除する。

① 法令に定められているもの

② 書面によって協定しているもの

第6章　安全および衛生

（安全衛生）

第34条　アルバイトは，安全衛生に関し，会社の定めた規定に従い危害の予防および保健衛生の向上に努めるとともに，会社の行う安全衛生に関する措置には進んで協力しなければならない。

第7章　災害補償

（業務上の災害補償）

第35条　アルバイトが，業務上の負傷，障害または死亡したときは，労働者災害補償保険法の定むるところにより補償を受ける。

　２．前項の補償が行われるときは，会社は労働基準法上の責を免れる。

第8章　懲　戒

（懲戒事由）

第36条　アルバイトがつぎの事由に該当するときは次条により懲戒処分する。

① この規則および会社または上司の指示，命令に違反したとき

② この規則第24条に定める服務規律（勤務心得）に違反したとき

③ アルバイト従業員として信義に反し，または規律，秩序，風紀に反する行為をなしたとき

④ 刑罰法規に触れるような行為をなしたとき

⑤ 故意または過失により会社に損害または不利益を与えるような行為をなしたとき

⑥ 会社に迷惑を及ぼし，または取引先若しくは従業員の名誉・信用・その他悪影響を及ぼす行為をなしたとき

⑦ 素行不良で著しく会社内の秩序又は風紀を乱したとき

⑧ 会社内において，性的な関心を示したり，噂を行なったり，性的な行為を仕掛けたりして，アルバイトの業務に支障を与えたとき

⑨ パワハラ，マタハラその他のハラスメントにより他のアルバイトの業務に支障を与えたとき

⑩ その他前各号に準ずるようなふさわしくない行為をなしたとき

（懲戒の種類および程度）

第37条　アルバイトの懲戒処分は，戒告・減給・解雇の３種類とし，状況に応じて適用する。

① 戒告＝口頭または文書をもって注意し戒める。

② 減給＝１回の額が平均賃金の半日分以内，総額が賃金総額の10分の１の範囲内で減給する。

③ 解雇＝期間の途中であっても懲戒処分として懲戒解雇する。行政官庁の認定を受けてない場合は，第13条により解雇する。

第9章　育児・介護休業等

（社員就業規則の適用）

第38条　育児休業，介護休業，育児時間，母性健康管理等については，社員就業規則を適用する。

付　　則

（施　行）

第39条　このアルバイト就業規則は，　　年　　月　　日より施行する。

制　　定　昭和55年4月1日

一部改定　平成○年○月○日

別表①　アルバイト年次有給休暇

勤 続 年 数	6カ月	1　年 6カ月	2　年 6カ月	3　年 6カ月	4　年 6カ月	5　年 6カ月	6　　　年 6カ月以上
年次有給休暇 付 与 日 数	10日	11	12	14	16	18	20

別表②　アルバイトに比例付与される年次有給休暇の日数

週 所 定 労働日数	1年間の所定 労 働 日 数	勤 続 年 数						
		6カ月	1　年 6カ月	2　年 6カ月	3　年 6カ月	4　年 6カ月	5　年 6カ月	6　　年 6カ月以上
4日	169〜216日	7日	8日	9日	10日	12日	13日	15日
3日	121〜168日	5日	6日	6日	8日	9日	10日	11日
2日	73〜120日	3日	4日	4日	5日	6日	6日	7日
1日	48〜 72日	1日	2日	2日	2日	3日	3日	3日

別紙

アルバイト雇用契約書

甲　東京都〇〇区〇〇〇丁目〇〇番〇号
ＫＲ産業株式会社
代表取締役

乙　住所
氏名
　　　　年　　　月　　　日生

　甲と乙とは，つぎの条件で雇用契約を締結する。

契約期間	期間の定めなし，期間の定めあり（　　年　　月　　日〜　　年　　月　　日）
就業場所	
従事すべき業務の内容	
始業，終業の時刻，休憩時間，就業時転換（(1)〜(5)のうち該当するもの一つに〇を付けること。），所定時間外労働の有無に関する事項	1　始業・終業の時刻等 　(1)　始業（　　時　　分）　終業（　　時　　分） 　【以下のような制度が労働者に適用される場合】 　(2)　変形労働時間制等；（　　）単位の変形労働時間制・交替制として，次の勤務時間の組み合わせによる。 　　┌─始業（　　時　　分）終業（　　時　　分）（適用日　　　　　　　　） 　　├─始業（　　時　　分）終業（　　時　　分）（適用日　　　　　　　　） 　　└─始業（　　時　　分）終業（　　時　　分）（適用日　　　　　　　　） 　(3)　フレックスタイム制；始業及び終業の時刻は労働者の決定に委ねる。 　　　　（ただし，フレキシブルタイム　　（始業）　　時　　分から　　時　　分， 　　　　（終業）　　時　　分から　　時　　分，コアタイム　　時　　分から 　　　　　時　　分） 　(4)　事業場外みなし労働時間制；始業（　　時　　分）　終業（　　時　　分） 　(5)　裁量労働制；始業（　　時　　分）終業（　　時　　分）を基本とし，労働者の決定に委ねる。 〇詳細は，就業規則第　　条〜第　　条，第　　条〜第　　条，第　　条〜第　　条 2　休憩時間（　　　）分 3　所定時間外労働　（有　（1週　　時間，1カ月　　時間，1年　　時間），無） 4　休日労働，（有　（1カ月　　日，1年　　日），無）
休日	1　年次有給休暇　　6カ月継続勤務した場合→　　　　　　　日 　　　　継続勤務6カ月以内の年次有給休暇　　（有，無） 　　　　→　　カ月経過で　　　日 2　その他の休暇　　有給（　　　　　　　　　　） 　　　　　　　　　無給（　　　　　　　　　　） 〇詳細は，就業規則第　条〜第　条，第　条〜第　条

（次頁に続く）

賃　　　金	1　基本賃金　　イ　　月　給（　　　　　　　　円），ロ　日　給（　　　　　　　円） 　　　　　　　　　　　ハ　　時間給（　　　　　　円）， 　　　　　　　　　　　ニ　　出来高給（基本単位　　　　　円，保障給　　　　　　円） 　　　　　　　　　　　ホ　　その他（　　　　　円） 　　　　　　　　　　　ヘ　　就業規則に規定されている賃金等級等 　　　　　　　　　　┌─────────────────────────────┐ 　　　　　　　　　　│　　　　　　　　　　　　　　　　　　　　　　　　　│ 　　　　　　　　　　└─────────────────────────────┘ 　2　諸手当の額及び計算方法 　　イ　（　　　　　手当　　　　円　／計算方法：　　　　　　　　　　） 　　ロ　（　　　　　手当　　　　円　／計算方法：　　　　　　　　　　） 　　ハ　（　　　　　手当　　　　円　／計算方法：　　　　　　　　　　） 　　ニ　（　　　　　手当　　　　円　／計算方法：　　　　　　　　　　） 　3　所定時間外，休日又は深夜労働に対して支払われる割増賃金率 　　イ　所定時間外　　法定超（　　　　　）％，所定超（　　　　　）％ 　　ロ　休日　　法定休日（　　　　　）％，法定外休日（　　　　　）％， 　　ハ　深夜　（　　　　　）％ 　4　賃金締切日　（　　　　）−毎月　　　　　　日，（　　　　）−毎月　　　　　日 　5　賃金支払日　（　　　　）−毎月　　　　　　日，（　　　　）−毎月　　　　　日 　6　労使協定に基づく賃金支払時の控除　　（無，有　（　　　　　　　　　）　） 　7　昇　給　（時期等　　　　　　　　　　　　　　　　　　　　　　　　　） 　8　賞　与　（有（時期，金額等　　　　　　　　　　　　　　　），無　） 　9　退職金　（有（時期，金額等　　　　　　　　　　　　　　　），無　）
退職に 関する事項	1　定時制　（有（　　　歳），無　） 2　自己都合退職の手続き　（退職する　　　　日以上前に届け出ること） 3　解雇の事由及び手続 　┌ 　 　└ ○詳細は，就業規則第　条〜第　条，第　条〜第　条
そ　の　他	・社会保険の加入状況（　　　厚生年金　　　健康保険　　　厚生年金基金 　　　　　　　　　　　　　　その他（　　　　　　　　　　　　　　　　　）　） ・雇用保険の適用　　（　有，無　） ・その他 　┌ 　 　└ ・具体的に適用される就業規則名（　　　　　　　　　　　　　　　　）

　このアルバイト雇用契約書に2通作成し，甲と乙それぞれ1通ずつ保管する。

　　　　　　　　　　　　　　　　　年　　　　月　　　　日

　　　　　　　　　　　　　　　　　甲　KR産業株式会社

　　　　　　　　　　　　　　　　　　　取締役社長　　　　　　　　　　印

　　　　　　　　　　　　　　　　　乙　氏　名　　　　　　　　　　　　印

(8) 実例　　　　　　パートタイマー賃金規則

（ＡＳ機械・機械製造・従業員630人，内パート80人）

第1章　総　則

（目　的）
第1条　この規則は，パートタイマーに対する賃金の支給に関する事項について定めたものである。
（賃金体系）
第2条　賃金体系は，つぎのとおりである。

（計算期間）
第3条　賃金の計算期間は前月16日から当月15日までとする。ただし定期乗車券をもって支給される通勤手当については，当月1日から当月末日までとする。
（計算上の端数の取扱い）
第4条　賃金計算上，円未満の端数が生じたときの取扱いはつぎのとおりとする。
　1．支給するとき　　　　切上げる
　2．減額するとき　　　　切捨てる

第2章　基準内賃金

（時間給）
第5条　時間給は，職務内容・技能・経験・勤続・その他を考慮して，時間額をもって定める。
　②　所轄労働局長が公示する最低賃金以上とする。

第3章　基準外賃金

（時間外勤務手当）
第6条　時間外勤務手当は，会社の指示命令にもとづき1日の所定労働時間をこえて勤務した者に支給する。
　②　時間外勤務手当は，つぎのとおりとする。ただし，時間外勤務が60時間を超える部分については，割増率は50％とする。
　　　時間給×1.25×時間外勤務時間数

（休日出勤手当）

第7条 休日出勤手当は，会社の指示命令にもとづき，休日に勤務した者に支給する。

② 休日出勤手当の算式は，つぎのとおりとする。

時間給×1.35×休日勤務務時間数

（年末年始における手当の特例）

第8条 前条の定めにかかわらず，12月30日から1月4日までの間に勤務した者に対する休日出勤手当の算式は，つぎのとおりとする。

時間給×2.00×休日勤務務時間数

（通勤手当）

第9条 通勤手当の支給額は別表（P.283）のとおりとする。ただし計算期間中に1日も就業しなかった者に対しては支給しない。

② 前項にかかわらず，交通機関を利用して通勤する者の通勤実費が出張・休暇・欠勤・その他の理由により，通勤定期券代を下まわることが明らかな場合は，通勤定期券にかえ通勤実費を支給することができる。

③ 前2項の支給額の算定は原則として最も経済的かつ合理的な経路および方法によるものとする。

④ 賃金計算期間の中途で支給額の算定基礎に変更が生じたときの取扱いはつぎのとおりとする。

1. 定期乗車券を支給されている者については，当該定期乗車券の通用期間中（払戻し可能な部分を除く）は原則として変更後の算定基礎にもとづく通勤手当を支給しない。

2. 交通用具使用による通勤手当は，変更前および変更後につきそれぞれ日割計算により支給する。

3. 新たな交通機関による通勤手当の支給を受ける者については，日割計算によって支給する。

⑤ 賃金計算期間中に人事異動・休職・復職しまたは，解雇されたときの取扱および日割計算の方法については，別に定める。

（休業手当）

第10条 パートタイマー就業規則にもとづき，会社の責に帰すべき事由により休業した場合は，その期間中「労働基準法」第12条に定める平均賃金の60％（時間割のときは1日の所定労働時間分の60％）相当額を，休業手当として支給する。

第4章 支　払

（支払日）

第11条 賃金は毎月25日に支払う。ただし，当日が休日にあたるときはその前日に支払う。

（支　払）

第12条 賃金は直接本人に通貨をもって全額を支払う。ただし，法令により定められたものおよび会社，組合双方協定のうえ，その徴収を会社に委託したものは控除する。

（臨時払）

第13条 パートタイマーの退職・解雇または死亡の場合において，本人またはその遺族から申し出のあったときは，遅滞なく賃金を支払う。

（非常時払）

第14条 つぎの各項の一に該当し，本人から申し出のあったときは遅滞なく既往の労働に対する賃金を支払う。

1．出産，婚姻または葬祭を行う費用にあてるとき。

2．やむを得ない事由により帰郷するとき。

3．天災地変等に遭遇し，または負傷，疾病などにより臨時の出費を要するとき。

4．その他事情やむを得ないと認められるとき。

第5章 賞　　与

（支　給）

第15条 賞与は営業成績に応じて，原則として毎年7月および12月に支給する。前期の賞与は前年11月16日から当年5月15日まで，後期の賞与は当年5月16日から11月15日までを支給の対象期間とする。

（支給基準）

第16条 賞与の支給基準は，対象期間中の各人の勤務成績，出勤の状況等によって，そのつど決定する。

付　　則

1．この規則は，　年　月　　日から実施する。

別　表（第9条）

通　勤　手　当

区　　　　　分		通勤距離（片道）	支　給　月　額
電車・バス等の交通機関を利用して通勤する者。		定期乗車券を支給。ただし，定期乗車券代のうち月額50,000円を超える部分は本人負担。	
自動車等の交通用具を利用して通勤する者	原動機のつかない交通用具を使用する場合	2km 以上	2,000円
	原動機付きの交通用具を使用する場合	2km 以上～5km 未満	3,000円
		5km 以上～10km 未満	4,200円
		10km 以上	7,100円

(9) 実例　　パートタイマーの皆勤手当・年次有給休暇

（ＴＢ生活協同組合・従業員230人，内パート140人）

パートタイマーの皆勤手当・年次有給休暇の支給基準について，次の通り統一する。

皆勤手当

支給対象者は，週に4日を超える雇用契約を締結し，次の条件を満たしている者とする

a　欠勤がなく遅刻・早退の回数が15分未満が3回以内，または15分以内を1回と30分以内が1回で合計45分以内のもの。

b　事前に届け出のあった年次有給休暇・特別休暇，所属長の指示による不出勤または時間内退勤は欠勤・早退とみなさない。

次の場合は対象外となる。

a　欠勤・自己都合の振替休日がある場合

b　遅刻・早退が上記基準以上の場合

c　牛級配達担当2カ月以下の臨時雇用者

年次有給休暇

6カ月以上継続して勤務し，雇用契約による出勤すべき日数の8割以上出勤した者に次表の基準で年次有給休暇を与える。

2．年次有給休暇の日数が10日以上の者については，そのうちの5日は，付与日から1年以内に，時季を指定して与える。ただし，本人の時季指定または計画的付与制度により付与した日数があるときは，その日数を5日から控除する。

a　雇用契約が週5日以上の者

勤 続 年 数	6カ月	1　年 6カ月	2　年 6カ月	3　年 6カ月	4　年 6カ月	5　年 6カ月	6　年 6カ月以上
年 休 日 数	10	11	12	14	16	18	20

b　雇用契約が週4日以下（年間216日以下）の者

　　aの比例配分とする。

　　比例配分は次表のとおりとする。

週所定労働日数	1年間の所定労働日数	勤続年数						
		0.5年	1.5年	2.5年	3.5年	4.5年	5.5年	6.5年以上
4日	169〜216日	7日	8日	9日	10日	12日	13日	15日
3日	121〜168日	5日	6日	6日	8日	9日	10日	11日
2日	73〜120日	3日	4日	4日	5日	6日	6日	7日
1日	48〜72日	1日	2日	2日	2日	3日	3日	3日

（平成　　年　　月　　日制定）

⑽　実例　　　パートタイマー休職制度

（ＴＢ生活協同組合・従業員230人，内パート140人）

1．パートタイマーが病気その他の理由で，1カ月以上休む場合，休職扱いとする。

　　この場合，職務の必要に応じてパートタイマーの補充を行うことがある。

2．休職を認める期間は6カ月以内とする（6カ月を超えた場合は契約関係がなくなる）。

　　6カ月以内で復職が可能となった場合，休職扱いを解除する。この際，すでにパートの補充を行っている場合，調整期間として最長1カ月間の範囲で待機してもらうことがある。待機期間中は，労働日の1日について平均賃金の60％を支払う。

3．復職後の時給，勤続年数は継続するものとする。年次有給休暇は，残日数がある場合で休職が長期にわたると判断される場合，休職前に消化することが望ましい。

　　復職後，その年度内で年次有給休暇が残っている場合は消化できる。翌年度の休暇日数は就業規則に基づき算出する。

　　なお，休職期間中は退職慰労金の算定期間に含まない。

4．　年　月　日より実施する。

⑾　実例　　　パートタイマー通勤手当支給規程

（ＴＢ生活協同組合・従業員230人，内パート140人）

（目　的）

第1条　この支給規程は，賃金規定第○○条・パートタイマー就業規則第○○条に基づき，通勤手当の

支給について定めたものである。

（申　告）

第2条　勤務地より2km以遠より通勤した者には，本人の申告に基づき次の基準により通勤手当を支給する。

①　公的交通機関のみを使用

定期代金全額を支給

②　公的交通機関と私的交通手段の併用

公的交通機関の定期代金全額と私的交通手段利用区間の申告距離のJR定期代金相当額の合計金額を支給。

ただし，公的交通機関の利用前または利用後の申告距離が2km以下の区間は支給対象としない。

③　私的交通手段のみを利用

申告距離のJR定期代金相当額を支給

2．前項の規定にかかわらず，勤務した日数が定期代金の算出基準日数に満たない場合は，1日の代金に勤務日数を乗じた金額を支給する。

（距　離）

第3条　第2条でいう公的交通機関の利用は，経済性・合理性をふまえて生協が指定する。

また，申告距離とは，届け出た私的交通手段で通勤しうる最短実走行距離とする。

ただし，最短実走行距離は，地図上の直線距離の1.4倍以内を原則とする。

（課税対象）

第4条　第2条で算出した金額が法定非課税限度額を超える場合は課税対象とする。

（変更等）

第5条　新たに通勤手当を受給しようとする者，転勤・転居・運賃改定により変更が生じた者，または交通手段を変更した者は，賃金締切り日の2日前までに申告しなければならない。

申告を怠ったことによる本人の不利益は救済せず，超過払いの場合は差額を徴収する。

2．現に通勤手当を受給中の者が転居した場合または交通手段を変更した場合その期間中の新入居地または新交通手段の通勤手当は支給しない。

第6条　虚偽の申告により不正通勤手当を受給した場合，それを返済させ以後この手当を支給しない場合がある。

（改　廃）

第7条　この規定の改廃は従業員代表の意見をきいたうえ理事会で行う。

第8条　この規定は　年　月　日より実施する。

第1章 就業規則 第5 パートタイマー就業規則の実例

---

⑫ 実例 　パートタイマー退職慰労金規程

（ＴＢ生活協同組合・従業員230人，内パート140人）

（目　的）

第1条 この規程は，パートタイマーの退職の際の慰労金について定めたものである。

（適用範囲）

第2条 この規程は，連続して2年以上，週3日以上の雇用契約に基づき勤務した者が退職する際に適用する。

　　ただし，本人の重大な責務により解雇された場合は，常務理事会の判断により支給しない場合もある。

（退職慰労金の額）

第3条 退職慰労金の額は，勤続年数に27,000円を乗じて得た額とする。

（支給日）

第4条 退職慰労金の支給は通貨で直接本人に，退職の日より2週間以内とする。

（付　則）

　この規定は，　年　月　日より施行する。

---

⑬ 実例 　パートタイマー制服貸与規程

（ＴＢ生活協同組合・従業員230人，内パート140人）

第1章　総　　則

（目　的）

第1条 職員の通常勤務に対する制服着用は，本規程の定めるところによる。

　　ここにいう職員とは，正規職員・嘱託職員・パートタイマーおよびアルバイトをいう。

（制服の定義）

第2条 この規程において制服とは，通常の業務において使用する当生協指定の帽子・頭巾・靴・エプロンおよび制服等をいう。

（制服の種別）

第3条 制服はこれを夏季用と冬季用の2種とする。

　2．前項の着用期間は，おおむね次のとおりとする。

① 夏季用　　6月1日から9月30日まで

② 冬季用　　10月1日より5月31日まで

（制服の着用）

第4条　制服を貸与された職員は，勤務中とくに認められる場合を除き，所定の制服を着用しなければならない。

2．制服は，私用および通勤時に着用してはならない。

3．所属長は，常に所属職員の制服着用および取り扱いにつき，監督指示の責任を有する。

第2章　制服の貸与

（貸与着数）

第5条　制服の貸与着数は，別資料1（略）の枚数とする。

（交付の手続）

第6条　新入職員の制服の交付は，入協のときに行う。

2．制服消耗等に基づく取換交付は，所定の「制服貸与申請書」に記入し，旧制服とともに上長の承認を経て，庶務掛に提出して行う。

3．制服を交換する場合は，戻入制服をもってあてることにする。

（制服の還付）

第7条　制服を貸与された職員が次に該当する場合は，ただちに貸与制服を還付しなければならない。

① 退職するとき

② 配置転換により制服が変更されたとき

③ その他必要と認められるとき

第3章　制服の取り扱い方法

（制服の管理）

第8条　制服を貸与された職員は，自己の制服について，その保管および制服の補修等の責任をもつ。

2．業務に差しつかえない範囲において，なるべく制服の消耗や汚損のないように留意しなければならない。

（弁　償）

第9条　制服の紛失・盗難および破損等が，明らかに本人の保管管理の怠惰により生じたとみなされる場合は，その損害の全部または一部を本人に代償させることがある。

第4章　遵守事項

（品位およびモラル上の遵守事項）

第10条　職場の品位およびモラルの向上のために次の事項を遵守しなければならない。

① 就業時間中は常時職場で決められた正しい制服を着装すること

288

② 制服は，刺しゅう・記入・その他みだりに加工しないこと

③ 汚損した制服は，自己の責任においてただちに洗濯または修理をすること

④ 不体裁な身なりをしないこと

（安全衛生上の遵守事項）

第11条　安全衛生のために，次の事項を遵守しなければならない。

① 靴のかかとはふまないこと

② 就業時間中は裸および素足にならないこと

③ 職場で決められている保護具は完全に着装して就業すること

（服装検査）

第12条　所属長は，少なくとも毎週１回，所属員の服装検査を実施し，第10条および第11条を遵守するよう注意しなければならない。

（異装の許可）

第13条　正規の服装がなんらかの理由で不可能な場合は，所属長から異装許可を受けなければならない。

---

⑭ 実例　　パートタイマー退職金規程（中退共制度に加入）

精密機械製造の事例。正規従業員も「中小企業退職金共済制度」（中退共）に加入していて，パートタイマーにも適用している例です。

（ＫＲ精密・精密機械製造・従業員180人，内パート40人）

第1章　総　　則

（総　則）

第1条　パートタイマーが退職したときは，この規程により退職金を支給する。

2．前項の退職金の支給は，会社が各パートタイマーについて勤労者退職金共済機構・中小企業退職金共済事業本部（以下「機構中退共本部」という）との間に退職金共済契約を締結することによって行うものとする。

（新規パートタイマーの契約）

第2条　新たに雇入れたパートタイマーについては，試用期間（1カ月）を経過した月に退職金共済契約を前条により締結する。

（共済契約掛金）

第3条　退職金共済契約は，パートタイマーごとに勤務時間，勤続年数に応じ，別表に定める掛金月額によって締結するものとする。

毎年○月に掛金を調整する。

（退職金の額）

第4条 退職金の額は，掛金月額と掛金納付月数に応じて中小企業退職金共済法に定められた額とする。

（退職金の減額）

第5条 パートタイマーが懲戒解雇された場合には，機構・中退共本部に退職金の減額を申し出ることがある。

（受給者）

第6条 退職金は，パートタイマー（パートタイマーが死亡したときはその遺族）に交付する退職金共済手帳により，機構・中退共本部から支給を受けるものとする。

2．パートタイマーが退職又は死亡したときは，やむを得ない理由がある場合を除き，本人または遺族が遅滞なく退職金が請求できるよう，速かに退職金共済手帳を本人または遺族に交付する。

（規程改廃の手続き）

第7条 この規程は，関係諸法規の改正および社会事情の変化などにより必要がある場合には，従業員代表と協議のうえ改廃することがある。

2．従業員代表は，パートタイマー代表の意見を聴取するものとする。

付　　則

（施　行）

第8条 この規程は○年○月○日より施行する。

（過去勤務期間の取扱い）

第9条 この規程の施行前より在籍するパートタイマーについては，勤続年数に応じ過去勤務期間通算の申出を機構・中退共本部に行うものとする。

別表　勤続および掛金

1日の勤務時間	勤続および掛金		
	勤続3年未満	勤続3〜5年	勤続5年以上
4時〜5時間未満①	2,000円	3,000円	4,000円
5時〜6時間未満②	3,000円	4,000円	5,000円
6時〜7時間　③	5,000円	6,000円	7,000円

（注）　①は1週25時間以内　②は1週30時間以内　③は1週30時間以上
　　　　30時間以上は，一般の掛金（5,000円以上）となる。

第1章　就業規則　第5　パートタイマー就業規則の実例

⒂　実例　　　　　　パートキャディ退職金規程

（ＴＮゴルフクラブ・従業員70人，内パートキャディ17人）

（目　的）

第1条　この規程は，パートキャディ就業規則第21条（略）に基づき，キャディが死亡または退職した
場合の退職金の支給に関する事項について定める。

（適用範囲）

第2条　この規程の適用を受けるキャディとは，会社と所定の手続きを経て，雇用契約を締結した者を
いう。

ただし，次の者は適用しない。

アルバイト・キャディ

（支給範囲）

第3条　退職金の支給は，勤続満1年以上のパートキャディが退職した場合に支給する。

ただし，自己都合退職の場合は，満3年以上とする。

（受給者死亡の場合）

第4条　パートキャディが死亡した場合においては，その退職金は，労働基準法施行規則第42条の定め
に従って支払う。

（支払方法および支払時期）

第5条　退職金は，原則として退職の日から14日以内にその全額を通貨で本人に支給する。

ただし，本人の希望により，本人指定の金融機関の本人口座に振込むことができる。

（支給事由）

第6条　退職金は，次の各号の一に該当する場合，別表退職金支給額表により支給する。

① 死亡したとき（Ａ欄）

② 会社の都合で退職したとき（Ａ欄）

③ 自己の都合で退職したとき（Ｂ欄）

④ 休職期間満了により復職しないとき（Ｂ欄）

（勤続年数の計算）

第7条　勤続年数の計算は，入社の日より退職の日（死亡の場合は死亡日）までとし，1年未満は月割
りとし，1カ月未満の日数が14日以内は切り捨て，15日以上は1カ月として計算する。

2．就業規則第6条（略）の試用期間は，勤続年数に算入する。

（退職金支給額）

第8条　退職金の支給額はＡ欄，Ｂ欄に分ける。

① Ａ欄は会社都合等退職

291

② B欄は自己都合等退職

　　上記各号の区分は，第6条各号のカッコ内のとおりとする。

（無支給もしくは減給支給）

第9条　パートキャディの退職が，キャディ就業規則第27条第4号（懲戒解雇）（略）に該当する場合には，原則として退職金は支給しない。

　　ただし，状況によってB欄以下に減じて支給することがある。

（功労加算）

第10条　パートキャディがとくに，功労のあった場合には第8条の退職金に加算することがある。

（施　行）

第11条　この規程は○年○月○日より施行する。

別表　退職金支給額（勤続別・退職事由別）

（単位：円）

勤続	A（会社都合）	B（自己都合）
1	20,000	
2	40,000	
3	60,000	40,000
4	82,000	60,000
5	104,000	80,000
6	128,000	102,000
7	152,000	124,000
8	176,000	146,000
9	200,000	168,000
10	224,000	190,000
11	250,000	214,000
12	276,000	238,000
13	302,000	262,000
14	328,000	286,000
15	354,000	310,000

　（注）　勤続16年以上は勤続1年につき会社都合7,000円増・自己都合5,000円増

第6　準社員・嘱託等就業規則

（1）　実例　　　　　　　　準社員就業規則

〔　この就業規則は，正社員を除く，他の従業員を準社員として取扱っているのが特徴である。〕

（ＴＫ化成・プラスチック・従業員180人，内準社員10人）

第1章　総　　則

（目　的）

第1条　この規則は，準社員の就業に関する事項を定めるものである。

2．この規則に定めのない事項については，労働基準法その他の法令の定めるところによる。

（定　義）

第2条　この規則において準社員とは，次の者をいう。

①　日々雇入れられる者

②　2カ月以内の期間を定めて雇入れられる者

③　1年以内の期間を定めて雇入れられる者

④　社員就業規則第16条（略）に基づき嘱託として再雇用した者（1年更新最高65歳まで）

⑤　所定労働時間が1日6時間以内または1週33時間以内の契約内容で採用された者（いわゆるパートタイマー）

第3条　準社員は，この規則及び所属長の指示命令を遵守して，誠実に職務に従事しなければならない。

第2章　人　　事

（採　用）

第4条　準社員の採用は，希望者のうちから所定の選考手続を経て決定する。

2．前項の就業希望者は，会社の定める様式に従い，次の各号の書類を会社に提出しなければならない。

①　履歴書

②　写真

③　住民票記載事項証明書

④　その他人事管理上必要な書類

（異　動）

第5条　会社は，業務上必要あるときは，職場または職種を変更することがある。

（労働条件の明示）

第6条　会社は，準社員の採用に際しては，準社員就業規則を提示し，労働条件を明示するとともに，賃金の決定，計算および支払の方法ならびに賃金の締切りおよび支払の時期に関する事項等については書面により明示する。

（文書明示事項）

第7条　前条による文書事項は次のとおりとする。

① 　雇用契約の期間に関する事項

② 　就業の場所及び従事する業務に関する事項

③ 　始業及び終業の時刻，時間外労働の有無，休憩時間，休日，休暇並びに交替制の場合の就業転換に関係する事項

④ 　賃金に関する事項

⑤ 　退職に関する事項（解雇の事由を含む）

2．前項の文書事項は別紙「労働条件通知書」のとおりとする（別紙 P.300）。

第3章　退職および解雇

（退　職）

第8条　準社員が次の各号の一に該当するときには，退職するものとする。

① 　死亡したとき

② 　契約期間が満了したときまたは期間更新をしないとき

③ 　退職希望が認められたとき

2．前項第3号の場合，退職しようとする日の14日前までに退職の申し出をするものとする。

3．第1項第2号後段の場合，当該準社員が期間更新により引き続き2カ月を超える者であるときは，会社は30日前に更新しない旨の予告を行う。

（解　雇）

第9条　会社は，準社員が次の各号の一に該当するときは解雇する。

① 　事業縮小，閉鎖，設備の変更などにより剰員となったとき

② 　勤務能率が著しく低く勤務に耐えないと認めたとき

③ 　甚だしく職務が怠慢なとき

④ 　業務上の指示命令に従わないとき

⑤ 　第2号から第4号までの事由に準ずる事由があり，準社員として不適当と認められるとき

2．前項の解雇は，労働基準法の規定によって予告するか，又は予告手当を支給して行う。ただし，第2条第1号に該当する者を雇入れ後1カ月以内に解雇する場合または同条第2号に該当する者を雇入れ後2カ月以内に解雇する場合はこの限りでない。

（退職証明書，離職証明書の交付）

第10条　会社は，退職または解雇された者（以下「退職者」という）が，退職に関して証明書を請求した場合は，次の事項に限り証明書の交付を遅滞なく行う。

① 雇用期間

② 業務の種類

③ 地位

④ 賃金

⑤ 退職事由（解雇の場合にあっては，その理由を含む）

2．前項の証明は，退職者が指定した事項のみを証明するものとする。

3．退職者が，雇用保険の離職証明書を請求した場合は，会社は速やかに雇用保険の離職証明書を交付する。

（退職後の遵守義務）

第11条　退職者は退職または解雇された後も，在職中に生じた損害および守秘義務は免れないものとする。

第4章　勤　　務

（労働時間および休憩時間）

第12条　就業時間は，休憩時間を除き1週40時間，1日8時間以内とし，労働契約を締結する際に各個別に定める。

（始業・終業・休憩）

第13条　始業・終業の時刻および休憩時間は，原則として次のとおりとする。

始業　　8時30分

終業　　5時30分

休憩　　12時〜1時

2．前項の時刻は業務の都合により繰上げまたは繰下げることがある。この場合において1日の就業時間は第12条の所定労働時間を超えることはない。

3．第2条第5号に掲げる者（いわゆるパートタイマー）

	始　業	終　業	休　　　　憩
A 勤務	9時	14時	正午から13時まで
B 勤務	10時	13時	12時から12時30分まで
C 勤務	13時	18時	15時から15時30分まで

4．前項に掲げる勤務のうち，いずれの勤務に従事するかは，労働契約の締結の際に明示する。

（休　日）

第14条　準社員の休日は，次のとおりとする。

① 日曜日

② 土曜日

③ 国民の祝日

④ 年末年始（12月31日から1月2日）

⑤ 前第3号の休日が日曜日にあたるときは，その翌日を休日とする。

⑥ 前各号の定めるもののほか，労働契約締結時において休日とした日

2．前項の定めにかかわらず，会社は業務の都合により，休日をあらかじめ他の日に振替えることがある。

（時間外・休日労働）

第15条　業務の都合により，第13条の所定労働時間を超えまたは前条の所定休日に労働させることがある。この場合は，「三六協定」の限度内とする。

2．満18歳未満の者については，労働基準法に定める限度を超えて時間外・休日労働（法定）をさせることはない。

3．小学校就学前の子の養育・家族の介護を行う社員が申し出た場合は，法定労働時間を超える時間外労働及び休日労働並びに深夜勤務はさせない。

4．妊娠中の女性及び産後1年を経過しない女性が申し出た場合は，法定労働時間を超える時間外労働及び休日労働並びに深夜勤務はさせない。

（育児・介護休業規程の適用）

第16条　前条第3項の手続に必要な事項は別に定める「育児・介護休業規程」による（社員就業規則）。

（年次有給休暇）

第17条　契約社員・嘱託が契約更新により，6カ月間継続勤務し，1週5日以上出勤者（年間217日以上の所定勤務者）で，全勤務日の8割以上の出勤者には，会社は継続または分割した10勤務日の年次有給休暇を与える。

2．前項の年次有給休暇付与日数の算定にあたって，第2条第4号の嘱託については，社員としての継続勤務年数を通算する。

3．1.5年以上継続勤務した者には，1年を超えるごとに1勤務日（3.5年以上勤務した者には，1年について2勤務日）を加算した年次有給休暇を与える。

　　ただし，総日数は20日を限度とする（次表）。

勤続年数	0.5	1.5	2.5	3.5	4.5	5.5	6.5以上
付与日数	10	11	12	14	16	18	20

4．第1項の出勤率の算定にあたり，次の各号の期間は出勤とみなして取り扱う。

① 業務上の傷病による休暇期間

② 産前産後の休業期間

③ 育児休業制度および介護休業制度に基づく休業期間

④　会社の都合による休業期間

⑤　その他慶弔休暇および特別休暇

⑥　年次有給休暇の期間

5．年次有給休暇を請求しようとする者は，事前に申し出なければならない。

6．年次有給休暇は，本人の請求のあった時季に与える。

　　ただし，業務の都合によりやむを得ない場合は，その時季を変更することがある。

7．年次有給休暇の期間については，通常の給与を支払う。

8．当該年度の年次有給休暇に残日数がある場合は，翌年に限り繰り越すこととする。

9．1週4日以下（1年を通じて216日以下）の第2条第5号の者（いわゆるパートタイマー等）は第1項および第3項を比例付与で別表のとおり年次有給休暇を与える。

週所定労働日数	1年間の所定労働日数	勤　続　年　数						
		6カ月	1　年6カ月	2　年6カ月	3　年6カ月	4　年6カ月	5　年6カ月	6　年6カ月以上
4日	169〜216日	7日	8日	9日	10日	12日	13日	15日
3日	121〜168日	5日	6日	6日	8日	9日	10日	11日
2日	73〜120日	3日	4日	4日	5日	6日	6日	7日
1日	48〜 72日	1日	2日	2日	2日	3日	3日	3日

10．年次有給休暇の日数が10日以上の者については，そのうちの5日は，付与日から1年以内に，時季を指定して与える。ただし，本人の時季指定または計画的付与制度により付与した日数があるときは，その日数を5日から控除する。

（休暇等）

第18条　次の各号の一に該当するときは，請求により休暇を与える。

①　労働基準法第65条に基づく産前，産後の休暇

②　生理日の就業が著しく困難な女性または生理に有害な業務に従事する女性が請求した生理休暇

2．前項の休暇は，無給とする。

（出退勤手続）

第19条　準社員は，始業および終業の時刻を厳守し，出退勤は所定の場所において，出退勤時刻を所定の方法により記録しなければならない。

（遅刻または早退）

第20条　やむを得ない事由により遅刻または早退をしようとするときは，所属長に届出て承認を受けなければならない。

（欠　勤）

第21条　病気その他やむを得ない事由により欠勤しようとするときは，所属長に届出なければならない。

第5章 賃　金

（賃金の構成）

第22条　賃金は，基本給，通勤手当，時間外労働割増賃金，休日労働割増賃金および深夜労働割増賃金とする。

（基本給）

第23条　基本給は，時間給，日給または月給とする。

（通勤手当）

第24条　通勤に要する実費のうち，月額80,000円を限度として支給する。

（割増賃金等）

第25条　第13条の所定労働時間を超え，労働させた場合には次により通常の賃金および時間外割増賃金を支給する。

1．所定労働時間を超え8時間以内の労働に対しては，その時間に対応する通常の賃金

2．8時間を超える労働時間については，次の算式による割増賃金を支払う。ただし，時間外勤務が60時間を超える部分については，割増率は50％とする。

　　① 時間給×125％　　② 日給÷8時間×125％

　　③ 月給÷1カ月平均所定労働時間数×125％

3．第14条の法定休日に労働させた場合には，第2項の1時間当たりの金額につき，135％を乗じた金額

（賃金の計算）

第26条　第17条の年次有給休暇の賃金は，所定労働時間労働した場合に支払われる通常の賃金を支給する。

2．欠勤，遅刻および早退の時間については，基本給の1時間あたり賃金額に欠勤，遅刻および早退の合計時間数を乗じた額を差引くものとする。

3．前項の時間数については，合計時間のうち30分未満の端数は切り捨てる。

（賃金の計算期間および支払日）

第27条　賃金は，毎月20に締切り，末日に支払う。ただし，支払日が休日にあたるときはその前日に支払う。

（賃金の控除）

第28条　賃金の支払に際しては，所得税，社会保険料など法令に定められたものを控除する。

（昇　給）

第29条　昇給は，最低賃金の改定その他必要に応じて，基本給を改定することによって行う。

（退職金）

第30条　準社員に対しては，退職金は支給しない。

第6章 そ の 他

（社員就業規則の適用）

第31条 社員就業規則，7 ―育児・介護休業，母性健康管理，8 ―安全衛生，9 ―災害補償および，10 ―表彰および制裁の規定は，準社員についても適用する。

付　　則

（施　行）

第32条 この規則は○年○月○日より施行する。

別紙 **労働条件通知書**

<table>
<tr><td colspan="2"></td><td style="text-align:right">年　　月　　日</td></tr>
<tr><td colspan="2">_____殿</td><td></td></tr>
<tr><td colspan="3">TK 化成株式会社
代表取締役社長　　　　　　　　　　　㊞</td></tr>
<tr><td>契 約 期 間</td><td colspan="2">期間の定めなし，期間の定めあり（　　年　　月　　日～　　年　　月　　日）</td></tr>
<tr><td>就 業 場 所</td><td colspan="2"></td></tr>
<tr><td>従事すべき
業務の内容</td><td colspan="2"></td></tr>
<tr><td>始業，終業
の時刻，休
憩時間，就
業時転換
((1)～(5)のう
ち該当する
もの一つに
○を付ける
こと。)，所
定時間外労
働の有無に
関する事項</td><td colspan="2">1　始業・終業の時刻等
　(1)　始業（　　時　　分）　終業（　　時　　分）

　【以下のような制度が労働者に適用される場合】
　(2)　変形労働時間制等；（　　）単位の変形労働時間制・交替制として，次の勤務時間の組み合わせによる。
　　┌─　始業（　　時　　分）終業（　　時　　分）（適用日　　　　　　　　　　）
　　├─　始業（　　時　　分）終業（　　時　　分）（適用日　　　　　　　　　　）
　　└─　始業（　　時　　分）終業（　　時　　分）（適用日　　　　　　　　　　）
　(3)　フレックスタイム制；始業及び終業の時刻は労働者の決定に委ねる。
　　　　　　　（ただし，フレキシブルタイム　（始業）　　時　　分から　　時　　分，
　　　　　　　（終業）　　時　　分から　　時　　分，コアタイム　　時　　分から
　　　　　　　　　時　　分）
　(4)　事業場外みなし労働時間制；始業（　　時　　分）終業（　　時　　分）
　(5)　裁量労働制；始業（　　時　　分）終業（　　時　　分）を基本とし，労働者の決定に委ねる。
○詳細は，就業規則第　　条～第　　条，第　　条～第　　条，第　　条～第　　条
2　休憩時間（　　）分
3　所定時間外労働　（有　（1週　　時間，1カ月　　時間，1年　　時間)，無）
4　休 日 労 働 ，(有　（1カ月　　日，1年　　日)，無）</td></tr>
<tr><td>休　　　　日</td><td colspan="2">・定例日；毎週　　曜日，国民の祝日，その他（　　　　　　　　　　　　　　　　　）
・非定例日；週・月当たり　　日，その他（　　　　　　　　　　　　　　　　　　　）
・1年単位の変形労働時間制の場合－年間　　日
（勤務日）
毎週（　　　　　　　　　），その他（　　　　　　　　　）
○詳細は，就業規則第　　条～第　　条，第　　条～第　　条</td></tr>
<tr><td>休　　　　暇</td><td colspan="2">1　年次有給休暇　6カ月継続勤務した場合→　　　　　　　　日
　　　　継続勤務6カ月以内の年次有給休暇　（有，無）
　　　　→　　カ月経過で　　日
2　その他の休暇　有給（　　　　　　　　）
　　　　　　　　　無給（　　　　　　　　）
○詳細は，就業規則第　　条～第　　条，第　　条～第　　条</td></tr>
</table>

（次頁に続く）

第1章　就業規則　第6　準社員・嘱託等就業規則

賃　　　金	1　基本賃金　　イ　月　給（　　　　　　　　円），ロ　日　給（　　　　　　円） 　　　　　　　　ハ　時間給（　　　　　　　円）， 　　　　　　　　ニ　出来高給（基本単位　　　　円，保障給　　　　　　円） 　　　　　　　　ホ　その他（　　　　　　円） 　　　　　　　　ヘ　就業規則に規定されている賃金等級等 2　諸手当の額及び計算方法 　　イ（　　　　手当　　　　円　／計算方法：　　　　　　　　　　　　　　　　　） 　　ロ（　　　　手当　　　　円　／計算方法：　　　　　　　　　　　　　　　　　） 　　ハ（　　　　手当　　　　円　／計算方法：　　　　　　　　　　　　　　　　　） 　　ニ（　　　　手当　　　　円　／計算方法：　　　　　　　　　　　　　　　　　） 3　所定時間外，休日又は深夜労働に対して支払われる割増賃金率 　　イ　所定時間外　法定超（　　　）％，所定超（　　　）％， 　　ロ　休日　法定休日（　　　）％，法定外休日（　　　）％， 　　ハ　深夜（　　　）％ 4　賃金締切日（　　　　）－毎月　　　日，（　　　　）－毎月　　日 5　賃金支払日（　　　　）－毎月　　　日，（　　　　）－毎月　　日 6　労使協定に基づく賃金支払時の控除　（無，有（　　　　　　　　　　　　　）　） 7　昇　給　（時期等　　　　　　　　　　　　　　　　　　　　　　　　　　　　　） 8　賞　与　（有（時期，金額等　　　　　　　　　　　　　　　　　　），　無　） 9　退職金　（有（時期，金額等　　　　　　　　　　　　　　　　　　），　無　）
退　職　に 関する事項	1　定時制　（有（　　　　歳），無　） 2　自己都合退職の手続き（退職する　　　日以上前に届け出ること） 3　解雇の事由及び手続 ○詳細は，就業規則第　条〜第　条，第　条〜第　条
そ　の　他	・社会保険の加入状況（　厚生年金　　健康保険　　厚生年金基金 　　　　　　　　　　　　その他（　　　　　　　　　　）　） ・雇用保険の適用　（　有，　　無　） ・その他 ・具体的に適用される就業規則名（　　　　　　　　　　　　　　　　）

301

第1章 就業規則 第6 準社員・嘱託等就業規則

---

(2) 実例　　　契約社員就業規則

この就業規則は，第2条の「契約社員」の定義で示されている者に適用される規則である。今後このような形態の雇用関係が多くなるものと思われる。

（ＫＮ電子・電子機器・従業員1,800人，内契約社員110人）

第1章　総　　則

（目　的）

第1条　この就業規則（以下「規則」という）は，KN 電子株式会社（以下「会社」という）社員就業規則第4条第3項（略）に基づき，会社に使用される契約社員の就業に関する事項を定めたものである。

2．契約社員の就業に関する事項は，この規則および契約社員雇用契約書および関係諸規程のほか労働基準法その他の法律に定めるところによる。

（契約社員の定義）

第2条　この規則で契約社員とは，第2章で定めるところにより採用された者で，つぎの各号の一に該当する者をいう。

① 会社の一定業務につくため，期間を定めて雇用する者

② 特別の職務者で，契約社員として雇用する者

③ 契約社員として雇用をのぞむ者

（遵守義務）

第3条　会社および契約社員はこの規則を誠実に遵守し，互いに協力して職場の秩序を維持し，事業の発展に努めなければならない。

第2章　人　　事

第1節　採　　用

（採　用）

第4条　会社は，契約社員としての業務に該当する者及び就業を希望する者より，履歴書の提出を求め，選考試験の上適当と認めた者に，雇用期間を定めた労働条件を示して契約社員として採用する。

2．前項の雇用期間は，原則として1ヵ年以内とし，必要ある場合には更新するものとする。

（雇用契約者の締結）

第5条　会社は，契約社員の採用に当たっては，「契約社員雇用契約書」（別紙 P.316）の締結を行う。

ただし，年俸制契約社員の場合はその都度定める。

（採用時の提出書類）

第6条 新たに採用された契約社員は，採用後会社の指定する日までに次の書類を提出しなければならない。

① 契約社員雇用契約書

② 誓約書（会社所定様式による）

③ 身上調書（会社所定様式による）

④ 住所届（会社所定様式による）

⑤ 住民票記載事項証明書（本人の，住所・指名・生年月日）

⑥ 年金手帳および源泉徴収票（前職者のみ）

⑦ その他会社が指定する書類

2．前各号の書類は，会社が必要と認めない場合は，その一部を省略することがある。

3．前第1項の書類の記載内容に変更があったときは，契約社員はその都度すみやかに届けなければならない。

（労働条件の明示）

第7条 会社は，契約社員の採用に関しては，この規則を提示し，労働条件を明示するとともに，給与の支払い方法等の事項については文書による「契約社員雇用契約書」に明記する。

2．前項の雇用契約書の締結文書には次の事項は必ず記載する。

① 賃金に関する事項

② 雇用契約の期間に関する事項

③ 就業の場所及び従事する業務に関する事項

④ 始業及び終業の時刻，時間外労働の有無，休憩時間，休日，休暇並びに交替制の場合の就業時転換に関する事項

⑤ 退職に関する事項（解雇の事由を含む）

（正社員採用）

第8条 会社は，正社員採用に際して，現に使用する同種の業務に従事する契約社員であって，正社員として雇用されることを希望する者に対し，これに応募する機会を与えるものとする。

（試用期間）

第9条 契約社員の試用期間は1カ月とする。

2．会社は，試用期間の途中または終了の際，契約社員として不適当と認められた場合は解雇する。ただし，入所後14日を経過した者については，第13条の手続きによって行う。

第2節 異 動

（異動および出向）

第10条 会社は，業務の都合により必要があるときは，契約社員に勤務場所または職務内容の変更を命

第1章　就業規則　第6　準社員・嘱託等就業規則

ずることがある。

2．会社は，業務の都合により，契約社員を関連企業又は関連団体等へ出向を命ずることがある。

3．この場合，契約社員は正当な理由のないかぎり拒むことはできない。

第3節　退職および解雇

（退　職）

第11条　契約社員が，次の各号のいずれかに該当する場合には退職とする。

① 死亡したとき

② 契約期間が満了したとき

③ 退職願を出した承認されたき（承認は14日以内）

④ 解雇されたとき

⑤ 懲戒解雇されたとき

（自己都合退職の手続き）

第12条　契約社員が，契約期間の途中において，前条第3号によって退職しようとする場合は，14日前迄に所属長を経て退職願を提出しなければならない。

2．退職願を提出した契約社員は，14日以内，会社の承認あるまでは，従前の職務に従事しなければならない。

（雇用契約終了の予告）

第13条　会社は，期間の満了により雇用契約を終了させる場合には，少なくとも30日前にその旨予告するものとする。

（解　雇）

第14条　事業の休廃止または縮小その他事業の運営上やむを得ない場合，または契約社員が次の各号のいずれかに該当する場合には解雇することができる。

① 身体または精神に異常があり，医師の診断に基づき業務に耐えられないと認められたとき

② 勤務成績が著しく不良で，就業に適さないと認められたとき

③ 職務遂行能力または能力が著しく劣り，上達の見込みがないとき

④ 第9条の試用期間中の者で，契約社員として不適格と認められるとき

⑤ 会社の名誉を著しく損なう行為をしたとき

⑥ その他，前各号に準ずる行為があり就業に適さないと認められたとき

（解雇予告および解雇予告手当）

第15条　会社が，前条により契約社員を解雇する場合は，少なくとも30日前に本人に予告するか，または労働基準法第12条による平均賃金の30日分の手当を支給する。

この場合，予告日数は平均賃金を支払った日数分だけ短縮することができる。

2．前項の規定にかかわらず，次の各号のいずれかに該当する場合には予告手当を支払わずに即時に解雇することがある。

304

第1章　就業規則　第6　準社員・嘱託等就業規則

① 日々雇用する者（引き続き1カ月を超えて雇用されるに至ったときは除く）

② 雇用期間が2カ月以内の契約社員を解雇するとき（所定の期間を超えて継続雇用に至ったときを除く）

③ 第9条の試用期間中の者（14日を超えて引き続き雇用されるに至った者を除く）

④ 第55条第5号の懲戒解雇の処分を受け，所轄労働基準監督署長の認定を受けた者

⑤ 天災，事変その他やむを得ない事由のため事業の継続が不可能となった場合で会社が労働基準監督署長の解雇予告除外認定を受けたとき

（雇用契約の更新）

第16条　雇用契約期間を定めて雇用した場合に，その期間を更新しないとしたときは，次の判断基準により契約を更新しないものとする。

① 雇用契約期間満了時の業務量

② 勤務成績，業務遂行能力及び勤務態度

③ 会社の経営状況

④ 従事している業務の進捗状況

2．契約期間を更新し，1年を超えて引き続き雇用契約をした場合または雇用契約を3回以上更新している場合において契約期間を更新しない場合は，契約期間の満了する日の30日前までに，その予告をする。

3．平成25年4月1日以後に開始する有期労働契約が，通算5年を超えて更新された場合は，労働者の申込により次の更新時から期間の定めのない無期労働契約に転換する。ただし労働契約が締結されていない期間が連続して6カ月以上ある場合についてはそれ以前の契約期間は通算契約期間に含めない。無期労働契約となった場合の定年は65歳とし，定年に達した日の属する月の末日を以て退職とする。

（退職証明書の交付）

第17条　会社は退職または解雇（解雇予告期間をも含む）された契約社員（以下「退職者」という）が退職証明書を請求した場合は，次の事項に限り証明書の交付を遅滞なく行う。

① 雇用期間

② 業務の種類

③ 地位

④ 賃金

⑤ 退職事由（解雇の場合にあってはその理由）

2．前項の請求は退職者が指定した事項のみを証明するものとする。

3．退職者が，雇用保健の資格のある契約社員である場合には，会社は，速やかに離職証明書を交付する。

第1章　就業規則　第6　準社員・嘱託等就業規則

第3章　勤　　務

第1節　勤務時間，休憩，休日等

（勤務時間，休憩）

第18条　契約社員の始業，終業の時刻および休憩時間の基本的シフトは次のとおりとし，「契約社員雇用契約書」に実働7時間以内において示すものとする。

基本的シフト

始業時刻	終業時刻	休憩時間	実働時間
9：00	17：10	12：00〜13：00 15：00〜15：10	7時間00分
9：00	12：00		3時間00分
13：00	17：10	15：00〜15：10	4時間00分

2．前項において定めた時刻は，業務の都合により変更することがある。その場合はあらかじめ前日までに通知する。

（休憩時間）

第19条　休憩時間は，業務の都合により交替または一斉休憩とし，食事は休憩時間内にとるものとする。

2．休憩時間の変更については，社員（契約社員を含む）の過半数を代表する者との労使協定を締結した場合は，その協定の定めるところによる。

3．休憩時間は自由に利用する事が出来る。

　但し，会社の秩序を乱したり，顧客の迷惑になったり，他の者の自由を妨げてはならない。

4．休憩時間中に遠方に外出する場合は，所属長に届け出るものとする。

（出張等の勤務時間）

第20条　契約社員が，出張その他の事由により，勤務時間の全部または一部について会社外で勤務した場合で勤務時間を算定し難いときは，第18条の時間を勤務したものとみなす。ただし，所属長があらかじめ別段の指示をしたときはこの限りでない。

（休　日）

第21条　契約社員の休日は，次のとおりとする。

① 日曜日（法定休日）

② 土曜日

③ 国民の祝日

④ 年末年始（その都度定める）

⑤ 夏期休暇（その都度定める）

⑥　会社が特に定める日

2．会社は，業務上必要があるときは，前項の休日を他の日に振り替えることがある。この場合，少なくとも前日までに振り替える休日を定め，通知する。

（時間外および休日勤務等）

第22条　会社は，業務の都合により必要のある場合は，第18条，第21条の定めにかかわらず，時間外および休日に勤務させることがある。

2．前項の時間外および休日勤務が深夜（午後10時〜午前5時）勤務に及びことがある。

3．契約社員は，正当な理由なくこれを拒むことはできない。

（時間外・休日勤務の制限）

第23条　前条の勤務について，社員の過半数（短時間勤務者を含む）の代表との協定に際して時間外労働の協定は，次の範囲内とする。（法定労働時間を超える部分より）。

期　間	限度時間
1週間	15時間
2週間	27時間
4週間	43時間

期　間	限度時間
1カ月	45時間
2カ月	81時間
3カ月	120時間

期　間	限度時間
1年間	360時間

2．休日勤務については，法定休日は月1日とする。

3．臨時的に限度時間を超えて時間外労働を行なわなければならない特別の事情が予想される場合には，社員代表と協定のうえ1カ月60時間を最大6カ月まで延長することができる。

（年少者の時間外，休日勤務）

第24条　前条の規定は，満18歳未満の契約社員には適用しない。

　　ただし，法定内労働時間（1週40時間・1日8時間以内），および法廷外休日（第21条第1項第2号〜第6号）は除くものとする。

2．妊産婦の契約社員が，時間外および休日勤務について，不就労の申出があった場合は，これらの勤務には就かせない。

第2節　休　暇

（年次有給休暇）

第25条　契約社員が6カ月間継続勤務をし，1週5日以上の勤務者で，全勤務日の8割以上の出勤者（契約更新を含む）である場合には，次表に掲げる年次有給休暇を与える。

継続勤続年数	0.5	1.5	2.5	3.5	4.5	5.5	6.5以上
付　与　日　数	10	11	12	14	16	18	20

2．前項の計算方式は，斉一管理方式（1月1日〜12月31日）とし，勤務6カ月未満は6カ月とみなして切り上げて計算する。

よって取扱は次の通りとする。

① 6月30日以前の新規入社者は，初回だけ2回の切替えとする。

　ア．1月1日～6月30日入社者

　　　　　7月1日に10日

　　　　　1月1日に11日

　イ．7月1日～12月31日入社者

　　　　　1月1日に10日

3．週所定労働時間が30時間未満の契約社員には，次の年次有給休暇を与える。

① 週所定労働日数が4日又は1年間の所定労働日数が169日から216日までの者

継続勤続年数	0.5	1.5	2.5	3.5	4.5	5.5	6.5以上
付 与 日 数	7	8	9	10	12	13	15

② 週所定労働日数が3日又は1年間の所定労働日数が121日から168日までの者

継続勤続年数	0.5	1.5	2.5	3.5	4.5	5.5	6.5以上
付 与 日 数	5	6	6	8	9	10	11

③ 週所定労働日数が2日又は1年間の所定労働日数が73日から120日までの者

継続勤続年数	0.5	1.5	2.5	3.5	4.5	5.5	6.5以上
付 与 日 数	3	4	4	5	6	6	7

④ 週所定労働日数が1日又は1年間の所定労働日数が48日から72日までの者

継続勤続年数	0.5	1.5	2.5	3.5	4.5以上
付 与 日 数	1	2	2	2	3

4．出勤率の算定にあたり，次の各号の期間は出勤とみなして取り扱う。

① 業務上の傷病による休暇期間

② 産前産後の休業期間

③ 育児休業制度および介護休業制度に基づく休業期間

④ 会社の都合による休業期間

⑤ 年次有給休暇の期間

5．年次有給休暇は本人の請求のあった場合に与える。但し，会社は事業の正常な運営上やむを得ない場合は，その時季を変更させることがある。

6．年次有給休暇を請求しようとする者は，所定の手続きにより，事前に会社に届け出るものとする。

7．当該年度の年次有給休暇の全部または一部を取得しなかった場合は，その残日数は，翌年に限り

繰り越すこととする。

8．年次有給休暇については，通常給与を支給する。

9．年次有給休暇は労働基準法の定めるところにより，計画的に付与することがある。

10．年次有給休暇の日数が10日以上の者については，そのうちの5日は，付与日から1年以内に，時季を指定して与える。ただし，本人の時季指定または計画的付与制度により付与した日数があるときは，その日数を5日から控除する。

（慶弔休暇）

第26条　契約社員が次の各号に該当する場合は，つぎに定める日数の慶弔休暇を与える。

《事　由》	《休暇日数》	《賃　金》
①　本人が結婚するとき	5日	有給
②　子女が結婚するとき	1日	有給
③　妻が出産するとき	5日	有給
④　実父母，配偶者，子および扶養し同居する者が死亡したとき	5日	有給
⑤　実祖父母，配偶者の父母または実兄弟姉妹が死亡したとき	3日	有給
⑥　女性契約社員が出産するとき	産前6週間（多胎の場合14週間）	無給
	産後8週間（医師の就業可の証明ある場合は6週間を経過後は就業できる）	無給
⑦　女性契約社員の生理日の就業がいちじるしく困難なとき	就業が困難な期間	無給
⑧　妊娠中の女性契約社員が定期検診のため通院するとき	1週間に1日，8カ月以降2週間に1日	無給
⑨　妊娠中の女性契約社員がつわりのため就業が困難なとき	就業が困難な期間	無給
⑩　その他前各号に準じ会社が必要と認めたとき	必要と認めた日数	都度決定

2．休暇は連続して取得することを原則とし，休暇日数は実労働日の日数とする。

（休暇の請求）

第27条　契約社員は，年次有給休暇および慶弔休暇を取得しようとする場合は，事前にその理由と日数を届出て承認を受けなければならない。ただし，やむを得ない事由のため事前に届出ることができない場合は，電話等で連絡のうえ事後すみやかに届出て承認を受けるものとする。

（育児休業）

第28条 契約社員のうち，満1歳未満の子（特別の事情ある場合2歳）の養育を必要とする者は，会社に申し出て育児休業または短時間勤務等の適用を受けることができる。

2．育児休業または短時間勤務等の対象者，および手続き等の必要事項については，別に定める「育児休業規程」による。

（介護休業）

第29条 傷病のため介護を要する家族がいる者は，会社に申し出て介護休業または介護短時間勤務等の適用を受けることがある。

2．介護休業または介護短時間勤務等の対象者，期間，手続き等の必要事項については，別に定める「介護休業規程」による。

（育児時間）

第30条 生後満1歳未満の子を育てる女性契約社員が請求した場合には，第19条で定める休憩時間のほかに，1日に2回それぞれ30分間の育児時間を与える。

ただし，この時間は無給とする。

（母性健康管理）

第31条 妊娠中の女性には，次に定める妊娠週数の区分に応じた回数，保健指導又は健康診査を受けるために必要な時間を確保する。但し，医師等がこれと異なる指示をしたときは，その指示に従う。

妊娠23週まで……………… 4週間に1回

妊娠24週から35週まで…… 2週間に1回

妊娠36週から出産まで…… 1週間に1回

2．産後1年以内の女性については，医師等が指示するところにより，保健指導又は健康診査を受けるために必要な時間を確保する。

3．妊娠中及び出産後の女性から申出があった場合には，それぞれ次のような措置を講じる。

① 妊娠中

通勤緩和の申出………時差通勤，勤務時間短縮等の必要な措置

休憩に関する申出……休憩時間の延長，回数の増加等の必要な措置

② 妊娠中及び出産後

つわり，妊娠中毒，回復不全等の症状に関する申出

…………作業の制限，勤務時間の短縮，休憩等の必要な措置

4．妊娠中又は出産後の女性労働者に対する医師等の指導事項が正確に伝達されるように「母性健康管理指導事項連絡カード」を使用する。女性労働者は医師等に同カードに記入してもらい，事業主に措置を申請すること。

第1章　就業規則　第6　準社員・嘱託等就業規則

第3節　出勤，遅刻，早退，欠勤等

（出　勤）

第32条　契約社員は，契約社員雇用契約書で定めた始業時間までに出勤し，タイムカードに打刻しなければならない。

（遅刻，早退，私用外出）

第33条　契約社員は，やむを得ない事由で，遅刻，早退ならびに私用外出する場合は，あらかじめ所属長に届出て承認を受けなければならない。

　　ただし，事前に承認を受けることができない緊急の場合は，遅滞なく電話等で連絡の上承認を受けなければならない。

（欠　勤）

第34条　契約社員が，傷病その他やむを得ない事由により欠勤する場合は，あらかじめ書面によって所属長に届出なければならない。ただし，事前に届出る余裕のない場合は，電話その他の手段によって所属長に連絡するとともに，事後速やかに書面によって届出なければならない。

２．私傷病により7日以上欠勤する者については，会社は医師の診断書を求めることがある。

第4章　給　　与

（給　与）

第35条　契約社員の給与は，つぎのとおりとする。

① 基本給

② 時間外勤務手当

③ 休日勤務手当

④ 深夜勤務手当

⑤ 通勤手当

（基本給）

第36条　基本給は月給制とし，学歴・職歴・技術・技能・経験・年齢等および在職正規社員の給与を考慮して各人ごとに定めることとし，「契約社員雇用契約書」により示すものとする。

２．基本給は，欠勤・遅刻・早退または私用外出などによる不就労がある場合は，その相当額を支給しない。

（時間外勤務手当等）

第37条　契約社員の勤務時間が，各人の所定労働時間を超え時間外におよんだ場合，または休日に勤務した場合は，その勤務時間1時間につき，つぎの計算により時間外勤務手当または休日勤務手当を支給する。

① 実働8時間以内の時間外勤務手当

　　基本給（時間給分）×1.00

② 実働 8 時間を超えた部分の時間外勤務手当および休日手当

基本給（時間給分）×1.25（休日勤務は1.35）

2．時間外勤務が60時間を超える部分の割増率は，50％とする。

3．深夜（午後10時～午前 5 時）に勤務したときは，上記の計算に0.25加給する。

（通勤手当）

第38条 通勤手当は，合理的な径路および方法により通勤した場合の，公共運輸機関の定期券相当額または実費のうち少ない金額を支給する。

ただし，支給額の上限は，課税上の免税額までとする。

（給与の支払方法）

第39条 給与は月給制とし，通貨で直接本人に支払う。

2．前項の規定にかかわらず，つぎに掲げるものは給与から控除して支払う。

① 所得税，社会保険料など法令により控除することが認められたもの

② 福利厚生費等（社員代表と協定したもの）

3．第 1 項の定めにかかわらず，本人の希望する金融機関の本人名義の口座に振込むことがある。

（給与の計算期間，支払日）

第40条 給与の計算期間は前月21日から当月20日までとし，その支払日は25日（休日の場合は前日）とする。

2．時間外勤務手当等は，前月 1 日から前月末日までの分を当月25日（休日の場合は前日）に支払う。

（非常時払い）

第41条 契約社員の請求により，つぎの一に該当する場合は，給与支払日の前であっても既往の労働に対する給与を支払う。

① 契約社員の死亡，退職，または解雇のとき

② 契約社員またはその収入によって生計を維持している者が結婚し，出産し，疾病にかかり，災害を受け，または契約社員の収入によって生計を維持している者が死亡したため，臨時の費用を必要とするとき

③ 契約社員またはその収入によって生計を維持している者が，やむを得ない事情によって 1 週間以上にわたって帰郷するとき

（昇　給）

第42条 1 年以上継続勤務し，成績良好な契約社員について昇給を行うことがある。

（賞　与）

第43条 会社は，会社の業績に応じて賞与を支給することがある。

（退職金）

第44条 会社は，契約社員には原則として退職金は支給しない。

第5章　服務規律

（服務の規律）

第45条　契約社員は，この規則に定めるほか，所属長の指示命令に従い，自己の業務に専念し，創意を発揮して作業能力向上に努めるとともに，互いに協力して職場の秩序を維持向上しなければならない。

（服務の心得）

第46条　契約社員は上司の指示命令に従い，服務規律を厳正に保ち，常につぎの事項に留意して職務遂行に当たらなければならない。

① 勤務時間中は，上長の指示に従い，熱心に仕事をすること

② 上下同僚たがいに協調し，健康で明るく，たくましい職場環境の醸成に努めること

③ 上司に許可を得ないで，みだりに職場を離れないこと

④ 職場の整理，整頓に努め，常に清潔を保つとともに，火災，盗難の予防に努めること

⑤ 会社の設備，備品を大切に扱い，消耗品の節約に努め，製品および書類その他会社の物品を丁寧に取扱い，その保管を厳重にすること

⑥ 職務上知りえた会社の機密事項または未発表の資料を社外に漏らさないこと

⑦ 許可なく，職務以外の目的で会社の設備，車両，機械，器具その他の物品を使用したり，社外に持ち出さないこと

⑧ 職務に関し不当な金品の借用または贈与もしくは供応の利益を受けないこと

⑨ 酒気を帯びて勤務しないこと

⑩ 社内において，政治活動や宗教活動を行うこと，およびこれらに類似する活動を行わないこと

⑪ 勤務時間中に，許可なく業務以外の目的で集会を開いたりビラを配布しないこと

⑫ 社内において賭博をしないこと。

⑬ 会社内において，性的な言動によって他人に不快な思いをさせたり，職場の環境を悪くしないこと

⑭ 職務上の地位や人間関係などの職場内の優位性を背景にした，正常な範囲を超える言動により，他人に精神的・身体的な苦痛を与えたり職場の環境を悪くしないこと

⑮ 妊娠・出産および出産・育児・介護等の制度を利用したことに対して，職場の環境を悪くするような言動をしないこと

⑯ その他あらゆるハラスメントにより他人に不快な思いをさせたり職場の環境を悪くしないこと

⑰ 前各号のほか，これに準ずるような社員としてふさわしくない事をしないこと

第47条　契約社員がつぎの各号の一に該当する場合は，入場を禁止し，または退場させることがある。

① 火気・凶器その他業務上必要でない危険物を所持するとき

② 安全衛生上支障があると認められるとき

③ 酒気を帯びているとき

④ 業務を妨害し，もしくは職場の風紀秩序を乱し，またはその恐れのあるとき

⑤ その他，会社が必要を認めたとき

第6章 安全衛生

（安全衛生教育）

第48条 契約社員は，会社が行う安全衛生教育を受けなければならない。

（安全衛生遵守事項）

第49条 契約社員は，つぎの事項を遵守しなければならない。

① 喫煙は，所定の場所で行うこと

② 許可なく火気を使用しないこと

③ 通路，非常口および消化設備のある場所に物品を置かないこと

④ 職場を常に清潔に保つこと

（健康診断・ストレスチェック）

第50条 契約社員は，会社が雇い入れ時および定期に実施する健康診断を受けなければならない。

2．契約社員は，会社が定期的に実施するストレスチェックを受けるようにしなければならない。

第7章 災害補償

（災害補償）

第51条 契約社員の業務上または通勤途上の災害による負傷，疾病，傷害または死亡に対しては，労働者災害補償保険法の定めるところにより給付を受けることができる。

第8章 表彰および懲戒

（表　彰）

第52条 契約社員が，次の各号の一に該当する場合は，審査または選考の上表彰を行う。

① 品行方正，業務優秀，職場に熱心で他の模範となるとき

② 災害を未然に防ぎ，または災害の際とくに功労のあったとき

③ 業務上有益な発明考案または献策し，いちじるしく改善の成果があったとき

④ 社会的功績があり，会社または社員の名誉となる行為のあったとき

⑤ 永年精励格勤したとき

⑥ その他とくに表彰に値する行為があったとき

（表彰の方法）

第53条 前条の表彰は賞状を授与し，その程度により，つぎの各号を併せて行うことがある。

① 賞品授与

② 賞金授与

③ 特別昇給

（懲　戒）

第54条　契約社員が次の各号の一に該当する場合は，次により懲戒を行う。

①　重要な経歴を詐わり雇用されたとき

②　素行不良で会社の風紀，秩序を乱したとき

③　正当な理由なく，しばしば欠勤・遅刻・早退し，勤務不良のとき

④　故意に業務の能率を阻害し，または業務の遂行を妨げたとき

⑤　許可なく，会社の物品（商品）を持ち出し，または持ち出そうとしたとき

⑥　業務上の指示，命令に従わないとき

⑦　金銭の横領，その他刑事事件に触れるような行為をしたとき

⑧　素行不当な行為，または失礼は行為をしたとき

⑨　会社内において，性的な関心を示したり，噂を行なったり，性的な行為を仕掛けたりして，他の契約社員の業務に支障を与えたとき

⑩　パワハラ，マタハラその他のハラスメントにより他の契約社員の業務に支障を与えたとき

⑪　前各号に準ずる程度の不都合があるとき

（懲戒の種類および程度）

第55条　懲戒は，その情状により，つぎの5区分に従って行う。

①　戒　　告……始末書をとり，将来を戒める

②　減　　給……始末書をとり，給与を減じて将来を戒める

　　　　　　　　ただし，減給1回の額は平均給与の半日分とし，また給与締切期間中2回以上にわたる減給処分の場合においても，減額は総額で給与総額の10分の1を超えない範囲内とする。

③　出勤停止……始末書をとり，7日以内出勤を停止し，その期間中の給与は支給しない

④　諭旨退職……予告期間を設けるか，または予告手当を支給して解雇する。

⑤　懲戒解雇……予告期間を設けることなく即時解雇する。この場合において所轄労働基準監督署の認定を受けたときは予告手当を支給しない。

附　　則

（実　施）

第56条　この契約社員就業規則は，　　　年　　　月　　　日から実施する。

別紙

契約社員雇用契約書

甲　東京都○○区○○○丁目○○番○号
KN 株式会社
代表取締役社長
乙　住所
氏名
　　　　　年　　月　　日生

甲と乙とは，つぎの条件で雇用契約を締結する。

記

1. 資　　　格　契約社員
2. 雇 用 期 間　年 月 日より 年 月 日まで
3. 就 業 の 場 所
4. 従事する業務
5. 終 業 時 間　始業 午前　　時　　分 終業 午後　　時　　分
　　休　　　　憩　正午より60分，午後３時より10分
　　実　　　働　　　　　時間　　　　分
6. 休　　　　日　土曜日，日曜日，祝祭日および甲の指定する日
7. 退 職 事 項　契約社員就業規則
8. 給　　　　与　(1) 形　態　　月給制（日給制・時給制）
　　　　　　　　(2) 基本給　　月・日・時　額　　　　　　円
　　　　　　　　(3) 諸手当　　　　　　　　　　　　　　　円
　　　　　　　　　　通勤手当　　　　　　　　　　　　　円
　　　　　　　　(4) 支　払　　毎月20日締切り，当月25日支払い
9. 賞　　　　与　会社の業績に応じ，その都度決定する
10. 退 職 金　原則として支給しない
11. 年次有給休暇　６カ月後10日（契約社員就業規則のとおり）
12. 雇用労働保険　社会保険は法的条件を充たした場合加入
13. 遵 守 義 務　甲と乙とは，本契約に定めるもののほか，甲の定める就業規則を誠実に履行する義務を負う
13. その他　　この雇用契約書に記載のないことは，総て契約社員従業規則による

　（契約社員就業規則の冊子を在職中貸与）
この雇用契約書は２通作成し，甲と乙それぞれ１通ずつ保管する。
　年　　月　　日

甲　KN 株式会社
代表取締役社長　　　　　　印
乙　氏名　　　　　　　　　印

※年俸制の場合は別の「雇用契約書」とする（省略）。

第1章 就業規則 第6 準社員・嘱託等就業規則

---

(3) 実例　　　　　　定年後再雇用制度規程

> この規程は，大手の機械メーカーの事例で，定年後の再雇用制度を
> 従業員に知らせている例である。

（ＣＮ・精密機械製造・従業員2,000人）

第1章　総　　則

（目　的）

第1条　この規程は，当社の従業員で定年退職（満60歳）後再雇用される者の取扱いについて定める。

（定年後再雇用者の定義）

第2条　定年後再雇用者とは，定年退職後会社と再雇用契約を締結し，「嘱託」として満60歳から満65歳まで勤務する従業員をいう。

（適用範囲）

第3条　この規程は全社に適用する。

（規程の改廃）

第4条　この規程の改廃は，人事部長が立案し，社長の決定により行う。

第2章　再雇用の条件

（再雇用契約）

第5条　⑴　定年退職後本人が再雇用を希望する場合は，会社は毎年一定時期に健康診断を行い，これに合格した者と再雇用契約を締結する。

　⑵　再雇用契約の期間は3カ年とし，その後は1年間として満65歳に至るまで更新することができる。

（再雇用後の従事業務）

第6条　再雇用後の従事業務は，ＣＮ精密機械製造および関係会社の範囲で契約締結の際，会社が決定する。

（再雇用後の基本給）

第7条　再雇用後の基本給月額は，退職時職能区分に応じた定額とし，契約締結の際決定する。

第3章　労働条件

（労働条件）

第8条　再雇用者（嘱託）の労働条件については次のとおりとする。

　⑴　年次慰労休暇

就業規則第○○条を適用し，定年退職時の慰労休暇の繰り越しを行う他，就業規則第○○条第○○項を適用し年次慰労休暇の勤続加算を行う。

(2) 定期昇給

行わない。

(3) 臨時昇給

行わない。

(4) 特別手当，特別作業手当，傷病見舞金，通勤費，食事補助

一般正規社員に準じて支給する。

(5) 家族手当，住宅手当

支給しない。

(6) 賞与は一般社員の支給率の2分の1とする。

(7) 退職金

支給しない。

(8) 慶弔見舞金

定年退職時の職能区分に準じて慶弔見舞金規程に基づき支給する。

(9) 皆勤賞，健康祝表彰

一般社員に準じ表彰する。

(10) 勤続表彰，家庭平和賞，家庭平和特別休暇賞表彰

再雇用期間は勤続年数に通算しない。したがって勤続表彰，家庭平和賞，家庭平和特別休暇賞の表彰は行わない。

(11) 役職

再雇用期間は原則として役職はつけない。

(12) 身分証明書，社員章

交付する。

(13) 健康保険，雇用保険，厚生年金保険・厚生年金基金，労災保険

継続加入する。

(14) 出張旅費，赴任手当，社宅入居，作業服（靴），社内年金，持株会，共済貸付，施設の利用，行事への参加

一般社員に準ずる。

(15) 財形制度加入

再加入は認めない。

(16) US会

60歳定年時にUS会会員となる。

(17) 就業規則等の適用

就業規則上は，再雇用による「嘱託」として取扱い，「再雇用制度規程」による労働条件以外

は一般正規従業員の就業規則を適用する。

付　　則

（実　施）

第9条　この規程は　　年　　月　　日から実施する。

第1章　就業規則　第6　準社員・嘱託等就業規則

---

(4)　実例　　　　嘱託就業規則

この規則は，大手の製薬企業の例である。嘱託の定義を第2条で明確にしている。嘱託を解くにあたり「解嘱謝礼金」（一種の退職金）支給がある。

（SK薬品・医薬品製造・従業員2,500人）

（規則の内容）

第1条　この規則は嘱託の就業に関する事項を定める。

（嘱託の定義）

第2条　①　この規則において嘱託とは，次の各号の一に該当し，かつ会社と労働契約を結んだ者をいう。

　　1　会社の特定する職種または業務に従業させる者

　　2　所定就業時間のうち特定の時間を限って業務に従事させる者

　　3　定年後引き続き再雇用した者

　　4　時間的拘束を要しない業務に従事する者

　　5　他に在籍のまま当社の業務に従事する者

　　6　その他前各号に準ずる者

　②　前項の労働契約を書面で結ぶ場合の様式は別紙様式（P.323）による。

（嘱託の期間）

第3条　①　嘱託の契約期間は1カ年以内とする。ただし必要のある場合はその契約を更新することができる。

　②　平成25年4月1日以後に開始する有期労働契約が，通算5年を超えて更新された場合は，労働者の申込により次の更新時から期間の定めのない無期労働契約に転換する。ただし労働契約が締結されていない期間が連続して6カ月以上ある場合についてはそれ以前の契約期間は通算契約期間に含めない。無期労働契約となった場合の定年は65歳とし，定年に達した日の属する月の末日を以て退職とする。

　③　第2条第1項第3号に該当する嘱託については第二種計画認定を受け，前項の規定を適用しない。

（提出書類の異動届）

第4条　嘱託は採用の際，会社に提出した書類のうち次の各号の一に異動を生じた場合は，すみやかに会社へ異動の届を提出しなければならない。

　　1　現住所（住民票記載事項証明書添付のこと）

　　2　扶養家族

　　3　氏名

4　他に在籍している者はその籍に異動のあった場合

（給　与）

第5条　①　嘱託の給与は月給制とし，通貨で全額を直接本人に支給する。

②　前項にかかわらず，労使協定により本人が希望する場合は，本人が指定する金融機関に振り込むものとする。

③　前項の規定にかかわらず，第2条第1項第1号に該当する嘱託には，月手当の他に扶養給を支給することとし，その条件および金額については賃金規則第○条ないし第○条の規定を準用する。

④　月給および扶養給は前月16日から当月15日までの分を当月の25日に支払う。

（解　嘱）

第6条　嘱託が次の各号の一に該当する場合は解嘱する。

1　期間が満了したとき

2　期間中に本人から解嘱希望の申出があり会社がこれを認めたとき

3　業務外の事由による疾病または傷害のため業務に堪えないと認めるとき

4　やむを得ない業務上の都合によるとき

5　業務上の事由による疾病または傷害のため業務に堪えないと認めるとき。ただし，期間満了の場合を除き，療養のため休養する期間およびその後30日間は解嘱することはない。

6　懲罰に該当すると認められたとき

（解嘱謝礼金の支給）

第7条　①　嘱託を前条第1号ないし第5号に掲げる事由によって解職する場合には，解嘱謝礼金を支給する。ただし，契約を更新して引き続き嘱託となるときは，この限りでない。

②　前項の規定にかかわらず，第2条第1項第4号および第5号に該当する嘱託が解嘱される場合は，原則として解嘱謝礼金は支給しない。

③　第1項の規定にかかわらず，第2条第1項第3号に該当する嘱託が解嘱される場合については，定年後嘱託に関する規則（内規）の規定を適用する。

第7条の2　①　第6条第1号に該当する嘱託の解嘱謝礼金は，解嘱時における月給額に別表1（P.324）または別表2（P.325）の解嘱謝礼金支給率を乗じた金額とする。

②　第6条第2号に該当する嘱託の解嘱謝礼金については，その勤務時間，勤務態様等を勘案し，その都度決定する。

③　第1項の計算に使用する支給率は次の各号に規定するところによる。

1　第6条第1号ないし第3号該当者については，第1号支給率表（別表1 P.324）に掲げる支給率。

2　第6条第4号および第5号該当者ならびに，本人が死亡した場合については，第2号支給率表（別表2 P.325）に掲げる支給率。

④　別表1および別表2にいう勤続年数は，連続した各契約期間を通算した年数とする。

（退職金規則の準用）

第7条の3　嘱託の解嘱にあたり，この規則に定めのない事項については退職金規則の規程を準用する。

（慶弔金）

第8条　〈削除〉

（社会保険）

第9条　嘱託の社会保険は一般従業員と同様に加入させる。

（就業規則の準用規定）

第10条　この規則に定めていない嘱託の労働条件については，次の各号のとおり就業規則を準用する。

　　　1　服務規律は第○条〜第○条

　　　2　勤務については第○条〜第○条

　　　3　採用については第○条〜第○条

　　　4　安全衛生については第○条

　　　5　災害補償については第○条

　　　6　表彰については第○条

　　　7　懲戒については第○条〜第○条

附　　則

（施行期日）

第11条　この規則は　　年　　月　　日から実施する。

第1章　就業規則　第6　準社員・嘱託等就業規則

（別紙様式）

労 働 契 約 書

　　　　　ＳＫ薬品株式会社（以下甲と称する）と
　　　　　　　　　　　　　（以下乙と称する）とは
下記によって労働契約を締結する。
　　　　　　　　　　記
1．乙は甲の定める嘱託就業規則に基づき甲の業務に従事する。
2．甲は嘱託就業規則に定める労働条件をもって乙を就業させる。
3．この契約締結後に嘱託就業規則の改廃があったときは，甲乙共
　にこれに従うものとする。
4．乙の従事する職務の内容
5．雇用期間　　自　　年　　月　　日
　　　　　　　至　　年　　月　　日
6．手 当 金　　　　　　円也
　　　　ただし　　　　　　手当とする。
　　　年　　月　　日
　　　　　甲代表者　　　　　　　　　㊞
　　　　　乙　　　　　　　　　　　　㊞

第1章　就業規則　第6　準社員・嘱託等就業規則

（別表1）　　　　　　　　　　　　　　　　第1号解嘱謝礼金支給率表

月＼年	1	2	3	4	5	6	7	8	9	10
0	0.320	0.640	1.040	1.440	1.920	2.480	3.040	3.600	4.240	4.800
1	0.347	0.673	1.074	1.480	1.967	2.527	3.087	3.653	4.294	4.940
2	0.373	0.706	1.108	1.520	2.013	2.573	3.133	3.706	4.348	5.000
3	0.400	0.739	1.141	1.560	2.060	2.620	3.180	3.759	4.401	5.060
4	0.426	0.772	1.175	1.600	2.106	2.666	3.226	3.812	4.455	5.120
5	0.452	0.805	1.208	1.640	2.153	2.713	3.273	3.865	4.508	5.180
6	0.480	0.839	1.241	1.680	2.200	2.760	3.320	3.919	4.561	5.240
7	0.506	0.872	1.275	1.720	2.247	2.807	3.367	3.972	4.614	5.300
8	0.533	0.906	1.308	1.760	2.293	2.853	3.413	4.026	4.668	5.360
9	0.560	0.940	1.341	1.800	2.340	2.900	3.460	4.079	4.720	5.420
10	0.587	0.973	1.374	1.840	2.387	2.947	3.507	4.133	4.774	5.580
11	0.613	1.007	1.407	1.880	2.434	2.994	3.554	4.187	4.827	5.660

月＼年	11	12	13	14	15	16	17	18	19	20
0	5.600	6.400	7.280	8.240	9.360	10.640	12.000	13.440	14.960	16.560
1	5.667	6.474	7.360	8.333	9.467	10.753	12.120	13.567	15.094	16.700
2	5.733	6.548	7.440	8.426	9.573	10.867	12.240	13.693	15.228	16.840
3	5.800	6.621	7.520	8.519	9.680	10.980	12.360	13.820	15.361	16.980
4	5.866	6.695	7.600	8.612	9.786	11.093	12.480	13.946	15.495	17.120
5	5.932	6.768	7.680	8.705	9.892	11.206	12.600	14.072	15.628	17.260
6	6.000	6.841	7.760	8.799	9.999	11.320	12.720	14.200	15.761	17.400
7	6.066	6.917	7.840	8.892	10.105	11.432	12.840	14.326	15.895	17.540
8	6.133	6.990	7.920	8.986	10.212	11.546	12.960	14.453	16.028	17.680
9	6.200	7.063	8.000	9.080	10.319	11.660	13.080	14.580	16.161	17.820
10	6.267	7.136	8.080	9.713	10.426	11.773	13.200	14.707	16.294	17.960
11	6.333	7.208	8.160	9.266	10.533	11.887	13.320	14.833	16.426	18.100

第1章　就業規則　第6　準社員・嘱託等就業規則

（別表2）　　　　　　　　　　　　　　　　　　第2号解嘱謝礼金支給率表

月＼年	1	2	3	4	5	6	7	8	9	10
0	0.800	1.440	2.160	2.880	3.680	4.480	5.360	6.320	7.280	8.320
1	0.854	1.500	2.220	2.947	3.747	4.554	5.440	6.400	7.367	8.407
2	0.908	1.560	2.280	3.013	3.813	4.623	5.520	6.480	7.453	8.493
3	0.961	1.620	2.340	3.080	3.880	4.701	5.600	6.560	7.540	8.580
4	1.015	1.680	2.400	3.146	3.946	4.775	5.680	6.640	7.626	8.666
5	1.068	1.740	2.460	3.212	4.012	4.848	5.760	6.720	7.713	8.753
6	1.121	1.800	2.520	3.280	4.080	4.921	5.840	6.800	7.800	8.840
7	1.175	1.860	2.580	3.346	4.146	4.995	5.920	6.880	7.887	8.927
8	1.228	1.920	2.640	3.413	4.213	5.068	6.000	6.960	7.973	9.013
9	1.281	1.980	2.700	3.480	4.280	5.141	6.080	7.040	8.060	9.100
10	1.334	2.040	2.760	3.547	4.347	5.214	6.160	7.120	8.147	9.187
11	1.388	2.100	2.820	3.613	4.413	5.288	6.240	7.200	8.234	9.274

月＼年	11	12	13	14	15	16	17	18	19	20
0	9.360	10.480	11.600	12.800	14.000	15.280	16.560	17.920	19.280	20.720
1	9.454	10.573	11.700	12.900	14.017	15.387	16.674	18.033	19.400	20.840
2	9.548	10.667	11.800	13.000	14.213	15.493	16.788	18.146	19.520	20.960
3	9.641	10.760	11.900	13.100	14.320	15.600	16.901	18.259	19.640	21.080
4	9.735	10.853	12.000	13.200	14.426	15.706	17.015	18.372	19.760	21.200
5	9.828	10.947	12.100	13.300	14.532	15.813	17.128	18.485	19.880	21.320
6	9.921	11.040	12.200	13.400	14.640	15.920	17.241	18.599	20.000	21.440
7	10.014	11.133	12.300	13.500	14.746	16.027	17.354	18.712	20.120	21.560
8	10.108	11.226	12.400	13.600	14.853	16.133	17.468	18.826	20.240	21.680
9	10.200	11.320	12.500	13.700	14.960	16.240	17.580	18.940	20.360	21.800
10	10.294	11.413	12.600	13.800	15.067	16.347	17.694	19.053	20.480	21.920
11	10.387	11.507	12.700	13.900	15.173	16.454	17.807	19.167	20.600	22.040

第1章　就業規則　第6　準社員・嘱託等就業規則

---

(5)　実例　　　　　嘱　託　規　程

この規程は，大手の化学企業の例である。「再雇用による嘱託」の労働条件と「雇用嘱託」の労働条件が明確にされている。

（ＷＫ化学・化学製品製造・従業員1,500人）

第1章　総　　則

（目　的）

第1条　就業規則第3条第3項（略）に定める嘱託に関する事項を明確にすることを目的とする。

（定　義）

第2条　嘱託は会社との雇用関係により次の2つに区分する。

①　再雇用嘱託

再雇用嘱託とは，就業規則第24条（略）により定年に達し，引き続き働く意思と能力のある者で，期間を定めて「嘱託」として再雇用した者をいう。

②　雇用嘱託

雇用嘱託とは，業務上必要とする単純労務（定型的単純労務・補助的単純労務）に従事する者として雇用した者をいう。

（雇用契約者の締結）

第3条　嘱託として再雇用または新たに雇用された者は，雇用契約書を締結するものとする。

（雇用期間）

第4条　嘱託の雇用期間は，1年を原則とし，1年ごとに更新するものとする。

2．前項の雇用期間は，毎年1月1日より12月末日までとする。

ただし，期間の途中で雇用された者の初年度は，雇用の日から12月31日までとする。

3．嘱託の年齢限度は，原則として65歳までとする。

4．雇用嘱託として採用された者が，平成25年4月1日以後に開始する有期労働契約が通算5年を超えて更新された場合は，労働者の申込により次の更新時から期間の定めのない無期労働契約に転換する。ただし労働契約が締結されていない期間が連続して6カ月以上ある場合についてはそれ以前の契約期間は通算契約期間に含めない。無期労働契約となった場合の年齢限度も65歳とし，65歳に達した日の属する月の末日を以て退職とする。

（就業規則の適用）

第5条　この規程および嘱託雇用契約書による事項以外は社員の就業規則を適用する。

第2章　再雇用嘱託の労働条件

（給　与）

第6条　再雇用嘱託の給与は定年退職時の基本給の80％を限度として支給する。

　2．各種手当は支給しない。ただし，基準外給与は給与規程により支給する。

　3．昇給（ベースアップ）は，原則として行わない。

　　ただし，経済情勢の急変等で会社が必要と認めた場合はこの限りでない。

（賞　与）

第7条　賞与は一般社員支給基準の70％を限度として支給する。

（退職金）

第8条　退職金は支給しない。

（年次有給休暇）

第9条　年次有給休暇の勤続年数の算定は，社員として就職したときより通算する。

（慶弔見舞金）

第10条　慶弔見舞金は社員に準じて支給する。

第3章　雇用嘱託の労働条件

（給　与）

第11条　雇用嘱託の給与は，次のとおりとする。

　　①　基本給

　　②　付加給

　　③　家族手当

　　④　通勤手当

　　⑤　時間外手当

　　⑥　休日出勤手当

　　⑦　深夜勤務手当

　2．基本給は，単純労務としての社会的水準を考慮して決める。

　3．付加給は，ベースアップ等を考慮して決める。

　4．昇給は，社員の昇給を考慮して決める。

　5．諸手当は，社員の給与規程を適用する。

（賞　与）

第12条　賞与は社員支給基準率の70％を限度として支給する。

（退職金）

第13条　退職金は社員支給基準率の70％を限度として支給する。

（年次有給休暇）

第14条　年次有給休暇は社員に準じて付与する。

（慶弔見舞金）

第15条　慶弔見舞金は社員に準じて支給する。

付　　　則

（施　行）

第16条　この規程は〇年〇月〇日より施行する。

---

(6)　実例　　　　　嘱　託　規　程

（ＡＫ電子・電子機器製造・従業員1,200人）

（目　的）

第1条　この規程は，自助努力する定年退職者に対し働く場を提供し，そのすぐれた知識・経験を活かすとともに豊かな生涯生活づくりを援助することを目的とする。

（資　格）

第2条　次の各号をすべて満たすと会社が認めた者を有資格者とする。

　(1)　心身共に健康であること。

　(2)　組織の一員として正常な勤務が期待できること。

（従業員区分）

第3条　従業員の区分は，定年嘱託社員とする。

（雇用方法）

第4条　雇用方法は次のとおりとする。

　(1)　定年退職時の事業所での雇用を基本とする。

　(2)　有資格者に対し，職務の内容および勤務形態を提示する。

　(3)　雇用契約は，有資格者本人と直接締結する。

（雇用期間）

第5条　雇用期間は，次のとおりとする。

　(1)　勤務開始日は定年退職2カ月後から10カ月後までとする。

　(2)　勤務開始は1月，4月，7月，10月の月初とする。

　(3)　雇用契約期間は1年とする。ただし，65歳を限度として契約の更新をする。

（雇用の手続き）

第6条　雇用を希望する者は，定年退職日の6カ月前に申請を行う。

２．更新の場合は，契約満了日の６カ月前に申請を行う。

（勤務形態）

第7条 勤務は，原則として週４日（フルタイム）とし，勤務形態は下表のいずれかとする。

形態＼曜日	月	火	水	木	金	土	日
1	○	○	○	○	×	×	休
2	○	○	○	×	×	○	休
3	×	○	○	×	○	○	休
4	×	○	○	○	○	×	休

２．なお，勤務日は当該職場の必要性と本人の能力資格等を勘案して決定する。

（賃金・賞与）

第8条 賃金および賞与は，次のとおりとする。

　(1) 月例給

　　月給制とし月16日以上の勤務とする。ただし，16日を下回る場合，日割り控除する。

　(2) 通勤費

　　月50,000円を限度とし，実費を支給する。

　(3) 賞与

　　賞与は日額単価に実務日数を乗じて支給する。ただし，賞与支給日以前に退職する場合は，退職時に支給する。

（年次休暇）

第9条 定年退職者は従来を通算する。

（付属諸規程の適用）

第10条 就業規則付属諸規程等の適用は，次のとおりとする。

　　宿日直規程，出張旅費規程，安全衛生規程，見舞金規程，災害補償規程，社有自動車管理規程，日用品購買規程

付　　則

　(1) 本規程は　年　月　日から施行する。（制定・昭和58年８月１日　改定・平成○年○月○日）

　(2) 第８条第１号の月例給は220,000円とする。

第1章　就業規則　第6　準社員・嘱託等就業規則

（7）　実例　　　　　　　嘱　託　規　程

〔 常勤嘱託と非常勤嘱託が明確に示されている例 〕

（ＳＭ機器・従業員250人，内嘱託15人）

（目　的）

第1条　この規程は就業規則第1章第4条2項（略）に基づき，嘱託の就業に関し必要な事項を定める。

（嘱託の定義）

第2条　嘱託とは，特殊な技能を有する者，又は定年退職した者で，会社が必要と認めた期間を定めて再雇用するものをいう。

（雇　用）

第3条　嘱託は次の場合に雇用する。

①　定年に達し退職する従業員が，引続き会社業務に従事する事を希望する場合。

但し，本人の健康状態，その他に於て勤務不適当と認めた者を除く。

②　特殊な技術，技能経験を有する者を業務上必要とする場合。

③　その他会社が必要とする場合。

（区　分）

第4条　嘱託は勤務の区分により，これを常勤嘱託及び非常勤嘱託に分ける。

①　常勤嘱託（A）

定年退職者で，正規従業員同様に勤務する者。

②　常勤嘱託（B）

常勤嘱託A以外で，正規従業員同様に勤務する者。

③　非常勤嘱託は出勤日及び勤務時間を指定されている者。

（嘱託期間）

第5条　嘱託の雇用期間は次の通りとする。

①　常勤嘱託Aは発令の日より満5カ年を限度とする。

但し，雇用契約については3カ年以内とし，以後1年更新をする。

②　常勤嘱託B及び非常勤嘱託は会社業務の必要期間とする。常勤嘱託B該当者については3カ年以内とする。

③　前号の契約期間は1カ年を原則として，必要に応じ，毎年更新する。

（契約条件の明示）

第6条　会社は，嘱託の採用に際しては，この規程を提示し，契約条件の説明を行い，雇用契約を締結するものとする（省略）。

2．雇用契約の締結に際しては，会社は雇用する者に，次の事項について文書を交付するものとする（別紙「再雇用契約通知書」（常勤嘱託（A），常勤嘱託（B）非常勤嘱託用は省略）。

① 賃金に関する事項

② 雇用契約の期間に関する事項

③ 就業の場所及び従事する業務に関する事項

④ 始業及び就業の時刻，時間外労働の有無，休憩時間，休日休暇並びにシフト制の場合の就業時，転換に関する事項

⑤ 退職に関する事項（解雇の事由を含む）

（嘱託の退職）

第7条 嘱託期間中であっても，次の各号の一に該当する場合は退職する。

① 本人の願出による場合。

② 委嘱業務が終了した場合。

③ 傷病，疾病以外の理由で，引続き2カ月以上欠勤した場合。

④ 身体の障害により勤務能率及び能力が著しく劣り，不適当と認めた場合。

⑤ 会社に損害を与え，又は会社の名誉を毀損した場合。

（証明書の交付）

第8条 会社は，退職又は解雇された者（以下「退職者」という）が請求した場合は，次の事項に限り証明書の交付を遅滞なく行う。

① 使用期間

② 業務の種類

③ 地位

④ 賃金

⑤ 退職の事由（解雇の場合にあってはその理由を含む）

2．前項の証明書は退職者が指定した事項のみ証明するものとする。

（嘱託の賃金）

第9条 嘱託賃金は次の通り定める。

① 常勤嘱託（A）

退職時の賃金を勘案し，次により算出する（月額）。

（退職時基準内賃金－役付手当）×（75～80%）＋通勤手当＝月額賃金

② 常勤嘱託（B）

技術，技能，経験及び年令等を勘案して適当な額を定める。時給とする。

（時給額×就労時間数）＋通勤手当

③ 非常勤嘱託

職務の内容により，その額を定める。時給または日額とする。

（嘱託の賞与）

第10条　嘱託の賞与は会社の実情に応じ支給する。

（嘱託の慶弔見舞金）

第11条　嘱託の慶弔見舞金その他の贈与については，状況その他を勘案した上でその都度決める。

（嘱託の退職金）

第12条　嘱託には退職金を支給しない。

（嘱託の年次有給休暇）

第13条　嘱託の年次有給休暇は次のとおりとする。

　　①　常勤嘱託（A）は従来からの勤続年数を通算し，従来どおりの付与とする。

　　②　常勤嘱託（B）は従来の勤続年数を通算し，嘱託（B）採用後は短日勤務の比例付与とする（別表）。

　　③　非常勤嘱託は，前号の比例付与とする。

（就業規則及び臨時従業員就業規則の準用）

第14条　この規程に定めない事項については，常勤嘱託（A）については正規従業員の就業規則を，常勤嘱託（B）及び非常勤嘱託については臨時従業員就業規則を準用する。

附　　則

（施　行）

第15条　この規程は〇年〇月〇日より施行する。

別紙

再雇用契約通知書

年　　月　　日

　　　　　　　　殿

SM機器株式会社

取締役社長　＿＿＿＿＿＿

貴殿の再雇用に当たっての労働条件は，下記のとおりです。

記

1. 資　　　　格　　常勤嘱託（A）
　　　　　　　　　　正規従業員同様の勤務
2. 雇 用 期 間　　　年　月　日〜　年　月　日
3. 就 業 の 場 所
4. 従事する業務
5. 退 職 事 項　　　A 嘱託の上限年齢
　　　　　　　　　　自己都合退職
　　　　　　　　　　解雇
6. 賃　　　　金　　（定年時の基準内賃金−役付手当）×80％
　　　　　　　　　　他に通勤手当，時間外・休日手当
7. 賞　　　　与　　その都度決定（会社の実情による）
8. 退 職 金　　　　なし
9. 慶弔見舞金　　　正規従業員の規程を準用勘案のうえその都度決定
10. 年次有給休暇　　定年前より通算
11. そ の 他　　　　以上の他は，正規従業員の就業規則適用

※「再雇用契約通知書」常勤嘱託（B），及び「非常勤嘱託契約通知書」は省略

別表　常勤嘱託（B）及び非常勤嘱託の年次有給休暇日数

週所定労働日数	1年間の所定労働日数	勤 続 年 数						
		6カ月	1 年6カ月	2 年6カ月	3 年6カ月	4 年6カ月	5 年6カ月	6 年6カ月以上
4日	169〜216日	7日	8日	9日	10日	12日	13日	15日
3日	121〜168日	5日	6日	6日	8日	9日	10日	11日
2日	73〜120日	3日	4日	4日	5日	6日	6日	7日
1日	48〜 72日	1日	2日	2日	2日	3日	3日	3日

第1章　就業規則　第6　準社員・嘱託等就業規則

---

(8)　実例　　　　定年退職者勤務延長および再雇用規程
〔 勤務延長および再雇用（嘱託）の取扱が明確にされている例 〕
（ＫＤ商事・従業員650人，内勤務延長者９人・再雇用者26人）

（目　的）

第1条　この規程は，社員を定年退職後，勤務延長または再雇用する場合の取扱いについて定める。

（定　義）

第2条　勤務延長とは，定年直前の社員を，会社が審査の上，社員として継続して就業させる必要を認め，本人も定年後の就業を希望する場合，社員として継続就業させることをいう。

2．再雇用とは，定年退職者が再雇用を希望する場合，嘱託として就業させることをいう。

（予告時期）

第3条　定年後，勤務延長する者，および再雇用する者または就業規則に則り定年退職する者の審査決定は6カ月前までに行ない，いずれの場合も3カ月前に本人に予告する。

（勤務延長および再雇用の期間）

第4条　勤務延長および再雇用とも，その期間は定年日以降，5カ年間とする。

2．勤務延長の場合，2カ年間を経過した後の社員としての勤務延長は行なわない。但し，会社が審査の上，退職後，引続き就業させる必要を認め，本人も就業を希望する時は，嘱託再雇用する。再雇用を解除する場合は，原則として3カ月前に本人に予告する。

3．再雇用の場合，5カ年間を経過した後も，会社が審査の上，引続き就業させる必要を認め，本人も就業を希望する時は，嘱託再雇用を継続することがある。継続後の再雇用を解除する場合は，原則として3カ月前に本人に予告する。

4．再雇用の継続限度期日は，原則として，満年齢65歳に達した日の属する月の末日とする。

5．勤務延長者の再雇用決定および再雇用者の継続決定の時期は前第3項と同様とする。

（役職勤務延長者の処遇）

第5条　勤務延長者の内，定年時に役職についている者については引続き同一役職に留まる場合と，役職を離れる場合がある。

　　但し，役職を離れる場合も，勤務延長期間中は，同一役職待遇とする。

2．勤務延長期間中の昇進は行なわない。

（賃　金）

第6条　勤務延長者の賃金は次の通りとする。

①　役付手当を除く基準内賃金および基準外賃金については定年時と同額とする。

②　役職者で同一役職に留まる者は，定年時と同額の役付手当を支給するが，役職を離れる者は，役付手当を支給しない。

③　勤務延長期間中の定期昇給およびベース・アップは行なわない。

　　④　定期昇給およびベース・アップを除く他の諸手当変更は，社員と同等の基準により行なう。

　　⑤　賞与は，社員と同等の基準により支給する。役職を離れた者は定年時の該当役職者に準じて支給する。

　２．定年後再雇用者（嘱託）の賃金は次の通りとする。

　　①　給与は基本給のみとし，定年退職時の基本給賃金に住宅手当を加えた額の上限80％下限65％の範囲内で決定し，第３条の予告時期に同時に本人に通知する。

　　②　前項により通勤手当を除き，その他の諸手当は支給しない。

　　③　昇給は，定期昇給を除く一般社員の昇給基準の100％を行なう。

　　④　賞与は，一般社員の一律支給基準の75％とし，必要により成績加給を行なう。

　３．勤務延長満了後の再雇用者および定年後再雇用者で２カ年を経過し再雇用を継続する者の賃金については給与・昇給・賞与共別途定める（省略）。

　（勤務延長者の退職金）

第7条　勤務延長者の退職金は，定年退職時の退職金規程により算定する。

　２．勤務延長期間に相当する部分の退職金は次の算式により算定する。

　　　勤務延長部分退職金＝定年時退職金／定年時退職金算定勤続年数×勤続延長年数（２カ年）

　３．退職金の支給は，第１項および第２項の退職金を合算した額を勤務延長満了時に行なう。

　（再雇用者の退職金）

第8条　定年後再雇用者の退職金は，定年退職の退職金規程により定年退職時に支給する。

　２．定年後再雇用期間２カ年に相当する部分の退職金は，再雇用解除時に勤続１カ年につき，解除時基本給の0.5カ月を退職慰労金として支給する。

　３．勤務延長満了後の再雇用者の退職慰労金および定年後再雇用者で３カ年を経過し再雇用を継続する者の継続期間に相当する退職慰労金は別途定める（省略）。

　（定年退職者への餞別記念品の贈呈）

第9条　社員在職期間10年以上の定年退職者，定年後勤務延長および再雇用者に対しては会社離籍の時に餞別記念品を贈呈する。

　（慶弔見舞金等の規程の適用）

第10条　勤務延長者および再雇用者の慶弔見舞金，団体扱生命保険およびレクリエーション・クラブ援助については，一般社員と同等の適用取扱いとする。

　２．出張旅費については，勤務延長者は定年時の役職待遇を適用し再雇用者は一般社員と同等の取扱いとする。

　３．勤務延長者および再雇用者については，○○共済会規程，住宅土地取得資金貸付規程，○○住宅融資規程は適用しない。

　（退　　職）

第11条　勤務延長者または再雇用者が，次のいずれかに該当するときは退職するものとする。

第1章　就業規則　第6　準社員・嘱託等就業規則

(1)　私傷病欠勤が90日または事故欠勤が30日に及んだとき。

(2)　正当な理由がなく，無届欠勤が引続き7日以上に及んだとき。

（雇用契約の文書交付）

第12条　会社は再雇用者には，労働条件については，文書で「雇用契約書」を締結する（別紙）。

（就業規則の準用）

第13条　服務等この規程に定めのないものについては，正社員の就業規則を準用する。

　2．年次有給休暇については正社員の就業規則により通算する。

（施　行）

第14条　この規程は〇年〇月〇日より施行する。

第1章　就業規則　第6　準社員・嘱託等就業規則

雇 用 契 約 書

甲　　東京都○○区○○6丁目16番1号
　　　株式会社ＫＤ商事
　　　代表取締役社長
乙　　住所
　　　氏名
　　　　　　　　　年　　月　　日生

甲と乙とは，つぎの条件で雇用契約を締結する。

記

1．資　　　格　　嘱託
2．雇 用 期 間　　　年　月　　日より　　年　月　　日まで
3．就 業 の 場 所
4．従事する業務
5．就 業 時 間　　始業　午前　時　分　　終業　午後　時　　分
　　　　　　　　休憩　正午より45分，午後3時より15分
　　　　　　　　実働　　　時間　　分
6．休　　　日　　日曜日，祝祭日および甲の指定する日。
7．給　　　与　　⑴　形　態　　月給制（ノーワーク・ノーペイを原則とする）
　　　　　　　　⑵　基本給　　月　額　　　　　　円
　　　　　　　　⑶　手　当　　家族手当　　　　　　円
　　　　　　　　　　　　　　　職務手当　　　　　　円
　　　　　　　　　　　　　　　通勤手当　　　　　　円
　　　　　　　　⑷　支　払　　毎月10日締切り，当月25日支払い。
8．賞　　　与　　会社の業務に応じ，その都度決定する。
9．退　職　金　　原則として支給しない。
10．年次有給休暇　　　　日
11．遵 守 義 務　　甲と乙は，本契約に定めるもののほか，甲の定める就業規則を誠実
　　　　　　　　に履行する義務を負う。
12．そ　の　他　　この雇用契約書に記載のないことは，総て適用する就業規則によ
　　　　　　　　る。

この雇用契約書は二通作成し，甲と乙それぞれ一通ずつ保管する。
　　　年　　月　　日
　　　　　　　　　　　　　　甲　　株式会社　ＫＤ商事
　　　　　　　　　　　　　　　　代表取締役社長　　　　　　印
　　　　　　　　　　　　　　乙　　氏名　　　　　　　　　　印

(9) 実例　　　　常勤嘱託退職金規則

〔 この退職金規定は，常勤嘱託用で，再雇用による嘱託の例ではない。〕

（ＦＳ商会・商社・従業員350人）

第1条　常勤嘱託（以下単に嘱託という）の退職金については，本規則の定めるところによる。
　　　この規則に定めのないものについては，退職金規則を準用する。

第2条　退職金は，嘱託が次の各号の一に該当したときに支給する。

(1)　会社の都合により退職した場合

(2)　業務上の傷病により在職中死亡しまたはその職に耐えないで退職した場合

(3)　勤続2年以上の者が自己の都合により退職した場合

(4)　勤続2年以上の者が業務外の傷病により在職中死亡しまたはその職に耐えないで退職した場合

(5)　勤務成績が良くないかまたは適格性を欠き解雇された場合。ただし1年未満のものについては
　　その者の責に帰すべき事由により労働基準監督署長の承認を経て解雇された場合または30日前に
　　解雇予告がなされた場合を除く。

第3条　第2条第1号および第2号に該当する者の退職金支給額は別表の勤続年数別乗率1号を退職当
　　　時の嘱託給の8割に乗じて得た額とする。

第4条　第2条第3号から第5号までに該当する者の退職金支給額は別表の勤続年数別乗率2号を退職
　　　当時の嘱託給の8割に乗じて得た額とする。

第5条　前2条の支給額は，嘱託在職中の成績により3割以内の増減をすることがある。

附　　則

　この規則は，　年　月　日から実施する。

別表　常勤嘱託退職金勤続年数別乗率

勤　続　年　数	乗　　　　　　　　率	
	1　　　号	2　　　号
1　　年	0.3	0.2
2　　年	0.6	0.4
3　　年	0.9	0.6
4　　年	1.2	0.8
5　　年	1.5	1.0
ただし，5年をこえる場合は1年につき1号については1号乗率に0.3，2号については2号乗率に0.2を加算するものとする。		

| | | | | | | | |

第 1 章　就業規則　第 6　準社員・嘱託等就業規則

| ⑽　実例 | 準社員嘱託者の退職金取扱い規程 |

（ＳＲ商事・日用雑貨卸売・従業員180人）

（総　　則）

第 1 条　この規定は，60歳前採用の準社員嘱託者の取扱いについて定めたものである。

（ベースアップ）

第 2 条　基本給のベースアップは，55歳から 1 割減とし，年齢 1 歳増すごとに減率を 1 割ずつ加算する。ただし， 5 割減を越えないものとする。

（賞　　与）

第 3 条　賞与は，55歳から 1 割減とし，年齢 1 歳増すごとに減率を 1 割ずつ加算する。ただし， 5 割減を越えないものとする。

（退職慰労金）

第 4 条　60歳到達時には，次の算式により退職慰労金を支給する。

　　慰労金算定基礎額×（55歳までの勤続年数×0.1＋55歳を超え60歳到達時までの勤続年数に応じた支給率）

　2．慰労金は，勤続年数満 3 年以上勤務の者に支給する。

　3．慰労金算式の用語および取扱いは，次のとおりとする。

　⑴　慰労金算定基礎額は，60歳到達時の基本給の85％とする。

　　　ただし，勤続年数 3 年以上で60歳到達以前の退職者は，退職時の基本給の85％とする。

　⑵　55歳までの勤続年数に 1 年未満の端数が生じたときは，これを切り捨てる。

勤続年数	3 年	4 年	5 年
支　給　率	1.0	1.35	1.75

　⑷　支給額に円未満の端数が生じたときは，これを切り上げる。

付　　則

第 1 条　本規定は，○年○月○日より施行する。

第1章　就業規則　第6　準社員・嘱託等就業規則

┌───┐
│ ⑾　実例　　　　　　　再 雇 用 規 定 │
│ │
│ （ＴＹ・電子部品・従業員60人） │
└───┘

（総　則）

第1条　本規程は，ＴＹ株式会社（以下「会社」という。）就業規則第○○条に定める定年退職後，引き続き再雇用する従業員の身分，処遇，労働条件を定めるものである。

（対象者）

第2条　本規程の対象となる者は，定年退職後就労を希望する者とする。

（身　分）

第3条　再雇用者の身分は，就業規則第○○条に定める嘱託従業員とする。

（雇用期間）

第4条　嘱託従業員は，原則として1年単位の有期雇用契約とし，下記事項のいずれにも該当しない限り，満65歳に達するまでの期間契約を更新する。

　(1)　私病等により長期欠勤のとき又は私病が治癒しないとき

　(2)　本人が就労を希望しないとき

（再雇用の形態）

第5条　継続雇用の形態は，次のとおりとする。

　(1)　嘱託1種……所定労働日所定労働時間所定外労働とも正規従業員と同様とする。

　(2)　嘱託2種……所定労働日所定労働時間は正規従業員と同様とするが，所定外労働は原則として行なわない。

　(3)　嘱託3種……所定労働日は，正規従業員と同様とするが，所定労働時間は5時間以下とする。

　(4)　嘱託4種……所定労働時間は，正規従業員と同様とするが，1カ月の所定労働日は15日とする。

　(5)　嘱託5種……所定労働時間は，5時間以下，かつ1カ月の所定労働日は15日以下とする。

　2．前項に定める再雇用の形態は，従業員の技能，体力，意欲及び会社の業務の必要性等を勘案して，会社と従業員が個別に協議のうえ決定して，雇用契約書を結ぶものとする。

（賃　金）

第6条　嘱託従業員の賃金は，当該従業員の技能，担当業務及び勤務態様を総合的に判断して決定する。

　2．賃金は，日給又は時間給とする。

　3．その他の賃金に関することについては，会社の賃金規程を適用する。

（勤　務）

第7条　嘱託従業員の労働時間，休憩，休日については，会社の就業規則の定めによる。

ただし，嘱託3種，4種及び5種については，個別に協議して定める。

2．嘱託従業員の年次有給休暇は，定年前勤続期間を通算して算定し，所定の有給休暇を与えるものとする。

（福利厚生）

第8条 嘱託従業員の福利厚生に関することは，会社の就業規則に準ずるものとする。

（解　雇）

第9条 嘱託従業員の契約について，次回以降契約更新を行わない場合は少なくとも30日前に予告するものとする。

2．その他解雇に関する事項については，会社の就業規則によるものとする。

（退　職）

第10条 嘱託従業員が退職を希望するとき，又は契約更新を希望しないときは，少なくとも14日前に会社に申出なければならない。

（会社の就業規則の適用除外）

第11条 嘱託従業員について，本規程にない事項については会社の就業規則に準ずることとするが，次の事項については適用しない。

(1)　特別休暇　　(2)　賞与　　(3)　退職金

（規程の改廃）

第12条 本規程を改廃するときは，嘱託従業員代表の意見を聴いて行うものとする。ただし，関係法令に改正があったとき，及び経過措置期間の終了など，本規程に重要な変更を要する場合はこの限りでない。

（施行期日）

第13条 本規程は〇〇年〇〇月〇〇日から施行する。

第2章

賃 金 規 則

第2章　賃金規則

第1　解説・賃金規則作成の手引

1．賃金規則の作成義務

　労働基準法は，「常時10人以上の労働者を使用する使用者」に就業規則（賃金規則）を作成しなければならない義務を課している（労働基準法第89条）。同法の規定で「常時10人以上の労働者を使用する」というのは，常態として10人以上（嘱託・パートタイマーを含む）の労働者を使用している場合という意味だから，一時的に10人未満になることがあっても，年間を通じてみればそのほとんどが10人以上の労働者を使用している場合には，賃金規則を作らなければならない。また逆に，一時的に繁忙な時期に10人以上になることがあっても，年間を通じてみた場合にそのほとんどが10人未満であるような場合には，作らなくてもさしつかえない。しかし，労働者が常時10人未満の事業場であっても，賃金規則を作ることはいっこうにさしつかえないばかりでなく，第1章就業規則で述べたような役割，効果をもつことからいっても，作成することが望ましい。なお，単独の賃金規程にしても就業規則の一部となる。

2．賃金規則に記載すべき事項

　賃金規則を作成するに当たって留意すべきことは，個々の企業において行われている賃金慣行などを考慮しながら，企業の実態に合ったものを作る必要がある。その際，賃金慣行のどのような事項をどの程度明文化すればよいかが問題であるが，これは次の3つの事項に分類することができる（労働基準法第89条参照）。

①　絶対的必要記載事項

　賃金規則の作成に当たって，労働基準法の要件を満たすために必ず記載しなければならない事項であり，その内容は次のとおりである。

　ア　賃金の決定および計算方法

　イ　賃金の支払い方法

　ウ　賃金の締切りおよび支払い時期

　エ　昇給に関する事項

②　相対的必要記載事項

　その事業場で決まっている場合には，賃金規則の中に記載しなければならない事項であり，その内容は次のとおりである。

　ア　退職手当に関する事項

　イ　賞与に関する事項

　ウ　その他の手当に関する事項

エ　最低賃金に関する事項

オ　労働者に負担させる食費，作業用品その他に関する事項

③　任意的記載事項

①，②に掲げた事項以外のことがここに含まれることになり，どのような事項を記載するかは事業場によって異なる。一般的には次のような内容が規定されている。

ア　賃金規則の基本的精神

イ　実施時期

ウ　改正に関する事項

3．注意すべき法令の規定

賃金規則は，法令やその事業場について適用される労働協約に反してはならない（労働基準法第92条）。したがって，労働基準法の賃金関係規定や当該事業場に適用される労働協約があれば，それに違反しないように規定することが必要である。そこで，労働基準法の賃金に関する主な条文を参考のためにみておこう（17項目あるが，ここでは誌面の都合で10項目と最賃を取りあげた）。

①　均等待遇

労働者の国籍，信条または社会的身分を理由として，賃金その他の労働条件について，差別的取り扱いをしてはならない（労働基準法第3条）。

②　男女同一賃金

労働者が女性であることを理由として，賃金について男性と差別的取り扱いをしてはならない（労働基準法第4条）。

労働者の従事する職務内容，能率，技能などの個人別の違いによって賃金に差を設けることは，ここでいう"女性であることを理由とする"差別ではないが，例えば同一職種に就業し，能率，技術などに個人別の差がない労働者の初任給に男女間で差を設けることは本規定に違反する疑いが強くなるおそれがある。

③　賃金の定義

労働基準法で賃金とは，賃金，給料，手当，賞与その他名称のいかんを問わず，労働の対価として使用者が労働者に支払うすべてのものをいう（労働基準法第11条）。

退職金，結婚祝金，死亡弔慰金，災害見舞金等の恩恵的給付は原則として賃金とはみなされない。しかし，退職金，結婚祝金等については，労働契約，就業規則，労働協約等によってあらかじめ支給条件の明確なものは労働基準法上の賃金となる。また，労働協約や就業規則に記載されてはないが，前例もしくは慣習によってその支給が期待されるものは，就業規則の記載事項になるので，結果的にみて賃金とみなされる。

④　金品の返還

労働者の死亡または退職の場合に，権利者の請求があった場合には7日以内に賃金を支払わなければならない。なお，支払うべき賃金について争いがある場合には，とりあえず，使用者は異議のない部分

について支払えばよいことになっている（労働基準法第23条）。

特に退職金については，後日問題を起こさないようにするため，賃金規則において支払い方法および支払い期日を，また労働者が死亡した場合には，受給権者を明確にしておくことが必要である。その場合の受給権者の範囲および順位については，民法の遺産相続の範囲と順位による方法と，労働基準法施行規則42条に定める遺族補償の範囲と受給の順位による方法とが一般に用いられている。

⑤　賃金の支払い

賃金の支払いについては，労働基準法では，次の5つの原則を定めている（労働基準法第24条）。

ア　通貨払いの原則

賃金は，原則として，通貨（貨幣，紙幣または日本銀行券）で支払わなければならない。ただし，法令または労働協約に別段の定めがある場合においては，通貨以外のもの（いわゆる現物給与）で支払うことができる（労働基準法第24条第一項）。通貨以外のもので賃金を支払う場合にも，賃金規則にその支給条件を定めておく必要がある。

イ　全額払いの原則

賃金は，原則としてその全額を支払わなければならない。ただし，法令に別段の定めがある場合または，当該事業場の労働者の過半数で組織する労働組合があるときはその労働組合，労働者の過半数で組織する労働組合がないときは労働者の過半数を代表する者との書面による協定（一般に控除協定といわれている）がある場合においては，賃金の一部を控除して支払うことができる（労働基準法第24条第一項）。このような手続きを経て控除をする場合には，控除に関する規定を設けておく必要がある。なお，前借金（労働基準法第17条）は，たとえ控除協定があっても，控除することはできない。

ウ　直接払いの原則

賃金は，直接労働者に支払わなければならない（労働基準法第24条第一項）。たとえ未成年者の賃金であっても，その親権者または後見人が代わって受け取ることはできない（労働基準法第59条）。

エ　毎月1回以上払いの原則と一定期日払いの原則

賃金は，毎月1回以上，一定の期日を定めて，その日に支払わなければならない（労働基準法第24条第二項）。したがって，賃金規則に各月の何日（2回払いの時は，何日と何日）に支払うかを定めておく必要がある。

┌─ **参考〈口座振込〉** ─────────────────────────────

賃金について労働者の同意を得た場合は，本人が指定する金融機関の本人名義の口座に振込むことができる（昭和63・4・3改正労働基準法施行規則第7条の2）。しかしながら平10・9・10労働省令により，第7条の2が改正され，次の要件を満たすことにより口座振込みができるとした（平10・9・10基発30号，平13・2・2基発54号）。

(1)　口座振込みは書面による個々の労働者申し出又は同意により開始する。

(2)　労働組合又は社員代表とも協定を締結すること。

(3)　使用者は所定賃金支払日に，賃金の支払に関する明細書を交付すること。

(4)　所定の賃金支払日の午前10時までには払出し又は払戻しが可能であること。

(5)　取り扱い金融機関は特定し，一社としない。労働者の便宜を図るため複数とする。

　(6)　証券総合会社への口座振込みについても便宜を計らうこと。

　以上のように，今回の改正は労働者の便宜と，確実に金融機関から払出し，払戻しできるよう配慮したものである。また証券会社についても口座振込みが可能として，その詳細説明し支障が起きないよう指示している。

　口座振込みは，あくまでも労働者の希望と同意があることで，いつでも中止することができるのが前提である。口座振込みを行なう場合は，必ず賃金規則で明記しておかねばならない。

⑥　休業手当

　使用者の責に帰すべき事由による休業の場合（例えば，原材料が不足したために，労働者を休業させたような場合など）においては，使用者は，休業期間中，各労働者に対し，1日について平均賃金の100分の60以上の休業手当を支払わなければならない（労働基準法第26条）。したがって，賃金規則に，休業手当の計算方法（例えば，平均賃金の何％というように）を決めておく必要がある。

⑦　出来高払い制の保障給

　出来高払い制その他の請負給制で使用する労働者については，使用者は，労働時間に応じ一定額の賃金の保障をしなければならない（労働基準法第27条）。

　これは，出来高払い制その他の請負給制で使用される労働者に対して，就業した以上は，たとえその出来高が少ない場合でも，労働時間に応じて一定額の保障を行うよう使用者に義務づけたものである。その保障給の額であるが，いくらにすべきかは労働基準法では何も規定していない。しかし，保障給を定める目的は，労働者の生活の安定をはかろうとすることにあるから，常に通常の実収賃金をあまり下らない程度の収入が保障されるように保障給の額を定めることが望ましいものとされている。だいたいの目安としては，使用者の責に帰すべき休業の場合についても，平均賃金の100分の60以上の休業手当の支払いを義務づけているところからすれば，保障給を支払う場合というのは，労働者が現実に就業しているわけであるから，少なくとも平均賃金の100分の60程度を保障することが妥当と思われる。なお，自動車運転者については「固定給を含めて通常の賃金の60％以上の保障給」を定めるよう行政指導がされている。これらのことを考慮して，出来高払い制その他の請負給制を採用する場合には，賃金規則に，保障給の計算方法またはその金額を定めておく必要がある。

⑧　割増賃金

　法所定の労働時間（一般産業については，1日8時間とされている）を延長したり，休日に労働させた場合には，その時間またはその日の労働につては，通常の労働時間または労働日の賃金の計算額の2割5分以上～5割の率で計算した割増賃金を支払わなければならない。ただし，1カ月に60時間を超えた場合においては，その超えた時間の労働については5割以上の率で計算した割増賃金を支払わなければならない（労働基準法第37条）。したがって，賃金規則に，割増賃金の算定の基礎となる賃金の種類，割増率その他の計算方法を定めておく必要がある。

347

第2章　賃金規則　第1　解説・賃金規則作成の手引

⑨　年次有給休暇の賃金

年次有給休暇を与えた日については，賃金規則に定めるところにしたがって，次のうちいずれかの賃金を支払わなければならない（労働基準法第39条，同規則第25条）。

　ア　平均賃金（労働基準法第12条）

　イ　所定労働時間労働した場合に支払われる１日分の通常の賃金（同規則第25条）

　ウ　標準報酬日額（健康保険法第３条）

上記のうち，年次有給休暇の賃金として，標準報酬日額を採用する場合には，当該事業場に労働者の過半数で組織する労働組合がある場合においてはその労働組合，労働者の過半数で組織する労働組合がない場合においては労働者の過半数を代表する者との書面による協定が必要である。賃金規則には，上記の３種のうち，いずれの賃金を支払うかを定めておく必要がある。

⑩　制裁規定の制限

就業規則で，労働者の対する減給の制裁を定める場合においては，その減給は，１回の額が平均賃金（労働基準法第12条により計算）の１日分の半額をこえ，総額が一賃金支払期における賃金の総額の10分の１を超えてはならない（労働基準法第91条）。減給の制裁については，一般に，就業規則の制裁に関する条項の中に規定されている。例えば，遅刻早退または怠業についてその時間に比例して賃金を減額することは違法ではないが，遅刻早退の時間に応じた賃金額以上の減給を行うことは制裁とみなされ，したがって，就業規則の制裁に関する条項において制裁内容を規定しておく必要がある。

⑪　最低賃金

最低賃金が決められている場合には，使用者はその最低賃金に定められている金額以上の賃金を支払わなければならない（最低賃金法第４条１項）。この場合，所定労働時間または所定労働日の賃金として支払われるものによって最低賃金に定められた金額に達するようにしなければならない（同法第４条２項）。賃金規則には，この規定に違反しないように賃金額を定めておくことが必要である。

4．賃金規則の作成，変更の手続

賃金規則は，前にも述べたように，労働基準法でいう就業規則の一部分であるから，賃金規則を作成または変更する場合には，就業規則の作成または変更として，その手続きをしなければならない。手続きの方法は，「就業規則作成変更のプロセス」（参考 p.20）に従って行えばよい。

第2 賃金規則関係の実例

(1) 実例　　　　　給　与　規　程

（ＡＧ食品・食料品製造・従業員2,500人）

第1章　総　則

（目　的）

第1条　この規程は就業規則に基づき従業員の給与に関する事項を定める。

（給与の体系）

第2条　給与の体系は次の通りとする。

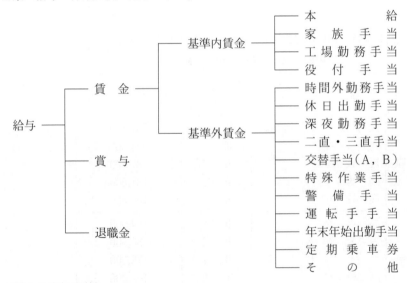

（賃金の支払形態）

第3条　従業員の賃金は月給制とする。

（賃金の締切日）

第4条　基準内賃金は当月末日，基準外賃金は前月末日を以って締切る。

（賃金支払日）

第5条

1. 賃金は原則として毎月25日に支払う。但し，支払日が休日に当る時はその前日に支払う。
　　尚次の(1)，(2)の場合は遅滞なく，(3)～(6)の場合は本人の申請により臨時に賃金を支払う。
　(1)　本人が死亡した場合

(2)　本人が退職又は解雇された場合

　(3)　本人又はその被扶養者が出産し，疾病にかかり，又は災害を受けた場合

　(4)　本人又はその被扶養者に婚姻又は葬儀があった場合

　(5)　本人又はその家族がやむを得ない理由により，一週間以上にわたって帰郷する場合

　(6)　その他会社が必要ありと認めた場合

　2．前項の前段にかかわらず，会社と労働組合との書面による協定書に基づき，本人の指定する金融機関の本人名義の口座に振り込むことがある。

（賃金からの控除）

第6条　法令により定められたものの他，労働組合と協定したものは賃金より控除する。

第2章　基準内賃金

（本給の決め方）

第7条　本給の決定基準は原則として，本人の職務遂行能力による。

（初任本給）

第8条

　1．学校卒業直後に入社した者の初任本給は，次の通り（別表①）とする。

別表①　初　任　給　表

職　種	学　　　歴	等　級 級　年　数	初　任　本　給
A　職	大 学 院 卒（修士課程） 大　　　卒 短 大 卒 高 専 卒 高 校 卒	IV－2 III－4 II－4 II－2 II－1	231,100 224,000 187,500 181,500 164,500
B　職	高 専 卒 短 大 卒 A 〃　　B 高 校 卒	II－2 II－2 II－1 I－6	184,000 180,500 178,000 165,000
	中 学 卒	I－1	150,000

　2．中途入社者の初任本給は別に定める。その場合，年齢別最低本給を下回らないものとする。

（定期昇給）

第9条

　1．本給について毎年1回ベースアップと同時に次表（別表②）に定める昇給を行う。但し，懲戒処分を受けた者には昇給させないことがある。

　2．入社後第1回の定期昇給時には，6,100円を上記定期昇給額に加算する。

　3．満50歳以降の者に対しては，定期昇給を行わない。

第 2 章 　賃金規則　第 2 　賃金規則関係の実例

（昇格昇給）

第10条

1．本給について上位の等級に昇進した時に限り別表③に定める昇進昇給（本給）をベースアップと
　同時に行う。

別表②　定　　期　　昇　　給　　表

等　　級	在 級 年 数	特　A	A	B（標準）	C	D
I	1〜6	1,780 円	1,670 円	1,560 円	1,450 円	1,340 円
II	1〜6	2,460	2,300	2,140	1,980	1,820
	7〜15	1,920	1,800	1,680	1,560	1,440
	16〜	1,570	1,470	1,370	1,270	1,170
III	1〜6	3,090	2,890	2,690	2,190	2,290
	7〜15	2,460	2,300	2,140	1,980	1,820
	16〜	1,960	1,840	1,720	1,600	1,480
IV	1〜6	3,880	3,560	3,240	2,920	2,600
	7〜15	3,120	2,860	2,600	2,340	2,080
	16〜	2,490	2,290	2,090	1,890	1,690
V	1〜6	5,440	4,900	4,360	3,820	3,280
	7〜15	4,350	3,920	3,490	3,060	2,630
	16〜	3,510	3,160	2,810	2,460	2,110
VI	1〜6	6,590	5,830	5,070	4,310	3,550
	7〜15	5,240	4,640	4,040	3,440	2,840
	16〜	4,220	3,740	3,260	2,780	2,300

別表③　昇　　格　　昇　　給

	昇 進 前 在 級 年 数		
	3 年 （特進）	4 年 （標準）	5 年 （遅進）
I 級からII級	7,800 円	6,200 円	4,800 円
II級からIII級	9,000	6,800	4,800
III級からIV級	10,200	7,400	4,800

（注）　但し主補についてはIII級基準額　　　　円まで引き上げる。
　　　　主司についてはIV級基準額　　　　　円まで引き上げる。

IV級からV級	V級基準額	円まで引き上げる。
V級からVI級	VI級基準額	円まで引き上げる。

2．一部については 5 年を超える遅進もある。

3．昇進昇給が下記金額に満たない場合には，下記金額まで保障する。但し，在級年数 4 年で昇進す
　る場合は除く。

Ⅱ級→Ⅲ級，Ⅲ級→Ⅳ級……2,500円　　　　Ⅳ級→Ⅴ級，Ⅴ級→Ⅵ級……4,000円

（家族手当）

第11条　家族手当は本人の届出により次の通り支給する。

扶養家族　第1人目　月額　15,000円

第2人目　月額　5,000円

第3人目　月額　5,000円

第4人目以降1人につき月額　2,500円

（扶養家族の範囲）

第12条　扶養家族とは主として本人の収入により生計を維持し，原則として本人と同居している（これは税法上の扶養家族と一致する）次の者をいう。

(1)　配偶者

(2)　実父母及び満60歳以上の直系尊属

(3)　満18歳未満の直系卑属及び弟妹（但し，満18歳になった年度の年度末まで家族手当支給対象とする。）

(4)　年齢にかかわらず(2)・(3)の範囲内の者で重度障害の状態にある者

（工場勤務手当）

第13条　工場勤務者及び勤務時間がこれに準ずる者については本給×1.4％の工場勤務手当を支給する。

（欠勤による減額）

第14条　毎月給与の欠勤減額は次の通り行う。

(1)　本給

欠勤日数により次表の率及び額を本給より減額する。

欠　勤　日　数	定　率	定　額
3日～5日	1％	700円
6　～8	2	1,400
9　～11	3	2,300
12　～14	4	3,000
15日以上	5	3,800

(2)　工場勤務手当　　減額は行わない。

(3)　家　族　手　当　　減額は行わない。

尚欠勤以外の勤怠については次の様に扱う。

区　　　　　　　　分	扱　　　　　　い
結婚，忌引，妻出産等の特別休暇	出勤と同じに扱う。
伝染病予防，裁判所出頭，交通機関停止，公民権行使等による休業，遅刻，早退	出勤と同じに扱う。
生理休暇　第1日目 　　　　　第2日目以降	出勤と同じに扱う。 50%欠勤として扱う。
産前産後	50%欠勤として扱う。
遅刻，早退，私用外出	30分単位で計算し（30分未満の部分は30分とする）通算7時間を以て1日の欠勤と同じに扱う。　　　　　　　　　　　　　　　　　（端数切捨）

（新入社，退職者等の取扱い）

第15条

1．新たに入社した次の基準内賃金はその月の出勤日数に応じて支給する。

2．死亡又は退職した月の基準内賃金は全部支給する。

3．復職時の給与は次の通り日割計算とする。

$$\text{復職後の基準内賃金} \times \frac{\text{当該締切月の内休職者でなかった日数}}{\text{当該締切月の理論出勤日数}} = \text{休職給}$$

第3章　基準外賃金

（所定時間外勤務手当）

第16条　所定労働時間外に就業を命じた時はその実働時間に対して次の割増賃金を支給する。

但し，労働基準法第41条（断続監視業務）の適用を受けている者についてはこの限りではない。

次の算式により割増賃金を支払う。

時間外勤務手当（早出，残業）

$$\frac{\text{本給}+\text{工場勤務手当}+\text{役付手当}+\text{交替手当A，B，2直・3直手当，特殊作業手当，警備手当}+\text{運転手手当}}{\text{1カ月平均所定労働時間数}} \times 125\%$$

休日出勤手当（祝祭日および法定休日の出勤）

$$\frac{\text{本給}+\text{工場勤務手当}+\text{役付手当}+\text{交替手当A，B，2直・3直手当，特殊作業手当，警備手当}+\text{運転手手当}}{\text{1カ月平均所定労働時間数}} \times 135\%$$

時間外深夜勤務手当（午後10時〜午前5時の間の勤務）

$$\frac{\text{本給}+\text{工場勤務手当}+\text{役付手当}+\text{交替手当A，B，2直・3直手当，特殊作業手当，警備手当}+\text{運転手手当}}{\text{1カ月平均所定労働時間数}} \times 150\%$$

2．時間外勤務が60時間を超える部分については，割増率は50%とする。

（２直・３直手当，交替手当A）

第17条

1. 三交替における２直勤務，３直勤務には各直の実労働時間に対して次の割増賃金を支給する。

   ２直手当20％，３直手当50％但し，この手当を深夜勤務手当と重複して支給することはない。

2. 指定休日制をとる，班交替制職場の三交替勤務者に対し，（本給×4.0％＋2,500円）の交替手当Aを支給する。

（その他の手当）

第18条 役付手当，交替手当B，特殊作業手当，警備手当，運転手手当，年末年始出勤手当等については別に定める。

（定期乗車券）

第19条

1. 通勤距離が２km以上で公的な交通機関を利用して通勤する従業員には原則として６カ月間通用の定期券を交付する。

2. 同一区間について２種以上の交通機関がある場合の利用方法については会社がこれを指定する。

3. 紛失により定期券を再交付する時はその代金のうち重複期間に対する部分を本人に負担させる。

第4章　休　職　給

（傷病による休職）

第20条 業務外の傷病により休職となった者には賃金を支給しない。

第20条の２ 育児休業及び介護休業期間中は給与は支給しない。

（出向その他の休職）

第21条 出向その他特別の事情により休職を命じた者の休職給はその都度定める。

第5章　賞　　与

（賞　与）

第22条 会社の業務により年２回（６月又は７月及び11月又は12月）本人の勤務成績等を考慮して賞与を支給することがある。

（賞与の計算期間）

第23条 賞与の計算期間は次の通りとする。

　　　　上期　自11月16日　至５月15日

　　　　下期　自５月16日　至11月15日

（賞与の減額）

第24条 賞与は次の算式により支給する。

　　　（算定基礎額×支給率×考課係数）×欠勤係数＝賞与支給額

　　　尚欠勤以外の勤怠についての取扱いは別に定める方法による。

付　　則

（施　行）

第25条　この規程は　年　月　日より施行する。

---

(2)　実例　　　　　　　　　　**給　与　規　則**

（ＭＲ商事・食品流通業・従業員800人）

第1章　総　　則

（目　的）

第1条　この規則は就業規則第55条（略）に基づき，社員の給与に関する基準および手続を定めたものである。

（給与支払形態）

第2条　給与の支払形態は，全社員月給制とする。

（支払形態の定義）

第3条　月給制とは基本給が月により定められており，別段の定めがあるときのほか，欠勤，遅刻，早退，私用外出等の不就業のときでも基本給の控除を行なわないものをいう。

（給与の体系）

第4条　社員の給与は，基本給と手当にわけ，その体系は次のとおりとする。

　　　　〔基準内賃金〕

　　基本給

　　精勤手当

　　役付手当

　　家族手当

　　住宅手当

　　　　〔基準外賃金〕

　　時間外勤務手当

　　休日出勤手当

　　深夜業手当

　　通勤手当

（給与の支払および控除）

第5条　給与は，その全額を通貨で直接社員に支払う。

ただし，次の各号の一にあたるときは毎月給与から控除することがある。

⑴　社会保険料，その他法令で定められたもの

以下社員代表と協定したものをいう。

⑵　社宅賃貸料

⑶　生命保険料および預金

⑷　自治会費およびＲ会費

⑸　その他会社と社員が協議して定めたもの

２．前項の前段にかかわらず，社員の過半数を代表とする者との協定書に基づき，本人の希望する金融機関の本人口座振替を行うことがある。

（給与の計算期間および支払日）

第6条　給与の計算期間は，前月の26日から25日までとし毎月末日に支払う。ただし，支払日が休日のときは前日に繰り上げて支払う。

（時間割りまたは日割り計算）

第7条　1カ月平均所定労働時間は，$\left(\dfrac{その年度の年間所定労働時間数}{12カ月}\right)$ とし，1カ月平均所定労働日数は，$\left(\dfrac{その年度の年間所定労働日数}{12カ月}\right)$ とする。

給与の時間割りまたは日割り計算を行なうときは，基準内賃金をそれぞれ1カ月平均所定労働時間数または1カ月平均所定労働日数で除して算出する。

（中途入社，復職および退職のときの給与）

第8条　月の中途で入社，復職または退職した社員の給与は，日割り計算により支払う。

（休職期間中の給与）

第9条　休職期間中の給与は，次の通りとする。

①　就業規則第10条第⑴号（略）または，第⑷号（略）の規定による休職者の給与はその都度定める。

②　就業規則第10条第⑵号（略）の規定による休職者の給与は次の通り支払い，その後は休職者の勤続年限および職務により考慮する。

最初の9カ月………1カ月分

次の3カ月…………$\dfrac{1}{2}$カ月分

その後の3カ月……$\dfrac{1}{4}$カ月分

ただし，結核性疾患のときは次の通り支払う。

最初の1年6カ月…1カ月分

$$次の 3 カ月\cdots\cdots\cdots\cdots\frac{1}{2}\text{カ月分}$$

$$その後の 3 カ月\cdots\cdots\frac{1}{4}\text{カ月分}$$

③　就業規則第10条第(3)号（略）の規定による休職者の給与は支払わない。

（公傷休業期間中の賃金）

第10条　業務上負傷し，または疾病にかかり，療養のため休業したときはその期間給与は支払わない。ただし，就業規則に定める休業補償（労災保険給付＋上乗せ給付）を受けるものとする。

（給与の即時払）

第11条

①　次の各号の一にあたるときは，第 6 条の規定にかかわらず，本人または権利者の請求があった日から 7 日以内に給与を支払う。ただし，前記給与を受ける権利に争いのあるときはこの限りでない。

(1)　本人が死亡したとき

(2)　退職し，または解雇されたとき

②　積立金，その他社員の権利に属する金品の返還についても前項に準ずる。

前項にいう権利者とは

(1)　死亡当時本人の収入より生計を一にしていた者のうち

1　配偶者（内縁を含む）

2　子

3　父母

4　孫および祖父母

5　その他

(2)　前号にあたる者のないときは，生計を別にしている者で前号の順位に従う。

（非常時払）

第12条　次の各号の一にあたりかつ本人の請求があったときは，所定の支払日前であっても既往の労働に対する給与を支払う。

(1)　本人またはその収入によって生計を維持する者の結婚し，出産もしくは葬儀の費用にあてるとき

(2)　本人または，その収入によって生計を維持する者が病気にかかり，または災害をうけ，その費用にあてるとき

(3)　本人または，その収入によって生計を維持する者が許可をうけ一週間以上にわたり帰郷する費用にあてるとき

(4)　その他会社が特に必要と認めたとき

（内訳明示）

第13条　給与を支払うときは，内訳を明示する。

（端数計算）

第14条　給与計算上生じた円未満の端数は，各項目ごとに算出された額をすべて1円切り上げる。

（給与の減額）

第15条　次の各号の一にあたるときは，給与を減額する。

(1)　産前・産後の休暇を取得したときは，休暇日数に応じて（$\dfrac{1}{1\text{カ月平均所定労働日数}}$）の給与の減額を行なう。

(2)　就業規則第20条の第(2)号（略）により退職しようとするときに限り，退職予定日以前14日間に欠勤したときは（$\dfrac{1}{1\text{カ月平均所定労働日数}}$）の給与の減額を行なう。

(3)　事故欠勤連続7日，または月7日をこえたときは，1日につき（$\dfrac{1}{1\text{カ月平均所定労働日数}}$）の給与の減額を行なう。

(4)　就業規則第62条の第(2)号（略）の規定により就業を禁止されたときは，その期間給与を支払わない。

(5)　交通事故またはそれに準ずる不慮の事故で，他から休業補償を受けられるときは，その休業補償額相当分の給与は支払わない。

(6)　就業規則第8条（略）に定める見習期間中に欠勤もしくは遅刻，早退，私用外出等の不就業のあったときは，その不就業日1日につき（$\dfrac{1}{1\text{カ月平均所定労働日数}}$）の給与の減額を行い，もしくは不就業時間1時間につき（$\dfrac{1}{1\text{カ月平均所定労時間時間数}}$）の給与の減額を行なう。

第2章　給　　与

第1節　基準内給与

（総　　則）

第16条　基本給は，就業規則に定められている所定労働時間に就業したときの報酬であって月額であらわし，日額計算をするときは1カ月をその年度の1カ月平均所定労働日数として計算する。

（基本給）

第17条

①　基本給は年齢，勤続等の属人的および生活給的要素ならびに業務遂行能力職能分類等級により決定する。

第2章　賃金規則　第2　賃金規則関係の実例

等級および職務分類表

区分		標　準　職　務
基本給表(1)	8等級	1．特に重要な業務を所掌する部長の職務
	7等級	1．部長の職務 2．重要な業務を所掌する課長の職務
	6等級	1．課長の職務 2．営業所長の職務 3．きわめて高度の専門的知識を必要とする業務を行なう職務
	5等級	1．本社の係長職務 2．営業所長の職務職務 3．1および2相当の専門職
	4等級	1．本社の係長職務 2．営業所の係長の職務 3．1および2相当の専門職
	3等級	1．本社および営業所の主任職務
	2等級	1．相当高度の知識又は経験を必要とする業務を行なう職務
	1等級	1．定型的な作業を行なう職務
基本給表(2)	3等級	1．自転車運転，倉庫等の単純労務に従事する従業員を直接指揮監督する班長の職務
	2等級	1．高度の技能又は経験を必要とする業務を行なう職務
	1等級	1．定型的な単純労務を行なう職務 2．補助的な単純労務を行なう職務

②　基本給表をつぎの2表にわけ，それぞれの職務に対応する等級とする。

③　基本給表(1)は，次のとおりとする。

基　本　給　表　(1)

職務の級	1　級	2　級	3　級	4　級	5　級	6　級	7　級	8　級
号　　　級	給料月額	給料月額	給料月額	給料月額	給料月額	給料月額	給料月額	給料月額
	円	円	円	円	円	円	円	円
1		147,900	161,200	201,900		230,500		
2		153,600	168,000	210,300		239,200		
3		159,500	176,100	218,800	229,400	248,100	268,600	
4	136,100	166,200	184,300	227,400	238,100	257,100	278,000	357,800
5	140,500	174,300	192,600	236,100	246,900	266,200	287,500	370,000
6	145,900	182,500	200,900	244,900	255,900	275,500	297,200	382,200
7	151,500	190,700	209,200	253,800	265,000	285,000	307,400	394,700
8	157,300	199,000	217,600	262,800	274,300	294,600	317,900	407,400
9	163,300	207,300	226,100	272,000	283,700	304,700	328,700	420,300

第2章　賃金規則　第2　賃金規則関係の実例

職務の級 号　　　級	1　級 給料月額	2　級 給料月額	3　級 給料月額	4　級 給料月額	5　級 給料月額	6　級 給料月額	7　級 給料月額	8　級 給料月額
	円	円	円	円	円	円	円	円
10	171,200	215,500	234,800	281,100	293,200	314,900	339,700	433,300
11	179,100	223,700	243,600	290,200	303,100	325,200	350,800	446,500
12	187,100	231,800	252,400	299,300	313,300	335,600	362,100	460,200
13	195,400	239,800	261,100	308,200	323,500	346,100	373,300	472,200
14	203,600	247,700	269,700	317,000	333,700	356,700	384,500	482,400
15	211,700	255,600	278,300	325,800	343,700	367,100	395,600	492,600
16	219,700	262,700	286,800	334,200	353,700	377,400	406,600	499,700
17	227,700	269,800	295,100	342,300	363,600	387,500	417,600	506,700
18	235,200	276,700	303,100	349,900	372,700	397,500	428,600	512,200
19	242,600	283,500	310,700	357,300	381,800	406,700	437,500	517,200
20	249,500	290,300	318,300	364,000	390,300	413,700	444,800	520,500
21	255,700	296,800	325,900	369,800	396,700	420,000	451,000	523,800
22	261,500	303,200	332,500	374,600	402,600	425,800	455,900	527,000
23	267,100	308,800	338,900	379,000	407,000	430,800	460,300	530,100
24	272,600	313,700	343,700	382,700	411,300	435,100	463,300	533,100
25	278,100	317,800	348,000	385,500	415,000	438,900	466,200	536,100
26	283,300	321,000	351,900	388,100	418,000	441,800	469,100	
27	288,300	323,900	354,400	390,400	421,000	444,700	471,800	
28	292,000	326,700	356,900	392,600	423,900	447,500	474,400	
29	295,400	328,800	359,200	394,700	426,700	450,200	477,000	
30	297,000	330,700	361,200	396,800	429,300	452,800	479,600	
31	298,600	332,600	363,000		431,900	455,400	482,200	
32		334,300	364,800		434,400	458,000		
33					436,900	460,600		
34					439,400	463,200		
35					441,900			
36					444,400			

（注）〔適用範囲〕　基本給表(2)の適用を受けないすべての社員

④　基本給表(2)は，次のとおりとする。

基　本　給　表　(2)

職務 の給 号　給	1　等　級 給　料　月　額	2　等　級 給　料　月　額	3　等　級 給　料　月　額
	円	円	円
1	134,400	150,800	193,100

第2章　賃金規則　第2　賃金規則関係の実例

職務の給	1　等　級	2　等　級	3　等　級
号　　給	給 料 月 額	給 料 月 額	給 料 月 額
2	円 139,600	円 156,600	円 201,400
3	145,100	164,400	209,700
4	150,800	176,300	218,000
5	156,600	184,400	226,400
6	164,400	192,500	235,000
7	176,300	200,000	243,700
8	184,400	208,000	252,400
9	192,500	217,100	261,200
10	199,500	225,500	270,000
11	206,500	234,000	278,900
12	213,500	242,000	287,600
13	220,500	251,200	296,300
14	226,500	259,500	305,000
15	232,500	267,800	313,700
16	238,500	276,100	321,800
17	244,500	284,000	329,800
18	249,500	291,700	337,100
19	254,500	299,200	344,200
20	259,500	306,500	350,800
21	264,000	313,800	356,500
22	268,500	320,200	361,300
23	271,500	326,300	365,500
24	274,500	331,000	369,200
25	277,500	335,200	372,000
26		339,000	374,400
27		341,500	376,700
28		344,000	378,900
29		346,300	381,000
30		348,300	383,100
31		350,100	
32		351,900	

〔適用範囲〕
1．巡視，用務等の業務に従事する社員　　　4．その他基本給表(1)になじまない社員
2．自動車運転の業務に従事する社員
3．機器の運転，操作及び保守の業務に従事する社員

（精皆勤手当）

第18条　精皆勤手当は，給与締切期間中における精励恪勤者に対し，次の区分によって支払う。

361

(1) 皆勤した場合　　7,000円

(2) 欠勤1日以内，無遅刻，無早退，私用外出3回以内の場合　　3,000円

（役付手当）

第19条　役付者に，次の手当を支払う。

(1) 部長（特等級）　　80,000円

(2) 部長（1等級）　　70,000円

(3) 課長（2等級）　　50,000円

(4) 係長（3等級）　　　5,000円

(5) 班長（3等級）　　　3,000円

（家族手当）

第20条

① 扶養家族のある社員に対し，家族手当を支払う

② 扶養家族とは，他に生計の途がなく，主としてその社員の扶養を受けている次の者をいう。

(1) 配偶者

内縁を含み，女性であって夫を扶養しているときは，該当する。

(2) 子女

満18歳未満の子女3人まで。ただし，学生および障害者は満18歳以上を含む。

(3) 本人の父母（養父母を含む）

満60歳以上で収入なく同一世帯に属している者

③ 支給人員の限度は最高5人までとする。

④ 家族手当は，次の通り支払う。

配　偶　者	月額	15,000 円
第　1　子	月額	6,500 円
そ　の　他	月額	4,000 円

（住宅手当）

第21条　住宅手当は，社員の生活補給のため，次の区分により支払う。

(1) 家賃月額10万円以上のもの　　　　　　　　30,000円

(2) 家賃月額5万円から10万円未満のもの　　20,000円

(3) 家賃月額5万円未満のもの　　　　　　　　　5,000円

第2節　基準外給与

（時間外勤務手当）

第22条

① 就業規則第25条（略）の就業時間をこえて勤務したときは，勤務時間数に応じ基礎時給の2割

５分増（計算上は1.25）の時間外勤務手当を支払う。ただし，時間外勤務が60時間を超える部分については，５割増（計算上は1.5）とする。

② 社員が社外で就業し，就業時間を算出し難いときは，通常の就業時間に勤務したものとみなし，原則として時間外勤務手当を支払わない。

ただし，所属長の承認があったときはこの限りではない。

（休日勤務手当）

第23条 休日に勤務したときは勤務時間数に応じ，基礎時給の３割５分増（計算上1.35）の休日勤務手当を支払う。

（深夜勤務手当）

第24条 午後10時から午前５時までの深夜に勤務したときは，勤務時間数に応じ，時間外・休日時給の２割５分割増（計算上は時間外1.50，休日1.60）の深夜勤務手当を支払う。

（時間外勤務手当の基礎時給）

第25条 時間外勤務手当，休日勤務手当及び深夜勤務手当を支払うときは，その算定基礎となる時給（x）は次の算式による。

$$\frac{基本給＋精皆勤手当＋役付手当＋住宅手当}{１カ年間の１カ月平均所定労働時間数} = x \times 時間外1.25, 法定休日1.35, 深夜業(プラス)0.25$$

（時間外勤務手当支払の適用除外）

第26条 役付者の特等級，１等級，２等級該当者および監視，継続業務に就く者として労働基準監督署の許可を受けた者には，時間外勤務手当を支払わない。

（通勤手当）

第27条 自宅より所定の事業所に通勤するために必要な交通費は，次の基準により全額会社が負担する。

(1) 順路

通勤手当は，会社の認める順路ならびに乗物に従って支払う。

(2) 支払の範囲

通勤手当は，所定の事業所より片道1.5キロ以遠の地に居住する者に支払う。

ただし，最寄の駅または停留所より，事業所および自宅が片道1.0キロ以内にあるときは，その区間は支払わない。

(3) 交通機関

使用する交通機関は，原則として公共運輸機関とする。

第３章　昇給および格付

（昇　給）

第28条

(1) 昇給は年１回を原則とする。社員の定期昇給の時期は，各人によって，１月１日，４月１日，

7月1日，10月1日に位置する。

(2)　昇給は人事考課を用い，各人の考課にもとづいて，成績優秀なものには3カ月（3短という。）あるいは6カ月（6短という。），9カ月（9短という。）短縮して上位に抜てき昇給を行う。

（昇格〜昇級）

第29条

①　会社は，必要に応じて，社員の職務遂行能力等勤務成績勘案のうえ昇格（昇給）を行うことがある。

②　昇格（昇級）による基本給の取り扱いは上級の直近上位とする。

（ベース・アップ）

第30条

①　会社は，経済状況の変化に応じて，ベース・アップを行うことがある。

②　ベース・アップは昇給分考慮して基本給表を書き替えるものとする。

第4章　初　任　給

（新規学卒初任給）

第31条　新規学卒者の初任給は，基本給を次のとおりとする。

基本給表	職　種	学歴・免許	号　給
(1)	事務及び技術職	大　学　卒	2等級10号
		短　大　卒	2等級7号
		高　校　卒	1等級10号
(2)	技　能　職		3等級9号
	自　動　車　運　転	自動車運転免許	3等級9号
	巡　視（守衛）		3等級7号
	荷造り，荷積等	リフト運転免許	2等級13号
	単　純　労　務　職		2等級9号
	そ　の　他	高　校　卒	1等級7号
		中　学　卒	1等級4号

（中途採用者の初任給）

第32条　新規学卒者以外の中途採用者の給与の決定は，前条を基準として，基本給を標準社員と比較して，次の「経験年数換算基準表」のとおりとする。

経験年数換算基準表（目安）

採　用　等　区　分	換　算　率
会社がとくに必要として採用した者	100％以上
会社が必要として採用した者	85～100％
同業種同職種経験の者	80～100％
同業種他職種経験の者	80～90％
他業種同職種経験の者	70～90％
他業種他職種経験の者	65～80％
そ　の　他	65％

第5章　賞　　与

（賞与の支給）

第33条　賞与は原則として7月（上期）および12月（下期）に会社の業績に応じて支給する。

（賞与の支給条件）

第34条　賞与の支給条件は，次条の算定期間における，社員の勤務成績，出勤率，貢献度等の考課査定を考慮して決定する。

（賞与の算定期間）

第35条　賞与の算定期間は，上期賞与は前年11月21日より当年5月20日までとし，下期賞与は5月21日より11月20日までとする。

（賞与の不支給）

第36条

① 当該算定期間において，勤務日数2カ月未満の者には支給しない。

② 賞与の支給当日，社員として在籍しない者には支給しない。

付　　則

（施　行）

第37条　この規則は　　年　　月　　日より施行する。

(3) 実例　　　　給　与　規　程

（ＳＴ電子・電子部品製造・従業員700人）

第1章　総　則

（目　的）
第1条　この規定は，就業規則第57条（略）により，社員に対する給与の決定，計算，支払方法，締切，支払の時期ならびに昇給に関する事項および賞与支給に関する事項を定める。
　2．嘱託，臨時，パートタイマーおよびアルバイトに対する給与は別に定める。

（給与決定の原則）
第2条　社員の給与は，会社の支払能力，社会的水準，物価状況および社員の職務遂行能力，年齢，勤続，職責などを考慮してきめる。

（給与の構成）
第3条　給与は，基準内給与と基準外給与とに分け，その構成はつぎのとおりとする。

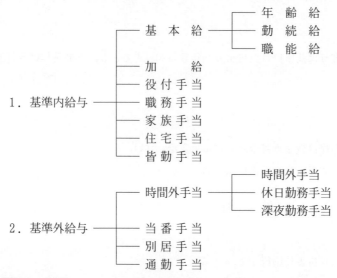

（締切，支払）
第4条　給与は，前月21日より当月20日までの分を当月25日に支払う。ただし，支払日が休日に当たるときは，その前日に繰上げて支払う。

（非常時払い）
第5条　前条の定めにかかわらず，次の各号の一に該当する場合は，既往の就業に対する給与を支払う。
　(1)　本人またはその扶養家族の出産，疾病のとき

(2) 本人またはその扶養家族の婚礼または葬儀のとき

(3) 災害による非常の場合の費用に当てるとき

(4) 本人が退職または解雇されたとき

(5) その他事情止むを得ないと会社が認めたとき

　　ただし，第4号の解雇を除き本人（本人死亡の場合はその遺族）より請求のあった場合に支払う。

（給与の支払形態）

第6条　給与の支払形態はノーワーク・ノーペイ，月給制とする。

2．就業規則第51条年次有給休暇，第52条慶弔休暇，第53条特別休暇（第1号生理休暇，第2号産前産後休暇，第54条育児休業期間，第55条介護休業期間）に対しては，通常の給与を支給する。

3．病気その他真に止むを得ない場合を除き，欠勤，早退，遅刻，私用外出などにより，所定就業時間の全部または一部につき就業しなかった場合は，その不就労の日数および時間に対応する給与は支給しない。

　　ただし，病気欠勤による通常給与の支払期間は1カ月を限度とする。

4．前項の場合において，不就労の日数および時間の計算は，当該給与締切期間の合計とし，15分未満は切り捨てるものとする。

5．計算方式は，次のとおりとする。

(1) 欠勤の場合

$$\frac{基準内給与}{1カ月平均所定勤務日数}×欠勤日数$$

(2) 遅刻，早退，私用外出の場合

$$\frac{基準内給与}{1カ月平均所定勤務時間}×時間数$$

6．第3項ないし第5項の定めは，管理職の職位にある者には適用しない。

（給与の支払方法）

第7条　給与は，全額を直接社員に通貨をもって支払う。

2．前項にかかわらず，本人が希望する場合は，金融機関の本人名義口座に振込みを行うこととする。

（給与より控除）

第8条　次の各号の一に該当するものは，支払のときに控除する。

(1) 所得税および住民税

(2) 健康保険料，介護保険料および厚生年金保険料の本人負担分

(3) 雇用保険料の本人負担分

(4) 預貯金，保険料その他本人が委託し会社が承認したもの

　　ただし，第4号については，社員の過半数を代表する者との書面による協定書に基づいて行うも

のとする。

（中途入退社者の計算）

第9条　給与締切期間中の中途において入社または退社した者の給与の計算は，入社の日以降または退職の日までの日数について日割り計算により支給する。

計算方式は，次のとおりとする。

$$\left\{ \begin{array}{l} 締切期間中の \\ 基準内給与総額 \end{array} - （皆勤手当） \right\} \times \frac{出勤日数}{1\,カ月平均所定勤務日数} + 基準外給与$$

2．通勤手当は日割計算とする。

（平均給与の算定方法）

第10条　平均給与を算出すべき事由の発生した場合の計算方法は，発生した日以前3カ月間に支払われた第3条の総額を，その期間中の所定勤務日数で除した金額とする。

第2章　基準内給与

（基本給）

第11条　基本給は，年齢給，勤続給および職能給で構成する。

（年齢給）

第12条　年齢給は，15歳で70,000円とし，1歳増すごとに，次のとおりとする。

（別表①年齢給早見表）

16～25歳	1,200円
26～35歳	800円
36～50歳	500円

（注　50歳以上　97,500円）

（勤続給）

第13条　勤続給は，勤続1年につき，次のとおりとする。

（別表②勤続給早見表）

1～15年	800円
16～30年	500円

2．前項の定めにかかわらず，55歳以上は55歳時点の勤続給をもって停止する。

（職能給）

第14条　職能給は，職能資格等級を次の8等級に分類し，その職能に対応する額とする。

第2章　賃金規則　第2　賃金規則関係の実例

職能資格等級・職層・職位層

職　　層	職　能　等　級	職　　　　位
管　理　職	8　等　級	部　　長
	7　等　級	部長・次長
	6　等　級	次長・課長
監　督　職	5　等　級	課長・課長代理・主任
	4　等　級	課長代理・主任・D 級職
一　般　職	3　等　級	C　級　職
	2　等　級	B　級　職
	1　等　級	A　級　職

(注)　①職能資格等級と職位との関係はオーバーラップ（重複型）とする。
　　　②監督職位以上の職位に相当する専門職を置くことがある。
　　　③管理職は，部長，次長，課長とする。
　　　④監督職は，課長代理，主任とする。
　　　⑤一般職は D，C，B，A の4クラスに区分する。

2．職能等級区分による職務の内容は次のとおりとする。

職能等級	職層	職　　位	職　務　能　力　（職能基準）
1	一般職	A	・上長の直接の細かい指示，または予め定められた基準に従い，定型的反覆的職務を行うことができる者。補助者
2		B	・業務遂行に必要な知識を持ち，上長の一般的な指示により通常業務を遂行できる職務の者。単一業務を的確にできる者
3		C	・業務遂行に十分な知識を持ち，上長の一般的な指示がなくとも通常業務を的確に処理できる職務の者。業務範囲の拡大できる者
4		D　主　任　課長代理	・3等級の職務を十分に行うことができる上3等級の経験をつみ，上長の代行のできる者
5	監督職	主　任　課長代理　課　長	・担当業務について詳細な知識を持ち，グループの責任者として指導し，統率することができる者。5等級にふさわしい職務，特命事項のできる者
6	管理職	課　長　次　長	・一定の組織の長として，所管業務の的確な企画立案を行い部下に指示命令し，業務遂行のできる者。特定事項につき上長および経験者を補佐できる者
7		次　長　部　長	・高度な体系的知識をもち総合的判断により，新たな計画を立案し，積極的に業務遂行できる者。会社の経営方針，計画について経営者を補佐し，部下を指導監督することのできる者。
8		部　長	

3．第1項の等級に応じ，それぞれ最低級号をきめ，人事考課を用いて運用する。

369

4．職能資格等級，最低級号額，昇給ピッチ，考課評定は，次の表の『職能給とその運用』のとおりとする。

5．職能資格等級と職位の関係はオーバーラップとする。

6．満55歳以上の職能資格等級は原則として停止とする。

　ただし，業務上能力優秀なものは考慮することがある。

職 能 給 と そ の 運 用

職層	職位	職能等級	最低級号	ピッチ額	評定 S 5号以上	A 4号	B 3号	C 2号	D ～1号	E（初号）～ 上限
一般職	A 級	1等級	1～1 48,000	円 900	円 4,500	円 3,600	円 2,700	円 1,800	0 円 ～ 900	1～1 48,000 1～
	B 級	2等級	2～1 64,000	1,100	5,500	4,400	3,300	2,200	0 ～1,100	2～1 64,000 2～
	C 級	3等級	3～1 84,000	1,300	6,500	5,200	3,900	2,600	0 ～1,300	3～1 84,000 3～
監督職	D 級 主任 課長代理	4等級	4～1 105,000	1,600	8,000	6,400	4,800	3,200	0 ～1,600	4～1 105,000 4～
	主任 課長代理 課長	5等級	5～1 130,000	1,900	9,500	7,600	5,700	3,800	0 ～1,900	5～1 130,000 5～
管理職	課長 次長	6等級	6～1 160,000	2,200	11,000	8,800	6,600	4,400	0 ～2,200	6～1 160,000 6～
	次長 部長	7等級	7～1 200,000	2,500	12,500	10,000	7,500	5,000	0 ～2,500	7～1 200,000 7～
	部長	8等級	8～1 240,000	2,800	14,000	11,200	8,400	5,600	0 ～2,800	8～1 240,000 8～

（加　給）

第15条　職能給への移行の際の差額，職務の困難，責任の度合い，在職間の不均衡，給与ベースの変更分等については，加給で処理するものとする。

（役付手当）

第16条　役付手当は，管理監督の地位にある者に対して，次の区分により支給する。

(1)　部　　長　　60,000円以上

(2)　次　　長　　55,000円以上

(3)　課　　長　　50,000円以上

(4)　課長代理　　5,000円以上

(5)　主　　任　　5,000円以上

（職務手当）

第17条 職務手当は，次の区分により支給する。

(1)	防火管理者	5,000円	(6)	火元責任者	1,000円
(2)	安全管理者	2,000円	(7)	安全衛生推進者	2,000円
(3)	衛生管理者	2,000円	(8)	危険物保安監督者	3,000円
(4)	有機溶剤作業主任	2,000円	(9)	印刷手当	5,000円
(5)	危険物取扱主任	3,000円			

（家族手当）

第18条 家族手当は，本人が扶養する無収入の同居親族者に，次により支給する。

(1)	配　偶　者	13,000円
(2)	満18歳未満の長子	3,000円
(3)	満18歳未満の次子以下１人につき	2,000円
(4)	満65歳以上の直系尊族１人につき	2,000円
(5)	満55歳以上の寡婦たる実養母	2,000円
(6)	満18歳未満の弟妹１人につき	2,000円

２．前項第２号・３号ないし第６号に掲げる扶養家族が障害者の場合は，年齢にかかわらず各号所定の家族手当を支給する。

　　ただし，障害者とは，所得税法施行規則に定める者で，居住地の市区町村長の証明あるものとする。

（住宅手当）

第19条 住宅手当は，社員の住宅費補助として，次の区分により支給する。

(1)	扶養家族のある世帯主	25,000円
(2)	扶養家族のない世帯主	22,500円
(3)	世帯主でない同居者	18,000円
(4)	社宅・寮利用者	16,500円

２．前項以外に単身赴任により住宅補助を行うことがある。支給額については，その都度会社が決定する。

（皆勤手当）

第20条 皆勤手当は，給与締切期間中精勤した者に，次により支給する。

(1)	１カ月無欠勤者	7,000円
(2)	欠勤１日の者	3,000円
(3)	欠勤２日の者	1,500円

２．前項の皆勤手当は，管理職の職位にある者には支給しない。

第3章　基準外給与

（時間外手当）

第21条　就業規則第43条（略）に規定する時間外勤務等の割増賃金は次の計算により支給する。

　(1)　時間外勤務

$$\frac{（基本給＋加給＋役付手当＋職務手当＋住宅手当＋皆勤手当＋当番手当）}{1カ月平均所定勤務時間数}×1.25×時間外時間数$$

　(2)　休日勤務（法定休日以外の所定休日も同様とする）

$$\frac{（基本給＋加給＋役付手当＋職務手当＋住宅手当＋皆勤手当＋当番手当）}{1カ月平均所定勤務時間数}×1.35×休日労働時間数$$

　(3)　深夜業

$$\frac{（基本給＋加給＋役付手当＋職務手当＋住宅手当＋皆勤手当＋当番手当）}{1カ月平均所定勤務時間数}×1.50×深夜業時間数$$

　2．60時間を超える時間外勤務に対する割増率は50％とする。

　3．前項第1号および第2号の時間外手当は，管理職の職位にある者には支給しない。

（当番手当）

第22条　業務上当番をおくことがある。当番に従事した者には，1回につき900円を支給する。

（別居手当）

第23条　就業規則第14条（略）により単身赴任の場合，次により支給する。表（略）

　2．前項の支給額は，その都度会社が決定する。

（通勤手当）

第24条　通勤手当は，社員が居住の場所より会社に通勤のため交通機関を利用する者に，原則として通勤定期券の現物を支給する。

　　ただし，通勤距離2キロメートル以上の者とする。

第4章　昇　　給

（昇　給）

第25条　昇給は，原則として4月1日付をもって定期昇給を行う。

（定期昇給の内容）

第26条　定期昇給は，自動昇給部分と査定昇給部分に分ける。

　2．自動昇給部分は，第11条の基本給のうち，年齢給部分および勤続給部分とする。その方法は第12条（年齢給），第13条（勤続給）のとおりである。

　3．査定昇給部分は第11条の基本給のうち，職能給部分とする。

　　その方法は，第14条（職能給）により，当該年度の職務遂行能力，勤務状況，責任感，協調性，貢献度等を人事考課で評定のうえ行う。

（ベースアップ）

第27条　経済状況に応じてベースアップを行うことがある。

　2．ベースアップは，原則として加給で行う。

　　　ただし，諸手当に繰入れることがある。

　3．前項の配分は前条第3項に準じて行う。

（臨時昇給）

第28条　臨時昇給は，次の各号の一に該当する者について，昇給の必要を生じた場合に行う。

　(1)　特に功労のあった者

　(2)　中途採用者で技能優秀，成績良好の者

　(3)　その他会社が必要と認めた者

　2．臨時昇給の内容は，職能給あるいは加給とし両者を併用することがある。

（昇　格）

第29条　会社は，職務遂行能力，責任感，企画力，判断力，勤務成績等勘案のうえ，第14条の職能資格等級の昇格，昇級を行うことがある。

　2．昇格した場合の職能給の取扱は，職能給の級号の直近上位2号以上とする。

　3．前項にかかわらず，抜群の成績優秀者には飛級（3等級～5等級）を行うことがある。

　　　この場合の職能資格等級号はその都度決定する。

（新規学卒者の初任給）

第30条　新規学卒者の初任給は，基準内給与総額と社会的水準を勘案のうえ決定する。

　　　ただし，基本給は次のとおりとする。

　(1)　年齢給　　第12条

　(2)　勤続給　　第13条

　(3)　職能給　　中学卒　　級　　　号

　　　　　　　　高校卒　　級　　　号

　　　　　　　　短大卒　　級　　　号

　　　　　　　　大学卒　　級　　　号

　2．中学卒者は高校卒を基準に2号～8号マイナスで格付を行う。

（中途採用者の初任給）

第31条　新規学卒者以外の中途採用者の給与の決定は，前条を基準とし，経験年数等を考慮して，職能給資格等級の格付を行う。

　　　ただし，補助的，定型的な単純業務については，学歴にかかわらず，1等級を基準として取扱う。

第 5 章　賞　　与

（賞与の支給）

第32条　賞与は，原則として 6 月および12月に，会社の業績に応じて支給する。

（賞与の算定期間）

第33条　賞与の算定期間は，前年10月から当年 3 月までを 6 月賞与に，当年 4 月から 9 月までを12月賞与とする。

（賞与の算定方法）

第34条　賞与の算定方法は，前条の当該期間における，社員の勤務成績，貢献度，出勤状況等を考慮して算出する。

（賞与の不支給）

第35条　賞与の当該期間に在籍した者でも，賞与支給当日に在籍していない者には支給しない。

　　　　ただし，死亡による退職の場合は遺族に支給することがある。

付　　　則

（公傷手当）

第36条　社員が業務上負傷し，疾病にかかり休業におよんだ場合は，最初の日より 3 日間は平均給与を補償する。

　 2．前項以降の休業については，就業規則第67条第 2 項（略）に定める労働者災害補償保険法の『休業補償給付』による。

　 3．会社は前項に上積みして，平均給与の20％を公傷手当として，毎月の休業日数に応じて支給する。

　 4．通勤災害の場合は，最初の 3 日間は第 1 項に準じて支給し，以降は就業規則第69条第 1 項第 2 号に定める『休業給付』による。

（経過措置）

第37条　この給与体系の基本給のうち，職能給に従来の基本給（年齢給＋勤続給＋職能給）の10％を目安として加給より基本給に繰り入れることにする。よって，それに整合するように職能給表の改訂を行う。

　 2．職能給表の改定に伴い，その職位に相当する職能資格等級に該当しない者は，当該級の特号扱いとし，その額が正常の額に達した場合に，正規の職能資格等級号に格付けを行うものとする。

（施　行）

第38条　この規定は　　　年　　　月　　　日より実施する。

　　　　　　制　定　　昭和　　　年　　　月　　　日

　　　　　　改　定　　昭和　　　年　　　月　　　日

　　　　　　改　定　　平成　　　年　　　月　　　日

改　定　　平成　　年　　月　　日

別表①　　　　　　　　　　　　　　年齢給早見表

16〜25歳		26〜35歳		36〜50歳	
1歳につき1,200円		1歳につき800円		1歳につき500円	
15 歳	70,000　円	26 歳	82,800　円	36 歳	90,500　円
16	71,200	27	83,600	37	91,000
17	72,400	28	84,400	38	91,500
18	73,600	29	85,200	39	92,000
19	74,800	30	86,000	40	92,500
20	76,000	31	86,800	41	93,000
21	77,200	32	87,600	42	93,500
22	78,400	33	88,400	43	94,000
23	79,600	34	89,200	44	94,500
24	80,800	35	90,000	45	95,000
25	82,000			46	95,500
50歳以上は87,500円				47	96,000
				48	96,500
				49	97,000
				50	97,500

別表②　　　　　　　　　勤続給早見表

勤続1〜15年		16〜30年		
1年につき800円		1年につき500円		
1 年	800　円	16 年	12,500　円	
2	1,600　円	17	13,000	
3	2,400	18	13,500	
4	3,200	19	14,000	
5	4,000	20	14,500	
6	4,800	21	15,000	
7	5,600	22	15,500	
8	6,400	23	16,000	
9	7,200	24	16,500	
10	8,000	25	17,000	
11	8,800	26	17,500	
12	9,600	27	18,000	
13	10,400	28	18,500	①30年以上はなし
14	11,200	29	19,000	②55歳以上は55歳時点の勤続給をもって停止する。
15	12,000	30	19,500	

第2章　賃金規則　第2　賃金規則関係の実例

別表③

職　能　給　表

ピッチ 号 級	1	2	3	4	5	6	7	8
	(900)	(1,100)	(1,300)	(1,600)	(1,900)	(2,200)	(2,500)	(2,800)
1	52,500	69,500	90,500	113,000	139,500	171,000	212,500	254,000
2	53,400	70,600	91,800	114,600	141,400	173,200	215,000	256,800
3	54,300	71,700	93,100	116,200	143,300	175,400	217,500	259,600
4	55,200	72,800	94,400	117,800	145,200	177,600	220,000	262,400
5	56,100	73,900	95,700	119,400	147,100	179,800	222,500	265,200
6	57,000	75,000	97,000	121,000	149,000	182,000	225,500	268,000
7	57,900	76,100	98,300	122,600	150,900	184,200	227,500	270,800
8	58,800	77,200	99,600	124,200	152,800	186,400	230,000	273,600
9	59,700	78,300	100,900	125,800	154,700	188,600	232,500	276,400
10	60,600	79,400	102,200	127,400	156,600	190,800	235,000	279,200
11	61,500	80,500	103,500	129,000	158,500	193,000	237,500	282,000
12	62,400	81,600	104,800	130,600	160,400	195,200	240,000	284,800
13	63,300	82,700	106,100	132,200	162,300	197,400	242,500	287,600
14	64,200	83,800	107,400	133,800	164,200	199,600	245,000	290,400
15	65,100	84,900	108,700	135,400	166,100	201,800	247,500	293,200
16	66,000	86,000	110,000	137,000	168,000	204,000	250,000	296,000
17	66,900	87,100	111,300	138,600	169,900	206,200	252,500	298,800
18	67,800	88,200	112,600	140,200	171,800	208,400	255,000	301,600
19	68,700	89,300	113,900	141,800	173,700	210,600	257,500	304,400
20	69,600	90,400	115,200	143,400	175,600	212,800	260,000	307,200
21	70,500	91,500	116,500	145,000	177,500	215,000	262,500	310,000
22	71,400	92,600	117,800	146,600	179,400	217,200	265,000	312,800
23	72,300	93,700	119,100	148,200	181,300	219,400	267,500	315,600
24	73,200	94,800	120,400	149,800	183,200	221,600	270,000	318,400
25	74,100	95,900	121,700	151,400	185,100	223,800	272,500	321,200
	↓	↓	↓	↓	↓	↓	↓	↓
30	78,600	101,400	128,200	159,400	194,600	234,800	285,000	335,200
	↓	↓	↓	↓	↓	↓	↓	↓
35	83,100	106,900	134,700	167,400	204,100	245,800	297,500	349,200
	↓	↓	↓	↓	↓	↓	↓	↓
40	87,600	112,400	141,200	175,400	213,600	256,800	310,000	363,200
	↓	↓	↓	↓	↓	↓	↓	↓
45	92,100	117,900	147,700	183,400	223,100	267,800	322,500	377,200
	↓	↓	↓	↓	↓	↓	↓	↓
50	96,600	123,400	154,200	191,400	232,600	278,800	335,000	391,200
	↓	↓	↓	↓	↓	↓	↓	↓
55	101,100	128,900	160,700	199,400	242,100	289,800	347,500	405,200
	↓	↓	↓	↓	↓	↓	↓	↓
	65号まで	90号まで	90号まで	90号まで	100号まで	100号まで	100号まで	80号まで

(4) 実例　　　　給 与 規 程

（ＳＹ会舘・ホテル，レストラン・従業員700人）

第1章　総　　則

第1条　就業規則第6章第134条（略）に定めのある従業員の給与及び退職金についてはこの規程によるものとする。

　この規程で従業員とは，就業規則第2条（略）に定める者とする。但し第20条（略）に定めるものについては，この規程の一部の適用を除外し，または変更して適用する。

第2条　給与の種類は次の通りとする。

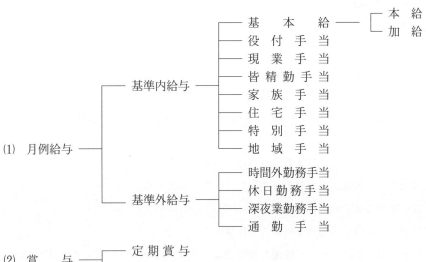

第3条　従業員の給与は，月給制・日給月給制・日給制及び時給制とする。

　月給制とは欠勤等不就業について給与を差引かないものをいう。但し健康保険法の傷病手当金支給該当者となった場合及び休職となった場合は給与を支給しない。

　日給月給制とは欠勤等不就業について，その日その時間の給与を差引くものをいう。全欠のものはその月の給与は支給しない。

　日給制とは，日額で給与を定め，遅刻・早退等不就業については，その時間の給与を差引くものをいう。

　時給制とは，時間額で給与を定め，不就業時間については，給与を支給しないものをいう。

　日給額および時給額は原則として基準内賃金を所定出勤基準日数もしくは所定実働時間で除した

ものとする。

第4条 給与は予め届けられたる受給者個人の銀行口座に振込む。

但し，やむを得ない事由のあるときは通貨にて支払う。

2．従業員の死亡したる場合は労働基準法施行規則第42条乃至45条の規程を準用して会社の定める遺族に支給する。

第5条 給与の支払に当り，次の金額は控除する。

(1) 所得税・社会保険料その他法令で定められたもの。

(2) 従業員代表との書面で協定したもの。

イ　仮　払

ロ　食費および宿舎費

ハ　物品の購入代金

ニ　割賦払返済金

ホ　生命保険・損害保険

ヘ　MT 会会費

ト　その他

第6条 月例給与は当月末に支払う。

支給日が休日のときは前日に繰上げて支払う。

2．定期賞与・決算期賞与及び臨時給与はその都度支給日を定め，退職金は退職のときこれを支払う。

第7条 前条第1項の計算期間は，18日より翌月17日までとする。

月の中途で発令したときは，その月の月例給与は日割計算とする。

特に必要と認めた場合はこの限りでない。

2．月例給与の日割計算は所定出勤基準日数にて計算する。

第8条 無断・虚偽・不当の事由によって休業した場合ならびに出勤停止処分を受けた場合はその労働しない時間については支給しない。

第2章　基準内給与及び基準外給与

第9条 第2条で定める基準内給与および，基準外給与は次表（次頁参照—編注）の通りとする。

2．時間単価は次の算式による。

$$時間単価＝\frac{基準内賃金（家族手当を除く）}{1カ月平均所定労働時間数}$$

第10条 昇給は次の方式により行う。

1．定期昇給は年1回とし，人事評価を行い，4月（3/18〜4/17〆切）に昇給する。

2．定期昇給資格者は2月末日現在の在籍者とし，中途採用者・長期欠勤者・休職者・試用期間中の者および嘱託は除外する。

3．臨時昇給についてはその都度決定する。

4．昇格資格者で，特別の事由のある者については，当該期に限り昇給させないことがある。

5．平均賃金の必要あるときは次の算式による。

$$平均賃金＝\frac{直前の賃金締切日前の３カ月間の現金給与総額}{賃金締切日前の３カ月間総日数}$$

基準内給与

基 本 給	本　給 職務内容およびこれに対する能力・成績等を勘案して決定する。	別紙（別表①） 基本給制度の概要による
	加　給 給与水準の変動・特殊事情・その他を勘案して決定する。	別表②
役 付 手 当	別に定める	別表②
現 業 手 当	別に定める	別表②
家 族 手 当	配偶者　　15,000円	本人の収入によって主生計を維持しているもの（税法上認められるもの）
	他の扶養家族１人につき３人まで4,000円	
皆 精 勤 手 当	4,000〜10,000円	各店毎に決める （月給者を除く）
住 宅 手 当	単身者　10,000円 世帯主　15,000円　　家族手当・支給対象者	
特 別 手 当	特別の考慮を必要とするもの	
地 域 手 当	単身者　　5,000円 世帯主　11,000円	本社から東京に赴任者

基準外給与

時 間 外 勤 務	時間単価×1.25×時間数 60時間超の場合， 割増率は50％とする。		摘要 管理職及監督職は支給しない。
休 日 勤 務	時間単価×1.35×時間数		
深 夜 勤 務	時間単価×0.25×時間数	他の計算による時間相当分に加算する。	
通 勤 手 当	定期相当額	最低運賃とする。	

第11条　賞与は定期賞与および決算期賞与とし，賞与支給日に在籍したものに支給する。

　(1)　定期賞与は年２回とし，６月および12月に支給する。

　(2)　定期賞与を基準賞与，級別加算および勤続加算で構成する。

　(3)　基準賞与および級別加算の算定に当っては基本給および役付手当を基礎とし，これに支給率を

乗じ，さらに出勤率を乗じたものとする。

(4) 基準賞与の支給率は，会社の業績その他を勘案して効果段階別にそのつど定めるものとする。

(5) 級別加算支給率は次のとおりとする。

等　　級	支　給　率
3 級	0.2
4	0.3～0.4
5	0.5～0.7
6	0.6～0.8

(6) 出勤率は，次の算式による。

出勤率＝

$$1 - \left\{ \begin{array}{l} 0.007 \times 不在欠勤日数 \\ 0.0035 \times 有給休暇の振替日数 \end{array} + \begin{array}{l} 0.0025 \times 遅刻，早退，私用外出回数（2時間以内） \\ 0.0035 \times 遅刻，早退，私用外出回数（2時間以上） \end{array} \right\}$$

(7) 勤続加算

勤続 3 年～ 5 年未満　10,000円　　10年～15年未満　20,000円

　〃　5 年～10　〃　　15,000円　　15年以上～　　　25,000円

2．決算期賞与（成果配分）は，年度中の収益により，成果配分規程により前年度までに入社した賞与支給日在籍者に支給する。

第 3 章　臨時給与

第12条　臨時給与は次の通りとする。

(1) 公傷病による長期欠勤者

公傷病のときは，平均賃金を 3 カ月まで，それ以後は平均賃金の60％を療養期間中支給する。ただし，労働者災害補償保険法による給付を受けたときは給付分を差引く。

(2) その他

特に必要と認める者。

第 4 章　特例事項

第13条　特例事項に該当する者とは下記の者をいう。

(1) ウエイトレス（ウエイトレス，レヂー，案内，受付）

(2) 仲居，ホステス

(3) 洗場（洗場，掃除，雑役に従事する者）

(4) パート（所定勤務時間の一部を勤務する者）

第14条　上記の者に対しては下記特例を設ける。

(1) 給与規程第 1 章第 2 条，第 2 章，第 3 章は適用を除外する。ただし，法定勤務時間を超えて勤

務させた場合は，第10条に定める基準外給与を支払う。

(2)　昇給は適宜実施する。

(3)　賞与は支給しないが之に代る寸志（中元，歳暮）を支払うことがある。

付　　則

（施　行）

第15条　この規則は　　年　　月　　日より施行する。

　　　　　昭和　　年　　月　　日制定

　　　　　平成　　年　　月　　日改正

別紙　基本給制度の概要

1．適用対象は給与規程第１条の範囲とする。

2．基本給はこれを本給と加給で構成し，基本給を賞与算定基礎給与に，本給を退職金算定基礎給与にする。

3．本　給

　　本給は等級・号俸制を採用する。

　　本給表は別表①のとおりである。

①　初任給

　　イ　18歳高校卒を１級の１号にあてはめる。

　　ロ　中学卒は18歳の時点での能力成績に応じて正規入社者は原則として１級の１号を下廻らない号にあてはめる。

　　ハ　大学卒は２級１号を基準とする。

　　ニ　中途採用者は学校卒業後の経過年数及び経験に応じて別紙試算表（略）を照合して決定する。（同職種経験年数＝年齢他職種経験年数１／２とする）

②　昇　給

　　イ　本給表による定期昇給は毎年４月に行う，人事評価規準に基き各等級の従業員を次表によりA，B，C，D，Eの５段階に区分し，夫々について次の昇号（給）を行う。

　　　但し，能力成績抜群のもの（特別昇給），あるいは能力成績著しく劣悪なるもの等については，この基準によらないことがある。

段　　　　　階	A	B	C	D	E
昇　　　　　号	7	6	5	4	3

　　ロ　本給が各等級の最高号に達した場合は昇号は原則としてストップする。

　　　但し，能力成績等優秀なものについては，５号相当額を限度として昇号させることがある。

　　（この場合の号は特号とする）

4．加　給

加給は等級別考課段階別に一定額とする。

　　加給調整は定期昇給の外に10月に行う。

5．ベースアップ

　　本給は定期昇給と調整のみに止め，これ以外のものは加給に組み入れる。

6．本制度は下記の通り行う。

　　4月（昇給）・10月（調整）翌4月昇給時に10月の調整時においては，翌年新学卒者及び10月〜
　4月の中途採用者の給与との関係も併せ考えること。

（別表①） 本　給　表

ピッチ 号＼等級	1	2	3	4	5	6
	800	1,100	1,300	1,700	2,200	3,000
1	125,000	145,000	166,000	190,000	230,000	270,000
2	125,800	146,100	167,300	191,700	232,200	273,000
3	126,600	147,200	168,600	193,400	234,400	276,600
4	127,400	148,300	169,900	195,100	236,600	279,000
5	128,200	149,400	171,200	196,800	238,800	282,000
6	129,000	150,500	172,500	198,500	241,000	285,000
7	129,800	151,600	173,800	200,200	243,200	288,000
8	130,600	152,700	175,100	201,900	245,400	291,000
9	131,400	153,800	176,400	203,600	247,500	294,000
10	132,200	154,900	177,700	205,300	249,800	397,000
11	↓	↓	↓	↓	↓	
12	（800円	（1,100円	（1,300円	（1,700円	（2,200円	
13	刻み）	刻み）	刻み）	刻み）	刻み）	
14						
15	136,200	160,400	184,200	213,800	263,000	312,000
16						
17						
18						
19	↓	↓			↓	
20	140,200	165,900	190,700	217,300	274,000	327,000
21						
22						
23						
24						
25						
26						
27						
28						
29	↓	↓			↓	
30	144,200	176,900	203,700	234,300	296,000	357,000
35						
40						
50						
60						
70					↓	↓
80	↓	↓	↓	↓		

（別表②）　　　　　　　　　等　級，資　格，役　職　の　対　応　関　係

等級	職分	給与制度	役職 本社	役職 現業	役付手当	現業手当	加給
6	管 理 職	月　給	部　　長 次　　長	支　配　人 次　　　長 店　　　長	70,000 〜 50,000	67,000 〜 57,000	A　105,200 B　102,700 C　100,200 D　97,700 E　95,200
5		月　　給	部　　長 次　長 課　　長	次　　　長 支　配　人 店　　長 副　支　配　人	50,000 〜 30,000	57,000 〜 40,000	A　91,200 B　88,700 C　86,200 D　83,700 E　81,200
4		月　　給	課　　長 課長代理 係　　長	調　理　長 店　長 副　店　長 マ　ネ　ー　ジ　ャ　ー	30,000 〜 20,000	37,000 〜 35,000	A　77,300 B　75,300 C　73,300 D　71,300 E　69,300
3	一 般 職	月　　給 日給月給 日　　給	係　　長 主　任	副　店　長マ 調　理　長 マネージャー1 主　任　2 チ　ー　フ　3	20,000 〜 7,000	30,000 〜 25,000	A　56,700 B　54,700 C　52,700 D　50,700 E　48,700
2		月　　給 日給月給 日　　給		上　級　調　理　士 1　級　調　理　士 1　級　店　員		23,000	A　45,200 B　43,700 C　42,200 D　40,700 E　39,200
1		月　　給 日給月給 日　　給 時　間　給		2　級　店　員 2　級　調　理　士		18,000	A　34,800 B　32,800 C　31,300 D　29,800 E　28,300

第2章　賃金規則　第2　賃金規則関係の実例

等級	等　級　分　類　の　基　準		備　　考
	分　類　の　基　準	等級の格付け運用	
6	大部分の長として，担当課長以下を指揮統率して業務の推進に当るとともに，全社的な計画・立案，社長の補佐的な業務を遂行する。	5級に5年以上在級して能力成績優秀と認められるものの中から選考し，6級の分類基準に該当するもの。部長に任命されたものは原則として，6級とする。	
5	部門の長として担当業務の責任を負うとともに部下を指導監督して業務の推進に当り，さらに全社的な計画，部長取締役等の補佐的な業務を遂行する。	4級に5年以上在級し能力成績優秀と認められるものの中から選考し，5級の分類基準に該当するもの。課長に任命されたものは原則として5級とする。	
4	小部門の長として，担当業務の責任を負うとともに，部下又は，下級者を指導調整して業務の担当にあるもの或は専門的に高度の知識経験を有するもの。	3級に4年以上在級し能力成績優秀と認められるものの中から選考し，4級の分類基準に該当するもの。係長に任命されたものは原則として4級とする。	
3	特定業務について責任者，又は下級者，グループの指導的役割を果すもの或は，専門的に高度の知識経験等を有するもの。	2級に3年以上在級して，能力成績良好と認められるものの中から選考し，3級の分類基準に該当するもの。主任に任命されたものは原則として3級とする。	
2	それぞれの単位職務を自らの知識，経験判断で単独に処理する。又は，1級の指導的役割を果すもの。	1級に3年以上在級して能力成績良好と認められるものの中から選考し，2級の分類基準に該当するもの。大学卒として採用したものは原則として2級に格付けする。	
1	格別の知識，経験を要さず，指示された通りに定型的，繰返し的な補助業務を行う。	18歳以上のもの。17歳以下のものは等級に格付けせず又，本給表上での取扱いもしない。	

385

(5) 実例　　　　給　与　規　程

（ＨＲ電機・電気機器・従業員600人）

第1章　総　則

（目　的）

第1条　この規定は就業規則第76条（略）により従業員の給与に関する事項を規定する。

（給与の種類）

第2条　この規定でいう給与とは，下記の各号のものをいう。

1．毎月定期的に支給する給与

2．臨時に支給する給与

3．退職金

（給与の構成）

第3条　毎月定期的に支給する給与の構成は，下記の通りとする。

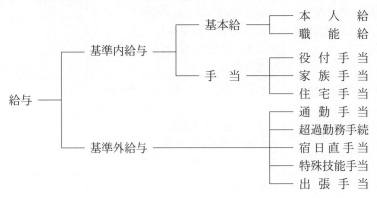

　　但し営業職を除く特務職掌（警備員，乗用車運転手，調理員）については，職能給を採用せず，基本給は内容を区分しない。

（締切および支払日）

第4条　給与は，前月21日より当月20日までの分を，当月25日に支払う。

第5条　給与は，通貨で従業員本人に対して直接にその金額を支払う。

2．法令又は組合との協定に基づき，次に掲げるものは給与から控除する。

　①　給与所得税

　②　健康保険料，介護保険料，厚生年金保険料，雇用保険料

　③　地方税

　④　社内貸付金及び会社販売品代

⑤　寮費及び社宅料

⑥　労働組合費

⑦　社内預金積立金

⑧　その他会社と組合とが協議して定めたもの

3．会社は第1項の定めにかかわらず，労働組合の代表者との書面による協定を締結し，かつ従業員本人の同意があった場合（振込口座の指定があった場合のときは同意とみなす）は，会社は当該給与を本人の指定する金融機関の本人名義の口座に振り込むものとする。

（給与を支給しない場合）

第6条　下記の各号の一に該当する不就業については給与を支給しない。

①　就業規則の定めるところによる組合専従者，事故欠勤30日以上，私傷病による欠勤を命ぜられた場合

②　休職を命ぜられない4日以上の公私傷病による不就労の場合

③　就業規則による懲戒処分を受け出勤を停止された場合

④　就業規則による欠勤手続をしない場合

⑤　就業規則の定めるところにより就業を禁止された場合

⑥　就業規則の定めるところにより出勤不許可，退勤を命ぜられた場合

⑦　労働協約に定める以外の就業時間中の組合活動による不就労の場合

⑧　争議行為に基づく不就労の場合

⑨　会社の指示に基づかない就業，不就業の場合

　　上記各号の場合，1時間について月額で支給する給与額の168分の1を控除する。

（社外就労の場合）

第7条　従業員が公職に就任し，又は会社の命令ないし認可を得て就業時間中他の労働に従事し，又はこれに類することのために他より給与を受ける時は，その給与に相当する額を，その期間中の本人の受けるべき給与から控除することがある。

（給与の誤算）

第8条　給与に誤算があるときは直ちに申出て精算する。

　　又届出その他の怠りのために不当な金額を受け取ったときは，直ちにこれを返還しなければならない。

（給与の端数計算）

第9条　給与の計算において，円未満の端数を生じたるときは，最終計算において円位に切上げる。

（給与の請求）

第10条　従業員死亡の場合，権利者の要求に対しては，労働基準法施行規則第42条及び第45条を準用する。

（入社，退職，休職及び復職の場合）

第11条　入社，退職，休職，育児休業，介護休業及び復職の場合は下記の計算による。

但し，定年退職・殉職の場合は別に定める。

① 基本給については，その月額の160分の1に出勤時間を乗じたる金額

② 超過勤務手当，宿日直手当を除く手当については，給与締切日現在者に対してその月額

③ 超過勤務手当は給与締切日までの期間で計算した金額

（年次有給休暇の給与）

第12条 就業規則の定める年次有給休暇に対しては，所定労働時間労働した場合に於ける通常の給与を支給する。

（遅刻，早退等の取扱）

第13条 給与支給期間中の早退，遅刻，私用外出20分以上は合計3回を以って欠勤1日とし，賞与の計算においては欠勤控除とする。

（特務職掌の給与）

第14条 営業職を除く特務職掌の基本給の内容並びに，その取扱いについては第2章及び第3章を適用せず第4章に別に定める。

（中途入社者の給与）

第15条 中途入社者の給与についてはこの規定の各条の定めにかかわらず年令，勤続，入社前の経歴，社内の均衡などを考慮して決定する。

第2章　基本給

（基本給の内容）

第16条

1．基本給は給与の基本部分であり，下記の通りとする。

```
①  本 人 給 ──┬─ 年 令 給
              └─ 勤 続 給
②  職 能 給 ──┬─ 職 能 給
              └─ 作 業 給
```

2．別に定める退職手当支給規定の算定に使用する基本給は上記1項の①と②の合計額とし，退職手当の支給規定の内枠として別に定める退職年金規定の年金又は一時金の算定に使用する基準給与（退職手当支給規定に使用する基準給与と区別して退職時年金基準給という）は昭和56年8月1日設定の退職時年金基準給の0.1%を毎年前年度退職時年金基準給に加算したものを当年度退職時年金基準給とする。そして，これを別に定める退職年金規定の保険料の算定にも使用するものとする。

（年齢給）

第17条 1．年齢給は従業員の年齢の扶養者の有無に対応した生活の最低保障をする部分であり，次の区分により，毎年4月1日現在の満年齢を基準として支給する。

15　歳　　78,000円

18	歳	84,000円
22	歳	93,000円
25	歳	100,500円
28	歳	108,000円
30	歳	113,000円
35	歳	123,000円
40	歳	133,300円
45	歳	143,000円

45歳が最高で以降昇給ストップ。

2．前項による年齢給の計算方法は次による。

16～20歳	1歳につき2,000円
21～30歳	1歳につき2,500円
31～45歳	1歳につき2,000円

（勤続給）

第18条　勤続給は毎年4月1日現在の勤務年数を基準とし，下記の通り支給する。

①　勤続1年より10年迄　　　1年につき　　　500円

②　〃　11年より20年迄　　　　〃　　　　400円

③　勤続21年以上　　　　　1年につき　　300円

（職能給）

第19条　職能給は従業員の職務を遂行する能力に応じて定められている給与であって，その決定には担当する職務（課業）から，その能力段階をきめ，職能等級の格付け（10級）を行い，それにあわせて，能力の発揮度を評定して等級内号俸を決定し，個別の職能給が確立する。

職　能　給		
級　号	最低職能給額	1号当たりピッチ
1　級	80,000円	800円（100号以上 $\frac{1}{2}$ ）
2　級	100,000円	1,000円（　　〃　　）
3　級	125,000円	1,200円（90号以上 $\frac{1}{2}$ ）
4　級	165,000円	1,300円（100号以上 $\frac{1}{2}$ ）
5　級	195,000円	1,400円（　　〃　　）
6　級	230,000円	1,500円（90号以上 $\frac{1}{2}$ ）
7　級	260,000円	1,600円（　　〃　　）
8　級	290,000円	1,700円（80号以上 $\frac{1}{2}$ ）
9　級	330,000円	1,900円（　　〃　　）
10　級	380,000円	2,000円（号数が上ってもピッチは変らない）

（注）　この職能給表はベースアップの場合，金額のかきかえを行う。

（号　俸）

第20条　号俸は各等級別に次の通り設定する（省略）。

（作業給）

第21条　作業給は作業職を対象に支給し，5,000〜8,000円とする。

（初任給）

第22条

1．学校卒新規採用者については試用期間終了後9カ月までは職能分類の適用を行わず，会社が採用
　時に決定した初任給を支給する。

2．試用期間終了して9カ月後に職能分類規定に定める等級に格付けし，等級内号俸は別に定める人
　事考課にもとづいて決定される。

（中途採用者の職能給）

第23条

1．中途採用者の職能給につき，試用期間中は前歴や他の従業員との均衡を考慮して仮決定を行う。

2．中途採用者は試用開始の日より1年以内に職能分類規定に定める等級に格付けし，等級内号俸は
　別に定める人事考課にもとづいて決定される。

（昇給時期）

第24条　基本給は毎年1回4月に行う。

（昇給区分）

第25条　昇給区分は，下記のように定める。

　1．基本給のうち，年令給と勤続給は年令と勤続に応じて定められた基準に従って全従業員が一様に昇給するものとする。

　2．基本給のうち，職能給は能力査定昇給とし，年2回の人事考課の総合結果を判定し，第3章に定める基準に従って行う。

第3章　職能昇給

（昇給の定義）

第26条　昇給は従業員の能力発揮度，執務態度を別に定める人事考課規定によって評定し，その結果に基づいて号俸を決定することをいう。

（昇　給）

第27条　標準職能給部分の号俸決定は，人事考課の結果を点数化し，等級別号俸点数範囲表によって点数範囲に該当する号俸に格付けして行う。

　2．人事考課により成績抜群の者には，飛び級を行うことがある（例　3等級 ⟶ 5等級へ）。この場合の級号はその都度定める。

（降　給）

第28条　標準職能給部分において人事考課の点数範囲が連続して2年現号俸を下まわった場合は，1号俸〜2号俸〜3号俸ずつ下げることとする。

第4章　特務職掌の基本給

（基本給）

第29条　特務職の基本給は，市場賃率を勘案して従業員個別に決定する。

（昇　給）

第30条　特務職の昇給は，定期昇給とし，年令，勤続年数，その他の条件に拘らず，毎年4月，一律1,000円昇給する。

第5章　手　　当

（役付手当）

第31条　役付手当は各の職責に応じて下記の通り支給する。

　1．部　　長　　　　80,000円

　2．次　　長　　　　70,000円

　3．課　　長　　　　60,000円

　4．係　　長　　　　 8,000円

　5．班長・主任　　　 5,000円

（家族手当）

第32条 家族手当は従業員の中，世帯主で配偶者，子女を有する者に対して月額次の通り支給する。

配偶者　　　　　　　15,000円

子女1人につき　　　3,000円

但し，同一戸籍内にある満18歳未満の子女とする。

（住宅手当）

第33条 住宅手当は，従業員の住宅補助費として，つぎのとおり支給する。

① 扶養家族を有する世帯主　15,000円

② 独身者　　　　　　　　　10,000円

第6章　基準外給与

（通勤手当）

第34条 従業員が通勤のため交通機関を利用し，その通勤距離が1.5kmを過ぎる場合は，通勤手当として，交通機関の1カ月定期券相当額を支給する。

2．交通用具にて2.0km以上の利用者に対し，1カ月つぎのとおり支給する。

① 自　転　車　　　2km以上とし，1,500円

② 原動機付自転車　2km以上とし，1,800円

③ 自　動　車　　　2,500円～5,000円

（超過勤務手当）

第35条 超過勤務手当は所定の労働時間外の勤務に対して支給するものであって，下記の通りとする。

1．早出・残業手当

2．休日出勤手当

3．深夜業手当

ただし，① 管理職にあるものには，早出・残業手当，休日出勤手当は支給しない。

② 警備員は深夜業手当も含め，月額40,000円とする。

（支給額の算出）

第36条

1．早出・残業および休日出勤手当は，早出・残業または休日出勤（振替休日をとった場合は除く）1時間につき，その従業員の基本給，役付手当，住宅手当及び特殊技能手当の合計の

$\dfrac{1}{1\text{カ月平均所定勤務時間}}$ 額の30%増とする。60時間を超える早出・残業の割増率は50%とする。

ただし，法定休日（日曜）出勤は40%増とする。

2．深夜業手当は午後10時から午前5時に及んだ勤務1時間に対してその従業員の基本給，役付手当，住宅手当及び特殊技能手当の合計の $\dfrac{1}{1\text{カ月平均所定勤務時間}}$ 額の25%を早出・残業手当に

加給する。

（日直及び宿直手当）

第37条

1．日直手当　　　　8：30〜16：55　　　6,500円

2．宿直手当　　　　　　　　　　　　　5,500円

（特殊技能手当）

第38条　次に掲げる法定の資格を有し，かつ会社よりその業務に任命されたものに対し，特殊技能手当を支給する。

手当額は各5,000円とする。

但し兼任の場合は，1件毎に1,000円を加算する。

1．ボイラー取扱主任技術者

2．危険物取扱主任者

3．電気主任技術者

4．放射線取扱主任者

5．高圧ガス製造保安責任者

（出張手当）

第39条　休日に業務の為，出張した場合は次の区分により出張手当を支給する。

⑴　休日に半日出張した場合　1,500円

⑵　休日に1日出張した場合　3,000円

但し休日に1日出張し代休をとる場合は，休日手当は支給しない。

（交替勤務手当）

第40条　1．交替勤務手当は，次の区分によって支給する。

①　日中の交替勤務　　　　　　　　　　1回　　　500円

（定時刻より4時間以上の時差のある勤務に限る。）

②　4時間未満の深夜勤務を含む交替勤務　1回　　　800円

③　4時間以上の深夜勤務を含む交替勤務　1回　　1,000円

（年末年始出勤手当）

第41条　年末年始に1日出勤した場合，1日につき5,000円支給する。

（12／31，1／1，1／2，1／3，1／4）

（休日手当）

第42条　管理職又は特定の者が業務の為，休日に出勤した場合は次の区分より休日手当を支給する。

⑴　休日に半日出勤した場合　2,000円

⑵　休日に1日出勤した場合　4,000円

但し休日に1日出勤し振替休日の場合は，休日手当は支給しない。

付　則

（実　施）

第43条　この規定は　　年　　月　　日より改訂実施する。

(6) 実例　　　　　給　与　規　程

（ＨＦグループ・サービス・従業員400人）

第1章　総　則

（目　的）

第1条　この規程は，就業規則第61条（略）に基づき，社員に対する給与の決定，計算及び支払の時期並びに昇給，賞与に関する定めをすることを目的とする。

（給与決定の原則）

第2条　社員の給与は，社会的水準・会社の支払能力・本人の職務遂行能力・年齢・金属・職責・物価などを考慮して決める。

（給与の構成）

第3条　給与は基準内給与と基準外給与とに分け，その構成は次の通りとする。

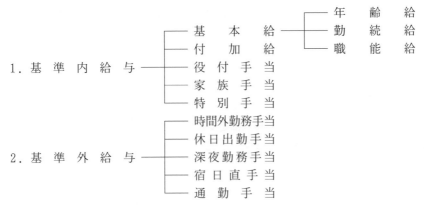

（締切・支払）

第4条　1〕給与は，前月21日より当日20日までの分を当月25日に支払う。

　　　　2〕支払日が休日にあたる場合は，前日に繰上げて支払う。

（非常時払い等）

第5条　前条の規程にかかわらず，次の事項に該当する場合には，既往の勤務に対する給与を支払う。

　①　社員または，その収入によって生計を維持する者が結婚・出産・死亡または，疾病にかかり，あるいは災害を受けたとき。

　②　退職または解雇されたとき。

　③　その他，やむをえない事情と会社が認めたとき。

　　但し，第②号の解雇を除き本人の請求のあった場合に支払う。

（給与の支払形態）

第6条　1〕給与の支払形態は，ノーワーク・ノーペイによる月給制とする。

　　2〕就業規則第50条（年次有給休暇），第51条（慶弔休暇），第52条（特別休暇）は，通常の給与を支払う。

　　　　但し，特別休暇のうち，第1号（生理休暇）及び第2号（出産休暇）は無給とする。

　　3〕社員が欠勤した場合は，次の計算方式により控除する。

$$\frac{基本給＋付加給}{1カ月平均所定勤務日数}×欠勤日数$$

　　4〕社員が遅刻・早退・私用外出した場合は，次の計算方式により控除する。

$$\frac{基本給＋付加給}{1カ月平均所定勤務時間}×\left(\begin{array}{c}遅刻・早退・私用\\外出合計時間数\end{array}\right)$$

　　　　但し，合計60分に満たない部分は，控除しない。

　　5〕管理職については，第3項の欠勤は3日以内は控除しない。第4項の遅刻等は控除しない。

（中途入退社者の計算）

第7条　給与締切期間中の中途において，入社または退社した者の当該締切期間中の給与は，入社以後または退社の日までの勤務日数について日割計算により支給する。その計算式は次のとおりとする。

$$\frac{基準内給与＋（基準外給与の通勤手当）}{1カ月平均所定勤務日数}×出勤日数$$

（給与の支払方法及び控除）

第8条　1〕給与は，通貨で社員本人に対して直接全額を支払う。

　　　　但し，次に掲げるものは，給与から控除する。

　　①　給与所得税

　　②　地方住民税

　　③　健康保険本人負担分

　　④　介護保険本人負担分

　　⑤　厚生年金本人負担分

　　⑥　雇用保険本人負担分

　　⑦　社員の過半数を代表する者との協定書に基づく福利厚生費等

　　2〕前項の前段にかかわらず，社員の過半数を代表する者との協定書に基づき，本人の指定する金融機関に口座振込を行うことがある。

（平均賃金）

第9条　1〕労働基準法その他の法律に基づき，平均賃金の支給が生じた場合の計算方法は，次のとおりとする。

$$平均賃金 = \frac{前3カ月の通常給与総額（基準内給与＋基準外給与）}{前3カ月の暦日による総日数}$$

2〕前項の給与総額には，臨時に支給した給与及び賞与を算入しない。

（休業手当）

第10条　1〕会社の責に帰すべき事由によって，休業した場合には，休業手当を支給する。

2〕前項の休業手当は，休業1日について前条の平均賃金の100分の60とする。

（新規学卒者の初任給決定方法）

第11条　新規学卒者の初任給は，基準内給与総額と世間相場等参考のうえ決定する。但し，基本給は次のとおりとする。

　①　年齢給　　第15条（別表①年齢給早見表）

　②　勤続給　　第16条（別表②勤続給早見表）

　③　職能給　　第17条（別表③職 能 給 表）

学　卒　別	職能資格等級号	総　合　職	定　型　職
中　学　卒	1等級14号		92,400円
高　校　卒	1等級24号	110,000円	100,400円
短　大　卒	1等級34号	120,000円	108,400円
大　学　卒	2等級22号	137,200円	128,000円

（中途採用者の初任給）

第12条　1〕新規学卒者以外の中途採用者給与の決定は，前条を基準とし，前歴の経験・年齢を考慮して，職能給の資格等級号の格付けを行う。

2〕単純労務に勤務する場合は，学歴及び経験にかかわらず，職能資格等級の格付けは一般職の1等級を基準とする。

（不支給）

第13条　会社の指示に基づかない就業については給与を支給しない。

第2章　基準内給与

（基本給）

第14条　基本給は，年齢給，勤続給，職能給で構成する。

（年齢給）

第15条　年齢給は，15歳で50,000円とし，1歳増すごとに次のとおりとする。

　　　　（別表①「年齢給早見表」）

　　　　　16〜25歳　　1,000円

　　　　　26〜35歳　　1,200円

　　　　　36〜45歳　　　800円

46〜50歳　　500円

（注：50歳以上　82,500円）

（勤続給）

第16条　1〕勤続給は，勤続1年につき，次のとおりとする。

（別表②「勤続給早見表」）

1〜15年　　500円

16〜30年　　300円

31年以上　　200円

2〕55歳時点の勤続給をもって，停止とする。

（職能給）

第17条　1〕職種区分を「総合職」と「定型職」の2つに区分する。

2〕「総合職」は，職能分類を，次の8つの職能資格等級に分類し，その職能に対応する給与とする。

（別表③「総合職・職能給表」）

3〕「定型職」は，職能分類を，次の4つの職能資格等級に分類し，その職能に対応する給与とする。

（別表④「定型職・職能給表」）

4〕第2項及び第3項の職位にはこれに準ずる職位を設けることがある。

5〕職能資格等級，最低等級号額，昇給ピッチ，人事考課評定は，次のとおりとする。

総合職・職能資格等級区分

等　　　級	職　　層	職　　　　　位
8　等　級	管　理　職	部　　長　・　支　配　人
7　等　級		部　長・支　配　人・部　次　長
6　等　級		支配人・部次長・課長・副支配人
5　等　級		課　　長　・　副　支　配　人
4　等　級		係　　　　　　　　　　　長
3　等　級		主　　任　・　上　級　職
2　等　級	一　　般　　職	中　　　　級　　　　職
1　等　級		初　　　　級　　　　職

定型職・職能資格等級区分

等　　　級	職　　層	職　　　　　位
4　等　級	管　理　職	係　　長　・　　主　　任
3　等　級		主　　任　・　上　級　職
2　等　級	一　　般　　職	中　　　　級　　　　職
1　等　級		初　　　　級　　　　職

第2章 賃金規則 第2 賃金規則関係の実例

総合職の職能給とその運用

職位	職能等級	最低級号	ピッチ額	評定					初号 E ～ 上限
				S 5号以上	A 4 号	B 3 号	C 2 号	D 1号～0	
	1等級	1～1円 87,000	円 (1,000)	5,000円	4,000円	3,000円	2,000円	1,000円 ～0	1～1 1～
	2等級	2～1 112,000	(1,200)	6,000円	4,800円	3,600円	2,400円	1,200円 ～0	2～1 2～
	3等級	3～1 142,600	(1,500)	7,500円	6,000円	4,500円	3,000円	1,500円 ～0	3～1 3～
	4等級	4～1 181,500	(1,900)	9,500円	7,600円	5,700円	3,800円	1,900円～ 0	4～1 4～
	5等級	5～1 229,000	(2,400)	12,000円	9,600円	7,200円	4,800円	2,400円 ～0	5～1 5～
	6等級	6～1 288,600	(3,000)	15,000円	12,000円	9,000円	6,000円	3,000円 ～0	6～1 6～
	7等級	7～1 357,000	(3,600)	18,000円	14,400円	10,800円	7,200円	3,600円 ～0	7～1 7～
	8等級	8～1 423,000	(4,000)	20,000円	16,000円	12,000円	8,000円	4,000円 ～0	8～1 8～

定型職の職能給とその運用

職位	職能等級	最低級号	ピッチ額						E（初号）～ 上限
				S 5号～	A 4 号	B 3 号	C 2 号	D ～1号	
	1等級	1～1円 82,000	円 （ 800)	4,000円	3,200円	2,400円	1,600円	円 0～ 800	1～1 1～
	2等級	2～1 107,000	(1,000)	5,000円	4,000円	3,000円	2,000円	0～1,000	2～1 2～
	3等級	3～1 138,500	(1,300)	6,500円	5,200円	3,900円	2,600円	0～1,300	3～1 3～
	4等級	4～1 176,500	(1,700)	8,500円	6,800円	5,100円	3,400円	0～1,700	4～1 4～

（付加給）

第18条 在職間のアンバランス・初任給決定の差額・職能給移行による差額・ベースアップ分は付加給で行う。

（役付手当）

第19条　1〕管理職に，次の役付手当を支給する。

① 部　　長・支配人　　　110,000〜130,000円

② 部次長・支配人　　　　90,000〜110,000円

③ 課　　長・副支配人　　70,000〜 90,000円

④ 係　　長　　　　　　　50,000〜 70,000円

⑤ 主　　任　　　　　　　30,000〜 50,000円

2〕給与締切期間中において管理職の職位に任免のあった場合または異動のあった場合は，第7条に準じて日割計算で支給する。

（特別手当）

第20条　1〕職務の困難・責任の度合い，特殊技能所持者等で会社が業務上特に必要と認められる者には，特別手当を支給する。

2〕特別手当を支給される者は，第22条・第23条・第24条の手当は支給しない。但し，その額は第22条・第23条・第24条の手当を下回ることはない。

（家族手当）

第21条　1〕扶養家族を有する者に次の区分により家族手当を支給する。

① 配偶者　　　　　　　　　　　　　　　13,500円

② 直系尊属で60歳（寡婦の場合は50歳）以上の者　　4,000円

③ 直系卑属並びに弟妹であって18歳未満の者　　4,000円

④ 3親等以内の障害者　　　　　　　　　4,000円

⑤ その他特別の事情のある者と会社が認めた者　　4,000円

2〕扶養家族が5人を超える場合は，5人までとする。

第3章　基準外給与

（時間外労働の割増賃金）

第22条　1〕従業員が所定労働時間外労働（早出・残業）をしたときは，次の計算による割増賃金を支給する。

$$\frac{（基準内給与−家族手当）}{1カ月平均所定労働時間}×1.25×時間外労働時間数$$

2〕時間外勤務が60時間を超える部分については，割増率は50％とする。

（休日労働の割増賃金）

第23条　従業員が休日に労働したときは，次の計算による割増賃金を支給する。

① 法定休日に対する割増賃金

$$\frac{（基準内給与−家族手当）}{1カ月平均所定労働時間}×1.35×法定休日労働時間数$$

② 法定休日以外の休日に対する割増賃金

$$\frac{（基準内給与－家族手当）}{1カ月平均所定労働時間}×1.25×法定休日以外の休日労働時間数$$

（深夜労働の割増賃金）

第24条 従業員が深夜労働（午後10時から午前5時の間）したときは，次の計算による割増賃金を支給する。

$$\frac{（基準内給与－家族手当）}{1カ月平均所定労働時間}×1.50×深夜労働時間数$$

（適用除外）

第25条 管理職の職位にあるもの（部長・部次長・支配人・課長・副支配人）には第22条，第23条は適用しない。

（宿日直手当）

第26条 就業規則第86条（略）によって宿直または日直勤務をした場合は，別に定める宿直手当または日直手当を支給する。

（通勤手当）

第27条 通勤手当は通勤の為に要する運賃・時間・距離などの事情からみて，最も経済的で合理的と認められる通常の経路及び方法による定期乗車券購入費を所得税法の非課税額を限度として支給する。

第4章　昇給及び昇格・昇級

（昇　給）

第28条 昇給は，原則として4月分支給給与をもって定期昇給を行う。

（定期昇給の内容）

第29条 1〕定期昇給は，児童昇給部分と査定昇給部分に分ける。

2〕自動昇給部分は，基本給のうち年齢給及び勤続給とする。

その方法は，第15条（年齢給）及び第16条（勤続給）による。

3〕査定昇給部分は，基本給のうち職能給とする。

その方法は，査定年度の職務遂行能力・責任感・協調性・貢献度等を人事考課で評定のうえ，第17条第5項の方法による。

（ベースアップ）

第30条 1〕経済状況の変化に応じて，ベースアップを行うことがある。

2〕ベースアップによる昇給は，原則として付加給及び諸手当を行う。

（臨時昇給）

第31条 1〕臨時昇給は，次の各号の一に該当するものについて，昇給の必要を生じた場合に行う。

① 特に功労のあった者

② 中途採用者で技能・能力遂行優秀で成績良好の者

③ その他会社が特に必要と認めた者

別表①　年齢給早見表

16～25歳 1歳につき1,000円		26～35歳 1歳につき1,200円		36～45歳 1歳につき　800円		46～50歳 1歳につき　500円	
15歳	50,000円	26歳	61,200円	36歳	72,800円	46歳	80,500円
16	51,000	27	62,400	37	73,600	47	81,000
17	52,000	28	63,600	38	74,400	48	81,500
18	53,000	29	64,800	39	75,200	49	82,000
19	54,000	30	66,000	40	76,000	50	82,500
20	55,000	31	67,200	41	76,800	50歳以上	
21	56,000	32	68,400	42	77,600		
22	57,000	33	69,600	43	78,400		
23	58,000	34	70,800	44	79,200	82,500円	
24	59,000	35	72,000	45	80,000		
25	60,000						

別表②　勤続給早見表

勤続 1～15年 1年につき　500円		勤続16～30年 1年につき　　300円		勤続31年以上 1年につき　　200円	
1年	500円	16年	7,800円	31年	12,200円
2	1,000	17	8,100	32	12,400
3	1,500	18	8,400	33	12,600
4	2,000	19	8,700	34	12,800
5	2,500	20	9,000	35	13,000
6	3,000	21	9,300	36	13,200
7	3,500	22	9,600	37	13,400
8	4,000	23	9,900	38	13,600
9	4,500	24	10,200	39	13,800
10	5,000	25	10,500	40	14,000
11	5,500	26	10,800	55歳時点の 勤続給をもって 停止	
12	6,000	27	11,100		
13	6,500	28	11,400		
14	7,000	29	11,700		
15	7,500	30	12,000		

第 2 章　賃金規則　第 2　賃金規則関係の実例

別表③　職能給表（総合職）

級 号　ピッチ	1 1,000	2 1,200	3 1,500	4 1,900	5 2,400	6 3,000	7 3,600	8 4,000
1	87,000	112,000	142,600	181,500	229,000	288,600	357,000	423,000
2	88,000	113,200	144,100	183,400	231,400	291,600	360,600	427,000
3	89,000	114,400	145,600	185,300	233,800	294,600	364,200	431,000
4	90,000	115,600	147,100	187,200	236,200	297,600	367,800	435,000
5	91,000	116,800	148,600	189,100	238,600	300,600	371,400	439,000
6	92,000	118,000	150,100	191,000	241,000	303,600	375,000	443,000
7	93,000	119,200	151,600	192,900	243,400	306,600	378,600	447,000
8	94,000	120,400	153,100	194,800	245,800	309,600	382,200	451,000
9	95,000	121,600	154,600	196,700	248,200	312,600	385,800	455,000
10	96,000	122,800	156,100	198,600	250,600	315,600	389,400	459,000
11	97,000	124,000	157,600	200,500	253,000	318,600	393,000	463,000
12	98,000	125,200	159,100	202,400	255,400	321,600	396,600	467,000
13	99,000	126,400	160,600	204,300	257,800	324,600	400,200	471,000
14	100,000	127,600	162,100	206,200	260,200	327,600	403,800	475,000
15	101,000	128,800	163,600	208,100	262,600	330,600	407,400	479,000
16	102,000	130,000	165,100	210,000	265,000	333,600	411,000	483,000
17	103,000	131,200	166,600	211,900	267,400	336,600	414,600	487,000
18	104,000	132,400	168,100	213,800	269,800	339,600	418,200	491,000
19	105,000	133,600	169,600	215,700	272,200	342,600	421,800	495,000
20	106,000	134,800	171,100	217,600	274,600	345,600	425,400	499,000
21	107,000	136,000	172,600	219,500	277,000	348,600	429,000	503,000
22	108,000	137,200	174,100	221,400	279,400	351,600	432,600	507,000
23	109,000	138,400	175,600	223,300	281,800	354,600	436,200	511,000
24	110,000	139,600	177,100	225,200	284,200	357,600	439,800	515,000
25	111,000	140,800	178,600	227,100	286,600	360,600	443,400	519,000
26	112,000	142,000	180,100	229,000	289,000	363,600	447,000	523,000
27	113,000	143,200	181,600	230,900	291,400	366,600	450,600	527,000
28	114,000	144,400	183,100	232,800	293,800	369,600	454,200	531,000
29	115,000	145,600	184,600	234,700	296,200	372,600	457,800	535,000
30	116,000	146,800	186,100	236,600	298,600	375,600	461,400	539,000
31	117,000	148,000	187,600	238,500	301,000	378,600	465,000	543,000
32	118,000	149,200	189,100	240,400	303,400	381,600	468,600	547,000
33	119,000	150,400	190,600	242,300	305,800	384,600	472,200	551,000
34	120,000	151,600	192,100	244,200	308,200	387,600	475,800	555,000
35	121,000	152,800	193,600	246,100	310,600	390,600	479,400	559,000
36	122,000	154,000	195,100	248,000	313,000	393,600	483,000	563,000
37	123,000	155,200	196,600	249,900	315,400	396,600	486,600	567,000
38	124,000	156,400	198,100	251,800	317,800	399,600	490,200	571,000
39	125,000	157,600	199,600	253,700	320,200	402,600	493,800	575,000
40	126,000	158,800	201,100	255,600	322,600	405,600	497,400	

403

号＼級	1	2	3	4	5	6	7	8
ピッチ	1,000	1,200	1,500	1,900	2,400	3,000	3,600	4,000
41	127,000	160,000	202,600	257,500	325,000	408,600	501,000	
42	128,000	161,200	204,100	259,400	327,400	411,600	504,600	
43	129,000	162,400	205,600	261,300	329,800	414,600	508,200	
44	130,000	163,600	207,100	263,200	332,200	417,600	511,800	
45	131,000	164,800	208,600	265,100	334,600	420,600	515,400	
46	132,000	166,000	210,100	267,000	337,000	423,600	519,000	
47	133,000	167,200	311,600	268,900				
48	134,000	168,400	213,100	270,800				
49	135,000	169,600	214,600	272,700				
50	136,000	170,800	216,100	274,600				
51	137,000	172,000	217,600	276,500				
52	138,000	173,200	219,100	278,400				
53	139,000	174,400	220,600	280,300				
54	140,000	175,600	222,100	282,200				
55	141,000	176,800	223,600	284,100				
56	142,000	178,000						
57	143,000	179,200						
58	144,000	180,400						
59	145,000	181,600						
60	146,000	182,800						

2〕臨時昇給の内容は，基本給のうち職能給（第17条）あるいは付加給（第18条）または特別手当（第20条）とし，併用することがある。

（昇　格）

第32条　1〕会社は就業規則第11条第1項（昇格）により，昇格及び昇級を行うことがある。

2〕昇級した場合の職能給の取扱いは，職能資格等級の直近上位とする。

（降　格）

第33条　1〕会社は就業規則第11条第2項（降格）により，降格及び降級を行うことがある。

2〕降級した場合の職能給の取扱いは，職能資格等級の直近下位とする。

第5章　賞　与

（賞与の支給）

第34条　賞与は原則として，7月（上期）と12月（下期）に，会社の業績に応じて支給する。

（賞与の支給条件）

第35条　賞与の支給条件は，当該期間における社員の勤務成績・出勤率・貢献度等の人事考課を考慮して決定する。

（賞与の算定期間）

第36条　賞与の算定期間は，7月賞与（上期）は前年10月21日より，当年4月20日までとし，12月賞与（下期）は4月21日より10月20日までとする。

（賞与の不支給）

第37条　賞与は，支給当日社員として在籍していない者には支給しない。

付　　則

（施　行）

第38条　この規程は，　　年　　月　　日より施行する。

　　　　　（制定）昭和　年　月　日

　　　　　（改定）昭和　年　月　日

　　　　　（改定）平成　年　月　日

　　　　　（改定）平成　年　月　日

別表④　職能給表（定型職）

級号	1	2	3	4
ピッチ	800	1,000	1,300	1,700
1	82,000	107,000	138,500	176,500
2	82,800	108,000	139,800	178,200
3	83,600	109,000	141,100	179,900
4	84,400	110,000	142,400	181,600
5	85,200	111,000	143,700	183,300
6	86,000	112,000	145,000	185,000
7	86,800	113,000	146,300	186,700
8	87,600	114,000	147,600	188,400
9	88,400	115,000	148,900	190,100
10	89,200	116,000	150,200	191,800
11	90,000	117,000	151,500	193,500
12	90,800	118,000	152,800	195,200
13	91,600	119,000	154,100	196,900
14	92,400	120,000	155,400	198,600
15	93,200	121,000	156,700	200,300
16	94,000	122,000	158,000	202,000
17	94,800	123,000	159,300	203,700
18	95,600	124,000	160,600	205,400
19	96,400	125,000	161,900	207,100
20	97,200	126,000	163,200	208,800
21	98,000	127,000	164,500	210,500
22	98,800	128,000	165,800	212,200
23	99,600	129,000	167,100	213,900

号\ピッチ	級 1 800	2 1,000	3 1,300	4 1,700
24	100,400	130,000	168,400	215,600
25	101,200	131,000	169,700	217,300
26	102,000	132,000	171,000	219,000
27	102,800	133,000	172,300	220,700
28	103,600	134,000	173,600	222,400
29	104,400	135,000	174,900	224,100
30	105,200	136,000	176,200	225,800
31	106,000	137,000	177,500	227,500
32	106,800	138,000	178,800	229,200
33	107,600	139,000	180,100	230,900
34	108,400	140,000	181,400	232,600
35	109,200	141,000	182,700	234,300
36	110,000	142,000	184,000	236,000
37	110,800	143,000	185,300	237,700
38	111,600	144,000	186,600	239,400
39	112,400	145,000	187,900	241,000
40	113,200	146,000	189,200	242,800
41	114,000	147,000	190,500	245,500
42	114,800	148,000	191,800	246,200
43	115,600	149,000	193,100	247,900
44	116,400	150,000	194,400	249,600
45	117,200	151,000	195,700	251,300
46	118,000	152,000	197,000	253,000
47	118,800	153,000	198,300	254,700
48	119,600	154,000	199,600	256,400
49	120,400	155,000	200,900	258,100
50	121,200	156,000	202,200	259,800
51	122,000	157,000	203,500	261,500
52	122,800	158,000	204,800	263,200
53	123,600	159,000	206,100	264,900
54	124,400	160,000	207,400	266,600
55	125,200	161,000	208,700	268,300
56	126,000	162,000	210,000	270,000
57	126,800	163,000	211,300	271,700
58	127,600	164,000	212,600	273,400
59	128,400	165,000	213,400	275,100
60	129,200	166,000	215,200	276,800
61	130,000	167,000	216,500	
62	130,800	168,000	217,800	
63	131,600	169,000	219,100	

第2章　賃金規則　第2　賃金規則関係の実例

号＼級＼ピッチ	1 800	2 1,000	3 1,300	4 1,700
64	132,400	170,000	220,400	
65	133,200	171,000	221,700	
66	134,000	172,000	223,000	
67	134,800	173,000	224,300	
68	135,600	174,000	225,600	
69	136,400	175,000	226,900	
70	137,200	176,000	228,200	
71	138,000	177,000		
72	138,800	178,000		
73	139,600	189,000		
74	140,400	190,000		
75	141,200	191,000		
76	142,000	192,000		
77	142,800	193,000		
78	143,600	194,000		
79	144,400	195,000		
80	145,200	196,000		
81				
82				
83				
84				
85				
86				
87				
88				
89				
90				
91				
92				
93				
94				
95				
96				
97				
98				
99				
100				

(7) 実例　　　給　与　規　程

（ＫＳ出版社・出版・従業員150人）

第1章　総　則

（目　的）

第1条　この規程は，社員の賃金に関する基準および手続きを定めることを目的とする。

（給与の種類）

第2条　社員の給与は，賃金と賞与にわける。

第2章　賃　金

（賃金の体系）

第3条　社員の賃金は基準内賃金と基準外賃金とし，次表の構成とする。

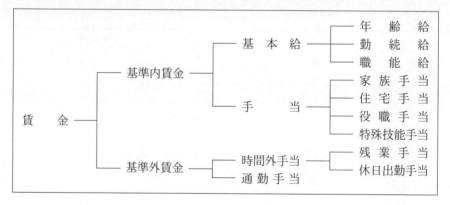

（支払形態）

第4条　給与は月給制とする。ただし，特に条件づきにて採用された者（契約社員等）は，日給，週給もありうる。

（控　除）

第5条　支給金額の中より，法の定めるところにより次の金額は控除する。

1．所得税
2．地方税（特別区民税，市民税等）
3．社会保険料（健康保険料，厚生年金，雇用保険等）
4．その他会社が必要と認め，社員の過半数を代表するものと書面により協定を結んだもの

（支払い方法）

第6条　給与の支払いは前月21日より当月20日までの分を当月25日に，直接本人に現金で支払う。

第2章　賃金規則　第2　賃金規則関係の実例

2．社員の過半数を代表するものとの書面による協定により，本人が指定する金融機関の本人口座に振り込むことがある。

（賃金の非常支払）

第7条　社員または社員の収入により生計を維持する者が，次の各号の1にあたり，かつその費用に当てるため本人より請求があった時は，第6条の規程にかかわらず当該日までの賃金を支払う。

1．出産，疾病，災害，冠婚葬祭またはやむを得ない事由により1週間以上にわたって帰郷する場合

2．長期に渡って出張する場合

3．その他特にやむを得ないと認められた時

（日割計算）

第8条　社員が，賃金計算期間の中途において採用，または退職，解雇されたときは，日割計算によって支給する。

（欠勤，遅刻による減額）

第9条　社員が欠勤または遅刻，早退した場合は次の各号による金額を基本給中より差引く。

1．前月21日から本月20日の1カ月までの間に欠勤した場合

$$1日につき \quad 基本給の \quad \frac{欠勤日数}{1カ月所定労働日数}$$

ただし傷病により欠勤の場合は医師の診断書のあるものに限り

$$1日につき \quad 前記の2分の1 \quad （計算上10円以下切捨て）$$

2．遅刻，早退は前月21日から本月20日までの間で総時間8時間につき欠勤1日あつかいとし8時間未満は切り捨てる。

3．有給休暇，特別有給休暇（出産前後の休暇は除く）の場合は差引かない。

4．就業規則第8条による風水害，スト，交通事故，業務上の直行，直帰による欠勤，遅刻，早退は会社がこれを認めた場合は欠勤，遅刻，早退あつかいとしない。ただし，事前または事後に所定の届出をしなければならない。

（契約社員の賃金）

第10条　退職後再雇用した社員，または専門技能を有する者で会社が必要と認め雇用している社員の給与は，契約社員として年度ごとに本人と会社の間で，決定するものとする。

第3章　基 本 給

（総　則）

第11条　基本給は正規の就業時間における労働に対する報酬である。

（基本給の構成）

第12条　基本給は勤続給，年齢給と職能給によって構成する。

2．5等級の上級管理者は年俸制とする。

第2章　賃金規則　第2　賃金規則関係の実例

（勤続，年齢給の基準）

第13条　勤続給，年齢給は次の基準によって決定する。ただし基準額は昇給時に検討決定する。

　　(1)　年齢給　18歳　　　　　　　　　　　　　　　　85,000円

　　　　　　　　18歳〜30歳　　　　1歳につき　　　1,000円

　　　　　　　　31歳〜40歳　　　　　〃　　　　　　700円

　　　　　　　　41歳〜50歳　　　　　〃　　　　　　500円

　　　　　　　　51歳〜55歳　　　　　〃　　　　　　300円

　　　　　　　　55歳　　　　　　　　　　　　　　　　0円

　　(2)　勤続給　勤続1年につき　　　　　　　　　1,000円

（職能給の等級と号俸）

第14条　職能給は5つの職群に分類し，それぞれの等級号俸によって決定する。

（職能給の基準）

第15条　職能給の等級および号俸の基準額は次のとおりとする。別紙職能給一覧表による。

1 等 級（初 級 社 員）	93,000円	900円刻み
2 等 級（中 級 社 員）	126,000円	1,300円刻み
3 等 級（上 級 社 員）	176,000円	1,800円刻み
4 等 級（中 級 管 理 者）	235,000円	2,500円刻み
5 等 級（上 級 管 理 者）	（年俸制）	年俸制

（初任給）

第16条　新規学卒者またはこれに準ずる社員の職能給の初任給は原則として次の等級，号俸に対応する額とする。

高　校　卒	1等級 5号俸
短　大　卒	1等級10号俸
大　学　卒	2等級 4号俸

（年俸制）

第17条　5等級（上級管理者）は年俸制とし，毎月年額の16分の1を支給し，7月と12月は16分の2を加算（賞与分）して支給する。

　2．諸手当は通勤手当のみとする。

（中途採用）

第18条　中途採用者またはこれに準ずる者は，年度ごとに基準額を設け等級，号俸に対応する額とする。

第4章　基準内手当

（手当の種類）

第19条　基準内手当とは次のものをいう。

1．家族手当

2．住宅手当

3．役職手当

4．特殊技能手当

（家族手当）

第20条　家族手当は次のとおり支給する。ただし，子供は18歳未満として入籍している者をいう。

1．配偶者　　　　10,000円

2．第1子以下　　3,000円

（住宅手当）

第21条　住宅手当は次のとおり支給する。ただし独身者は家族と別居し住宅（貸間）借用料を出費している場合。

1．世帯主　　15,000円

2．独身者　　10,000円

（役職手当）

第22条　役職手当は次のとおり支給する。

1．部　　長　　80,000円

2．次　　長　　60,000円

3．課　　長　　50,000円

4．主　　任　　10,000円

（特殊技能手当）

第23条　特殊技能手当は公の免許認定試験に合格し，またはこれに準ずる技能を有し，会社が必要と認められた者は，その都度手当を決定する。

（手当の変更）

第24条　家族手当，住宅手当について変更があった場合は，次の基準によって増減を行なう。

1．その月の1日から15日までに変更があった場合は，25日に支給する給与から手当額を増額および減額する。

2．その月の16日から31日までに変更があった場合は，翌月の25日に支給する給与から手当額を増額および減額する。

3．以上の該当者は所定の手続を得た者に限る。

その月の	1日～15日	その月の25日に支払う給与から増減
	16日～31日	翌月25日に支払う給与から増減

第5章 昇　　給

（昇　給）

第25条　定期昇給は年1回とし，その時期は4月分給与とする。

（ベース・アップ）

第26条　経済状況の変化に伴いベース・アップを行うことがある。ベース・アップの時期は定期昇給と同時とする。

（昇給時期および対象者）

第27条　次の対象者は昇給から除外する。

1．昇給算定期間における所定就業日数の3分の1以上就業しなかった者

2．昇給時において休職中の者

3．昇給算定期間中に懲戒処分を受けている者

（勤続，年齢給の昇給）

第28条　勤続給，年齢給は第3章基本給の第13条の基準に基づいて昇給するものとする。

（職能給の昇給）

第29条　職能給は業務遂行能力を職掌別人事考課表によって，直接上司が第1次評価を行ない，第2次評価は役員会にて決定する。

第6章　基準外手当

（基準外手当）

第30条　基準外手当とは次のものをいう。

1．時間外手当

（時間外手当の種類）

第31条　時間外手当は残業手当と休日出勤手当に分類，この2つを指して時間外手当という。

（時間外手当）

第32条　時間外手当は上長の指示承認によって残業および休日出勤の必要を認められたものをいう。ただし，課長以上の管理者の休日出勤は平常勤務と同時間出勤した場合は振替休日とし，それ以外の場合は手当を除外する。

（時間外手当の基準）

第33条　時間外手当は次の基準によって支給する。

1．平常業務終了後，5時30分よりとする。

2．1時間当たりの時間外手当の計算は，つぎのとおりとする。ただし，時間外勤務が60時間を超える部分については，割増率は50％とする。

$$\frac{基本給＋住宅手当＋役職手当＋特殊技能手当}{1カ月平均所定労働時間}×1.25$$

　　　　　　　　　　　　第 2 章　賃金規則　第 2　賃金規則関係の実例

　3．残業手当は前月の21日から翌月20日までを精算し，25日の給与支給日に一括して支払う。

　4．残業が深夜に及んだときは0.25追加（計算は1.50）する。

（休日出勤の基準）

第34条　手当は次の基準によって支給する。

　1．日曜，祝日および会社の定めた休日に業務上必要と認められ出勤した者は時間給とし，33条 2 号
　　に準じ，割増率は1.35とする。

　2．休日出勤手当は前月の21日から翌月20日で精算し，25日の給与支給日に一括して支払う。

　3．休日出勤が深夜に及んだときは0.25追加（計算は1.60）する。

　4．業務上やむを得ず平常勤務と同時間出勤した場合は就業規則第 2 章第10条 2 号に準じて振替休日
　　とする。ただし休日出勤手当は除外する。

（通勤手当）

第35条　通勤手当は最短徒歩1.5km 以上ある者に通勤定期券相当額を支払う。

第 7 章　賞　　与

（賞与の種類）

第36条　社員賞与は定期賞与と業績賞与の 2 種にする。

（定期賞与）

第37条　定期賞与は年 2 回とし夏季および年末に支給する。

（定期賞与の支給対象）

第38条　定期賞与は会社に在籍する全員に対し支給する。ただし，次に該当する者は除外する。

　1．パートおよび臨時雇

　2．入社後 1 カ月未満の者

　3．賞与算定期間において出勤停止などの懲戒処分を受けた者

（定期賞与の算定期間）

第39条

定 期 賞 与	算　　　　定　　　　期　　　　間
夏 季 賞 与	前年11月21日〜 5 月20日まで
年 末 賞 与	その年 5 月21日〜11月20日まで

（定期賞与の考課）

第40条　各人の賞与額は算定期間における遅刻，欠勤および勤務成績等を審査して決定する。

（業績賞与）

第41条　業績賞与は各事業年度末における業績によって支給する。ただし，目標利益に達成しない場合
　　は支給しない。

（業績賞与の支給対象者）

第42条　業績賞与は定期賞与と同じく第38条に該当するものは支給を除外する。

（算定期間と考課）

第43条　業績賞与は支給月によって算定期間をもうけ，定期賞与と同様，遅刻，欠勤および勤務成績等を審査して支給するものとする。

（6カ月未満の取扱い）

第44条　勤続1カ月以上6カ月未満の新入社員および中途採用者の定期賞与および業績賞与は月数計算とし，6カ月以上の者と同じ方法で算出された額に6分の勤続月数（1カ月のうち15日以上実績があれば切り上げ，15日未満は切り捨て）を乗じて得た額とする。

（契約社員の支給方法）

第45条　定年退職後再雇用した者および専門技能で雇用している者は，その都度支給額を決定する。

第8章　退職金

（退職金の支払）

第46条　従業員として永年勤務し，退職した者に対しては，在職中の功労に報いかつ，退職後の生活補助に資するため，退職金を支給する。

（退職金受給資格者）

第47条　退職金は次に掲げる者に支給する。

(1)　3年以上勤務した者

(2)　会社の都合により解雇した者

(3)　本人死亡の場合

(4)　その他やむを得ない事情により退職する者

（退職金支給規定）

第48条　前条の退職金は別に定める「退職金支給規定」による。

付　則

（施　行）

第49条　この規定は，　年　月　日から施行する。

職能給表一覧表

等級	1	2	3	4	5	6	7	8	9	10	11	12	13	14
1等級 初級社員 （900円刻み）	1 93,000	2 93,900	3 94,800	4 95,700	5 96,600	6 97,500	7 98,400	8 99,300	9 100,200	10 101,100	11 102,000	12 102,900	13 103,800	14 104,700
	15 105,600	16 106,500	17 107,000	18 108,300	19 109,200	20 110,100	21 111,000	22 111,900	23 112,800	24 113,700	25 114,600	26 115,500	27 116,400	28 117,300
	29 118,200	30 119,100	31 120,000	32 120,900	33 121,800	34 122,700	35 123,600	36 124,500	37 125,400	38 126,300	39 127,200	40 128,100	41 129,000	42 129,900
	43 130,800	44 131,700	45 132,600	↑	50 138,000	↑	55 142,500	↑	60 147,000	↑	70 156,000	↑	↑	100 183,000
2等級 中堅社員 （1,300円刻み）	1 126,000	2 127,300	3 128,600	4 129,900	5 131,200	6 132,500	7 133,800	8 135,100	9 136,400	10 137,700	11	12 ↑	13	14
	15 144,200	16 145,500	17 146,800	18 148,100	19 149,400	20 150,700	21 152,000	22 153,300	23 154,600	24 155,900	25 157,200	26 158,500	27 159,800	28 161,300
	29 162,600	30 163,900	31 165,200	32 166,500	33 167,800	34 169,100	35 170,400	36 171,700	37 173,000	38 174,300	39 175,000	40 176,700	41 178,000	42 179,300
	43 180,600	44 181,900	45 183,200	↑	50 189,700	↑	55 196,200	↑	60 202,700	↑	80 228,700	↑	↑	100 254,700
3等級 上級社員 （1,800円刻み）	1 176,000	2 177,800	3 179,600	4 181,400	5 183,200	6 185,000	7 186,800	8 188,600	9 190,400	10 192,200	11 194,000	12 195,800	13 197,600	14 199,400
	15 201,200	16 203,000	17 204,800	18 206,600	19 208,400	20 210,200	21 212,000	22 213,800	23 215,600	24 217,400	25 219,000	26 221,000	27 222,800	28 224,600
	29 226,400	30 228,200	31 230,000	32 231,800	33 233,600	34 235,400	35 237,200	36 239,000	37 240,800	38 242,600	39 244,000	40 246,200	41 248,000	42 249,800
	43 251,600	44 253,400	45 255,200	↑	50 264,200	↑	55 273,200	↑	60 282,200	↑	80 318,200	↑	↑	100 354,200
4等級 中級管理者 （2,500円刻み）	1 235,000	2 237,500	3 240,000	4 242,500	5 245,000	6 247,500	7 250,000	8 252,500	9 255,000	10 257,500	11 260,000	12 262,500	13 265,000	14 267,500
	15 270,000	16 272,500	17 275,000	18 277,500	19 280,000	20 282,500	21 285,000	22 287,500	23 290,000	24 292,500	25 295,000	26 297,500	27 300,000	28 302,500
	29 305,000	30 307,500	31 310,000	32 312,500	33 315,000	34 317,500	35 320,000	36 322,500	37 325,000	38 327,500	39 330,000	40 332,500	41 335,000	42 337,500
	43 340,000	44 342,500	45 345,000	↑	50 357,500	↑	55 370,000	↑	60 395,000	↑	80 445,000	↑	↑	100 495,000
5等級 上級管理者	年俸制													

(8) 実例　　　　　　賃　金　規　程

（ＴＵ金属・精密金属製造・従業員80人）

第1章　総　　則

（適用範囲）
第1条　この規程は，就業規則第41条（略）に基づき，従業員の賃金等について定めたものである。ただし，パートタイマー等就業形態が特殊な勤務に従事する者について，その者に適用する特別の定めをした場合は，その定めによる。

（賃金の構成）
第2条　賃金の構成は次のとおりとする。

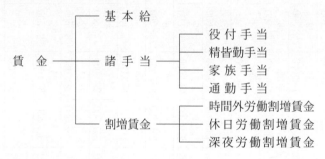

（賃金締切日および支払日）
第3条　賃金は，前月21日から起算し，当月20日締切って計算し25日（支払日が休日の場合はその前日。）に支払う。
① 前項の規定にかかわらず，次の各号の一に該当するときは従業員（従業員が死亡したときはその遺族。）の請求により，賃金支払日の前であっても既往の労働に対する賃金を支払う。
　1．従業員の死亡，退職，解雇のとき
　2．従業員またはその収入によって生計を維持しているものが結婚し，出産し，疾病にかかり，災害を受け，また従業員の収入によって生計を維持している者が死亡したため費用を必要とするとき。
　3．従業員またはその収入によって生計を維持している者が，やむを得ない事由によって1週間以上にわたって帰郷するとき。

（賃金の計算方法）
第4条　遅刻，早退，欠勤などにより，所定就業時間の全部または一部を休業した場合においては，その休業した時間に対応する基本給を支給しない。
② 前項の場合において，休業した時間の計算は当該賃金締切期間の末日において合計し，30分未満

は切り捨てるものとする。

③　一賃金締切期間における賃金の総額に10円未満の端数を生じた場合においては，これを10円に切りあげるものとする。

④　賃金締切期間の中途において入社または退職した者に対する当該締切期間における賃金は日割りで計算して支給するものとする。

（賃金の支払方法）

第5条　賃金は通貨で直接従業員にその全額を支払う。

②　前項の規程にかかわらず，次に掲げるものは支払いのとき控除する。ただし第7号以下については，従業員の代表者と書面による控除協定に基づいて行うものとする。

1．給与所得税

2．住民税

3．健康保険料

4．介護保険料

5．雇用保険料

6．厚生年金保険料

7．福利厚生費等

8．社員会費

③　第1項の定めにかかわらず，従業員の代表との書面協定により，本人の同意のうえ，本人の指定する金融機関の本人名義の口座に振込支払をすることがある。

第2章　基　本　給

（基本給）

第6条　基本給は月給制とする。

（基本給の決定）

第7条　基本給は，本人の学歴，能力，経験，作業内容などを勘案して各人ごとに決定する。

②　前項の決定は，つぎの新規学卒を基準にして決定する。

中学卒（15歳）	142,000円
高校卒（18歳）	158,000円
短大卒（専門学校卒）	171,100円
大学卒	211,000円

（昇　給）

第8条　昇給は基本給について行うものとする。

②　昇給は毎年4月分に技能，勤務成績が良好なものについて行う。

第3章 諸 手 当

（時間外労働割増賃金，休日労働割増賃金，深夜労働割増賃金）

第9条 所定就業時間を超えてまたは休日に労働した場合には時間外労働割増賃金または休日労働割増賃金を，深夜（午後10時から午前5時までの間）において勤務した場合には深夜労働割増賃金を，それぞれつぎの計算により支給する。

時間外労働割増賃金	$\dfrac{\text{基本給＋役付手当＋精皆勤手当}}{\text{1月平均所定労働時間}} \times 1.25 \times \text{時間外労働時間数}$
休日労働割増賃金	$\dfrac{\text{基本給＋役付手当＋精皆勤手当}}{\text{1月平均所定労働時間}} \times 1.35 \times \text{休日労働時間数}$
深夜労働割増賃金	$\dfrac{\text{基本給＋役付手当＋精皆勤手当}}{\text{1月平均所定労働時間}} \times 0.25 \times \text{深夜労働時間数}$

② 60時間を超える時間外労働の割増率は50％とする。

③ 所定就業時間を超えて，または休日に労働した時間が深夜に及んだ場合は，それぞれ，時間外労働割増賃金または休日労働割増賃金と深夜労働割増賃金を合計した割増賃金を支給する。

（役付手当）

第10条 役付手当は職務上，責任の重い管理的地位にある者に対し次の額を支給する。

職 名	支 給 額	職 名	支 給 額
部 長	月額70,000円	係 長	月額10,000円
次 長	〃 60,000円	班 長	〃 5,000円
課 長	〃 50,000円		

（精皆勤手当）

第11条 精皆勤手当は，毎賃金締切期間中の欠勤または遅刻若しくは早退の日数に応じて，次に定めるところにより支給する。ただし，就業規則第17条に定める労働基準法第41条第2号該当者を除く。

1．欠勤・遅刻・早退のない者　　　　月額　　10,000円

2．遅刻・早退1回の者　　　　　　月額　　 6,000円

3．欠勤一日又は遅刻・早退3回以内　月額　　40,000円

（家族手当）

第12条 家族手当は従業員が扶養する次の者がある場合にその従業員に支給する。ただし，子については3人までとする。

配偶者（内縁を含む）	月額　12,000円	その他の扶養家族	一人につき3,000円
18歳未満の子1人につき	月額　 4,000円		

（通勤手当）

第13条 通勤手当は，毎日通勤する者（日雇者を除く）で定期券を購入する者に対し，定期券購入費に相当する金額を支給する。ただし購入費が月額24,500円を超える場合には24,500円を限度とする。

（特別休暇等の賃金）

第14条 就業規則第19条（略）から第23条（略）までの特別休暇により勤務しなかった時間または日の賃金については，有給とする。ただし次に掲げるものは無給とする。

　1．生理休暇

　2．産前産後の休暇

（休職期間中の賃金）

第15条 就業規則第27条（略）の休暇期間中の賃金については，支給しないものとする。

（臨時休業の賃金）

第16条 会社の都合により従業員を臨時に休業させる場合には，休業手当として，休業1日につき，平均賃金の100分の60を支給する。

第4章　賞　　与

（賞　与）

第17条 会社は毎年7月および12月の賞与支給日に在籍する従業員に対し，会社の業績，従業員の勤務成績等を勘案して賞与を支給する。ただし，営業成績の著しい低下その他やむを得ない事由がある場合には，支給日を変更し，又は支給しないことがある。

　②　賞与支給当日従業員として在籍していない者には支給しない。

第5章　旅費および日当

（旅　費）

第18条 会社の用務で出張をする場合は，旅費または宿泊費につき，その実費を支給する。ただし，宿泊費については，一泊12,000円を限度とする。

（日　当）

第19条 1日以上の出張の場合は，日当を支給するものとし，その額は，次に定めるとおりとする。

職　　名	日　　当	職　　名	日　　当
部　　長	4,000円	課　　長	3,000円
次　　長	3,500円	その他者	2,500円

付　　則

1．この規程は　年　月　日から実施する。

2．この規程は改廃する場合には，従業員代表の意見を聞いて行う。

(9) 実例　　　　　賃　金　規　程

（ＡＴメタル・貴金属製品販売・従業員40人）

第1章　総　則

（目　的）
第1条　この規程は就業規則第33条（略）に基づき，従業員に対する賃金の決定，計算および支払方法，締切および支払時期ならびに昇給に関する事項および賞与支給に関する事項を定める。

（賃金の構成）
第2条　賃金は基準内賃金と基準外賃金とに分け，その構成はつぎのとおりとする。

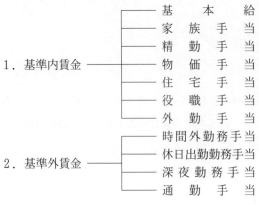

（締切・支払）
第3条　賃金は前月21日より，当月20日までの分を当月25日に支払う。
　　　　ただし，支払日が休日に当るときはその前日に繰上げて支給する。

（非常時払）
第4条　つぎの各号の一に該当する場合は前条の規程にかかわらず，既往の就業日に対する賃金を支払う。
　　　　ただし，第3号および第4号については本人の請求のあった場合に支払う。
① 死亡した場合
② 退職または解雇された場合
③ 出産・疾病および災害による非常の場合の費用に当てる場合
④ その他の事情已むを得ないと認められる場合

（賃金の支払形態）
第5条　賃金は月給制とする。
　2．就業規則第30条「年次有給休暇」および第31条「慶弔休暇」ならびに第32条「特別休暇」のうち

第3号（略）を除いては通常の賃金を支払う。

3．第2項以外の私事および第2項特別休暇のうち，第3号（略）は，欠勤日数の日割計算で控除する。

（中途入退社者の計算）

第6条　賃金締切期間中の中途において入社または退社した者の当該締切期間の賃金は，入社日以降または，退社日までの日割り計算により支払う。

（賃金の支払方法）

第7条　賃金は通貨で直接従業員にその全額を支給する。

2．希望するものには，直接従業員の指定する金融機関に振込むものとする。

ただし，支払明細書は直接本人に交付する。

3．つぎに掲げるものは支払のときに控除する。

① 所得税・住民税・社会保険個人負担分・雇用保険個人負担分。

② 従業員の過半数を代表する者との協定書にもとづく福利厚生費及社内積立金。

（不支給）

第8条　会社の指示に基づかない就業については，賃金は支給しない。

第2章　基準内賃金

（基本給）

第9条　基本給は，本人の年齢・技能・経験・学歴等を考慮して決定する。

（家族手当）

第10条　家族手当は，扶養する家族につき，つぎのとおり支給する。

① 配偶者　　　　　　15,000円

② 子 女　　第1子　　4,000円　　第2子以下　　3,000円

③ 父 母　　　　　　3,000円

（精勤手当）

第11条　従業員が精励恪勤により第3条に規定する賃金締切期間における出勤成績により，つぎのとおり支給する。

Aクラス　　30,000円

Bクラス　　20,000円

Cクラス　　10,000円

（物価手当）

第12条　従業員の生活補給のために，つぎの物価手当を支給する。

Aクラス　　30,000円

Bクラス　　20,000円

Cクラス　　10,000円

（住宅手当）

第13条 住宅手当として，世帯持ちの者につぎの区分により支給する。

        Ａクラス   20,000円

        Ｂクラス   10,000円

        Ｃクラス   5,000円

（役職手当）

第14条 管理監督の職にある者に，つぎの役職手当を支給する。

部　　長	60,000円	売り場主任（Ａ）	50,000円
課　　長	50,000円	売り場主任（Ｂ）	30,000円
		その他管理業務責任者	15,000円

（外勤手当）

第15条 外勤勤務に従事する者に，つぎの外務手当を支給する。

        40,000円～60,000円

第3章　基準外賃金

（時間外勤務手当）

第16条 時間外勤務手当は，就業規則に定める勤務時間を超え，早出・残業した場合に支給する。

（休日出勤勤務手当）

第17条 休日出勤勤務手当は，就業規則に定める休日に勤務した場合に支給する。

    ただし，振替休日の取扱いを受ける場合は除くものとする。

（深夜業勤務手当）

第18条 深夜業勤務手当は午後10時より午前5時までの間において勤務した場合に支給する。

（適用除外）

第19条 管理職にあって，役職手当を支給される者は，第16条および第17条の手当は支給しない。

（計　算）

第20条 基準外賃金（第16・17・18条）の計算は1時間につき，つぎの計算による。

  ①　時間外勤務手当

$$\frac{基本給＋精勤手当＋物価手当＋住宅手当＋役職手当＋外勤手当}{1カ月平均所定労働時間}×1.25×時間外勤務時間数$$

                     （時間外勤務が60時間を超える場合の割増率は50％）

  ②　休日出勤勤務手当

$$\frac{基本給＋精勤手当＋物価手当＋住宅手当＋役職手当＋外勤手当}{1カ月平均所定労働時間}×1.35×休日勤務時間数$$

③　深夜業手当

$$\frac{基本給＋精勤手当＋物価手当＋住宅手当＋役職手当＋外勤手当}{１カ月平均所定労働時間}×1.50×深夜労働時間数$$

（休日深夜勤務の場合は1.60）

（通勤手当）

第21条　通勤手当は居住場所より通勤のために交通機関を利用する者に，原則として通勤定期を基準として課税対象限度以内を支給する。

第4章　昇　　給

（昇給の時期）

第22条　昇給は毎年6月分賃金支給に対して（5月21日付）基本給の定期昇給を行う。

（ベースアップ）

第23条　経済状勢の変化に応じて，諸手当の変更を含みベースアップを行うことがある。

（昇給の方法）

第24条　前2条の昇給の方法は，従業員個人の当該年度の能力・勤務状況・責任感・貢献度合い等査定を考慮して行う。

第5章　賞　　与

（賞与の支給）

第25条　賞与は原則として年2回（7月および12月）会社の業績に応じて支給する。

（賞与の算定期間）

第26条　賞与の算定期間は当年の1月より6月までと7月より12月迄の区分による。

（賞与の算定方法）

第27条　賞与の算定方法は，前条の当該期間における，従業員個人の勤務成績・貢献度・出勤状況等を考慮して算出する。

（賞与の不支給）

第28条　第26条の当該期間において，勤務した日数が60日未満の場合は支給しない。

　2．第26条の当該期間に在籍していた者でも，賞与支給日に在籍していない者には支給しない。

付　　則

（施　行）

第29条　この規程は　年　月　日から施行する。

⑽　実例	扶養手当支給規程
	（ＴＫ光学・光学機器関連・従業員1,500人）

第1条　この規程は扶養手当（以下「この手当」という）の支給に関する事項を定める。

第2条　この手当は扶養親族を有する従業員にこれを支給する。

第3条　この規程で扶養親族とは主として従業員の会社より支給される賃金によって生計を維持している者であって，所得税法第2条第1項第33号及び第34号に定める控除対象配偶者及び扶養親族をいう。

第4条　この手当の額は扶養親族のうち，配偶者月額14,000円，配偶者以外の扶養親族1人につき月額7,300円とする。但し配偶者以外の扶養親族は2人を限度とする。

第5条

1．この手当の支給を受けようとする者又は扶養親族数の増加した者は扶養親族届（様式第　号）又は扶養親族異動届（様式第　号）に証明資料（例えば住民票，医師の診断書等）を添付して所属長を経て会社に提出しなければならない。

2．会社は前項の届書を受理したときは審査の上扶養親族を認定し，届書を受理した日の属する月（賃金締切期間による。以下同じ）の翌月からこの手当の支給を開始又は増額する。

第6条

1．この手当の受給資格を喪失し又は扶養親族に減少があったときは，直ちに扶養親族異動届（様式第　号）を所属長を経て，会社に提出しなければならない。

2．会社は前項の届書を受理したときは，その事実が発生した日の属する月の翌月から，この手当の支給を廃止又は減額する。

第7条　扶養親族としてこの手当の支給の対象となっている者の所得が所得税法上の所得限度額を超えることにより扶養親族に該当しなくなったときは当該年の1月1日に遡ってその者に係る手当の受給資格を喪失するものとし，この場合においてすでにこの手当を支給されているときは，前条第2項の定めにかかわらずその者に係る当該年の支給手当総額を返還させる。

第8条　虚偽の届出をなし又は所定の届出を怠って不当の支給を受けたときは，その金額を返還させる。

第9条　前各条に定めるものを除いては，この手当の支給は賃金規則の定めるところによる。

付　　則

第10条　この規程は　年　月　日からこれを実施する。

第11条　前家族手当支給規則並びに同細則はこれを廃止する。

（11）　実例　　　　　　　　　別居手当支給規程

（ＳＫゴム・ゴム製造・従業員1,400人）

（目　的）

第1条　この規程は賃金規則第20条の3（略）の規程に基づき，別居手当の支給に関する細目について定めたものである。

（定　義）

第2条　この規程において「扶養家族」とは，次のものをいう。

①　配偶者

②　社員と同居し，主として社員の収入により生計を維持している者

（別居の認定）

第3条　前条に定める扶養家族の一部でも帯同または招致した場合には，別居手当の支給対象にはしない。

（支給事由）

第4条　転勤の発令を受けた者が，次のいずれかの事由により，1カ月以上継続して単身で赴任する場合には，別居手当を支給する。

①　新任地に会社が社宅を提供出来ないため

②　同居の扶養家族の傷病のため

③　妻の出産予定が近いため，または，出産直後のため

④　同居の子女が中学3年または高校在学中のため

（支給額）

第5条　別居手当の額は，次の通りとし月額で支給する。

　　月額　　40,000円

2．別居手当の日割計算または欠勤控除は行なわない。

（支給期間）

第6条　別居手当の支給期間は，支給事由により，次の期間のうち，単身で赴任している期間とする。

①　会社が社宅を提供出来ないため……

　　会社が社宅を提供出来ない期間

②　同居の扶養家族の傷病のため……

　　医師の診断に基づき会社が認定する期間

③　妻の出産予定が近いため，または，出産直後のため……

　　出産予定日以前6週間（多胎の場合は10週間）および出産後8週間

④　同居の子女が中学3年または高校在学中のため……

㈦　中学3年在学中で転勤発令月が4月から8月のとき……

中学卒業まで

㈡　中学3年在学中で転勤発令月が9月から3月のとき……

高校卒業まで

㈢　高校在学中のとき

高校卒業まで

2．別居手当の支給期間の計算は，転勤発令日の属する月の翌月から支給事由に該当しなくなった日の属する月，または支給期限の到来した月までとする。

3．同居家族を社宅に残している期間は，別居手当を支給しない。

（支給年限）

第7条　前条に拘らず，別居手当の支給期間には最長年限を設け，次の通りとする。

但し，会社が社宅を提供出来ない場合を除く。

①　同居の子女が中学3年在学中で高校卒業まで別居手当を支給することを認めた場合　　　3年6カ月

②　支給事由のいずれかに該当し，別居手当の支給を受けている間に，更に他の支給事由に該当した場合　　3年6カ月

③　上記以外の場合　3年

（受給手続）

第8条　別居手当の支給を受けようとする者は，新任地を管轄する事業所の人事担当課長に「別居手当支給（延長）申請書」を提出するものとする。

2．次に定める場合は，前項に準じ速やかに手続きするものとする。

①　第4条第2号に定める支給事由に該当する場合で，会社の認定した期間の延長を希望するとき。

②　第4条各号に定める支給事由のいずれかに該当して別居手当の支給を受けている間に，更に，他の支給事由に該当したことにより，別居手当支給期間の延長を希望するとき。

（報告義務）

第9条　別居手当の支給を受けている者が，その支給事由に該当しなくなったときは，直ちに人事担当課長にその旨報告しなければならない。

（適用除外）

第10条　次の場合には，この規程を適用しない。

①　近距離転勤（距離は100キロ未満）の場合

但し，KT研究所〜BT工場間の転勤には，適用する。

②　長期滞在，海外赴任

（特例の処理）

第11条　別居手当に関し，特別な事例の取扱は，その都度人事部長の決裁を得るものとする。

付　　則

この規程は，　年　月　日より施行する。

⑿　実例　　　　　　　　通勤手当支給規程

（ＫＳ建設・建設・従業員200人）

（目　的）

第1条　この規程は職員（「就業規則」第37条（略）の規程による）に支給する通勤手当について必要な事項を定めるものとする。

（用語の定義）

第2条　通勤とは職員が勤務のため居住地と勤務場所との間を往復することをいう。

2．勤務場所とは，本社・各支店・営業所・工事現場等で会社の命令により，就業を指示された場所をいう。

（申　請）

第3条　職員が通勤手当の支給を受けようとする場合は，所定の申請用紙に必要事項を記入し，次条の経路で申請をし許可を受けなければならない。

2．住居・通勤経路または通勤方法を変更する場合は，すみやかに変更申請の手続をしなければならない。

3．社有車通勤を業務の都合によりしなければならない者（第10条規程による）は，所定の申請用紙に必要事項を記入し次条の経路で申請をし，許可を受けなければならない。

（申請の経路）

第4条　前条の申請の経路は次の通りとする。

①　内勤者

申請を所属部長に行ない，所属部長はその事実を確認のうえ（支店にあっては支店長，営業所にあっては営業所長が承認のうえ）本社総務部長に提出する。

②　工事現場勤務者

申請を作業所長に行い，作業所長はその事実を確認のうえ所管の部長に申請する（以下の手続は前号と同じ）。

③　総務部長は申請の適否を判断し，支給を決定する。

（支給額の算出基準および支給限度額）

第5条　居住地と勤務場所との間の公共交通機関の料金に差異がある場合は，いずれか一方の低料金を支給する。

2．内勤者の支給限度額は法律で定められた免税限度額までとする。

　　3．工事現場等勤務者で第1項の料金が免税限度額をこえる場合は所属部長の承認のうえ，その公共
　　　交通機関料金の全額を支給する。

（通勤手当支給範囲）

第6条　居住地から勤務場所との間の片道最短距離が1.5キロ未満の職員には支給しない。

　　2．居住地または勤務場所から公共交通機関の最寄の駅（または停留所等）までの距離が1.5キロ以
　　　内の場合，またはその所要時間が徒歩20分未満の場合は，その区間の交通費は支給しない。

　　3．現場勤務者で本社・支店・営業所へ通勤する場合は内勤者扱いとして通勤手当を支給する。申請
　　　手続は第3条・4条の規程による。

　　4．現場宿舎等に宿泊している者には支給しない。

（非支給期間）

第7条　次の各号に該当する者は，その期間中通勤手当を支給しない。

　　①　休職または懲戒その他の事由により停職中の者。

　　②　休職・欠勤その他の事由により就業日数がその月の2分の1以下の者

（支給方法）

第8条　期間は原則として3カ月を単位として，第5条第1項の規定による定期券を支給する。

　　2．JR・私鉄利用者に対しては定期券に替えて定期券に相当する金額を支給する。

　　　　ただし，特に承認を得た場合にはバス利用者であっても定期券に替えて定期券に相当する金額を
　　　支給する場合がある。

（私有車通勤の取扱い）

第9条　通勤は公共交通機関を利用することを原則とし，事情に応じ申請に基づいて私有車通勤を許可
　　　する場合がある。ただし私有車通勤をしようとする者は次の各号を満たさなければならない。

　　①　「借上車規定」第8条第2項に規定する自動車保険か，またはそれと同等以上の保険に加入し
　　　ている事。

　　②　第3条・4条の規定による申請を行う事。

（社有車通勤の取扱い）

第10条　社有車通勤を行おうとする者は，次の各号を満たさなければならない。

　　①　第3条第3号・第4条の規定による申請を行い，許可を受ける事。

　　②　原則として社員4級以上の者である事。ただし所管の部長が承認し，総務部長が決定した場合
　　　はこの限りではない。

　　③　通勤範囲は原則として片道1時間または40キロ以内であること。

　　　　ただし，所管の部長が承認し総務部長が決定した場合はこの限りではない。

　　2．社有車通勤を許可された者は次の各号を遵守しなければならない。

　　①　社有車の私的使用は認めない。

　　②　常に自動車の清掃と手入に心掛け，乱暴な取扱いをしてはならない。

③　「社有車管理規程」に基づき，所定要項に従って運転日報を作成し所管の係を提出する事。

④　現場等が完了した場合は，直ちに自動車を車輛課に返却する事。

⑤　通勤中に事故等が発生した場合は速やかに車輛課（支店の場合は総務課）を通じて会社に報告する事。

3．社有車通勤を行っている者で上記各号に違反した者，ならびに「就業規則」等会社諸規程および「道路交通法」等諸法令などに違反した者は許可を取り消す事がある。

（失　効）

第11条　この規定に違反した者は理由の如何を問わず失効し，その支給を停止し，既支給額がある場合失効日以降の分を返却させる。

（付　則）

第12条　この規程は　年　月　日から実施する。

（13）　**実例**　　　　　**通勤手当支給規則**
　　　　　　　　　　　　　　　　（新幹線・高速道路利用）

（ＺＭ精機・精密機械・従業員800人）

（総　則）

第1条　本規則は賃金規程第○条に基づき通勤手当の支給に関する事項について定める。

（交通機関を利用する場合の通勤手当）

第2条　交通機関（汽車・電車・バス）を利用して通勤する場合は，それに要する6カ月定期乗車券相当額を支給する。ただし，定期乗車券の使用経路は，通常通勤に利用し得る最短の経路によるものとする。

　　なお，次の条件にすべて該当する場合は新幹線の利用を認めそれに要する3カ月定期乗車券を支給する。

①　勤務地変更を伴う異動者で，家族の状況等から住居を移転することが困難と認められる場合または持ち家取得上，遠距離通勤をせざるを得ない場合

②　通勤時間が在来線を利用した場合は2時間以上かかり，新幹線を利用することによりそれが2時間未満となる場合

③　新幹線の乗車区間の距離が片道70km以上200km未満の場合

（交通機関を利用しない場合の通勤手当）

第3条　(1)　自宅から勤務地・最寄駅・バス亭または工場（会社通勤バスを利用する場合）までの間を，交通機関を利用しないで通勤する場合で，片道直線距離が2km以上または片道実走行距離3km以上の場合，この間の片道実走行距離に応じ，次の算式により通勤手当を支給する。

　　片道実走行距離×2×20.6÷11×ガソリン価格×0.9

(2) 片道実走行距離は，通常利用し得る最短の経路で，0.5km 単位とし，本人が申告し会社が査定するものとする。

(3) ガソリン価格は，3月，6月，9月，12月の月末営業日現在における○○ガソリンスタンド価格により，翌月支給分より変更する。

(4) 通勤手当額に端数が生じる場合，円単位で四捨五入する。

(5) 次の条件にすべて該当する場合は高速道路を利用しての通勤を認め高速道路使用料金相当額を支給する。ただし無謀運転・交通違反等を行った場合は原則としてその支給を取りやめる。

　① 勤務地変更を伴う異動者で，家族の状況等から住居を移転することが困難と認められる場合。

　② 自宅から勤務地までの片道実走行距離が一般道を利用すると50km 以上で，高速道路を利用した場合はその利用距離が片道30km 以上となる場合。

（車輌預り料）

第4条 自宅より乗車駅までの距離（直線）が1km 以上あり，かつ通勤の際常時有料駐車場または預り所を利用している者に対しては月額○千円を限度に車輌（自転車，バイク・オートバイ，自動車）預り料の実費を支給する。

（会社通勤バスを利用する場合の取扱い）

第5条 会社通勤バスを利用して通勤する場合においても第4条による車輌預り料を支給する。

（交替勤務等による通勤方法変更の取扱い）

第6条 通常交通機関または会社バスを利用して通勤する者が，月の中途において勤務態様の変更を命ぜられたことにより新たな負担を必要とする場合，または，会社が指定して通勤手段のない勤務者を同乗させたことにより新たな負担を必要とする場合，または，会社が指定して通勤手段のない勤務者を同乗させたことにより新たな負担を必要とする場合，または，会社が指定して通勤手段のない勤務者を同乗させた場合は別に定める「特別通勤費支給基準」により特別通勤費を支給する。

（届出義務）

第7条 通勤手当を受けようとする者は，所定の申請書に通勤方法を明示の上，必要事項を記載し，労務サービス部経由，採用グループに届出なければならない。

(1) 第4条車輌預り料を受けようとする者は，指定の申請書に利用する駐車場または預り所の領収書を添付しなければならない。また継続して車輌預り料を受ける場合は，毎年4月7日までに領収書を担当部門まで届けるものとする。

(2) 前項領収書の提出なき場合は，その後の車輌預り料継続支給を打切る。

(3) 前各項により申請した通勤方法，距離，駐車場または預り所利用等に変更があった場合は遅滞なく担当部門へ届出るものとする。

付　則

（施　行）

第8条 本規則は　年　月　日より施行する。

(14) 実例	通勤手当規程
	（高速道路利用）

（ＫＩ電子・電子部品・従業員400人）

給与規則第○条○項○号の通勤における高速道路利用について下記のとおり改正する。

記

〈改正内容〉

1．対象者

　　自宅から工場までの距離が30km以上で，次に該当する者については高速道路利用料金を支給する。

　　○○工場勤務者……○○および○○各インター以遠から通勤する者。

　　○○工場勤務者……○○，○○および○○各インター以遠から通勤する者。

　　　　　　　　　ただし，○○以南の通勤者は，○○インター利用も可。

2．支給方法

　(1)　支給を受けようとする者はあらかじめ「申請書」を提出し，承認を受ける。

　(2)　支給は1日について1往復とし，その往復料金の実費を賃金計算月ごとにまとめて，賃金に加算して支払う。休日出勤の場合も該当する。

（課税対象）

　(3)　支給を受けようとする者はその都度利用料金を支払い，領収書を受け取り，毎月20日に1カ月分をまとめて各勤労課へ提出する。

　(4)　通勤距離は各事業所と居住地との最短距離であり，高速道を利用することによる変更は認めない。

3．施行

　　この規程は　年　月　日より施行する。

第2章　賃金規則　第2　賃金規則関係の実例

```
┌──────────────────────────────────────────────────┐
│  高速道利用料金支給申請書                         │
│                          申請日　　年　　月　　日 │
│      所属　　　　　　　氏名　　　　　　　　　　印 │
│      住所                                         │
│   ┌────────┬────────────────────────────┐        │
│   │利用区間│　　　I.C.　　　　　　I.C.　│        │
│   ├────────┼────────────────────────────┤        │
│   │利 用 日│　　年　月　日より          │        │
│   ├────────┼────────────────────────────┤        │
│   │1回片道の利用料金│                   │        │
│   └────────┴────────────────────────────┘        │
│   ┌────────────┬────────────────────────┐        │
│   │勤労・総務記入欄│1カ月分の基準金額（21日分）│  │
│   ├────────────┼────────────────────────┤        │
│   │            │                        │        │
│   └────────────┴────────────────────────┘        │
└──────────────────────────────────────────────────┘
```

⒂　実例　　　　寒冷地手当支給規程

（ＳＫ薬品・医薬品製造販売・従業員500人）

（目　的）

第1条　寒冷地手当は，北海道に常時勤務する社員に対し冬期（11月から翌年4月迄）における保温に必要な燃料代を補填するために支給する。

（寒冷地手当の区分）

第2条　寒冷地手当は，次の区分により支給する。

①　世帯主（扶養家族のいる者）　石油〇リットル分の価格相当額

②　独立生計者　　　石油〇リットル分の価格相当額

③　同居単身者　　　石油〇リットル分の価格相当額

（区分の定義）

第3条　前条に規定する社員の区分は，本手当支給日現在に於ける状況により，次の基準に従い決定する。

①　世帯主たる社員　家族手当受給者たる扶養家族と同居し世帯を構えている社員

②　独立生計者　家族と別居している世帯主たる社員

　　家族手当受給者以外の家族を扶養する社員

　　寮，下宿に於て独立して生活している独身の社員

③　同居単身者　親又はこれに代る世帯主と同居している独身の社員

（石油の価格）

第4条　石油1リットル当りの価格は時価とし，次により税金を精算する。

① 第2条により算出した額を6カ月に等分し，1カ月分を算出し毎月の月収を基礎として1カ月分が手取になる様に税込額を求め税金精算を行なう。

② 税込額と手取額の差額は，会社負担とする。

（中途入社，転勤の場合の支給額）

第6条 期間の中途に於て入退社又は転勤による異動があった場合は，月割により計算し支給又は返済するものとする。

（施　行）

第7条 この規程は　年　月　日より施行する。

---

⑯	**実例**	**賞 与 支 給 規 程**

（ＢＭ食品・食料品製造販売・従業員650人）

（目　的）

第1条 この規程は，給与規程第26条（略）に定める賞与金の支給に関し7級職以下の従業員について定める。

（原　則）

第2条 賞与金は会社の業績に従い原則として年2回支給する。

（支給対象期間）

第3条 賞与金は上期賞与金と下記賞与金とに分け，それぞれつぎの期間における各人の職務遂行成果，担当職務の重要度および勤務成績を査定のうえ，その都度定める支給期日に支払う。

	支 給 月	支 給 対 象 期 間
上 期 賞 与 金	6　　月	前年11月21日～当年5月20日
下 期 賞 与 金	12　　月	当年5月21日～当年11月20日

（受給資格者）

第4条 支給対象期間の末日に在職し，かつ支給当日在職するものであって，同期間中の実就業日数が所定就業日数の3分の1以上ある者を完全受給資格者とする。

2．前項にもかかわらず新たに採用した時の期とそのつぎの期は別格者として完全受給資格者とはしない。

（各人の支給算式）

第5条 完全受給資格者各人に対する賞与金支給方式は，原則として次式による。

賞与金＝〔査定分＋定額分＋（調整分）〕×出勤率

（査定分の算出方法）

第6条 前項に定める査定分は次式により算出する。

査定分＝各人本給×定率×査定係数

2．定率はその都度別に定める。

3．査定係数の基準値はつぎのとおりとし，各人の業務成績に応じて別に定めるところに従い査定係数をきめる。

職　　級	査定係数	職　　級	査定係数	職　　級	査定係数
1　　級	1.05	4　　級	1.12	7　　級	1.24
2　　級	1.07	5　　級	1.15		
3　　級	1.09	6　　級	1.20		

（定額分）

第7条 定額分は次式により算出したものを基準とすることとし，別に定める。

職　　級	算　　　　式
1　　級	$\dfrac{11}{84} \times A + 8{,}000$円
2　　級	$\dfrac{13}{84} \times A + 11{,}000$円
3　　級	$\dfrac{16}{84} \times A + 14{,}000$円
4　　級	$\dfrac{19}{84} \times A + 17{,}000$円
5　　級	$\dfrac{23}{84} \times A + 19{,}000$円
6　　級	$\dfrac{28}{84} \times A + 25{,}000$円
7　　級	$\dfrac{34}{84} \times A + 32{,}000$円

（注）　A は（賞与金支給基準額－70,000円）

（調整分）

第8条 正当な評価にもかかわらず，特別な事情により相対的に著しく低位にある者に対しては，各人の事情を勘案のうえ調整分を加算することがある。

（出勤率）

第9条 出勤率は次式により算出する。

$$1 - \frac{減日数}{所定就業日数}$$

第2章　賃金規則　第2　賃金規則関係の実例

2．所定就業日数とは支給対象期間中の所定就業日数の延日数とする。

3．減日数はつぎのとおりとする。

① 病気欠勤日数

② 事故欠勤日数

③ 無断欠勤日数

④ 遅刻・早退・私用外出（就業規則第○条の場合は除く）……1回につき0.3日とする。

⑤ 休職日数

⑥ 入場拒否退場命令……1回につき1日とする。

⑦ 就業禁止日数

⑧ 出勤停止日数

⑨ 産前産後の不就業日数……不就業日数の70%を減日数とする。

4．出勤率の算出にあたり小数点以下第4位を四捨五入する。

（別格者の支給方法―1）

第10条　支給対象期日の末日に在職し且つ支給日当日在職するものであって同期間中の就業日数が所定就業日数の3分の1に満たない者に対する金一封の取扱いはつぎのとおりとする。

① 所定就業日数の10%未満のものには支給しない。

② 所定就業日数の10%以上3分の1未満の者に対しては次式により算出したものを支給する。

（本給×定率×査定係数基準値＋定額分）×出勤率×減率

2．前項②の減率はその都度別に定める。

（別格者の支給方法―2）

第11条　賞与金支給対象期間中に新たに採用した別格者に対しては，次式により算出した額を金一封として支給する。ただし減率はその都度定める。

$$〔（本給×定率×査定係数基準値）＋定額分〕× \frac{当人の所定就業日数－減日数}{所定就業日数} ×減率$$

2．前項にもかかわらず就業日数が所定就業日数の10%未満の者には支給しない。

（別格者の支給方法―3）

第12条　当該賞与金支給対象期間の前の期間内に入社した別格者に対しては次式により算出した額を金一封として支給する。

〔（本給×定率×査定係数）＋定額分〕×出勤率×減率

2．前項の減率は原則として85%以下とする。

3．前項にもかかわらず業務の性質上直ちに有力な業務推進力となる者に対しては減率を乗じないことがある。

（退職者および休職者の特別扱い）

第13条　賞与金支給当日在職しない者であっても，支給対象期間内就業日数が所定就業日数の2分の1以上ある者のうちの特定の者に対しては，次のとおり特別賞与金を支給する。

① 死亡による退職の場合は第5条の算出方式を基準として支給する。

② 公職就任休職の場合は次式により算出する。

〔(休職時の本給×定率) ＋相当定額分〕×出勤率

③ 組合業務専従休職および出向休職の場合は次式により算出する。ただし，査定係数は本人在職中の業務成績により所定の手続きを経て評価決定する。

〔(休職時の本給×定率×査定係数) ＋相当定額分〕×出勤率

（賞与金の減額）

第14条 支給対象期間中に懲戒処分等を受けた者に対しては，賞与金を減額して支給しまたは支給しないことがある。

（臨時作業員の特別扱い）

第15条 臨時作業員として採用した者が正規の従業員となった場合には，臨時作業員雇用期間も正規従業員期間とみなしたうえ，受給資格を決定する。

（端数処理）

第16条 各人賞与支給額の計算において10円未満の端数があるときは，5円以上を10円に切り上げ，5円未満は切り捨てるものとする。

（施　行）

第17条 この規程は　年　月　日より施行する。

---

⑰　実例	賞与支給規程
	（ＨＫ商会・卸売・従業員60人）

（目　的）

第1条 この規程は，給与規程第32条（略）による「賞与の支給」に関する細部を定めることを目的とする。

（賞与支給の原則）

第2条 賞与は原則として会社の業績により，年2回支給する。

2．前項の2回は7月（上期），12月（下期）とする。

（賞与の算定期間）

第3条 前条における算定期間は，次のとおりとする。

① 7月（上期）……前年11月21日より当年5月20日まで

② 12月（下期）……当年5月21日より11月20日まで

（支給条件）

第4条 賞与の支給条件は，前条の算定期間における出勤率および人事考課を勘案のうえその都度定め

る支給期日に支給する。

（受給有資格者）

第5条　賞与の受給有資格者は，第3条の「賞与算定期間」に在籍し，支給当日在籍する者とする。

（賞与の支給方式）

第6条　賞与は第3条の算定期間における勤務成績，貢献度，出勤率によって決定する。

　2．前項の算定は次のとおりとする。

　　　{（算定基礎額×支給率）×出勤率}×考課係数＝支給額

　①　算定基礎額＝基本給＋役付手当

　②　支給率＝業績（支給総額決定により算出）

　③　出勤率＝$\dfrac{\text{所定勤務日数}-\text{欠勤日数}}{\text{所定勤務日数}}$

　　ア．欠勤1回……1日

　　イ．遅刻・早退，私用外出……3回をもって1日とする

　　ウ．年次有給休暇，慶弔休暇，特別休暇は出勤扱い

　④　考課配分係数

　　　S　　110.0%

　　　A　　105.0%

　　　B　　100.0%

　　　C　　 95.0%

　　　D　　 90.0%

（算定期間中の中途入社者の取扱い）

第7条　第3条の算定期間の中途で入社した者の取扱いは，次のとおりとする。

　①　算定期間における在籍期間2カ月以上の場合は前条の計算による。

　②　算定期間における在籍期間2カ月未満の場合は金一封（その都度決定）とする。

（算定期間後の中途入社者の取扱い）

第8条　算定期間後入社し，支給当日在籍する者で，その期間が1カ月以上の者には前条第2号を準用する。

（減　額）

第9条　算定期間中に就業規則等第61条（略）の懲戒処分を受けた者には減額して支給することがある。

（施　行）

第10条　この規程は　年　月　日より施行する。

第3章

退職金規則

第3章　退職金規則

第1　解説・退職金支給に関する規程

　退職金支給規程は，就業規則のうちの一部（相対的必要記載事項）労働基準法第89条として作成されるものであるから，就業規則本則中に「退職金支給に関する事項は別に定める。」旨を明らかにしておく必要がある。就業規則の中に全部規定する方法もあるが，一般に別建ての退職金規程が多い。退職金支給の定めをするには，「適用される労働者の範囲，退職手当の決定，計算及び支払の方法並びに退職手当の支払の時期に関する事項」は必ず掲載しなければならない（労働基準法第89条3の2）。

1．退職金支給率の決定

　退職金は一般に，退職事由（定年・会社都合・自己都合等）に応じて決められている。

　　　退職金算定基礎額×（退職事由別勤続別支給率）＝退職金

　算定の基礎額としては，退職時の「基本給月額」「基本給×一定率」「基本給＋手当」「基準内賃金」が用いられるが，その多くは「基本給月額」となっている。

　基礎額とともに重要な役割をもっているのは，基礎額に乗ずる支給率の決定である。

　つぎの3つの点について検討する必要がある。

① 勤続年数別の支給率の型……勤続年数に応じて，退職金がどういう割合で増加させるかということである。

　ア．一律増加型……グラフにすれば直線になる型で，各勤続年数ごとに支給率の差が等しいもの

　イ．段階的増加型……勤続年数ごとに支給率の差が大きくなるもの

　ウ．累進的増加型……グラフにすれば，凸型になる型で，勤続1年ごとに支給率の差が常に前の差より大きくなるもの

② 基準退職金支給率……勤続年数別の支給率の型がきまれば，つぎに基準退職金支給率をきめることになる。これは基準による退職者の支給率のことである。

　例．基準退職者……勤続35年定年

　　　退職金額1,600万円

　　　退職金算定基礎額……40万円とすると支給率は，1,600万円÷40＝40.0か月となる

③ 退職事由別支給率……基準退職金支給率が決定したら，つぎに退職事由別の格差をどのようにきめるかを検討する。

　以上の関係を退職金規則の作成あるいは設計について検討する必要があろう。

2．新しい退職金制度

　賃金上昇による退職金の膨張傾向，定年延長に伴う退職金問題等を背景として，従来の基本給算定基

準の退職金制度から，この基本給と絶縁した新しい退職金制度が導入されている。

その方法としては，単価ポイントシステム型，別テーブル型，職能リンク型など，大企業では広く採用されている。規則の例のなかには，いくつかのこの制度を紹介してあるので参考にされたい。

3．中小企業退職金共済制度（特定退職金共済制度）と退職金

この制度は，中小企業の相互共済と国の援助による退職金制度である。中小企業の経営者が，この制度の適用に当たる勤労者退職金共済機構と退職金共済契約を結び，従業員のために毎月一定の掛金を機構に納付する。従業員が退職した場合に機構から所定の退職金が支払われるという仕組みになっている。

この場合，「この制度だけで実施する場合」と「自社の退職給与引当金制度との併用」がある。

この制度とほとんど同じシステムで，地方自治体や商工会議所等が中心となって特定退職金共済制度もある。

4．企業年金と退職金

企業年金制度の設定は，積立金の負担が長期に分散され，その負担が軽減されるとともに，生命保険会社（生保型・被保険者常時15人以上）または信託銀行（信託型・非契約者常時100人以上）に運用を委託するわけである。導入については，つぎの3つの方法がある。

(1)　全面移行……現行退職金制度を全廃して企業年金化する方法をいう。

(2)　一部移行……現行退職金制度の一部を改めて企業年金化する方法をいう。

(3)　上乗方式……現行退職金制度をこのままにして，新たに企業年金制度を設ける方法をいう。

5．退職金の準備について

退職金はどうしても一時金で支給したいと思う経営者は多いようである。それには社内準備（退職給与引当金制度）と社外準備（中小企業退職金共済制度・特定退職金共済制度・企業年金・厚生年金基金の加算型）をフルに利用して合理的な貯えをして長期的に計画を立てることが肝心であろう。

このような計画によって，退職金を従業員に支給するには，必ず退職金に関する規程を作成しなければならない。規程には，①適用従業員の範囲，②決定，計算，支払いの方法，③支払の時期，について明記しなければならない（労働基準法第89条3の2）。

6．退職金制度の現状

東京都産業労働局調査「東京における中小企業の退職金・年金の実態（2014年)」によって，東京の中小企業（常用労働者300人未満の企業）の退職金の実態をみると，次のとおりである。

(1)　**退職金制度の形態（図表1）**

退職金制度がある企業は，78.9％である。

退職金制度がある企業についてその形態をみると，「退職一時金のみ」が70.5％，「退職一時金と退職

第3章　退職金規則　第1　解説・退職金支給に関する規程

年金の併用」が24.3%である。

これを企業規模別にみると，規模が大きいほど，「退職一時金と年金の併用」の割合が高い。

図表1　退職金制度の形態

%

区　　　分	集計企業数	退職金制度あ　　　り	退職一時金の　　　み	退職一時金と退職年金の併用	退職年金の　　　み	退職金制度な　　　し
調査産業計	100.0	78.9				20.0
			〈 70.5〉	〈 24.3〉	〈 5.2〉	
10〜 49人	100.0	77.6				21.2
			〈 75.6〉	〈 21.2〉	〈 3.2〉	
50〜 99〃	100.0	83.9				15.3
			〈 56.7〉	〈 31.7〉	〈 11.5〉	
100〜299〃	100.0	82.5				17.5
			〈 50.0〉	〈 38.5〉	〈 11.5〉	

(注)　〈　〉内は「退職金制度あり」を100.0とした割合。

(2)　退職一時金の支払い準備形態（図表2）

退職一時金の支払い準備形態としては，「社内準備」68.4%，「中小企業退職金共済制度」45.2%である。

これを企業規模別にみると，「社内準備」は規模の大きい企業ほど多い。これに対して，「中小企業退職金共済制度」は，規模の小さい企業ほど多い。

図表2　退職一時金の支払い準備形態（複数回答）

%

区　　　分	集計企業数	社内準備	中小企業退職金共　済　制　度	特定退職金共　済　制　度	退職金保険	その他の社外準備
調査産業計	100.0	68.4	45.2	6.1	9.2	7.9
10〜 49人	100.0	66.0	49.9	6.4	9.9	6.6
50〜 99〃	100.0	72.8	35.9	6.5	6.5	13.0
100〜299〃	100.0	84.8	15.2	2.2	6.5	10.9

(3)　退職一時金の算出方法（図表3）

退職一時金の算出方法としては，「退職金算定基礎額×支給率」が48.0%で最も多く，以下，「勤続年数に応じた一定額」19.3%，「ポイント制」18.7%となっている。

これを規模別にみると，

・「退職金算定基礎額×支給率」は，規模が小さい企業ほど多い

・「勤続年数に応じた一定額」も，規模が小さい企業ほど多い

・「ポイント制」は，規模が大きい企業ほど多い

という傾向がある。

図表3　退職一時金の算出方法

%

区　　分	集計企業数	退職金算定基礎額×支給率	退職金算定基礎額×支給率＋一定額	勤務年数に応じた一定額	ポ イ ン ト 制（退職金ポイント×ポイント単価）	その他
調査産業計	100.0	48.0	2.7	19.3	18.7	8.1
10～ 49人	100.0	51.1	3.1	20.9	13.9	7.9
50～ 99〃	100.0	40.2	1.1	16.3	28.3	10.9
100～299〃	100.0	30.4	2.2	8.7	50.0	4.3

(4)　退職一時金算定基礎額の算出方法（図表4）

　退職一時金の算出基礎として，算定基礎額を用いている企業について，その算出方法をみると，「退職時の基本給」が42.2％で最も多く，次いで「退職時の基本給×一定率」30.8％，「別テーブル方式」11.4％となっている。

図表4　退職一時金算定基礎額の算出方法

%

区　　分	集計企業数	退職時の基 本 給	退職時の基本給×一 定 率	退職時の基本給＋手　　当	（退職時の基本給＋手当）×一定率	別テーブル方　　式	その他
調査産業計	100.0	42.2	30.8	3.2	4.1	11.4	7.3
10～ 49人	100.0	46.5	32.3	2.7	3.8	8.5	6.2
50～ 99〃	100.0	23.7	23.7	2.6	7.9	28.9	13.2
100～299〃	100.0	21.4	28.6	14.3		21.4	14.3

（注）　1．退職一時金の算出基礎として，退職金算定基礎額を用いている企業だけを集計した。
　　　　2．別テーブル方式…退職金算定のために，賃金表とは別に算定基礎額の計算表を設けているもの。

(5)　退職一時金受給のための最低勤続年数（図表5）

　退職一時金については，受給のための最低勤続年数が設けられるのが一般的である。

　受給のための最低勤続年数は，自己都合退職の場合は，「3年」が52.2％で最も多く，以下「1年」18.8％，「2年」16.6％となっている。

　一方，会社都合退職の場合は，「3年」30.9％，「1年」30.4％となっている。

第3章　退職金規則　第1　解説・退職金支給に関する規程

図表5　退職一時金受給のための最低勤続年数

%

区　　　分		集計企業数	1年未満	1　年	2　年	3　年	4　年	5年以上
自己都合退職	調査産業計	100.0	1.0	18.8	16.6	52.2	1.8	6.4
	10～49人	100.0	0.6	18.4	15.9	52.6	2.1	6.8
	50～99〃	100.0	2.2	22.8	18.5	46.7	1.1	7.6
	100～299〃	100.0	2.2	15.2	19.6	58.7		
会社都合退職	調査産業計	100.0	8.2	30.4	11.4	30.9	1.3	4.5
	10～49人	100.0	6.4	29.4	12.0	31.1	1.4	4.8
	50～99〃	100.0	13.0	33.7	12.0	29.3	1.1	5.4
	100～299〃	100.0	17.4	34.8	4.3	32.6		

⑹　退職一時金の特別加算制度（図表6）

退職一時金について，特別加算制度を設けている企業は，45.9%である。

特別加算制度を設けている企業について，その内容をみると，「功労加算」が83.9%で圧倒的に多い。

図表6　退職一時金の特別加算制度

%

区　　　分	集計企業数	特別加算制度あり	制　度　の　内　容（複数回答）						特別加算制度なし
			功労加算	役付加算	年齢加算	業務上死傷病	業務外死傷病	早期退職者優遇	
調査産業計	100.0	45.9	〈83.9〉	〈17.2〉	〈5.3〉	〈20.0〉	〈10.2〉	〈11.6〉	52.8
10～49人	100.0	44.1	〈86.4〉	〈17.4〉	〈4.2〉	〈17.8〉	〈8.0〉	〈8.9〉	54.9
50～99〃	100.0	53.3	〈73.5〉	〈22.4〉	〈10.2〉	〈20.4〉	〈16.3〉	〈16.3〉	45.7
100～299〃	100.0	50.0	〈82.6〉	〈4.3〉	〈4.3〉	〈39.1〉	〈17.4〉	〈26.1〉	45.7

（注）　1．〈　〉内は「特別加算制度あり」を100.0とした割合。
　　　　2．早期退職者優遇…定年の一定期間前に退職した場合，退職金を割り増しするか定年扱いとする制度。

⑺　モデル退職金（図表7）

モデル退職金は，自己都合退職の場合，勤続30年で次のとおりである。

　　　　高校卒　　　　　　　655万円

　　　　高専・短大卒　　　740万円

　　　　大卒　　　　　　　900万円

一方，会社都合退職の場合，定年退職で次のとおりである。

　　　　高校卒　　　　　　1,219万円

　　　　高専・短大卒　　　1,235万円

　　　　大卒　　　　　　　1,384万円

図表 7　モデル退職金

千円

学歴	勤続年数（年）	年齢（歳）	自己都合退職 退職金支給額	会社都合退職 退職金支給額	学歴	勤続年数（年）	年齢（歳）	自己都合退職 退職金支給額	会社都合退職 退職金支給額
調　査　産　業　計					10　～　49　人				
高校卒	1	19	56	94	高校卒	1	19	55	93
	3	21	163	252		3	21	171	258
	5	23	320	474		5	23	328	477
	10	28	895	1,218		10	28	915	1,224
	15	33	1,753	2,262		15	33	1,773	2,265
	20	38	3,061	3,747		20	38	3,052	3,737
	25	43	4,688	5,479		25	43	4,652	5,449
	30	48	6,550	7,593		30	48	6,477	7,518
	35	53	8,468	9,471		35	53	8,223	9,263
	37	55	9,196	10,293		37	55	8,824	9,969
	定　年			12,191		定　年			11,768
高専・短大卒	1	21	84	101	高専・短大卒	1	21	97	96
	3	23	185	291		3	23	184	285
	5	25	361	534		5	25	364	521
	10	30	1,002	1,341		10	30	1,007	1,333
	15	35	1,998	2,542		15	35	1,986	2,502
	20	40	3,415	4,136		20	40	3,394	4,121
	25	45	5,300	6,126		25	45	5,224	6,107
	30	50	7,398	8,356		30	50	7,203	8,244
	35	55	9,440	10,546		35	55	9,035	10,245
	定　年			12,345		定　年			12,063
大学卒	1	23	102	144	大学卒	1	23	95	122
	3	25	235	369		3	25	226	337
	5	27	451	668		5	27	435	616
	10	32	1,242	1,681		10	32	1,192	1,584
	15	37	2,425	3,125		15	37	2,314	2,958
	20	42	4,154	5,089		20	42	3,927	4,829
	25	47	6,382	7,424		25	47	5,947	7,003
	30	52	8,999	10,201		30	52	8,364	9,586
	33	55	10,680	11,892		33	55	9,806	11,060
	定　年			13,839		定　年			12,817

第3章　退職金規則　第1　解説・退職金支給に関する規程

学歴	勤続年数（年）	年齢（歳）	自己都合退職 退職金支給額	会社都合退職 退職金支給額
50～99人				
高校卒	1	19	60	79
	3	21	150	221
	5	23	315	446
	10	28	877	1,180
	15	33	1,771	2,219
	20	38	3,108	3,677
	25	43	4,828	5,384
	30	48	6,834	7,706
	35	53	9,354	10,079
	37	55	10,475	11,273
	定年			13,382
高専・短大卒	1	21	60	92
	3	23	192	279
	5	25	364	539
	10	30	1,035	1,333
	15	35	2,071	2,578
	20	40	3,414	3,995
	25	45	5,349	5,877
	30	50	7,603	8,165
	35	55	10,084	10,768
	定年			12,339
大学卒	1	23	111	172
	3	25	256	380
	5	27	487	705
	10	32	1,357	1,759
	15	37	2,704	3,312
	20	42	4,617	5,316
	25	47	7,217	7,852
	30	52	10,164	10,934
	33	55	12,349	13,084
	定年			14,970

学歴	勤続年数（年）	年齢（歳）	自己都合退職 退職金支給額	会社都合退職 退職金支給額
100～299人				
高校卒	1	19	×	136
	3	21	117	269
	5	23	261	515
	10	28	716	1,245
	15	33	1,486	2,328
	20	38	3,043	4,019
	25	43	4,710	6,012
	30	48	6,615	8,091
	35	53	8,901	10,164
	37	55	10,185	11,348
	定年			13,650
高専・短大卒	1	21	×	148
	3	23	172	377
	5	25	329	645
	10	30	863	1,431
	15	35	1,901	2,837
	20	40	3,623	4,716
	25	45	5,910	7,004
	30	50	8,754	10,088
	35	55	11,561	12,731
	定年			14,843
大学卒	1	23	125	206
	3	25	255	538
	5	27	483	921
	10	32	1,329	2,142
	15	37	2,585	3,802
	20	42	4,625	6,223
	25	47	7,594	9,298
	30	52	10,712	12,636
	33	55	12,944	14,797
	定年			17,186

第2　退職金規則の実例

(1)　実例　　　　　　　　退職金支給規程
（ＳＭ化学・化学製造・従業員1,500人）

（目　的）

第1条　従業員が退職したときは，この規程の定めるところにより退職金を支給する。

（適用範囲）

第2条　この規程の適用を受ける従業員とは，会社と所定の手続きを経て労働契約を締結した者をいう。

　　ただしつぎの者には適用しない。

① 　顧問及び嘱託

② 　一定期間を限って臨時に雇入れられた者

③ 　日々雇入れられる者

（受給資格者死亡の場合の退職金受給者）

第3条　従業員が死亡した場合においては，その退職金は，労働基準法施行規則第42条から第45条の定めるところに従って支払う。

（支払方法及び支払時期）

第4条　退職金は，原則として，退職の日から７日以内にその全額を通貨で本人に支給する。

（支給事由）

第5条　退職金は，つぎの各号の１に該当するときに支給する。

① 　定年に達したため退職したとき

② 　精神障害または負傷・疾病のため勤務にたえることができなくて退職，または解雇されたとき

③ 　本人が死亡したとき

④ 　自己の都合により退職したとき

⑤ 　その他やむを得ない事由によって退職，または解雇されたとき

（受給資格）

第6条　前条の規定によって，退職金の支給を受けることのできる者は，勤続満３年以上の従業員とする。ただし，前条第２号および第３号・第５号後段の規定のうち解雇された者については，勤続満１年以上とする。

　２．前項の受給資格は，懲戒解雇を受けた従業員には与えない。ただし，事情によっては，所定額の２分の１の範囲内において特に支給することがある。

（勤続年数の計算）

第7条 前条および第8条の勤続年数の計算は，つぎの各号による。

① 雇入れの日より起算し退職発令の日までとする。

② 前号の期間にはつぎの期間は算入しない。

　イ　自己の都合による連続1カ月以上の欠勤期間

　ロ　業務外の負傷・疾病による連続6カ月以上の欠勤期間

2. 前項による計算によって，1年未満の端数が生じたときは，月をもって計算し，1カ月に満たない日数は切り上げる。

（退職金の支給額）

第8条 支給する退職金は，次条に定める退職金算定基礎額に次表の勤続年数に応ずる支給率を乗じて算出した金額とする。

2. 前項の退職金額算定に用いる支給率は第5条4号の事由による退職については乙欄を，その他の事由による退職については甲欄を適用する。

（算定基礎額）

第9条 退職金算定の基礎額は，退職発令の日における当該従業員の基本給とする。ただし基本給が日給で定められている従業員については，日給の25倍を基礎額とする。

（加　給）

第10条 在職中特に功績の顕著であったものについては，その者に支給する退職金の3割以内の金額を増額支給することがある。

退職金支給率

勤続年数	支　給　率		勤続年数	支　給　率		勤続年数	支　給　率	
	甲	乙		甲	乙		甲	乙
1年以上	1.0		11年以上	12.3	9.8	21年以上	25.9	23.3
2　〃	2.0		12　〃	13.6	10.9	22　〃	27.4	24.7
3　〃	3.1	1.9	13　〃	14.9	11.9	23　〃	28.9	26.0
4　〃	4.2	2.5	14　〃	16.2	13.0	24　〃	30.4	27.4
5　〃	5.3	3.2	15　〃	17.5	14.0	25　〃	31.9	28.7
6　〃	6.4	3.8	16　〃	18.8	15.0	26　〃	33.5	33.5
7　〃	7.5	4.5	17　〃	20.1	16.1	27　〃	35.1	35.1
8　〃	8.7	5.4	18　〃	21.6	17.3	28　〃	36.5	36.5
9　〃	9.9	5.9	19　〃	23.0	18.4	29　〃	38.3	38.3
10　〃	11.1	6.7	20　〃	24.4	19.5	30　〃	40.0	40.0

（規程の解釈）

第11条 この規程について疑義が生じたときは，従業員代表と協議の上で決定する。

付　　則

この規程は　年　月　日から実施する。

（2）　実例　　　　　　　　　　　退職金規程

（ＭＳ製薬・医薬品製造・従業員800人）

（目　的）

第1条　この規程は，従業員が退職（解雇を含む。）するときの退職金支給に関する事項を規定する。

（退職金支給条件）

第2条　退職金は，会社に満1年以上勤続する従業員が退職するときに支給する。ただし下記各号の一に該当するときは勤続1年未満の者にも支給する。

(1)　業務上の都合により解雇するとき

(2)　死亡したとき

(3)　業務上の事由による負傷疾病で勤務に耐えないため退職または解雇するとき

（1号退職金）

第3条　就業規則第48条第1号（略）に規定する事由により退職する場合に支給する退職金は，支給率表（別表）中の1号により算出した金額とする。

（2号退職金）

第4条　次の各号の一により退職する場合に支給する退職金は，支給率表（別表）中の2号により算出した金額とする。

(1)　就業規則第48条第2号，3号，4号（自己都合により復職しない場合を除く。）または5号に規定する事由により退職するとき

(2)　就業規則第50条第1項により解雇されたとき

(3)　就業規則第53条により解雇されたとき

（退職金計算方法）

第5条　退職金は算定基礎額に別表の勤続年数に応ずる支給率を乗じて算出した金額とする。ただし，算定基礎額とは，従業員の退職時において支給されていた能力給，住宅手当および資格手当の合計額をいう。

（勤続年数の計算方法）

第6条　退職時における勤続年数の計算は，次の通りとする。

(1)　勤続年数は，入社日から退職日までとする。

(2)　勤続年数に1年未満の端数が生じたときは月割で計算し，1カ月未満の端数は1カ月とする。

(3) 休職期間または特別の事由により勤続を中断された期間はこれを勤続年数に算入する。

（退職金の増額）

第7条　在職期間中に特に功労のあった者には第3条または第4条により算出した金額の10割を限度として退職金を増額することがある。

（退職金の減額または不支給）

第8条　次の各号の一に該当する場合は退職金を支給しないことがある。

(1) 就業規則第82条の規定により懲戒解雇されたとき

(2) 不法行為により退職するとき

2．前項各号の場合，情状により退職金を支給する場合においても，支給率表（別表）中の1号により算出した金額を超えないものとする。

（退職金の支給方法）

第9条　退職金は原則として一括払いとする。ただし，退職金を受取る者の同意を得て分割支払いすることがある。

（退職金の支払先）

第10条　退職金は直接本人に支払う。ただし，本人が死亡した場合はその退職金相当額を弔慰金としてその遺族に支払う。

（既払退職金）

第11条　退職金は，この規程によって算出した金額から既払退職金を差引いて支払うものとする。

（改　正）

第12条　この規程は将来社会保障制度が確立されたときまたは全般的に賃金の改正が行われたときは変更することがある。

（施行日）

第13条　この規程は，　　年　　年　　日より施行する。

（別表）　　　　　　　　　　　　支給率表

勤続年数 区分	1　号	2　号	勤続年数 区分	1　号	2　号
1　年	0.2	0.8	21　年	20.2	26.6
2	0.5	1.6	22	22.0	28.8
3	0.9	2.4	23	23.8	31.2
4	1.4	3.2	24	25.8	33.6
5	2.0	4.0	25	27.8	36.0
6	2.6	5.0	26	30.0	38.4
7	3.3	6.0	27	32.2	40.8
8	4.0	7.0	28	34.4	43.2
9	4.8	8.0	29	36.6	45.6
10	5.6	9.0	30	38.8	48.0
11	6.6	10.3	31	41.0	50.4
12	7.6	11.6	32	42.8	52.6
13	8.6	13.0	33	44.6	54.8
14	9.6	14.4	34	45.9	56.8
15	11.0	15.8	35	47.2	58.6
16	12.4	17.4	36	48.5	60.2
17	13.9	19.0	37	49.5	61.6
18	15.4	20.6	38	50.5	62.6
19	16.9	22.4	39	51.5	63.6
20	18.4	24.4	40	52.5	64.6
			40年以上は1年につき1号，2号とも1.0を加算する		

（3）　実例　　　　退職金規程（企業年金併用の例）

（ＧＳ製作所・金属製品製造・従業員700人）

第1章　総　　則

（目　的）

第1条　この規程は就業規則第47条（略）にもとづき，社員が死亡または退職した場合の退職金支給に関する事項について定める。

　2．前項における社員とは，就業規則第3条第2号に該当するものをいう。

（受給者）

第2条　退職金の支給を受ける者は，本人またはその遺族で，会社が正当と認めたものとする。

　2．前項の遺族は労働基準法施行規則第42条ないし第45条の遺族補償の順位に従って支給する。

（支給範囲）

第3条　退職金は勤続満3年以上の社員が退職したときに支給する。

（勤続年数の計算）

第4条　勤続年数の計算は，入社の日より退職日（死亡退職の場合は死亡日）までとし，1年未満の端数は月割とし，1カ月未満は1カ月として計算する。

　　ただし，

　①　前項の計算において月の途中入社した場合及びその月を途中退社した場合はその月を各々1カ月とする。

　②　試用期間中は勤続年数に算入する。

　③　就業規則第3条によらない，その他の社員は，本採用になった日を入社日とする。

　④　就業規則第13条の休職期間は勤続年数に算入しない。

（端数処理）

第5条　退職金の計算において10円未満の端数が生じたときは，10円単位に四捨五入する。

第2章　支給基準

（退職金計算の基礎額）

第6条　退職金の計算を行なう場合の基礎となる額は，退職時の基本給の80％とする。

（自己都合等による算式）

第7条　つぎの各号の事由により退職したとき，つぎの算式により算出した金額を退職金として支給する。

　(1)　事由

　①　自己の都合で退職する場合

　②　私傷病によりその職に耐えず退職する場合

　(2)　算式　基礎額×別表①（自己都合支給率）

（会社都合等による算式）

第8条　つぎの各号の事由により退職したときは，つぎの算式により算出した金額を退職金とする。

　(1)　事由

　①　会社の都合により解雇する場合

　②　死亡した場合

　③　定年に達した場合

　④　業務上の傷病，疾病により退職する場合

　(2)　算式　基礎額×別表②（会社都合支給率）

（無支給もしくは減額支給）

第9条 社員の退職が懲戒解雇に該当する場合には，行政官庁の認定を受けて，原則として退職金を支給しない。

ただし，情状によって第7条以下に減じて支給することがある。

（特別退職金の加算）

第10条 在職中とくに功労があった退職者に対しては，別に特別退職金を附加することがある。

（退職金の支給）

第11条 退職金は退職の日より14日以内に支給する。

ただし，事故あるときは事故解消後とする

第3章　企業年金との関係

（企業年金の締結）

第12条 この規定による退職金の支給を一層確実にするために，会社は別に定める「退職年金規定」による企業年金を○○保険相互会社との間に，社員を被保険者および受給者として締結する。

（退職金と企業年金の関係）

第13条 第7条あるいは第8条の退職金支給額は企業年金の退職社員個人の退職年金原価相当額あるいは退職一時金相当額を差引いた額とする。

2．第11条に定める14日以内の支給は○○保険相互会社の事務処理による。

付　　則

第14条 この規定は　年　月　日より施行する。

制　　定　　昭和　　年4月1日

一部改正　　昭和　　年4月1日

一部改正　　平成　　年4月1日

（別表1）

事由別	自己都合		算定基礎 基 本 給	
勤続年	支 給 率	勤続年	支 給 率	
3	1.5	23	18.8	
4	2.0	24	19.9	
5	2.5	25	21.0	
6	3.2	26	22.1	
7	3.9	27	23.2	
8	4.6	28	24.3	
9	5.3	29	25.4	
10	6.0	30	26.5	
11	6.9	31	27.7	
12	7.8	32	28.9	
13	8.7	33	30.1	
14	9.6	34	31.3	
15	10.5	35	32.5	
16	11.5	36	33.7	
17	12.5	37	34.9	
18	13.5	38	36.1	
19	14.5	39	37.3	
20	15.5	40	38.5	
21	16.6	41	39.7	
22	17.7	42	40.9	

（別表2）

事由別	会社都合		算定基礎 基 本 給	
勤続年	支 給 率	勤続年	支 給 率	
3	2.0	23	21.0	
4	2.7	24	22.2	
5	3.4	25	23.4	
6	4.2	26	24.6	
7	5.0	27	25.8	
8	5.8	28	27.0	
9	6.6	29	28.2	
10	7.4	30	29.4	
11	8.4	31	30.6	
12	9.4	32	31.8	
13	10.4	33	33.0	
14	11.4	34	34.2	
15	12.4	35	35.4	
16	13.4	36	36.6	
17	14.4	37	37.8	
18	15.4	38	39.0	
19	16.4	39	40.2	
20	17.4	40	41.4	
21	18.6	41	42.6	
22	19.8	42	43.8	

(4) 実例		**退職金規程**	

（ＭＳ運輸・貨物運送〔トラック〕・従業員400人）

（適用範囲）

第1条　勤続満2年以上の従業員が，退職又は死亡したときは，本規程の定めるところにより退職金を支給する。但し，下記の各号の一に該当するものには適用しない。

1．期間を定めて臨時に雇用したもの

2．定年退職後に再雇用したもの

3．勤続年数2年未満のもの

（勤続年数の計算）

第2条　勤続満2年に満たない者が死亡した場合は，勤続満2年として取扱う。

（退職金の計算方法）

第3条　退職金は，退職又は死亡当時の基本給に，勤続年数による別表の支給率を乗じた額とする。

（勤続年月数の計算）

第4条　勤続年月数は次により算定した年月数とする。

1．試雇入社の月から退職又は死亡の月までの年月とし，1カ月未満は切上げて1カ月とする。

2．休職期間はその期間の2分の1を又は停職中の期間はその期間を勤続年数より控除する。

3．休職又は停職中の期間に1カ月未満の日数がある時は1カ月とする。

（退職の事由別計算方法）

第5条　退職金の支給は退職の事由により下記の通り取り扱う。

1．自己都合により退職する場合の退職金は，別表の支給率に下記の率を乗じたものを支給する。

(イ)	勤続満	2年	～	勤　続	6年未満	35%
(ロ)	〃	6	～	〃	10 〃	45
(ハ)	〃	10	～	〃	13 〃	55
(ニ)	〃	13	～	〃	16 〃	60
(ホ)	〃	16	～	〃	19 〃	70
(ヘ)	〃	19	～	〃	21 〃	80
(ト)	〃	21	～	〃	23 〃	85
(チ)	〃	23	～	〃	25 〃	95
(リ)	〃	25	以上 〃			100

2．下記の事由により退職の場合は，定年又は死亡の退職と同様の取扱とする。

(イ) 業務上の傷病又は勤続満2年以上の者が業務に堪え得ない傷病による退職及び休職期間満了による退職

㈡　会社都合による退職

　　㈥　勤続満20年以上で満50歳以上の者の自己都合による退職

　（懲戒解雇者の計算方法）

第6条　懲戒によって解雇された者に対しては，自己退職として算出した金額の2分の1以内とする。

　（退職金の支払方法）

第7条　退職金は一時金をもって支給し，退職発令の日から7日以内に現金で支払う。

　（遺族に対する支払）

第8条　従業員が死亡した時の退職金は遺族に支給する。

　　　　但し，遺族の範囲及び順位は労働基準法施行規則の規定を準用する。

　（退職心付）

第9条　勤続満2年未満の者が退職した時は退職心付を支給する。

　（附　則）

第10条　本規定は　年　月　日より実施する。

別表

勤 続 年 数	乗　　　　率	勤 続 年 数	乗　　　　率
2	2.4	17	22.2
3	3.6	18	23.8
4	4.8	19	25.4
5	6.0	20	27.0
6	7.2	21	28.8
7	8.4	22	30.6
8	9.6	23	32.4
9	10.8	24	34.2
10	12.0	25	36.0
11	13.4	26	37.8
12	14.8	27	39.6
13	16.2	28	41.4
14	17.6	29	43.2
15	19.0	30	45.0
16	20.6	30年以上1年増すごとに0.5加算	

第3章　退職金規則　第2　退職金規則の実例

---

(5)　実例　　　　　　　**退　職　金　規　程**
　　　　　　　　　　　　　——社員，嘱託，パートタイマー——

（ＮＡ金属・金属製品製造・従業員300人）

（主　旨）

第1条①　この規程は，NA金属株式会社社員就業規則（以下「就業規則本則」または「就業規則」という）第63条各項（略）の規定に基づき，NA金属株式会社（以下「会社」という）の社員および嘱託社員（以下，「社員等」という）の退職金に関して定めたものです。

②　パートタイム社員就業規則第58条各項（略）の規程に基づき，パートタイム社員に退職金を支給するときは，この規程の当該部分を適用します。

③　この規程は，就業規則の一部であり，とくに定めがある場合を除き，就業規則本則に定める用語の定義その他はそのまま適用することとします。

④　この規程は，将来，会社が退職金制度を設け，または公的年金制度をめぐる一般的情勢その他に著しい変化が生じるなどの事情がある場合には，大幅な改定を行うことがあります。

（退職金の種類）

第2条　会社が社員等に支給する支給金は，退職一時金とします。

（支給額の算出基準）

第3条　退職金の支給額は，退職または解雇時の1カ月当たりの基本給の額を基礎額として，次の算式により算出した金額とします。

　　　　基礎額×別表Ａ欄またはＢ欄の支給率

別表　退職事由別支給率表

| 勤続年数 | 支　給　率 | | 勤続年数 | 支　給　率 | | 勤続年数 | 支　給　率 | |
（満年齢）	Ａ　欄	Ｂ　欄	（満年齢）	Ａ　欄	Ｂ　欄	（満年齢）	Ａ　欄	Ｂ　欄
1年	1.0	0.3	15年	15.0	10.5	29年	29.0	23.0
2〃	2.0	0.6	16〃	16.0	11.3	30〃	30.0	24.0
3〃	3.0	0.9	17〃	17.0	12.1	31〃	31.0	25.0
4〃	4.0	1.7	18〃	18.0	12.9	32〃	32.0	26.0
5〃	5.0	2.5	19〃	19.0	13.7	33〃	32.5	26.5
6〃	6.0	3.3	20〃	20.0	14.5	34〃	33.0	27.0
7〃	7.0	4.1	21〃	21.0	15.4	35〃	33.5	27.5
8〃	8.0	4.9	22〃	22.0	16.3	36〃	34.0	28.0
9〃	9.0	5.7	23〃	23.0	17.2	37〃	34.5	28.5
10〃	10.0	6.5	24〃	24.0	18.1	38〃	34.8	28.8

勤続年数 （満年齢）	支 給 率		勤続年数 （満年齢）	支 給 率		勤続年数 （満年齢）	支 給 率	
	A 欄	B 欄		A 欄	B 欄		A 欄	B 欄
11〃	11.0	7.3	25〃	25.0	19.0	39〃	35.1	29.1
12〃	12.0	8.1	26〃	26.0	20.0	40年以上	35.5	29.5
13〃	13.0	8.9	27〃	27.0	21.0			
14〃	14.0	9.7	28〃	28.0	22.0			

（別表 A 欄適用の退職金の支給）

第4条 次の場合には，別表 A 欄の支給率を適用して退職金を支給します。

(1) 勤続 3 年以上の社員が次に該当する事由で退職し，または解雇されるとき

   (a) 就業規則第28条第 1 項（同条第 2 項による延長期間が終了したときを含む）による定年に達して退職するとき

   (b) 就業規則第31条第 1 項第 1 号（死亡による退職），第 2 号（雇用期間満了による退職）または第 3 号（休職期間満了による退職）によって退職するとき

   (c) 就業規則第32条第 1 項第 1 号（会社の都合による解雇），第 2 号から第 5 号まで（本人の職務不適格等による解雇），第67号（傷病年金の受給開始等による解雇），または第 7 号（その他の解雇）によって解雇されるとき

(2) 第 5 条の規定によって，本来は別表 B 欄が適用される場合について，会社がとくに A 欄を適用すると決めたとき

（別表 B 欄適用の退職金の支給）

第5条 次の場合には，別表 B 欄の支給率を適用して退職金を支給します。

(1) 勤続 3 年以上の社員が，就業規則第31条第 1 項第 4 号（自己都合退職）によって退職するとき

(2) 勤続満 1 年以上満 3 年未満の社員が，次に該当する事由で退職し，または解雇されるとき

   (a) 就業規則第28条第 1 項（同条第 2 項による延長期間が終了したときを含む）による定年に達して退職するとき

   (b) 就業規則第31条第 1 項第 1 号（死亡による退職），第 2 号（雇用期間満了による退職）または第 3 号（休職期間満了による退職）によって退職するとき

   (c) 就業規則第32条第 1 項第 1 号（会社の都合による解雇）または第 2 号から第 5 号まで（本人の職務不適格等による解雇），または第 7 号（その他の解雇）によって解雇されるとき

(3) 勤続満 1 年未満の社員が，退職し，または解雇される場合であって，会社がとくに退職金を支給すると決めたとき

(4) 契約の更新等によって，事実上，満 3 年以上勤続するに至った嘱託社員が退職し，または解雇されるとき

(5) 事実上の勤続年数が 3 年に満たない嘱託社員が退職し，または解雇される場合であって，会社がとくに退職金を支給すると決めたとき

(6) パートタイム社員就業規則第58条第2項の規定によって退職金が支給されると定められている
パートタイム社員が退職し，または解雇されるとき

（退職金の不支給・減額）

第6条① 次の場合には，原則として，退職金は支給されません。ただし前条に定める例外扱いの適用
によって，退職金が支給される場合があります。

(1) 勤続満1年未満の社員が退職し，または解雇されるとき

(2) 勤続満1年以上満3年未満の社員が，就業規則第31条第1項第4号（自己都合退職）によって
退職するとき

(3) 事実上の勤続年数が3年に満たない嘱託社員が退職し，または解雇されるとき

(4) 社員等が，就業規則第75条第1項第6号によって懲戒解雇されるとき

② 社員等が，就業規則第75条第1項第5号によって論旨退職となる場合は，情状によって，退職金
を支給しないか，または所定の額を減額することとします。

③ 社員等もしくはパートタイム社員が，第5条の第3号，第4号，第5号または第6号によって退
職しまたは解雇される場合のうち，その事由が自己の都合によるときは，別表B欄の支給率によ
る退職金の額を，3割を限度として，減額することがあります。

（功労加給金の支給）

第7条 第4条または第5条によって退職金の支給を受ける社員のうち，在職中，とくに功績が顕著で
あると認められる者については，第4条または第5条によって算出した退職金支給額の3割を限度
として，功労加給金を支給することがあります。

（勤続年数の計算）

第8条 退職金の支給額を算定する場合の勤続年数は，会社に雇用された日から，退職（解雇される場
合を含む）する日までとし，1年未満の端数は月割計算（1カ月未満の端数は1カ月とする）とし
て取り扱います。なお，次の期間は，勤続年数に含まないこととします。

(1) 就業規則第23条第1項第2号（自己都合休職）および第3号（「その他の休職」をいい，とく
に勤続年数に含むと定めた場合を除く）による休職期間

(2) 就業規則第50条第1項第7号（育児休業，介護休業），または第8号（特別休暇，とくに会社
が勤続年数に含むと定める場合を除く）による休業もしくは休暇期間

（退職金の支払方法・支払時期）

第9条① 退職金は，支給事由の生じた日から2カ月以内に支払うこととします。

② 退職金は，社員等に対し，次の方法でその全額を支払うこととします。ただし，第2号または第
3号による場合は，あらかじめ，本人の同意を得ることとします。

(1) 通貨による支払い

(2) 本人が指定する金融機関における本人名義の口座への振込み

(3) 金融機関振出小切手または郵便為替による支払い

459

（死亡時の支払方法）

第10条 社員が死亡した場合の退職金の受給権者については，給与規定第6条第2項の規定（労働基準法施行規則第42条から第45条までの規定の準用）を準用することとします。

（嘱託社員の退職金）

第11条① 嘱託社員についての退職金の基礎額は，原則として，退職または解雇時の年額による基本給を12で除した額とします。

② 第7条（功労加給金の支給），第8条（勤続期間の計算），および第9条各号（退職金の支給方法・支払時期）の規定は，嘱託社員に退職金が支給される場合に準用します。

（パートタイム社員の退職金）

第12条 パートタイム社員の退職金については，パートタイム社員就業規則第59条（略）に規定するところによります。

付　　　則

この規定は，　年　月　日から実施します。

---

(6)　実例　　　　退職金支給規程（中退共及び企業年金併用の例）

（ＡＤ物産・商社・従業員120人）

（総　則）

第1条 この規定は，就業規則第52条（略）により退職金支給について定めたものである。

ただし，嘱託，臨時雇，パートタイマー，アルバイトには適用しない。

（退職金受領者）

第2条 退職金の支給を受ける者は，本人またはその遺族で，会社が正当と認めた者とする。

死亡による退職は，労働基準法施行規則第42条ないし第45条の遺族補償の順位に従って支給する。

（支給の範囲）

第3条 退職金は勤続1年以上の社員が退職または死亡したときに支給する。

（勤続年数の計算）

第4条 この規程における勤続年数の計算は，入社の日より退職日（死亡退職の場合は死亡日）までとし，1年未満の端数は月割り計算をし，1カ月未満の日数は切り捨てる。

ただし，

① 就業規則第9条の試用期間中は勤続年数に算入する。

② 就業規則第16条により，休職期間中は原則として勤続年数に算入しない。

（端数処理）

第5条 退職金の計算において，100円未満の端数が生じたときは，100円単位に切上げる。

（退職金計算の基礎額）

第6条 退職金の計算基礎額は，退職時の基本給とする。

（退職金支給基準）

第7条 退職金は前条の計算基礎額の基本給に，別表の支給率を乗じた額とする。

（会社都合・定年の場合）

第8条 会社の都合または10年以上勤続した者が定年で退職した場合は，前条の規定によって算出した
額の30%以内を増額支給することがある。

（無支給もしくは減額支給）

第9条 社員が就業規則第62条第6号の懲戒解雇に該当するときは，所轄の労働基準監督署長の認定を
受けて退職金を支給しない。

ただし，情状によって第7条の支給額を減じて支給することがある。

（役員就任の場合）

第10条 社員より会社役員になった場合，役員に選任された日をもって退職したものとして取扱う。

ただし，この場合は第8条を適用する。

（退職金支給期日）

第11条 退職金は，退職の日より2週間以内に支給する。

（中退金との関係）

第12条 この規定による退職金の支給を一層確実にするために，会社は社員を被共済者として勤労者退
職金共済機構に退職共済契約して（以下「中退共」という。）加入する。

（年金との関係）

第13条 前条のほかに，会社は別に定める「退職年金規定」による年金（俗に「企業年金」と呼ばれて
いる。）を，○○生命保険相互会社との間に，社員を被保険者および受給権者として協定を締結す
る。これに要する掛金は会社負担とする。

（退職金支給額）

第14条 第7条および第8条の退職金の支給額は，第12条の「中退共」支給額および第13条の「年金」
支給額の原資相当額あるいは退職一時金を差引いた額とする。

ただし，「中退共」および「年金」の支給額が，第7条および第8条の算出の支給額よりも，そ
の額が多いときはその額を本人の退職金とする。

（施　行）

第15条 この規定は　年　月　日より施行する。

（別表）　　　　　　　　　　退職金支給率

勤　　続	支　給　率	勤　　続	支　給　率
1　年	0.6	21　年	16.2
2	1.2	22	17.4
3	1.8	23	18.6
4	2.4	24	19.8
5	3.0	25	21.0
6	3.6　　0.6	26	22.2
7	4.2	27	23.4
8	4.8	28	24.6
9	5.4	29	25.8
10	6.0	30	27.0
11	6.9	31	28.1
12	7.8	32	29.2
13	8.7	33	30.3
14	9.6　　0.9	34	31.4
15	10.5	35	32.5
16	11.4	36	33.6
17	12.3	37	34.7
18	13.2	38	35.8
19	14.1	39	36.9
20	15.0	40	38.0

（勤続21～30年は1.2、勤続31～40年は1.1）

（7）　実例　　　　　退職金支給規程

（ＦＤ電子・精密機器製造・従業員120人）

（総　則）

第1条　この規定は，就業規則第42条（略）により社員の退職金について定めたものである。

　　ただし，嘱託，臨時，パートタイマー等の雇用関係者には適用しない。

（退職金受領者）

第2条　退職金の支給を受ける者は，本人またはその遺族で，会社が正当と認めた者とする。

　2．前項の遺族は労働基準法施行規則第42条ないし第45条の遺族補償の順位による。

（支給範囲）

第3条　退職金は勤続1年以上の社員が退職または死亡した場合に支給する。

　　ただし，自己都合による退職の場合は3年以上の場合に支給する。

（勤続年数の計算）

第4条 この規定における勤続年数の計算は，入社の日より退職の日（死亡の場合は死亡日）までとし，1年未満の端数は月割で計算し，1カ月未満の日数は16日以上を1カ月に繰り上げ，15日以下は切り捨てる。

2．就業規則第8条の「試用期間」は，勤続年数に算入する。

3．就業規則第19条の「休職期間」は，第3号・第4号を除き原則として勤続年数に算入しない。

4．社員が会社に再入社した場合は，再入社前の勤続年数は算入しない。

（端数処理）

第5条 退職金の計算において，100円未満の端数が生じたときは，100円単位に切り上げる。

（退職金計算の基礎額）

第6条 退職金の計算を行なう場合の基礎となる額は，退職時の基本給の7.8割とする。

（自己都合等による算式）

第7条 つぎの各号の事由により退職した場合は，つぎの算式により算出した金額を退職金として支給する。

(1) 事由

① 自己の都合で退職する場合。

② 私傷病により，その職に耐えず退職する場合。

③ 休職期間満了による場合。

(2) 算式（別表①）

基礎額×支給率

（会社都合等による算式）

第8条 つぎの各号の事由により退職した場合は，つぎの算式により算出した金額を退職金として支給する。

(1) 事由

① 会社の都合により解雇する場合。

② 死亡した場合

③ 定年に達した場合

④ 業務上の傷病，疾病による退職の場合。

(2) 算式（別表②）

基礎額×支給率

（無支給もしくは減額支給）

第9条 社員の退職が，就業規則第54条第5号の「懲戒解雇」に該当する場合には，行政官庁の認定を受けて，原則として退職金を支給しない。

ただし，情状によって第7条以下に減じて支給することがある。

2．社員が会社の都合をかえりみず，その承認を受けないで14日間の期間を得ずに無断退職した場合

には，退職金を支給しない。

（役員就任の場合）

第10条 社員が当社の役員に就任した場合は，第8条の規定により退職金を支給する。

（特別退職金の加算）

第11条 社員で在職中とくに功労のあった退職者に対しては，別に特別功労金を退職金に附加することがある。

（退職金の支給）

第12条 退職金は退職の日より1カ月以内に支給する。ただし，事故あるときは，事故解消後とする。

（付　則）

第13条 この規定は　年　月　日より施行する。

（別表1）　　　　　　　　　　自己都合等退職金支給率

勤　　続	支 給 率	勤　　続	支 給 率	勤　　続	支 給 率
1　年	0	11　年	6.87	21　年	26.50
2	0	12	8.03	22	29.78
3	1.48	13	9.27	23	33.19
4	2.02	14	10.60	24	36.85
5	2.59	15	11.98	25	39.65
6	3.14	16	14.08	26	40.25
7	3.73	17	16.21	27	40.85
8	4.32	18	18.47	28	41.45
9	4.95	19	20.87	29	42.05
10	5.79	20	23.36	30以上	42.65

（別表2）　　　　　　　　　　会社都合等退職金支給率

勤　　続	支 給 率	勤　　続	支 給 率	勤　　続	支 給 率
1　年	0.73	11　年	9.01	21　年	29.85
2	1.41	12	10.45	22	32.35
3	2.07	13	11.99	23	34.97
4	2.73	14	13.65	24	37.75
5	3.50	15	15.43	25	39.65
6	4.14	16	17.58	26	40.25
7	4.92	17	19.87	27	40.85
8	5.71	18	22.26	28	41.45
9	6.56	19	24.80	29	42.05
10	7.67	20	27.45	30以上	42.65

第3章　退職金規則　第2　退職金規則の実例

> **(8)　実例　　　　退職金支給規程（中退共併用の例）**
>
> **（ＴＰ電子・電子部品製造・従業員90人）**

第1条　従業員が1年以上勤続して退職したときは，この規程により退職金を支給する。

第2条　退職金は，従業員の退職時の基本給月額に，別表第1に定める勤続期間に応じた支給率を乗じて得た額とする。

第3条　会社都合（業務上の傷病を含む）または10年以上勤続して定年に達したことにより退職した場合には，前条の規定によって算出した額の3割以内を増額支給する。

第4条　この規程による退職金の支給を一層確実にするために，会社は，従業員を被共済者として勤労者退職金共済機構（以下「機構」という。）と退職共済契約を締結する。

第5条　退職金共済契約の掛金の月額は，別表第2のとおりとし，毎年4月に調整する。

第6条　新たに雇い入れた従業員については，見習期間を経過し，本採用となった月に機構と退職金共済契約を締結する。

第7条　機構から支給される退職金の額が第2条および第3条の規定によって算出された額より少ないときは，その差額を会社が直接支給し，機構から支給される額が多いときは，その額を本人の退職金の額とする。

第8条　機構から支給される退職金は，従業員の請求によって，機構が支給する。

第9条　従業員が懲戒解雇を受けた場合には，退職金を減額することができる。この場合，機構から支給される退職金については，その減額を申出ることがある。

第10条　第2条および第3条の勤続期間の計算は，本採用となった月から退職発令の月までとし，1年に満たない端数は，5カ月以下は切捨て，6カ月以上は1年とする。

第11条　休職期間および業務上の負傷又は疾病以外の理由による欠勤が6カ月をこえた期間は，勤続年数に算入しない。

第12条　この規程による退職金は，本人に支給するものとし，本人が死亡した場合は，遺族に支給する。

第13条　この規程は，関係法規の改正および社会事情の変化などにより必要がある場合には，従業員代表と協議のうえ改廃することができる。

付　　　則

この規程は，　年　月　日から実施する。

465

第3章　退職金規則　第2　退職金規則の実例

（別表第1）　　　退職金支給率

勤続年数	支給率	勤続年数	支給率	勤続年数	支給率
1年	0.5	11年	6.5	21年	16.5
2	0.7	12	7.5	22	17.5
3	1.5	13	8.5	23	18.5
4	2.0	14	9.5	24	19.5
5	2.5	15	10.5	25	21.0
6	3.0	16	11.5	26	22.0
7	3.5	17	12.5	27	23.0
8	4.0	18	13.5	28	24.0
9	4.5	19	14.5	29	25.0
10	5.5	20	15.5	30	26.0

（注）　30年をこえる年数1年をますごとに1.0を加える。

（別表第2）　　　掛金月表

基　本　給　月　額	掛金月額
150,000円未満	6,000円
150,000円以上200,000円未満	7,000円
200,000円以上300,000円未満	9,000円
300,000円以上	12,000円

---

(9)　実例　　　退職金支給規程（中退共併用の例）

（ＡＴメタル・貴金属製品販売・従業員40人）

（総　則）

第1条　この規程は就業規則第34条（略）により，従業員の退職金支給について定めたものである。

ただし，嘱託・臨時雇・パートタイマー・アルバイトには適用しない。

（適用の範囲）

第2条　退職金の支給を受けるものは，本人またはその遺族で，会社が正当と認めたものとする。

2．死亡による退職金は労働基準法施行規則第42条ないし第45条の遺族補償の順位に従って支給する。

（支給範囲）

第3条　退職金は勤続1年以上の従業員が退職または死亡したときに支給する。

（勤続年数の計算）

第4条　この規程における勤続年数の計算は，入社の日より退職日（死亡退職の場合は死亡日）までとし，1年未満の端数は月割りで計算し，1カ月未満の日数は切り捨てる。

ただし，

①　就業規則第6条による試用期間中は勤続年数に算入する。

②　就業規則第12条による休職期間中は勤続年数に算入しない。

（端数処理）

第5条　退職金の支給計算において，100円未満の端数を生じたときは，100円単位に切り上げる。

（退職金計算の基礎額）

第6条　退職金支給の計算基礎額は，退職時の基本給とする。

（退職金支給基準）

第7条　退職金は前条の計算基礎額に，別表①の勤続年数による支給率を乗じて算出した金額を基準とする。

（退職事由と支給率①）

第8条　従業員の退職事由が，つぎの各号に該当する場合は，前条の基準額の120％を支給する。

① 業務上の傷病で退職する場合

② 業務上の死亡の場合

（退職事由と支給率②）

第9条　従業員の退職事由が，つぎの各号に該当する場合は，第7条の基準額の100％を支給する。

① 定年による退職の場合

② 在職中に死亡の場合

③ 私傷病による退職の場合

④ 会社都合による退職の場合

⑤ 休職満了による解雇の場合

（退職事由と支給率③）

第10条　従業員が自己の都合により退職する場合は，勤続年数に応じて，つぎの各号のとおりとする。

① 勤続 1 年未満　　　　　　 0％

② 勤続 1 年以上 5 年未満　　60％

③ 勤続 5 年以上10年未満　　70％

④ 勤続10年以上15年未満　　80％

⑤ 勤続15年以上20年未満　　90％

⑥ 勤続20年以上　　　　　 100％

（無支給もしくは減額支給）

第11条　従業員が就業規則第44条の懲戒解雇に該当するときは退職金を支給しない。

　　　　ただし，情状によって前条以下に減じて支給することがある。

（特別退職金の加給）

第12条　従業員が在職中，とくに功労のあった者と認められるときは，第8条〜第10条の規程による退職金の外に特別退職金を加給することがある。

（中小企業退職金共済制度に加入）

第13条　この規定による退職金を一層確実にするために，会社は，従業員を被共済者として，勤労者退職金共済機構（以下「機構」という）と退職共済契約を締結する。掛金は別表②とする。

（機構との関係）

第14条　第8条ないし第10条の退職金支給額は，第13条の機構より支給される額を差引いた額とする。

第3章　退職金規則　第2　退職金規則の実例

　　ただし，第8条ないし第10条の退職金支給額より，機構の支給額が多い場合は，その額を本人の
退職金とする。

（退職金の支給期日）

第15条　退職金は退職の日より2週間以内に支給する。

　　ただし，第13条関係は機構より支給される日とする。

（附　則）

この規程は　年　月　日より施行する。

別表①　　　　　　　　　　　　　　**退職金支給率**

勤 続 年 数	支 給 率	勤 続 年 数	支 給 率	勤 続 年 数	支 給 率
1	0.8	13	11.6	25	28.2
2	1.5	14	12.8	26	29.8
3	2.2	15	14.0	27	31.4
4	3.0	16	15.2	28	33.2
5	3.8	17	16.4	29	35.0
6	4.6	18	17.8	30	36.8
7	5.4	19	19.2	31	38.6
8	6.4	20	20.6	32	40.4
9	7.4	21	22.0	33	42.4
10	8.4	22	23.4	34	44.4
11	9.4	23	25.0	35	46.4
12	10.4	24	26.6	36	48.4

（注）　①　勤続36年以上は1年につき乗率1.0を加算する。
　　　　②　勤続40年，52.4を以って最高とする。

別表②　　　　　　　　　**掛金月額表**

基 本 給 月 額	掛 金 月 額
150,000円未満	6,000円
150,000円以上200,000円未満	8,000円
200,000円以上300,000円未満	10,000円
300,000円以上	14,000円

第3章 退職金規則 第2 退職金規則の実例

⑽ 実例　　退職金支給規程（全額企業年金制度による例）

（ＦＫ建設・建設・従業員40人）

第1章　総　　則

（目　的）

第1条　この規程は就業規則第30条（略）によるものである。永年勤続した社員の退職後の生活の安定を図る目的で，この規程を定める。退職金は，退職年金制度（以下「本制度」という。）による。

（適用範囲）

第2条　本制度は次の各号の一に該当する者を除いた社員に対して適用する。

①　日々雇い入れられる者

②　臨時に期間を定めて雇い入れられる者

③　嘱託

④　役員（使用人としての職務を有する役員を除く）

⑤　定年までの予定勤続年数が3年未満の者

（加入資格）

第3条　本制度への加入資格は，入社と同時に前条の者が取得する。

（加入時期）

第4条　加入資格を取得した者の本制度への加入時期は，加入資格を取得した直後の毎年の8月1日とする。

2．本制度に加入した者を加入者という。

第2章　給　　付

第1節　給付の種類

（給付の種類）

第5条　本制度による給付は，次の各号に定めるとおりとする。

①　退職年金

②　退職一時金

③　中途退職一時金

第2節　退職年金

（退職年金支給要件）

第6条　本制度の加入者が，勤続5年以上で定年退職したとき，その者に退職年金を支給する。

（退職年金額）

第7条　退職年金の月額は，次のとおりとする。

　　　勤続年数1年につき3,100円

（退職年金の支給期間）

第8条　退職年金の支給期間は，退職した日から起算して，10年とする。

（退職年金の継続支給）

第9条　退職年金の受給者が，前条の支給期間中に死亡した場合は，その残存支給期間の退職年金は，その者の遺族に継続して支給する。

第3節　退職一時金

（退職一時金の支給要件）

第10条　本制度の加入者が，勤続3年以上で定年退職したとき，その者に退職一時金を支給する。

（退職一時金）

第11条　退職一時金の金額は，次のとおりとする。

　　　勤続1年につき234,000円

第4節　中途退職一時金

（中途退職一時金の支給要件）

第12条　本制度の加入者が，勤続3年以上で定年到達前に死亡以外の事由により退職したとき，その者に中途退職一時金を支給する。

（中途退職一時金額）

第13条　中途退職一時金の額は，次のとおりとする。

　　　勤続年数1年につき126,000円

第3章　雑　　則

（年金の支給日および支給方法）

第14条　年金の支給日は，年4回，2月，5月，8月および11月の各1日とし，それぞれ前月までの分をまとめて支給する。

（第1回の年金支給日）

第15条　第1回の年金の支給日は，支給事由の発生した日の翌日以後，最初の支給日とする。

（退職年金にかえての一時払の特例）

第16条　退職年金の受給権者が支給期間中に，次の各号の一に該当する事由によって，将来の年金の支給にかえて，一時払の請求をしたときは，会社がこれを認めた場合にかぎり，未支給期間部分の年金現価相当額を一時に支給することがある。

　　ただし，請求の時期は，①及び②以外の事由による場合は，第1回の年金支給期日前に限るものとする。

　①　災害

　②　重疾病，後遺症を伴い重度の心身障害または死亡（生計を一にする親族の重疾病，後遺症を伴う重度の心身障害または死亡を含む）

　③　住宅の取得

　④　生計を一にする親族（配偶者を除く）の結婚または進学

　⑤　債務の返済

　⑥　その他前各号に準ずる事実

2．退職年金の受給権者が，保証期間中に死亡し，その継続受取人から当該退職年金の支給にかえて，一時払の請求があった場合は，一時払の取扱をするものとする。

3．年金月額が10,000円以下の場合は，その年金現価相当額を第1回の年金支給期日に一時に支給する。

4．年金現価の計算に際しては利率は年○％とする。

（一時金の支給方法）

第17条　一時金は，支給事由発生後遅滞なく支給する。

（遺族の範囲および順位）

第18条　遺族の範囲および順位については，労働基準法施行規則第42条ないし第45条の規程を準用する。

　　ただし，同順位の者が2人以上となる場合には，そのうちの最年長者を代表者としてその者に支給する。

（勤続年数の計算方法）

第19条　本制度における勤続年数は，次の各号に定める方法により，これを計算する。

　①　入社の日より起算し，退職の日までとする。

　②　休職期間は算入する。

　③　定年をすぎて勤務する期間は通算しない。

　④　勤続1年未満の端数は切り捨てる。

（届出義務）

第20条　本制度により給付を受けようとする者は，必要な書類を所定の期日までに提出しかつ照会のあった事項について遅滞なく回答しなければならない。

（受給権の譲渡または担保の禁止）

第21条 本制度により年金または一時金を受ける権利は，これを譲渡し，または担保に供してはならない。

（給付の制度）

第22条 本制度の加入者が，懲戒解雇されたときは，本制度による給付の支給は行なわない。ただし，情状によりその一部を支給することがある。

（事情変更による改廃）

第23条 この規程は，会社の経理状況および賃金体系の大幅な変更，会社保証制度の進展，金利水準の大幅な変動，その他社会情勢の変化により不適当と認められた場合には改訂または廃止することがある。

（本制度の運営）

第24条 本制度を運営するために，会社は○○保険相互会社と企業年金保険契約を締結するものとする。

2．本制度が廃止されたときは，年金基金を企業年金保険契約に基づく加入者の責任準備金に比例して各加入者に配分する。ただし，すでに年金の支給を開始した加入者に対応する基金はこれを配分することなく，当該加入者に継続して年金を支給する。

付　　則

（実施期日）

第25条 本制度は昭和53年8月1日から実施する。

（経過措置）

第26条 昭和53年8月1日に第3条に定める加入資格を有する者は，本制度実施期日に加入する。

第27条 　年　月　日一部改正

⑾　**実例**	**退職金支給規程** （ポイント方式） （ＳＲ製本・製本・従業員80人）

（定　義）

第1条 この規定は従業員に対する退職金の支給について定める。

（適用除外）

第2条 この規定は次のいずれかに該当する者には適用しない。

1．試用期間中の者

2．期間を定めて臨時に使用する者および日々雇入れる者

３．嘱託および常勤しない者

（退職金の計算）

第3条　退職時に退職の理由およびに社内における職位に基づき，別表１および２により基準点数を算出し，この点数１点につき10,000円を乗じた金額を退職金額とする。

　　　正常の勤務時間と異なる勤務時間の者については，その率に基づき点数を増減することがある。

（勤続年数の計算）

第4条　勤続年数の計算は，正規の従業員として採用された日から退職の日までとする。休職期間のある者はその期間の$\frac{1}{2}$を減ずる。ただし就業規則第49条第４項（略）の休職については$\frac{1}{2}$を減ずることなく勤続年数に通算する。

（懲戒解雇による支給制限）

第5条　懲戒によって解雇した者には原則として退職金を支給しない。ただし，情状によって$\frac{1}{2}$以下に減じて支給することがある。

（既払分の控除）

第6条　出向先より退職金を受けた場合はその全額を，この規定による算出額より控除する。

（受給権者）

第7条　退職金の受給者は本人または死亡した従業員の退職金は遺族に支給する。遺族の受給の範囲および支給順位は労働基準法施行規則第42条から第45条の定めるところによる。

（支払時期）

第8条　退職金は原則として退職後１カ月以内に全額を支給する。ただし本人が在職中の行為で，懲戒解雇に該当するものが発見されたときは，退職金を支給しない。

（支給方法）

第9条　退職金の支給方法は，本人または遺族に直接に通貨で支給するか，もしくは本人が指定する金融機関の本人口座に振り込むものとする。

（退職慰労金）

第10条　在職中特に功労のあった者には，規定による退職金のほかに退職慰労金を支給することがある。金額はその都度会社が定める。

付　　則

１．この規定は　年　月　日より施行する。

２．この規定は社会情勢の変化により従業員と協議のうえ，改訂することがある。

別表 1　　　　　　　　　　　　　　　　　　　　**基準点数表**

退職理由／勤続年数	1．定　年 2．会社役員に就任 3．会社の都合による解雇 4．普通死亡	5．自己都合 6．業務外傷病 7．会社の勧告による退職 （本人に原因がある場合）	8．業務上傷病	9．業務上死亡 （又は廃失）
1年以上	6 点	0 点	9 点	12 点
2 〃	12	4	18	24
3 〃	18	7	27	36
4 〃	24	11	36	48
5 〃	30	15	45	60
6 〃	38	19	57	76
7 〃	46	24	69	92
8 〃	54	29	81	108
9 〃	62	35	93	124
10 〃	70	42	105	140
11 〃	80	50	120	160
12 〃	90	59	135	180
13 〃	100	69	150	200
14 〃	110	80	165	220
15 〃	120	92	180	240
16 〃	132	105	198	264
17 〃	144	119	216	288
18 〃	156	135	234	312
19 〃	168	153	252	336
20 〃	180	173	270	360

20年を越した者には勤続1年ごとに12点を加える。

第3章　退職金規則　第2　退職金規則の実例

別表2

役職に就いた者には，その在任期間に応じ，別表1によって算出した点数に次の通り加算する。但し退職理由が別表1の5，6，7の場合を除く。

1．係長（待遇者は含まず）…………在任1年につき　1点

2．課長（　　〃　　）……………　　〃　　3点

3．部長・工場長（　〃　）……………　　〃　　6点

⑿　実例　　　退職金支給規程
（ポイント方式）

（ＴＵ金属・プレス加工・従業員140人）

（目　的）

第1条　この規程は，就業規則第○条に基づき，社員が退職または死亡した場合の退職金の支給に関する事項について定めたものである。

　2．前項における社員とは，就業規則第○条○号に該当する社員をいう。

（受給者）

第2条　退職金の支給を受ける者は，本人，または遺族で会社が正当と認めたものとする。

　2．前項の遺族は，労働基準法施行規則第42条ないし第45条の遺族補償の順位に従って支給する。

（支給範囲）

第3条　退職金は勤続1年以上の社員が退職したときに支給する。

（勤続年数の計算）

第4条　勤続年数の計算は，入社の日より退職の日（死亡退職の場合は死亡日）までとし，1カ年未満の端数は月割とし，1カ月未満の日数は15日以上を1カ月に繰上げ14日以下は切り捨てる。

　2．就業規則第○条の「試用期間」は勤続年数に算入する。

　3．就業規則第○条の「休職期間」は原則として勤続年数に算入しない。

　4．育児・介護休業期間は勤続年数に算入しない。

（退職金算定基礎額）

第5条　退職金の計算を行う場合の算定基礎額は，1点当たり，25,000円とする。

（退職金支給算式）

第6条　退職金の支給算式は次のとおりとする。

　　｛（勤続ポイント＋職能資格等級ポイント）×退職事由別支給率｝×25,000円＝支給退職金

（勤続ポイント）

第7条 勤続年数によるポイントは勤続1年につき次のとおりとする。

1年未満	0点
1〜5年	4点
5〜10年	6点
10〜15年	8点
15〜20年	10点
20〜30年	14点
30年以上	8点

（職能資格等級ポイント）

第8条 職能資格等級ポイントは，当該資格等級1年につき次のとおりとする。

1等級	4点
2等級	6点
3等級	8点
4等級	11点
5等級	14点
6等級	18点
7等級	22点

（退職事由別支給率）

第9条 退職事由別支給率は次のとおりとする。

(1) 会社都合等退職　別表①

① 会社の都合により解雇するとき

② 死亡したとき

③ 定年に達したとき

④ 業務上の傷病，疾病により退職したとき

⑤ 役員就任のとき

(2) 自己都合等退職　別表②

① 自己都合で退職するとき

② 私傷病により，その職に耐えず退職するとき

③ 休職期間満了によるとき

④ 懲戒処分による「論旨退職」のとき（就業規則第〇条第〇合）

（無支給もしくは減額支給）

第10条 社員の退職が懲戒処分による「懲戒解雇」の場合には，原則として退職金を支給しない。

　　　ただし，情状によって第9条(2)（自己都合退職）以下に減じて支給することがある。

（特別退職金の加算）

第11条 社員で，在職中とくに功労のあった退職者に対しては，別に特別功労金を附加することがある。

（退職金の支給期日）

第12条 退職金は退職の日より１カ月以内に支給する。

ただし，事故ある場合は，事故解消後とする。

（退職金の支払方法）

第13条 退職金の支払方法は第２条の受給者に，次のいずれかの方法で支給する。

① 直接通貨で支給

② 本人が指定する金融機関の本人名義の口座に振込

③ 銀行振出の本人あて小切手

④ 郵便為替

２．前項②～④は本人の同意のうえとする。

附　　　則

（情勢変化に伴う改訂）

第14条 社会情勢の変化に伴い，第５条の算定基礎額および第７条，第８条のポイントは従業員の代表と協議のうえ改訂することがある。

（経過措置）

第15条 退職金制度の改訂にともない，○年○月○日現在で，従来の退職金制度による会社都合退職で計算した額（A）と新制度のポイント単価25,000円（B）で除した点数（ポイント）を，各人の「持ちポイント」として，新制度で計算されたポイントにプラスした額を退職金とする。

２．新制度による計算は，施行日（○年○月○日）以降とする。

① 勤続年数のポイントはその時点のポイントで計算する（注①）。

② 職能資格等級のポイントは，その時点のポイントで計算する（注②）。

注① 例：勤続11年の者は勤続15年まえ１年につき８点

注② ２等級６年在職は，１年が６点であるので36点，３等級７年在職は１年が８点あるので56点，計92点となる。

（施　行）

第16条 この規程は○年○月○日とする。

別表①

会社都合等退職金支給率（第９条(1)） （勤続ポイント＋職能資格ポイント）に対し100％

別表②

> 自己都合等退職金支給率（第９条⑵）
> （勤続ポイント＋職能資格等級ポイント＋持点ポイント）に対し
> | | |
> |---|---|
> | 勤続１年未満 | 0％ |
> | 勤続１〜５年 | 60％ |
> | 勤続５〜10年 | 70％ |
> | 勤続10〜15年 | 80％ |
> | 勤続15〜20年 | 85％ |
> | 勤続20年以上 | 90％ |

⒀　実例　　　　退 職 金 規 則
（ポイントシステム例）

（ＹＨゴム・ゴム製品製造・従業員3,500人）

従業員が会社を退職した時は，この規則により退職金を支給する。

１．支給対象

1.1　退職金は勤続３年以上で退職したときに支給する。ただし，4.1.2，4.1.3の場合は勤続１年以上とする。

1.2　従業員賞罰規則により，懲戒解雇されたときは，原則として退職金を支給しない。

２．退職金

2.1　退職金の種類は基準額と加算額とする。

2.2　別に定める従業員退職年金規則により，退職年金を受ける場合は，その年金の年金現価相当額または一時払の額を退職金より差引く。

３．基準額

3.1　基準額は単位に初任点，基礎点および付加点の合計点を乗じたものとする。

3.2　初任点

初任点は５点とし，勤続３年に達したときに与える。

3.3　基礎点

次の3.3.1と3.3.2の点数を加え，基礎点とする。

3.3.1　６月30日現在,勤続４年以上の者については,その勤続年数に応じ，別表１に定める点数を毎年７月１日に与え，これを累積する。

3.3.2　退職時現在,勤続４年以上の者については,別表１に定める点数により次の各々の方法で算出した点数の合計を与える。

⑴　退職時の勤続年数（年未満の端数切り捨て）が退職前の６月30日現在の勤続年数（年未満の端数切り捨て）より１年増えた場合

退職時の勤続年数に対する点数

(2) 退職時の勤続年数に端数が生じた場合

退職時の勤続年数の端数を切り上げた年数に対する点数$\times\dfrac{\text{端数の月数}}{12}$

ただし，小数点以下は切り捨てる。

3.3.3 　5(4)の場合は，勤続年数の変更に応じて基礎点の変更を行なう。

3.4 付加点

3.4.1 　付加点は毎年の資格および業務能力評価ならびに在職中の功績，退職当時の事情などを総合的に考慮し，退職時に決定する。

3.4.2 　6月30日現在，勤続3年以上の者については，その年の3月31日現在の資格に応じ，別表2に定める点数を毎年7月1日に与え，これを累積し，付加点の最低点とする。

3.5 　3.3.1および3.4.2について，6月30日現在の勤続年数（年未満の端数切り捨て）が，休職規則(1)～(3)に該当し，勤続に通算されない期間があるため，前年の6月30日現在の勤続年数（年未満の端数切り捨て）にくらべ，1年増えない場合は基礎点および付加点とも与えない。

3.6 単価

単価は1点10,000円とする。

4．加算額

4.1 　次の退職事由区分のひとつに該当するときは，その適用区分により別表3に定める金額を加算額として支給する。ただし，適用区分のふたつ以上に該当するときは，いずれか高い方の金額のみを支給する。

4.1.1 　会社都合

(1) 従業員が役員または理事に就任したとき

(2) 従業員を休職期間満了により解雇したとき

(3) 従業員が業務上負傷し，または疾病にかかり，業務に堪えず退職を希望し，会社がこれを認めて解雇したとき

(4) 会社の都合により，従業員を解雇したとき

4.1.2 　死亡

従業員が死亡したとき

4.1.3 　定年

(1) 従業員が定年に達したとき

(2) 従業員が55歳以上で退職し，または解雇したとき

(3) 従業員が55歳以上で死亡したとき

4.2 　退職時の勤続年数に端数が生じた場合の加算額は，別表3に定める金額から次の算式により算出する。

勤続年数の端数を切り捨てた年数に対する加算額…………(A)

勤続年数の端数を切り上げた年数に対する加算額…………(B)

$$加算額 = A + (B - A) \times \frac{端数の月数}{12}$$

ただし，10,000円未満は切り捨てる。

5．勤続年数の計算

勤続年数は次の各項目により計算する。

(1)　勤続期間は入社の日から退職，解雇，または死亡の日までとする。

(2)　1カ月未満の端数が生じたときは，1カ月に繰りあげる。

(3)　休職期間中の勤続年数の取扱いについては，別に定める休職規則の定めるところによる。

(4)　退職直前に連続して出勤していない場合には，最終出勤日までを勤続年数として計算する。ただし，就業規則に定める公傷病休暇またはこれに準ずる日は出勤とみなす。

6．支給時期

退職金は，原則として，退職後1カ月以内に支給する。

7．被支給者

7.1　退職金は死亡の場合を除き，退職者本人に支給する。ただし，本人の委任を受けたものはこの限りでない。

7.2　死亡した従業員に対する退職金は，労働基準法施行規則第42条から第45条までに定める遺族補償支給順位により支給する。

付　　　則

8．この規則は，会社保障制度の確立，その他社会情勢の変化に伴い，変更することがある。

9．施行期日

この規定は，　年　月　日から施行する。

（別表1）　　　　　　　　　　　　　**基礎点数**

勤続年数	点数	勤続年数	点数	勤続年数	点数	勤続年数	点数	勤続年数	点数
4年以上	1点	13年以上	9点	22年以上	18点	31年以上	20点	40年以上	10点
5	1	14	10	23	19	32	20	41	9
6	2	15	11	24	20	33	20	42	8
7	3	16	12	25	21	34	20	43	7
8	4	17	13	26	22	35	20	44	6
9	5	18	14	27	23	36	15	45年以上	5
10	6	19	15	28	24	37	15		
11	7	20	16	29	25	38	15		
12	8	21	17	30	25	39	15		

（別表2）　　　　　　　　　　　　　　　　付加点数

	資　　　　　　　　　　　　　格								
	実　　　　　務			主　　　任		主　務	参　　　　　与		
	3　級	2　級	1　級	2　級	1　級		3　級	2　級	1　級
点　数	1点	1	2	3	4	5	10	15	20

（別表3）　　　　　　　　　　　　　　　　加算額表

勤続	会社都合	死　亡	定　　年	勤続	会社都合	死　亡	定　　年
1年	10 万円	10 万円	20 万円	26年	172 万円	272 万円	460 万円
2	11	11	22	27	189	289	480
3	12	12	24	28	206	306	500
4	13	13	27	29	223	323	520
5	15	15	30	30	240	340	540
6	19	19	37	31	252	352	552
7	23	23	44	32	264	364	564
8	27	27	51	33	276	376	576
9	31	31	58	34	288	388	588
10	35	35	65	35	300	400	600
11	39	39	90	36	306	406	608
12	43	43	115	37	312	412	615
13	47	47	140	38	318	418	622
14	51	51	165	39	324	424	629
15	55	55	190	40	330	430	635
16	63	75	215	41	330	430	639
17	71	95	240	42	330	430	642
18	79	115	265	43	330	430	645
19	87	135	290	44	330	430	648
20	95	155	315	45年以上	330	430	651
21	107	175	340				
22	119	195	365				
23	131	215	390				
24	143	235	415				
25	155	255	440				

⒁　実例　　　　　　　　一時金及び退職年金規程

（ＳＭ商事・商社・従業員2,000人）

第1章　総　　則

（目　的）

第1条

　　この規程は，従業員の退職一時金及び退職年金について定める。ただし，雇用期間の定めのある者については，この規程を適用しない。

第2章　退職一時金

（退職一時金の支給条件）

第2条

①　従業員が退職するときは，退職一時金を支給する。ただし，入社の日から起算し満1年未満で退職する者に対しては支給しない。

②　従業員が就業規則第55条各号（略）に該当する事由により，懲戒解雇され，又は退職するときは前項にかかわらず退職一時金を支給しない。ただし，情状により退職一時金の一部を支給することがある。

（退職一時金の額）

第3条

①　退職一時金の額は退職時の本給に，管理職，一般職及び事務職については別表1，現業担当職及び現業補助職については別表2の退職時年齢に応ずる乗率と入社時年齢に応ずる乗率の差を乗じた額（税込）とする。ただし，乗率の差は管理職，一般職及び事務職については48.50，現業担当職及び現業補助職については52.50をそれぞれ超えないものとする。

②　退職時年齢又は入社時年齢の端数は月割とし，小数点以下第2位に切上げる。

（退職一時金の功労加算）

第4条

①　管理職掌の者が，定年若しくは定年に準じて退職するときは，別表3に定めるところにより退職一時金を増額する。

②　在職中特に功労があったと認められる退職者については詮議のうえ，別に定めるところにより，退職一時金を増額することがある。

（特別加算金）

第5条

　従業員が次の各号に定める場合の一に該当して退職するときは，退職一時金のほか，特別加算金を支給する。

　　1．死亡

　　2．休職期間満了

　　3．傷病により業務に堪えられないと認められたとき

　　4．業務の都合

　　5．役員に就任するとき

　　6．その他特にやむを得ない事由があると認められたとき

（特別加算金の額）

第6条

①　前条第1号ないし第3号，第5号及び第6号に該当するときの特別加算金の額は次表に定めるところによる。ただし，該当者が配偶者又は扶養家族である子を有するときは300,000円を，その他のときは150,000円を下まわらないものとする。

勤続5年未満の者	退職時の（本給＋資格手当又は加給）×1.8	
〃 5年以上の者	〃	2.7
〃10　　　〃	〃	3.6
〃20　　　〃	〃	4.5

②　前条第4号に該当するときの特別加算金の額は，その都度別途決定する。

（勤続年数の計算）

第7条

①　この規程における勤続年数は，入社の日から起算し退職の日までとする。ただし，1カ月未満の端数が生じた場合は1カ月に切上げる。

②　業務上の災害による場合を除き，休職期間は勤続年数に算入しない。この場合，休職期間は，休職を命ぜられた日から復職の日の前日までとし，1カ月未満の端数が生じた場合は切捨てる。

（算定額端数の取扱）

第8条

　算定した額に100円未満の端数を生じたときは，100円単位に切上げる。

（遺族に対する支給）

第9条

①　在職中死亡した者に対する退職一時金及び特別加算金は，弔慰金としてその遺族に支給する。

②　遺族の範囲は配偶者，直系卑属及び直系尊属並びに会社が適当と認める兄弟姉妹で，本人の死亡当時その収入によって生計を維持していた者又はこれと生計を一にしていた者とし，その順位はこ

こに掲げた順序による。ただし，事情によりこれらの者以外で会社が適当と認めた者に支給することがある。

（退職年金との調整）

第10条

退職年金規約第14条及び第14条の2（略）により給付される退職年金又は繰上年金のうち第二年金を受ける場合又は同規約第15条の2第2項第2号（略）により給付される一時金を受ける場合には，当該年金給付に係わる現価額又は一時金の額は，この規程に基づき算出した退職一時金から控除するものとする。本人死亡のため，遺族が受ける年金又は一時金についても同様とする。

第3章　退職年金

（退職年金規約）

第11条

退職年金については，退職年金規約（略）の定めるところによる。

付　　則

1. この規程は　年　月　日から実施する。
2. ○○年度に退職する者については，この規程による退職一時金の額が△△年度定昇後本給に，旧規程による乗率差を乗じて得た額を下回る場合に，その差額を当該退職者の退職一時金に加算するものとする。

（別表1）

年齢	乗率	年齢	乗率
15歳	0.00	37歳	19.02
16	0.72	38	20.52
17	1.44	39	22.02
18	2.16	40	23.52
19	2.88	41	25.02
20	3.60	42	26.82
21	4.32	43	28.62
22	5.04	44	30.42
23	5.76	45	32.22
24	6.48	46	34.02
25	7.20	47	35.82
26	7.92	48	37.62
27	8.64	49	39.42
28	9.36	50	41.22
29	10.08	51	43.02
30	10.80	52	44.62
31	11.52	53	46.22
32	12.72	54	47.82
33	13.92	55	49.42
34	15.12	56	51.02
35	16.32	57	52.62
36	17.52	58	54.22

（別表2）

年齢	乗率	年齢	乗率
15歳	0.00	37歳	19.67
16	0.72	38	21.27
17	1.44	39	22.87
18	2.16	40	24.47
19	2.88	41	26.07
20	3.60	42	27.87
21	4.37	43	29.67
22	5.14	44	31.47
23	5.91	45	33.27
24	6.68	46	35.07
25	7.45	47	36.87
26	8.22	48	38.67
27	8.99	49	40.47
28	9.76	50	42.27
29	10.53	51	44.07
30	11.30	52	45.87
31	12.07	53	47.67
32	13.27	54	49.47
33	14.47	55	51.27
34	15.67	56	52.87
35	16.87	57	54.47
36	18.07	58	56.07

（別表3）

職掌・資格	功　労　加　算
管理職1級	退職時の本給×3.0
〃　2級	〃　　　　×2.5
〃　3級	〃　　　　×2.0
〃　4級	〃　　　　×1.5
〃　5級	〃　　　　×1.0
〃　6級	〃　　　　×0.5

別表1，2
(注)　1．乗率は誕生日の午前0時現在に対応する。
　　　2．年齢の1年未満の端数についての乗率の計算は次の算式による。
　　　　　A歳Bカ月の乗率＝A歳乗率＋〔（A＋1）歳乗率－A歳乗率〕
　　　　　　　　　　　　　　×B／12（小数点以下第2位に切り上げ）

第3章　退職金規則　第2　退職金規則の実例

⒂　実例	退職年金規則
	（ＭＳ電機・電気機器製造・従業員6,000人）

（通　則）

第1条　当社の社員として当社に永年勤務し，退職した者の在職中の労に報い，その退職後の生活を補助するため，本規則により年金支給制度を設ける。ただし，引き続き当社役員になった者については，本規則によることなく別に定めるところによる。

（資　格）

第2条　年金受領資格は，勤続満20年以上に達した場合に生じる。（資格の生じた者を年金資格者という）

（終身年金）

第3条　年金資格者が退職した場合，その退職の月の翌月より本人死亡の月に至るまで退職時本給に受給時年齢に応じ別表⑴に定める支給係数を乗じた額に，退職時年齢に応じ別表⑵に定める年齢率および勤続年数に応じ別表⑶に定める勤続率を乗じた金額を終身年金として本人に支給する。

②　自己の都合による退職の場合は，前項にかかわらず退職時本給（略）に定める自己都合修正率を乗じた額を退職時本給とする。

（功労付加金）

第4条　定年・社名による他社転属・死亡および業務上の事由による傷病のため退職する者に対しては，在職中の功労度に応じ第8条により算出した一時金額の1割以上5割程度を功労付加金として支給する。

　　　ただし勤続30年以上の者に対しては2割以上6割程度とする。

②　前項に定める功労付加金に勤続25年未満の者に対して25万円，同25年以上30年未満の者に対し45万円，同30年以上の者に対し70万円をそれぞれ基準として加算する。ただし退職時の諸種の条件を勘案し特別に加算することがある。

（懲戒解雇）

第5条　懲戒解雇の場合は，第2条の規定にかかわらず，年金受領資格はなくなるものとする。ただし事情によっては所定額の5割の範囲内において特に年金または一時金を支給することがある。

（遺族年金）

第6条　年金資格者が死亡により退職した場合または終身年金受領者が別表⑷に示す退職年齢に応ずる支給期間に到達する以前に死亡した場合は，前者については別表⑷に示す退職時年齢に応ずる支給期間，後者の場合は，退職時年齢に応ずる支給期間よりすでに本人に対して終身年金として支給済みの年月数を控除した期間について，死亡の翌月よりその遺族に対して終身年金額と同額の金額を遺族年金として支給する。ただし50歳未満の年金資格者が死亡した場合は遺族年金を支給すること

486

第3章　退職金規則　第2　退職金規則の実例

なく年金一時金を支給する。

② 遺族年金を支給する遺族は，つぎの者のうち会社が適当と認めた者とする。ただし適当と認める者がない場合は支給しない。

(1) 配偶者　(2) 直系尊卑属　(3) その他適当の者

③ 遺族年金受領者が死亡した場合は，残余支給期間について，前項の遺族のうち会社が適当と認めた者に対して継続して支給する。

（一時金の支給）

第7条　第3条または第6条の規定にかかわらず，終身年金または遺族年金ともに，その受領者の希望および事由によっては，第8条ないし第10条の規定に基づきその後の年金の支給を打ち切り，あるいは減額して一時金を支給する。ただし，終身年金受領者については別表4に示す退職時の年齢に応ずる支給期間を終え，遺族年金受領者については遺族年金の支給期間を終えた場合は，一時金の支給はしない。

（一時金即時全額支給）

第8条　退職（死亡による退職を含む。以下同じ）時に，その年金資格者が年金の支給を受けることなく直ちに一時金の支給を受ける場合，その一時金は，第3条の終身年金または第6条第1項の遺族年金の額に別表4に示す退職時の年齢に応じた支給期間に基づき別表5に示す現価率を乗じて算出した金額とする。

（一時金即時一部支給）

第9条　退職（死亡による退職を含む）前に前条の一時金の一部を直ちに受領し，他を年金として受ける場合は，一時金として受領しうる割合は次表のとおりとし，その後はそれぞれ次表に示す金額を第3条または第6条に示す支給終了の年月まで年金として支給する。

一時金として受領しうる金額	その後の年金額
前条の金額の　7割	第3条または第6条の年金額の　3割
〃　　　　　5割	〃　　　　　　5割
〃　　　　　3割	〃　　　　　　7割

（一時金中途全額支給）

第10条　現に年金を受領している者が，中途よりその後の年金の支給を受けることなく一時金の支給を受ける場合，その一時金は，別表4に示す退職時年齢に応ずる支給期間よりすでに年金として支給済みの年月数を控除した残余の期間について年金額（受給時年齢61歳以上の場合は60歳以前の年金額）1円につき別表5に示す現価率を乗じて算出した金額とする。ただし昭和49年9月30日現在において年金を受領中であった者については，本条によらず退職時の規則の定めるところによる。

（貸与金）

第11条　年金資格者がつぎの事由より希望し，会社がその必要を認めた場合は，その在職中に必要と認める金額を，その予定金額中から貸与する。ただし貸与金額は貸与の年月日におけるその年金資格

者の勤続年数・年齢および本給を基とし，第8条を準用して算出した一時金の半額をこえることはできない。

(1) 子女の結婚　(2) 子女の学資　(3) 本人または家族の病気　(4) 住居関係　(5) 家族死亡　(6) 不慮の災害　(7) その他特にやむを得ざる場合

（貸与金利子）

第12条　前条の貸与金に対しては，年○分の利息を課する。

② 前項の利息は，毎月賃金支払日に会社に納めなければならない。

（貸与金返済）

第13条　貸与金はこれを在職中，自発的に返済する場合を除き退職時に返済するものとする。

② 年金の支給を第8条の一時金即時全額支給による場合は，第8条による一時金額より返済金額を控除し，これを前項の返済に充当する。

③ 前項以外の場合は，第4条による功労付加金の支給がある場合はその金額より，第4条による功労付加金の支給がない場合あるいはあっても返済額に満たない場合は第9条の即時一部一時金として受領し得る割合のうち返済金額を上回るいずれかの割合を選択しその一時金額より返済金額を控除し，これを第1項の返済に充当する。

（勤続年数の算定）

第14条　勤続年数は社員として雇い入れた日より起算する。

（届　出）

第15条　年金受領者は，その住所と受領印を会社に届けなければならない。

② 年金受領者は，家庭の状況・生活の状況等についての会社からの照会に対しては，すべて誤りなく回答しなければならない。

③ 前2項について変更のあった場合は，年金受給者はすみやかにその旨を，会社に届けなければならない。

④ 年金受領者が死亡した場合は，すみやかにその旨を，証明書を付し会社に届け出なければならない。

（年金の支払）

第16条　終身年金または遺族年金は，その年金額を12で除した金額を毎月一定期日に本人又は遺族に対して支給する。

② 年金授受の方法を，原則として会社の示すところによる。

（支給取止め）

第17条　つぎのいずれかに該当する場合は，前各条の規定にかかわらず，年金の支給を打ち切り，あるいは一定期間支給しないことがある。

(1) 第15条に定める義務を怠り，または不正の届出・回答をした場合

(2) 会社の体面を汚損する行為をなした場合

(3) 会社の機密をもらし，その他会社の利益に反する行為をなした場合

(4) その他不正の行為をなした場合

(5) 遺族が遺族年金を受領するのに適さなくなった場合

（権利の処分）

第18条 年金を受ける権利は，これを譲渡し，または担保に供することはできない。

（改変・廃止）

第19条 本規則は経済情勢の変動・会社の都合または社会保障制度の進展によって改変または廃止することがある。

② 前項の場合は，その内容によって支給継続中の年金額または取り扱いについても改変し，あるいはこれを廃止する。

③ 前項の場合は，会社はできうる限り早急にこれを年金受領者に通知する。

（満50歳以上社員の特例）

第20条 社員が満50歳に達した後退職する場合は，第3条第2項にかかわらず定年退職として取扱うことがある。

（経過措置）

第21条 旧日給者より旧月給者へ転換し，転換手当の支給を受けた者については，転換手当の2分の1額ならびにその金額に対する年○分の利息を加算した合計額を年金または一時金より控除して支給する。

（基金との関係）

第22条 本規則に基づき年金または一時金を受給すべき社員またはその遺族が基金より給付を受けるときは，本規則に基づく年金または一時金の額より基金からの加算給付相当額（拠出制にかかる第2加算部分を除く）を控除して支給する。

付 則

第23条 本規則は， 年 月 日より実施する。

（別表１）受給時年齢別支給率係数表

受給時年齢	支給係数	受給時年齢	支給係数
35歳以上61歳未満	4.86	66歳以上67歳未満	6.58
61 〃 62 〃	5.11	67 〃 68 〃	6.94
62 〃 63 〃	5.36	68 〃 69 〃	7.33
63 〃 64 〃	5.36	69 〃 70 〃	7.76
64 〃 65 〃	5.92	70 〃 71 〃	8.23
65 〃 66 〃	6.23	71 〃	8.73

（注）　受給時年齢は退職時満年齢を基準とし以後１年経過するごとに１歳加算する。

（別表２）年齢率表

退職時年齢	年齢率	退職時年齢	年齢率
満50歳以上	1.00	満42歳以上満43歳未満	0.75
満49 〃 満50歳未満	0.90	〃41 〃 〃42 〃	0.74
〃48 〃 〃49 〃	0.87	〃40 〃 〃41 〃	0.73
〃47 〃 〃48 〃	0.84	〃39 〃 〃40 〃	0.72
〃46 〃 〃47 〃	0.81	〃38 〃 〃39 〃	0.71
〃45 〃 〃46 〃	0.79	〃37 〃 〃38 〃	0.70
〃44 〃 〃45 〃	0.77	〃36 〃 〃37 〃	0.69
〃43 〃 〃44 〃	0.76	〃35 〃 〃36 〃	0.68

（別表３）勤続率表

退職時勤続年数	勤続率
満30年以上	1.00
〃29年 〃 満30年未満	0.97
〃28年 〃 〃29年 〃	0.94
〃27年 〃 〃28年 〃	0.91
〃26年 〃 〃27年 〃	0.88
〃25年 〃 〃26年 〃	0.85
〃24年 〃 〃25年 〃	0.82
〃23年 〃 〃24年 〃	0.79
〃22年 〃 〃23年 〃	0.76
〃21年 〃 〃22年 〃	0.73
〃20年 〃 〃21年 〃	0.70

（別表４）支給期間表

退職時年齢	支給期間	退職時年齢	支給期間
満35歳以上満36歳未満	37年	満46歳以上満47歳未満	26年
〃36 〃 〃37 〃	36 〃	〃47 〃 〃48 〃	25 〃
〃37 〃 〃38 〃	35 〃	〃48 〃 〃49 〃	24 〃
〃38 〃 〃39 〃	34 〃	〃49 〃 〃50 〃	23 〃
〃39 〃 〃40 〃	33 〃	〃50 〃 〃51 〃	22 〃
〃40 〃 〃41 〃	32 〃	〃51 〃 〃52 〃	21 〃
〃41 〃 〃42 〃	31 〃	〃52 〃 〃53 〃	20 〃
〃42 〃 〃43 〃	30 〃	〃53 〃 〃54 〃	19 〃
〃43 〃 〃44 〃	29 〃	〃54 〃 〃55 〃	18 〃
〃44 〃 〃45 〃	28 〃	〃55 〃 〃56 〃	17 〃
〃45 〃 〃46 〃	27 〃	〃56 〃 〃57 〃	16 〃

第 3 章　退職金規則　第 2　退職金規則の実例

（別表 5）現価率表

支給期間	現　　　価	支給期間	現　　　価	支給期間	現　　　価	支給期間	現　　　価
37 年	10.70 円	27 年	10.36 円	17 年	9.61 円	7 年	7.39 円
36	10.68	26	10.31	16	9.49	6	6.81
35	10.65	25	10.25	15	9.37	5	6.10
34	10.63	24	10.19	14	9.24	4	5.25
33	10.60	23	10.12	13	9.10	3	4.24
32	10.56	22	10.05	12	8.95	2	3.04
31	10.53	21	9.98	11	8.78	1	1.64
30	10.49	20	9.9	10	8.55		
29	10.45	19	9.81	9	8.25		
28	10.40	18	9.71	8	7.87		

（注）　残余の支給期間に年未満の端数がある場合の現価率の計算はつぎのとおりとする。

$$現価率＝A＋（B－A）\times \frac{端数月}{12}$$

ただし，A は端数月を切捨てた支給期間に対応する現価率
　　　　　B は　　〃　　切上げた　　〃　　　　　〃
とする。

⒃　実例　　　　　割増退職金支給規程

（ＴＫ電鉄・鉄道・従業員3,000人）

（目　的）

第 1 条　この規程は，社員自ら転職，独立自営の転進を希望する場合，割増退職金を支給し，転進の援助を図ることを目的とする。

（支給基準）

第 2 条　割増退職金は，年齢満45歳以上・勤続15年以上の社員が前条の主旨に基づき自己の選択に於いて退職する場合に次の基準により支給する。

年　　　齢	45〜50歳	51	52	53	54	55	56
割増退職金	350万円	300	250	200	150	100	100

（勤続期間の算定）

第 3 条　勤続期間の算定については就業規則第87条（略），退職金支給規程第 7 条および第 8 条（略）を準用する。

（懲戒解雇者に対する取扱）

第 4 条　懲戒解雇により退職した者には割増退職金を支給しない。

第3章 退職金規則 第2 退職金規則の実例

（施 行）

第5条 この規程は 年 月 日より施行する。

⒄ **実例** **特別功労金および特別弔慰金支給内規**

（ＹＮ食品・食料品製造販売・従業員650人）

従業員退職金支給規程第13条，第14条（下記参考）について下記のとおり定める。

（特別功労金）

第1条 在職中，業務上特に功労があった退職者に対しては，別に特別功労金を支給する。

この場合

① 特に功労のあったもの

その都度決定

② 20年以上勤務して功労があった場合には

200万円から1000万円の範囲内で特別功労金

③ 管理監督の職にあって業務向上に貢献し，その責務を十分に全うした場合，その勤務年数に応じ下の基準により退職金勤続年数に加算する。

部長（本部長を含む），支社長，1年を1.4倍とする。

部次長，課長，課長代理，1年を1.2倍とする。

（特別弔慰金）

第2条 在職中，業務上の傷病により死亡した場合は，その遺族に所定労災保険の給付および退職金の他，次の特別弔慰金を支給する。

① 部長（本部長を含む）……1,500万円

② 部次長…………………………1,200万円

③ 課長・課長代理……………1,000万円

④ 係長・主任……………………800万円

⑤ 一般職・その他………………700万円

── **―参考― 従業員退職金支給規程** ──────────────────

（特別功労金）

第13条 在職中，業務上特に功労があった退職者に対しては，別に特別功労金を支給する。

（特別弔慰金）

第14条 従業員が業務上の理由により死亡したときは別に特別弔慰金を支給することがある。

第 3 章　退職金規則　第 2　退職金規則の実例

（18）　**実例**　　　　　　**特別慰労金支給制度規程**

（ＫＦ化学・化成品製造・従業員180人）

（目　的）

第 1 条　高年者対策の一環として，従業員の定年後における生活設計を早期に立てることを奨励し，その計画を助成するために，一定年齢に達した者に対し，永年勤続に対する功労に酬いるとともに，計画の奨励を行い，将来生活の安定と向上を図ることを目的とする。

（適用範囲）

第 2 条　独立自営または，他社への再就職のため，50歳以上56歳未満で退職する者のうち，次の要件を満たす者に対して特別慰労金を支給する。

1．退職時点での勤続年数が10年以上であること。

2．退職が会社の意向に反しないものであること。

3．他社就職の場合，その就職先が関係会社でないこと。

（金　額）

第 3 条　特別慰労金の金額は次のとおりとする。

退職時年齢	特　別　慰　労　金
50歳	（基本給＋加給）×1／2×65
51歳	〃　　　　×1／2×63
52歳	〃　　　　×1／2×62
53歳	〃　　　　×1／2×60
54歳	〃　　　　×1／2×55
55歳	〃　　　　×1／2×50
56歳	〃　　　　×1／2×45

（制定・改廃止）

第 4 条　この規程の制定・改廃は人事部長が起案し社長が決定する。

付　　則

1．この規程は○年○月○日から実施する。

2．○年○月○日改正。

第3章　退職金規則　第2　退職金規則の実例

---

(19)　実例	選択定年制度運用基準

（ＴＫ商事・流通業・従業員230人）

従業員230人の流通業の「選択定年制度運用基準」です。50歳より，加算退職金が支給。

（目　的）

第1条　中高年社員の職業観とライフスタイルの多様化に対応し，本人が希望する場合に転身を支援
　　　し，新しい生活設計に資するため，選択定年制度を実施する。

（制度の適用対象者）

第2条　本制度は，満50歳，54歳，57歳をもって円満退職する勤続10年以上の者にこれを適用する。

（退職金の取扱い）

第3条　前条の条件を満たす者が自己都合で退職する場合は，退職金規程に基づいて算出される通常の
　　　退職金のほかに，通常の退職金に次の率を乗じた加算退職金を支給する。

退職時年齢	満50歳	満54歳	満57歳
加算退職金	100%	70%	40%

（特別有給休暇の付与）

第4条　本制度により退職する場合は，本人の希望により退職前に連続して2週間の特別有給休暇を付
　　　与する。

（申　請）

第5条　本制度の適用を希望する者は，退職しようとする日の3カ月前まで間に，所属長を経由して総
　　　務部に申し出るものとする。

（審　査）

第6条　会社は，申請者が本制度の条件を満たしているかどうかを審査した上，退職辞令を交付する。

　2．前項により退職が予定された者は，第4条の期間を除き退職辞令交付日まで従前どおり誠実に勤
　　　務して引継ぎその他に遺漏なきよう務めるものとする。

　3．前項に反する場合は，本制度の適用を見直すことがある。

（実　施）

第7条　この基準は，○年○月○日から施行する。

第3章　退職金規則　第2　退職金規則の実例

⑳　実例	選択定年制度優遇規程
	（ＫＥ化学・化学製品製造・従業員1,200人）

　この企業では特別加算金として，定年退職金（定年60歳時点）の差額を上乗せ支給する制度です。その他に優遇措置として，いくつかの特典が与えられる。

（目　的）

第1条　従業員が老後生活の安定と向上等，生涯の生活設計を早期に立て，60歳の定年前の転職等を目的として退職を希望する場合，その計画の助成を図り定年退職の時期の選択について必要な事項を定める。

（退職給付金規程との関係）

第2条　この規程は退職給付金規程と併用して運用する。

（選択定年年齢）

第3条　選択定年により退職することのできる年齢は退職の時期において満48歳以上満55歳までとする。

（適用条件）

第4条　選択定年による退職は，勤続満20年を超えかつ前条に定める年齢に該当し，本人および会社が合意した場合に限り適用する。

　　　　ただし，次の事由に該当する場合は適用しない。

　㈁　嘱託

　㈭　死亡による退職

　㈥　休職期間満了による退職

　㈤　役員辞任による退職

　㈬　公職辞任による退職

　㈠　業務内外による傷病による退職

　㈢　論旨並びに懲戒解雇者

（退職の時期・選択の申出）

第5条　選択定年による退職の時期は原則として3月31日とし，その申出は退職日の6カ月以前とする。

（特別加算金）

第6条　選択定年による退職者の退職給付金は定年退職扱として退職給付金規程に定められるその者の定年時の支給率を適用し，一般退職による退職給付金との差額を特別加算金として支給する。

495

（特別加算金の支給日）

第7条 退職給付金規程に準ずる。

（その他の措置）

第8条 この規程の定めるところにより定年を選択した者には別に定める優遇措置をとることがある。

（附　則）

第9条 この規程に定めのない事項については都度会社が定める。

２．この規程は○年○月○日より実施する。

選択定年退職者優遇措置基準

選択定年制規程の定めるところにより定年を選択した者に対して特別加算金の外，次の優遇措置を行う。

１．長期特別有給休暇の実施

退職予定日の前２カ月間を退職後の諸準備期間として長期特別有給休暇とする。

２．公的資格取得奨励金の贈呈

退職決定時から退職時までの間に別表による公的資格を取得した場合に奨励金を贈呈する（省略）。

３．ドッグ総合検診の実施

退職決定時から退職までの間に実施し，費用は全額会社負担とする。

４．定期健康診断の実施

退職後，定年応答時までの間，職員の定期健康診断時に実施し費用は会社負担とする。

５．その他

社会保険の諸手続・厚生施設の利用等会社の許容できる範囲内で取扱う。

６．実施日

○年○月○日

---

(21)　**実例**　　　　　　　　**選択定年退職規程**

（ＡＴ食料・食料品製造販売・従業員320人）

50歳からの退職者には特別退職金が支給され，表彰や慰安旅行の制度。

（目　的）

第1条 定年前に転職等のため定年扱いによる退職を選択する社員に対し，この規程を適用する。

（対象者）

第2条　50歳以上の社員でこの制度による退職を選択し会社が認めた者。

（特別措置）

第3条　退職者には，次の特例措置を行う。

(1)　退職金：退職時の勤続年数により，退職金支給規定を適用して支給する。（定年取扱い）

(2)　退職時の年齢により，次の特別退職金を支給する。

　　　50～54歳　　基本給の12カ月分

　　　55～56歳　　基本給の6カ月分

　　　57歳　　　　基本給の3カ月分

(3)　その他の特例

　①　永年勤続表彰：○年○月末までにこの制度により退職するもので，その時点までに所定の勤続年数に該当する者には，表彰記念品を退職時に支給する。

　②　永年・定年慰安旅行：退職時資格のある者は旅行（旅行または相当金額支給）を認める。

　③　退職記念品：定年退職者に準じ，記念品を支給する。

　④　賞与：定年退職者祝儀に準じ在職期間の賞与を支給する。

　⑤　退職年金：退職時55歳以上の者で，とくに年金受給の希望がある場合は認める。

（実施時期）

第4条　○年○月○日から実施する。

⑿　実例	定年前退職者優遇制度取り扱い規程

（ＣＨ精密・精密機械製造・従業員400人）

定年は60歳であるが，45歳からの退職者には思い切った特別餞別金が支給。

（趣　旨）

第1条　定年前に転職のため退職する場合には，所定の退職金以外に「特別餞別金」を支給することとし，その取り扱いについてはこの規定による。

（適用対象）

第2条　年齢45歳以上58歳以下，勤続15年以上の社員で，再就職または再就職準備のために退職する者。

　　　ただし，会社が不適当と認めたときは適用しないことがある。

（特別餞別金）

第3条　本制度の適用者には，次の「特別餞別金」を支給する。

① 45歳以上55歳以下の者　　　年間給与の100%

　　② 56歳の者　　　　　　　　　年間給与の90%

　　③ 57歳の者　　　　　　　　　年間給与の70%

　　④ 58歳の者　　　　　　　　　年間給与の50%

　2．年間給与は，「退職時の基準内賃金×12＋過去2回の賞与」とする。

　　　年齢は，満年齢を迎えた直後の4月21日または10月21日から以降1年間とする。

　　　勤続は，就業規則の勤続年数の算定による。

　（適用の申し出）

第4条　本制度の適用を受けようとする者は，原則として退職希望日の1カ月前までに申し出ることとする。

　（実施期日）

第5条　この規定は○年○月○日から実施する。

┌───┐
│ ⒄　**実例**　　　　　　　**早期退職優遇制度規程**   │
│   │
│   （ＩＳ電子・電子部品製造・従業員750人）   │
└───┘

早期退職の優遇は定年（60歳時点）の退職金支給率にプラスアルファがある例。

　（目　的）

第1条　本規程は，社員の生活設計の多様化に資するために行う早期退職優遇制度について定める。

　（定　義）

第2条　「早期退職優遇制度」は，定年前に自己都合によって退職する者を退職金支給の面で優遇する制度をいう。

　（適用者）

第3条　本制度を適用するのは，次の各号に該当する者とする。

　　① 勤続年数15年以上

　　② 年齢満50歳以上57歳以下

　　③ 退職事由が円滑であること

　　④ 在職誠実に勤務し，当社の発展に貢献した者

　（退職金の支給）

第4条　第3条に該当する者が退職するときは，次の算式によって算定される退職金を支給するものとする。

$$\boxed{退職金＝退職時の基本給×（60歳までに勤続していた場合の退職金支給率）＋\alpha}$$

2．＋αは50歳で500万円，1歳増すごとの50万円減とする。

（支　給）

第5条　退職金は，退職後2週間以内に支給するものとする。

（特別功労金）

第6条　在籍中に特別の功労があり当社の発展に著しく貢献した者に対しては，退職時に特別功労金を支給することがある。

（退職の申し出）

第7条　本制度の適用を受けて退職することを希望する者は，退職希望日の2カ月前までに所属長を通じて会社に申し出なければならない。

（施　行）

第8条　本規程は○年○月○日より施行する。

---

⑭　実例　　　　　　　　　早期退職優遇規程

（ＨＭ電機・電機製品製造・従業員2,300人）

従業員2,300人の電機製品製造業の事例です。役付者（主任以上）で50歳より定年（60歳）前の早期退職者には優遇の措置（餞別金）を行っている例。

第1章　総　　則

（目　的）

第1条　この規定は，従業員が定年退職以前に，自己の意思で退職する場合に，退職金の取り扱いを優遇することにより資金面から援助することを目的として，早期退職優遇に関する事項を定める。

（適用範囲）

第2条　この規定は，退職日現在の満年齢が50歳以上59歳未満の主任待遇以上の一般従業員に限定して適用する。ただし，次に該当する場合は適用しない。

①　関連会社への移籍による退職

②　競合会社への就職および競合会社設立による退職

③　死亡による退職

④　病気療養期間中の退職

⑤　休暇期間満了による退職

⑥　業務上災害による退職

⑦　懲戒解雇事由による退職

（申請方法）

第3条　この規定の適用を希望する者は，原則として退職日の3カ月前までに所定の用紙に必要事項を記入のうえ，所属長経由人事労務担当課長に申し出るものとする。

（早期退職者の遵守義務）

第4条　早期退職者は，次の事項を遵守しなければならない。

①　退職に当たって申請した退職理由および退職後の予定に誤りがないこと

②　退職日までに後任者に引き継ぎを完全に行い，円満に退職すること

③　退職後も在職中に知り得た会社の秘密を他に漏らさないこと

第2章　早期退職優遇措置

（退職金の割り増し支給）

第5条　早期退職者には，退職金支給規定に定める所定の支給率による退職金（定年扱い割り増し30％を含む）に別途早期退職加算した退職金を支給する。早期退職加算額は退職年数に応じて〔別表1〕（編注：省略）のとおり定める。

（嘱託料の支給）

第6条　早期退職者には，第5条に定める加算退職金とは別に，嘱託料として退職時基本給の一定率を毎月支給する。支給率および支給期間は退職年齢に応じて〔別表1〕（略）のとおり定める。

（嘱託雇用契約締結）

第7条　嘱託料を受給する早期退職者は，受給期間中は会社と嘱託雇用契約を締結しなければならない。

第3章　付　　則

（幹部職への適用）

第8条　幹部職に適用する早期退職優遇制度は，「幹部職雇用・賃金管理制度」で別途定めるものとする。

（規定の改定）

第10条　この規定の改定は労働組合の意見を聞いて行う。

（施　行）

第11条　この規定は，○年○月○日より公示して施行する。

第3章　退職金規則　第2　退職金規則の実例

(25)　実例	進路選択制度規程

（ＭＨ機械・機械器具製造・従業員950人）

50歳以上で55歳までに，関連会社へ転籍，自営，転職する者に，通常の退職金の他に「特別餞別金」を支給する制度。

（目　的）

第1条　職業観と生活設計の多様化に対応するとともに，企業活力の維持・増進を図るために，進路選択制を実施する。

（対象者）

第2条　50歳以上で，かつ，勤続20年以上の者を対象とする。

（進　路）

第3条　進路は次のとおりとする。

　①　継続勤務

　　60歳定年まで勤務する。ただし，この場合，55歳時点で役職を離脱するものとする。

　②　関連会社への転籍

　　55歳までの間に関連会社へ移籍する。賃金その他の労働条件は，当該関連会社の規定による。

　③　自営・転職

　　55歳までの間に退職する。この場合，通常の退職金のほかに，次の区分により，特別餞別金を支給する。

退職時の年齢	特別餞別金の額
50歳	通常の退職金の40%
51歳	〃　　　　35%
52歳	〃　　　　30%
53歳	〃　　　　25%
54歳	〃　　　　20%
55歳	〃　　　　15%

（選択の自由）

第4条　いずれの進路を選択するかは，個人の自由とする。

付　則

（施　行）

第5条　この規程は○年○月○日より施行する。

501

第**4**章

出張旅費規程

第4章　出張旅費規程

第1　解説・出張旅費に関する規程

　出張旅費規程も就業規則の一部として作成されるものであるから，就業規則本文中に「出張旅費に関する事項については別に定める」旨を明らかにしておく必要がある。

1．国内出張旅費

　国内出張旅費規程の内容としては，旅費の内容，支給条件，適用区分と計算方法，旅費額等をキメ細かく定めておく必要があり，これを章別に総則，出張旅費，転勤赴任旅費，雑則のように組み立てる必要がある。

2．賃金規則との関係

　出張中の労働時間，休日の扱いについては，労働基準法施行規則第24条の2の規定により，使用者が別段の指示をしない限り，通常の労働時間労働したものとみなし，時間外，休日にわたる出張であっても36協定や割増賃金の支払の必要はない。

　もし，使用者が特段の指示をした場合は，時間外，休日に対応して割増賃金の支払いが必要となるが，それは賃金であるから，これについては，出張旅費規程からはずして，賃金規則のなかで規定するのが建前である。

3．旅費の内容

国内出張旅費の内容をみると，交通費，宿泊費，日当，食卓費，通信費，雑費に分けられる。

①　交通費……鉄道賃（新幹線，ＪＲ在来線，私鉄線により鉄道旅行するもの），船賃（船舶により水路を旅行するもの），航空賃（航空機により空路を旅行するもの），車馬賃（車輛で陸路を旅行するもの，高速道路使用料，フェリー料金を含む）のすべてをいう。

②　宿泊費……出張に際し，ホテル・旅館に宿泊するのに必要な実費をいう。一般には，日当，食事代を含めているところが多いが，食卓費を別に設けている場合は，素泊り料金に限定して考えるのが妥当である。また，宿泊費の概念の中には車船中宿泊費が入る。

③　日当……旅行出発の日から帰着の日までの日数に応じて支給される1日当たりの手当である。なお，全日当，半日当と区別する例もある。

④　食卓費……朝，昼，夜の食事代を原則としている。③の日当の中には，昼食代を含んでいる例が多い。

⑤　通信費……出張先での電話料その他の通信費

⑥　雑費……荷物預け等。

4．出張の区分

国内出張の区分としては，つぎのものがある。

①　日帰り出張……その日のうちに出発し，同日内に帰着する出張をいう。

②　宿泊出張……宿泊（車船中泊を含む）を伴う通常の出張をいう。

③　長期出張……同一の場所に一定期間以上滞在する場合の出張をいう。

④　研修出張等……社内外の講習会，研究会，視察および業界の打合（懇談会）等を目的とした出張をいう。

⑤　赴任……異動，駐在等のため新任地に赴任し，住居の移転を伴うものをいう。この場合は赴任旅費が支給されるのが通例である。そして，これは従業員本人だけでなく，家族の移転旅費，家財移転費など別枠で支給される。

5．海外出張旅費規程

海外出張旅費規程は，一般には，目的・適用範囲・支度金・交通費・日当・宿泊費・荷造り運送費・地域区分・着後手当・家族費用・海外駐在手当・国内給与との関係・公租公課・保険料・医療費・住宅費・一時帰国・休日・休暇・任地における出張・旅費の精算等について定められている。

このうち，中心になるのは，支度金，滞在費（宿泊費・日当），保険等が中心となる。

第2　出張旅費規程の実例

(1)　実例
出張旅費規程
（ＭＴデパート・百貨店・従業員3,000人）

第1章　総　則

（目　的）

第101条　この規程は，労働協約第637条（略）に基づき従業員の出張に関する事項を定める。

（出張の種類）

第102条　出張は次の通りとする。

　1．国内出張

　2．海外出張

　3．外　　出

（旅行経路および旅費計算）

第103条　旅程および旅費は，経済的な経路および方法による。

　　　ただし，災害その他やむを得ない事由で経路の変更が起った場合には，実際の経路によって計算する。

（随行旅行）

第104条　出張者が上級者または顧客に随行したときは，その上級者または顧客に準じて旅費（日当，夜行料を含まず）を支給する。

（出張中の出費）

第105条　出張中本規程に定める旅費以外に業務のための出費があった場合は，その実費を支給する。出費とは，業務連絡のために要する書信，電信，電話等の費用および業務のために携行する荷物の運送費，その他とする。

（出張中の勤務時間）

第106条　出張中は，その日の就業時間を勤務をしたものとみなす。

　　　ただし，所属長が時間外勤務として認定した場合は時間外勤務扱いとする。

（出張中の事故）

第107条　出張または外出中，発病もしくは不慮の災難の為やむを得ず滞留したときは，医師の診断書または事実の証明によって宿泊料および滞留に要した実費を支給する。

（出張事故の特別扱）

第108条　出張者が，出張または外出中発病もしくは不慮の災難にあい，その家族が看護その他の為当
該地に赴くときは，その実費を支給する。

　　この場合，出張者に準じた交通機関または最も早く当該地に到着できる交通機関の利用を認め
る。

（旅費の仮払）

第109条　出張者は，出張申請書を提出し，承認を得て，旅費の仮払いを受けることができる。

（出張中の私用旅行）

第110条　出張中において私用のため滞留しまたは他に旅行するときは，事前に所属部長の許可を得な
ければならない。この場合，私用のための旅費その他は支給しない。

　　また，会社は，従業員の私用旅行中は社用を命じない。

第2章　国内出張

（国内出張）

第201条　国内出張とは次の場合をいう。

　1．片道100km 以上の地へ出張したとき，ただし，新幹線においては150km 以上とする。

　2．前号にかかわらず往復4時間以上の地へ出張し，業務に要する時間を含め6時間以上にわたると
き。

〔諒解事項〕　本支店間の往来は出張扱いとはしない。

（出張の手続）

第202条　出張は，その前日午前中までに，出張申請書に必要事項を記入の上，所属長の承認を得て，
人事担当に提出する。

　　なお，出張申請書の記載事項とは，次のことをいう。

　1．出張先および用件

　2．予定日数および日程の明細

　3．利用交通機関および旅費概算

（出張期間中の休日）

第203条　休日に出張または帰着をした場合，および出張期間中の休日は出発，帰着の時間にかかわら
ず，次の時間内の休日出勤をしたものとみなす。

　1．各個休日に該当する場合は，当日の就業時間とする。

　2．定休日の場合は，午後6時10分までとする。

（出張報告）

第204条　出張者が出張より午前中に帰着した場合は，当日業務報告を行い，その後は公用の早退とす
る。ただし，休日または午後帰着した場合は，翌日出勤後ただちに業務報告を行う。

（出張旅費）

第205条 出張旅費は，交通費，宿泊費，夜行料，日当および弁当料として出張旅費種別表（別表）によるが，実情に応じ所属長が認めた時は，交通費に限り上位等級の利用を認める。

（特別出張）

第206条 業務の都合上貨物自動車，その他の添乗により出張した場合は，宿泊料または夜行料，日当，弁当料およびその為に生じた出費を支給する。ただし，この場合の夜行料は第205条の旅費種別表の10割増とする。

（旅費精算）

第207条 出張より帰着したときは，ただちに出張申請書の精算欄に記載する必要事項を人事担当に連絡の上，旅費の精算をうける。

（別表）　　　　　　　　**出張旅費種別表**

区　　分		A	B
交通費	列　　　　　車	普　通　車（座席指定を含む）	普　通　車（座席指定を含む）
	新　幹　線	普通座席指定	普通座席指定
	汽　　　　　船	1　　　　　等	特　　　　　等
	飛　行　機	ビジネスクラス	ビジネスクラス
	そ　の　他	実　　　　　費	実　　　　　費
宿　　泊　　料		10,500円	13,000円
日当	宿泊のある場合	4,000円	4,500円
	宿泊のない場合	2,500円	2,500円
	※旅費全額を支給しない場合	3,000円	3,000円
夜　　行　　料		1,500円	2,000円
弁　　当　　料		1,500円	1,500円

なお，所属長が許可してグリーン車を使用した場合は，実費を支給する。

〔確認事項〕

1．本規程のA・B区分は次の通りとする。

A	係員階層のS_2，C_2，T_2，I_2，G_2以下
B	係員階層のS_3，C_3，T_3，I_3，G_3以上

2．列車，汽船賃は，運賃の等級を設けない路線においては，実費を支給する。汽船賃には，はしけ賃，桟橋賃および寝台料金を含むものとする。

3．急行（超特急，特急，普通急行，準急を含む）列車に乗車したときは，実費を支給する。

4．夜行列車を利用するときは，Aはグリーン車を，Bはグリーン車の座席指定の使用を認める。

5．夜　行　料

乗車中の宿泊は，出張旅費種別表の夜行料を支給し宿泊料に代える。

ただし，夜行料には朝夕の食事代を含まない。

6．出張中において，用務のために要する交通費は，その実費を支給する。なお，事情により自動車の利用を認める。

7．宿泊料には，朝夕の食事代を含むものとするが，出張先の事情によりやむを得ない場合，出張旅費種別表の宿泊料を超えて支給することがある。

8．日当は，出発より，帰着の日まで計算する。

ただし，午前8時以前出発，午後7時以後帰着の場合の日当は，それぞれ5割増とする。

※9．業務の都合により会社または他から旅費の全部または一部の支弁をうけたときは，本規程に定める旅費の一部または全部を支給しないことがある。

ただし，旅費全額を支給しないときは，出張旅費種別表に定める日当を支給する。

10．弁当料は，出発の日より帰着の日まで計算する。

ただし，午前8時以前の出発および午後7時以後帰着の場合の当該日は，朝食料および夜食料としてそれぞれ700円を支給する。なお，弁当を現物支給した場合は弁当料は支給しない。

11．出張区域で業務上合宿を行う場合は，日当は支給しない。

12．特別社員，社員嘱託者および嘱託者Bの取扱いは，その待遇に準ずる。

第3章　海外出張

（出張地域の区分）

第301条　出張地域を次の通り区分する。

A地域　北米，中南米，ヨーロッパ，オセアニア

B地域　その他の地域，ただし，特殊な事情がある場合には，会社・組合協議の上，A地域と同様に取り扱うことがある。

（出張の手続）

第302条　社命により出張する者（常務会において決定）は，出張目的，日数，目的地，経路，経費を明記した申請書に出張予定表を添付し，事前に所属長を経て人事担当に提出する。

（利用交通機関）

第303条　旅行中に利用する交通機関は，航空機，船舶，鉄道および長距離バスとし，出発前に会社に届け出る。

ただし，旅行中やむを得ず変更を行った場合は，後日その理由を届け出る。

（国内外の諸企業，諸団体よりの招待出張）

第304条　国内外の諸企業または諸団体より招待を受けた際，会社業務を兼ねて国外に出張を命ぜられたとき，先方の負担額が本規程に定める基準に達しない場合は，その差額を支給する。

（国内旅行との関係）

第305条　海外旅行の途中，国内を旅行する場合の取扱いは本規程第2章による。

（出張期間中の休日）

第306条 出張期間中の休日は，労働協約に定める相当日数をその実情に応じて与える。

ただし，出発，帰着の日が休日に重なる場合は，休日出勤扱いとする。

（出張の報告）

第307条 出張終了により帰国の場合は，すみやかに出張目的事項につき，所属長に報告する。

（出張休暇）

第308条 帰国後1週間以内に，1カ月以内の出張の場合は2日，1カ月以上の場合は3日の有給の出張休暇を与える。

ただし，いずれの場合も各個休日を除く。

（旅費の種類）

第309条 出張旅費とは，次のものをいう。

1．交 通 費

　航空賃，船舶賃，鉄道運賃，長距離バス賃，滞在地交通費

2．宿 泊 費

3．滞 在 費

　食費，日当，身辺雑費

4．支 度 料

5．渡航手数料

6．その他の費用

　通信費，会社が認めた交際費，その他

（交通費）

第310条 交通費は，A，B両地域とも次の通り支給する。

　船　　　舶　　エコノミークラス

　航 空 機　　エコノミークラス

　鉄　　　道　　1等

　長距離バス　　所要額

1．運賃の等級を設けない路線においてはその所要額，船舶についてはエコノミークラスの中で利用した等級について所要額。

2．急行列車（特急・準急を含む）を利用するときは，急行料金を支給する。

3．夜行列車を利用するときは，1等座席指定の使用を認める。

4．寝台の利用は原則として500km以上とする。

5．船舶，航空機を利用した場合，乗船，搭乗までに要する自動車，はしけ等の実費を支給する。

（宿泊費）

第311条 宿泊費の基準は表1の通りとするが，出張期間の総宿泊日数を通算し，その総宿泊費を実費で精算する。なお，出張する外国までの往復に際して，船舶または航空機で宿泊した日数について

は半日分を支給する。

（表1）　　　宿　泊　費

地域 支給区分	A	B
専門職Ⅲ以上	110 ド ル	90 ド ル
専門職Ⅱ以下	100 ド ル	80 ド ル

（滞在費）

第312条　滞在費は，食費，日当，身辺雑費に分け，各々支給する。この場合の食費，日当については表2および表3の通りとし，身辺雑費はその実費を支給する。ただし，出張する外国までの往復に際して，船舶または航空機で宿泊した日数についてはその半日分とする。

（表2）　　　食　　費

地域 支給区分	A	B
専 門 職 Ⅲ 以 上	60ドル・7,000円	50ドル・5,500円
専 門 職 Ⅱ 以 下	56ドル・6,500円	50ドル・5,000円

（表3）　　　日　　当

地域 支給区分	A	B
専 門 職 Ⅲ 以 上	30ドル・4,000円	30ドル・4,000円
専 門 職 Ⅱ 以 下	25ドル・3,500円	25ドル・3,500円

〔諒解事項〕表2および表3におけるドルと円との併記については，換算によりいずれか高い額を支給する。

（支度料）

第313条　渡航用見廻品購入費用として，表4の支度料を支給する。

（表4）　　　　　　　**支 度 料**

（単位：万円）

出張地域			A 地　域		B 地　域	
	支給区分		専門職Ⅲ 以　　上	専門職Ⅱ 以　　下	専門職Ⅲ 以　　上	専門職Ⅱ 以　　下
期　間	回　数					
30日以上	初　　回		15	13	11	9
	2年以内再度		7.5	6.5	5.5	4.5
10日以上	初　　回		10	8	8	6
	2年以内再度		5	4	4	3
10日未満	初　　回		8.5	7	7	6
	2年以内再度		4.5	3.5	3.5	3

（旅費精算）

第314条　出張した者は，旅行終了後1週間以内に海外出張費清算書に必要な証拠その他，出費を証明する書類を添えて所属長を通じ，人事担当に提出し，旅費の精算を終らなければならない。

　　　なお，外貨は帰着後すみやかに会社に返納するものとする。

第4章　外　　出

（外　出）

第401条　外出は，原則として就業時間内に往復し得る範囲で，都区内および近郊に社用で赴き，出張でないことをいう。

（外出の種類）

第402条　外出の種類は，次の通りとする。

　1．一 般 外 出　社用のため外出し帰店後退出するとき。

　2．立 寄 外 出　直接目的地を社用のため訪問し閉店前に帰店するとき。

　3．不帰店外出　社用のため外出し目的地より直接帰宅するとき。

　4．社 外 勤 務　社用のため就業時間全部を社外で勤務するとき。

（利用交通機関）

第403条　外出は，原則としてバス，電車，地下鉄等に乗車するものとする。

　　　ただし，事情により自動車の利用を認める。

　　　なお，その場合は実費を支給する。

（食事補助料）

第404条　外出が午後1時を含む3時間にわたるときは，食事補助料として700円を支給し，午後1時を含む5時間にわたるときは，800円を支給する。

　　　ただし，外出が主たるセールス活動を行う者（別に定める）には，1カ月につき，700×21.4を

固定支給する。

〔諒解事項〕　食堂施設の完備していない事業所に勤務している者（別に定める），および定休日が異なっていて食堂施設を利用できない日に勤務する者については1日600円の食事補助料を支給する。

（時間外外出）

第405条　業務の都合により就業時間外に外出した場合，および外出が就業時間を超えるときは，時間外勤務手当を支給する。

（外出者の出張扱）

第406条　外出区域で，業務の都合により宿泊するときは，出張とする。

　　　　また，外出した者で，勤務が深夜におよび，帰宅が困難と判断され宿泊した場合は，本規程第205条に定められた宿泊費を支給する。

付　　　則

1．本規程に定められた事項も法令の制限を受ける場合は，その範囲内とする。

1．本規程の定額部分については，毎年1回諸般の事情を勘案し，必要に応じて会社・組合協議の上改訂することがある。

1．本規程は，　年　月　日より施行する。

---

(2)　実例　　　　　　　　国内旅費規程

（ＫＥ会館・ホテル，レストラン・従業員1,000人）

第1章　総　　則

第1条　社命による出張または転勤するときの旅費は，この規程の定めるところによる。

　　　　本規程の適用を受けるものは，所定の申請手続によりあらかじめ社長の許可を得なければならない。（出張命令書別紙様式）

第2条　旅費の支給にあたり，この規程によりがたい事由のあるときは増額または減額することができる。

第3条　旅費を次の通り区分する。

(1)　出張旅費　┬　普通旅費…業務上の教育出張以外の場合
　　　　　　　├　部内旅費…本社および事業部内の店所間の場合
　　　　　　　└　教育旅費…教育研修のための出張の場合

(2)　転勤旅費　┬　赴任旅費…転勤により赴任する場合
　　　　　　　└　帰郷旅費…退職者が1カ月以内に帰郷する場合

第4章　出張旅費規程　第2　出張旅費規程の実例

第4条　旅費は事前に仮払申請書により概算払いすることができる。

この場合は帰着後2日以内に所定の経費明細書を提示し精算しなければならない。（出張に要した経費明細，略）

第2章　出張旅費

（普通旅費）

第5条　普通旅費は，日当・宿泊料・食事代および交通費とし，別表1に定める額を支給する。

1．上級者と同行または随行した場合で特に認めたときは，交通費および宿泊料は上級者に準じ，日当は当人の該当する区分の日当を支給する。

2．寮，自宅および親戚，知人宅等に宿泊した場合は，宿泊料は半額とする。

3．出張先で宿泊料および食事代が負担された場合（会社等の接待で旅行する場合等）は，宿泊料および食事代を支給しない。

4．5級以下の航空料金はあらかじめ許可を得た場合に支給する。

5．日帰り出張の場合の日当は半額を支給する。

但し，片道50km以内またはこれに準ずると認められる場合は支給しない。

6．船車泊の場合は，宿泊料の2分の1を支給する。

7．鉄道賃・急行料金・船賃以外の交通費は車賃として実費を支給する。

8．近距離出張の場合に，業務上または交通不便のためやむを得ず宿泊を要するときは，遠距離出張に準じて旅費を支給する。

（部内旅費）

第6条　部内旅費は日当を支給しない。

素泊料，食事および交通費については，前条に定める額を超えない範囲内で実費を支給する。

（教育旅費）

第7条　教育訓練のための教育旅費は次のとおりとする。

1．教育旅費は普通旅費に準ずる。

但し，教育期間中の日当は，定額の2分の1を支給する。

2．素泊料，朝食，夕食，昼食費等が別途支給される場合（研修費，研究費，交際費等に含まれる場合）は旅費としては支給しない。

第3章　転勤旅費

（赴任旅費）

第8条　赴任のため住所を変更するときは，次の赴任旅費を支給する。

1．旅　　費

⑴　本人の場合

普通旅費の交通費ならびに日当12,000円を支給する。

(2) 家族同伴の場合（発令時における扶養中の同居家族）

　　13才以上の者

　　　　本人の場合と同額の交通費

　　13才以下の者

　　　　本人の場合の交通費の半額

　　6才未満の者には

　　　　交通費は支給しない

(3) 勤務発令の日より1カ年以内に家族が移転するときは前号に準ずる。

　　但し，赴任先で直ちに社宅または寮に入居する場合には支給しない。

2．荷造運送費

　　実費を支給する。

3．赴 任 料

　　赴任に伴う雑費に充てるため，宿泊料および食費合計額の7日分に当たる額を支給する。但し，赴任先で直ちに社宅又は寮に入居する場合は支給しない，食事は支給する。

（帰郷旅費）

第9条　定年・自然退職者が概ね，1カ月以内に帰郷するときは在社中の資格により，所定の赴任旅費に準じて支給する。

付　　　則

（施　行）

第10条　この規程は　年　月　日より施行する。

　　　　昭和42年1月1日制定

　　　　改訂4回

　　　　　年　月　日改訂

第4章　出張旅費規程　第2　出張旅費規程の実例

（別表1）　　　　　　　　日当，宿泊料，食事代および交通費

職能資格区分	日当	宿泊料	食事代			交通費	
			朝食	昼食	夕食	航空料金	鉄道賃
6	5,000	甲地15,500 乙地12,000	1,600	1,600	2,500	可	グリーン車
5	5,000	甲地12,000 乙地10,000	1,600	1,600	2,500	許可制	普通車
4	4,000	甲地10,000 乙地9,500	1,600	1,600	2,500	許可制	普通車
3	4,000	甲地9,000 乙地8,500	1,300	1,300	2,000	許可制	普通車
2	3,500	甲地8,500 乙地8,500	1,300	1,300	2,000	許可制	普通車
1	3,500	甲地8,500 乙地8,500	1,300	1,300	2,000	許可制	普通車

やむを得ず航空機を利用する場合，1〜5に該当する者は事前に承認を得ること。

　　甲地　　東京，大阪
　　乙地　　甲地以外の都市

国外旅費規程

（旅費の支給）

第1条　役員および従業員が業務又は社命により国外に出張するときは，本規程の定めるところにより国外出張旅費（以下旅費と云う）を支給する。

（旅費の種類）

第2条　旅費は交通費，支度料，滞在費，附帯費の4種とする。

（支給の手続）

第3条　外国出張を命ぜられたものが規定の支度料，出発前に要する附帯費，及び出張期間中の旅費概算金額を所定の手続により請求した場合はこれを支給する。

（規定の適用）

第4条　国内を出発し，国内へ帰着するまでの旅費はこの規程を適用して支給する。国内出発まで，及び国内帰着後に要する旅費は国内旅費規定を適用して支給する。

（支度料）

第5条

　(1)　支度料は出張旅行先及び，役職により別表2の金額を支給する。

第4章　出張旅費規程　第2　出張旅費規程の実例

(2)　支度料は出張期間の区分により次の比率を乗じて減額支給する。

10日以上　　　所定額の100%

9日以内　　　所定額の 50%

(3)　出張期間が特に短いものについては，その都度事情を勘案して所定額を減額することがある。

支度料を受けたものが1年以内に再び国外に出張する場合は，特別の理由なき以外支度料は支給せず，2年以内の場合は，支度料は所定額の50%を支給する。

(4)　第3回以降の国外出張の場合の支度料は所定額の50%を支給する。

(5)　業務の都合により出張が中止になった場合には，特別の場合を除き原則として全額を返還させる。

（滞在費）

第6条　滞在費は日当及び宿泊料として出張旅行先及び役職又は社員等級の区分により別表2の金額を支給する。

（附帯費）

第7条　附帯費は出張者の出入国税，旅券交付手数料及び査証料，外貨交換手数料，予防注射料並びに旅行傷害保険料として現に要した実費を支給する。

（外貨使用の限度）

第8条　前2条の費用は外貨使用許可願の限度を超えてはならない。

（旅行傷害保険）

第9条　出張期間中の出張者に対し，旅行損害保険を別表2の金額により会社を受取人として契約しその保険料を会社が負担する。

（出張期間中の給与）

第10条　出張期間中の給与は，国内勤務の場合と同額を支給する。

（交通費及び宿泊費の除外）

第11条　海外視察団等に加わり出張した場合，主催者が交通費，宿泊費，食費の全部又は一部を負担した場合は本規程に定める交通費，宿泊費，食費は支給しない。

付　　則

（施　行）

第12条　この規程は　年　月　日より施行する。

年　　月　　日改正

（別表2）

資格／区分	社　長	役　員	6級	5級	4級	3級	2・1級	備　考
鉄　道 船　舶 航空機	グリーン 1等 ビジネス	グリーン 1等 ビジネス	グリーン 1等 ビジネス	グリーン 1等 ビジネス	グリーン 1等 エコノミー	普通 2等 エコノミー	普通 2等 エコノミー	
日当 甲地	ドル 50	ドル 45	ドル 42	ドル 40	ドル 39	ドル 38	ドル 37	長期滞在の場合の支給基準 ①30日以内100％ ②31〜90日 80％ ③91〜180日75％ ④180日以上70％
日当 乙地	40	37	35	33	32	31	29	
宿泊料 甲地	110	100	95	90	85	80	80	
宿泊料 乙地	100	90	85	80	75	70	70	
支度料 甲地	万円 30	万円 25	万円 22	万円 20	万円 18	万円 16	万円 15	9日以内50％ 10日以上100％
支度料 乙地	13	11	10	9	8	7	6	
食事料	ドル 朝食 10 昼食 13 夕食 25		同			左		
旅行傷害保険	万円 10,000	万円 10,000	万円 10,000	万円 5,000	万円 5,000	万円 5,000	万円 5,000	

（注）　本表の地区は次の通り区分する。
　　　甲地　　アメリカ州（北，中，南），欧州，豪州
　　　乙地　　甲地以外の地域

（別紙様式）

出 張 命 令 書

年　　月　　日付をもって出張を命ずる。

KE 会館株式会社

代 表 取 締 役 ㊞

　　　　　　　　殿

出張許可申請書

副社長	常　務	部　　長	係

KE会館株式会社

年　　月　　日

氏　名　　　　　　　　　　　　　　　　　　　㊞

下記の用務により出張いたし度く御許可下さいますよう申請いたします。

記

1. 用　　　務

2. 用　務　地

3. 出　張　期　間　{　自　　年　　月　　日　　曜日（　　日間）
　　　　　　　　　　　至　　年　　月　　日　　曜日

4. 出 発 帰 着　・出発　　発　月　　日　　時　　分　　交通機関名
　　　　　　　　　　　　着　月　　日　　時　　分 {

　　　　　　　・帰着　　発　月　　日　　時　　分 {
　　　　　　　　　　　　着　月　　日　　時　　分

5. 宿　　　泊

　　　　　　　　　　　　　　　　　　　宿泊場所（ホテル名—宿泊先）

　　　　月　　日～　月　　日（　　日間）　電　話（必ず明記のこと）

。帰着後3日以内に，出張に要した経費明細書を提出すること。
。　　日（　　曜日）　　時までに本部に報告のため出頭し，レポートを提出すること。

(3) 実例	出張旅費規程
（GS製作所・金属製品製造・従業員700人）	

第1章　総　　則

（目　的）

第1条　この規程は，就業規則第48条（略）にもとづき，出張（宿泊を必要とする出張，往路50キロメートル以上の日帰出張），および赴任などの場合に支給する旅費に関する事項を定める。

（旅費の基準）

第2条　旅費は本人の資格に応じ，その定額，または実費を支給する。実費を請求する場合には，領収書または支払明細書を添えて所属上長の承認を得なければならない。

　2．出張距離計算はすべて当社所属勤務先を基準とする。

（旅費の種類）

第3条　この規程によって支給される旅費とは，つぎのものをいう。

　1．交　通　費

　2．日　　　当

　3．宿　泊　料

　4．赴　任　旅　費

　5．その他の旅費

（支給の原則）

第4条　旅費はすべて順路によって支給する。ただし，やむを得ない事由により迂路によった場合は，その迂路によって支給する。

（出張中の病気，その他の事由による滞留）

第5条　出張中病気，その他やむを得ない事由のため滞留し，宿泊を要するときは，一週間まで所定の旅費を支給し，その後は所属上長ならびに労務部長が事情を調査して，その都度これを定める。

（長期出張の取扱）

第6条　同一地に15日以上宿泊する場合を長期出張とし，15日目から宿泊料は所定の6割とする。ただし特別の事情あるときは所定の手続を経た場合，所定額を限度として宿泊料実費（2食付）を支給することがある。

（会社施設利用近地宿泊出張の取扱）

第7条　近地出張にて業務のため会社独身寮に宿泊する場合，宿泊料は所定額の30％とする。

　　日当は近地出張扱いとする。

（出張中の労働時間）

第8条　出張中の労働時間は就業規則第30条（略）による。

（旅費の概算払い精算）

第9条　旅費は，出張前に出張伺いを提出した者は概算払いを受けることができる。

　　　帰着したときは必要書類を添付3日以内に旅費の精算をしなければならない。

第2章　交　通　費

（交通費）

第10条　交通費は，本社または所属工場を起点として，順路によって支給する。鉄道または船舶，タクシー代（実費），および航空機の運賃とする。

（乗用資格）

第11条　鉄道および船舶の乗用資格は別表1に定める区分による。ただし1等乗用資格者で車船にその設けがなく，下級の等級に乗用したときは実費を支給する。

（急行券，座席指定券，寝台券）

第12条　急行券（特急券，準急券を含む）および座席指定券は実費支給するが，寝台券は支給しない。

　　　ただし往路200キロメートル以内の日帰出張についてはグリーン券は支給されない。

（タクシー代）

第13条　タクシー代はすべて実費を支給する。

（航空賃）

第14条　航空賃は所属部長の許可ある場合に限り実費を支給する。

第3章　日当，宿泊料

（日当，および宿泊料）

第15条　日当および宿泊料（朝夕食含む）は別表1により支給する。

（日当の支給日数）

第16条　日当は出発より帰着当日までの日数により支給する。

　　　ただし，出発地を午後出発した場合と，出発地に正午までに帰着した場合，その日の日当は半額を支給する。

（宿泊料の支給夜数）

第17条　宿泊料は，出発より帰着までの夜数により計算して支給する。

（出張中の公傷病）

第18条　出張中業務上の傷病により，止むを得ず滞在した時は医師の診断書ある者に限り必要と認める期間日当，宿泊料を支給する。

（出張中の私傷病および事故）

第19条　出張中疾病または事故により止むを得ず滞留した時は医師の診断書または事実の証明あるもの

に限り，必要と認める期間，宿泊料を支給する。

（宿泊料など要しない出張）

第20条　見学，研究会，講習会その他に参加のための出張で宿泊料，または交通費を要しない場合には日当を支給する。ただし，日帰出張の場合はその日当を支給する。宿泊料，交通費の一部を要しない場合には，その金額を差引き支給する。

（特殊出張）

第21条　接待などの出張については，通常の日当を支給する。見学，研究会，講習会その他に参加のための出張で，主催者が交通費，宿泊料の全部または一部を負担し，その金額が，本人所定の旅費に満たない時は，その差額を支給する。

（日帰出張の日当）

第22条　日帰日当は別表１の通りの日当を支給する。

ただし日帰出張が10時間以上の場合は日帰日当の５割増を支給する。

（上位者に随行の場合）

第23条　区分上位に随行する場合は，上位者と同等の交通費，宿泊料を支給する。

（国外への出張）

第24条　国外へ出張する旅費は，その都度定める。

第4章　赴任旅費

（赴任手当）

第25条　赴任（転任）の場合には所定旅費のほか赴任（転任）手当を次の通り支給する。

赴任手当（支度金として）

家族帯同（本給＋役付手当）　　　２カ月分

単 身 者（ 〃　　　〃 ）　　　1.2カ月分

家族引まとめの際（ 〃　　〃 ）　1.2カ月分

独 身 者（ 〃　　　〃 ）　　　1.2カ月分

（本人所定の旅費）

第26条　本人所定の旅費とは，別表１による旅費をいう。

（荷造運送費）

第27条　転任のため引越に要する運搬費用の実費（領収書を要す）は会社負担とする。

ただし運送業務を会社で行うときはこの限りでない。

（家族の旅費）

第28条　家族を伴う場合は家族に対し，本人の資格に応じた別表交通費，および日当を支給する。

ただし６才から12才未満の者に対しては，交通費，日当の半額を支給する。家族とは，同居の事実上の扶養家族をいう。

（赴任休暇）

第29条 転任する際には次の休暇を与える。

転任の日を含め　　家族帯同者　　　　３日

　　　　〃　　　　　　単身者，独身者　　１日

特別有給休暇とし欠勤扱いとしない。

（その他の費用）

第30条 その他の費用とは，赴任に伴い発生するやむを得ざる費用（会社が認めた実費）をいう。

第５章　その他の旅費

（帰郷旅費）

第31条 入社のため住居を変更した者が，労働条件が事実と相違するため退職し，その日から14日以内に帰郷する時，または18才未満の者が解雇の日から14日以内に帰郷するときは就業規則第９条により帰郷旅費を支給する。

ただし本人の責に帰すべき理由により解雇され，その事由について行政官庁の認定を受けた時は支給しない。

（新入社員の赴任）

第32条 新入社員の赴任に対しては，入社時の現在地より勤務地までの交通費，宿泊料の実費のみ支給する。

（家族を呼び寄せる場合の旅費）

第33条 社員の業務上の傷病により，その家族を郷里より勤務地まで呼び寄せる必要を生じた時は，家族２名まで本人相当の旅費（交通費，宿泊料および日当）を支給する。

（自動車による日帰出張）

第34条 乗用車，トラックの運転手並びに同行者，その他自動車による出張については別表２により日帰出張として扱い第22条により別表１の日当を支給する。

（宿泊出張で往路，復路が休日となる場合の取扱い。）

第35条 宿泊出張の際，業務の都合上，会社の休日に出発，帰着をせざるを得ない場合，その移動に要した時間により振替休日を与える。

会社が認める目的地までの所要時間

８Ｈ以上…………１日

４Ｈ以上…………半日

４Ｈ未満…………与えない

振替休日の日時は所属上長により指定する。

20条，21条の出張については原則としてこれを与えない。

第4章 出張旅費規程 第2 出張旅費規程の実例

第6章 付　則

第36条　この規則は　年　月　日よりこれを施行する。

（別表1）　　　　　　　　　　　　　　　　　　　　　　　　　　　　　　　○年○月○日改正

項目 区分	交　　通　　費			宿　泊　料		日　当	日帰出張	備　　考
	鉄　　道	船　　舶	タクシー等	旅　館	車(船)中			
部　　長 次　　長	グリーン車	グリーン又は一等	実　　費	11,000	4,000	4,000	3,500	出発駅より200キロ以内の往復はグリーン車を使用できない。
課　　長 課長代理	普通車	普通又は二等	〃	10,000	3,500	3,500	3,000	
係　　長	〃	〃	〃	9,000	3,200	3,200	2,700	
そ の 他 社　　員	〃	〃	〃	8,500	3,100	3,000	2,500	

1．新幹線利用　部長・次長はグリーン車
2．宿泊料の増額　東京，大阪，名古屋，京都，横浜，神戸，北九州，福岡の各都市及び北海道地区に宿泊した場合は宿泊料の2割を増額支給する。
3．近 地 出 張　片道50キロ以上100キロ未満　1律　日帰日当　1,000円

524

(別表2 - ①)

本社起点

往路50キロ以上100キロ未満，および100キロ以上の日帰出張（本社起点の場合）の区分次の通りとする。

距離 行先	50キロメートル以上100キロメートル未満	100キロメートル以上
1. 東海道方面	該　　当	小田原以遠
京浜国道	横浜市以遠	横浜市磯子，金沢区保土ヶ谷区は査定
厚木街道	原町田市以遠	
2. 中央線方面		新宿経由梁川以遠
甲州街道	立川市以遠	
川越街道	川越所沢市以遠	
3. 上信越方面		上野経由本庄以遠
中仙道	鴻巣市以遠	
4. 東北方面		上野経由，小金井以遠
日光街道	久喜市以遠	
5. 常盤線方面		金町経由内原以遠
水戸街道	荒川沖以遠	
6. 総武線方面		船橋経由
千葉街道	姉ケ崎・土気以遠	御宿以遠（外房）
		浜金谷〃（内房）
	酒々井・八街以遠	飯岡　〃（総武線）
		延方　〃（鹿島神宮）

（別表 2 - ②）

OI 工場起点

往路50キロ以上，100キロ未満，および100キロ以上の日帰出張（石岡起点の場合）
の区分は次の通りとする。

行　先＼距　離	50キロメートル以上100キロメートル未満		100キロメートル以上
1．常磐線方面		該　　当	大津港以遠
水戸街道（南）	柏市以遠	松戸市，流山市	
〃　　（北）	東海以遠	日立市，常陸太田市	
2．水郡線方面	爪連町以遠	常陸大宮市	下野宮以遠
3．水戸線方面	筑西市以遠	結城市，小山市	佐野以遠
両毛線	下妻市以遠	八千代町，古河市	
4．東北本線方面（古河）		参考　上野85.8キロ	上野経由 西川口以遠
（南）		小山69.0キロ 古河84.9キロ	小山経由 栗橋以遠
（北）			宇都宮以遠
5．成田線	佐原市以遠	鹿島市，銚子市	我孫子，成田経由 　滑川以遠 　南酒々井以遠
総武線	潮来市　〃	栄町	新松戸，西船橋経由
内外房線	印西市　〃	柏市沼南町	四街道以遠 　　浜野　〃 　　鎌取　〃
6．中央線			上野経由 　新宿以遠 　　　〃
7．東海道線			大井町以遠

| (4) 実例 | 出張旅費規程 |

（ＨＢ出版社・出版・従業員130人）

第1章 総 則

（目 的）

第1条 この規程は，就業規則第61条（略）に基づき，役員及び社員（以下『社員等』という）が出張する場合における旅費の支給に関して必要な事項を定めたものである。

（出張の区分）

第2条 出張は，国内出張及び国外出張とし，国内出張は次の3種類とする。

① 遠地出張 　　勤務から50km以上の地域への出張

② 近地出張 　　遠地出張及び都区内出張以外への出張

③ 都区内出張 　東京都23区内への出張

（出張の承認手続）

第3条 役員の出張は社長の承認を，部長の出張は担当役員を経て社長の承認を，課長以下の職位者の出張は担当役員の承認を得なければならない。

2．前項の規定にかかわらず，国外出張は全て社長の承認を得るものとする。

3．国外出張及び遠地出張並びに宿泊を伴い近地出張については，出張申請書兼命令書によって申請して承認を得，その他については口頭にて可とする。なお，国外出張については，目的，日程，旅費予算等の詳細資料を添付しなければならない。

（旅費の仮払）

第4条 旅費は出張前に担当役員及び総務部長の承認を得て，その予算金額の範囲内で仮払を受けることができる。

2．仮払を受ける場合には，出張申請書兼命令書に仮払伝票を添えて，総務部長に提出しなければならない。

（旅費の精算）

第5条 旅費の精算は，帰着後一週間以内に行わなければならない。

2．遠地出張及び近地出張で，宿泊を伴うものについては，全て国内出張旅費精算書に明細を記入し，担当役員の承認を得て総務部長に提出しなければならない。

3．近地出張で宿泊を伴わないもの及び都区内出張は，原則として，旅費・交通費精算書で精算する。

4．遠地出張で宿泊を伴わないものについては国内出張旅費精算書及び，旅費・交通費精算書の何れかをもって精算する。

（旅費の計算）

第6条 旅費は，最も経済的な通常の順路及び方法により計算する。ただし，用務の都合その他特別の事情があると認められる場合は，実際に通過した順路及び方法による。

2．交通費の計算に際しては，通勤交通費支給区分間を除く。

（随　行）

第7条 役員に随行した場合で，本人所定の旅費で支弁し得なかった場合は，総務部長の承認を得て実費を支給する。

（特　例）

第8条 出張の途中，傷病等により予定を超えて滞在のやむなきに至った場合，医師の診断書その他の証明を総務部長が認めたときは，所定の旅費を支給する。

2．社員以外の者が，会社業務のために出張する場合は，本規定を準用して支給する。

（研修会・視察等の出張）

第9条 社員等が講習会，研修会，視察等に参加するために出張する場合の会費の中に，本人の旅費に相当するものが含まれているときは，その部分の旅費は支給しない。

2．社員等が関係機関の視察ならびに会合に出張し，会社外より旅費の全部または一部の支給を受けた場合は，その部分の旅費は支給しない。

第2章　国内出張旅費

（旅費の種類）

第10条 国内出張旅費は，出張の区分に従い，遠地出張旅費，近地出張旅費，都区内出張旅費に分けて取り扱う。

（旅費の内訳）

第11条 国内出張旅費は，交通費，日当，宿泊費から成る。

2．交通費のうち鉄道費，船賃，航空費は，順路に応じ旅費運賃により実費を支給する。

3．自動車賃は，実費とする。ただし，タクシー，ハイヤー等の利用は，やむを得ない場合及び相当の理由がある場合に限り総務部長がこれを認めることができる。

尚，出張旅費精算書の備考欄にその理由を記載する。

4．日当は，出張中の日数に応じ，1日当りの定額を支給する。

5．宿泊料は，出張中の夜数に応じ，1夜当りの定額を支給する。

（遠地出張旅費）

第12条 遠地出張旅費は，原則として別表(1)によって支給する。

2．急行料金（新幹線，特別急行，準急料金を含む），座席指定料金は，一乗車区間100km以上を出張地とする場合に実費を支給する。ただし，規定の距離に満たない場合でも，用務の都合により必要と認められる場合は，実費を支給する。

3．航空費は，用務の都合により，航空機利用の必要性を担当役員を経て社長が認めた場合に限り実

費を支給する。

（近地出張旅費及び都区内出張旅費）

第13条　近地出張旅費及び都区内出張旅費は，別表(2)によって支給する。

　2．近地出張は，日帰りを原則とする。ただし，用務上，やむを得ず宿泊が必要と担当役員が認めた場合は，遠地出張に準じて支給する。

第3章　国外出張旅費

（旅費の内訳）

第14条　国外出張旅費は，交通費，日当，宿泊費，支度料，渡航雑費，滞在雑費とする。

（交通費）

第15条　交通費は，鉄道費，船賃，航空費，自動車賃から成り，別表(3)の等級区分に従い，順路に応じて実費を支給する。

　2．国内における交通費は，国内出張旅費の規定を準用する。

　　①　出国及び帰国に際しては，原則として，「成田国際空港」を基点とする。

　　②　早朝出発又は深夜帰国の場合に，通常の交通手段によることが困難と認められる時は，国内出張旅費に規定される，宿泊料を支給することができる。

　3．航空賃を除く渡航先における交通費は，滞在雑費として処理する。

（日　当）

第16条　日当は，出張中の日数に応じ，1日当り別表(3)による定額をもって支給する。

　2．前項における，日数の計算は，勤務地出発の日から起算し，帰着の日までとする。

（宿泊料）

第17条　宿泊料は，出張中の夜数に応じ，1夜当り別表(3)による定額をもって支給する。

　2．交通機関内での宿泊は，定額の5割を支給する。ただし，食事料が運賃に含まれる場合は，支給しないものとする。

（支度料）

第18条　支度料は，出張の期間に応じ別表(4)による定額を支給する。ただし，再出張の場合は，前回の出張帰着から再出発までの期間に応じて，定額に対して次の割合をもって支給する。

　　①　6カ月未満の場合　　　　　定額の40％

　　②　6カ月以上1年未満の場合　定額の60％

　　③　1年以上2年未満の場合　　定額の80％

　　④　2年以上の場合　　　　　　定額の100％

（渡航雑費）

第19条　渡航雑費とは，出張に伴い国内で費消する次に掲げる雑費で，その実費額を支給する。

　　①　旅券交付手数料

　　②　査証手数料

③　旅行者予防注射料

④　海外旅行傷害保険料

⑤　旅客サービス施設使用料

⑥　業務用携帯品の運送費・保管料

⑦　その他業務上必要と，社長が認めた費用

2．前項第4号の海外旅行者傷害保険は，次の基準により，会社を保険受取人として付保する。

①　基本契約（死亡・後遺障害）

　　保険金額は，1,000万円とする。

②　救援者費用特約

　　保険金額は，300万円とする。

（滞在雑費）

第20条　滞在雑費とは，渡航先において費消する次に掲げる雑費で，その実費額を支給する。

①　会議参加費

②　航空賃を除く交通費

③　レンタカー使用料・ガソリン代

④　通信費・通訳料

⑤　業務用携行品の運送費

⑥　その他業務上必要と，社長が認めた費用

附　　則

1．この規程に定めのない事項並びに運用解釈上の疑義は，関係部門と総務部門の合議に基づき総務部長が裁定する。

2．この規程は，　年　月　日から施行する。

別表(1)　遠地出張旅費

区　　　　　分	鉄道費	船　　賃	航空費	自動車賃	日　　当	宿　泊　費
役　　　　　員	グリーン車	1　　等	ビジネス	実　　費	5,000円	13,000円
部長およびこれらに相当する社員	普通車	〃	エコノミー	〃	4,000円	11,500円
課長に相当する社員	〃	〃	〃	〃	3,300円	10,500円
係長に相当する社員	〃	〃	〃	〃	3,000円	10,000円
一　　般　　社　　員	〃	〃	〃	〃	2,800円	9,500円

注：①　船舶または車中泊の場合の宿泊料は定額の2分の1を支給するものとする。ただし，食事料が運賃に含まれる場合は支給しない。

　　②　社長の日当，宿泊費は役員の25％増し。

第4章　出張旅費規程　第2　出張旅費規程の実例

別表(2)　近地および都内出張旅費

区　　分	近　地（50km 以内）	都　区　内
区　　域	鎌倉，藤沢，古淵，八王子，川越，北本，新白岡，藤代，八幡宿，鎌取，四街道を結ぶ線の内側	東京都23区内
交　通　費	実　　　　　費	実　　　　費
日　　当	別　表　(1)　の　半　額	支 給 し な い

別表(3)　国外出張の交通費・日当および宿泊料

区　　　　分	交　　通　　費			日　　当	宿　泊　費
	鉄道賃	船　賃	航空賃		
役　　　　員	グリーン車	1　等	ビジネス	11,000円	29,000円
部長およびこれらに相当する社員	普通車	〃	エコノミー	10,000円	25,000円
課長に相当する社員	〃	〃	〃	9,500円	23,000円
係長に相当する社員	〃	〃	〃	9,000円	21,000円
一　般　社　員	〃	〃	〃	8,500円	18,000円

注：① 船舶，航空機または車中泊の場合の宿泊料は定額の2分の1を支給するものとする。ただし，食事料が運賃に含まれる場合は支給しない。
　　② 社長の日当，宿泊費は役員の25%増し。

別表(4)　海外渡航支度料（初回出張の場合）

区　　　分	出　張　期　間		
	1カ月未満	1カ月以上	3カ月以上
役　　　　員	80,000円	110,000円	130,000円
部長およびこれらに相当する社員	70,000円	90,000円	105,000円
課長に相当する社員	65,000円	75,000円	90,000円
係長に相当する社員	60,000円	70,000円	85,000円
一　般　社　員	55,000円	65,000円	80,000円

注：社長の日当，宿泊費は役員の25%増し。

```
┌─────────────────────────────────────────────────────────┐
│ (5)  実例              出張旅費規程                        │
│                                                           │
│           （ＡＤ物産・商社・従業員120人）                  │
└─────────────────────────────────────────────────────────┘
```

第1章　総　　則

（目　的）

第1条　この規程は就業規則第54条（略）により，社員の業務上の出張について，その取扱いを定めたものである。

（出張の区分）

第2条　社員の出張は，これを「日帰り出張」，「宿泊出張」の2区分に分ける。

（出張の取扱）

第3条　出張は，所属上長がこれを命じ，所定の「出張許可願」に，出張先，期日，用件，宿泊する場合は宿泊地等を記入して会社の承認を受けるものとする。

　2．出張中の社員は，その日の勤務をもって通常の勤務に服したものとみなす。

（旅費の支給）

第4条　社員が業務上により出張を命ぜられ，許可のあった場合は，旅費および日当を支給する。

　2．旅費はすべて最短経済路により計算する。

　　ただし，業務の都合，天災，傷病，その他やむを得ない理由によって迂回し，または滞在した場合には，実際に通過した経路およびこれに要した日数に応じて支給する。この場合においては，その理由を証明する書類を提出することを原則とする。

（上司に随行の場合）

第5条　上司に随行するとき，もしくは業務の都合により，所定の旅費をもって支弁できないときは，実費または所定額以上支給することがある。

第2章　日帰り出張

（日帰り出張）

第6条　日帰り出張とは，会社を出発して通常日帰りで往復できる地域の出張をいう。

　2．日帰り出張の地域は，おおむね200キロメートル以内を目安とし，つぎのとおり定める。

　　①　新幹線使用　　おおむね200キロメートル

　　②　中央線方面　　松本まで

　　③　東北線方面　　宇都宮まで

　　④　高崎線方面　　全　域

　　⑤　八高線方面　　全　域

⑥　常磐線方面　　平まで

⑦　房総線方面　　全　域

⑧　その他は前各号に準じてその都度きめる。

（特別取扱）

第7条　日帰り出張において，その地域が山間僻地であるか，または交通機関が十分でないなどのため，日帰りが困難の場合もしくは用務の都合で宿泊を要する場合は，宿泊出張の取扱いとする。

（航空機等利用の場合）

第8条　第6条第2項の以遠の宿泊出張地の出張が，航空機，新幹線，自動車など利用したため日帰りとなる場合は，原則として日帰り出張を適用する。

（日帰り出張旅費）

第9条　日帰り出張の出張費は，つぎによって支払う。

旅費　　職制	交　　通　　費			日　　当
	鉄　　道	船　　舶	航　空　機	
1等級（部長）	グリーン	グリーン	エコノミ	な　　し
2等級（部次長）	普　　通	普　　通	〃	〃
3等級（課長）	〃	〃	〃	〃
4等級（課代）	〃	〃	〃	〃
5等級（係長・主任）	〃	〃	〃	〃
6等級（中級職）	〃	〃	〃	〃
7等級（一般職）	〃	〃	〃	〃

注　①　交通費はそれぞれ実費
　　②　片道150キロメートル以上の場合は　日当700円
　　③　タクシー代実費

第3章　宿泊出張

（宿泊出張）

第10条　宿泊出張は，その距離が第6条第2項以遠の地域の出張をいい，通常宿泊を要する地域の出張をいう。

（宿泊出張の特例）

第11条　宿泊出張地であっても，用務の内容，利用交通機関，もしくは所要時間によって，これを日帰り出張とすることがある。（第8条と関連）

第12条　宿泊出張旅費は，交通費，日当，宿泊費として，つぎのとおり支給する。

旅費 職 制	交 通 費			宿 泊 費	日 当
	鉄 道	船 舶	航 空 機		
1等級（部長）	グリーン	グリーン	エコノミ	実 費	6,000円
2等級（部次長）	普 通	普 通	〃	〃	5,000
3等級（課長）	〃	〃	〃	〃	5,000
4等級（課代）	〃	〃	〃	〃	4,000
5等級（係長・主任）	〃	〃	〃	〃	4,000
6等級（中級職）	〃	〃	〃	〃	4,000
7等級（一般職）	〃	〃	〃	〃	4,000

注　①　交通費はそれぞれの実費
　　②　タクシー代は実費
　　③　宿泊費は領収書を添付

（予定額前渡・精算）

第13条　宿泊出張旅費は，出発前予定額の範囲で概算額を前渡しする。

　2．出張中の旅費以外の支払については，とくに会社の承認を得た場合に限り，これを支給する。

　　　ただし，この場合には原則として，証拠書類を精算時に添付しなければならない。

　3．旅費精算は，帰任後2日以内に所定の精算書で精算しなければならない。

（講習会，研究会，会合参加の場合）

第14条　講習会，研究会，業界の会合等に参加するために出張する場合の会費の中に本人の旅費に相当するものを含む場合には，当該出張旅費は支給しない。

　2．メーカーの招待による出張の場合に，社外より旅費の全部または一部の支給を受けた場合には，その部分の旅費は支給しない。

付　　則

（施　行）

第15条　この規程は　年　月　日より施行する。

| (6) 実例 | 出張旅費規程 |

（ＦＤ電算機センター・コンピューター・従業員120人）

第1章 総　則

（目　的）

第1条　この規定は，就業規則第43条（略）により，社員の業務上の出張について定めたものである。

（旅費の支給）

第2条　社員が業務上出張する場合は出勤扱とし，この規定により旅費（交通費，日当，宿泊費等）を支給する。

（出張勤務の取り扱い）

第3条　出張中の社員は，その日の勤務をもって，通常の勤務に服したものとし，原則として時間外手当等は支給しない。

（出張命令・届）

第4条　会社は，業務上必要あるときは社員に出張を命ずる。

2．社員が出張を命ぜられた場合は，所定の様式に従って，出張先，期日，用件，宿泊するときは宿泊地等を記入して，所属長経由会社へ届け出なければならない。

（出張経路）

第5条　旅費は，すべて最短経済路により計算する。

ただし，業務上の都合，天災，傷病，その他やむを得ない理由によって迂回し，または滞在したことを会社が承認した場合には，実際に通過した経路およびこれに要した日数に応じて旅費を支給する。

（所定額以上支給の場合）

第6条　上司に随行する場合，もしくは業務上の都合により，所定の旅費をもって支弁できない場合は，実費または所定額以上を支給することがある。

（講習会等の出張）

第7条　社員が講習会，研究会等に参加するために出張する場合の会費の中に本人の旅費に相当するものが含まれているときは，その部分の旅費は支給しない。

2．メーカー等の会合に出張し，社外より旅費の全部または一部の支給を受けた場合には，その部分の旅費は支給しない。

（旅費の概算払いと精算）

第8条　旅費は出発前に予定額の範囲内で前渡しを受けることができる。

ただし，近距離の日帰り出張については，清算払いを原則とする。

2．旅費は，帰任後2日以内に所定の様式に従って精算しなければならない。

3．出張中の旅費以外の支出については，とくに承認を得た場合に限り支給する。

　ただし，この場合には，領収証等の証拠書類を提出しなければならない。

第2章　出張旅費

第1節　日帰り出張

（日帰り出張範囲）

第9条　日帰り出張とは，会社を出発して通常日帰りで往復できる地域への出張をいう。

　2．日帰り出張の地域は，おおむね200km 以内を目安とし，つぎのとおりとする。

　　①　新幹線を使用する場合　　おおむね200km まで

　　②　中央線方面　　　　　　　甲府まで

　　③　東北線方面　　　　　　　宇都宮まで

　　④　高崎線方面　　　　　　　全　域

　　⑤　常磐線方面　　　　　　　水戸まで

　　⑥　房総線方面　　　　　　　全　域

　　⑦　その他前各号に準じてその都度きめる。

　3．前項各号以遠の出張でも，航空機，新幹線，自動車などを利用して日帰りが可能であると断定できる場合は原則として日帰り出張の取り扱いとする。

（宿泊出張の取り扱い）

第10条　日帰り出張の地域であっても，山間僻地であるか，あるいは交通機関が十分でないなどのため日帰りが困難な場合，もしくは業務上の都合で宿泊を要する場合は，宿泊出張の取り扱いとする。

（旅費・日当）

第11条　日帰り出張の場合は，交通費実費を支給し，日当はつぎによる。

　　①　片道100km 以上　　　1,500円

　　②　片道200km 以上　　　2,000円

第2節　宿泊出張

（宿泊出張）

第12条　宿泊出張は，その距離が第9条各号以遠の地域で通常宿泊を要する出張をいう。

　2．宿泊出張地域であっても，業務の内容，もしくは日帰り出張が可能であると断定できる場合は日帰り出張扱いとする。

（旅　費）

第13条　宿泊出張の場合の旅費は，交通費，日当，宿泊費とし，つぎのとおり支給する。

第4章 出張旅費規程 第2 出張旅費規程の実例

職 制 \ 旅 費	交 通 費				日 当	宿 泊 費
	鉄 道	船 舶	タクシー	航 空 機		
部長および 同待遇者	グリーン	グリーン	実 費	エコノミ	4,000円	11,000円
課長以上および 同待遇者以上	普 通	グリーン	実 費	エコノミ	3,500	10,000
上記以外の社員	普 通	グリーン	実 費	エコノミ	3,000	9,000

ただし，新幹線はすべて普通車とする。

① 寝台車の利用は，一乗車区間が500km以上で，午前2時を経過して乗車している場合

② 航空機の利用は第5条にもとづく交通機関を利用し，最短経路で2時間以上を要する場合に限り認める。

　ただし，鉄道運賃に比べて，航空運賃が割安になる場合は航空機利用とする。

③ 日当は，午後4時以降の出発および午前中帰着の場合は半額とする。

第3節 長期宿泊出張

（長期宿泊出張の取り扱い）

第14条 社員が業務上の都合により，15日以上にわたり滞在出張する場合は，前条にかかわらず，つぎにより取り扱うものとする。

① 交通費は前条のとおりとする。

② 宿泊費は前条の規定の範囲内の実費とする。

③ 日当は支給せず，諸雑費補助として，つぎのとおり支給する。

　㈦ 最初の14日間　　2,000円

　㈣ 15日以降　　　　1,000円

（荷物運送費）

第15条 社員が長期出張により荷物運送を必要とする場合は荷物運送費実費を支給する。

（帰省交通費）

第16条 長期出張者で扶養家族がある場合は1カ月2回の帰省を認め，第13条の規定による交通費を支給する。

付　　則

この規定は　年　月　日より施行する。

（7）　実例　　　　　　　　　　出張旅費規程

┌───┐
│　　　　　　（ＡＴメタル・貴金属製品販売・従業員40人）　　　　　　│
└───┘

（目　的）

第1条　この規定は，就業規則第367条（略）により従業員の業務上出張について定めたものである。

（適　用）

第2条　所定勤務場所以外は，時間・時刻の如何にかかわらずすべて出張としこの規定を適用する。

（出張命令・届）

第3条　業務上必要があるときは，従業員に出張を命ずる。

　2．従業員が出張を命ぜられたときは，出張届を作成し所属長の承認を得なければならない。

（勤務時間）

第4条　宿泊・日帰りおよび出発時刻の如何にかかわらず，出張中は通常の勤務時間を勤務したものとして取扱う。

（旅　費）

第5条　出張する従業員に対して旅費を支給する。

　　また，必要があるときは事前に旅費の概算額を仮払いする。旅費は交通費及び宿泊料とする。

（交通費）

第6条　交通費の基準は次の通りとする。

　①　従業員は原則として普通車を利用するものとする

　②　全車指定席列車で普通指定席券が買えない場合，あるいは社外者または役員と同行する出張において特に必要がある場合で，その他業務上必要ある場合は，グリーン車を利用することができる

　③　業務上必要あるときは，急行・特別急行・寝台車を利用することができる。新幹線停車駅及びその隣接地への出張は原則として新幹線とする

　④　航空機の利用は所属長の承認を要する

　　　東京～札幌，東京～福岡，大阪～四国は航空機利用を原則とする

　⑤　航空機を5日以内に往復利用する場合は，往復割引による交通費とする

　⑥　近距離の交通機関はバス及び電車とするが，緊急を要するときはタクシーを利用することができる

　⑦　社用自動車を利用した出張においてガソリン代・有料道路通行料等の支出を要したときは，その実費を支給する

（宿泊料）

第7条　宿泊を要する出張には宿泊料を支給する。

宿泊料の基準は別表①による。

①　宿泊料には朝・夕食代及税金・サービス料を含む

②　宿泊料がやむを得ない理由で規定の金額を超えたときは，その理由を明らかにした明細書及び領収書を付して実費を請求することができる

　　この宿泊料には私用の煙草・飲食代等を含めてはならない

③　冬期間（11月〜4月）に寒冷地への出張において宿泊料の外に燃料費を要するときはその実費を支給する

④　業務の都合により会社の有する宿泊施設に宿泊する出張を命ずることがある。この場合には宿泊料は支給しない

（手　当）

第8条　出張する従業員に対し手当を支給する

　　手当は宿泊出張手当・夜行手当及び日帰り出張手当とする。

（宿泊出張手当）

第9条　①　宿泊を要する出張には宿泊出張手当を支給する　別表①

　　②　午後出発または午前帰着のときの出張手当は半額とする

　　　但し，夜行手当の支給を受けるときは，この手当は支給しない。

（夜行手当）

第10条　出張中夜行して車内または船内で宿泊したときは，夜行手当を支給する。別表③

（日帰り出張手当）

第11条　日帰りのできる出張には日帰り出張手当を支給する。別表②

（休日出張）

第12条　①　休日出張については2カ月以内に振替休暇を請求することができる

　　②　休日出張についてはその区分に応じて宿泊出張手当または日帰り出張手当を支給する

　　③　休日に出張勤務したときは，前項の手当に加算金を支給する。別表③

（招待のための出張）

第13条　①　取引先から招待されるとき，あるいはこれに準ずる会議の為出張するときは，交通費・宿泊料・食事代・その他の費用はその実費を支給し，出張手当は支給しない

　　②　取引先を招待するとき，あるいはこれに準ずる会議の為出張するときは，費用の実費のほか出張手当を支給する

（出張中の接待）

第14条　出張中における接待及び贈答については，予め所属長の承認を得なければならない。

　　所属長の承認を得た接待及び贈答についてはその実費を支給する。

（出張の起点）

第15条　自宅からの出張，あるいは出張先から直接帰宅のときは，一旦会社へ出社または帰社するに予定される時刻を基準として出張時間を算定する。

（出張中の傷病）

第16条 出張中の傷病のため，宿泊料においてまたは入院して療養したときはその実費を支給する。

（出張中の事故）

第17条 出張中，私用により勤務をしないときは欠勤とし，旅費・手当は支給しない。

ただし，次の事由により届出をして帰宅したときはその旅費を支給する。

ア　妻が子供を出産したとき

イ　二等親以内の親族が急病にかかり，危篤状態に陥いり，または死亡したとき

ウ　火災・風水害などにより自宅に被害を受けたとき

エ　前各号に準ずる事由があり，会社が適当と認めたとき

（出張報告）

第18条 出張者は所属長に出張日報により毎日出張報告を提出しなければならない。

理由なくして出張報告を提出しないときは，旅費・手当を支給しないことがある。

（出張費の清算）

第19条 出張が終わったときは，速やかに出張旅費請求書に所要の証拠書類を付して清算しなければならない。

理由なくして出張終了後１カ月以上清算しないときは，旅費・手当を支給しないことがある。

この規定は　年　月　日より施行する。

（別表①）　　　　　　　　　　　　　**宿泊出張**

（昭和60年７月１日改定）

区　　　　分	車船等級	宿　　泊　　料		日　　当
		特　定　地	普　通　地	
（役　　員）	グリーン車（または一等）	14,000円	11,000円	
専　務　以　上				6,000円
常　務　以　下				5,000円
（社　　員）	普　通　車（または二等）	11,000	9,000	
課長代理以上				4,000円
係　長　以　下				3,000円

（注）特定地とは札幌・仙台・東京・静岡・名古屋・金沢・京都・大阪・神戸・広島・福岡の11都市とする。

（別表②）　　　　　　　　　　　　　日帰り出張

区　　　分	5時間以上	8時間以上	12時間以上	午後 5時以降出発	午後10時を超えた加算
専務以上	2,000円	3,500円	4,000円	1,500円	1,000円
常務以下	1,500	3,000	3,500	1,200	1,000
課長代理以上	1,200	2,000	3,000	1,000	1,000
係長以下	1,000	1,800	2,800	850	1,000

（別表③）

その他の手当
1．休日の出張勤務についての加算　勤務時間　5時間未満　1,000円
　　　　　　　　　　　　　　　　　　　　　　5時間以上　2,000円
2．夜行手当　　　　　　　　　　　　　　　　　　　　　　3,000円
3．冬期間暖房費　　　　　　　　　　　　　　　　　　　　実　費

---

(8)　実例　　　　　海外出張旅費規程

（ＳＫ通信機・電気機器製造・従業員250人）

（目　的）

第1条　従業員が社命により，海外出張（以下出張という）する場合の取り扱いについては，この規程の定めるところによる。

　　　この規程は役員にも準用する。

（用語の定義）

第2条　この規程のなかで使用する主な用語については次の定義に従う。

(1)　旅費とは支度金，滞在費，交通費および雑費をいう。

(2)　出張期間とは日本領土を離れる日から，帰着する日までをいう。

(3)　出張者とは社命により海外に渡航する従業員をいう。

（地区の区分）

第3条　出張地は別表1の通り，3地区に区分する。

　　　ただし，出張先区分について疑義のある時は審議のうえこれを決定する。

（順　路）

第4条　旅費は順路によりこれを計算する。

　　　ただし，用務の都合，その他やむを得ない事由により順路を変更した場合は，総務部長の認定により，実際に利用した順路による旅費を支給する。

（支度金）

第5条 (1) 出張者には別表1により支度金を支給する。

(2) 再出張する場合には，その都度，規定額の20%を支給する。

(3) 支度金支給の時期は，原則として出発予定前30日以内とする。

（滞在費）

第6条 滞在費を日当および宿泊料に区分し，別表1に定める金額を支給する。

(1) 日当

    1．出張期間中の日数による。

    2．食事代，チップ，その他諸経費に充当する。

(2) 宿泊料

    1．出張期間中の宿泊夜数による。

    2．室料，税，サービス料に充当する。

    3．特別指定都市の取り扱いは別表1により，宿泊料が規定額を超過する場合には，一定額の範囲内で超過実費を追加支給する。

(3) 航空機，船舶内で宿泊した場合は，旅費規定第10条2項（略）を準用し，別表1により，該当する地区における日当額をもって航空機，船舶泊手当として支給する。

    なお，宿泊料は重複して，これを支給しない。

(4) 同一地域の滞在が長期にわたる場合の滞在費の取り扱いは，旅費規定第13条（滞在出張）（略）の規定に準じて支給する。

（交通費）

第7条 (1) 航空料，船舶料，電車賃および車馬賃は別表1使用区分により実費を支給する。

(2) 車馬賃とは出張地において市内電車，バス，またはタクシー等に支払う交通費をいい，その実費を支給する。

（雑　費）

第8条 (1) 出入国税，査証交付手数料，旅券交付手数料，健康診断料，予防注射料等の渡航に際して必要な諸費用はその実費を支給する。

(2) 業務上要した交際費，通信費，資料代等は，領収証を提出することにより，例外的事由を除いて，その実費を支給する。

(3) 出張中要した医薬品等については領収証を添付の上請求し，会社が必要と認めた範囲内でその実費を支給する。

(4) 渡航に要するトラベルケースなど，必要とするもののリース料は会社が負担する。

（海外旅行傷害保険）

第9条 (1) 会社は出張者を被保険者として，別表1のように海外旅行傷害保険に加入する。

(2) 保険契約期間は出発日より帰着日までとする。

(3) 保険料の負担および保険金受取人は会社とする。

(4)　保険会社より受領した保険金は出張者の医療，その家族の慰藉，救護，収容のための人員派遣，その他会社が受ける損失の補塡に充当する。

（上級者に随行の場合）

第10条　従業員が上級者に随行を命ぜられ，同一宿泊施設に宿泊した場合の宿泊料および同一行動による航空料，船舶料が規定金額を超えるときは，上級者と同額をそれぞれ支給する。

（適用の例外）

第11条　招待旅行および団体旅行等，旅費の全部または一部を会社外から支給される場合，会社は当該旅費を支給しない。

　　　ただし，支度金および滞在費について，この規定における規定額を下回る場合は規定額との差額を支給することがある。

（出張の中止）

第12条　あらかじめ旅費を支給した後において，会社もしくは本人その他の都合により，出張を中止または変更した場合は旅費を返済するものとする。

　　　ただし，その範囲および金額は前後の事情を勘案し，これを決定する。

（出張の手続きと決裁）

第13条　出張者は別表２の「海外出張申請書」に所要事項を記載のうえ，出発10日前までに，所属長および総務部長を経て，社長に提出し決裁を受けるものとする。

（旅費の仮払い）

第14条　出張者は所属長の承認を得て，この規定に定める金額の範囲内で概算旅費の仮払いを受けることができる。

（旅費の精算）

第15条　出張者は帰国後３週間以内に「旅費精算書」（略）に所要事項を記入し，所属長の承認をえて総務部長に提出し，旅費の精算をしなければならない。

(1)　旅費の精算に際しては，タクシー代など取得不可能なものを除き，必ず領収証を添付しなければならない。

(2)　出張中の通貨の換算は，出張者が実際に交換した換算レートによる。

(3)　社命により顧客に随行し，規定額を上回った場合は承認を得て，交通費および宿泊料等の実費を請求することができる。

(4)　帰国後における外貨換算は原則として出国時の為替レート（US＄）をもって行う。

（報　告）

第16条　出張者は帰国後すみやかに出張中の経過，所見等を記載した「海外出張報告書」（略）を総務部長を経て，社長に提出しなければならない。

（旅費規定との関係）

第17条　出張にともなう，本国出発までおよび帰国後の国内旅費については，旅費規定の定めるところによる。

（規定外事項の取り扱い）

第18条 この規定に定めのない事項および解釈上の疑義については審議のうえこれを決定する。

本規定は，昭和61年 8 月 1 日より実施する。（制定　昭和61・8・1）

付　　則

（実　施）

第19条 本規定は，　年　月　日より改訂実施する。

別表 1　海外出張旅費規定

海　外　出　張　旅　費　規　定　（別表）

整理 No.		地区	社　　長 宿泊	日当	役　　員 宿泊	日当	部　　長 宿泊	日当	課　　長 宿泊	日当	課長以下 宿泊	日当
1	滞　在　費											
	（単位 US＄）	A	120	50	110	45	105	42	100	40	95	38
		B	110	45	105	40	100	37	90	35	85	32
		C	100	40	95	37	90	35	85	32	82	30

2	航空機船舶泊手当	規定第6条3項により支給する。
3	特別指定都市取扱	（都市名）　ニューヨーク，パリ，ロンドン
		（補填範囲）　30US＄

4	交通機関使用区分		
	航　空　機	（ビジネス・クラス）	（エコノミー・クラス）
	船　　　舶	（ファスト・クラス）	（　　　〃　　　）
	電　車，他	（　　　〃　　　）	（　　　〃　　　）

5	渡　航　傷　害　保　険		（単位：万円）									
	基本契約	傷害 死亡後遺障害	7	500	6	000	5	000	4	000	3	000
		傷害 治療費用		600		600		500		500		400
	特約	疾病 治療費用		600		600		500		500		400
		疾病 死　　亡	3	000	2	500	2	000	1	500	1	500
		賠　償　責　任	5	000	4	000	3	000	2	000	2	000
		救　援　者　費　用		500		400		300		300		300
		携　　行　　品		60		50		40		30		30

6	渡　航　支　度　金	15万円	12万円	10万円	9万円	8万円

7	渡　航　地　区　区　分	
	A　地　区	北米，欧州，ロシア，アフリカ，中近東
	B　地　区	C地区以外の東南アジア，中南米，大洋州
	C　地　区	韓国，台湾，香港，中国

第 4 章　出張旅費規程　第 2　出張旅費規程の実例

別表 2　海外出張申請書

海旅 1

海 外 出 張 申 請 書 申請　　年　月　日				社長	総務部長	経理部長	所　属　長

出　　張 期　　間	自　　年　　月　　日 至　　年　　月　　日 （　　日間)		出張者 所属名		部　　　　　課		
				氏名			㊞
出張主要 国都市名			同行者		部　　　　　課		
				氏名			
			同行者		部　　　　　課		
				氏名			
出張目的							

出　張　費　用　概　算　額			出　張　日　程　と　予　定　順　路			
摘　　　　　要	内容	金額(千円)	月	日	順路（都市名）その他	宿泊地名
航 空 料 金						
国　際　線						
国　内　線	出張先（現地）					
滞　在　費						
宿　泊　料						
日　　　当						
航船泊手当						
支　度　金	初回, 2 回以上(20%)					
旅 行 保 険 料						
出 入 国 関 係 費						
予　備　費	現地, 交通, 通信費他					
合　　計						

仮 払 金	決定額			万円			
	為替レート	US＄1.00＝		円			
	出張出発時持参		US＄表示計				
	US＄	CASH	＄	＄			
		T／C	＄	＄			
	￥		円	＄			
		合　計	＄				

(注)　1．出発日以前に US＄等に換算の場合はその時点のレート
　　　2．出発日に￥持参のみの場合は当日のレート

(9) 実例	海外出張規程

（ＡＢ商事・商社・従業員250人）

（目　的）

第1条　この規程は，社命により海外に出張する場合の手続き，および旅費の支給基準について定める。

（定　義）

第2条　この規程で海外出張とは，役員および従業員が会社の業務目的に基づいて社命により日本国外に出張することをいう。

（適用範囲）

第3条　この規程は原則として出張期間が1年未満に適用し，1年以上にわたる場合は「海外駐在」または「海外出向」とし，「海外駐在規程」を適用する。

（海外出張の承認手続）

第4条　海外出張を命じられた時は予め稟議手続きを取るとともに出張日程表を所属長経由本社総務部長に提出しなければならない。

（前払いの概算）

第5条　海外出張を命ぜられた者は，旅費概算額の前払いを受けることができる。

（旅費の精算）

第6条　海外出張を終了したときは，帰国後2週間以内に必要な支払い証明書等を添えて精算しなければならない。

（地域区分）

第7条　この規程に定める海外とは，次の2地域に区分する。

　　　　甲地域……乙地域以外の外国

　　　　乙地域……中国，韓国，台湾，東南アジア（インド，パキスタンを含む）

（資格変更）

第8条　海外出張中に資格の変更があった場合は，その変更された日から新資格に基づく規程を適用する。

（旅行の方法および経路）

第9条　旅費は，もっとも経済的な通常の方法および経路により旅行した場合をもって計算する。

　　　　ただし，業務の都合または天災地変その他やむを得ない事情により，もっとも経済的な通常の方法または経路によって旅行しがたい場合には，実際に旅行した方法および経路によって計算する。

（自己都合による旅費の不支給）

第10条　出張中自己の都合により回り道をし，あるいは滞在期間を延長する場合はこれに要する旅費は

支給しない。

2．前項の場合は担当役員の承認を得なければならない。

（旅行中の傷病）

第11条　旅行中の傷病または不慮の災難のためやむを得ず滞在した場合は，滞在費ならびに傷病等に関連する実費額を支給する。

2．前項の場合には，医師の診断書または事実の証明書を要する。

（国内旅費との関係）

第12条　海外出張に際し，国内を通過する場合の旅費については，国内旅費規程を適用する。

（取消料の社費負担）

第13条　会社の都合による出張の延期または中止あるいは傷病その他やむを得ない事由のためあらかじめ購入した航空券，乗車船券などを取り消す場合は，その取消料は会社の負担とする。

（支度料の返済）

第14条　出張者の都合により出張者を変更し，または出張を中止するに至った場合は，既支給の支度料の全部または一部を返還しなければならない。

2．災害等の偶発的な事情または会社都合により出張が取り消された場合においてすでにその出張のために支給した金額があるときは次の各号に定める金額を支給する。

⑴　取り消し日が出発予定日の7日未満のとき……支度料として仮払いを受けた額の70／100に相当する額。

⑵　取り消し日が出発予定日の7日以上の事前であるとき……支度料として仮払いを受けた額の30／100に相当する額。

（休　暇）

第15条　海外出張が3カ月以上1年未満の長期海外出張者は，出発前および帰国後それぞれ次の有給休暇の付与を請求することができる。

　　　　出発前　　　1日

　　　　帰国後　　　2日以内

（旅費の内容）

第16条　旅費とは次のものをいい，業務上必要なものに限る。

⑴　支度料

⑵　交通費

⑶　宿泊費・日当

⑷　旅行雑費

（長期出張者の取り扱い）

第17条　海外出張に当たり，同一地域内における滞在日数が旅行地に到着した日の翌日から起算して20日を越える場合は，次の各号によって取り扱う。

⑴　20日を越えて60日未満のとき，越える期間について宿泊費，日当基準額の90％を支給する。

(2) 60日を越えた日以降は，越える期間について宿泊費，日当基準額の80％を支給する。

(3) 長期滞在地から短期の出張をする場合等，一時他に宿泊し，やむを得ない事由により滞在地における宿舎を維持する場合は，宿泊費，日当に加えこれに要する実費を支給する。

（支度料）

第18条 支度料は，海外出張に際して支給するものとし，その額は（別表１）の区分による定額とする。

（交通費）

第19条 交通費は，本邦を出発し本邦に帰着するまでに要した交通費で順路により実費を支給する。

ただし，利用する等級は次による。

(1) 航空機　会長・社長　ファーストクラス

その他　ビジネスクラスまたはエコノミークラス

割引チケット等の優先利用を心掛けること。

(2) 鉄道，船舶，その他利用等級区分は原則として国内の「出張旅費規程」の交通機関に準ずる実費とする。

（宿泊費，日当）

第20条 宿泊費，日当は（別表２）によって定額支給する。

(1) 宿泊費，日当は，出張期間中の宿泊夜数，日数に応じて支給する。なお，出張期間中の休日業務に対する休日出勤手当は支給しない。

したがって，その帰国後の代休は認めないものとする。

(2) 日付変更線を越えて西から東に旅行するときは，機中泊は支給しない。

(3) 日付変更線を越えて東から西に旅行するときは，機中泊を支給する。

(4) 目的地へ到着した時刻が早朝で宿舎等へ宿泊を要する場合は宿泊費の実費を支給する。また次の目的地への出発が夜の場合，宿泊費の割り増し分の実費を支給する。

(5) 同一地に滞在中，一時他の地へ出張し，7日以内に復帰した時は，その前後の期間は引き続き同一地に滞在しているものとして通算する。

(6) 宿泊，日当は税金，チップを含むものとする。

（旅行雑費）

第21条 旅行雑費は，旅行に際し，また旅行中に出張者が支払った次の諸費用について支給するものとし，その額は現に支払った料金による。

(1) 出入国税，外貨買入および交換手数料，旅券交付手数料，旅行査証手数料，予防注射料その他旅行に必要な費用（会社にて準備した手土産品等に対する通関課税他をいう）

(2) 業務上の電報料，電話料，郵便料，その他通信費，荷物の輸送費

(3) 業務上必要な資料の購入（送料および税金等を含む），文献収集，研究調査費参考見本等購入（送料および税金等を含む），通訳料，接待費，その他の費用。ただし，以上の実費の支出については，領収書および説明書を添付しなければならない。

（海外旅行傷害保険）

第22条　海外出張に対し（別表3）に定める種類および金額を限度として海外旅行傷害保険を付保する。

　　付保については，次のとおりとする。

　(1)　契約者は会社とする。

　(2)　保険料については全額会社負担とする。

　(3)　被保険者は本人とする。ただし，同伴家族がある場合は本人同様被保険者とする。

　(4)　保険金受取人は会社とする。

　(5)　保険期間は，出張期間とする。

　2．出張者および同伴家族に対する補償は別途定める。

　3．出張期間中に負傷し，また疾病にかかったときの補償については別途定める。

（上級者に随行）

第23条　海外出張者が上級者に随行した場合。

　(1)　役員の場合については，会長，社長の宿泊費，日当と同額を支給する。

　(2)　社員の場合については，宿泊費が本人の規程額を超過した場合は期間通算して実費を支給する。

　　日当は上級者の規定額の80％と本人の規程額の20％を加算したものを支給する。

（団体旅行の場合）

第24条　団体旅行参加の場合は，その団体で定められた費用を支給する。ただし，団体費用に，

　(1)　ホテル代，食費，チップ等が含まれるときは，日当規程額の1／2を支給する。

　(2)　ホテル代が含まれるとき（朝食付も同様）は日当規程額を支給する。

　(3)　食費のみ含まれるときは，宿泊費規程額全額と日当規程額の1／2を支給する。

　(4)　ホテル代，食費，チップ等が含まれないときは宿泊費と日当の規程額を支給する。

（他より旅費支給のある場合）

第25条　海外出張者が社外関係先より旅費を支給されたときは，第24条に準じて取り扱う。

（旅費の特例）

第26条　旅行の場所，業務の性質その他特例の事由により出張の全経路を通算して，規程の旅費をもって支弁し得ないと認めたときは，実費を補う程度まで旅費を増額することがある。

　2．前項の場合担当役員と総務部長の合意に基づく事前の承認を受けるものとする。

付　　則

付　則

　1．この規程の改廃の起案は総務部長が行う。

　2．この規程に定めのない事項並びに運用解釈上の疑義は関係部門と総務部の合議に基づき総務部長が裁定する。

第4章　出張旅費規程　第2　出張旅費規程の実例

　3．この規程の運用について，必要に応じ別途細則を設ける。

年　月　日　改正施行

別表1　支度料（第18条による） （単位：円）

区　　　　分	初回の場合	再　出　張　の　場　合*		
		経過1年未満4回**	1年以上2年未満	経過2年以上
会　長　・　社　長	150,000	50,000	50,000	70,000
役　　　　　　員	120,000	40,000	40,000	60,000
役職　7号以上	100,000	30,000	30,000	50,000
〃　　6〜4号	80,000	30,000	30,000	50,000
〃　　3〜1号	70,000	30,000	30,000	50,000
社員　5〜1級	70,000	30,000	30,000	50,000

＊　再出張の場合，支給基準は前回出張出発日を基準にする。

＊＊再出張の場合，1年未満で海外出張が4回に達したときに都度支給する。

別表2　宿泊費・日当（第20条による） （単位：US ドル）

区　　　分	甲　　　　地			乙　　　　地			航空機，鉄道，船舶に宿泊の場合
	宿　泊	日　当	計	宿　泊	日　当	計	
会　長　・　社　長	150	80	230	130	70	200	
役　　　　　員	135	70	205	120	60	180	宿泊費の1／2を支給（地域がまたがる場合は上級地区をとる）
役職　7号以上	120	60	180	110	50	165	
〃　　6〜4号	105	55	160	105	45	150	
〃　　3〜1号	100	50	150	100	40	140	
社員　5〜1級	95	45	140	95	40	135	

(1)　甲地，乙地の区分は次の通りとする。

　　甲地……乙地以外の外国

　　乙地……中国，台湾，韓国，香港，東南アジア（インド，パキスタンを含む）

別表3　海外旅行傷害保険 （単位：円）

区　　　分	傷　　　　害		疾　　　病		携　行　品
	死亡・後遺障害	治　療　費	死　　　亡	治　療　費	
会　長　・　社　長	100,000,000		10,000,000	3,000,000	500,000
役　　　　　員	50,000,000		8,000,000	3,000,000	
役職　7号以上	35,000,000	一律	7,000,000	2,500,000	300,000
〃　　6〜4号	30,000,000	3,000,000	6,000,000	2,500,000	
〃　　3〜1号	25,000,000		5,000,000	2,000,000	
社員　5〜1級	20,000,000		4,000,000	2,000,000	

但し，家族に対する保険は下記の通りとする。

　ア　妻……本人付保額の50％相当額

　イ　扶養家族1人につき本人付保額の20％相当額

　　　但し，合計100％を限度として付保する。

第5章

人事諸規程

（別規程（就業規則の一部）
就業規則に付随するもの）

第5章　人事諸規程

第1　解説・人事諸規程に関する規程

（就業規則の別規程）

　雇用管理上の諸規程の主なるものは，就業規則をはじめとして解説あるいはコメントしたところであるが，そのほかに多くの諸規程がある。これらの諸規程は，企業組織の運営や管理を適切に行うための手段であるといえよう。

　企業は，その経営目的達成のための秩序を必要とするが，その秩序を形成し維持向上する基準が組織上必要である。その基準を明文化したものが"規程"である。規程を作成するには，まず，その体系を考え，総合的な観点から，一つひとつの規程を作ることが必要である。それには，目的，他の規程との関係，体系，格式および用語，制度改廃手続きについて考慮しなければならない。

　就業規則は，規定される内容が多岐にわたり，かなり分量も多いことから，その一部を別規則（賃金規則，退職金規定，安全衛生規定など）または別規程（出向規程，出張旅費規程，赴任規程，育児・介護休業規程など）として分離する場合がある。こうした別規則も別規程も労働基準法の改正（平成11年４月１日施行）により就業規則の一部を構成することになった。よって，別規則や別規程を作成又は変更の場合は，就業規則の本則同様の手続きが必要である。

　主たる雇用，人事諸規程には次のようなものがある。

〈主たる人事諸規程〉

　　①人事考課規程

　　②転勤取扱規程

　　③早期退職優遇制度規程

　　④再雇用規程

　　⑤出向規程

　　⑥変形労働時間制規程

　　⑦育児休業規程

　　⑧介護休業規程

　　⑨表彰規程

　　⑩賞罰規程

　　⑪教育関係規程

　　⑫定年慰安旅行規程

　　⑬提案制度規程

　　⑭災害補償規程

　　⑮安全衛生委員会規程

第2　人事諸規程の実例

(1)　実例	人事考課基準規程
	（ＯＫホテル・ホテル・従業員700人）

第1章　総　　則

第1条　本規程は定期及び特別の昇給，昇格並びに賞与における成績査定を実施するに当り，考課基準を定めたものである。

（考課の必要性―基本精神）

第2条　考課対象期間において行った各人の努力を公平に評価して，その努力に報い，もって生産性の向上を計ること。

　2．能力主義にもとづきより適正で公平な給与を設定すること。

　3．各管理者が，所属員の日常の勤務ぶりの中から業務処理能力や，仕事に取り組む態度，チームワーク等を把握し，更に評価を行って，各人の能力開発の着眼点を発見し，もって人材育成を計ること。

第2章　考課対象者

（定期昇給）

第3条　4月1日現在で，在籍10カ月以上の社員（試用期間を含む）

（特別昇給）

第4条　在籍3カ月以上（試用期間を含む）で，勤務実績，能力が著しく優れ，又は就業規則第62条による表彰を受けた社員で昇給する必要のある場合。

（定期昇格）

第5条　次の各等級の在籍期間以上のもので，昇格するに応わしい能力を有すると認められる場合。

7，6等級	1年以上
5等級	3年以上
4等級	3年以上
3等級	3年以上
2等級	3年以上

（特別昇格）

第6条　在籍6カ月以上（試用期間を含む）で，勤務実績，能力が著しく優れ，更に上級等級へ昇格し

ても尚，抜群の能力を有すると認められる場合。

（賞与の成績査定）

第7条 賞与支給日の在籍社員（試用社員については，その都度定める。）

第3章 考課査定範囲

（4等級，5等級，6等級，7等級）

第8条 各課単位の各等級別とする。

（3等級）

第9条 各部単位とする。

（2等級，1等級）

第10条 全社単位の各等級別とする。

第4章 自己申告

（趣　旨）

第11条 本規程第2条第3項の精神に則り，各管理者が，所属員の自己理解の程度を把握するとともに，各人が自己申告により，自己の能力，態度の長短を把握し，社員として要求される能力，態度との差をつかむことによって，自己啓発を促すために実施する。

（評　価）

第12条 別紙1（省略―編注）による自己申告書に各人が記入し，各査定者の査定する際の資料として活用する他，異動の際の資料としても活用する。

（実施時期）

第13条 毎年2月に実施する。

（フィードバック）

第14条 各管理者は，所属員の自己申告による自己理解，評価と直属上司としての評価が，著しく食い違っている際は，所属員の同僚，他の管理職の意見等聴取したうえ，本人と面談し，フィードバックを行うこととする。

第5章 考課，査定者，及び合議者

（4等級，5等級，6等級，7等級）

第15条 第1次査定者　直属係長　同合議者
　　　　　　　　　　　　同一課内全係長
　　　　第2次査定者　直属課長

（3等級）

第16条 第1次査定者　直属課長　同合議者
　　　　　　　　　　　　同一部内全課長

第5章　人事諸規程　第2　人事諸規程の実例

　　　　　　第2次査定者　直属部長

（2等級）

第17条　第1次査定者　直属部長　合議者

　　　　　　　　　　　　担当常務

　　　　　　第2次査定者　専　　務

（1等級）

第18条　第1次査定者　担当常務　合議者

　　　　　　　　　　　　他　常　務

　　　　　　第2次査定者　専　　務

第6章　評価用語

（事務職4等級，5等級，6等級）

第19条　業務処理能力に関する要素

　　　　◦業務知識　◦正確性　◦迅速性　◦判断力　◦理解力

　2．仕事に取り組む態度に関する要素

　　　　◦責任感　◦積極性　◦勤勉性

　3．チームワーク

　　　　◦協調性　◦誠実さ

（対人職3等級，4等級，5等級，6等級）

第20条　業務処理能力に関する要素

　　　　◦業務知識　◦正確性　◦迅速性　◦サービス精神　◦身だしなみ，言葉づかい

　2．仕事に取り組む態度に関する要素

　　　　◦責任感　◦積極性　◦勤勉性

　3．チームワーク

　　　　◦協調性　◦誠実さ

（技能職3等級，4等級，5等級，6等級，7等級）

第21条　業務処理能力に関する要素

　　　　◦業務知識　◦正確性　◦迅速性　◦安全衛生　◦コスト意識（調材等を大切に扱う）

　2．仕事に取り組む態度に関する要素

　　　　◦責任感　◦積極性　◦勤勉性

　3．チームワーク

　　　　◦協調性　◦誠実さ

（管理職3等級）

第22条　業務処理能力

　　　（一般社員の評価用語に含まれる要素を一般社員の範とするに足る能力）

2．問題解決能力

　　（苦情処理等係長レベルで解決すべき問題を解決する能力）

　3．仕事に取り組む態度

　　（一般社員の評価用語に含まれる要素を一般社員の範とするに足る態度）

　4．業務改善能力

　　（運営システムの企画，改善を行うために必要な洞察力，論理的思考力とその実績）

　5．業務指導力

　　（自己の持っている知識，体験を部下に伝え部下の能力を向上させる能力とその実績）

　6．業務推進力

　　（部下をとりまとめつつ，日常業務を円滑に推進する能力とその実績，部下の勤怠状況も含まれる）

　7．全体知覚力

　　（社全体の動向を感受し，また，各部署の責務について理解する能力）

　8．柔軟な行動力

　　（7にもとづき，縦横，上下の関係を調和させつつ係内を取りまとめる能力と実績）

　9．対外折衝力

　　（社外の顧客業者等各関係先に対し，社の利益に立って，円滑に交渉する能力と実績）

（管理職2等級，1等級）

第23条　部門の実績に含まれる要素

　　◦課題達成力

　　（各部課の与えられた社に貢献すべき課題を遂行する能力とその実績）

　　◦収益達成力

　　（各部課に与えられた使命に従って，収入と支出をバランスをとって意思決定ができる能力とその実績，したがって収入の対前年比による比較を行わない）

　　◦労務管理能力

　　（所属員の欠勤，遅参，早退等，残業抑制，年休消化，服務規律の遵守等いわゆる労務管理能力と実績）

　　◦業務改善能力

　　（管理運営システムの企画改善を行うために必要な洞察力，論理的思考力とその実績）

　　◦人材育成能力

　　（部下の能力開発に対する情熱とその手腕及びその実績）

　2．内部統率力に含まれる要素

　　◦業務推進力

　　（他部門との連携，調整をとりつつ自己の部門を円滑に推進する能力）

　　◦経営意思浸透力

　　（経営者の分身として，その意思を部内に浸透させ，部内が全体の一部分として機能できるよう

に計る能力）

3．対外折衝力に含まれる要素

　◦セールスマンシップ

　（自己の職務分野で接する社外の人々に対し，商品を販売する能力とその実績）

　◦交渉力

　（社外の顧客業者等各関係先に対し，社の利益に立って交渉する能力と実績）

第7章　評価方法

（ポイント評価）

第24条　第6章の評価用語に対し，5点法により各々評価する。

　　5～非常に優れている

　　4～優れている

　　3～普　通

　　2～やや劣る

　　1～劣　る

第8章　評価心得

（公平の原則）

第25条　各評定者は本規程の基本精神を充分理解し，考課に当っては冷静且つ，公平に勘案することを心掛けること。

（評価不遡及の原則）

第26条　考課対象者の考課期間における評価についてのみ行い，それ以前の評定結果に左右されないようにすること。

（職能同等基準の原則）

第27条　考課対象者の職能等級を基準として評価し，同一職能内で等級が上位の者には，各評価評語の期待水準を上げて評価する。

（客観的資料収集の原則）

第28条　出勤整理カード，日常の勤務態度，能力の観察，あるいは各種の企業会計資料等を基にできる限り客観的資料を基に評価すること。

（余断排除の原則）

第29条　考課対象者の家庭状況及び性格素行習癖等のうち業務に直接の関係のない事項は，指導上の参考とするが評定の対象としないこと。

（独立評価の原則）

第30条　評価評語に対し各1項目毎に評価し，1項目の評定結果によって，他の項目を故意又は不当に高くあるいは低くしないこと。

（差別待遇禁止の原則）

第31条　考課査定者，対象者の信条，社会的身分，学閥，内閥，経閥，親分子分的なもの，社会的意見，性別等の相違を理由に差別して評価しないこと。

（自己啓発のテコの原則）

第32条　評定結果について，考課対象者の自業自得とみなして，次回の考課の時点までそのまま放置せず，問題点を指摘し，心がけや，努力のポイントを示して，自己啓発を促すように指導を行うこと。

第9章　苦情処理

（不服申し立て）

第33条　考課対象者は，自己の評定結果について，著しく，公平を欠くと思われる時は，昇給，昇格，成績査定結果の出た後より1カ月以内に苦情処理委員会に対し，不服申し立てをすることができる。

（苦情処理委員会の構成）

第34条　苦情処理委員会は，次の構成とする。

　　　　委員長　専務

　　　　委　員　両常務

　　　　事務局　総務課長（但し総務課内より不服申し立てがあった場合は，経理課長とする。）

（苦情処理委員会の役割）

第35条　苦情処理委員会は，非公開で，考課対象者及び評定者，合議者，考課対象者の同僚等の意見を必要により聴取したうえ，不服申し立てのあった日より1カ月以内に裁定結果についてのみ各当事者に通報する。

第10章　付　則

第36条　この規則は　年　月　日より実施する。

第5章　人事諸規程　第2　人事諸規程の実例

---

(2)　実例　　　　　　　　人事考課規程

（ＴＫ加工紙・紙器・従業員300人）

（目　的）

第1条　この規程は，社員の能力，適性および成績の考課を統一的，定期的に継続して実施し，その評価に基づき，昇給，昇格（昇級），配置および教育訓練の適正を図り，人事管理の合理的運営を促進し，もって社員の勤労意欲を高揚，経営能率の向上を期することを目的とする。

（対象者）

第2条　人事考課の対象者は，正規社員とする。

（考課の時期）

第3条　人事考課は毎年2回，5月と11月に行う。

（考課の期間）

第4条　人事考課の評定期間は，5月実施は前年11月1日より当年4月末日までの6カ月間とし，11月実施は当年5月1日から10月末日までの6カ月間とする。

（評定者）

第5条　人事考課の評定者は，第1次評定者を次長（課長）とし，第2次評定者を部長とする。

2．会社の組織運営上，課長職位の該当者がない場合は，第1次考課を省略して第2次の部長評定だけとする。この場合，部長は下位の上級者（係長・主任）の意見を聞くことができる。

（評定者の責務）

第6条　人事考課の評定者は，人事考課の目的および次条の原則を十分理解して，主観的判断を排除し，公正かつ客観的に評価しなければならない。

（評価の原則）

第7条　人事考課の評定は，次の原則に従って厳正に行わなければならない。

①　評定期間以外の評定実績にとらわれないこと

②　日常の観察および指導で得た事実を集積して的確公平に観察すること

③　勤務，仕事に関係ないことはみないこと（特記事項）

④　仕事の重要性，多忙性などは考慮にいれること

⑤　特別な事項は特記事項欄に記入すること

（秘密の厳守）

第8条　評定者および評定に参画したものは，社員個人の評価結果およびプライバシーに関することは他にもらしてはならない。

561

（評定事項）

第9条 評定項目は次のとおりとする。

① 勤務成績

② 勤務態度

③ 職務遂行能力

2．評定者は，第1項の各評定項目について，別紙①「人事考課表」の考課着眼点を勘案して評定尺度欄にポイントする。

3．ポイントは，次による。

A	極めて優秀である	100	95	90	
B	優秀である	85	80		
C	普通である	75	70	65	60
D	問題がある（やや劣る）	55	50	45	
E	特に問題がある（非常に劣る）	40	35	30	

30点未満は，特記事項欄に記入する。

（異動者の評価）

第10条 評定期間中の中途において異動配転された職員の評価は，前任評定者（第1次評定者）と打ち合わせのうえ評定を行う。

（中途採用者および長欠者の評定）

第11条 評定期間中の中途採用者および長欠者は，評定期間中勤務した期間が2カ月に満たない場合は，その期間の評定は行わない。

（調整会議）

第12条 第1次評定者および第2次評定者が評定した結果については，職場間の均衡，多面的を考慮して調整するものとする。

2．調整会議に出席するものは，第2次評定者および理事とする。

3．調整会議の議を経て，理事長が決定する。

（考課表の保存期間）

第13条 人事考課表の保存期間は，5カ年間とする。

第 5 章　人事諸規程　第 2　人事諸規程の実例

附　　則

（施　行）

第14条　この規程は，　年　月　日より施行する。

別表①

人事考課表〔評定期間　自　　年　　月　　日
　　　　　　　　　　　　至　　年　　月　　日

氏　名		所　　属		勤 続 年 数
		職　　位		年　　齢

	考　課　要　素	考　課　着　眼　点　　（評価は，頭部右側に△印，左側に○印表示）
成績関係	★ ①　仕事の正確性	①仕事に間違いのあったことはほとんどない ②あまり間違いのない仕事をする ③たまに間違いはあるが普通である ④少し間違いが多すぎる ⑤よく間違え苦情もある
	②　目標達成度	①きめられた目標を大きく上回った ②きめられた目標を少し上回った ③きめられた目標を大体達成した ④きめられた目標を若干下回った ⑤きめられた目標を大きく下回った
勤務態度	③　規　律　性	①きめられた規律は間違いなく守る ②きめられた規律はよく守る ③きめられた規律はまあまあ守っている ④きめられた規律をときに守らないこともあった ⑤きめられた規律はあまり守らない
	④　積　極　性	①積極的に仕事をやり，よい意見や提案をよく出す ②与えられた仕事をまじめにやり，改善向上をときどき進言する ③まじめで，まあまあ普通である ④若干消極的であって，命令指示がなければやらない ⑤非常に消極的である
	⑤　協　調　性	①感情的にならず，誰とでもよく協調する ②大体よく協調する ③普通である。場合によっては協調を示す ④言われれば協調の態度をとるが，協調心は足りない ⑤利己的であって，あまり協調しない
	⑥　責　任　性	①非常に責任感が強く，安心して仕事が任せられる ②責任をもたせて仕事がやらせられる ③普通である ④やや責任感に欠ける ⑤責任感がなく，すぐ責任を転嫁する

年　　月	評価者	第一次		㊞	第二次		㊞	決定	㊞
年　　月									

評　価　尺　度（評価は，△印および○印表示）	評定（ポイント）		
	第1次	第2次	決　定
100　90　80　70　60　50　40　30　20			
100　90　80　70　60　50　40　30　20			
100　90　80　70　60　50　40　30　20			
100　90　80　70　60　50　40　30　20			
100　90　80　70　60　50　40　30　20			
100　90　80　70　60　50　40　30　20			

第5章　人事諸規程　第2　人事諸規程の実例

能力関係	⑦　職務知識	①今やっている仕事についてきわめて精通し他の研究も旺盛である ②今の仕事に必要な知識を身につけており研究心もある ③一人でやれる知識を有し，通常業務に差しつかえない ④大体知っているが，たまに聞かなければわからない ⑤必要な知識が不十分で研究心もなく必要量をこなせない
	⑧　判　断　力	①高度で複雑な仕事でも機敏に適切な判断を下した ②相当複雑な仕事でも正しい判断を下した ③大体普通の判断を下した ④ときに判断を誤った ⑤正しい判断ができなかった
	⑨　企画・創意工夫・改善力	①仕事上の企画・創意工夫は特に優れている ②仕事上の企画・創意工夫はいくらかよいほうである ③仕事上の企画・創意工夫は普通である ④仕事上の企画・創意工夫はやや劣る ⑤仕事上の企画・創意工夫は全くダメである
	※ ⑩　折　衝　力	①折衝力は特に優れている ②折衝力はいくらかよいほうである ③折衝力は普通である ④折衝力はやや劣る ⑤折衝力は下手である
	※ ⑪　指導・統率力	①部下の能力を十分伸ばし，指導統率は極めて上手である ②部下の能力を理解し，指導統率はよいほうである ③努力は認められるが，あと一歩である ④自己本位で，部下の信頼がない ⑤指導・統率力は全くない
	★ ⑫　報　告・連　絡	①業務上必要なことは，タイムリーに報告・連絡を行っている ②業務上の報告・連絡は，よいほうである ③業務上の報告・連絡は，普通である ④業務上の報告・連絡は，ときどき行わない ⑤業務上の報告・連絡は，あまりよくない

※印は，管理監督職のみに評定し，★印は，一般職のみに評定する。第一次評価者は赤ボールペンで

特記事項	
評価方法	①　考課着眼点5枝のうち，該当する内容にチェックを行う。 ②　チェックの評価を評価尺度に転記する。転記のポイントは，つぎのとおりとする。 　　　ア．①　極めて優秀である　　100　　95　　90 　　　イ．②　優秀である　　　　　85　　80 　　　ウ．③　普通である　　　　　75　　70　　65　　60 　　　エ．④　やや劣る　　　　　　55　　50　　45 　　　オ．⑤　非常に劣る　　　　　40　　35　　30 ③　評定（ポイント）欄に，該当点数を記載する。

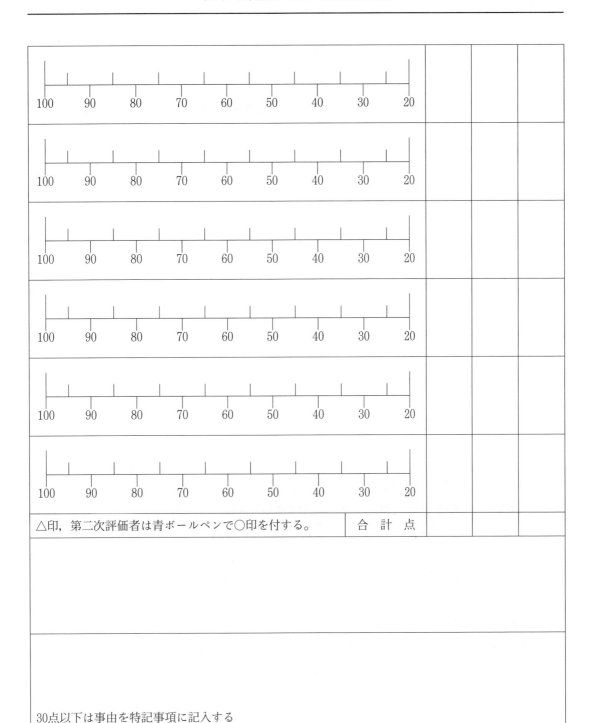

第5章 人事諸規程 第2 人事諸規程の実例

(3) 実例	転勤取扱規程
	（ＩＳデパート・百貨店・従業員4,000人）

（目　的）

第1条　本規程は労働協約第525条（略）に基づき転勤に伴う取扱いに関する事項を定めたものである。

（定　義）

第2条　本規程にいう転勤とは原則として都，道，府，県を単位として現居住地より通勤不可能な勤務
　　地に異動する場合をいい，原則として3カ月以上にわたる場合を転勤とする。

（再転勤）

第3条　会社は同一人を再度転勤させる場合でも本人の事情を充分斟酌の上行なうものとするが，原則
　　として6カ月以内の再転勤はさせない。

（転勤と出張取扱の区分）

第4条　事業所の新設，増改築及び移転等の事由にもとづいて一定期間準備教育，応援することを目的
　　として勤務地を変更する場合，別に定める出張規程に準じて取扱う。

　2．本条1項にいう一定期間とは原則として2カ月以内とするが，転勤及び出張の区分については，
　　その都度会社・組合協議の上定める。

（費用の負担）

第5条　従業員の転勤に基づいて要する費用の区分は次の表1による基準をもって定める。

　　　尚，支度金の計算は，百円単位を切り上げ千円単位で支給する。

　2．本条でいう本拠地とは，当初正式に配属された事業所の属する都道府県をいう。

　3．転勤地に自宅（実家）があり，そこからの通勤が可能な者は表1㈥の住居費の適用はないものと
　　する。

　4．表1㈥の住居費のうち住居確保のための諸費用とは敷金，礼金，権利金，当初1カ月分の家賃を
　　いう。

　5．転勤によって本拠地に戻る場合（帰任）で，本人がアパートを借りる場合の権利金，礼金は会社
　　負担とし，敷金，当初1カ月分の家賃，その後の住居費は本人負担とする。

　6．本条表1㈥の住居費のうち，独身者の共同居住，単身赴任者は寮扱いとし，寮費として毎月
　　3,000円を，会社に支払うものとする。

　7．独身者が転勤後，転勤先で結婚した場合，社宅を出ることを原則とする。但し会社が認めた場合
　　は，継続して居住することができる。

　8．前項いずれの場合も，結婚後3年（36カ月）を限度として，家賃の50％または，30,000円のどち
　　らか低い額を住居費として支給する。

568

表1

項　　　目			費　用　負　担　の　区　分		
㋑	引越しに伴う荷造，運賃		実費会社負担		
㋺	転勤時の交通費（本人および家族）				
㋩ 住居費	独身者	単独居住	① 住居確保のための諸費用，修繕費と家賃は会社負担。 ② 電話設置のための費用と通話料（基本料金含む），水道光熱費，生活上の諸雑費，備品購入の費用は本人負担。		
		共同居住	① 住居確保のための諸費用，修繕費，家賃，水道光熱費，生活上の諸雑費は，会社負担。 ② 備品のうちテレビ，冷蔵庫，暖房器具，扇風機の購入費は会社負担。		
	単身赴任		独身者の共同居住と同様に取扱う。		
	家族帯同		① 住居確保のための諸費用，修繕費，家賃は会社負担。 ② 生活費の全額と備品の購入費は本人負担。		
㊁ 支度金	本拠地からの転勤（赴任）	独身者 単身赴任	その年度の高卒初任給×1.5を支給する。		
		家族帯同	① その年度の高卒初任給×1.5を支給する。 ② 扶養家族で帯同の者に対し加算として次の通り支給する。 　イ．妻　　　　　　　　　　30,000円 　ロ．12歳以上1人につき　　30,000円 　ハ．12歳未満1人につき　　10,000円 ③ 社内で共働きしている妻が帯同する場合は妻に対し支度料×0.5を支給する。		
	本拠地への転勤（帰任）	独身者・単身赴任	転勤後13カ月未満	13カ月以上〜25カ月未満	25カ月以上
			その年度の（高卒初任給×1.5）×0.5	その年度の（高卒初任給×1.5）×0.7	その年度の高卒初任給×1.5
		家族帯同	① 本拠地からの転勤と同様に取扱うものとする。		
㊭	その他，転勤時の雑費		実情により会社負担。		

（教育費の補償）

第6条 従業員が転勤することにより幼稚園，小・中学校，高等学校に通園，通学する子女を帯同する場合には，次の基準で教育費を会社が負担する。

　⑴　赴任時　すでに教育費を支払った場合で，転勤のために再度教育費を負担しなければならなくなった場合の赴任地における教育費。ただし，子女1名につき10万円を限度とする。

　⑵　帰任時　帰任することにより再度負担しなければならない教育費で，赴任地においてすでに支払った教育費。ただし，子女1名につき10万円を限度とする。

　2．本条にいう教育費とは，幼稚園，小・中学校，高等学校の入園入学金および制服，用具代の実費とする。

　　　ただし，事情によって会社・組合協議の上，この基準を超えて補償することがある。

（社宅の確保）

第7条 会社は転勤させる従業員に対して社宅（会社が借り主のアパートを含む）を確保し，入居に至るまで誠意を以ってこれに努めるものとする。

　2．尚，この場合，本人同行の上調査することができるものとする。

（社宅の基準）

第8条 会社が従業員の転勤により確保する社宅の基準は次の表2の通りとする。

表2

項　　　目			必要条件（最低条件）
住居又は間取り	単身赴任者		4.5畳＋台所又は炊事可能設備
	独身者	単独居住	
		共同居住	4.5畳×2＋台所又はダイニングルーム
	夫　　　婦		6畳＋台所又はダイニングルーム
	夫　婦　・子供　2人		6畳＋4.5畳＋台所又はダイニングルーム
	そ　の　他		上記に準ずる
設　　　　　備			ガス，水道，洗面所，トイレ完備とする。尚，地域の特性によって風呂つきとする。
備　　　　　品			単身赴任者，独身者の共同居住の場合に限りテレビ，冷蔵庫，暖房器具，扇風機を備える。

（別居手当）

第9条 扶養家族（遠隔地扶養除く）のある転勤者は，原則として家族帯同赴任とするが，子女の教育または会社が認めたやむを得ない理由により単身で赴任する場合は次の別居手当を支給する。

　　　月額23,000円〜40,000円

　　尚，この場合は地域性等を考慮し，会社・組合協議の上決定するものとする。

（転勤後の保障）

第10条　会社は従業員を転勤させる場合，転勤直前の住宅事情を充分考慮しその後の保障を行なわなければならない。尚，保障範囲についてはその都度会社，組合協議の上定める。

（転勤休暇）

第11条　転勤直前の住居より転勤地迄に要した時間数を基準に次の通りとする。

所要時間数	家族帯同者	単身者
10時間未満	2　日	1　日
10時間以上	3　日	2　日

（転勤に伴う持家の取扱い基準）

第12条

(1)　目　　的

　　この取扱い基準は転勤に伴い従業員が勤務地に赴任するに当り，本人が所有する家屋の取扱いについて定めたものである。

(2)　会社管理

　　会社は原則として本人の所有する家屋を保全する目的で管理する。但し本人が家賃収入を得る為賃借人を見つけ契約を結んだ場合，それ以後の管理は原則として行なわないが，本人の希望があった場合は賃借人の斡旋，家賃決定のアドバイス，収納の業務などのサービス業務を行なう。

(3)　申請許可の基準

　　前号による会社の保全管理を希望する場合は，次の条件をそなえて本人は所定の申請用紙により会社に申請を行なう。

　(イ)　家屋に時価相当の火災保険をかけること。

　(ロ)　会社が管理していくうえで支障となる条件がないこと。

(4)　管理方法

　(イ)　管理に当り公租公課及び火災保険料は本人の負担とする。

　(ロ)　電気，ガス，水道料及び電話料金の未払分は本人の負担とする。

　(ハ)　管理は会社が責任をもって行ない，管理に要する経費は会社の負担とする。

（疑　義）

第13条　本規程に定めのない事項，及び疑義については会社，組合協議の上決定する。

（改　廃）

第14条　本規程の改訂，または廃止する場合は，会社，組合協議の上定める。

（効　力）

第15条　本規程は　年　月　日より施行する。

第5章 人事諸規程 第2 人事諸規程の実例

| (4) 実例 | 転勤取扱規程 |

（ＴＲ工業・機械製造・従業員300人）

（目　的）

第1条　この規程は，社員が就業規則第10条（略）にもとづき転勤を命ぜられた場合の取り扱いについて定める。

（定　義）

第2条　この規程において転勤とは，住所の変更を必要とする人事異動をいう。

　2．この規程において家族とは，配偶者および同居する直系尊卑族で本人の扶養を受ける者をいう。

（転勤旅費）

第3条　転勤を命ぜられた者には，その居住地から新居住地までの交通費，日当，宿泊料，荷造運送費，および赴任雑費を支給する。

（交通費）

第4条　交通費は，旅費規程に定める国内出張時の交通費に準じて支給する。

（日当，宿泊料）

第5条　日当および宿泊料は，旅行実日数および夜数にかかわらず，旅費規程付表第1の1泊2日分を支給する。

（荷造運送費）

第6条　荷造運送費は，荷造の材料費，人夫賃および運送費の実費を支給する。ただし，適量と認められない動物，植木，盆栽類，庭石，工作物等の運送費を除く。

（荷物保険料）

第7条　荷物保険料は，特別に支給せず，赴任雑費の中から支弁するものとする。

（赴任雑費）

第8条　赴任雑費は，次の各号のとおり支給する。

　①　家族同行の場合……基準内給与の90％。ただし，最高を400,000円，最低を200,000円とする（次号と重複支給はしない）。

　②　単身赴任の場合……基準内給与の45％。ただし，最高を200,000円，最低を100,000円とする。

（家族旅費）

第9条　転勤に際して同行する家族に対して，本人と同一の基準による，交通費実費，日当および宿泊料を支給する。ただし，6歳未満の家族の日当および宿泊料は，所定額の50％とする。

　2．転勤に際し，次の各号の一に該当するため家族を同行できなかった者が，当該各号の定める期間内にこれを引きまとめるときは，その家族に対し，引きまとめの際の本人の資格に応じ，前項の旅費を支給する。

572

第5章　人事諸規程　第2　人事諸規程の実例

① 会社都合によるとき……事由解消の日から30日以内

② 家族の傷病，出産，子弟の転学期等のため同行が困難と認められたとき……必要と認められた期間

（引きまとめ出張）

第10条 前条第2項の場合において，転勤者が家族居住地まで旅行するときは，出張として扱う。ただし，家族居住地滞在日数（着発の当日を含まない。）は出張として扱わない。

（転勤休暇）

第11条 転勤を命ぜられ赴任する場合には，次の各号のとおり転勤休暇を与える。

① 家族同行の場合（次号と重複付与はしない）……5日以内

② 単身赴任の場合……3日以内

2．前項の休暇は，赴任出発前または到着後2週間内に限るものとし，転勤旅行日（出張扱い）および休暇中に介在する休日を含まないものとする。

（別居手当）

第12条 第9条第2項に該当し家族と別居する者に対し，新任場所着任の日の翌日から家族引きまとめを完了する日の前日（家族を引きまとめるため家族居住地まで旅行するときはその出発の前日）まで，30日につき次のとおり別居手当を支給する。ただし，家族の一部を引きまとめ，これによって一戸を構えたと認められるときは，引きまとめを完了したものとみなす。

　　課　長　以　上　　　50,000円

　　課長代理以下　　　　40,000円

2．前項の支給期間に端数を生じたときは，15日未満については定額の50％を，15日以上については100％を支給する。

3．妻子と別居する単身赴任者で休日等を利用して留守宅に帰宅したときは月1回に限り，その交通費実費を支給する。

　　ただし，当該月に出張用務で1回以上帰宅した場合は重複して支給はしない。

　　※第13条，第14条，第15条省略

┌───┐

(5)　実例　　　　　　　　　　配転取扱い規程

（ＴＵ金属・プレス加工・従業員80人）

└───┘

（目　的）

第1条 この規程は，社員就業規則（以下「就業規則」という。）第11条（略）により，会社が，社員に異動を命ずる場合の取扱いについて定める。

（人事の基本）

第2条　会社の人事の基本は，少数精鋭，能力主義を基本とする。よって，社員の配置は適材適所主義を尊重する。

（配置転換）

第3条　前条の基本に従い，社員の就労の場所または従事する業務を変更することがある。これを配置転換という。

　2．前項の場合，会社は関係者の意見を聞き，配置転換の判断をする。

（配置転換を行う場合）

第4条　会社が，配置転換をする場合は，つぎのとおりとする。

　　①　受注関係にいちじるしく変更を生じたとき

　　②　採用の際に示した業務になじまないとき，または不適格のとき

　　③　社員の能力低下にともない不適格のとき

　　④　会社内合理化にともない，変更を必要とするとき

　　⑤　業務の縮小，設備の変更，その他やむをえないとき

　　⑥　就業規則第15条第2項（略）により，休職中の社員が，休職事由が消滅し原職務に復帰させることが困難であるか，または不適当のとき

　　⑦　社員の死亡，退職，解雇にともない欠員が生じたとき

　　⑧　その他前各号に準じ，配置転換が必要と判断したとき

（配置転換の内示）

第5条　会社は，社員を配置転換する場合は，あらかじめ所属長および本人に内示する。

　　　　ただし，緊急の場合は，内示を省略し発令することがある。

　2．前項の配置転換の内示を受けた社員は，正当な理由なく拒むことはできない。

（業務引継ぎ準備）

第6条　配置転換の内示を受けた社員は，業務引継ぎ準備をしなければならない。

　2．緊急発令の場合は，次条の業務引継ぎはすみやかにしなければならない。

（業務引継ぎおよび報告）

第7条　配置転換の発令を受けた社員は，後任者に指定日時までに業務の引継ぎを終了しなければならない。

　2．前項の配置転換の発令を受けた社員は，指定された日時までに，新たな場所または業務に就労し，前任者より引継ぎを受けなければならない。

　3．前2項の引継ぎは，所属長にその旨を報告するものとする。

（その他）

第8条　配置転換にともない，新たな問題が生じた場合は，会社の判断により，対処するものとする。

（施　行）

第9条　この規程は　年　月　日より施行する。

第5章　人事諸規程　第2　人事諸規程の実例

──参考──

（異　動）

第○条　会社は社員に対し，業務の都合により，社員の就労の場所または従事する業務を変更することがある。

2．前項について社員は，正当な理由なく拒むことはできない。

---

(6)　実例　　　定年退職者勤務延長および再雇用規程

（ＩＫ電機・電機計測器・従業員1,200人）

（目　的）

第1条　この規程は，社員を定年退職後，勤務延長または再雇用する場合の取扱いについて定める。

（定　義）

第2条　1．勤務延長とは，定年直前の社員を，会社が審査の上，社員として継続して就業させる必要を認め，本人も定年後の就業を希望する場合，社員として継続就業させることをいう。

2．再雇用とは，定年直前の社員を，本人が再雇用を希望する場合，嘱託として就業させることをいう。

（予告時期）

第3条　定年後，勤務延長する者，および再雇用する者または就業規則に則り定年退職する者の審査決定は6カ月前までに行ない，いずれの場合も6カ月前に本人に予告する。

（勤務延長および再雇用の期間）

第4条　1．勤務延長および再雇用とも，その期間は定年日以降，5カ年間とする。

2．勤務延長の場合，5カ年間を経過した後の社員としての勤務延長は行なわない。但し，会社が審査の上，退職後，引続き就業させる必要を認め，本人も就業を希望する時は，嘱託または雇員として再雇用することがある。再雇用を解除する場合は，原則として3カ月前に本人に予告する。

3．再雇用の場合，5カ年間を経過した後も，会社が審査の上，引続き就業させる必要を認め，本人も就業を希望する時は，嘱託または雇員として再雇用を継続することがある。継続後の再雇用を解除する場合は，原則として3カ月前に本人に予告する。

4．勤務延長者の再雇用決定および再雇用者の継続決定の時期は前第3条と同様とする。

（役職勤務延長者の処遇）

第5条　1．勤務延長者の内，定年時に役職についている者については引続き同一役職に留まる場合と，役職を離れる場合がある。

但し，役職を離れる場合も，勤務延長期間中は，同一役職待遇とする。

2．勤務延長期間中の昇進は行なわない。

575

（賃　金）

第6条　1．勤務延長者の賃金は次の通りとする。

　⑴　役付手当を除く基準内賃金および基準外賃金については定年時と同額とする。

　⑵　役職者で同一役職に留まる者は，定年時と同額の役付手当を支給するが，役職を離れる者は，役付手当を支給しない。

　⑶　勤務延長期間中の定期昇給およびベース・アップは行なわない。

　⑷　定期昇給およびベース・アップを除く他の諸手当変更は，社員と同等の基準により行なう。

　⑸　賞与は，社員と同等の基準により支給する。役職を離れた者は定年時の該当役職者に準じて支給する。

　2．定年後再雇用者の賃金は次の通りとする。

　⑴　給与は基本給のみとし，定年退職時の基準内賃金に住宅手当を加えた額の上限80％下限50％の範囲内で決定し，第3条の予告時期に同時に本人に通知する。

　⑵　前項により通勤手当を除き，その他の諸手当は支給しない。

　⑶　昇給は，定期昇給を除く一般社員の昇給基準の100％を行なう。

　⑷　賞与は，一般社員の一律支給基準の75％とし，必要により成績加給を行なう。

　3．勤務延長満了後の再雇用者および定年後再雇用者で5カ年を経過し再雇用を継続する者の賃金については給与・昇給・賞与共別途定める。

（勤務延長者の退職金）

第7条　1．勤務延長者の退職金は，定年退職時の退職金規定により算定する。

　2．勤務延長期間に相当する部分の退職金は次の算式により算定する。

$$勤務延長部分退職金＝\frac{定年時退職金}{定年時退職金算定勤続年数}×勤続延長年数$$

　3．退職金の支給は，第1項および第2項の退職金を合算した額を勤務延長満了時に行なう。

（再雇用者の退職金）

第8条　1．定年後再雇用者の退職金は，定年退職時の退職金規定により定年退職時に支給する。

　2．定年後再雇用期間5カ年に相当する部分の退職金は，再雇用解除時に勤続1カ年につき，解除時基本給の0.5カ月を退職慰労金として支給する。

　3．勤務延長満了後の再雇用者の退職慰労金および定年後再雇用者で5カ年を経過し再雇用を継続する者の継続期間に相当する退職慰労金は別途定める。

（定年退職者への餞別記念品の贈呈）

第9条　社員在職期間10年以上の定年退職者，定年後勤務延長および再雇用者に対しては会社離籍の時に餞別記念品を贈呈する。

（慶弔見舞金等の規定の適用）

第10条　1．勤務延長者および再雇用者の慶弔見舞金，団体扱生命保険およびレクリエーション・クラブ援助については，一般社員と同等の適用取扱いとする。

2．出張旅費については，勤務延長者は定年時の役職待遇を適用し再雇用者は一般社員と同等の取扱いとする。

3．勤務延長者および再雇用者については，IK 共済会規定，住宅土地取得資金貸付規定，IK 住宅融資規定は適用しない。

（退　職）

第11条　勤務延長者または再雇用者が，次のいずれかに該当するときは退職するものとする。

　(1)　私傷病欠勤が90日または事故欠勤が30日に及んだとき。

　(2)　正当な理由がなく，無届欠勤が引続き7日以上に及んだとき。

（就業規則の準用）

第12条　服務等この規定に定めのないものについては，就業規則を準用する。

（効力の発生）

第13条　本規定は　年　月　日より施行する。

---

(7)　実例	再就職準備制度規程
（ＭＣ精機・精密機械・従業員300人）	

（目　的）

第1条　定年退職を1年以内に控えた社員が再就職のための準備期間を申し出たときは，その職務を解き，休職扱いとする。

　　再就職準備期間中の賃金給与などの取扱いに関してはこの規定の定めるところによる。

（休職扱い期間）

第2条　期間は最高6カ月とする。休職扱いは各月1日からとし，月の途中からの休職扱い，1カ月未満の休職扱いおよび期間の分割は認めない。

（休職扱いの申し出）

第3条　休職扱いを希望する者は，1週間前までに所属長を経て会社に届け出ること。

（賃金給与など）

第4条　賃金給与の取扱いはつぎのとおりとする。

　(1)　期間中は賃金給与規定第28条に定める休職員手当 ｛基準内賃金（本給，第二本給，年齢給，資格手当，世帯手当）の70％｝ を支給する。

　(2)　期間中に繰上げ定年退職を申し出たものについては，残余の期間分の休職員手当総額を退職金に加えて支給する。

　　　ただし，関係会社に再就職した場合はこの適用を除外する。

　(3)　定期乗車券は新たに支給しない。すでに支給ずみのものは返納させない。

（4）　新聞購読券は支給する。

（支払時の控除）

第5条　期間中の給与所得税，地方税，社会保険料などは休職員手当から控除する。

（復　職）

第6条　期間中，本人から復職申請があったとき，または休職扱い期間を終えてなお定年退職日まで期
日がある場合は原則として休職前の職場に復帰させる。

（期間中の休暇の取扱い）

第7条　期間中の休暇（就業規則第38条ないし，41条（略）および時短休）は凍結する。

（　年　月　日実施）

（8）　実例　　　　　　　出　向　規　程

（ＥＫ興業・サービス・従業員400人）

（目　的）

第1条　この規程は出向社員（以下出向者という）の身分及び労働条件を明確にすることを目的とす
る。

（出向の意義）

第2条　この規程で出向とは社員が在籍のまま，社命によって一定期間他社（以下出向先という）の業
務に従事するため転出することをいう。

（出向者の心構え）

第3条　出向者は会社の名誉を重んじ，その信頼と期待に答えるよう努力するとともに，出向先の規則
を遵守し，業務に精励しなければならない。

（出向の人事発令）

第4条　会社は社員を出向させる場合，人事発令の7日前に本人に内示し，出向先における労働条件，
担当する業務，出向期間，その他特に必要と認められる事項を明示して，人事発令をするものとす
る。

　2．出向の内示を受けた社員は，正当な理由なく，これを拒むことはできない。

（出向者の身分及び処遇）

第5条　出向中の社員の所属は労務人事部付とし，出向期間中は賃金，賞与，昇格，昇給，勤続年数，
年次有給休暇，退職金等の取扱いに関し，不利益を受けることはない。

（出向期間）

第6条　出向期間は2年間とする。但し，会社または出向先の業務の都合により，出向期間を伸縮する
ことがある。

2．前項に基づき出向期間を延長する場合は，当該社員の意向を斟酌し，決定する。

（出向先の就業規則の適用）

第7条　出向者はその出向期間中，給与，賞与，退職及び休職，懲戒（譴責を除く）並びに福利厚生に関する規定を除き，出向先の就業規則，その他定められた諸規定に従うものとする。

（出向者の給与及び賞与）

第8条　会社は出向者に対し，出向先から提出される勤務実績に基づき給与及び賞与を支給する。

（人事考課）

第9条　出向者の賞与，昇給及び昇格についての人事考課は会社が実施する定時期に出向先から勤務成績に関する人事考課の提出を受け，会社基準に基づき会社が決定する。

（出向者の定年）

第10条　出向者が出向期間中に定年に達した時は，会社就業規則の定めるところにより，定年退職とする。

（勤続年数の通算）

第11条　出向期間は勤続年数に通算する。

（会社復帰及び復帰時の取扱い）

第12条　出向者は次の各号の一に該当するときは出向を解き，復帰を命ずるものとする。

　(1)　出向期間満了のとき

　(2)　出向先より要請のあったとき

　(3)　会社が特に必要と認めたとき

　(4)　休職事由が発生したとき

　(5)　懲戒処分（譴責を除く）に該当する行為のあったとき

2．前項の場合，出向先における勤務成績及び会社の同等位者の社内的地位を勘案して職場を決定する。但し前項(5)号に該当する場合はこの限りではない。

第13条　出向に伴い居住地を変更する場合は，会社の旅費規定を適用する。

2．社宅の貸与に関しては出向先の規定に従うものとする。

　　ただし，当該規定が出向者にとって不利となる場合は，会社規定を適用する。

（身上異動の届出）

第14条　出向者は次の各号の一に異動を生じた場合は，すみやかに会社に届け出なければならない。

　(1)　本籍地及び現住所

　(2)　姓　名

　(3)　家　族

　(4)　会社の業務に関係する資格，免許

　(5)　出向先における所属及び役職

（疑義事項の処理）

第15条　この規定に定めない事項あるいは疑義が生じた場合，会社は出向者との協議により処理する。

（年契約社員の取扱い）

第16条 年契約社員の出向に関しても本規定を準用する。

（昭和60年3月1日制定）

（施　行）

第17条 この規定は　年　月　日より施行改訂する。

---

(9) 実例　　　　　　　出　向　規　程

（ＭＹ工業・機械製造・従業員300人）

（出向の定義）

第1条 会社が社員を，ＭＹ工業株式会社以外の事業場に勤務させ，その間，当該社員は会社の社員の身分は失わないが，出向先の指示命令に従い業務に従事することをいう。

ただし，研修員は含まない。

（出向の期間）

第2条 会社の命ずる期間とするも，本人にやむを得ぬ事情がある場合は，労使協議の上決定する。

（出向支度料）

第3条 転勤規定に準ずるも，帰任時の支度料については，出向先より支給を受けるものとする。

ただし，帰任時の支度料が，当社規定より下回る場合は，その差額分を当社が補給する。

（出向旅費）

第4条 赴任時は，当社転勤規定に準じてＭＹ工業株式会社が支払い，帰任時は，出向先の規定により出向先の支払いを受けるものとする。

ただし，帰任時の旅費が当社規定より不利益となる場合は，その差額分を当社が負担する。

（運送料）

第5条 当社転勤規定並びに，前第4条に準ずる。

（別居手当）

第6条 当社転勤規定に準じ，出向先より支給を受けるものとする。

（寒冷地手当）

第7条 当社転勤規定に準じ，出向先より支給を受けるものとする。

（自家住宅の借り上げ）

第8条 当社転勤規定に準ずる。

（出向者の人事取り扱い）

第9条

① 勤務年数

業務上の特命休職として取り扱い，その期間を勤続年数に通算する。

② 賃金

　イ　主たる支払者は出向先とし，当社と同様の支給基準とする。ただし，出向先の支給額が当社基準を上回る場合においても，出向者は返納を要しない。

　ロ　出向先の所定労働時間が，当社より上回る場合は，その時間差分を，時間外労働として取り扱い，出向先が負担する。

　ハ　賞与は，出向先基準を原則とするも，当社基準より不利益となる場合は，当社基準によるものとし，出向先が負担する。

③ 職制昇格

　出向先における職制については，出向先の取り決めに従うものとするも，出向期間中の当社社員としての職制昇格については，原則として出向社員の上司の具申を得て実施する。この場合の職制は待遇制とする。

④ 実績評価

　出向社員の実績評価は原則として，出向先における被評価者の直属上司が行なう。

⑤ 退職金

　イ　退職金の支給基準，支給方法については当社退職金規定によるものとする。

　ロ　出向者が当社に復帰する際，出向先から退職金または，これに準ずる給与を受けた場合は，そのまま当社に納付しなければならない。

　　このことにより，その後，当社を退職する際に，出向期間を通算した当社退職金を受けることとなる。

　ハ　出向者が出向期間中に退職する場合の退職金は，出向先の事業所がその規定による金額を支払う。

　　ただし，この金額が当社支給基準より下回る場合は，その差額を当社が支払うものとする。

⑥ 福利厚生制度の継続

　出向者は次の恩典を継続することができる。

　㈠　被服等の支給（出向先において支給のない場合）

　㈡　住宅

　㈢　独身寮

　㈣　一般融資

　㈤　住宅融資

　㈥　福利厚生委員会諸制度（会費納入者）

⑦ 労働組合員資格の継続

　出向者は，出向期間中といえども労働組合員としての資格は継続する。

第10条　本規定は，　年　月　日より実施する。

第5章　人事諸規程　第2　人事諸規程の実例

⑽　実例　　　　　　　　　　出向・転籍規程

（ＫＳＭ・ホテル・従業員250人）

第1章　総　　則

（目　的）

第1条　この規程は，就業規則第13条（注）にもとづき，株式会社 KSM（以下「会社」という。）の
社員の「KI グループ」への転籍に関する事項を定めたものである。

　（注）　就業規則第13条（出向・転籍）

　　　　会社は，社員に対して，業務上の都合または社員の意向により，関連企業に出向または転籍を
命ずる。

　⑵　出向・転籍の取扱いは別に定める「出向，転籍取扱規程」による。

　2．前項の「KI グループ」とは，株式会社 KSM を核とし，株式会社 LO ホール，株式会社 KI，株
式会社 HNK，株式会社 SM センターのグループをいう。

（出向，転籍制度の基本的考え）

第2条　会社は「KI グループ」との相互援助および共存共栄の精神にのっとり，その経営施策の遂行，
管理上の運営もしくは営業販売活動を通じて，経営基盤の確立および指導育成にあたることを基本
的考えとし，これら「KI グループ」相互間の社員の出向・転籍を命ずるものとする。

（出向・転籍者の基本的心構え）

第3条　転籍者は，「KI グループ」の出向・転籍先の繁栄と発展に寄与することをもって出向・転籍先
に移行し，出向・転籍先でのすみやかなる業務の遂行およびその社員との意思の疎通を密にして相
和し，協力と同化に努めなければならない。

第2章　出　　向

（出向の定義）

第4条　出向とは，社員としての在籍のまま出向先会社へ業務のため，その指揮命令系統に従い出向先
会社に常駐勤務することをいう。

（出向者の処遇の原則）

第5条　会社は出向させようとする社員の選考にあたっては，本人の自己申告および出向の目的，役
割，出向先会社の事情，労働条件その他を出向者に明示し，本人の意見を考慮して行う。

（出向者の出向期間）

第6条　出向者の出向期間は，原則として，2年以内とする。

　　　　ただし，本人の了解を得て延長することがある。

（出向者の労働条件）

第7条 出向者の労働条件は，第8条（転籍）による労働条件と同一する。

第3章 転 籍

（転籍者の処遇の原則）

第8条 会社は，転籍させようとする社員の選定にあたっては，本人の自己申告および本人の意思を尊重し同意を得るとともに，転籍者の基本的身分および労働条件等がいちじるしく不利にならないように取扱うものとする。

2．前項の労働条件の基本となる給与は，「KI グループ」それぞれの特殊な勤務に対応する給与を除き，基本的には同一給与体系とする。

（転籍者の身分）

第9条 転籍者は，転籍時をもって会社を退職し，以後転籍先において役員もしくは社員として勤務とする。

（転籍者の勤続年数）

第10条 転籍者の勤続年数は，「KI グループ」の最初の入社した企業より通算する。

（給 与）

第11条 転籍者の転籍後の給与は，転籍先の基準により，転籍先が支払う。

（賞 与）

第12条 転籍者の転籍後の賞与は，転籍先の基準により転籍先が支払う。

2．転籍が賞与期間算定の中途であっても転籍前の期間も含めて転籍先が支払う。

（退職金）

第13条 退職金は，「KI グループ」同一の HT 生命相互保険会社を幹事とする，「退職年金規程」によるため，転籍にともなっても同一である。

（転籍者の福利厚生施設の利用）

第14条 転籍者は，転籍後も会社の許可を得て福利厚生施設が利用できる。

（福利厚生制度の移行および解約）

第15条 厚生資金の貸付，財形貯蓄，任意団体生命保険および社会保険（厚生年金保険・健康保険・雇用保険・労災保険）等の福利厚生制度は，原則として転籍先に移行させるものとする。

ただし，転籍先において制度のないものについては，転籍時に解約等の処置をとる。

（転籍旅費の支払）

第16条 転籍者の転籍にともなう旅費，荷造費，運送費等の諸費用は，「出張旅費規程」による赴任旅費を転籍先がこれを支払うものとする。

付　則

（規程の改廃）

第17条　この規程の改廃および定めのない事項については，「KI グループ」協議のうえ決定する。

（施　行）

第18条　この規程は，　年　月　日より実施する。

⑾　**実例**　　　　　　　　**フレックスタイム制規則**

（ＲＳ化成・プラスチック製造加工・従業員180人）

（フレックスタイム制）

第1条　フレックスタイム制の対象従業員は，総務課所属の従業員を除く全従業員とする。

（清算期間）

第2条　フレックスタイム制における勤務時間の清算期間は，毎月1日から末日までの1カ月間とする。

（所定労働時間）

第3条　清算期間における所定労働時間は，当該期間を平均して1週当たり40時間を超えない範囲内で，1日7時間に清算期間中の所定労働日数を乗じて得られた時間数とする。

（標準労働時間）

第4条　1日の標準労働時間は，7時間とする。

2．年次有給休暇，その他有給とする休暇については，各日について7時間労働したものとみなす。

（フレキシブル及びコアタイム）

第5条　フレキシブルタイム，コアタイム及び休憩時間の時間帯は，次のとおりとする。

　　　　始業時間帯　午前7時から午前10時まで

　　　　コアタイム　午前10時から午後3時まで

　　　　終業時間帯　午後3時から午後8時まで

　　　　休憩時間帯　正午から午後1時まで

（始業・終業時刻の決定）

第6条　フレックスタイム制が適用される従業員の始業，終業時刻は，それぞれの時間帯において従業員が自主的に決定したところによる。

（割増賃金等）

第7条　従業員は，各日の実労働時間が所定労働時間に対して著しい過不足を生じないように努めなければならない。やむを得ず過不足が生じる場合にも，その時間は1カ月〇時間を超えないようにし

584

なければならない。

2．実労働時間が所定労働時間を超過したときは，賃金規定の定めるところにより時間外労働割増賃金を支給する。

3．実労働時間が所定労働時間に不足したときは，不足時間を次の清算期間の法定労働時間の範囲内で清算するものとする。

付　　則

（実　施）

第8条　この規則は○○年○○月○○日より施行する。

─参　考─

　フレックスタイム制を採用する場合は，その内容など必ず就業規則か別規則で明示記載しなければならない。この規則は就業規則の本文に「労使協定により，別規則によりフレックスタイム制」採用する旨記載されている。

フレックスタイム制に関する労使協定例

　RS化成株式会社とRS化成株式会社従業員代表とは，労働基準法第32条の３の規定に基づき，フレックスタイム制について，次のとおり協定する。

　（フレックスタイム制の適用従業員）
第1条　総務課所属の従業員を除く，全従業員にフレックスタイム制を適用する。
　（清算期間）
第2条　労働時間の清算期間は，毎月１日から末日までの１カ月間とする。
　（所定労働時間）
第3条　清算期間における所定労働時間は，清算期間を平均して１週40時間の範囲内で，１日７時間に清算期間中の労働日数を乗じて得られた時間数とする。
　（１日の標準労働時間）
第4条　１日の標準労働時間は，７時間とする。
　（コアタイム）
第5条　コアタイムは，午前10時から午後３時までとする。ただし，正午から午後１時までは休憩時間とする。
　（フレキシブルタイム）
第6条　フレキシブルタイムは，次のとおりとする。
　　　　始業時間帯　　午前７時から10時
　　　　終業時間帯　　午後３時から８時
　（超過時間の取扱い）
第7条　清算期間中の実労働時間が所定労働時間を超過したときは，会社は，超過した時間に対して時間外労働割増賃金を支給する。
　（不足時間の取扱い）
第8条　清算期間中の実労働時間が所定労働時間に不足したときは，会社は，不足時間を次の清算期間の法定労働時間の範囲内で清算するものとする。
　（有効期間）
第9条　本協定の有効期間は，○年○月○日から１年とする。ただし，有効期間満了の１カ月前までに，会社，従業員代表いずれからも申出がないときには，さらに１年間有効期間を延長するものとする。
　　　　○年○月○日

　　　　　　　　　　　　　　　　　　　　　ＲＳ化成株式会社
　　　　　　　　　　　　　　　　　　　　　　代表取締役　　○○○○　㊞
　　　　　　　　　　　　　　　　　　　　　ＲＳ化成株式会社
　　　　　　　　　　　　　　　　　　　　　　従業員代表　　○○○○　㊞

清算期間が拡大されました

これまで，労働時間の清算期間は，「１カ月以内」とされてきた。

しかし，2018年の法改正により，「多様な働き方を推進する」という観点から，清算期間が「３カ月

第5章 人事諸規程 第2 人事諸規程の実例

以内」に拡大された。

法改正の概要

① 労働時間の清算期間を3カ月以内とする。
② 清算期間を，その開始日から1カ月ごとに区分した各期間ごとに，その期間を平均し，1週間当たりの労働時間が50時間を超えない範囲で労働させることができる。
③ 1カ月を平均し，1週間当たりの労働時間が50時間を超えたときは，超えた時間に対して法定の割増賃金を支払わなければならない。
④ 清算期間が1カ月を超える場合には，労使協定を労働基準監督署に届け出なければならない。

⑿ モデル　　　　　　フレックスタイム規程

第1章　総　　則

（総　則）

第1条　この規程は，フレックスタイム制について定める。

（法令との関係）

第2条　フレックスタイム制についてこの規程に定めのない事項は，労働基準法の定めるところによる。

（適用対象者の範囲）

第3条　この規程は，次の部門に所属する総合職の社員に適用する。

　　事務部門／企画部門／営業部門／研究開発部門

第2章　労働時間の清算期間と労働時間

（労働時間の清算期間）

第4条　労働時間の清算期間は，3カ月とし，その区分は次のとおりとする。

　⑴　第1四半期　　　4月1日〜6月30日

　⑵　第2四半期　　　7月1日〜9月30日

　⑶　第3四半期　　10月1日〜12月31日

　⑷　第4四半期　　　1月1日〜3月31日

　2．第1四半期は4月，5月，6月，第2四半期は7月，8月，9月，第3四半期は10月，11月，12月，第4四半期は1月，2月，3月の各月に区分して時間管理を行う（各月とも，1日を初日とする1カ月とする）。

587

（標準労働時間）

第5条　1日の標準労働時間は，8時間とする。

2．フレックスタイム制を適用される者（以下，単に「社員」という。）が次のいずれかに該当するときは，標準労働時間勤務したものとみなす。

(1)　年次有給休暇その他の有給休暇を取得したとき

(2)　社外で業務に従事し，労働時間を算定しがたいとき

（清算期間の所定労働時間）

第6条　清算期間の所定労働時間は，次の算式によって得られる時間とする。

清算期間の所定労働時間＝8時間×その清算期間の所定労働日数

（時間外労働手当の支払い）

第7条　1カ月を平均して週の労働時間が50時間を超えたときは，その超えた時間を時間外労働として取り扱い，時間外労働手当を支払う。

（労働時間の清算）

第8条　清算期間において，実労働時間が所定労働時間を超過したときは，その超過時間を時間外労働として取り扱い，時間外労働手当を支払う。ただし，前条の定めるところにより時間外労働として取り扱った時間は，除くものとする。

2．実労働時間が所定労働時間に不足したときは，その不足時間を次の清算期間に繰り越す。ただし，不足時間が30時間を超えるときは，不足時間分に相応する給与をカットする。

3．不足時間を発生させたときは，次の清算期間において，その不足時間を解消するように努めなければならない。

第3章　コアタイムとフレキシブルタイム

（コアタイム・休憩時間）

第9条　コアタイムおよび休憩時間は，次のとおりとする。

（コアタイム）午前10時〜午後3時

（休憩時間）正午から1時間

2．コアタイム中は，必ず勤務していなければならない。

（フレキシブルタイム）

第10条　フレキシブルタイムは，次のとおりとする。

（始業時間帯）午前8時〜10時

（終業時間帯）午後3時〜8時

2．始業時刻および終業時刻は，各人の決定に委ねる。

3．職場への入場および退場に当たっては，他の社員の職務に影響を与えないように配慮しなければならない。

（遅刻・早退・欠勤）

第11条　コアタイムの開始時刻に遅れて始業したときは遅刻，コアタイムの終了時刻の前に終業したときは早退とする。

　2．コアタイムにまったく勤務しなかったときは，欠勤とする。

　3．遅刻，早退または欠勤をするときは，あらかじめ会社に届け出なければならない。

（勤務時間の単位）

第12条　勤務時間の単位は，15分とする。

（許　可）

第13条　社員は，次の場合には，あらかじめ会社の許可を得なければならない。

　(1)　始業時間帯の開始前または終業時間帯の終了後に勤務するとき

　(2)　休日に勤務するとき

　2．事前に許可を得ていないものについては，原則として勤務時間とはみなさない。

（勤務時間の指定）

第14条　会社は，緊急事態の発生その他業務上必要であると認めるときは，フレックスタイム制度の適用を停止し，特定時刻から特定時刻までの勤務を命令することがある。

第4章　社員の心得

（労働時間の決定基準）

第15条　社員は，次の事項をよく考えて日々の始業時刻，終業時刻および労働時間を決定しなければならない。

　(1)　業務の量

　(2)　業務の緊急性

　(3)　共同で業務を遂行する場合には，相手方の都合

　(4)　会議が予定されているときは，その時間帯

　(5)　その他必要な事項

（出社予定時刻の記入）

第16条　社員は，退社するときに，翌日の出社予定時刻を職場の黒板に記入しなければならない。

（業務報告）

第17条　社員は，業務の進捗状況を適宜適切に所属長に報告しなければならない。

（付　則）

この規程は，○○年○○月○○日から施行する。

第5章　人事諸規程　第2　人事諸規程の実例

⒀　モデル　　　　　３カ月フレックスタイム制に関する労使協定

○○年○○月○○日

○○株式会社取締役社長○○○○印

○○労働組合執行委員長○○○○印

　○○株式会社（以下，単に「会社」という。）と○○労働組合（以下，単に「組合」という。）とは，
３カ月フレックスタイム制に関して，次のとおり協定する。

　1．３カ月フレックスタイム制の内容

1	対象者	次の部門に所属する総合職の社員。 ・事務部門 ・企画部門 ・営業部門 ・研究開発部門
2	労働時間の清算期間	1　労働時間の清算期間は，３カ月とする。 2　３カ月の区分は次のとおりとする。 　第１四半期　　４月１日〜６月30日 　第２四半期　　７月１日〜９月30日 　第３四半期　　10月１日〜12月31日 　第４四半期　　１月１日〜３月31日 3　第１四半期は４月，５月，６月，第２四半期は７月，８月，９月，第３四半期は10月，11月，12月，第４四半期は１月，２月，３月の各月に区分する。 4　各月とも，１日を初日とする１カ月とする。
3	所定労働時間	８時間×３カ月間の所定労働日数
4	１日の標準労働時間	８時間
5	コアタイム	午前10時〜午後３時（正午〜午後１時は休憩時間）
6	フレキシブルタイム	始業時間帯　午前８時〜10時 終業時間帯　午後３時〜８時

　2．協定の有効期間

　　　この労使協定の有効期間は，○○年○○月○○日から１年とする。満了日の１カ月前までに，会
　　社，組合のいずれからも申出のないときは，さらに１年有効とし，以降も同様とする。

第 5 章　人事諸規程　第 2　人事諸規程の実例

> ⒁　実例　　　1週間単位の非定型的変形労働時間制規程
>
> ◎就業規則の本文（ＵＣＲレストラン・従業員18人）

（1週間単位の非定型的変形労働時間制）

第27条 1．従業員代表と1週間単位の非定型的変形労働時間制に関する労使協定を締結した場合には，当該協定の適用を受ける従業員の所定労働時間は，第25条の規定にかかわらず，1週間（○曜日から△曜日まで，次条について同じ。）については40時間以内，1日については10時間以内とする。

　2．各人の勤務日並びに各日の始業・終業の時刻及び休憩時間は，労使協定の定めるところにより指定し，毎週△曜日までに，翌週の分を各人に書面で通知する。ただし，通知を行った後に緊急やむを得ない事情が生じた場合には，その日の前日までに書面で通知の上，これらを変更することがある。

　3．前項の指定に当たっては，各人の都合に配慮するものとする。

（休　日）

第28条　1週間単位の非定型的変形労働時間制の適用を受ける従業員の休日は，1週間について1日以上とする。

　―参考―

　　①　この制度は従業員30人未満の小売業，旅館，料理店，飲食店等に認められている制度。

　　②　就業規則に必ず記載すること。

第5章　人事諸規程　第2　人事諸規程の実例

（　）実例

1週間単位の非定型的変形労働時間制に関する労使協定

（UCR レストラン・従業員18人）

　UCR レストラン株式会社代表取締役○○○○と従業員代表○○○○は，1週間単位の非定型的変形労働時間制に関し，次のとおり協定する。

（非定型的変形労働時間）

第1条　会社は，業務上必要がある場合は，事前に通知の上で，全部又は一部の従業員について，1週40時間の範囲内において1日10時間を限度として，1週間単位の非定型的変形労働時間制を採用する。

（期　間）

第2条　変形労働時間制は，○年○月○日から○年○月○日までの間において，特に業務に繁閑が生じる週に実施する。

（1週間の単位）

第3条　1週間の単位は，木曜日から水曜日までとする。

（書面通知）

第4条　各勤務日の所定労働時間及び休日は，毎週遅くとも水曜日までに各人に書面で通知する。

　　なお，水曜日までに通知がない場合は，就業規則第○条の定めによる通常の勤務時間とする。

　　本協定に基づいて変形労働時間制の通知を行った後で，緊急やむを得ない事情が生じた場合は，勤務予定を変更することがある。この場合は前日までに各人に書面によって通知する。

（休　日）

第5条　休日は，各従業員に対して少なくとも週1回以上とし，前条の書面により従業員ごとに指定する。

（割増賃金）

第6条　1週の勤務時間が40時間を超えた場合は，2割5分増しの割増賃金を支給する。

（特別の配慮）

第7条　本協定によって1週間単位の非定型的変形労働時間制を採用する場合に，各従業員の各日の勤務時間を定めるに当たっては，従業員の都合を聴く等の措置をとるとともに，育児，家族介護などについて特別の配慮を要すると認められる従業員については，本協定の適用に当たって考慮するものとする。

（施　行）

第8条　この労使協定は，○年○月○日より施行する。

　　○年○月○日

　　　　　　　　　　　　　　　　　UCRレストラン株式会社　　代表取締役　　　㊞
　　　　　　　　　　　　　　　　　UCRレストラン株式会社　　従業員代表　　　㊞

―参考―

1週間単位の非定型的変形労働時間制に関する勤務時間通知書，同変更通知書

〈例1〉

勤 務 時 間 通 知 書

従業員　各位

　○月○日～○月○日の勤務時間の予定を，次のとおりお知らせいたします。

日　　付	始業時刻	終業時刻	休　　憩	実労時間
○月○日（木）	12時	19時	1時間	6時間
○月○日（金）	12時	20時	1時間	7時間
○月○日（土）	12時	21時	1時間	8時間
○月○日（日）	12時	20時	1時間	7時間
○月○日（月）	12時	19時	1時間	6時間
○月○日（火）	12時	19時	1時間	6時間
○月○日（水）	休　　日			
				合計　40時間

〈例2〉

勤 務 時 間 変 更 通 知 書

従業員　各位

　勤務時間の予定を次のとおり変更いたします。

日　　付	変更前→変更後			
	勤務時間	実働時間	勤務時間	実働時間
○月○日（木）	12時～19時	6時間	12時～22時	9時間
○月○日（金）	12時～22時	9時間	12時～19時	6時間

(15)　モデル	**1年単位の変形労働時間制に関する労使協定**
	（社団法人・全国労働基準関係団体連合会）
	1年単位の変形労働時間制に関する協定

第1条　○年○月○日から○年○月○日までの1年間の勤務時間については，本協定の定めるところによるものとする。

第2条　○年6月，9月，10月及び○年2月は，特に業務が繁忙な期間としてこれを定める（以下「特定期間」という）。

第3条　第1条の期間中における各日の所定労働時間は8時間（特定期間については8時間30分），始業・終業の時刻及び休憩時間は，次のとおりとする。

①　通常期間（○年4月，5月，7月，8月，11月，12月，○年1月，3月）

始業・終業時間	休憩時間
始業　午前8時00分 終業　午後4時30分	正午から午後1時まで

②　特定期間（○年6月，9月，10月，○年2月）

始業・終業時間	休憩時間
始業　午前8時00分 終業　午後5時30分	正午から午後1時まで

第4条　第1条の期間中における休日は，別紙年間カレンダー（略）のとおりとする。

第5条　第3条に定める所定労働時間を超えて労働させた場合は，賃金規定第○条に基づき時間外労働割増賃金を支払う。

第6条　本協定による変形労働時間制は次条のいずれかに該当する従業員を除き，全従業員に適用する。

第7条　妊娠中又は産後1年以内の女性従業員が請求した場合及び18歳未満の年少者には，本協定はその従業員には適用しない。

第8条　育児を行う者，老人等の介護を行う者，職業訓練又は教育を受ける者その他特別の配慮を要する従業員に対する本協定の適用に当たっては，会社は従業員代表と協議するものとする。

第9条　本協定の有効期限は，○年○月○日から○年○月○日までとする。

　　　　○年○月○日

　　　　　　　　　　　○○金属工業株式会社　　代表取締役　　○○○○　㊞

第5章　人事諸規程　第2　人事諸規程の実例

　　　　　　　　　　　　　　　　○○　　　〃　　　　従業員代表　　○○○○　㊞

⒃　モデル　　　１年間単位の変形労働時間制に関する協定届の例

（１年単位の場合は，労使協定締結・届出が必要）

様式第４号（第12条の４第第６項関係）

１年単位の変形労働時間制に関する協定届

事業の種類	事業の名称	事業の所在（電話番号）		常時使用労働者
金属製品製造業	○○金属工業株式会社	○○市○○町○－○－○ 電話番号（○○○○－○○○○）		20人
該当労働者数 （満18歳未満の者）	対象期間及び特定期間（起算日）	対象期間中の各日及び各週の労働時間並びに所定休日	対象期間中の１週間の平均労働時間数	協定の有効期間
18人	対象期間　１年 特定期間2, 6, 9, 10月 （○年４月１日）	別添協定書のとおり	39時間53分	○年４月１日から○年３月31日まで
労働時間が最も長い日の労働時間数 （満18歳未満の者）	８時間30分	労働時間が最も長い週の労働時間数 （満18歳未満の者）	51時間00分	対象期間中の総労務日数	254日
労働時間が48時間を超える週の最長連続週数	3週	対象期間中の最も長い連続労働日数		6日間
対象期間中の労働時間が48時間を超える週数	7週	特定期間中の最も長い連続労働日数		12日間
旧協定の対象期間	○年４月１日から○年３月31日まで	旧協定労働時間が最も長い日の労働時間数		８時間00分
旧協定の労働時間が最も長い週の労働時間数	48時間00分	旧協定の対象期間中の総労働日数		260日

協定の成立月日　　　○年○月○日

協定の当事者である労働組合の名称又は労働者の過半数を代表する者の　職名　検査課主任
　　　　　　　　　　　　　　　　　　　　　　　　　　　　　　　　　　氏名　○○○○

協定の当事者（労働者の過半数を代表する者の場合）の選出方法（　　投票による選挙　　）

　　　　　　　　　　　　　　　　　　　　　　　使用者　職名　代表取締役
　　　　　　　　　　　　　　　　　　　　　　　　　　　氏名　○○○○

　　　　　○　○　労働基準監督署長　　殿　　　　　　　　　　　　　　　　　　㊞

記載心得

　１．法第60条第３項第２号の規定に基づき満18歳未満の者に変形労働時間制を適用する場合には，

595

「該当労働者数」，「労働時間が最も長い日の労働時間数」及び「労働時間が最も長い週の労働時間数」の各欄に括弧書きすること。

2．「対象期間及び特定期間」の欄のうち，対象期間については当該変形労働時間制における時間通算の期間の単位を記入し，その起算日を括弧書きすること。

3．「対象期間中の各日及び各週の労働時間並びに所定休日」については，別紙に記載して添付すること。

4．「旧協定」とは，則第12条の4第3項に規定するものであること。

> ⑰ **実例　　　1年単位の変形労働時間制の規定及び協定**
>
> （KSO電子・電子部品製造・従業員650人）

① 就業規則の本則の規定

（1年単位の変形労働時間制の実施）

第33条　第29条の規定［注通常の労働時間制についての規定］にかかわらず，会社と従業員の過半数の代表者との間で○年○月○日付締結した「1年単位の変形労働時間制についての協定（以下，この条では「協定」という）」に基づき，同労使協定第1条に定める従業員について，1年単位の変形労働時間制を適用する。

2．前項の協定が，同協定第7条によって引続き有効とされるときは，その後も，同様にして，前項による1年単位の変形労働時間制を適用することとする。

3．第1項の1年単位の変形労働時間制における所定労働時間は，対象期間1年間を平均して，1週あたり40時間を超えないこととする。この場合，対象期間内の各1日の所定労働時間が8時間を，又，各1週の所定労働時間が48時間を超えないこととする。

4．第1項の1年単位の変形労働時間制における労働日・休日，始業・終業時刻及び休憩時間については，同項の協定の第3条及び第4条による。

5．会社は，業務上のやむを得ない事由があるときは，第1項の協定の第5条によって，休日の振替，始業・終業時刻の繰上げ・繰下げ若しくは休憩時間の変更を行い，又は，同じく第6条によって時間外労働若しくは休日労働を命じることができることとする。

6．第1項による1年単位の変形労働時間制が適用されない者については，別に定める場合を除き，通常の労働時間制による。

7．そのほか，前項による1年単位の変形労働時間制の適用については，第1項の協定に取り決めるところによる。

② 労使協定

１年単位の変形労働時間制についての協定

　〇〇株式会社と，〇〇株式会社従業員代表者とは，１年単位の変形労働時間制の適用について次のとおり協定する。

　（対象者）

第1条　対象者は，次の各号を除く全ての従業員とする。

　　　会社が，業務上の事由によって，通常の労働時間制による業務者として指定する者

　2．次のいずれかに該当し，本人が適用の除外を申し出，又は会社が適用の除外が必要と認めた者

　①　妊産婦であるとき

　②　幼児期の子の育児又は老人等の家族の介護にあたるとき

　③　職業訓練等のため通学するとき

　④　健康上その他の事由でとくに配慮を要するとき

　（対象期間）

第2条　対象期間は，〇年４月１日より，翌年〇年３月31日までの１年間とする。ただし，第８条の規定によって，引続きこの労使協定が有効とされるときの対象期間は，その後の各１年間（毎年４月１日から翌年３月31日までをいう）とする。特定期間は設けない。

　（労働・休日）

第3条　労働日は，次の各休日を除く日とする。

　2．休日は，次の各号の日とする。

　①　日曜日

　②　第２土曜日を除く土曜日

　③　国民の祝日及び同振替休日

　④　次のアからウまでの日

　　ア．５月１日及び同２日

　　イ．８月14日から同17日までの間

　　ウ．12月30日から翌年１月３日までの間

　（所定労働時間）

第4条　各労働日の所定労働時間，始業・終業時刻及び休憩時間は，次のとおりとする。

　①　所定労働時間：実労働時間８時間

　②　始業時刻：午前９時

　③　終業時刻：午後６時

　④　休憩時間：正午から午後１時まで

　2．会社は，来客の応対その他のために必要な場合は，労使協定（休憩時間）により，一部の社員について，前項の休憩時間を変更できる。

（休日の振替，始業・終業時刻等の変更）

第5条 業務上その他のやむを得ない事由がある場合，会社は，あらかじめ本人の都合を聴くとともに，従業員の過半数の代表者の同意を得て，所定の休日を他の日に振り替えることができるものとする。なお，この場合，事前に変更後の休日を決めることとする。

2．前項と同様の事由がある場合，会社は，前項と同様にして，臨時に，始業・終業時刻及び休憩時間を繰り上げ若しくは繰り下げることができるものとする。

3．前二項についての本人への通知は，書面にて行う。

（時間外・休日労働）

第6条 業務上その他のやむを得ない事由がある場合は，会社は，第4条に定める所定労働時間以外に時間外労働を命じ，又，第3条に定める休日に休日労働を命じることができる。

2．前項による時間外労働又は休日労働については，給与規程（終業規則付属規程）第○○条に基づき，次の額の時間外労働手当又は休日労働手当を支給する。ただし，法定休日以外の休日労働については，時間外労働のときと同様の区分によって，第1号又は第2号の額とする。

① 法定内時間外労働：割増によらない額

② 法定外時間外労働：25％（60時間を超える部分については，50％）の割増率による額

③ 法定休日の休日労働：35％の割増率による額

3．前項の法定内時間外労働と法定外時間外労働の区分は，次によることとする。

① 第2号に該当しない実労働時間：法定内時間外労働

② 次のアからウまでのいずれかに該当する実労働時間：法定外時間外労働

　ア．1日の実労働時間が8時間を超える部分

　イ．アのほか，1週間の実労働時間が40時間を超える部分

　ウ．ア及びイのほか，対象期間を合計しての実労働時間が2,085時間を超える部分

第7条 対象期間の途中で採用された従業員，出向等で転入した従業員，途中で退職する従業員等については，その従業員の実際に労働した時間を平均して1週間当たり40時間を超えた労働時間分について割増賃金を支払うものとする。その額は第6条2項2号による。

（有効期間）

第8条 この協定の有効期間は，実施の日から1年間とする。ただし，期間満了の1カ月前までに労使のいずれからも改廃の意思表示がないときは，さらに1年間有効とし，以降についても同様とする。

付 則

（実 施）

第9条 この協定は，○年○月○日から実施する。

○○株式会社

代表取締役 ○○○○ ㊞

○○株式会社従業員代表者

第 5 章　人事諸規程　第 2　人事諸規程の実例

○○○○　㊞

⒅実例	サマータイム規程

（ＮＫ情報システム・情報処理業・従業員270人）

（総　則）

第 1 条　この規程は，サマータイム制について定める。

（実施期間）

第 2 条　サマータイム制の実施期間は，次のとおりとする。

　　　　（実施期間）　6 月第 1 週〜9 月第 4 週

（勤務時間）

第 3 条　勤務時間は，通常よりも 1 時間繰り上げ，次のとおりとする。

　　　　（始業時刻）午前 8 時

　　　　（終業時刻）午後 5 時

　2．休憩時間は，通常どおりとする（正午〜午後 1 時）。

（対象者）

第 4 条　サマータイム制は，すべての社員に適用する。

（休　日）

第 5 条　サマータイム期間中の休日は，通常どおりとする（土曜，日曜）。

（勤務上の留意事項）

第 6 条　社員は，サマータイム制の円滑な実施のため，次の事項に留意しなければならない。

　⑴　勤務時間を有効に活用して業務の効率化を図ること

　⑵　遅刻，早退および欠勤をしないこと

　⑶　時間外勤務は，最小限にとどめること

　⑷　業務が終了したときは，速やかに退社すること

　2．時間外勤務をするときは，あらかじめ会社に次の事項を申し出て許可を得なければならない。

　⑴　時間外勤務でする業務の内容

　⑵　時間外勤務の時間数

（関係先への周知）

第 7 条　業務上社外の取引先等と打ち合わせ，交渉等をすることの多い者は，関係先に対し，サマータイム制の趣旨およびその内容を周知し，迷惑を掛けないようにしなければならない。

（実施期間の短縮・延長）

第 8 条　会社は，経営上必要であると認めるときは，サマータイム制の実施期間を短縮し，または延長

599

することがある。

（付　則）

この規程は，○○年○○月○○日から施行する。

---

⑲　実例　　　　　　　　　裁判員休暇規程

（ＳＢ倉庫・倉庫業・従業員360人）

（総　則）

第1条　この規程は，社員が裁判員候補，裁判員または補充裁判員（以下，単に「裁判員等」という）に選任された場合の休暇について定める。

（適用者の範囲）

第2条　この規程は，すべての社員に適用する。

（届　出）

第3条　社員は，裁判員等に選任されたときは，会社に届け出なければならない。

（裁判員休暇の付与）

第4条　会社は，裁判員等に選任された社員から請求があったときは，必要な日数の休暇を与える。

　2．休暇の付与単位は，原則として1労働日とする。ただし，職務の状況により，時間単位で付与することがある。

（裁判員休暇取得の手続き）

第5条　社員は，裁判員休暇を取得するときは，あらかじめ会社に届け出なければならない。

（給与の取り扱い）

第6条　裁判員休暇は，無給とする。

（不利益取り扱いの禁止）

第7条　会社は，社員が裁判員等になったこと，若しくは裁判員休暇を請求または取得したことを理由として不利益な取り扱いをしない。

（付　則）

この規程は，○○年○○月○○日から施行する。

第5章　人事諸規程　第2　人事諸規程の実例

---

⑳　実例	災害復旧ボランティア休暇規程
	（ＴＡサービス・サービス業・従業員180人）

（総　則）

第1条　この規程は，災害復旧ボランティア休暇について定める。

　2．「災害復旧ボランティア休暇」とは，地震等の災害で被災した地域・住民を支援するボランティア活動に従事する社員に対して特別に付与する休暇（以下，単に「ボランティア休暇」という）をいう。

（付与の対象者）

第2条　ボランティア休暇は，4月1日現在で勤続1年以上の社員に付与する。

（ボランティア休暇の日数）

第3条　ボランティア休暇の日数は，1年度（4月～翌年3月）につき10日とする。

（ボランティア休暇の有効期間）

第4条　ボランティア休暇は，付与した年度に限って有効とする。

（賃金の取扱い）

第5条　ボランティア休暇は，無給とする。

（取得届）

第6条　社員は，ボランティア休暇を取得するときは，前日までに届け出なければならない。

（時季変更）

第7条　会社は，請求された時季にボランティア休暇を付与すると，事業の正常な運営に著しい支障が生じるおそれがあると判断されるときは，他の時季への変更を命令することがある。

（安全への配慮）

第8条　ボランティア活動に従事する社員は，安全に十分配慮しなければならない。

　2．ボランティア活動中に生じた事故について，会社はいっさい責任を負わない。

（付　則）

この規程は，○○年○○月○○日から施行する。

第5章　人事諸規程　第2　人事諸規程の実例

⑵　実例　　　　　　　　　　慶弔見舞金規程

（ＫＢ商事・商社・従業員180人）

第1章　総　　則

（目　的）

第1条　この規程は，終業規則第57条（略）の定むるところにより，慶弔見舞に関する事項を規定する。

2．社員の慶弔禍福に際し，会社は，祝福，弔慰，見舞の意を表わし，金品を支給する。

（慶弔見舞金の内容）

第2条　慶弔見舞金の内容は，結婚祝金，出産祝金，入学祝金，傷病見舞金，災害見舞金，死亡弔慰金の6種類とする。

（勤続年数の計算）

第3条　この規程における勤続年数の計算は，採用の日から支給事由の発生の日までの満年数とする。

（適用範囲）

第4条　第2条の対象者は，終業規則第3条（略）に定むる社員に適用する。

2．前項に適用する社員以外の者は，その都度決める。

第2章　結婚祝金

（結婚祝金と勤続年数の関係）

第5条　社員が結婚した場合には，つぎの勤続年数の区分により，結婚祝金を支給する。

① 勤続3年未満の者　　　　　20,000円

② 勤続3年以上5年未満の者　30,000円

③ 勤続5年以上10年未満の者　50,000円

④ 勤続10年以上の者　　　　　70,000円

（再婚の場合）

第6条　前条の結婚が再婚の場合は，祝金を半額とする。

（双方社員の場合）

第7条　結婚の当事者双方が社員の場合でも第5条の祝金は各々に支給する。

（祝電等）

第8条　結婚式において，会社幹部が出席しない場合は，会社は社長名で祝電をおくる。

第3章　出産祝金

（出産祝金）

第9条　女性社員ならびに配偶者が出産した場合は，つぎにより祝金を支給する。

　　　　　1産児につき　30,000円

（死産の場合）

第10条　前条が死産の場合は，見舞金として前条の半額を支給する。

　2．前項の場合は，第20条第2号の弔慰金は支給しない。

第4章　入学祝金

（入学祝金）

第11条　勤続1年以上の社員の子女が入学する場合は，つぎの区分により入学祝金を支給する。

　①　小学校　　　　10,000円

　②　中学校　　　　10,000円

　③　高等学校　　　20,000円

（証明書の提出）

第12条　前条第3号の場合は，入学についての該当学校の入学証明書を提出しなければならない。

第5章　傷病見舞金

（業務上の場合）

第13条　社員が業務上の負傷により療養のために休養する場合は，つぎにより傷病見舞金を支給する。

　　　　　7日以上勤務不能の場合　　　30,000円

　2．前項の支給は，6カ月経過し，引続き休養で勤務不能の場合はさらに支給する。

　3．役員会の協議により，第1項の金額を増額することがあり，かつ，見舞品を添えることがある。

（私傷病の場合）

第14条　勤続6カ月以上の社員が，私傷病により療養のため休養する場合，つぎの傷病見舞金を支給する。

　①　30日以上勤務不能の場合　　　　　10,000円

　②　60日以上勤務不能の場合さらに　　10,000円

（証明書の提出）

第15条　前2条（第13・14条）の手続きには，医師の証明書を提出しなければならない。

第6章　災害見舞金

（災害見舞金）

第16条　勤続6カ月以上の社員が，火災，水災，震災，その他災害により，住居に損害をこうむった場

合には，つぎの区分により見舞金を支給する。

① 扶養家族のある世帯主の場合

　ア．全焼，全壊のとき　　　100,000円

　イ．半焼，半壊のとき　　　 50,000円

　ウ．一部損失のとき　　　　 30,000円

② 扶養家族のない世帯主および非世帯主の場合

　ア．全焼，全壊のとき　　　 50,000円

　イ．半焼，半壊のとき　　　 30,000円

　ウ．一部損失のとき　　　　 15,000円

２．前項の一部損失とは，被害の度合いが5分の1以上の場合をいう。

（受給順位）

第17条　前条の場合，有資格者が2名以上ある場合は，世帯主または年長者に対して支給する。

（証明書の提出）

第18条　第16条の災害の場合は，各々の官公庁の証明書を提出しなければならない。

第7章　死亡弔慰金

（本人の場合の弔慰金）

第19条　社員が死亡した場合は，その遺族に対して弔慰金を香典として贈呈する。

① 業務上による死亡　　　200,000円

② 業務外における死亡　　 50,000円

２．葬儀に際しては，会社名および社長名を記した花環もしくは生花一対を供する。

３．葬儀が遠方で，会社代表者が出席できない場合は，会社名および社長名を記した弔電をおくるものとする。

４．とくに功労のあった社員に対しては，第1項各号の額を増すことがある。

（家族の場合の弔慰金）

第20条　社員の配偶者，子女および父母が死亡した場合は，つぎの区分により弔慰金を香典として贈呈する。

① 配偶者　　　　　　　　　50,000円

② 子女および父母　　　　　30,000円

③ 義父母（同居の場合）　　10,000円

④ 祖父母（同居の場合）　　10,000円

２．葬儀に際しては，第1号および第2号については，会社は，会社名および社長名を記した花環もしくは生花を供することがあり，かつ弔電をおくるものとする。

３．第2号以下の場合，有資格者2名以上いるときは，喪主または年長者に支給する。

　　　　　　　　　　　　　　　附　　　則

（施　行）
第21条　この規程は，〇年〇月〇日より施行する。

⑵　実例	表彰制度規程
	（ＯＭ金属・金属製品製造・従業員250人）

（目　的）
第１条　この規程は，就業規則第67条（略）による表彰に関する細部を定めてあります。
　（表彰の区分）
第２条　表彰の区分は次のとおりとします。
　⑴　一般表彰
　⑵　業績表彰
　（一般表彰）
第３条　一般表彰の種類および対象は次のとおりとします。
　⑴　年間皆勤賞
　　　就業規則第３条（略）に該当するものとし，年間皆勤した個人を対象とします。ただし，年間の算定は１月１日から同年12月31日までとし，この間の有給休暇による欠勤は出勤と見做します。
　⑵　永年勤続賞
　　　就業規則第３条（略）に該当するものとし，入社から起算して勤続３年，５年，７年および10年以上勤続した個人を対象とします。ただし，年数の算定は前年12月31日現在までの勤続年数について行うものとし，この間における勤務成績が一般にくらべて特に劣ると評定されたものは除外します。
　⑶　善行賞
　　　就業規則第３条（略）に該当するものとし個人を対象とします。
　（一般表彰の方法）
第４条　一般表彰を受ける社員の審査決定は各部長の申請によるものを２月に開催する表彰会議において行い，表彰は創立記念式典の席上で社長が行います。これのため各部長は該当者について申請名簿を作成し１月末日までに表彰方を総務部長を経て社長に申請するものとします。
　　　ただし，善行賞については，その都度前項手続きに準じて行うことができます。
　２．申請名簿の様式は，別に定めます。

（業績表彰）

第5条 業績表彰は就業規則第67条（略）に該当するものとし，その種類は次のとおりとします。

　　(1)　業績優秀賞

　　　　期間の業績が特に優秀で他の模範となったもの。

　　(2)　業績努力賞

　　　　期間の業績向上に努力し，その成果が顕著であったもの。

　　(3)　業務改善賞

　　　　期間における業務改善の成果に顕著な向上があったもの。

　２．前各号表彰の対象は個人もしくはグループとします。

（業績表彰の方法）

第6条 業績表彰は毎4半期の成績について行うものとします。これのため，各部長は期間の成績を審査し，該当者があるときは申請名簿を作成し，期明け翌月の10日までに表彰方を総務部長を経て社長に申請するものとします。

　２．業績表彰対象者の審査決定は前項の申請によるものを申請月に開催する表彰会議で行います。

　３．業績表彰は毎年4月，7月，10月および1月の各26日（当日が休日のときは繰り下げます）に前4半期のものについて社長が行います。

（業績表彰申請の基準）

第7条 業績表彰の申請にあたっては，対象者の選考条件を十分に審査し，資料を整え褒賞の目的を達成するよう特に留意しなければなりません。

（表　彰）

第8条 表彰は次のとおり行います。

　　(1)　一般表彰

　　　イ　年間皆勤賞

　　　　　賞状および賞品

　　　ロ　永年勤続賞

　　　　　賞状および賞品

　　　ハ　善行賞

　　　　　賞状および賞金

　　(2)　業績表彰

　　　イ　業績優秀賞

　　　　　賞状および賞金

　　　　　休暇付与

　　　ロ　業績努力賞

　　　　　賞状および賞品

　　　ハ　業務改善賞

賞状および賞金

2．特に優秀なものに対しては昇給を併用することがあります。

3．褒賞休暇は3日以内とします。

4．賞品および賞金については別に定めます。

（施行期日）

この規程は　年　月　日から施行します。

⒇ 実例　　　　賞　罰　規　程

（EK・外食産業・従業員700人）

第1章　総　　則

（目　的）

第1条　この規程は社員就業規則第70条，第71条（略）に基づき，社員の表彰及び懲戒について定める。

（適用範囲）

第2条　この規程は社員に適用し，嘱託，その他臨時の雇用者についてはこれを準用する。

（委員会の設置）

第3条　会社は表彰委員会，懲戒委員会を設置して公正な審査を行なう。

（賞罰の実施）

第4条　会社は前条の委員会の答申に基づき，会社が決定した賞・罰の結果を本人に口頭をもって通知する。

第2章　表　　彰

（表彰の種類）

第5条　表彰は個人表彰及び店舗表彰とし，店舗表彰については別に定めるところによる。

（個人表彰の対象基準）

第6条　次の各号の一に該当する社員は，審査の上これを表彰する。

1．業務上，顕著に功績があったとき。

2．販売上，顧客より励賞があったとき。

3．他の社員の模範となり，会社の名誉となる行為をしたとき。

4．不正行為，または災害を未然に防ぎ，またこれを速やかに防止したとき。

5．永年勤続者，及び勤務成績優良者，その他表彰に値すると認めたとき。

6．前各号の他，特に表彰の価値があると認められたとき。

（個人表彰の方法）

第7条 前条の表彰は，次の各号の一，あるいは二を併せて行ない，周知させる。

1．賞詞または賞状授与

2．賞品授与

3．賞金授与

4．増　　給

5．褒賞休暇

（個人表彰の申請）

第8条 所属長は，表彰に該当すると思われる社員の行為があったときは，速やかに人事部長に対し，表彰申請の手続きを行なうものとする。

（表彰委員会の運営）

第9条 表彰委員会の運営は，会社の任命する委員4，労働組合の推せんする委員3により，次の編成により行なう。

(1)　委員長1名……人事担当役員 　　　　　　　　　（委員会の招集，委員会の議長を兼ねる。）
(2)　副委員長1名…労働組合推せん者 　　　　　　　　　（委員長の補佐，委員長不在時の代行。）
(3)　委員5名…会社3名と，労働組合2名

2．表彰委員会は，前条による申請があった場合，随時これを開催し，所定の審議を実施して，その結果を会社に答申する。この場合の答申内容の議決は，委員全員の出席と同意を得なければならない。

（被表彰者の告知）

第10条 会社は受賞者について，人事回報により告知する。

第3章　懲　　罰

（懲戒処分の種類）

第11条 懲戒処分の種類は，次の各号のとおりとする。

(1)　譴　責

　始末書を提出させ，将来を戒める。

(2)　減　給

　ア　始末書を提出させる。

　イ　「1件の処分に対する減給額は，平均賃金の1日分の2分の1以下，または総額が月例賃金総額の10分の1以下の範囲内で行なう。

(3) 出勤停止

　ア　始末書を提出させる。

　イ　最高7日までの出勤を停止させ，停止期間の賃金は支払わない。

(4) 降　格

　ア　始末書を提出させる。

　イ　資格等級を1ランク以上降格させる。

　ウ　役付の場合は，降格と同時にこれを罷免する。

(5) 懲戒解雇

　　解雇予告期間を設けずに，行政官庁の認定を得て即時解雇し，退職金は支給しない。

　　ただし，行政官庁の認定がない場合は，労働基準法第20条に基づき解雇する。

（譴　責）

第12条　次の各号の一に該当する行為があったときは，譴責処分に処する。

(1) 無断欠勤が引続き2日に及んだとき。

(2) 無届遅刻，及び無届早退が1ヵ月につき，4回以上に及んだとき。

(3) 就業時間中，無断で職場を離れたり，職務怠慢で仕事に対する誠意に欠けると認められたとき。

(4) その他，前各号に準ずる行為があったと認められるとき。

(5) 懲戒処分に該当する部下の行為について，日常の指導監督が不行届であると認められたとき。

2．前項の場合，情状により訓戒のみとする事ができる。

（減給，出勤停止，降格）

第13条　次の各号の一に該当する行為があったときは，懲戒委員会の審議を経て，その軽重に応じ，減給，出勤停止，または降格処分にする。

(1) 無断欠勤が引続き3日以上14日未満に及んだとき。

(2) 社員証，その他証明書を他人に貸与し，または他人のものを使用したとき。

(3) 故意，過失，もしくは業務上の怠慢，または監督不行届により事故を発生させ，会社に損害を与えたとき。

(4) 自己の職責を怠り，作業状況が著しく怠慢であると認められたとき。

(5) 著しく自己の権限を越えて独断の行為があり，失態を招いたとき。

(6) 会社の秩序を乱すような流言飛語を行なったとき。

(7) 会社の許可なく，会社施設内で会社に不利益をもたらすような集金，宣伝，文書配布，貼付，掲示，それに類する行為を行なったとき。

(8) 故意に会社の掲示を汚損，抹消，改変，または破棄したとき。

(9) 許可なく会社の物品を持ち出し，または持ち出そうとしたとき。

(10) 就業時間中において賭博，投機を行なったとき。

(11) 社内の秩序，または風紀を乱す行為をしたとき。

⑿　職場内において理由のいかんをとわず，暴力行為に及んだとき。

⒀　就業時間中において飲酒行為をしたとき。

⒁　セクハラ・パワハラ・マタハラ等の行為により職場の環境を悪化させたり，相手方に不快な思いをさせたとき

⒂　その他，前号に準じる行為があったと認められるとき。

２．前項の場合，情状により処分を軽減することができる。

（懲戒解雇）

第14条　次の各号の一に該当する行為があったときは，懲戒委員会の審議を経て懲戒解雇処分に処する。

⑴　無断欠勤が引続き14日以上に及んだとき。

⑵　故意に作業能率を低下させ，もしくは他人の作業の執行を妨害したとき。

⑶　会社の定める規則，規定，または業務上の指示，命令に従わないとき。

⑷　採用に際し，虚偽の陳述を行ない，もしくは虚偽の履歴書，身分証明書などを使用したとき。

⑸　会社の承認がないのに労働協約上の所定の期間，及び手続き以前に退職しようとしたとき。

⑹　会社の職制を中傷，または誹謗し，もしくは不当にこれに反抗したとき。

⑺　懲戒に処せられたにもかかわらず，懲戒に服する意志が認められず，または改悛の見込がないとき。

⑻　会社の重大な機密を会社以外の人にもらし，会社に損害を与えたとき。

⑼　会社の許可なく営業を営み，もしくは他に雇用されたとき。

⑽　正当な理由がないのに役職任免，職種変更，配置転換，休職等の命令に従わないとき。

⑾　会社名義を濫用し，もしくは職制等を利用して金品の授受，その他私利を図る行為をしたとき。

⑿　正当な理由なく就業を拒んだとき，または正当な理由なく就業を中止したとき。

⒀　商品，器具，材料，その他会社の所有物を私用に供し，または盗んだとき。

⒁　勤務状態がきわめて不良で，改める見込が全くないと認められるとき。

⒂　刑事事件で有罪が確定したとき。ただし，軽微な事犯の場合は情状酌量する。

⒃　故意，または重大な過失により，会社に損害を与えたとき。

⒄　相手方の望まない性的な行動により，円滑な職務遂行を妨げたり，職場の環境を悪化させ，又はその性的言動に対する相手方の対応によって一定の不利益を与えるような行為を行ったとき。

⒅　パワハラ・マタハラその他のハラスメントにより他の従業員が精神疾患に罹患するなど悪質なとき

⒆　その他，前号に準ずる行為があったと，認められるとき。

２．前項の場合，情状により論旨解雇とすることができる。

（懲戒処分の申請）

第15条　所属長は，懲戒処分の対象となると認められる事案が発生した場合は，運やかに所定の様式に

より人事部長に対し，懲戒処分の申請を行なうものとする。

（懲戒委員会の運営）

第16条　懲戒委員会の運営は，会社の任命する委員4，労働組合の推せんする委員3により，次の編成により行なう。

(1)　委員長1名……人事担当役員（委員会の招集，委員会の議長を兼ねる。）
(2)　副委員長1名……労働組合推せん者（委員長の補佐，委員長不在時の代行。）
(3)　委員5名……会社3名と，労働組合2名

2．懲戒委員会は，前条による申請があった場合，随時これを開催し，所定の審議を行ない，その結果会社に答申するものとする。この場合の答申内容の議決は，委員全員の出席と同意を得なければならない。

第17条　前条により懲戒処分の通知を受け，その処分の種類，内容等について異議がある場合は，7日以内に文書をもって人事部長に異議申し立てを行なうものとする。

2．前項の異議申し立てがあった場合，会社は再度懲戒委員会に附議し，その答申に基づき最終の処分通知を行なう。

3．異議の申し立ては，1回に限るものとする。

付　　則

（施　行）

第18条　この規程は　年　月　日より施行する。

㉔　**実例**　　　　**賞罰審査委員会規程** **（ＳＫ電子・電子部品・従業員200人）**

（委員会設置の目的）

第1条　　この賞罰審査委員会（以下「委員会」という）規程は社員就業規則第69条（表彰）および第71条（懲戒）にもとづき，社員の表彰，懲戒に関する事項を定める。

2．委員会は，社員の表彰および懲戒に関し，会社の諮問に応じ，審議のうえ答申し，就業規則の表彰・懲戒に関する規程の厳正妥当な運用をはかることを目的とする。

（構　成）

第2条　委員会の構成は，つぎのとおりとし，社長が指名する。

委員長…………部長以上の職にある者1名

委　員…………課長以上の職にある者4名

2．原則として人事担当部長又は課長は委員に指名し，幹事とする。

（委員長および幹事の任務）

第3条　委員長は，会務を処理し議事を主宰する。

2．委員長に事故あるときは，委員長が委員の中から指名した者が，その職務を代行する。

3．幹事は庶務事項を処理する。

（委員の任期）

第4条　委員の任期は2カ年とする。委員に欠員を生じたとき，社長は後任者を指名する。後任者の任期は，前任者の残存期間とする。

2．委員の任期満了にともなう社長の指名は再任を妨げないものとする。

（諮　問）

第5条　会社は，社員の表彰・懲戒に関する規程に該当する事実が発生したとき，委員会に諮問する。

（委員会の招集）

第6条　委員長は，前条の諮問を受けたとき，すみやかに委員会を招集し社員の表彰あるいは懲戒の可否および，表彰の種類ならびに方法，懲戒の種類および程度を審議し，その結果を答申しなければならない。

（委員会の開催）

第7条　委員会は，委員全員の出席がないと開催することはできない。

（委員会の決定）

第8条　委員会の審議事項の答申は，原則として委員長を含めた出席委員一致とする。ただし，3分の2以上の賛成がある場合は，委員長はこれを決定することができる。

（関係者の喚問）

第9条　委員会が必要あると認めたときは，本人または関係者を委員会に出席させて意見を述べさせ，または資料を提出させることができる。

（委員の機密保持）

第10条　委員は委員会で知り得た機密を厳守しなければならない。

（簡易手続き）

第11条　懲戒に関係する規程に該当し，かつその罰目および程度が明白であるとき，もしくはこの委員会で判例的に確定しているときは，会社は委員会に代え簡単な手続きによることができる。

（委員の除斥）

第12条　第2条の委員会の構成員にして，次の各号のいずれかに該当する者は，その審議に参加できない。

①　被審議者であるとき。

②　被審議者の配偶者もしくは，親族であるとき。

③　被審議者の証人となったとき。

④　前各号のほか委員会の決定により不適当と認めたとき。

（議事録）

第13条　委員会は議事録を備え，重要な事項を記録し，委員長および各委員はこれに署名捺印するものとする。

（事務局）

第14条　委員会に事務局を置く。事務局は本社人事担当課とする。

２．事務局は次の業務を行う。

①　委員長の指示により，委員会の開催手続き。

②　委員会の議案，参考資料の整理，配布。

③　議事録の作成，配布，保管。

３．就業規則開催に際して，事務局から議事録等の記録整備のための，書記を参加させる。

付　則

（施　行）

第15条　この規程は，　年　月　日から施行する。

┌───┐
│ ⑵⑤　**実例**　　　　　**教育基本規則** │
│ │
│ （ＨＮ工業・工作機械・従業員600人） │
└───┘

第1章　総　則

（規則の目的）

第1条　この規程は，従業員教育に関する基本方針を定めるとともにその責任の所在ならびに実施事項を定め，教育の統一的実施の大綱を明確にすることを目的とする。

（基本方針）

第2条　教育は，長期的視野に立って国際社会，技術革新に適応し，企業ニーズに即応できる有能な人材の育成をはかり，以って企業繁栄に貢献することを狙いとし次のような効果をもたらすものでなければならない。

１．組織の一員として仕事に誇りと生き甲斐を感じさせる動機づけとなる。

２．自己啓発，相互啓発を促し職務遂行を通じて創造力の開発に資する。

（教育体系）

第3条　当社の教育の体系は次の通りとする。

(定　義)

第4条　この規則における教育の定義は次の通りとする。

1．職場教育

　　職場教育とは，管理監督者が直属の部下に対し仕事の知識，技能及び執務態度の向上をはかるために，常時，個別的に業務上のニーズに結びつけてそれぞれの職場において行う教育をいう。

2．管理監督者教育

　　管理監督者教育とは，管理監督者に対する管理能力の向上及びリーダーシップの涵養をはかり，管理監督者が行う職場教育を通じて従業員全体のモラール向上につながる教育をいう。

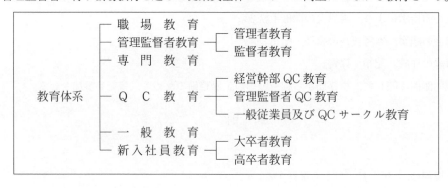

3．専門教育

　　専門教育とは，新規作業の導入もしくは環境の変化等に応じて，より高度の専門的知識及び技能の向上をはかるために計画的且つ集合的に行う教育をいう。

4．QC活動

　　QC活動とは，経営幹部から第一線の従業員に至るまでの全員が，TQC活動を通じて企業活動のすべての段階において適切な品質保証体制の確立に貢献しうるよう，各人の創意，問題発見能力を涵養すると共に，統計的手法を主とする科学的方法を普及徹底するための教育をいう。

5．一般教育

　　一般教育とは，各職場に共通して必要な安全衛生，職場マナー，一般教養等の普及徹底をはかるために集合的に行う教育をいう。

6．新入社員教育

　　新入社員教育とは，新入社員に対し会社ならびに仕事についての基礎的な概念と知識技能を与え，且つHNマンとしての心構えを養うことを目的として行う教育をいう。

第2章　責　任

(責任の所在)

第5条　従業員の教育に関する管理機構及び責任者を次の通り定める。

1．教育に関する総括責任者は総務担当役員とし，各種教育の実施責任者（以下単に実施責任者という）は次項に定める所管部門の長とする。

２．各種教育の所管部門は次の通りとする。

イ　総務部

(a)　管理者（主事補・技師補以上）教育（専門及び一般教育を含む）

(b)　本社の書記１級，技手１級以下の者に対する専門及び一般教育

(c)　大卒定期新入社員に対する初年度基礎教育

ロ　TQC 推進本部

(a)　全社的な QC 教育

ハ　製作所

(a)　監督者教育

(b)　書記一級，技手一級以下の者に対する専門及び一般教育

(c)　製作所部門単位の QC 教育

(d)　高卒定期新入社員に対する基礎教育

３．職場教育についての実施責任者は各職場の管理監督者とする。

（教育基本計画）

第６条　教育の総括責任者は，第２条の基本方針に則り中期経営計画の一環として長期的な教育方針及び到達目標を明示した中期教育基本計画を作成するものとする。

２．教育の総括責任者は，前項の中期教育基本計画に従い，年次教育基本計画を各年度の期初に立案し，社長の承認を得て実施責任者にこれを提示する。この年次教育基本計画には，当該年度の教育実行方針及び各種教育予算等の大綱を定めるものとする。

（教育実施計画）

第７条　実施責任者は，前条の教育基本計画に基づき，当該年度の実施計画を策定し，総括責任者の承認を得た上でこれを確実に実行しなければならない。

２．前項の実施計画には，各種教育の達成目標，実施方法，実行予算，被教育者及び評価方法等を定めるものとする。

第３章　実　　施

（実施の方法）

第８条　教育の実施は次の方法により行う。

１．職場教育

イ　各職場の管理監督者は，直属の部下に対し個別に，もしくは小グループにまとめ，所定の職務遂行能力を目標水準まで向上せしめるため計画的且つ継続的に指導育成するものとする。

ロ　管理監督者は，直属の部下が職場外の専門教育，QC 教育及び一般教育等を受講した場合は，その知識及び訓練成果等を充分認識し職場全体に効果的に実施，活用できるように努めなければならない。

２．管理監督者教育

イ　管理監督者は，管理者教育実施計画に基づき次に掲げる事項を中心課題として，土曜研修会，パネル討論会，社外経営管理教育及び国内外の研修視察等を通じて実施する。

(a) 社長方針の徹底

(b) 国際的な長期視野をもった人材の育成

(c) 科学的な管理手法の普及

(d) 自己・相互啓発への動機づけ

(e) 管理者としての自覚とモラールの向上

ロ　管理監督者は，監督者教育実施計画に基づき監督能力の向上を目指して TWI を行うほか，監督者が上長の方針を完全に理解し共通の認識にたって各職場の問題解決に積極的に取組みうる能力の涵養をはかる。

3．専門教育

新規作業の導入，もしくは環境の変化等により在来の技術，或いは，作業遂行能力では目標達成が困難視される場合，又は公的資格取得を目的とする場合は，その該当者に対し次の諸事項によって当該専門の技能，知識を習得せしめる。

イ　国内外の先発会社への技術習得又は現場実習

（OJT）

ロ　社外講習会

ハ　社内の集合教育

ニ　社外教育機関による通信教育

4．QC 教育

TQC 推進教育の一環として各階層別に次の通り実施する。

イ　経営幹部及び管理者に対し，次に掲げる事項を中心課題として実施する。

(a) 経営者，管理者の QC 及び QA に対する基本的な認識

(b) QC 的管理手法

(c) SQC 及び QC サークルに対する理解

ロ　監督者層に対しては，社内の MTP，TWI 及び社外の研修講座を通じて SQC 教育，QC 基礎教育を行う。

ハ　一般従業員に対しては，SQC 教育及び QC 基礎教育を行うと共に QC サークル教育を社外のサークル大会への参加等を含めて広範囲に実施する。

5．一般教育

安全衛生，就業規則，その他執務マナーについての女性社員教育等，当社従業員としての一般的教養を充分に兼ね備えせしめるため，集合教育によって従業員の自己啓発を積極的に援助する。

6．新入社員教育

定期採用による学卒，高卒の新入社員は，入社後会社ならびに就業についての基礎的な概念と知識を得た後，集合教育，現場実習（OJT）及び仮配属実習の 3 段階に分けて次の通り行うものと

する。

　イ　集合教育

　　集合教育とは学卒，高卒の事務，技術系を合同して講義方法によって行う。

　ロ　現場実習（OJT）

　　現場実習は高卒者（含む事務系，技術系）に対し，配属先の必要な業務に重点を置いて実習する。

　ハ　仮配属実習

　　仮配属実習は，学卒者に対し専門的知識，技術等を徹底的に習得せしめることを狙いとし，修了時には総務部主管にて実習生の成果発表を行う。

（教育連絡会議）

第9条　全社的な教育の方針，計画，実施に関する重要事項の連絡調整機関として教育連絡会議（以下，単に連絡会議という）を設けるものとし，その構成は次の通りとする。

　1．議　長　　総務部担当役員

　2．構成員　　第5条第1号に定める実施責任者もしくはその代行者

　3．事務局　　総務部教育担当課長

（連絡会議の運営）

第10条　連絡会議は原則として四半期毎に開催し，教育の実施状況及び関連する重要問題を討議し必要な連絡，調整を行う。

（評価及び是正）

第11条　実施責任者は，実施した教育の有形，無形の成果について適切な方法でこれを評価し，是正を要する場合は，的確な対策を講じて常に教育の充実に努めるものとする

付　　　則

（施　行）

第12条

　1．この規則は　年　月　日より施行する

---

⑳　**実例**	**永年勤続旅行取扱細則**

（ＳＳ電機・電気製品製造販売・従業員3,500人）

第1条　従業員就業規則第○条の○に基づく表彰による永年勤続旅行（以下「旅行」という）に関しては，この細則の定めるところによる。

（資　格）

第2条　旅行を行う者は，満64歳に到達し，かつその時点での勤続が満20年以上である者とする。

（内　容）

第3条　旅行の内容は，前条の年齢に到達する時点での勤続年数に応じ表1のとおりとする。

①　勤続30年以上は，A，Bのいずれかを選択するものとする。

②　勤続20年以上30年未満はAのみとする。

（時　期）

第4条　旅行の時期は，第2条の年齢に到達する誕生日の前後各1年間の任意の時期とする。

（費用負担）

第5条　往復交通費，宿泊費および手続きに要する費用は会社負担とする。

（同行者の費用）

第6条　配偶者を同行する場合，配偶者に関する前条の費用は会社負担とする。

　　　ただし，配偶者を同行できない場合には，二親等血族の範囲内の者1名について同様とする。

（休　暇）

第7条　旅行期間中は，原則として年次有給休暇を使用するものとする。

（特別慰労金）

第8条　旅行に際しては，次の特別慰労金を支給する。

①　A該当（基本給＋加給）×1／2×0.8＝支給額

②　B該当（基本給＋加給）×1／2×0.6＝支給額

2．前項の支給額は同行者分も含むものとする。

（勤続年数の計算）

第9条　勤続年数の計算は，従業員退職手当規程第○条に準じて計算する。

付　則

この細則は，　年　月　日より施行する。

表1

勤　続 ＼ 内　容	A		B	
	旅 行 先	期　　間	旅　行　先	期　　間
30年以上	国　内	5泊6日	ハワイ・東南アジア	5泊6日
20年以上30年未満	〃	3泊4日		

第5章　人事諸規程　第2　人事諸規程の実例

---

(27)　実例　　　　　　提 案 制 度 規 程

（ＡＨ機械・機械製造・従業員700人）

1．提案制度の目的（なぜ意見を求めるのか）

　会社は，当社従業員の明るいアイデアや意見を尊重し，積極的にこれを採用実施し，もって当社業務の改善と業績の進展に直接寄与せしめることを目的とする。

2．提案者の範囲（どういう人が提案するのか）

　①　提案をなしうる者は当社従業員で，個人またはグループとする。ことに共同研究の成果を奨励する。

　②　その他，来訪者，下請工場，取引先からの提案でも受け付ける。

3．提案の対象（どういうことを提案するのか）

　提案対象はおおむね次の各項目とする。

①事業経営　②経営組織または制度　③作業改善　④販売業務　⑤仕入業務　⑥宣伝業務　⑦事務手続
⑧経費節減　⑨安全衛生　⑩その他

4．提案の内容（どういうことが提案なのか）

　提案の内容は上記の10のいずれかに該当し，当社に有益かつ具体的，建設的なものであることを要する。

　次の内容のものは提案と認めない。

　①　個人的な中傷および苦情

　②　経営方針に全くそわないもの

　③　すでに社内で実施されているもの，または実施のために具体的方法の決まっているもの

5．提案の方法（どうすればよいのか）

　①　「ちょっと気付いたこと」を課長に申し出る。

　②　または提案箱に「私の提案」用紙（別紙①）記入の上投入する。

6．提出日

　①　毎月最終金曜日の正午をその月の締切日とする。ただし随時提出してもよい。

　②　課長を経由するものについては，課長は毎週金曜日の正午までに審査委員会に届け出る。

7．審査委員会（審査を公平にするために）

　①　提案された事項の内容（有益度合い・実行可能度合い・経済的効果）を審議するために審査委員会を設ける。

　②　審査委員会の構成は次のとおりとする。

　　委員長　管理部長

　　委　員　ア．会社が指名したもの４人

イ．委員長が審査会のつど特に指名した者

8．提案の審査（審査のやり方）

① 審査委員会は内容により審査にかけるものと否とを区分して厳正公正に審査する。

② 提出された案件はかならず提案者に回答する。

③ 審査の基準は「提案審査採点票」（別紙②省略）により行う。

④ 委員会は提案の採否および褒賞の等級を査定し，採用の分は社長に褒賞を具申する。

　また有望な提案に対しては，さらに提案者に研究補正をなさしめることがある。

⑤ 審査は毎月最終金曜日の午後4時からその日に行うことを原則とする。

9．褒賞と公表（賞金はどれだけか，また公表はどうするのか）

① 採用分の提案者に対する褒賞は「アイデア賞」と呼称し，次の等級に分ける。

特　賞　賞状と賞金　　20,000円

一級賞　　　〃　　　　10,000円

二級賞　　　〃　　　　 5,000円

佳作　　　　〃　　　　 2,000円

努力賞　賞金（1,000円クオカード）

② 不採用の提案でもアイデアおよび努力が特に認められるものに対しては努力賞を授与することがある。

③ 受賞者に対してはその功労をたたえるために氏名，グループ名，提案件名，等級等を毎月掲示板に公表し，さらに社内報に掲載する。

10．施行

この規程は，　年　月　日から施行する。

別紙①

私の提案

記入上の注意
• コピーで複写をとりますので，必ず黒インクか黒エンピツで書いて下さい。
• 1枚の用紙には1つの提案だけ書いて下さい。
• 必要に応じて図面・資料などを添付する場合にはトレーシングペーパーなどの複写可能の用紙を使用して下さい。
• ※欄は記入しないで下さい。

	年　　月　　日提出
※	年　　月　　日受付
※受付番号	

提案件名	添付書類の有無 （　　枚）

今のやり方	私の提案

私からみた効果

- - - - - - キリトリ - - - - - -

※受付番号		提案審査委員会事務局控
※提案受付	年　月　日	
提案件名		
提案者	所属　　　　　　役職　　　　　　（勤続　　年　　カ月）	
	氏名　　　　　　（協力者　　　　　　　　　　　）	

---

(28)　実例　　災害補償に関する取扱規程

（ＰＨ電機・電気機器製造・従業員1,500人）

第1章　総　　則

（目　的）

第1条　この規程は社員の業務上災害及び通勤途上災害に関する災害補償の取扱いについて定める。

（定　義）

第2条

1．業務上災害とは，社員が業務上の事由により負傷，疾病又は死亡し，労働者災害補償保険法（以下労災保険法という）の業務上の認定を受けたものをいう。

2．通勤途上災害とは，社員が通勤途上の事由により負傷，疾病又は死亡し，労災保険法の通勤災害の認定を受けたものをいう。

第2章　業務上災害

（療養補償）

第3条　（法定分）社員が業務上災害により負傷又は疾病したときは，療養させ，療養に必要な費用を補償する。

（休業補償）

第4条　社員が業務上災害により休業するときは，休業期間中法定の休業補償を行う外，その休業期間中に支払われるべき給与総額（交通費，昼食補助手当を除く）と，上記法定分との差額を見舞金として支給する。

（休業期間中の取扱い）

第5条　社員が業務上災害により休業するときの休業期間中の取扱いは次の通りとする。

(1)　昇給・賞与については欠勤扱いとしない。

(2)　退職金の勤続年数に，この休業期間を参入する。

(3)　復職した時の年次有給休暇は，前年度8割勤務した場合と同じ基準とし，復職した月別に，この基準に従って与える。

（障害補償）

第6条

1．社員が業務上災害により負傷又は疾病し，治癒したときに，なお，身体に障害を残した場合は，この障害の程度に応じて法定の障害補償を行う外，付加補償給付として，特別障害見舞金を別表－1の通り支給する。

2．社員が業務上災害により負傷又は疾病し，治癒したときに，なお，法定の障害等級に含まれない障害を身体に残した場合は，状況判断の上見舞金を支給する。

　　　見舞金の額は障害の程度等により別表－2の通りとする。

3．社員が業務上災害により負傷又は疾病し，治癒したときに，身体に障害を残さなかった場合において休業するときは，事情により見舞金を支給することがある。

　　　見舞金はその都度決定する。

（遺族補償）

第7条　社員が業務上災害により死亡した場合，遺族に対し法定の遺族補償を行う外，付加補償給付として特別弔慰金を別表－3の通り支給する。

（葬祭料）

第8条　社員が業務上災害により死亡した場合，その葬儀は原則として会社が施行し，法定の葬祭料は遺族に支給する。

（打切補償）

第9条

1．（法定分）第3条の規定によって，補償を受ける社員が療養開始後3年を経過しても，負傷又は疾病が治癒しないときは法定の打切補償を行い，その後はこの規程に定める補償を行わない。

2．前項において，療養開始後3年を経過した時点で，その後2年程度の加療により就業できるとみなした場合は休業補償を継続する。

　　但し，上記についての判断は労災病院又は公的医療機関による。

（介護補償）

第10条　社員が業務上の災害により，介護が必要の場合は，介護補償給付を行う。

（分割補償）

第11条　第6条及び第7条により補償を受ける者の同意を得て，その補償に替え，法に定める分割補償を行うことがある。

（補償の権利）

第12条

1．（法定分）補償を受ける権利は社員の退職により変更されることはない。

2．補償を受ける権利は，これを第三者に譲渡してはならない。

（補償の相殺）

第13条　第三者による補償のある場合は，会社付加分の範囲内でその補償分を相殺して支給する。

（退職餞別金）

第14条　法定の打切補償もしくは長期傷病給付を受けて退職する場合は，退職時に将来残ると予想される障害の程度により特別障害見舞金に見合った退職餞別金を支給する。

　　但し，障害等級等の判断は労災病院又は公的医療機関による。

（認定を受けなかった場合及び申請中の取扱い）

第15条

1．会社が業務上災害の疑いありと判断して労働基準監督署へ申請した場合の取扱いは次の通りとする。

⑴　申請中は業務上災害の取扱いに準ずる。

⑵　業務上災害に認定されなかった場合の取扱いは以下の通りとする

　　イ．労働基準監督署からの申請結果の通知日までは業務上災害に準ずる

　　ロ．労働基準監督署からの申請結果の通知日以降は私傷病扱いとする

　　　　なお，状況判断の上，会社は業務上災害に準じた取扱いを行うこともある

2．会社が業務上災害でないと判断したとき，本人から労働基準監督署へ労働災害の申請があった場

合の取扱いは以下の通りとする。

(1) 申請中は私傷病扱いとする

(2) 申請の結果，業務上災害に認定された場合は発生時にさかのぼり業務上災害の取扱いを行う

(3) 申請の結果，業務上災害に認定されない場合は私傷病扱いとする

3．会社が，第1項，第2項の判断を行うまでの取扱いは業務上災害に準ずる。

第3章　通勤途上災害

（療養給付）

第16条　（法定分）社員が通勤途上災害により負傷又は疾病したときは，療養させ，療養に必要な費用を給付する。

（休業給付）

第17条　社員が通勤途上災害により休業するときは，休業期間中，法定の休業給付を行う外，その休業期間中に支払われるべき給与総額（交通費，昼食補助手当を除く）と，上記の法定分との差額を見舞金として支給する。

（休業期間中の取扱い）

第18条　第17条により社員が休業するときの休業期間中の取扱いは次の通りとする。

(1) 昇給については，欠勤扱いとしない

(2) 賞与については，賞与対象期間のうち，休業期間中については，60％を見舞金として支給する。

(3) 退職金の勤続年数に，この休業期間を算入する。

(4) 復職した時の年次有給休暇は，前年度8割勤務した場合と同じ基準とし，復職した月別にこの基準に従って与える

（障害給付）

第19条

1．社員が通勤途上災害により負傷又は疾病し，治癒したときに，なお，身体に障害を残した場合は，法定の障害給付を行う外，付加給付として通勤途上災害に対する特別障害見舞金を別表－4の通り支給する。

2．社員が通勤途上災害により負傷又は疾病し，治癒したときに，なお，法定の障害等級に含まれない障害を身体に残した場合は，状況判断の上，見舞金を支払う。

見舞金の額は，障害の程度等により別表－5の通りとする。

（遺族給付）

第20条　通勤途上災害による死亡の場合，遺族に対し，法に定める遺族補償給付を行う外，付加給付として通勤途上災害に対する特別弔慰金を別表－6の通り支給する。

（葬祭給付）

第21条　（法定分）社員が通勤途上災害により死亡した場合，葬祭を行う者に対し，法定の葬祭給付を

行う。

（長期傷病給付に関連する事項）

第22条　社員が通勤途上災害により負傷又は疾病した場合，療養開始後３年を経過した時点で，その後２年程度で会社に復帰できるとみなした場合は休業給付を継続する。

但し，上記についての判断は労災病院又は公的医療機関による。

（介護給付）

第23条　社員が通勤途上災害により，介護を要する場合は，介護補償給付を行う。

（退職餞別金）

第24条　社員が法定の長期傷病給付を受けて退職する場合は，退職時に，将来残ると予想される障害の程度により，通勤途上災害に対する特別障害見舞金に見合った退職餞別金を支給する。

但し，障害等級の判断は労災病院又は公的医療機関による。

（認定を受けなかった場合及び申請中の取扱い）

第25条

1．会社が通勤途上災害の疑いありと判断して労働基準監督署へ申請した場合の取扱いは次の通りとする。

⑴　申請中は通勤途上災害の扱いに準ずる。

⑵　通勤途上災害に認定されなかった場合の取扱は以下の通りとする。

イ．労働基準監督署からの申請結果の通知日の前日までは通勤途上災害に準ずる。

ロ．労働基準監督署からの申請結果の通知日以降は私傷病扱いとする。

なお，状況判断の上，会社は通勤途上災害に準じた取扱いを行うこともある。

2．会社が通勤途上災害でないと判断したとき，本人から労働基準監督署へ通勤途上災害の申請があった場合の取扱いは以下の通りとする。

⑴　申請中は私傷病扱いとする。

⑵　申請の結果通勤途上災害に認定された場合は，発生時にさかのぼり通勤途上災害の取扱いを行う

⑶　申請の結果，通勤途上災害に認定されない場合は私傷病扱いとする

3．会社が第１項，第２項の判断を行うまでの取扱いは通勤途上災害に準ずる。

（補償の相殺）

第26条　第三者による補償のある場合は会社付加分の範囲内でその補償分を相殺して支給する。

但し，遺族給付及び障害等級１級から３級に該当し退職する場合の障害給付に限り別表－７の金額は相殺しない。

付　　則

この規程は　年　月　日より実施する。

別表 1　業務上災害に対する特別障害見舞金

①　障害等級 1 ～ 4 級に該当し，退職する場合

障 害 等 級	金　　　額
1 級	1,500万円
2	1,500
3	1,500
4	1,200

※　但し，扶養者のある場合は特別加算金として100万円を加算して支給する。

②　退職しない場合

障 害 等 級	金　　　額	障 害 等 級	金　　　額
1 級	1,500万円	8 級	500万円
2	1,350	9	400
3	1,200	10	300
4	1,050	11	220
5	900	12	150
6	750	13	100
7	630	14	55

※　①，②の障害等級は，労働基準法第77条の別表に定めるところによる。

別表 2　障害等級に含まれない障害を残した場合の見舞金

　　　1 万円～30万円の範囲内とする。

別表 3　業務上災害に対する特別弔慰金

	金　　　額
特別弔慰金	1,500万円

※　但し，扶養者のある場合は特別加算金として100万円を加算して支給する。

別表 4　通勤途上災害に対する特別障害見舞金

①　障害等級 1 ～ 4 級に該当し，退職する場合

障 害 等 級	金　　　額
1 級	500万円
2	500
3	500
4	400

※　但し，扶養者のある場合は特別加算金として100万円を加算して支給する。

② 退職しない場合

障 害 等 級	金 額	障 害 等 級	金 額
1級	500万円	8級	170万円
2	450	9	130
3	400	10	100
4	350	11	70
5	300	12	50
6	250	13	30
7	210	14	20

※ ①，②の障害等級は，労働基準法第77条の別表に定めるところによる。

別表5　障害等級に含まれない障害を残した場合の見舞金

　　　　5,000円〜10万円の範囲内とする。

別表6　通勤途上災害に対する特別弔慰金

	金 額
特別弔慰金	500万円

※ 但し，扶養者のある場合は特別加算金として100万円を加算して支給する。

別表7

有 扶 養 者	200万円
無 扶 養 者	100万円

㉙ 実例　　　　　　　　通勤災害補償規程

（ＴＷ流通センター・運輸サービス・従業員80人）

（目　的）

第1条　会社は，社員が通勤により負傷，疾病，障害または死亡（以下「通勤災害」という）した場合，労働者災害補償保険法（以下「法」という）によるほか，この規程の定めにより付加給付を行なう。なお，この定めに該当しない場合は，健康保険の定めに相当する給付を行なう。

（「通勤」の定義）

第2条

①　通勤とは，社員が就業のため自宅と会社との間を通常の経路および方法により往復することをいう。

第5章　人事諸規程　第2　人事諸規程の実例

② 　通常の方法とは，徒歩（自転車を含む），自家用車または電車，バス等の公共交通機関を利用することをいう。ただし，就業時間が早朝あるいは深夜で当該交通機関が利用できないか，その利用が著しく困難なとき，または緊急やむをえないと認められるときはこの限りではない。また，この規程の適用については重過失のないことを原則とする。

（療養給付）

第3条　社員が通勤災害により療養する場合，法第22条の定めによるほか，初診時の一部負担金を支給する。

その他会社が療養上必要と認める費用については，健康保険給付に準じて支給する。

（休業給付）

第4条　社員が前条の定めによる療養のため就業することができない場合，休業開始後1年を限度として給付基礎日額（法第8条に定めるものをいう。以下同じ）に休業日数を乗じた額を支給する。

ただし，法第22条の2および労働者災害保険特別支給金規則（以下「支給金規則」という）第3条の定めによる給付を受けたときは会社はその給付額の差額を支給する。

（障害給付）

第5条　社員が通勤災害により療養し治癒した後も身体に障害を残した場合，法第22条の3および支給金規則第4条の定めによるほかその障害等級に応じて給付基礎日額に次の日数を乗じた額の一時金を支給する。

法による障害等級	1	2	3	4	5	6	7
付加給付日数	600	535	470	410	355	250	210
	8	9	10	11	12	13	14
	170	135	105	75	55	35	20

（遺族給付）

第6条

① 　社員が通勤災害により死亡した場合，法第22条の4および支給金規則第5条の定めによるほか給付基礎日額に1,000日を乗じた一時金を遺族に対して支給する。なお，その額が1,000万円に満たない場合は1,000万円とする。

② 　前項の付加給付を受ける遺族の範囲および順位は，法第16条の2の定めを準用する。

なお，同順位の者が2人以上あるときは，その合議により支払いを受ける者1人を定めたうえ，同順の者全員の同意を証する書面を提出した者に支払う。

（葬祭給付）

第7条

① 　社員が通勤災害により死亡した場合，法第22条の5の定めによるほか，給付基礎日額に30日を乗じた一時金を支給する。

② 前項の支払いを受ける遺族の範囲および順位は第6条第2項の定めによる。

（傷病補償年金）

第8条 社員が通勤災害により療養開始後1年6カ月またはそれ以上経過したときは，傷病年金を受ける。

（介護給付）

第9条 社員が通勤災害により，介護を要する場合は介護給付をうける。

（支給制限）

第10条 社員が法第12条の2に定める支給制限を受けた場合，この規程による給付についてもその全部または一部を支給しないことがある。

（他の給付との関係）

第11条 他の保険または第三者から相当の給付を受けた時は，法第12条の4の定めによるほか，他の価格の限度で第3条から第8条までの給付額を相殺または減額する。

（端数処理）

第12条 第5条，第6条，第7条および第8条に規定する付加給付の支給額が1,000円未満の端数を生ずる場合は1,000円に切り上げる。

付　　則

この規程は　年　月　日から実施する。

⒇　**実例**　　　**安全衛生管理規程**

（機械器具製造業・従業員1,200人）

総　　　則

（目　的）

第1条 ○○○○株式会社（以下「会社」という。）における安全衛生管理活動を充実し，労働災害を未然に防止するために必要な基本的事項を明らかにし，従業員の安全と健康を確保するとともに快適な職場環境の形成を促進することにより，作業の遂行を円滑にならしめ，かつ生産の向上を図ることを目的とする。

（適　用）

第2条 会社の安全衛生管理に関しては，関係法令及び就業規則に定められているもののほかは，この規定の定めるところによる。

（会社及び従業員の責務）

第3条　会社は，安全衛生管理体制を確立し，労働災害を防止するために必要な措置を積極的に推進するものとする。

2．従業員は，安全衛生に関する法令及び社内規定を遵守するとともに，会社が講じる安全衛生措置に積極的に協力し，労働災害防止に努めなければならない。

安全衛生管理体制

（総括安全衛生管理者）

第4条　労働安全衛生法（以下「法」という。）第10条に定める総括安全衛生管理者は，原則として代表取締役とする。ただし，代表取締役は，別に権限を委譲した者に総括安全衛生管理者を選任することができる。

2．総括安全衛生管理者は，次の事項を総括実施する。

　(1)　安全衛生に関する方針の表明に関すること

　(2)　危険性・有害性等の調査及びその結果に基づき講ずる措置に関すること

　(3)　安全衛生に関する計画の作成，実施・評価及び改善に関すること

　(4)　会社全般の安全衛生管理基本計画の決定

　(5)　安全衛生関係規定に関する決定

　(6)　機械設備等の安全措置に関する決定

　(7)　安全衛生教育訓練の実施決定とその推進に関すること

　(8)　安全衛生表彰の決定

　(9)　従業員の危険又は健康障害を防止するための措置に関すること

　(10)　健康診断の実施，その他健康管理に関すること

　(11)　労働災害の原因調査及び再発防止に関すること

　(12)　その他会社における安全衛生管理推進に関すること

（総括安全衛生管理者の代理）

第5条　労働安全衛生規則第3条に規定する総括安全衛生管理者の代理者は，原則として事業場の最高責任者（たとえば工場長，事業所長などをいう。）とする。

（安全管理者）

第6条　法第11条に規定される安全管理者は，原則として各部の部長または課長より社長が選任するが，必要によっては役職者以外でもこれを選任することがある。

（衛生管理者）

第7条　法第12条に規定される衛生管理者は，法令に定める免許を有する者のうちから社長がこれを選任する。

（安全管理者及び衛生管理者の職務）

第8条　安全管理者及び衛生管理者は，総括安全衛生管理者の業務を補佐し，次の業務を行う。

(1) 安全衛生管理計画の立案

(2) 現場管理者に対する安全衛生管理事項の適切な助言と指導支援

(3) 機械設備等設置時における安全衛生面からの審査

(4) 安全衛生関係規定の作成，安全衛生点検基準の作成等

(5) 安全衛生に関する行政官庁への申請・届出及び報告

(6) 安全衛生に関する情報の提供とその管理及び会社内の広報活動

(7) 安全衛生計画の実施の企画立案

(8) 安全衛生パトロールの実施

(9) 労働災害の原因調査と再発防止対策の推進

(10) その他，安全衛生管理に関する事項

（現場管理者の職務）

第9条 現場管理者（課長）は，配下の職制等を掌握指揮し，担当部門の安全衛生に関する次の事項を実施する。

(1) 担当部署の安全衛生管理計画の策定と実施

(2) 作業標準（手順）の作成とその周知徹底

(3) 機械設備等の設置時及び新材料導入時の安全衛生面にかかわる事項の検討

(4) 機械設備，作業環境の改善と整備

(5) 安全衛生関係法令及び社内規定等の遵守指導とその実行の確認

(6) 担当部署の安全衛生点検

(7) 担当部署における安全衛生協議会の実施

(8) 労働災害の原因調査及び再発防止対策の検討

(9) 有資格者の選任

(10) 安全衛生教育の実施

(11) その他担当部署における安全衛生管理の推進

（現場監督者の職務）

第10条 現場監督者（係長・主任等）は，担当課長の安全衛生にかかわる事項について，これを補佐し，次の事項を推進実施する。

(1) 安全衛生関係法令及び社内規定等の遵守指導とその実行の確認

(2) 機械設備及び作業環境の点検・改善

(3) 作業主任者に対する安全衛生指導

(4) 一般作業員に対する安全衛生面の指導

(5) 労働災害の原因調査及び再発防止対策にかかわる進言

(6) 安全衛生に関する資料の作成・収集及び重要事項の記録の作成

(7) その他担当部署内の安全衛生管理推進にかかわる事項

（一般従業員）

第11条 一般従業員は，次に定める事項を遵守し，積極的に安全衛生管理に協力しなければならない。

(1) 安全衛生関係法令，社内規定等の遵守

(2) 作業開始時における機械設備等安全衛生にかかる点検

(3) 安全衛生教育訓練及び安全衛生協議会への参加

(4) 安全衛生に関する改善提案

(5) 担当部署が実施する安全衛生管理活動の積極的なる参加と協力

（産業医）

第12条 法第13条に定める産業医は，社長が選任し次に定める事項を実施する。

(1) 健康診断の実施及びその結果に基づく健康管理の指導と健康保持増進措置

(2) 作業環境の維持管理の指導

(3) 作業管理の指導

(4) 健康教育，健康相談その他健康管理にかかる事項

(5) 労働衛生教育

(6) 健康障害の原因調査と再発防止措置

(7) 総括安全衛生管理者への相談助言

(8) その他必要な衛生管理に関する事項

（作業主任者）

第13条 法第14条に定める作業主任者は，その資格を有する者のうちから社長が選任する。作業主任者は，当該作業にかかる事項について指揮命令し，作業方法等の周知徹底を実施する。

（安全衛生推進者）

第14条 安全衛生推進者の選任が必要な事業場では，安全衛生推進者講習を修了した者から事業場の責任者がこれを選任する。選任された安全衛生推進者は定められる職務を誠実に実行するとともに，安全衛生管理活動を積極的に推進しなければならない。

（職場安全衛生推進員）

第15条 各職場ごとに，全員による輪番制による安全及び衛生推進員をおき，自主的に職場内の巡回や朝礼集会の司会をさせ，従業員の安全衛生モラルの高揚を図り，不安全行動の防止に努める。

職 務 権 限

（権　限）

第16条 総括安全衛生管理者は，各安全衛生担当者に対して各条に定めるもののほか，担当分野の安全衛生に関する職務を遂行できる権限を与えるものとする。

（職　責）

第17条 各安全衛生担当者は，各条に定めるもののほか，担当分野の安全衛生に関する職務を遂行できる責任を有するものとする。

第5章　人事諸規程　第2　人事諸規程の実例

会　　　議

（安全衛生委員会）

第18条　社長は，法令の定めるところにより，安全衛生委員会を設置する。安全衛生委員会規定については別に定める。

（部・課安全衛生会議）

第19条　部長・課長は，定例または必要に応じて部下の係長以上を招集して，部または課内の安全衛生管理事項を審議して，これを決定する。

（職場小集団活動）

第20条　職場における小集団活動の責任者は必要に応じてメンバーを招集し，職場の問題点を議論し自主的活動の活性化を図る。職制の管理監督者は，小集団活動を積極的に支援するものとする。

安全衛生教育

（安全衛生教育の実施）

第21条　会社は，安全衛生に関する知識及び技能を習得させるため，次の教育訓練を実施する。

① 雇い入れ時及び作業内容変更時教育

② 特別教育並びに職長教育

③ 免許並びに技能講習

④ 職場小集団活動者教育

⑤ 前各項のほか必要と認める教育

2．安全衛生教育の主管は安全衛生課とする。

3．部・課の安全衛生教育は，部・課長の責任で実施することとするが，必要に応じて安全管理者並びに衛生管理者はこれに協力する。

（参加義務）

第22条　従業員は，会社の行う安全衛生教育に積極的に参加しなければならない。

日常安全衛生管理

（設備機械などの点検整備）

第23条　管理監督者及び従業員は，所管の設備機械などについて，点検整備基準により，常に良好な状態に整備し，自主点検の結果を記録保存しておかねばならない。

2．設備機械などの点検整備基準は別に定める。

（保護具等）

第24条　管理監督者は，保護具等の適正使用・維持管理について，指導・教育を行うとともに，その改善に努めなければならない。

633

（作業の安全）

第25条　管理監督者は，作業の安全を確保するため，安全衛生にかかる作業標準（手順）を作成し，その周知徹底を図るとともに，従業員の作業行動から生ずる災害を防止する必要な措置を講じなければならない。

　2．作業標準化されていない作業については，関係部署との連携をし，次の事項の検討を行い災害防止を図る。

　　①　作業内容及び手順

　　②　作業時間

　　③　連絡及び方法

　　④　作業の危険有害性及び必要な措置

　　⑤　その他検討・了解を要する事項

（遵守義務）

第26条　従業員は，定められた基準に従い，安全に作業を行わなければならない。

（整理整頓）

第27条　管理監督者は，常に職場の整理整頓について管理・監督し，従業員は自主的に整理整頓に努め，職場を整然とした状態に保持する。

（環境の整備）

第28条　管理監督者は，従業員が就業する建設物その他の作業場について，通路，床面，階段などの保全並びに換気，採光，照明，保温，防湿，休養，避難及び清潔に必要な措置，その他従業員の健康，風紀保持のための必要な措置を講じる。

（伝染病，食中毒防止の措置）

第29条　産業医及び衛生管理者は，伝染病，衛生管理者は，伝染病，食中毒防止上必要があると認めたときは，関係施設，飲食物について必要な措置を講ずる。

　2．管理監督者は，従業員及び同居人の中から伝染病及び食中毒患者またはその疑いが有る者が発生した場合は，直ちに産業医，衛生管理者に通報する。

災害が発生した場合の措置

（災害現場の措置）

第30条　災害が発生した場合，周辺の関係者は直ちに被災者を救護することを第一とする。

　2．現認者は救護の後被災者の所属長及び安全衛生課に通報する。

　3．被災者の症状が病院等で治療を要する傷害であるものは，安全衛生課は直ちに労働基準監署，警察署へ通報する。

　4．災害発生現場は，調査を容易にするため現場の保存に努める。

（災害の調査等）

第31条　災害が発生した場合，所属管理者及び安全管理者等関係者は，すみやかに災害原因を究明し，

類似災害の防止に努める。

（災害調査報告書も作成）

第32条 当該現場の所属長は，発生した災害について調査した後直ちに安全衛生課に報告し，統括安全衛生管理者に提出する。

2．労働災害にかかる諸報告は安全衛生課がこれを行う。

（類似災害の防止）

第33条 安全衛生課は，労働災害の発生状況，その原因，対策等必要な事項について周知徹底する。

2．現場所属長は，前項の災害を参考にして類似災害を防止するための必要な措置を講じなければならない。

（災害の未然防止）

第34条 人身災害を起こす可能性のある物的災害が発生した場合は，前条に準じて社内に周知して類似災害防止に努める。

表彰及び懲戒

（表　彰）

第35条 安全衛生活動の一層の促進を図るため，安全衛生表彰制度を設ける。

（懲　戒）

第36条 この規定に反し，重大な災害を発生せしめたときは懲戒処分にする。

附　則

1．この規定は，○○年○○月○○日から施行する。

2．この規定は，必要に応じて改定する。

安全衛生委員会規定

第1章　総　則

第1条 この規定は，○○○○株式会社の安全衛生委員会について適用する。

第2条 本委員会は，安全衛生に関する法規を尊重し，労使双方が協力審議し労働災害の防止と快適な職場環境の形成を促進するとともに，作業能率向上を図り，業績の伸展に寄与することを目的とする。

第3条 本委員会は，前条の目的を達するために，次の事項について審議検討する。

(1) 機械設備に係る危険の防止に関すること

(2) 労働環境及び衛生に関すること

(3) 作業方法等安全作業に関すること

(4) 健康障害の防止に関すること

(5)　疾病の予防並びに対策に関すること

(6)　関係法令に関し，その遵守に関すること

(7)　その他安全衛生に関すること

第2章　組　　織

第4条　本委員会は，次の者をもって構成する。

(1)　委員長　　1名

(2)　委　員

　①　会社が指名する者　　4名

　　（安全管理者，衛生管理者，産業医を含む）

　②　労働者側より推薦された者　　4名

第5条　委員の任期は2年とする。ただし，再選は妨げない。委員が退職等により欠員を生じたる時は，後任者を選出するものとする。任期は残存期間とする。

第6条　委員長は委員会を代表し，委員会の招集，運営，会議の審議等の業務を統括する。

　2．委員長は，委員会で審議決定された事項については，直ちにその対策を樹立し，速やかな措置を講じるものとする。

第7条　委員は，委員会の業務を分担し，安全衛生活動が円滑に行われるよう協力しなければならない。また，社員が作業中危害を被り，または衛生上有害の恐れがあることを知った場合は，直ちに委員長に報告しなければならない。

第3章　会　　議

第8条　委員会は，原則として，毎月1回定期的に開催する。委員長が必要と認めたときは，随時に開催することとする。

第9条　委員会は，構成員の過半数をもって成立することとする。審議決定は全員同意を原則とする。

第10条　委員会の開催は，原則として7日前に審議内容等も合わせて通知することとする。

第11条　委員は，審議事項について調査検討し，効果ある審議ができるようにしなければならない。

第4章　雑　　則

第12条　委員会を開催したときは，審議内容の重要なる事項について，その議事録を作成保存するものとする。

第13条　委員会には，次の書類を備え，これを3年間保存するものとする。

(1)　委員会議事録

(2)　安全衛生計画の実施に関すること

(3) その他必要な書類

附　則

1. この規定は，○○年○○月○日より実施する。

---

(31)　実例　　ストレスチェック規程

（ＳＨ銀行・金融業・従業員1,100人）

（総　則）

第1条　この規程は，ストレスチェック（働く者の心理的な負担の程度を把握するための検査）について定める。

2. ストレスチェックについて，この規程に定めのない事項は，労働安全衛生法の定めるところによる。

（ストレスチェックの実施）

第2条　会社は，労働安全衛生法の定めるところにより，毎年1回，ストレスチェックを実施する。

（実施体制）

第3条　ストレスチェックの実施体制は，次のとおりとする。

(1)　実施代表者　　会社産業医とする。

(2)　共同実施者　　会社保健師とする。

(3)　実施事務従事者　　人事部安全衛生担当者とする。

2. 実施事務従事者は，実施者の指示により，調査票の配布・回収，調査票のデータ入力，結果の出力，調査票と出力結果の保存その他の事務的業務を行う。

（ストレスチェックの対象者）

第4条　ストレスチェックは，すべての社員を対象として行う。ただし，次の者は除くものとする。

(1)　雇用契約が1年未満の者

(2)　1週の労働時間が通常の4分の3未満の者

（ストレスチェックの受検）

第5条　社員は，健康管理のため，ストレスチェックを受けるようにしなければならない。

（ストレスチェックの実施方法）

第6条　ストレスチェックは，「職業性ストレス簡易調査票」（57項目）によって行う。

（ストレスの評価）

第7条　産業医は，「職業性ストレス簡易調査票」への記入結果をもとに社員各人のストレスの程度を評価するとともに，医師による面接の要否を判定する。

第5章 人事諸規程 第2 人事諸規程の実例

（評価結果の通知）

第8条 産業医は，評価の結果を社員各人に通知する。

2．社員への通知に際し，面接指導が必要であると判定した者に対しては，面接指導の対象者であることを伝え，面接指導を受けるよう勧奨する。

（産業医による高ストレス社員の面接指導）

第9条 産業医によって医師の面接指導が必要であると判定された者が会社に申し出た場合には，産業医による面接指導を行う。面接指導の申出の窓口は，会社保健師とする。

2．保健師は，社員から面接指導の申出があったときは，その社員が面接指導対象者であるかを確認する。

3．保健師は，面接指導を申し出た者が面接指導対象者であることを確認したときは，産業医にその旨を報告し，面接指導の日時および場所等を調整する。

4．保健師は，面接指導の日時および場所等が決定したときは，その内容を申出者に通知する。

5．産業医による面接指導は，申出があった日から1カ月以内に行う。

（産業医への情報提供）

第10条 会社は，適切な面接指導が行われるよう，産業医に対して，面接指導対象者に係る次の情報を提供する。

(1) 所定労働時間，時間外労働時間数

(2) 業務の内容

(3) その他，その社員の勤務の状況および職場環境に関すること

（産業医からの意見聴取）

第11条 会社は，産業医による面接指導が行われた場合には，産業医から次の事項を聴取する。

(1) 面接指導対象者の氏名

(2) 面接指導の日時

(3) 就業上の措置の要否

(4) 就業上の措置が必要であると診断されたときは，その内容

(5) その他必要事項

2．意見聴取は，面接指導後1カ月以内に行う。

（就業上の措置）

第12条 会社は，産業医から就業上の措置が必要であると診断された者について，その心理的な負担を軽減するために，次のうち1つ，または2つ以上の措置を講じる。

(1) 所定労働時間の短縮

(2) 時間外労働の制限

(3) 休日労働の制限

(4) 労働負荷の制限

(5) 他の作業への転換

⑹　作業場所の変更

　⑺　休職

　⑻　その他

　2．就業上の措置の決定に当たっては，あらかじめ本人の意見を聴き，了解が得られるように努める。

（組織分析・職場環境の改善）

第13条　会社は，ストレスチェックの結果を部ごとに集計し，組織分析を行う。ただし，部員数が10人以下の部については，部ごとの集計・分析は行わないものとする。

　2．会社は，部ごとの分析の結果を踏まえ，必要があると認められる場合には，その部の社員の心理的な負担を軽減するために，次のうち1つ，または2つ以上の措置を講じる。

　⑴　業務内容の見直し

　⑵　業務の進め方の改善

　⑶　業務目標の見直し

　⑷　時間外労働の制限

　⑸　ワーク・ライフ・バランス対策

　⑹　女性社員・中高年社員の活躍促進

　⑺　職位ごとの職務権限の見直し

　⑻　役職者の研修

　⑼　部員のメンタルヘルス研修

　⑽　その他

（派遣社員の取扱い）

第14条　派遣社員に対しても，ストレスチェックを行う。ただし，個人の結果の通知は行わず，その結果は組織分析にのみ利用する。

（個人情報の漏洩の禁止）

第15条　ストレスチェックの実施に関与する者は，業務を通じて知り得た，個人のストレスチェックの結果その他の個人情報を，正当な理由なく他に漏洩してはならない。

（閲覧の禁止）

第16条　実施者および実施事務従事者以外の者は，実施者の許可を得ることなく，個人のストレスチェックの結果を閲覧してはならない。

（結果の保存）

第17条　ストレスチェックの結果は，法令の定めるところにより5年間保存する。

（労働基準監督署への報告）

第18条　会社は，面接指導が終了したときは，ストレスチェックおよび面接指導の実施状況を所定の様式により労働基準監督署に報告する。

（付　則）

この規程は，　　年　　月　　日から施行する。

⑶2　実例	在宅勤務規程

（ＫＨ堂・出版及び広告業・従業員350人）

（目　的）

第1条　この規程は，就業規則第○○条に基づき，○○株式会社（以下，「会社」という）の社員の在宅勤務制度について定めることを目的とする。

（在宅勤務者の定義）

第2条　在宅勤務者とは，自宅，親族の居宅その他自宅に準じる場所で，会社の指示によって勤務する者（以下「在宅勤務者」という）をいう。

（在宅勤務のできる職種）

第3条　次に掲げる社員は，会社の許可を得て，在宅勤務することができる。ただし，所属長が，会社の事業所その他の指定場所への出勤を命じたときは，これに従うものとする。

①　○○部その他に所属しデータ入力，パソコン操作等の業務に携わる者

②　○○部その他に所属し編集，校正等の業務に携わる者

③　○○部その他に所属し市場調査票の作成，同集計・分析の業務に携わる者

④　前各号のほか，総務部長の承認を得て，所属長が適用を認めた者

2．会社は，業務上その他の事由によって，いったん認めた在宅勤務の許可を取り消すことがある。

（勤務場所及び出社日）

第4条　在宅勤務を指示されたものは，第2条による会社の指示した場所で勤務することができる。

2．在宅勤務者は，毎週指定された日には，会社に出社しなければならない。

（労働日・休日）

第5条　在宅勤務の労働日・休日は，就業規則第○○条に定めるところによる。

（所定労働時間）

第6条　在宅勤務者の所定労働時間は，就業規則第○○条から第○○条までに定めるところによる。

2．会社は，業務上必要と認めるときは，在宅勤務者の所定労働時間について，前項によるほか，就業規則第○○条による1カ月単位の変形労働時間制を適用するものとする。

（欠勤・一部不就労）

第7条　在宅勤務者が，所定労働時間の全部又は一部について労働しないときは，あらかじめ電話その他によって所属長の許可を得る（緊急の事情による場合は事後速やかに報告する）ことを必要とする。なお，この場合，所定労働時間の全部について労働しないときは欠勤として取り扱う。又，一

部について労働しないときは，不就労時間として取り扱う。

2．前項による欠勤又は不就労時間については，相当する給与を支給しないこととする。

（所定外労働）

第8条　会社は，業務上やむを得ない事由がある場合は，在宅勤務者に対して，時間外又は休日（深夜労働を含む。以下，同じとする）に，労働することを命じることがある。

2．前項による時間外又は休日の労働については，給与規程（就業規則付属規程）第○○条による時間外労働手当，休日労働手当或いは深夜労働手当を支給する。

3．在宅勤務者の申出に基づいて，所属長が時間外或いは休日労働をすることを承認したときは，前項と同様に取り扱うこととする。

（休暇・休業）

第9条　在宅勤務者が，年次有給休暇その他の休暇・休業を取得するときは，就業規則第○○条から第○○条までの定めによる。

（専念義務・電話連絡）

第10条　在宅勤務者は，労働時間中は業務に専念し，休憩時間を除き私用による外出等を慎むものとする。

2．在宅勤務者は，始業のとき及び終業のときに，電話で所属長にその旨を連絡するものとする。ただし，所属長が省略することを認めたときは，それによる。

3．前項によるほか，在宅勤務者は，必要な場合は，所属長に電話等で所要の報告をし，その指示を受けるものとする。

（勤務報告）

第11条　在宅勤務者は，勤務した日の始業・終業時刻，労働時間，休憩時間を所定の日報に記入しなければならない。

2．在宅勤務者は，1週間分の日報を，その翌週の出社時に所属長に提出しなければならない。

（賃　金）

第12条　在宅勤務者の給与については，給与規程に定めるところによる。ただし，通勤手当については，会社の指示により出社した日に係る金額のみを支払う。

（機器等の貸与・費用の負担）

第13条　会社は，在宅勤務者が業務に必要とする機器を貸与することとする。

2．会社は，業務に必要とする電話・ファクシミリの料金，電気料金，用紙代及び機器の修理代その他を負担することとする。

3．在宅勤務者は，各月分の前項の支出額を，翌月10日までに所定用紙により所属課に請求しなければならない。

4．会社は，前項の支出額を，支出した月の翌月の給与支払日を支給する。

（教　育）

第14条　会社は，在宅勤務者に対して，必要に応じ職務研修および安全衛生教育を行う。

付　則

（施　行）

第15条　この規程は○○年○月○日より施行する。

⑶ 実例	労働者派遣契約

（人材派遣業・従業員80人）

人材派遣会社○○○株式会社（甲）は，○○○○農業協同組合（乙）に対し，次の就業条件の下に労働者派遣を行うものとする。

記

1．業務内容

　A　事務用機器を用いての会計関係伝票の処理，記帳にかかる事務処理

　B　共済事業にかかる事務処理，新規開拓にかかるダイレクトメールの発送業務

　C　ライスセンターにおける包装，運搬業務。果実の選別，加工業務。

2．就業場所

　A　業務及びB業務は，乙の本店　　　市○○○町1丁目2番地

　C　業務は乙のライス加工場及び果実選果場　　　○○郡○○町大字○○

3．指揮命令者

　A　業務　会計課経理係長　○○○○

　B　業務　共済課年金共済係長　○○○○

　C　業務　ライス加工　ライス加工場担当係長　○○○○

　C　業務　果実選別　選別係長　○○○○

4．派遣期間

　A　業務　　　年　　　月　　　日から　　　年　　　月　　　日まで

　B　業務　　　年　　　月　　　日から　　　年　　　月　　　日まで

　C　ライス加工業務　　　年　　　月　　　日から　　　年　　　月　　　日まで

　C　果実選別業務　　　年　　　月　　　日から　　　年　　　月　　　日まで

5．就業日　　土・日を除く毎日

　　就業時間　午前9時から　午後6時まで　　休憩時間　正午から1時間

6．安全及び衛生

　①　A業務及びB業務におけるパソコン入力業務の作業時間は連続1時間以内とし途中10分間の休息を与える。

② C業務においては，機械に接触しないよう安全装置または安全柵を設ける。また保護手袋を支給し皮膚障害を防止する。

③ 雇い入れ時及び1年に1回定期に健康診断を実施する。健康診断の実施状況及びその結果は乙に通知する。また有所見が認められたものについては乙と相談の上必要な措置を講じるものとする。

④ 乙において，作業現場の騒音，温度，湿度等必要な作業環境測定を行い，その結果に基づき必要な措置を講じるものとする。

7．安全衛生教育

① 甲で実施する安全衛生教育

イ 雇い入れ時教育として，派遣前に次の事項について実施する。

ロ 安全衛生のルール，作業に対する心得，作業服装及び保護具，整理・整頓及び清潔の保持安全装置及び安全装置，作業手順，火災，危険物及び有害物，表示及び標識，健康の保持，関係法令，学科教育○○時間

ハ 甲の実施責任者　教育担当○○○○

② 乙で実施する安全衛生教育

イ ライス加工及び選別機械の構造及び機能，機械の取扱方法，安全装置の機能，作業規程，事故時における措置と非難，工場内における危険及び表示，標識及び立ち入り禁止区域関係法令，その他安全衛生に関する事項

ロ 学科教育○○時間，実技教育○○時間

ハ 実施責任者　安全・衛生管理者　○○○○

③ 安全衛生管理体制

イ 甲及び乙は，それぞれの安全衛生管理体制により，労働者派遣法及び労働安全衛生法に基づく派遣労働者の安全及び衛生について管理を行うとともにその責任を負う。

ロ 安全衛生に関する必要な情報については，乙であらかじめ定めた周知方法に基づき，文書等により派遣労働者に周知する。

8．その他

派遣労働者が労働災害に被災した場合は，乙は遅滞なく派遣元責任者の○○へ連絡するとともに，労働者死傷病報告の写しを甲に送付する。

9．派遣労働者からの苦情の処理

① 苦情の申し出を受ける者

甲においては，派遣責任者　○○○○　電話　　　　番

乙においては　総務課総務担当　○○○○　電話　　　　番

② 苦情処理方法，連携体制等

イ 甲における①の記載の者が苦情の申し出を受けたときは，直ちに派遣元責任者の○○○○に連絡することとし，派遣元責任者が中心となって，遅滞なく適切に処理し，申し出た派遣労働

者に通知することとする。

　ロ　乙における①の記載の者が苦情の申し出を受けたときは，直ちに派遣責任者の○○○○に連絡することとし，派遣先責任者が中心となって，遅滞なく適切に処理し，申し出た派遣労働者に通知することとする。

　ハ　甲及び乙は相互に連携を密にし苦情の解決を迅速に図るものとする。

10.　労働者派遣契約の解除に当たって講ずる派遣労働者の雇用の安定を図るための措置

　①　労働者派遣契約の解除の事前の申し入れ

　　　乙は，専ら乙に起因する事由により，労働者派遣契約の契約期間が満了する前の解除を行おうとする場合には，甲の合意を得ることはもとより，あらかじめ相当の猶予期間をもって甲に解除の申し入れを行うこととする。

　②　就業機会の確保

　　　甲及び乙は，労働者派遣契約の契約期間が満了する前に労働者派遣契約の解除を行おうとする場合には，派遣労働者の新たな就業機会の確保を図ることとする。

　③　損害賠償等にかかる適切な措置

　　　乙は，乙の責めに帰すべき事由により労働者派遣契約の契約期間が満了する前に労働者派遣契約の解除を行おうとする場合には，派遣労働者の新たな就業機会の確保を図ることとし，これができないときには労働者派遣契約の解除を行おうとする日の少なくとも30日前に甲に対しその旨の予告を行うこととする。予告を行わない場合には，乙は，速やかに，派遣労働者の少なくとも30日分以上の賃金に相当する額についての損害賠償を行うこととする。乙が予告した日と労働者派遣契約の解除を行おうとする日の間の期間が30日に満たない場合には，30日に満たすまでの期間分の賃金相当額を賠償するものとする。

　　　その他乙は甲と十分に協議した上で適切な善後処理方策を講じることとする。甲及び乙の双方に責めに帰すべき事由がある場合は，双方の責任の度合いに応じた賠償を講じるものとする。

11.　労働者派遣契約の解除の理由の明示

　　　乙は，労働者派遣契約の契約期間が満了する前に労働者派遣契約の解除を行おうとする場合であって，甲から請求があったときは，労働者派遣契約の解除を行った理由を甲に明らかにしなければならない。

12.　派遣元責任者

　　　甲の派遣担当係長　　○○○○　電話　　　　　　　　番

　　　Ｃ業務については，甲の製造専門派遣元責任者派遣担当係長　　○○○○　電話　　　　　　番

13.　派遣先責任者

　　　乙の総務部総務係長　　○○○○　電話　　　　　　　　番

　　　Ｃ業務については，乙の製造専門派遣先責任者人事係長　　○○○○　電話　　　　　　番

14.　時間外労働

　　　就業時間外の労働は原則としてさせないが，１日２時間，１週６時間の範囲で時間外労働させる

第5章　人事諸規程　第2　人事諸規程の実例

ことがある。

15．派遣人員

　　A業務　　　2人

　　B業務　　　3人

　　C業務　　ライス加工　　10人，　　果実選別　　20人

16．派遣労働者の福祉増進のための便宜の供与

　　乙は，派遣労働者に対して，乙が雇用する労働者が利用する給食施設，休養室等の施設を利用することができることとする。

�34　モデル　　　育児・介護休業等に関する規則の規定例

（厚生労働省）

第1章　目　　的

（目　的）

第1条

　本規則は，従業員の育児・介護休業，子の看護休暇，介護休暇，育児・介護のための所定外労働，時間外労働及び深夜業の制限並びに育児・介護短時間勤務等に関する取扱いについて定めるものである。

第2章　育児休業制度

ケース①　《有期契約労働者のすべてを育児休業の対象とする例》

（育児休業の対象者）

第2条

　1．育児のために休業することを希望する従業員（日雇従業員を除く）であって，1歳に満たない子と同居し，養育する者は，この規則に定めるところにより育児休業をすることができる。

ケース②　《法に基づき一定範囲の有期契約労働者を育児休業の対象から除外する例》

（育児休業の対象者）

第2条

　1．育児のために休業することを希望する従業員（日雇従業員を除く）であって，1歳に満たな

645

い子と同居し，養育する者は，この規則に定めるところにより育児休業をすることができる。ただし，有期契約従業員にあっては，本条第2項に定める者に限り，育児休業をすることができる。

2．育児休業ができる有期契約従業員は，申出時点において，次のいずれにも該当する者とする。

イ　入社1年以上であること。

ロ　子が1歳6カ月（本条第5項の申出にあっては2歳）に達する日までに労働契約期間が満了し，更新されないことが明らかでないこと。

ケース③　《法に基づき一定範囲の有期契約労働者と労使協定の締結により除外可能な者を除外する例》

（育児休業の対象者）

第2条

1．育児のために休業することを希望する従業員（日雇従業員を除く）であって，1歳に満たない子と同居し，養育する者は，この規則に定めるところにより育児休業をすることができる。ただし，有期契約従業員にあっては，申出時点において，次のいずれにも該当する者に限り育児休業をすることができる。

イ　入社1年以上であること。

ロ　子が1歳6カ月（本条第5項の申出にあっては2歳）に達する日までに労働契約期間が満了し，更新されないことが明らかでないこと。

2．本条第1項，第3項，第4項，第5項にかかわらず，労使協定により除外された次の従業員からの休業の申出は拒むことができる。

一　入社1年未満の従業員

二　申出の日から1年（本条第4項及び第5項の申出にあっては6カ月）以内に雇用関係が終了することが明らかな従業員

三　1週間の所定労働日数が2日以下の従業員

第2条（続き）

2．配偶者が従業員と同じ日から又は従業員より先に育児休業をしている場合，従業員は，子が1歳2カ月に達するまでの間で，出生日以後の産前・産後休業期間と育児休業期間との合計が1年を限度として，育児休業をすることができる。

3．次のいずれにも該当する従業員は，子が1歳6カ月に達するまでの間で必要な日数について育児休業をすることができる。なお，育児休業を開始しようとする日は，原則として子の1歳

第5章　人事諸規程　第2　人事諸規程の実例

の誕生日に限るものとする。

イ　従業員又は配偶者が原則として子の1歳の誕生日の前日に育児休業をしていること

ロ　次のいずれかの事情があること

(ｱ)　保育所等に入所を希望しているが，入所できない場合

(ｲ)　従業員の配偶者であって育児休業の対象となる子の親であり，1歳以降育児に当たる予定であった者が，死亡，負傷，疾病等の事情により子を養育することが困難になった場合

4．次のいずれにも該当する従業員は，子が2歳に達するまでの間で必要な日数について育児休業をすることができる。なお，育児休業を開始しようとする日は，子の1歳6カ月の誕生日応当日に限るものとする。

イ　従業員又は配偶者が子の1歳6カ月の誕生日応当日の前日に育児休業をしていること

ロ　次のいずれかの事情があること

(ｱ)　保育所等に入所を希望しているが，入所できない場合

(ｲ)　従業員の配偶者であって育児休業の対象となる子の親であり，1歳6カ月以降育児に当たる予定であった者が，死亡，負傷，疾病等の事情により子を養育することが困難になった場合

※ケース②または③により規定する場合は，上記，「第2条（続き）2，3，4」は，「第2条（続き）3，4，5」となります。

（育児休業の申出の手続等）

第3条

1．育児休業をすることを希望する従業員は，原則として育児休業を開始しようとする日（以下「育児休業開始予定日」という。）の1カ月前（第2条第3項及び第4項（ケース②，③の場合は，第4項及び第5項）に基づく1歳及び1歳6カ月を超える休業の場合は，2週間前）までに育児休業申出書（社内様式1）を人事部労務課に提出することにより申し出るものとする。なお，育児休業中の有期契約従業員が労働契約を更新するに当たり，引き続き休業を希望する場合には，更新された労働契約期間の初日を育児休業開始予定日として，育児休業申出書により再度の申出を行うものとする。

2．申出は，次のいずれかに該当する場合を除き，一子につき1回限りとする。ただし，産後休業をしていない従業員が，子の出生日又は出産予定日のいずれか遅い方から8週間以内にした最初の育児休業については，1回の申出にカウントしない。

(1)　第2条第1項に基づく休業をした者が同条第3項又は第4項（ケース②，③の場合は，第4項又は第5項）に基づく休業の申出をしようとする場合又は本条第1項後段の申出をしようとする場合

(2)　第2条第3項（ケース②，③の場合は，第4項）に基づく休業をした者が同条第4項（ケース

647

②，③の場合は，第5項）に基づく休業の申出をしようとする場合又は本条第1項後段の申出を
しようとする場合

(3) 配偶者の死亡等特別の事情がある場合

3．会社は，育児休業申出書を受け取るに当たり，必要最小限度の各種証明書の提出を求めることが
ある。

4．育児休業申出書が提出されたときは，会社は速やかに当該育児休業申出書を提出した者（以下こ
の章において「申出者」という。）に対し，育児休業取扱通知書（社内様式2）を交付する。

5．申出の日後に申出に係る子が出生したときは，申出者は，出生後2週間以内に人事部労務課に育
児休業対象児出生届（社内様式3）を提出しなければならない。

（育児休業の申出の撤回等）

第4条

1．申出者は，育児休業開始予定日の前日までは，育児休業申出撤回届（社内様式4）を人事部労務
課に提出することにより，育児休業の申出を撤回することができる。

2．育児休業申出撤回届が提出されたときは，会社は速やかに当該育児休業申出撤回届を提出した者
に対し，育児休業取扱通知書（社内様式2）を交付する。

3．育児休業の申出を撤回した者は，特別の事情がない限り同一の子については再度申出をすること
ができない。ただし，第2条第1項に基づく休業の申出を撤回した者であっても，同条第3項及び
第4項（ケース②，③の場合は，第4項及び第5項）に基づく休業の申出をすることができ，第2
条第3項（ケース②，③の場合は，第4項）に基づく休業の申出を撤回した者であっても，同条第
4項（ケース②，③の場合は，第5項）に基づく休業の申出をすることができる。

4．育児休業開始予定日の前日までに，子の死亡等により申出者が休業申出に係る子を養育しないこ
ととなった場合には，育児休業の申出はされなかったものとみなす。この場合において，申出者
は，原則として当該事由が発生した日に，人事部労務課にその旨を通知しなければならない。

（育児休業の期間等）

第5条

1．育児休業の期間は，原則として，子が1歳に達するまで（第2条第2項，第3項及び第4項
（ケース②，③の場合は，第3項，第4項及び第5項）に基づく休業の場合は，それぞれ定められ
た時期まで）を限度として育児休業申出書（社内様式1）に記載された期間とする。

2．本条第1項にかかわらず，会社は，育児・介護休業法の定めるところにより育児休業開始予定日
の指定を行うことができる。

3．従業員は，育児休業期間変更申出書（社内様式5）により人事部労務課に，育児休業開始予定日
の1週間前までに申し出ることにより，育児休業開始予定日の繰り上げ変更を，また，育児休業を
終了しようとする日（以下「育児休業終了予定日」という。）の1カ月前（第2条第3項及び第4
項（ケース②，③の場合は，第4項及び第5項）に基づく休業をしている場合は，2週間前）まで
に申し出ることにより，育児休業終了予定日の繰り下げ変更を行うことができる。

育児休業開始予定日の繰り上げ変更及び育児休業終了予定日の繰り下げ変更とも，原則として1回に限り行うことができるが，第2条第3項及び第4項（ケース②，③の場合は，第4項及び第5項）に基づく休業の場合には，第2条第1項に基づく休業とは別に，子が1歳から1歳6カ月に達するまで及び1歳6カ月から2歳に達するまでの期間内で，それぞれ1回，育児休業終了予定日の繰り下げ変更を行うことができる。

4．育児休業期間変更申出書が提出されたときは，会社は速やかに当該育児休業期間変更申出書を提出した者に対し，育児休業取扱通知書（社内様式2）を交付する。

5．次の各号に掲げるいずれかの事由が生じた場合には，育児休業は終了するものとし，当該育児休業の終了日は当該各号に掲げる日とする。

(1)　子の死亡等育児休業に係る子を養育しないこととなった場合

当該事由が発生した日（なお，この場合において本人が出勤する日は，事由発生の日から2週間以内であって，会社と本人が話し合いの上決定した日とする。）

(2)　育児休業に係る子が1歳に達した場合等

子が1歳に達した日（第2条第2項（ケース②，③の場合は，第3項）に基づく休業の場合を除く。第2条第3項（ケース②，③の場合は，第4項）に基づく休業の場合は，子が1歳6カ月に達した日。

第2条第4項（ケース②，③の場合は，第5項）に基づく休業の場合は，子が2歳に達した日。）

(3)　申出者について，産前産後休業，介護休業又は新たな育児休業期間が始まった場合

産前産後休業，介護休業又は新たな育児休業の開始日の前日

(4)　第2条第2項（ケース②，③の場合は，第3項）に基づく休業において，出生日以後の産前・産後休業期間と育児休業期間との合計が1年に達した場合

当該1年に達した日

6．本条第5項第1号の事由が生じた場合には，申出者は原則として当該事由が生じた日に人事部労務課にその旨を通知しなければならない。

第3章　介護休業制度

ケース①　《有期契約労働者のすべてを介護休業の対象とする例》

（介護休業の対象者）

第6条

1．要介護状態にある家族を介護する従業員（日雇従業員を除く）は，この規則に定めるところにより介護休業をすることができる。

ケース② 《法に基づき一定範囲の有期契約労働者を介護休業の対象から除外する例》

（介護休業の対象者）

第6条

1．要介護状態にある家族を介護する従業員（日雇従業員を除く）は，この規則に定めるところにより介護休業をすることができる。ただし，有期契約従業員にあっては，本条第2項に定める者に限り，介護休業をすることができる。

2．介護休業ができる有期契約従業員は，申出時点において，次のいずれにも該当する者とする。

　イ　入社1年以上であること。

　ロ　介護休業を開始しようとする日（以下，「介護休業開始予定日」という。）から93日経過日から6カ月を経過する日までに労働契約期間が満了し，更新されないことが明らかでないこと。

ケース③ 《法に基づき一定範囲の有期契約労働者と労使協定の締結により除外可能な者を除外する例》

（介護休業の対象者）

第6条

1．要介護状態にある家族を介護する従業員（日雇従業員を除く）は，この規則に定めるところにより介護休業をすることができる。ただし，有期契約従業員にあっては，申出時点において，次のいずれにも該当する者に限り介護休業をすることができる。

　イ　入社1年以上であること。

　ロ　介護休業を開始しようとする日（以下，「介護休業開始予定日」という。）から93　日経過日から6カ月を経過する日までに労働契約期間が満了し，更新されないことが明らかでないこと。

2．本条第1項にかかわらず，労使協定により除外された次の従業員からの休業の申出は拒むことができる。

　一　入社1年未満の従業員

　二　申出の日から93　日以内に雇用関係が終了することが明らかな従業員

　三　1週間の所定労働日数が2日以下の従業員

第6条（続き）

2．この要介護状態にある家族とは，負傷，疾病又は身体上若しくは精神上の障害により，2週

間以上の期間にわたり常時介護を必要とする状態にある次の者をいう。

(1) 配偶者

(2) 父母

(3) 子

(4) 配偶者の父母

(5) 祖父母，兄弟姉妹又は孫

(6) 上記以外の家族で会社が認めた者

※ケース②または③により規定する場合は，上記，「第6条（続き）2」は，「第6条（続き）3」となります。

（介護休業の申出の手続等）

第7条

1．介護休業をすることを希望する従業員は，原則として介護休業開始予定日の2週間前までに，介護休業申出書（社内様式6）を人事部労務課に提出することにより申し出るものとする。なお，介護休業中の有期契約従業員が労働契約を更新するに当たり，引き続き休業を希望する場合には，更新された労働契約期間の初日を介護休業開始予定日として，介護休業申出書により再度の申出を行うものとする。

2．申出は，対象家族1人につき3回までとする。ただし，本条第1項の後段の申出をしようとする場合にあっては，この限りでない。

3．会社は，介護休業申出書を受け取るに当たり，必要最小限度の各種証明書の提出を求めることがある。

4．介護休業申出書が提出されたときは，会社は速やかに当該介護休業申出書を提出した者（以下この章において「申出者」という。）に対し，介護休業取扱通知書（社内様式2）を交付する。

（介護休業の申出の撤回等）

第8条

1．申出者は，介護休業開始予定日の前日までは，介護休業申出撤回届（社内様式4）を人事部労務課に提出することにより，介護休業の申出を撤回することができる。

2．介護休業申出撤回届が提出されたときは，会社は速やかに当該介護休業申出撤回届を提出した者に対し，介護休業取扱通知書（社内様式2）を交付する。

3．同一対象家族について2回連続して介護休業の申出を撤回した者について，当該家族について再度の申出はすることができない。ただし，会社がこれを適当と認めた場合には，申し出ることができるものとする。

4．介護休業開始予定日の前日までに，申出に係る家族の死亡等により申出者が家族を介護しないこととなった場合には，介護休業の申出はされなかったものとみなす。この場合において，申出者

は，原則として当該事由が発生した日に，人事部労務課にその旨を通知しなければならない。

（介護休業の期間等）

第9条

1．介護休業の期間は，対象家族1人につき，原則として，通算93日の範囲内で，介護休業申出書（社内様式6）に記載された期間とする。

2．本条第1項にかかわらず，会社は，育児・介護休業法の定めるところにより介護休業開始予定日の指定を行うことができる。

3．従業員は，介護休業期間変更申出書（社内様式5）により，介護休業を終了しようとする日（以下「介護休業終了予定日」という。）の2週間前までに人事部労務課に申し出ることにより，介護休業終了予定日の繰下げ変更を行うことができる。

　　この場合において，介護休業開始予定日から変更後の介護休業終了予定日までの期間は通算93日の範囲を超えないことを原則とする。

4．介護休業期間変更申出書が提出されたときは，会社は速やかに当該介護休業期間変更申出書を提出した者に対し，介護休業取扱通知書（社内様式2）を交付する。

5．次の各号に掲げるいずれかの事由が生じた場合には，介護休業は終了するものとし，当該介護休業の終了日は当該各号に掲げる日とする。

⑴　家族の死亡等介護休業に係る家族を介護しないこととなった場合

　　当該事由が発生した日（なお，この場合において本人が出勤する日は，事由発生の日から2週間以内であって，会社と本人が話し合いの上決定した日とする。）

⑵　申出者について，産前産後休業，育児休業又は新たな介護休業が始まった場合

　　産前産後休業，育児休業又は新たな介護休業の開始日の前日

6．本条第5項第1号の事由が生じた場合には，申出者は原則として当該事由が生じた日に人事部労務課にその旨を通知しなければならない。

第4章　子の看護休暇

ケース①　《労働者のすべてを対象とし，1日の所定労働時間の2分の1を半日とする例》

（子の看護休暇）

第10条

1．小学校就学の始期に達するまでの子を養育する従業員（日雇従業員を除く）は，負傷し，又は疾病にかかった当該子の世話をするために，又は当該子に予防接種や健康診断を受けさせるために，就業規則第○条に規定する年次有給休暇とは別に，当該子が1人の場合は1年間につき5日，2人以上の場合は1年間につき10日を限度として，子の看護休暇を取得することができる。この場合の1年間とは，4月1日から翌年3月31日までの期間とする。

2．子の看護休暇は，半日単位（1日の所定労働時間の2分の1）で始業時刻から連続又は終業

第5章 人事諸規程 第2 人事諸規程の実例

時刻まで連続して取得することができる。ただし，1日の所定労働時間が4時間以下である従
業員は1日単位とする。

3．取得しようとする者は，原則として，子の看護休暇申出書（社内様式7）を事前に人事部労
務課に申し出るものとする。

4．給与，賞与，定期昇給及び退職金の算定に当たっては取得期間は通常の勤務をしたものとみ
なす。

**ケース② 《労働者のすべてを対象とし，労使協定の締結により1日の所定労働時間の2分の1以
外の時間数を半日とする例》**

（子の看護休暇）

第10条

1．小学校就学の始期に達するまでの子を養育する従業員（日雇従業員を除く）は，負傷し，又
は疾病にかかった当該子の世話をするために，又は当該子に予防接種や健康診断を受けさせる
ために，就業規則第○条に規定する年次有給休暇とは別に，当該子が1人の場合は1年間につ
き5日，2人以上の場合は1年間につき10日を限度として，子の看護休暇を取得することがで
きる。この場合の1年間とは，4月1日から翌年3月31日までの期間とする。

2．子の看護休暇は半日単位で取得することができる。

従業員のうち，勤務時間が9時〜17時45分の従業員の半日単位となる時間数は，労使協定に
より始業時刻から3時間又は終業時刻までの4時間45分とする。休暇1日当たりの時間数は，
7時間45分とする。

ただし，1日の所定労働時間が4時間以下である従業員は1日単位とする。

上記以外の従業員については，半日単位となる時間数は1日の所定労働時間の2分の1と
し，始業時刻から連続し，又は終業時刻まで連続するものとする。

3，4 （略）

ケース③ 《労使協定の締結により除外可能な者をすべて除外する例》

（子の看護休暇）

第10条

1．小学校就学の始期に達するまでの子を養育する従業員（日雇従業員を除く）は，負傷し，又
は疾病にかかった当該子の世話をするために，又は当該子に予防接種や健康診断を受けさせる
ために，就業規則第○条に規定する年次有給休暇とは別に，当該子が1人の場合は1年間につ
き5日，2人以上の場合は1年間につき10日を限度として，子の看護休暇を取得することがで
きる。この場合の1年間とは，4月1日から翌年3月31日までの期間とする。ただし，労使協

653

定によって除外された次の従業員からの子の看護休暇の申出は拒むことができる。

　　一　入社6カ月未満の従業員

　　二　1週間の所定労働日数が2日以下の従業員

　2〜4　（略）

ケース④　《入社6カ月未満の従業員が一定の日数を取得できるようにする例》

　（子の看護休暇）

第10条

　1.　小学校就学の始期に達するまでの子を養育する従業員（日雇従業員を除く）は，負傷し，又は疾病にかかった当該子の世話をするために，又は当該子に予防接種や健康診断を受けさせるために，就業規則第○条に規定する年次有給休暇とは別に，当該子が1人の場合は1年間につき5日，2人以上の場合は1年間につき10日を限度として，子の看護休暇を取得することができる。この場合の1年間とは，4月1日から翌年3月31日までの期間とする。ただし，入社6カ月未満の従業員については○日付与し，6カ月経過後に当該子の人数に応じた上記日数との差分を付与することとする。また，労使協定によって除外された次の従業員からの子の看護休暇の申出は拒むことができる。

　　一　1週間の所定労働日数が2日以下の従業員

　2〜4　（略）

ケース⑤　《入社6カ月未満の従業員が段階的に取得できるようにする例》

　（子の看護休暇）

第10条

　1.　小学校就学の始期に達するまでの子を養育する従業員（日雇従業員を除く）は，負傷し，又は疾病にかかった当該子の世話をするために，又は当該子に予防接種や健康診断を受けさせるために，就業規則第○条に規定する年次有給休暇とは別に，当該子が1人の場合は1年間につき5日，2人以上の場合は1年間につき10日を限度として，子の看護休暇を取得することができる。この場合の1年間とは，4月1日から翌年3月31日までの期間とする。ただし，入社6カ月未満の従業員については，入社後1カ月経過ごとに1日付与し，6カ月経過後に当該子の人数に応じた上記日数との差分を付与することとする。また，労使協定によって除外された次の従業員からの子の看護休暇の申出は拒むことができる。

　　一　1週間の所定労働日数が2日以下の従業員

　2〜4　（略）

第5章　人事諸規程　第2　人事諸規程の実例

第5章　介護休暇

ケース①　《労働者のすべてを対象とし，1日の所定労働時間の2分の1を半日とする例》

（介護休暇）

第11条

1．要介護状態にある家族の介護その他の世話をする従業員（日雇従業員を除く）は，就業規則第〇条に規定する年次有給休暇とは別に，当該家族が1人の場合は1年間につき5日，2人以上の場合は1年間につき10日を限度として，介護休暇を取得することができる。この場合の1年間とは，4月1日から翌年3月31日までの期間とする。

2．介護休暇は，半日単位（1日の所定労働時間の2分の1）で始業時刻から連続又は終業時刻まで連続して取得することができる。ただし，1日の所定労働時間が4時間以下である従業員は1日単位とする。

3．取得しようとする者は，原則として，介護休暇申出書（社内様式7）事前に人事部労務課に申し出るものとする。

4．給与，賞与，定期昇給及び退職金の算定に当たっては，取得期間は通常の勤務をしたものとみなす。

ケース②　《労働者のすべてを対象とし，労使協定の締結により1日の所定労働時間の2分の1以外の時間数を半日とする例》

（介護休暇）

第11条

1．要介護状態にある家族の介護その他の世話をする従業員（日雇従業員を除く）は，就業規則第〇条に規定する年次有給休暇とは別に，当該家族が1人の場合は1年間につき5日，2人以上の場合は1年間につき10日を限度として，介護休暇を取得することができる。この場合の1年間とは，4月1日から翌年3月31日までの期間とする。

2．介護休暇は，半日単位で取得することができる。

　従業員のうち，勤務時間が9時〜17時45分の従業員の半日単位となる時間数は，労使協定により始業時刻から3時間又は終業時刻までの4時間45分とする。休暇1日当たりの時間数は，7時間45分とする。

　ただし，1日の所定労働時間が4時間以下である従業員は1日単位とする。

　上記以外の従業員については，半日単位となる時間数は1日の所定労働時間の2分の1とし，始業時刻から連続し，又は終業時刻まで連続するものとする。

3，4　（略）

655

ケース③ 《労使協定の締結により除外可能な者をすべて除外する例》

（介護休暇）

第11条

1. 要介護状態にある家族の介護その他の世話をする従業員（日雇従業員を除く）は，就業規則
第○条に規定する年次有給休暇とは別に，当該家族が1人の場合は1年間につき5日，2人以
上の場合は1年間につき10日を限度として，介護休暇を取得することができる。この場合の1
年間とは，4月1日から翌年3月31日までの期間とする。ただし，労使協定によって除外され
た次の従業員からの介護休暇の申出は拒むことができる。

一　入社6カ月未満の従業員

二　1週間の所定労働日数が2日以下の従業員

2～4　（略）

ケース④ 《入社6カ月未満の従業員が一定の日数を取得できるようにする例》

（介護休暇）

第11条

1. 要介護状態にある家族の介護その他の世話をする従業員（日雇従業員を除く）は，就業規則
第○条に規定する年次有給休暇とは別に，当該家族が1人の場合は1年間につき5日，2人以
上の場合は1年間につき10日を限度として，介護休暇を取得することができる。この場合の1
年間とは，4月1日から翌年3月31日までの期間とする。ただし，入社6カ月未満の従業員に
ついては○日付与し，6カ月経過後に当該家族の人数に応じた上記日数との差分を付与するこ
ととする。また，労使協定によって除外された次の従業員からの介護休暇の申出は拒むことがで
きる。

一　1週間の所定労働日数が2日以下の従業員

2～4　（略）

ケース⑤ 《入社6カ月未満の従業員が段階的に取得できるようにする例》

（介護休暇）

第11条

1. 要介護状態にある家族の介護その他の世話をする従業員（日雇従業員を除く）は，就業規則
第○条に規定する年次有給休暇とは別に，当該家族が1人の場合は1年間につき5日，2人以
上の場合は1年間につき10日を限度として，介護休暇を取得することができる。この場合の1
年間とは，4月1日から翌年3月31日までの期間とする。ただし，入社6カ月未満の従業員に

第 5 章　人事諸規程　第 2　人事諸規程の実例

ついては，入社後 1 カ月経過ごとに 1 日付与し，6 カ月経過後に当該家族の人数に応じた上記
日数との差分を付与することとする。

　また，労使協定によって除外された次の従業員からの介護休暇の申出は拒むことができる。

一　1 週間の所定労働日数が 2 日以下の従業員

2〜4　（略）

第 6 章　所定外労働の制限

（育児・介護のための所定外労働の制限）

第12条

1．3 歳に満たない子を養育する従業員（日雇従業員を除く）が当該子を養育するため，又は要介護
状態にある家族を介護する従業員（日雇従業員を除く）が当該家族を介護するために請求した場合
には，事業の正常な運営に支障がある場合を除き，所定労働時間を超えて労働をさせることはな
い。

2．請求をしようとする者は，1 回につき，1 カ月以上 1 年以内の期間（以下この条において「制限
期間」という。）について，制限を開始しようとする日（以下この条において「制限開始予定日」
という。）及び制限を終了しようとする日を明らかにして，原則として，制限開始予定日の 1 カ月
前までに，育児・介護のための所定外労働制限請求書（社内様式 8）を人事部労務課に提出するも
のとする。この場合において，制限期間は，次条第 3 項に規定する制限期間と重複しないようにし
なければならない。

3．会社は，所定外労働制限請求書を受け取るに当たり，必要最小限度の各種証明書の提出を求める
ことがある。

4．請求の日後に請求に係る子が出生したときは，所定外労働制限請求書を提出した者（以下この条
において「請求者」という。）は，出生後 2 週間以内に人事部労務課に所定外労働制限対象児出生
届（社内様式 3）を提出しなければならない。

5．制限開始予定日の前日までに，請求に係る子又は家族の死亡等により請求者が子を養育又は家族
を介護しないこととなった場合には，請求されなかったものとみなす。この場合において，請求者
は，原則として当該事由が発生した日に，人事部労務課にその旨を通知しなければならない。

6．次の各号に掲げるいずれかの事由が生じた場合には，制限期間は終了するものとし，当該制限期
間の終了日は当該各号に掲げる日とする。

⑴　子又は家族の死亡等制限に係る子を養育又は家族を介護しないこととなった場合

　　当該事由が発生した日

⑵　制限に係る子が 3 歳に達した場合

　　当該 3 歳に達した日

⑶　請求者について，産前産後休業，育児休業又は介護休業が始まった場合

産前産後休業，育児休業又は介護休業の開始日の前日

7．本条第6項第1号の事由が生じた場合には，請求者は原則として当該事由が生じた日に，人事部労務課にその旨を通知しなければならない。

《労使協定の締結により除外可能な者をすべて除外する例》

　2．本条第1項にかかわらず，労使協定によって除外された次の従業員からの所定外労働の制限の請求は拒むことができる。

　(1)　入社1年未満の従業員

　(2)　1週間の所定労働日数が2日以下の従業員

（3以降順次繰り下げ）

第7章　時間外労働の制限

（育児・介護のための時間外労働の制限）

第13条

1．小学校就学の始期に達するまでの子を養育する従業員が当該子を養育するため又は要介護状態にある家族を介護する従業員が当該家族を介護するために請求した場合には，就業規則第○条の規定及び時間外労働に関する協定にかかわらず，事業の正常な運営に支障がある場合を除き，1カ月について24時間，1年について150時間を超えて時間外労働をさせることはない。

2．本条第1項にかかわらず，次の一から三のいずれかに該当する従業員からの時間外労働の制限の請求は拒むことができる。

　一　日雇従業員

　二　入社1年未満の従業員

　三　1週間の所定労働日数が2日以下の従業員

3．請求をしようとする者は，1回につき，1カ月以上1年以内の期間（以下この条において「制限期間」という。）について，制限を開始しようとする日（以下この条において「制限開始予定日」という。）及び制限を終了しようとする日を明らかにして，原則として，制限開始予定日の1カ月前までに，育児・介護のための時間外労働制限請求書（社内様式9）を人事部労務課に提出するものとする。この場合において，制限期間は，前条第2項に規定する制限期間と重複しないようにしなければならない。

4．会社は，時間外労働制限請求書を受け取るに当たり，必要最小限度の各種証明書の提出を求めることがある。

5．請求の日後に請求に係る子が出生したときは，時間外労働制限請求書を提出した者（以下この条において「請求者」という。）は，出生後2週間以内に人事部労務課に時間外労働制限対象児出生届（社内様式3）を提出しなければならない。

658

6．制限開始予定日の前日までに，請求に係る子又は家族の死亡等により請求者が子を養育又は家族を介護しないこととなった場合には，請求されなかったものとみなす。この場合において，請求者は，原則として当該事由が発生した日に，人事部労務課にその旨を通知しなければならない。

7．次の各号に掲げるいずれかの事由が生じた場合には，制限期間は終了するものとし，当該制限期間の終了日は当該各号に掲げる日とする。

(1)　子又は家族の死亡等制限に係る子を養育又は家族を介護しないこととなった場合

　　当該事由が発生した日

(2)　制限に係る子が小学校就学の始期に達した場合

　　子が6歳に達する日の属する年度の3月31日

(3)　請求者について，産前産後休業，育児休業又は介護休業が始まった場合

　　産前産後休業，育児休業又は介護休業の開始日の前日

8．本条第7項第1号の事由が生じた場合には，請求者は原則として当該事由が生じた日に，人事部労務課にその旨を通知しなければならない。

第8章　深夜業の制限

（育児・介護のための深夜業の制限）

第14条

1．小学校就学の始期に達するまでの子を養育する従業員が当該子を養育するため又は要介護状態にある家族を介護する従業員が当該家族を介護するために請求した場合には，就業規則第○条の規定にかかわらず，事業の正常な運営に支障がある場合を除き，午後10時から午前5時までの間（以下「深夜」という。）に労働させることはない。

2．本条第1項にかかわらず，次のいずれかに該当する従業員からの深夜業の制限の請求は拒むことができる。

一　日雇従業員

二　入社1年未満の従業員

三　請求に係る子又は家族の16歳以上の同居の家族が次のいずれにも該当する従業員

　イ　深夜において就業していない者（1カ月について深夜における就業が3日以下の者を含む。）であること。

　ロ　心身の状況が請求に係る子の保育又は家族の介護をすることができる者であること。

　ハ　6週間（多胎妊娠の場合にあっては，14週間）以内に出産予定でなく，かつ産後8週間以内でない者であること。

四　1週間の所定労働日数が2日以下の従業員

五　所定労働時間の全部が深夜にある従業員

3．請求をしようとする者は，1回につき，1カ月以上6カ月以内の期間（以下この条において「制限期間」という。）について，制限を開始しようとする日（以下この条において「制限開始予定日」

第5章　人事諸規程　第2　人事諸規程の実例

という。）及び制限を終了しようとする日を明らかにして，原則として，制限開始予定日の1カ月前までに，育児・介護のための深夜業制限請求書（社内様式10）を人事部労務課に提出するものとする。

4．会社は，深夜業制限請求書を受け取るに当たり，必要最小限度の各種証明書の提出を求めることがある。

5．請求の日後に請求に係る子が出生したときは，深夜業制限請求書を提出した者（以下この条において「請求者」という。）は，出生後2週間以内に人事部労務課に深夜業制限対象児出生届（社内様式3）を提出しなければならない。

6．制限開始予定日の前日までに，請求に係る子又は家族の死亡等により請求者が子を養育又は家族を介護しないこととなった場合には，請求されなかったものとみなす。この場合において，請求者は，原則として当該事由が発生した日に，人事部労務課にその旨を通知しなければならない。

7．次の各号に掲げるいずれかの事由が生じた場合には，制限期間は終了するものとし，当該制限期間の終了日は当該各号に掲げる日とする。

　⑴　子又は家族の死亡等制限に係る子を養育又は家族を介護しないこととなった場合
　　　当該事由が発生した日

　⑵　制限に係る子が小学校就学の始期に達した場合
　　　子が6歳に達する日の属する年度の3月31日

　⑶　請求者について，産前産後休業，育児休業又は介護休業が始まった場合
　　　産前産後休業，育児休業又は介護休業の開始日の前日

8．本条第7項第1号の事由が生じた場合には，請求者は原則として当該事由が生じた日に，人事部労務課にその旨を通知しなければならない。

9．制限期間中の給与については，別途定める給与規定に基づく労務提供のなかった時間分に相当する額を控除した基本給と諸手当の全額を支給する。

10．深夜業の制限を受ける従業員に対して，会社は必要に応じて昼間勤務へ転換させることがある。

第9章　所定労働時間の短縮措置等

（育児短時間勤務）
第15条

1．3歳に満たない子を養育する従業員は，申し出ることにより，就業規則第○条の所定労働時間について，以下のように変更することができる。

　　所定労働時間を午前9時から午後4時まで（うち休憩時間は，午前12時から午後1時までの1時間とする。）の6時間とする（1歳に満たない子を育てる女性従業員は更に別途30分ずつ2回の育児時間を請求することができる。）。

2．本条第1項にかかわらず，日雇従業員及び1日の所定労働時間が6時間以下である従業員からの育児短時間勤務の申出は拒むことができる。

第5章　人事諸規程　第2　人事諸規程の実例

3．申出をしようとする者は，1回につき，1カ月以上1年以内の期間について，短縮を開始しようとする日及び短縮を終了しようとする日を明らかにして，原則として，短縮開始予定日の1カ月前までに，育児短時間勤務申出書（社内様式11）により人事部労務課に申し出なければならない。申出書が提出されたときは，会社は速やかに申出者に対し，育児短時間勤務取扱通知書（社内様式13）を交付する。その他適用のための手続等については，第3条から第5条までの規定（第3条第2項及び第4条第3項を除く。）を準用する。

4．本制度の適用を受ける間の給与については，別途定める給与規定に基づく労務提供のなかった時間分に相当する額を控除した基本給と諸手当の全額を支給する。

5．賞与については，その算定対象期間に本制度の適用を受ける期間がある場合においては，短縮した時間に対応する賞与は支給しない。

6．定期昇給及び退職金の算定に当たっては，本制度の適用を受ける期間は通常の勤務をしているものとみなす。

《労使協定の締結により除外可能な者を除外する例》

2．本条第1項にかかわらず，次のいずれかに該当する従業員からの育児短時間勤務の申出は拒むことができる。

一　日雇従業員

二　1日の所定労働時間が6時間以下である従業員

三　労使協定によって除外された次の従業員

(ア)　入社1年未満の従業員

(イ)　1週間の所定労働日数が2日以下の従業員

3～6　（略）

（介護短時間勤務）

第16条

1．要介護状態にある家族を介護する従業員は，申し出ることにより，当該家族1人当たり利用開始の日から3年の間で2回までの範囲内で，就業規則第○条の所定労働時間について，以下のように変更することができる。

所定労働時間を午前9時から午後4時まで（うち休憩時間は，午前12時から午後1時までの1時間とする。）の6時間とする。

2．本条第1項にかかわらず，日雇従業員からの介護短時間勤務の申出は拒むことができる。

3．申出をしようとする者は，短縮を開始しようとする日及び短縮を終了しようとする日を明らかにして，原則として，短縮開始予定日の2週間前までに，介護短時間勤務申出書（社内様式12）により人事部労務課に申し出なければならない。申出書が提出されたときは，会社は速やかに申出者に対し，介護短時間勤務取扱通知書（社内様式13）を交付する。その他適用のための手続等について

661

は，第7条から第9条までの規定を準用する。

4．本制度の適用を受ける間の給与については，別途定める給与規定に基づく労務提供のなかった時間分に相当する額を控除した基本給と諸手当の全額を支給する。

5．賞与については，その算定対象期間に本制度の適用を受ける期間がある場合においては，短縮した時間に対応する賞与は支給しない。

6．定期昇給及び退職金の算定に当たっては，本制度の適用を受ける期間は通常の勤務をしているものとみなす。

《労使協定の締結により除外可能な者を除外する例》

2．本条第1項にかかわらず，次のいずれかに該当する従業員からの介護短時間勤務の申出は拒むことができる。

一　日雇従業員

二　労使協定によって除外された次の従業員

（ア）入社1年未満の従業員

（イ）1週間の所定労働日数が2日以下の従業員

3～6　（略）

○　育児短時間勤務が困難な業務に従事する従業員を労使協定により対象外とする場合には，その旨就業規則に規定するとともに，その代替措置を規定する必要があります。例えば，次のような規定ぶりが考えられます。これらの規定は，努力義務となっている小学校就学の始期に達するまでの子を養育する労働者に関する始業時刻変更等の措置としても利用できます。

《始業・終業時刻の繰上げ・繰下げの例》

（育児のための時差出勤の制度）

第15条の2

1．小学校就学の始期に達するまでの子を養育する従業員は，申し出ることにより，就業規則第○条の始業及び終業の時刻について，以下のように変更することができる。

・通常勤務＝午前8時30分始業，午後5時30分終業

・時差出勤A＝午前8時始業，午後5時終業

・時差出勤B＝午前9時始業，午後6時終業

・時差出勤C＝午前10時始業，午後7時終業

2．本条第1項にかかわらず，日雇従業員からの育児のための時差出勤の制度の申出は拒むことができる。

3．申出をしようとする者は，1回につき，1年以内の期間について，制度の適用を開始しようとする日及び終了しようとする日並びに時差出勤Aから時差出勤Cのいずれに変更するかを

第5章　人事諸規程　第2　人事諸規程の実例

　　明らかにして，原則として適用開始予定日の1カ月前までに，育児時差出勤申出書（社内様式
　　○）により人事部労務課に申し出なければならない。申出書が提出されたときは，会社は速や
　　かに申出者に対し，育児時差出勤取扱通知書（社内様式○）を交付する。その他適用のための
　　手続等については，第3条から第5条までの規定（第3条第2項及び第4条第3項を除く。）
　　を準用する。

4．本制度の適用を受ける間の給与及び賞与については，通常の勤務をしているものとし減額し
　　ない。

5．定期昇給及び退職金の算定に当たっては，本制度の適用を受ける期間は通常の勤務をしてい
　　るものとみなす。

《保育施設の設置運営の例》

　（事業所内保育施設）

第15条の2

1．小学校就学の始期に達するまでの子を養育する従業員は，会社が設置する社内保育室を利用
　　することができる。ただし，既に定員に達しているときは，この限りでない。

2．本条第1項にかかわらず，日雇従業員は，社内保育室を利用することができない。

3．利用者は，会社に対し食費（実費）を各月○円支払うものとし，これ以外の社内保育室に関
　　する費用は原則として会社が負担する。

4．社内保育室の利用時間は，原則として平日の午前○時○分から午後○時○分まで及び土曜日
　　の午前○時○分から午後○時○分までとし，日曜，祝日及び会社が定めた休日は，閉室とす
　　る。

○　介護のための勤務時間の短縮等の措置として，1日の所定労働時間を短縮する「短時間勤務制度」
　以外に次のような規定ぶりも考えられます。

《始業・終業時刻の繰上げ・繰下げの例》

　（介護のための時差出勤の制度）

第16条

1．要介護状態にある家族を介護する従業員は，申し出ることにより，当該家族1人当たり利用
　　開始の日から3年の間で2回までの範囲を原則として，就業規則第○条の始業及び終業の時刻
　　について，以下のように変更することができる。

　　・通常勤務＝午前8時30分始業，午後5時30分終業

　　・時差出勤A＝午前8時始業，午後5時終業

　　・時差出勤B＝午前9時始業，午後6時終業

第 5 章　人事諸規程　第 2　人事諸規程の実例

・時差出勤 C ＝午前10時始業，午後 7 時終業

2．本条第 1 項にかかわらず，日雇従業員からの介護のための時差出勤の制度の申出は拒むことができる。

3．申出をしようとする者は，制度の適用を開始しようとする日及び終了しようとする日並びに時差出勤 A から時差出勤 C のいずれに変更するかを明らかにして，原則として，適用開始予定日の 2 週間前までに，介護時差出勤申出書（社内様式○）により人事部労務課に申し出なければならない。申出書が提出されたときは，会社は速やかに申出者に対し，介護時差出勤取扱通知書（社内様式○）を交付する。その他適用のための手続等については，第 7 条から第 9 条までの規定を準用する。

4．本制度の適用を受ける間の給与及び賞与については，通常の勤務をしているものとし減額しない。

5．定期昇給及び退職金の算定に当たっては，本制度の適用を受ける期間は通常の勤務をしているものとみなす。

《介護サービスの費用の助成の例》

（介護サービス利用の費用助成）

第16条

1．要介護状態にある家族を介護する従業員は，会社が締結した契約に基づく介護サービス会社による当該家族に係る介護サービス（以下「介護サービス」という。）を利用した際に要した費用について，当該サービスの利用開始の日から 3 年間，会社から助成を受けることができる。

2．本条第 1 項にかかわらず，日雇従業員は，介護サービス利用の費用助成を受けることができない。

3．助成額は，従業員が介護サービスの利用に当たり支払った額の○分の○に相当する額とする。

助成対象となる介護サービスの利用日数の限度は，年間○日とする。

4．助成のための申請手続等は，次によるものとする。

　⑴　助成を希望する者は，原則として助成を希望する介護サービスの利用を開始しようとする日の○日前までに，介護サービス利用費用助成申請書（社内様式○）により人事部労務課に申し出なければならない。

　⑵　介護サービス利用費用助成申請書（社内様式○）が提出されたときは，会社は，速やかに当該介護サービス利用費用助成申請書を提出した者に対する介護サービス利用費用助成の可否を決定し，通知する。

　⑶　その他助成のための申請手続き等については，第 7 条　から第 9 条　までの規定を準用す

664

第5章 人事諸規程 第2 人事諸規程の実例

　　る。

5．助成金の支給は，次によるものとする。

⑴　前項により介護サービス利用費用助成を受けることができる旨の通知を受け，介護サービスを利用した者は，利用した当該サービスに係る当月の支払分について，介護サービス利用報告書（社内様式○）に領収書を添付の上，翌月○日までに人事部労務課に提出するものとする。

⑵　人事部労務課は，前号の介護サービス利用報告書及び領収書を審査の上，当該利用額に係る助成金を口座振込又は現金にて支払うものとする。

第10章　育児休業・介護休業等に関するハラスメント等の防止

※ケース①及び③は，育児休業・介護休業等に関するハラスメントに加えて，妊娠・出産に関するハラスメント，セクシュアルハラスメントに関する内容も含めた周知例を紹介しています。育児休業・介護休業等に関するハラスメントのみを規定する場合は，ケース②を活用ください。

ケース①　《就業規則に委任規定を設けた上で，詳細を育児・介護休業等に関する規則に定める例》

（禁止行為）

第17条

1．すべての従業員は，他の従業員を業務遂行上の対等なパートナーとして認め，職場における健全な秩序ならびに協力関係を保持する義務を負うとともに，職場内において次の第2項から第4項に掲げる行為をしてはならない。

2．妊娠・出産・育児休業・介護休業等に関するハラスメント

①　部下の妊娠・出産，育児・介護に関する制度や措置の利用等に関し，解雇その他不利益な取扱いを示唆する言動

②　部下又は同僚の妊娠・出産，育児・介護に関する制度や措置の利用を阻害する言動

③　部下又は同僚が妊娠・出産，育児・介護に関する制度や措置を利用したことによる嫌がらせ等

④　部下が妊娠・出産等したことにより，解雇その他の不利益な取扱いを示唆する言動

⑤　部下又は同僚が妊娠・出産等したことに対する嫌がらせ等

3．セクシュアルハラスメント

①　性的及び身体上の事柄に関する不必要な質問・発言

②　わいせつ図画の閲覧，配付，掲示

③　うわさの流布

④　不必要な身体への接触

⑤　性的な言動により，他の従業員の就業意欲を低下せしめ，能力の発揮を阻害する行為

665

⑥　交際・性的関係の強要

⑦　性的な言動への抗議又は拒否等を行った従業員に対して，解雇，不当な人事考課，配置転換等の不利益を与える行為

⑧　その他，相手方及び他の従業員に不快感を与える性的な言動

4．部下である従業員が職場におけるハラスメントを受けている事実を認めながら，これを黙認する上司の行為

（懲　戒）

第18条　次の各号に掲げる場合に応じ，当該各号に定める懲戒処分を行う。

①　第17条第2項又は第3項①〜⑤若しくは⑧の行為を行った場合

就業規則第▽条第1項①から④までに定めるけん責，減給，出勤停止又は降格

②　前号の行為が再度に及んだ場合，その情状が悪質と認められる場合又は第17条第3項⑥，⑦の行為を行った場合

就業規則第▽条⑤に定める懲戒解雇

（相談及び苦情への対応）

第19条

1．妊娠・出産・育児休業・介護休業等に関するハラスメント及びセクシュアルハラスメントに関する相談及び苦情処理の相談窓口は本社及び各事業場で設けることとし，その責任者は人事部長とする。人事部長は，窓口担当者の名前を人事異動等の変更の都度，周知するとともに，担当者に対する対応マニュアルの作成及び対応に必要な研修を行うものとする。

2．妊娠・出産・育児休業・介護休業等に関するハラスメント及びセクシュアルハラスメントの被害者に限らず，すべての従業員は妊娠・出産・育児休業・介護休業等に関する就業環境を害する言動や性的な言動に関する相談及び苦情を相談窓口担当者に申し出ることができる。

3．対応マニュアルに沿い，相談窓口担当者は相談者からの事実確認の後，本社においては人事部長へ，各事業場においては所属長へ報告する。報告に基づき，人事部長又は所属長は相談者の人権に配慮した上で，必要に応じて行為者，被害者，上司その他の従業員等に事実関係を聴取する。

4．前項の聴取を求められた従業員は，正当な理由なくこれを拒むことはできない。

5．対応マニュアルに沿い，所属長は人事部長に事実関係を報告し，人事部長は，問題解決のための措置として，第18条による懲戒の他，行為者の異動等被害者の労働条件及び就業環境を改善するために必要な措置を講じる。

6．相談及び苦情への対応に当たっては，関係者のプライバシーは保護されるとともに，相談をしたこと又は事実関係の確認に協力したこと等を理由として不利益な取扱いは行わない。

（再発防止の義務）

第20条　人事部長は，妊娠・出産・育児休業・介護休業等に関するハラスメント事案が生じた時は，周知の再徹底及び研修の実施，事案発生の原因の分析と再発防止等，適切な再発防止策を講

第5章　人事諸規程　第2　人事諸規程の実例

じなければならない。

〈就業規則〉

第□条　妊娠・出産・育児休業・介護休業等に関するハラスメント及びセクシュアルハラスメントの禁止

　　妊娠・出産・育児休業・介護休業等に関するハラスメント及びセクシュアルハラスメントについては，第○条（服務規律）及び第△条（懲戒）のほか，詳細は「育児・介護休業等に関する規則」により別に定める。

※相談窓口の担当者及び妊娠・出産・育児休業・介護休業等に関する制度の利用ができることについては，別途定めた上で周知する必要があります。また，妊娠・出産・育児休業・介護休業等に関する否定的な言動や性別役割分担意識に基づく言動はハラスメントの発生の原因や背景となることがあることから，このような言動を行わないようにすることについても，併せて周知してください（ケース②でも同様です）。

ケース②　《就業規則に委任規定を設けた上で，詳細を育児・介護休業等に関する規則に定める例》

（禁止行為）

第17条　すべての従業員は，他の従業員を業務遂行上の対等なパートナーとして認め，職場における健全な秩序ならびに協力関係を保持する義務を負うとともに，職場内において次の各号に掲げる行為をしてはならない。

　①　部下の育児・介護に関する制度や措置の利用等に関し，解雇その他不利益な取扱いを示唆する言動

　②　部下又は同僚の育児・介護に関する制度や措置の利用を阻害する言動

　③　部下又は同僚が育児・介護に関する制度や措置を利用したことによる嫌がらせ等

　④　部下である従業員が①～③の行為を受けている事実を認めながら，これを黙認する上司の行為

（懲　戒）

第18条　次の各号に掲げる場合に応じ，当該各号に定める懲戒処分を行う。

　①　第17条①～③の行為を行った場合

　　　就業規則第▽条第1項①から④までに定めるけん責，減給，出勤停止又は降格

　②　前号の行為が再度に及んだ場合，その情状が悪質と認められる場合

　　　就業規則第▽条⑤に定める懲戒解雇

（相談及び苦情への対応）

第19条

667

1．育児休業・介護休業等に関するハラスメントの相談及び苦情処理の相談窓口は本社及び各事業場で設けることとし，その責任者は人事部長とする。人事部長は，窓口担当者の名前を人事異動等の変更の都度，周知するとともに，担当者に対する対応マニュアルの作成及び対応に必要な研修を行うものとする。

2．育児休業・介護休業等に関するハラスメントの被害者に限らず，すべての従業員は育児休業・介護休業等に関する就業環境を害する言動に関する相談及び苦情を窓口担当者に申し出ることができる。

3．対応マニュアルに沿い，相談窓口担当者は相談者からの事実確認の後，本社においては人事部長へ，各事業場においては所属長へ報告する。報告に基づき，人事部長又は所属長は相談者の人権に配慮した上で，必要に応じて行為者，被害者，上司その他の従業員等に事実関係を聴取する。

4．前項の聴取を求められた従業員は，正当な理由なくこれを拒むことはできない。

5．対応マニュアルに沿い，所属長は人事部長に事実関係を報告し，人事部長は，問題解決のための措置として，第18条　による懲戒の他，行為者の異動等被害者の労働条件及び就業環境を改善するために必要な措置を講じる。

6．相談及び苦情への対応に当たっては，関係者のプライバシーは保護されるとともに，相談をしたこと又は事実関係の確認に協力したこと等を理由として不利益な取扱いは行わない。

（再発防止の義務）

第20条　人事部長は，育児休業・介護休業等に関するハラスメント事案が生じた時は，周知の再徹底及び研修の実施，事案発生の原因の分析と再発防止等，適切な再発防止策を講じなければならない。

〈就業規則〉

第□条　育児休業・介護休業等に関するハラスメントの禁止

　　育児休業・介護休業等に関するハラスメントについては，第○条（服務規律）及び第△条（懲戒）のほか，詳細は「育児・介護休業等に関する規則」により別に定める。

ケース③　《育児・介護休業等に関する規則に明記するとともに，詳細についてをパンフレットなどで周知する例》

（妊娠・出産・育児休業・介護休業等に関するハラスメント及びセクシュアルハラスメントの禁止）

第17条

1．すべての従業員は第2条〜第16条の制度の申出・利用に関して，当該申出・利用する従業員の就業環境を害する言動を行ってはならない。

第5章　人事諸規程　第2　人事諸規程の実例

> 2．本条第1項の言動を行ったと認められる従業員に対しては，就業規則第○条及び第△条に基づき，厳正に対処する。

〈就業規則〉

第○章　服務規律

第○条　従業員は，次のような行為を行ってはならない。

①　他人に不快な思いをさせ，会社の秩序，風紀を乱す行為

②　他人の人権を侵害したり，業務を妨害したり，退職を強要する行為

③　暴行，脅迫，傷害，賭博又はこれに類する行為及び恥辱等の行為

第△章　懲戒

（懲戒の事由）

第△条　従業員が次のいずれかに該当するときは，その情状により，けん責，減給，出勤停止又は降格とする。

①〜⑤　略

⑥　第○条（服務規律）①又は②により風紀を乱したとき

2．従業員が次のいずれかに該当するときは，その情状により，諭旨解雇又は懲戒解雇とする。

①〜⑩　略

⑪　前項⑥により数回にわたり懲戒を受けたにもかかわらず改善の見込みがない場合，又は第○条（服務規律）③により風紀を乱したとき。

※パンフレットなどでの周知例は次を参照

○　妊娠・出産・育児休業・介護休業等に関するハラスメント及びセクシュアルハラスメントに関する周知例

○年○月○日

ハラスメントは許しません！！

株式会社○○○　代表取締役社長○○○

1．職場におけるハラスメントは，労働者の個人としての尊厳を不当に傷つける社会的に許されない行為であるとともに，労働者の能力の有効な発揮を妨げ，また，会社にとっても職場秩序や業務の遂行を阻害し，社会的評価に影響を与える問題です。

　妊娠・出産・育児休業・介護休業等に関する否定的な言動は，妊娠・出産・育児休業・介護休業等に関するハラスメントの発生の原因や背景になることがあり，また，性別役割分担意識に基づく言動は，セクシュアルハラスメントの発生の原因や背景となることがあります。このような

669

言動を行わないよう注意しましょう。

2．我が社は下記のハラスメント行為を許しません。

「就業規則第○条①他人に不快な思いをさせ，会社の秩序，風紀を乱す行為」とは，次のとおりです。

〈妊娠・出産・育児休業・介護休業等に関するハラスメント〉

① 部下又は同僚による妊娠・出産，育児・介護に関する制度や措置の利用を阻害する言動

② 部下又は同僚が妊娠・出産，育児・介護に関する制度や措置を利用したことによる嫌がらせ等

③ 部下又は同僚が妊娠・出産等したことによる嫌がらせ等

〈セクシュアルハラスメント〉

④ 性的な冗談，からかい，質問

⑤ わいせつ図画の閲覧，配付，掲示

⑥ その他，他人に不快感を与える性的な言動

「就業規則第○条②他人の人権を侵害したり，業務を妨害したり，退職を強要する行為」とは次のとおりです。

〈妊娠・出産・育児休業・介護休業等に関するハラスメント〉

⑦ 部下による妊娠・出産，育児・介護に関する制度や措置の利用等に関し，解雇その他不利益な取扱いを示唆する行為

⑧ 部下が妊娠・出産等したことにより，解雇その他の不利益な取扱いを示唆する行為

〈セクシュアルハラスメント〉

⑨ 性的な噂の流布

⑩ 身体への不必要な接触

⑪ 性的な言動により社員等の就業意欲を低下させ，能力発揮を阻害する行為

「就業規則第○条③暴行，脅迫，傷害，賭博又はこれに類する行為及び恥辱等の行為」とは次のとおりです。

〈セクシュアルハラスメント〉

⑫ 交際，性的な関係の強要

⑬ 性的な言動に対して拒否等を行った部下等従業員に対する不利益取扱い　など

3．この方針の対象は，正社員，派遣社員，パート・アルバイト等当社において働いているすべての労働者です。

妊娠・出産・育児休業・介護休業等に関するハラスメントについては，妊娠・出産等をした女性労働者及び育児休業等の制度を利用する男女労働者の上司及び同僚が行為者となり得ます。

セクシュアルハラスメントについては，上司，同僚，顧客，取引先の社員の方等が被害者及び

第 5 章　人事諸規程　第 2　人事諸規程の実例

行為者になり得るものであり，異性に対する行為だけでなく，同性に対する行為も対象となります。また，被害者の性的指向又は性自認にかかわらず，性的な言動であればセクシュアルハラスメントに該当します。

相手の立場に立って，普段の言動を振り返り，ハラスメントのない，快適な職場を作っていきましょう。

4．社員がハラスメントを行った場合，就業規則第△条「懲戒の事由」第 1 項，第 2 項に当たることとなり，処分されることがあります。

その場合，次の要素を総合的に判断し，処分を決定します。

①　行為の具体的態様（時間・場所（職場か否か）・内容・程度）

②　当事者同士の関係（職位等）

③　被害者の対応（告訴等）・心情等

5．相談窓口

職場におけるハラスメントに関する相談（苦情を含む）窓口担当者は次の者です。電話，メールでの相談も受け付けますので，一人で悩まずにご相談ください。

また，実際に生じている場合だけでなく，生じる可能性がある場合や放置すれば就業環境が悪化するおそれがある場合や上記 2 に当たるかどうか微妙な場合も含め，広く相談に対応し，事案に対処します。

○○課　○○○（内線○○，メールアドレス○○○）（女性）

△△課　△△△（内線△△，メールアドレス△△△）（男性）

××外部相談窓口（電話××，メールアドレス×××）

相談には公平に，相談者だけでなく行為者についても，プライバシーを守って対応しますので安心してご相談ください。

6．相談者はもちろん，事実関係の確認に協力した方に不利益な取扱いは行いません。

7．相談を受けた場合には，事実関係を迅速かつ正確に確認し，事実が確認できた場合には，被害者に対する配慮のための措置及び行為者に対する措置を講じます。また，再発防止策を講じる等適切に対処します。

8．当社には，妊娠・出産，育児や介護を行う労働者が利用できる様々な制度があります。派遣社員の方については，派遣元企業においても利用できる制度が整備されています。まずはどのよう

な制度や措置が利用できるのかを就業規則等により確認しましょう。制度や措置を利用する場合には，必要に応じて業務配分の見直しなどを行うことにより，上司や同僚にも何らかの影響を与えることがあります。制度や措置の利用をためらう必要はありませんが，円滑な制度の利用のためにも，早めに上司や人事部に相談してください。また気持ちよく制度を利用するためにも，利用者は日頃から業務に関わる方々とのコミュニケーションを図ることを大切にしましょう。

　　所属長は妊娠・出産，育児や介護を行う労働者が安心して制度を利用し，仕事との両立ができるようにするため，所属における業務配分の見直し等を行ってください。対応に困ることがあれば，本社人事部○○課，△△に相談してください。

9．職場におけるハラスメント防止研修・講習も行っていますのでふるってご参加ください。

第11章　その他の事項

（給与等の取扱い）

第21条

1．育児・介護休業の期間については，基本給その他の月毎に支払われる給与は支給しない。

2．賞与については，その算定対象期間に育児・介護休業をした期間が含まれる場合には，出勤日数により日割りで計算した額を支給する。

3．定期昇給は，育児・介護休業の期間中は行わないものとし，育児・介護休業期間中に定期昇給日が到来した者については，復職後に昇給させるものとする。

4．退職金の算定に当たっては，育児・介護休業をした期間を勤務したものとして勤続年数を計算するものとする。

※第10章のケース③に続く場合は，第18条となり，以下順次繰り下げとなります。

（介護休業期間中の社会保険料の取扱い）

第22条

　介護休業により給与が支払われない月における社会保険料の被保険者負担分は，各月に会社が納付した額を翌月○日までに従業員に請求するものとし，従業員は会社が指定する日までに支払うものとする。

（円滑な取得及び職場復帰支援）

第23条

　会社は，育児休業又は介護休業等の取得を希望する従業員に対して，円滑な取得及び職場復帰を支援するために，以下の措置を実施する。

　⑴　従業員やその配偶者が妊娠・出産したことや従業員が対象家族の介護を行っていることを知った場合，その従業員に個別に育児休業等に関する制度（育児・介護休業中及び休業後の待遇や労働条件，パパ休暇，パパ・ママ育休プラス，その他の両立支援制度など）の周知を実施する。

第5章 人事諸規程 第2 人事諸規程の実例

(2) 当該従業員ごとに育休復帰支援プラン又は介護支援プランを作成し，同プランに基づく措置を実施する。なお，同プランに基づく措置は，業務の整理・引継ぎに係る支援，育児休業中又は介護休業中の職場に関する情報及び資料の提供など，育児休業又は介護休業等を取得する従業員との面談により把握したニーズに合わせて定め，これを実施する。

（復職後の勤務）

第24条

1．育児・介護休業後の勤務は，原則として，休業直前の部署及び職務とする。

2．本条第1項にかかわらず，本人の希望がある場合及び組織の変更等やむを得ない事情がある場合には，部署及び職務の変更を行うことがある。この場合は，育児休業終了予定日の1カ月前又は介護休業終了予定日の2週間前までに正式に決定し通知する。

（育児目的休暇）

第25条

1．小学校就学の始期に達するまでの子を養育する従業員（日雇従業員を除く）は，養育のために就業規則第○条に規定する年次有給休暇とは別に，当該子が1人の場合は1年間につき○日，2人以上の場合は1年間につき○日を限度として，育児目的休暇を取得することができる。この場合の1年間とは，4月1日から翌年3月31日までの期間とする。

2．取得しようとする者は，原則として，育児目的休暇申出書（社内様式14）を事前に人事部労務課に申し出るものとする。

（年次有給休暇）

第26条

年次有給休暇の権利発生のための出勤率の算定に当たっては，育児・介護休業をした日は出勤したものとみなす。

（法令との関係）

第27条

育児・介護休業，子の看護休暇，介護休暇，育児・介護のための所定外労働の制限，育児・介護のための時間外労働及び深夜業の制限並びに所定労働時間の短縮措置等に関して，この規則に定めのないことについては，育児・介護休業法その他の法令の定めるところによる。

（附　則）

本規則は，○年○月○日から適用する。

社内様式1

育児休業申出書

殿

[申出日]　　　年　　月　　日
[申出者] 所属
　　　　　氏名

私は，育児・介護休業等に関する規則（第3条）に基づき，下記のとおり育児休業の申出をします。

記

1　休業に係る子の状況	(1)　氏　　名	
	(2)　生年月日	
	(3)　本人との続柄	
	(4)　養子の場合，縁組成立の年月日	年　　　月　　　日
	(5)　(1)の子が，特別養子縁組の監護期間中の子・養子縁組里親に委託されている子・養育里親として委託された子の場合，その手続きが完了した年月日	年　　　月　　　日
2　1の子が生まれていない場合の出産予定者の状況	(1)　氏名	
	(2)　出産予定日	
	(3)　本人との続柄	
3　休業の期間	年　　月　　日から　　年　　月　　日まで（職場復帰予定日　　年　　月　　日）	
4　申出に係る状況	(1)　1歳までの育児休業の場合は休業開始予定日の1カ月前，1歳を超えての休業の場合は2週間前に申し出て	いる・いない→申出が遅れた理由〔　　　　　　　　　　　　　　　〕
	(2)　1の子について育児休業の申出を撤回したことが	ない・ある→再度申出の理由〔　　　　　　　　　　　　　　　〕
	(3)　1の子について育児休業をしたことが※1歳を超えての休業の場合は記入の必要はありません	ない・ある再度休業の理由〔　　　　　　　　　　　　　　　〕
	(4)　配偶者も育児休業をしており，規則第　条第　項に基づき1歳を超えて休業しようとする場合	配偶者の休業開始（予定）日　　　　　　　年　　月　　日
	(5)　(4)以外で1歳を超えての休業の申出の場合	休業が必要な理由〔　　　　　　　　　　　　　　　〕
	(6)　1歳を超えての育児休業の申出の場合で申出者が育児休業中でない場合	配偶者が休業　している・していない

第5章 人事諸規程 第2 人事諸規程の実例

社内様式2

〔育児・介護〕休業取扱通知書

殿

　　　　　　　　　　　　　　　　　　　　　　　　　　　　　年　　月　　日

会社名

　あなたから　　年　　月　　日に〔育児・介護〕休業の〔申出・期間変更の申出・申出の撤回〕がありました。育児・介護休業等に関する規則（第3条，第4条，第5条，第7条，第8条及び第9条）に基づき，その取扱いを下記のとおり通知します（ただし，期間の変更の申出があった場合には下記の事項の若干の変更があり得ます。）。

記

1　休業の期間等	(1)　適正な申出がされていましたので申出どおり　　年　　月　　日から　　年　　月　　日まで休業してください。職場復帰予定日は，　　年　　月　　日です。 (2)　申し出た期日が遅かったので休業を開始する日を　　年　　月　　日にしてください。 (3)　あなたは以下の理由により休業の対象者でないので休業することはできません。 (4)　あなたが　　年　　月　　日にした休業申出は撤回されました。 (5)　（介護休業の場合のみ）申出に係る対象家族について介護休業ができる日数は通算93日です。今回の措置により，介護休業ができる残りの回数及び日数は，（　　）回（　　）日になります。
2　休業期間中の取扱い等	(1)　休業期間中については給与を支払いません。 (2)　所属は　　課のままとします。 (3)　・（育児休業の場合のみ）あなたの社会保険料は免除されます。 　　・（介護休業の場合のみ）あなたの社会保険料本人負担分は，　　月現在で1月約　　円ですが，休業を開始することにより，　　月からは給与から天引きができなくなりますので，　　月ごとに会社から支払い請求書を送付します。指定された日までに下記へ振り込むか，　　　　に持参してください。 　　振込先： (4)　税については市区町村より直接納税通知書が届きますので，それに従って支払ってください。 (5)　毎月の給与から天引きされる社内融資返済金がある場合には，支払い猶予の措置を受けることができますので，　　　　に申し出てください。
3　休業後の労働条件	(1)　休業後のあなたの基本給は，　　級　　号　　円です。 (2)　　　年　　月の賞与については算定対象期間に　　日の出勤日がありますので，出勤日数により日割りで計算した額を支給します。 (3)　退職金の算定に当たっては，休業期間を勤務したものとみなして勤続年数を計算します。 (4)　復職後は原則として　　課で休業をする前と同じ職務についていただく予定ですが，休業終了1カ月前までに正式に決定し通知します。 (5)　あなたの　　年度の有給休暇はあと　　日ありますので，これから休業期間を除き　　年　　月　　日までの間に消化してください。 　　次年度の有給休暇は，今後　　日以上欠勤がなければ，繰り越し分を除いて　　日の有給休暇を請求できます。
4　その他	(1)　お子さんを養育しなくなる，家族を介護しなくなる等あなたの休業に重大な変更をもたらす事由が発生したときは，なるべくその日に　　課あて電話連絡をしてください。この場合の休業終了後の出勤日については，事由発生後2週間以内の日を会社と話し合って決定していただきます。 (2)　休業期間中についても会社の福利厚生施設を利用することができます。

（注）　上記のうち，1(1)から(4)までの事項は事業主の義務となっている部分，それ以外の事項は努力義務となっている部分です。

第5章　人事諸規程　第2　人事諸規程の実例

社内様式3

〔育児休業・育児のための所定外労働制限・育児のための時間外労働制限・
育児のための深夜業制限・育児短時間勤務〕対象児出生届

　　　　　　　　殿

　　　　　　　　　　　　　　　　　　　　　〔申出日〕　　　　年　　月　　　日
　　　　　　　　　　　　　　　　　　　　　〔申出者〕所属
　　　　　　　　　　　　　　　　　　　　　　　　　　氏名

　私は，　　年　　月　　　日に行った〔育児休業の申出・所定外労働制限の請求・時間外労働制限の請求・深夜業制限の請求・育児短時間勤務の申出〕において出生していなかった〔育児休業・所定外労働制限・時間外労働制限・深夜業制限・育児短時間勤務〕に係る子が出生しましたので，（育児・介護休業等に関する規則（第3条，第12条，第13条，第14条及び第15条）に基づき，下記のとおり届け出ます。

記

　1　出生した子の氏名

　2　出生の年月日

社内様式4

〔育児・介護〕休業申出撤回届

　　　　　　　　殿

　　　　　　　　　　　　　　　　　　　　　〔申出日〕　　　　年　　月　　　日
　　　　　　　　　　　　　　　　　　　　　〔申出者〕所属
　　　　　　　　　　　　　　　　　　　　　　　　　　氏名

　私は，育児・介護休業等に関する規則（第4条及び第8条）に基づき，　　年　　月　　　日に行った〔育児・介護〕休業の申出を撤回します。

社内様式5

〔育児・介護〕休業期間変更申出書

　　　　　　　　　　殿

　　　　　　　　　　　　　　　　　　　　　　　〔申出日〕　　　　年　　月　　日
　　　　　　　　　　　　　　　　　　　　　　　〔申出者〕所属
　　　　　　　　　　　　　　　　　　　　　　　　　　　　氏名

　私は，育児・介護休業等に関する規則（第5条及び第9条）に基づき，　　年　　月　　日に行った〔育児・介護〕休業の申出における休業期間を下記のとおり変更します。

記

1　当初の申出における休業期間	年　　　月　　　日から 　　　　　年　　　月　　　日まで
2　当初の申出に対する会社の対応	休業開始予定日の指定 ・　有　→　指定後の休業開始予定日 　　　　　　　年　　　月　　　日 ・　無
3　変更の内容	(1)　休業〔開始・終了〕予定日の変更 (2)　変更後の休業〔開始・終了〕予定日 　　　　　　　年　　　月　　　日
4　変更の理由 　（休業開始予定日の変更の場合のみ）	

(注)　1歳6カ月まで及び2歳までの育児休業及び介護休業に関しては休業開始予定日の変更はできません。

社内様式6

介護休業申出書

殿

[申出日]　　　　年　　月　　日

[申出者] 所属

氏名

私は，育児・介護休業等に関する規則（第7条）に基づき，下記のとおり介護休業の申出をします。

記

1　休業に係る 家族の状況	(1)　氏　　　名	
	(2)　本人との続柄	
	(3)　介護を必要とする理由	
2　休業の期間	年　　月　　日から　　　年　　月　　日まで （職場復帰予定日　　年　　月　　日）	
3　申出に係る 状況	(1)　休業開始予定日の2週間前 に申し出て	いる・いない→申出が遅れた理由 〔　　　　　　　　　　　　　　　　　　　〕
	(2)　1の家族について，これま での介護休業をした回数及び 日数	回　　　日
	(3)　1の家族について介護休業 の申出を撤回したことが	ない・ある（　　回） 既に2回連続して撤回した場合，再度申出の理由 〔　　　　　　　　　　　　　　　　　　　〕

社内様式7

〔子の看護休暇・介護休暇〕申出書

殿

[申出日]　　　　年　　月　　日
[申出者] 所属
　　　　　　氏名

　私は，育児・介護休業等に関する規則（第10条及び第11条）に基づき，下記のとおり〔子の看護休暇・介護休暇〕の申出をします。

記

<table>
<tr><th colspan="2"></th><th>〔子の看護休暇〕</th><th>〔介護休暇〕</th></tr>
<tr><td rowspan="6">1　申出に係る
　　家族の状況</td><td>(1)　氏　　名</td><td></td><td></td></tr>
<tr><td>(2)　生年月日</td><td></td><td></td></tr>
<tr><td>(3)　本人との続柄</td><td></td><td></td></tr>
<tr><td>(4)　養子の場合，縁組成立の年月日</td><td></td><td></td></tr>
<tr><td>(5)　(1)の子が，特別養子縁組の監護期間
　　中の子・養子縁組里親に委託されてい
　　る子・養育里親として委託された子の
　　場合，その手続きが完了した年月日</td><td></td><td></td></tr>
<tr><td>(6)　介護を必要とする理由</td><td></td><td></td></tr>
<tr><td colspan="2">2　申出理由</td><td colspan="2"></td></tr>
<tr><td colspan="2">3　取得する日</td><td colspan="2">　　一日　・　半日　　　　年　　月　　日　　時　　分から
　　　　　　　　　　　　　　年　　月　　日　　時　　分まで</td></tr>
<tr><td colspan="2">4　備　　考</td><td colspan="2">　　年　　月　　日〜　　年　　月　　日（1年度）の期間において
　　　　育児　　対象　　　人　　日　　　　介護　　対象　　　人　　日
取得済日数・時間数　　　日　　時間　　取得済日数・時間数　　　日　　時間
今回申出日数・時間数　　　日　　時間　　今回申出日数・時間数　　　日　　時間
残日数・残時間数　　　　日　　時間　　残日数・残時間数　　　　日　　時間</td></tr>
</table>

（注1）　当日，電話などで申し出た場合は，出勤後すみやかに提出してください。
　　　　3については，複数の日を一括して申し出る場合には，申し出る日をすべて記入してください。
（注2）　子の看護休暇の場合，取得できる日数は，小学校就学前の子が1人の場合は年5日，2人以上の場合は年10日となります。半日単位で取得できます。
　　　　介護休暇の場合，取得できる日数は，対象となる家族が1人の場合は年5日，2人以上の場合は年10日となります。半日単位で取得できます。

社内様式8

〔育児・介護〕のための所定外労働制限請求書

殿

[請求日]　　　年　　月　　日
[請求者] 所属
　　　　　　氏名

　私は，育児・介護休業等に関する規則（第12条）に基づき，下記のとおり〔育児・介護〕のための所定外労働の制限を請求します。

記

		〔育児〕	〔介護〕
1　請求に係る家族の状況	(1)　氏　　名		
	(2)　生年月日		
	(3)　本人との続柄		
	(4)　養子の場合，縁組成立の年月日		
	(5)　(1)の子が，特別養子縁組の監護期間中の子・養子縁組里親に委託されている子・養育里親として委託された子の場合，その手続きが完了した年月日		
	(6)　介護を必要とする理由		
2　育児の場合，1の子が生まれていない場合の出産予定者の状況	(1)　氏　　名 (2)　出産予定日 (3)　本人との続柄		
3　制限の期間	年　　月　　日から　　年　　月　　日まで		
4　請求に係る状況	制限開始予定日の1カ月前に請求をしている・いない→請求が遅れた理由 〔　　　　　　　　　　　　　　　　　　　　　　　　　〕		

社内様式9

〔育児・介護〕のための時間外労働制限請求書

　　　　　　　殿

　　　　　　　　　　　　　　　　　　　　　　　　　[請求日]　　　　年　　月　　日
　　　　　　　　　　　　　　　　　　　　　　　　　[請求者] 所属
　　　　　　　　　　　　　　　　　　　　　　　　　　　　　　氏名

　私は，育児・介護休業等に関する規則（第13条）に基づき，下記のとおり〔育児・介護〕のための時間外労働の制限を請求します。

記

		〔育　児〕	〔介　護〕
1　請求に係る家族の状況	(1)　氏　　　名		
	(2)　生年月日		
	(3)　本人との続柄		
	(4)　養子の場合，縁組成立の年月日		
	(5)　(1)の子が，特別養子縁組の監護期間中の子・養子縁組里親に委託されている子・養育里親として委託された子の場合，その手続きが完了した年月日		
	(6)　介護を必要とする理由		
2　育児の場合，1の子が生まれていない場合の出産予定者の状況	(1)　氏　　　名 (2)　出産予定日 (3)　本人との続柄		
3　制限の期間	年　　月　　日から　　年　　月　　日まで		
4　請求に係る状況	制限開始予定日の1カ月前に請求をしている・いない→請求が遅れた理由 　〔　　　　　　　　　　　　　　　　　　　　　　　　　　　　　　　〕		

社内様式10

〔育児・介護〕のための深夜業制限請求書

殿

[請求日]　　　年　月　日
[請求者] 所属
　　　　　　氏名

　私は，育児・介護休業等に関する規則（第14条）に基づき，下記のとおり〔育児・介護〕のための深夜業の制限を請求します。

記

		〔育　児〕	〔介　護〕
1　請求に係る家族の状況	(1)　氏　　名		
	(2)　生年月日		
	(3)　本人との続柄		
	(4)　養子の場合，縁組成立の年月日		
	(5)　(1)の子が，特別養子縁組の監護期間中の子・養子縁組里親に委託されている子・養育里親として委託された子の場合，その手続きが完了した年月日		
	(6)　介護を必要とする理由		
2　育児の場合，1の子が生まれていない場合の出産予定者の状況	(1)　氏　　名 (2)　出産予定日 (3)　本人との続柄		
3　制限の期間	年　　月　　日から　　年　　月　　日まで		
4　請求に係る状況	(1)　制限開始予定日の1カ月前に請求をして 　　　　いる・いない→請求が遅れた理由 　　　〔　　　　　　　　　　　　　　　　　　　　　　　　　　　　　　〕 (2)　常態として1の子を保育できる又は1の家族を介護できる16歳以上の同居の親族が 　　　　いる・いない		

社内様式11

育児短時間勤務申出書

殿

[申出日]　　　年　　月　　日
[申出者] 所属
　　　　　氏名

　私は，育児・介護休業等に関する規則（第15条）に基づき，下記のとおり育児短時間勤務の申出をします。

記

1　短時間勤務に係る子の状況	(1)　氏　　名	
	(2)　生年月日	
	(3)　本人との続柄	
	(4)　養子の場合，縁組成立の年月日	
	(5)　(1)の子が，特別養子縁組の監護期間中の子・養子縁組里親に委託されている子・養育里親として委託された子の場合，その手続きが完了した年月日	
2　1の子が生まれていない場合の出産予定者の状況	(1)　氏　　名 (2)　出産予定日 (3)　本人との続柄	
3　短時間勤務の期間	年　　　月　　　日から　　　年　　　月　　　日	
	※　　時　　分から　　時　　分まで	
4　申出に係る状況	(1)　短時間勤務開始予定日の1カ月前に申し出て	いる・いない→申出が遅れた理由 〔　　　　　　　　　　　　　　〕
	(2)　1の子について短時間勤務の申出を撤回したことが	ない・ある 再度申出の理由 〔　　　　　　　　　　　　　　〕

（注）　3―※欄は，労働者が個々に労働する時間を申し出ることを認める制度である場合には，必要となります。

社内様式12

介護短時間勤務申出書

殿

[申出日]　　　　年　月　日
[申出者] 所属
　　　　　　氏名

　私は，育児・介護休業等に関する規則（第16条）に基づき，下記のとおり介護短時間勤務の申出をします。

記

1　短時間勤務に係る家族の状況	(1)　氏　　名	
	(2)　本人との続柄	
	(3)　介護を必要とする理由	
2　短時間勤務の期間	年　　月　　日から　　年　　月　　日まで	
	※　　時　　分から　　時　　分まで 　　□毎日　□その他〔　　　　　　　　　　　　　　〕	
3　申出に係る状況	(1)　短時間勤務開始予定日の2週間前に申し出て	いる・いない→申出が遅れた理由 〔　　　　　　　　　　　　　　〕
	(2)　1の家族について最初の介護短時間勤務を開始した年月日，及びこれまでの利用回数	〔最初の開始年月日〕 　　　　　　年　　月　　日 〔回　数〕 　　　　　　　　　　回
	(3)　1の家族について介護短時間勤務の申出を撤回したことが	ない・ある（　　回） →既に2回連続して撤回した場合，再度申出の理由 〔　　　　　　　　　　　　　　〕

（注）　2―※欄は，労働者が個々に勤務しない日又は時間を申し出ることを認める制度である場合には必要となります。

社内様式13

〔育児・介護〕短時間勤務取扱通知書

殿

年　　月　　日

会社名

　あなたから　　年　　月　　日に〔育児・介護〕短時間勤務の申出がありました。育児・介護休業等に関する規則（第15条及び第16条）に基づき，その取扱いを下記のとおり通知します（ただし，期間の変更の申出があった場合には下記の事項の若干の変更があり得ます。）。

記

1　短時間勤務の期間等	・適正な申出がされていましたので申出どおり　　年　　月　　日から　　年　　月日まで短時間勤務をしてください。 ・申し出た期日が遅かったので短時間勤務を開始する日を　　年　　月　　日にしてください。 ・あなたは以下の理由により対象者でないので短時間勤務をすることはできません。 ・今回の措置により，介護短時間勤務ができる期限は，　　年　　月　　日までで，残り（　　）回になります。
2　短時間勤務期間の取扱い等	(1)　短時間勤務中の勤務時間は次のとおりとなります。 　　始業（　　時　　分）　終業（　　時　　分） 　　休憩時間（　　時　　分〜　　時　　分（　　分）） (2)　（産後1年以内の女性従業員の場合）上記の他，育児時間1日2回30分の請求ができます。 (3)　短時間勤務中は原則として所定時間外労働は行わせません。 (4)　短時間勤務中の賃金は次のとおりとなります。 　　1　基本賃金 　　2　諸手当の額又は計算方法 (5)　賞与の算定に当たっては，短縮した時間に対応する賞与は支給しません。 (6)　退職金の算定に当たっては，短時間勤務期間中も通常勤務をしたものとみなして計算します。
3　その他	お子さんを養育しなくなる，家族を介護しなくなる等あなたの勤務に重大な変更をもたらす事由が発生したときは，なるべくその日に　　課あて電話連絡をしてください。この場合の通常勤務の開始日については，事由発生後2週間以内の日を会社と話し合って決定していただきます。

社内様式14

育児目的休暇取得申出書

　　　　　　　殿

　　　　　　　　　　　　　　　　　　　　　　［申出日］　　　年　　月　　日
　　　　　　　　　　　　　　　　　　　　　　［申出者］所属
　　　　　　　　　　　　　　　　　　　　　　　　　　　氏名

　私は，育児・介護休業等に関する規則（第25条）に基づき，下記のとおり育児目的休暇取得の申出をします。

　　　　　　　　　　　　　　　　　記

1．取得日

　　　　　年　　月　　日（　曜日）から　　　年　　月　　日（　曜日）まで　　日間

（注1）　当日，電話などで申し出た場合は，出勤後すみやかに提出してください。

　※　こちらは参考様式です。
　　　育児・介護休業法上，育児目的休暇について申出要件・手続きに定めはありません。

第5章　人事諸規程　第2　人事諸規程の実例

```
⑶　実例　　　　　セクシュアルハラスメント防止規則
```

（目　的）

第1条　本規則は，職場等における従業員のセクシュアルハラスメントを防止するためのもので，従業員は，この規則を遵守し，セクシュアルハラスメントに該当する行為をしてはならない。

（定　義）

第2条　セクシュアルハラスメントとは，職場等において，性的な行動又は性的な言動を行ったことにより，他の従業員から抗議あるいは拒否したことにより，その従業員の労働条件を不利益にならしめたり，就業環境を害せしめたることをいう。

　①　性的な行動

　　　職場等において，性的な関係を強要したり，必要なく身体に触れること，わいせつな図画を配布すること等をいう。

　②　性的な言動

　　　性的な内容の発言をしたり，性的な事実内容を尋ねあるいは性的な内容を意図的に流す等をいう。

　③　職場等

　　　職場等には，通常従事する就業場所のみならず，就業場所以外にあっても，業務遂行のために従事する場所全てをいう。

（セクシュアルハラスメントの行為の禁止）

第3条　従業員は，前条に定義するセクシュアルハラスメントの行為を行ってはならない。

（啓発と研修）

第4条　セクシュアルハラスメントの行為を防止するために，機会を捉え次のことを行う。

　①　セクシュアルハラスメント防止のための広報紙の配布，啓発のためにセクシュアルハラスメントに関する事項を記載した文書の配布。

　②　セクシュアルハラスメント防止の意識を高めるための研修・講習

（管理者の責務）

第5条　所属長は，職場等においてセクシュアルハラスメントの行為が行われないよう従業員の行動に配慮し，未然に防止するようにしなければならない。

（懲　戒）

第6条　第3条及び第10条の規定に反した場合は，就業規則○条に基づき懲戒処分とする。又第5条に規定する管理者としての責務を起こった場合も同様とする。

（苦情・相談）

第7条 セクシュアルハラスメント防止のために，人事部にセクシュアルハラスメントにかかる苦情・相談窓口を設ける。

　　苦情相談があった場合には，直ちに労使双方からなる苦情処理委員会を設置し，事実関係を調査確認し，適切な措置を講じることとする。

（プライバシーの保護）

第8条 セクシュアルハラスメントにかかる従業員からの申し出等については，そのプライバシーに属することから，その保護に努め，何人もプライバシーを侵害してはならない。

（不利益の禁止）

第9条 セクシュアルハラスメントに関し従業員からの相談・苦情の申し出たことを理由として不利益を課すことはない。

（秘密の厳守）

第10条 何人も，セクシュアルハラスメントにかかる行為等について，知りえた情報をみだりに漏洩してはならない。

（付　則）

この規則は，○○年○○月○○日から施行する。

㊱	実例	個人情報保護規程

第1章　総　則

（目　的）

第1条 この規程は，会社が取り扱う個人情報の適正な取扱に関し必要な事項を定め，個人の権利を保護することを目的とする。

（定　義）

第2条 本規程における用語の定後は，次の各号に定めるところによる。

1．個人情報

　　個人に関する情報であって，当該情報に含まれる氏名，生年月日，その他の記述等により特定の個人を識別することができるもの（他の情報と容易に照合することができ，それにより特定の個人を識別することができるものを含む。）で，次の各号のものをいう。

　(1)　基本情報（住所，電話番号，年齢，性別，出身地，人種国籍など）

　(2)　賃金関係情報（年間給与額，月間給与額，賞与，賃金形態，諸手当など）

(3) 資産債務情報（家計，債権，債務，不動産評価額，賃金外収入など）

(4) 家族親族情報（家族構成，同・別居，扶養関係，家族の職業，学歴，家族の収入，家族の健康
状態，結婚の有無，親族の状況など）

(5) 思想信条情報（支持政党，政治的見解，宗教，各種イデオロギー，思想的傾向など）

(6) 身体健康情報（健康状態，病歴，心身の障害，運動能力，身体測定記録，医療記録，メンタル
ヘルスなど）

(7) 人事情報（人事考課，学歴，資格免許，処分歴など）

(8) 私生活情報（趣味嗜好，特技，交際・交友関係，就業外活動，住宅事情など）

(9) 労働組合情報関係（所属労働組合，労働組合活動歴など）

2．本　人

個人情報によって識別される特定の個人をいう。

3．従業員等

会社に雇用される者で，会社の業務に携わる全ての従業員（正規従業員，パートタイマー，臨
時，嘱託従業員等）及び個人情報の取扱を含む業務を会社から受託する事業者をいう。

4．個人情報保護管理者

この規程によって指名された者であって，会社が保有する個人情報を保護するための責任と権限
を有するものをいう。

第2章　適用範囲と個人情報取扱

（適用範囲）

第3条　本規程は，会社に雇用される全ての従業員について適用するものとする。

2．個人情報を取り扱う業務を外部に委託する場合も，この規程により保護を図るものとする。

（個人情報取得の原則）

第4条　個人情報の取得は，利用目的を定め，その目的の達成のために必要な限度において，適法かつ
公正な手段により収集しなければならない。

2．個人情報の収集は，原則として本人から収集しなければならない。ただし，次の各号のいずれか
に該当するときは，この限りでない。

(1) 本人の同意がある場合

(2) 法令等の規定に基づく場合

(3) 個人情報が本人により公表されている場合

(4) 個人の生命，身体健康財産又は生活を保護するため，緊急かつやむを得ないと認められた場合

(5) 前各号のほか，本人から収集することにより，その性質上収集の達成に支障が生じ又は円滑な
実施を困難にする恐れがあることに相当な理由があると認められる場合

3．個人の身分等の収集

次に関する情報を収集することはない。ただし，法令に定めがある場合及び特別な職業上の必要

性があることその他業務の適正な実施に不可欠であって，収集目的を示して本人から収集する場合はこの限りでない。

(1) 人種民族社会的身分門地本籍出生地その他社会的差別の原因となる恐れのある事項

(2) 思想信条及び信仰

4．労働組合に関する収集

労働組合に関する個人情報は，法令若しくは労働協約に特段の定めがある場合又は法令若しくは労働協約に基づく義務を履行するために必要があると認められる場合を除き，労働組合及び個人の意思に反して，個人の労働組合への加入又は労働組合活動に関する情報は収集しない。

5．医療上の個人情報の収集

医療上の個人情報の収集については，次に掲げる目的の達成に必要な範囲内で収集する場合を除き，医療上の個人情報を収集しない。

(1) 特別な職業上の必要性

(2) 労働安全衛生及び母性保護に関する措置

(3) その他個人の利益になることが明らかであって，医療上の個人情報を収集することに相当の理由があると認められるもの

（個人情報取扱事務登録簿の作成及び閲覧）

第5条 個人情報保護管理者は，個人情報を取り扱う事務について，個人情報取扱事務登録簿を作成し，閲覧の申出があった場合には，これに応ずるものとする。

第3章　個人情報の利用に関する措置

（利用目的の通知等）

第6条 会社が定める個人情報の利用目的は，本人が合理的に予想できる範囲内とし，その事項は特定するものとする。

2．会社は利用目的を公表するとともに，書面を通じて個人情報を取得するときは，当該書面にその旨明示する。

3．雇用契約に伴って本人との間で交わす雇用契約書や履歴書，戸籍記載事項証明書等，その他の書面（電磁方式等で作られる記録をも含む。）に記載された当該本人の個人情報を取得する場合は，あらかじめ本人に対してその利用目的を明示する。

4．会社は，利用目的を変更する場合は，変更前の利用目的と相当の関連性を有すると認められる範囲内で行い，変更後の利用目的を前項の定めるところにより公表，明示する。

5．前1～4項の規定は，次の場合には適用しない。

(1) 利用目的を本人に通知し，又は公表することにより本人又は第三者の生命，身体，財産その他の権利，利益を害する恐れがある場合

(2) 利用目的を本人に通知し，又は公表することにより本人の権利，又は正当な利益を害する恐れがある場合

第5章　人事諸規程　第2　人事諸規程の実例

(3)　国の機関若しくは地方公共団体，又はその委託を受けた者が利用する場合で，業務に必要な限度で利用し，かつ，利用することに相当の理由があると認められる場合

(4)　取得の状況からみて，利用目的が明らかであると認められる場合

(個人情報の利用)

第7条　個人情報は，利用目的の範囲内で具体的に権限を与えられた者のみが，業務の遂行上必要な限度において利用できるものとする。

(個人情報の目的外利用及び提供の制限)

第8条　会社は，あらかじめ本人の同意を得ることなく，前条で規定する利用目的に反して，個人情報を利用し，又は第三者に提供することはしない。ただし，次の各号のいずれかに該当する場合は，この限りでない。

(1)　法令に基づく場合

(2)　人の生命，身体又は財産の保護のために必要がある場合であって，本人の同意を得ることが困難である場合

(3)　国の機関若しくは地方公共団体，又はその委託を受けた者が利用する場合で，業務に必要な限度で利用し，かつ，利用することに相当の理由があると認められる場合

(4)　前各号に掲げる場合のほか，個人情報を利用し又は提供することに公益上の必要その他相当の理由があると認められた場合

(個人情報の提供)

第9条　会社は，第三者へ個人情報を提供する場合，前条の規定により手続するとともに，必要があると認める場合は，提供を受ける者に対して，個人情報の利用目的若しくは利用方法の制限を付し，その取り扱いについて必要な措置を講じることとする。

(個人情報の取扱の委託)

第10条　個人情報の取り扱いを第三者に委託する場合は，個人情報の安全管理にのため，委託を受けた者が講ずべき必要な措置を指示するものとする。

第4章　個人情報の適正管理

(正確性の確保)

第11条　個人情報は，利用目的の達成に必要な範囲内において，正確かつ最新の状態で管理するものとする。

(安全管理対策)

第12条　個人情報保護管理者は，個人情報に関するリスク(個人情報への不正アクセス，個人情報の紛失，破壊，改ざん及び漏えい等)に対して，必要かつ適切な安全管理対策を講じるものとする。

(従業員等の義務)

第13条　会社の従業員等又は従業員等であった者は，職務上知り得た個人情報をみだりに他人に知らせ，又は不当な目的に使用してはならない。

2．個人情報を取り扱う業務を行う場合及び使用する情報機器，文書等の管理については，細心の注意を払い，適正な管理を行わねばならない。

第5章　開 示 等

（開示等）

第14条　会社は，本人から本人の個人情報の開示を求められたときは，遅滞なく当該個人情報を開示する。ただし，次の各号に該当する場合は，その全部又は一部を開示しないことができる。

(1)　本人又は第三者の生命，身体，財産その他権利，利益を害する恐れがある場合

(2)　会社の適正な業務の実施に著しい支障を及ぼす恐れがある場合

(3)　他の法令に違反することとなる場合

2．会社の前項のただし書きの規定を適用する決定をした場合は，本人に対し遅滞なく，その旨を通知するとともに，その理由を説明する。

（訂正等）

第15条　会社は，開示を行った個人情報について，本人から内容が事実でないという理由によって，当該個人情報の内容の訂正，追加又は削除を求められた場合には，他の法令により特段の手続が定められている場合を除き，当該個人情報の利用目的の達成に必要な範囲内で遅滞なく必要な調査を行い，訂正の求めが妥当と認められる場合は，当該個人情報の訂正を行う。

2．会社は，前項の規定により個人情報の全部又は一部について訂正を行った場合又は訂正を行わない旨を決定した場合は，本人に対して遅滞なくその旨を通知する。

（開示等の手続等）

第16条　個人情報の開示又は訂正を行う者は，次の各号を記載した書面を会社に提出しなければならない。

(1)　開示等の求めを行う者の氏名及び住所

(2)　開示等を求める場合はその内容

(3)　訂正を求める場合はその内容

(4)　その他会社が指定する事項

2．開示等の求めは，代理人よってこれを求めることができる。

3．会社は，個人情報によって要した費用について，その実費を請求することができるものとする。

（苦情処理）

第17条　会社は，個人情報の取り扱いについての苦情等があれば，遅滞なく適切かつ迅速な処理に努めるものとする。

第6章　実施責任

（個人情報保護管理者）

第18条　会社は，個人情報を適切に管理させるために「個人情報保護管理者」を任命し，個人情報の管

理業務を行わせるものとする。

2．個人情報保護管理者は，個人情報保護に関する基本方針並びに本規程に定めるところに基づき，個人情報保護の関する内部規程の整備，安全対策の実施，教育訓練等を推進し，従業員等への周知徹底を図るものとする。

（監　査）

第19条　個人情報保護管理者は，年一回は個人情報の取り扱い状況の監査を行わなければならない。また，必要に応じて随時監査を行うものとする。

（教　育）

第20条　個人情報保護管理者は，従業員等へ個人情報保護の重要性を理解させ，確実な実施を図るため，所要の教育訓練の計画を樹立し，継続かつ定期的に教育，訓練を行うものとする。

第7章　服　　務

（報告義務及び服務）

第21条　個人情報保護に関する基本方針並びに本規程に違反する事実又は違反する恐れのあることを発見した者は，その旨を「個人情報保護管理者」に報告しなければならない。

2．「個人情報保護管理者」は，前項による報告内容を調査し，違反の事実が判明した場合には，遅滞なく上司に報告するとともに，関係部門に適切な処置を講じるよう助言しなければならない。

3．個人情報保護に関する基本方針並びに本規程に違反した従業員は，就業規則に定める懲戒処分を行う。

4．前項の場合において，会社に損害を与えた場合は，その損害を当該従業員に請求することがある。

（付　則）

この規程は，○○年○○月○○日から施行する。

改訂14版
就業規則総覧

1984年 4 月 9 日	第 1 版第 1 刷発行	
1986年10月24日	第 2 版第 1 刷発行	
1988年10月 8 日	第 3 版第 1 刷発行	
1994年 6 月 5 日	第 4 版第 1 刷発行	
1997年 7 月10日	第 5 版第 1 刷発行	
1998年 2 月13日	第 6 版第 1 刷発行	
1999年 5 月22日	第 7 版第 1 刷発行	
2001年 6 月27日	第 8 版第 1 刷発行	
2003年 7 月12日	第 9 版第 1 刷発行	
2004年 8 月 3 日	第10版第 1 刷発行	
2005年 9 月13日	第11版第 1 刷発行	
2007年10月19日	第12版第 1 刷発行	
2011年 3 月 8 日	第13版第 1 刷発行	
2019年 5 月30日	第14版第 1 刷発行	
2024年10月 5 日	第14版第 2 刷発行	

定価はカバーに表
示してあります。

編　集　経営書院
発行者　平　盛之

発　行　所

㈱産労総合研究所
出版部　経営書院

〒100-0014
東京都千代田区永田町1-11-1　三宅坂ビル
電話　03-5860-9799
https://www.e-sanro.net/

印刷・製本　藤原印刷株式会社

本書の一部または全部を著作権法で定める範囲を超えて、無断で複製、転載、デジタル化、配信、イン
ターネット上への掲出等をすることは禁じられています。本書を第三者に依頼してコピー、スキャン、
デジタル化することは私的利用であっても一切認められておりません。
落丁・乱丁本はお取替えいたします。

ISBN978-4-86326-281-2 C2034